St. Louis Concordia Seminary

Lehre und Wehre

Volume 26

St. Louis Concordia Seminary

Lehre und Wehre
Volume 26

ISBN/EAN: 9783337373849

Hergestellt in Europa, USA, Kanada, Australien, Japan

Cover: Foto ©Suzi / pixelio.de

Weitere Bücher finden Sie auf **www.hansebooks.com**

Lehre und Wehre.

Theologisches und kirchlich-zeitgeschichtliches
Monatsblatt.

Herausgegeben

von der

deutschen evangelisch-lutherischen Synode von Missouri,
Ohio u. a. Staaten.

Redigirt vom

Lehrer-Collegium des Seminars zu St. Louis.

Luther: „Ein Prediger muß nicht allein weiden, also, daß er die Schaafe unterweise, wie sie rechte Christen sollen sein, sondern auch daneben den Wölfen wehren, daß sie die Schaafe nicht angreifen und mit falscher Lehre verführen und Irrthum einführen, wie denn der Teufel nicht ruht. Nun findet man jetzund viele Leute, die wohl leiden mögen, daß man das Evangelium predige, wenn man nur nicht wider die Wölfe schreiet und wider die Prälaten predigt. Aber wenn ich schon recht predige und die Schaafe wohl weide und lehre, so ist dennoch nicht genug der Schaafe gehütet und sie verwahret, daß nicht die Wölfe kommen und sie wieder davon führen. Denn was ist das gebauet, wenn ich Steine aufwerfe, und ich sehe einem andern zu, der sie wieder einwirft? Der Wolf kann wohl leiden, daß die Schaafe gute Weide haben, er hat sie desto lieber, daß sie feist sind; aber das kann er nicht leiden, daß die Hunde feindlich bellen."

Fünfundzwanzigster Band.

St. Louis, Mo.
Druckerei des „Lutherischen Concordia-Verlags".
1879.

Inhalt.

Juli.

August.

September.

October.

November.

December.

Lehre und Wehre.

Jahrgang 26. Januar 1880. No. 1.

Vorwort.

Das erste Vorwort dieser Zeitschrift, Januar 1856, konnte mit freudiger Hoffnung darauf hinweisen, „daß für die Sache der lutherischen Kirche namentlich hier in Nord-America der Himmel sichtlich sich wieder einmal geröthet zu haben scheine, um schönere Tage, als die letztvergangenen, uns zu verkündigen." Die Gnade Gottes hat diese verheißungsvolle Röthe in den vierundzwanzig Jahren, die seitdem verflossen sind, immer stärker hervortreten lassen, so daß jetzt Tausende, die damals nicht sehen konnten oder wollten, ebenfalls mit froher Hoffnung im Herzen dieser Erscheinung am Himmel der Gnadenwerke des HErrn freudige Blicke zuwenden. Vornehmlich hierzulande hat die Gnadensonne, unser lieber HErr JEsus Christus, in der Verborgenheit der Herzen durch sein Wort und seinen Geist so mächtig gewirkt, daß von seinen himmlischen Strahlen erleuchtet und entzündet große Schaaren genöthigt worden sind, ein fröhliches Bekenntniß zu der reinen geoffenbarten Wahrheit öffentlich abzulegen. Aber nicht hier allein, in allen Theilen des Erdkreises, auf Festländern und Inseln, an Orten, wo es Niemand vermuthen konnte, sehen wir mit frohem Erstaunen kleinere oder größere leuchtende Wolken von Zeugen aufsteigen, um den in der Nacht des Irrthums und der Verführung auf mancherlei Irrwegen Wandelnden die den rechten Weg offenbarende Sonne der Wahrheit, die im lutherischen Bekenntnisse leuchtet, zu verkündigen. Hoffnungsvoll bricht das Jahr an, in welchem die lutherische Kirche die Jubelfeier der dreihundertjährigen Vollendung ihres Bekenntnisses begeht, durch welches die göttliche Erbarmung jene Lügenlehren, welche von je her unter der Maske göttlicher Wahrheit Christen um die seligmachende Wahrheit betrogen haben, bloßgestellt, ihres verführerischen Zaubers entkleidet und niedergeworfen hat, damit auch den kommenden Geschlechtern das ihnen geschenkte Heil nicht wieder entrissen werden möchte. Der Undank und das Vertrauen

schöne Licht als zu alt und unbrauchbar an fast allen Orten, wo es einst leuchtete, beseitigt, um die Menschen wieder in die alte Finsterniß zu ver= senken. Aber die Treue und Langmuth Gottes gegen das menschliche Ge= schlecht hat durch solchen Undank nicht vernichtet werden können. Das volle, reine Licht der himmlischen Wahrheit fängt aufs Neue an, in die Lande zu leuchten, und nur eine schwere Verblendung und muthwillige Sünde kann einen Menschen verleiten, das so klar hervortretende Gnaden= zeichen Gottes, die immer größer werdende freudige Zeugenschaar, die jenes alte und doch nie veraltende herrliche Licht preiset, mit hoffärtiger Verach= tung zu behandeln. Für Alle aber, welche sich Lutheraner nennen, liegt in diesem Zeichen eine ernste Aufforderung, der göttlichen Gnade sich willig und gänzlich in den Dienst zu stellen, damit der Segen immer größer werde, das reine Evangelium sich immer weiter ausbreite, daß, wo möglich, das Land voll Erkenntniß des HErrn werde, und Alle, die Gottes Volk zu sein begehren, nicht mehr von jedem Wind der Lehre durch Schalkheit und Täuscherei der Menschen auf Irrwegen umhergeführt werden, sondern in Einigkeit des Glaubens von Gott gelehrt sein mögen.

Wie können und werden wir der göttlichen Mahnung nachkommen? Wahrlich nicht durch die sogenannte Fortbildung der symbolischen Lehren unserer Kirche. Diese Fortbildung und vorgebliche Verbesserung ist leider schon in erschreckender Weise hier zu Lande durch die Herbeiziehung der Menschenfündlein des Methodismus und des sogenannten common sense zu Nachhelfern des geoffenbarten Worts versucht worden, und sie hat die Träger des lutherischen Namens, welcher allein das Bekenntniß zur reinen Gnadenoffenbarung Gottes bezeichnen sollte, zu einer Gesellschaft von un= wissenden, hoffärtigen Schwärmern und pietistischen Rationalisten gemacht. Diese Fortbildung und vorgebliche Verbesserung wird namentlich jenseit des Oceans durch mehr oder weniger versteckte Anwendung der Philosophie und der Welt Satzungen seit einer Reihe von Jahren auf lutherischen Uni= versitäten und in den Kirchen der lutherischen Länder mit großem Eifer be= trieben, und was zeigt sich als letzte Frucht solcher Art theologischer Arbeit? Leere Gotteshäuser, verwilderte Gemeinden, eine fast vollständige Entchrist= lichung des lutherischen Volkes, eine außerordentliche Zunahme der Ver= brechen, Verfolgungen der treuen Zeugen des „zu Recht bestehenden" Be= kenntnisses! Dagegen sehen wir für die lutherische Kirche eine liebliche Morgenröthe überall da aufleuchten, wo das alte, ungefälschte Bekenntniß unserer Kirche immer mehr in seiner vollen, unverstümmelten Gestalt zur Geltung kommt. Da werden die Lehrer mit viel Segen geschmückt, die falschen, verführerischen Geister müssen zurücktreten, das Verwüstete wird aufgebaut, und wenn auch im heißen Kampfe die alte listige Schlange nicht ohne boshafte Stiche von allen Seiten her zum Unterliegen gebracht wird, so fängt doch zugleich mit dem reinen Glauben die erste Liebe an, frisch und

ba, wo vorher Irrthum und Unwissenheit die Seelen im geistlichen Tode gefangen hielt, deutlich erkennbar an den Kennzeichen der Gnade und des Heils, mit welchen der himmlische Vater es zu uns kommen zu lassen ver= heißen hat.

Wer darum dem Zuge der göttlichen Gnade nicht zu widerstreben ge= sonnen ist, wer mit aufrichtigem Herzen der durch die Reformation gereinig= ten Kirche Gottes Heil und Gedeihen wünscht, der wird sich sagen müssen, daß Gott von ihm fordert, treu zu sein im Bekenntniß der lutherischen Kirche. Diese Bekenntnißtreue jedoch ist, wie Jeder zugeben wird, nur da möglich, wo Zweierlei zu klarer und völliger Ueberzeugung ge= kommen ist.

Das Erste ist dies, daß das Bekenntniß der lutherischen Kirche aus Gottes Wort als der ewigen Wahrheit, als dem reinen, lauteren Brunnen Israels, welches allein die einige, wahrhaftige Richtschnur ist, nach der alle Lehrer und Lehre zu richten und zu urtheilen sind, genom= men ist; daß die Bekenntnißschriften der lutherischen Kirche ein Zeug= niß sind der Wahrheit und des einhelligen rechten Verstands unserer Vorfahren, welche bei der reinen Lehre standhaftig gehalten haben; daß, weil zu gründlicher beständiger Einigkeit in der Kirche vor allen Dingen vonnöthen ist, daß man einen summarischen und einhelligen Begriff und Form habe, darin die allgemeine summarische Lehre, wozu die Kirchen, welche der wahrhaftigen christlichen Religion sind, sich be= kennen, aus Gottes Wort zusammengezogen ist, die Bekenntniß= schriften der lutherischen Kirche ein solches christliches, die reine Lehre des heiligen Evangelii enthaltendes, lauteres Bekenntniß der recht= gläubigen und wahrhaftigen Kirche sind, bei welchem sich dieser Zeit rechte Christen nächst Gottes Wort sollen finden lassen. (Siehe Conc. Form. Anfang.)

Ein bekenntnißtreuer Lutheraner darf also zunächst in keiner, auch nicht in versteckter, christlich übertünchter Weise ein Heide oder Türke sein; d. h. er muß die heilige Schrift wirklich für Gottes Wort und Gott selbst für ein vollkommenes Wesen halten, dessen Aussprüche nie einer Verbesserung bedürftig sein können weder von Seiten Gottes selbst etwa in Folge einer ihm heidnisch beigelegten Zunahme der Erfahrung, noch von Seiten kreatürlichen Verstandes und kreatürlicher, geschichtlicher Erfahrung und Einsicht. Das Wort Gottes ist wahrhaft und wirklich ewige Wahrheit, es ist immer ein und dasselbe, war es und wird es sein. Nie ist, gleichsam als eine traurige Folge göttlicher Schwäche und Ge= brechlichkeit, den göttlichen Aussprüchen irgend ein Irrthum beigemischt oder mit untergelaufen, welchen einmal menschlicher Scharfsinn und mensch= liche Klugheit zu beseitigen, der Mensch also einen göttlichen Fehler wieder gut zu machen hätte. Jede vermeintliche Verbesserung oder Fortbildung

Gloſſe*) bewerkſtelligen will, iſt eine Veränderung des göttlichen Wortes und des in der angewendeten göttlichen Faſſung ſich ausſprechenden göttlichen Sinnes; eine ſolche Veränderung zerſtört den göttlichen Charakter und den göttlichen Urſprung des Wortes; ſie hebt Gottes Wort ſelbſt auf und ſetzt Menſchenwort an ſeine Stelle.

Dieſe Unveränderlichkeit des Wortes Gottes macht es zur einigen wahrhaftigen Richtſchnur, nach welcher alle Lehrer und Lehre zu rich= ten und zu urtheilen ſind. Wer vor 1800 Jahren, oder vor 300 Jahren, oder jetzt, oder in Zukunft die göttlichen Ausſprüche, ſo wie ſie lauten, für wahr hält, der hat den rechten Verſtand, der hat die reine Lehre, der hat die Wahrheit, der gehört der wahrhaftigen chriſtlichen Religion an und befindet ſich in Glaubenseinigkeit mit der wahren Kirche Gottes, die vor 1800 Jahren, vor 300 Jahren, jetzt, und in Zukunft das Werk desſelben unveränderlichen heiligen Geiſtes, des Geiſtes Chriſti, war, und iſt, und ſein wird. Wer den Text des göttlichen Wortes verläßt und an desſen Statt eine menſchliche Gloſſe für wahr hält, ſie ſei nun vor 1800 Jahren, oder vor 300 Jahren, oder in unſerer Zeit entſtanden, oder werde in Zukunft entſtehen, der hat in dieſem Stücke nicht den rechten Verſtand des Wortes, hat falſche Lehre, eine gefälſchte Religion und war, oder iſt, oder wird ſein außerhalb der Glaubenseinigkeit der wahren Kirche Gottes. Die Bekenntnißtreue fordert alſo, wie die Bekenntnißſchriften ſelbſt bezeugen, ſich als Glied der wahren Kirche Gottes dadurch zu er= weiſen, daß man allein den Text des göttlichen Wortes für Gottes Wort und Wahrheit halte und von allen menſchlichen Gloſſen, ſie ſeien alt oder neu, ſich aufs Entſchiedenſte losſage.

Nicht minder fordert die Bekenntnißtreue, daß man die Wahrheit, auch wenn ſie noch ſo mißliebig wäre und als die verächtlichſte Thorheit erſchiene, ſowohl öffentlich als im Herzen anerkenne, die Lüge aber, welche ſelbſt die unleugbarſten Werke Gottes zu verdunkeln und zu entſtellen ſucht, heimlich und öffentlich verabſcheue und ſich von ihr losſage. Nun liegt es klar am Tage für jeden, welcher der heiligen Schrift glaubt, daß die luthe= riſche Kirchenreformation nicht das Werk von hoffärtigen Irrgeiſtern, blinden Phantaſten oder unreifen Klüglingen war, die fälſcher Weiſe vorgegeben hätten, die Lehre in vollkommener Reinheit wieder her= geſtellt zu haben, ſondern daß ſie das Werk Gottes war, das Werk Chriſti, das Werk des Heiligen Geiſtes, der uns die Schrift als den unvergänglichen Samen der wahrhaftigen Kirche Chriſti gegeben hat. Und warum liegt das klar vor den Augen aller Chriſten, die ſehen wollen? Weil die lutheriſchen Bekenntnißſchriften, welche als das Zeugniß dieſer

---

*) Gloſſe bezeichnet hier diejenige Erklärung eines Ausſpruchs der heil. Schrift, welchen man ſeinem Wortlaut nach für dunkel, den richtigen Sinn nicht wieder= gebend anſieht, welche aus keinem, ſich auf denſelben Gegenſtand beziehenden Ausſpruch

Reformation und der dadurch gereinigten Kirche aller Welt offen liegen, allein den Text des Wortes Gottes als göttliche Wahrheit verkündigen, alle menschlichen Glossen aber, die an die Stelle des Textes, an die Stelle des göttlichen Wortes selbst getreten waren, oder treten sollten, verwerfen und verdammen. Damit hat die Kirche der lutherischen Reformation gezeigt, daß sie keine andere als die apostolische Kirche, ebenso wie diese das Gnadenwerk des Heiligen Geistes in der im Irrthum verlorenen Welt der Sünder und Abtrünnigen ist. Auf diesem Texte allein, so wie er lautet, ruht die ganze, in den lutherischen Bekenntnißschriften zusammengefaßte Summa der christlichen Lehren, sie enthalten keine andere als die allgemeine summarische Lehre der wahrhaftigen christlichen Religion. Ihre Ausführungen bestehen in der Darstellung und Auseinanderlegung des Inhalts des Textes des göttlichen Worts einerseits und der Darstellung und Auseinanderlegung des Inhalts der Glossen, womit man den Text verdunkelt und seinen Sinn umgeändert hatte, und beides wird so einander gegenüber gestellt, daß die Zeitgenossen sowohl als die Nachkommen wissen mögen, welches die ewige, von der wahren Kirche Gottes bekannte Wahrheit ist, und nicht länger und nicht abermals durch Glossen verführt des rechten Verstandes des Wortes Gottes, der reinen Lehre, der göttlichen Wahrheit verlustig gehen und aus der Gemeinschaft der wahren Kirche Gottes fallen möchten.

Daß die lutherischen Bekenntnißschriften nichts anderes sein sollten und nichts anderes sind, das haben mit dem ganzen Ernst ihrer Seele nicht nur ihre Verfasser bezeugt, sondern auch ihre Unterzeichner, ja das ganze, sich dazu aufrichtig bekennende Volk der lutherischen Kirchenreformation. Das gab ihnen in jenem unvergleichlichen Kampfe, in der Drangsal innerer und äußerer Anfechtungen, welche das neue, göttliche Werk gewaltsam zu ersticken drohten, den heiligen Muth, für dies Bekenntniß unter allen Umständen einzustehen und Hab und Gut, Leib und Leben, wann immer es gefordert würde, dafür hinzugeben. Das hat ihnen Gott vom Himmel herab besiegelt durch die Fülle geistlicher Gaben, durch die innerliche Erfahrung der Herrlichkeit des Reiches Gottes, welches ist Gerechtigkeit, Friede und Freude im Heiligen Geist, wovon ihre Predigten, ihre Lehr- und Erbauungsschriften, ihre geistlichen Lieder unzweideutiges Zeugniß ablegten und das Vorhandensein dieses Reiches, das neue Aufleben der apostolischen Kirche offenbar machten. Das bezeugt sich noch immer aufs Neue an Herz und Verstand derjenigen, welche in Uebereinstimmung mit der, im lutherischen Bekenntnisse niedergelegten Mannesreife der Erkenntniß die Schrift lesen und welche in Folge davon je länger je mehr mit Erstaunen wahrnehmen, daß jede vom Bekenntniß abweichende Meinung sicher und unausbleiblich an irgend einer Stelle der heil. Schrift gegen den Text und Wortlaut derselben anstößt und sich als mensch-

solcher, welchen der Text der Schrift bisher nur unter der Verhüllung einer Glosse vor Augen gestanden hatte, denen nun, nachdem sie durch das luthe= rische Bekenntniß auf den Text selbst geführt wurden, aus diesem die wahre göttliche Herrlichkeit des wirklichen Gotteswortes, eine das Herz göttlich gewiß machende, gnädige Offenbarung dessen, der die Liebe selbst ist, entgegenstrahlte, wie sie nie vorher nur zu ahnen vermochten.

Angenommen, dem sei nicht so, daß die lutherischen Bekenntnisse alle ihre Lehren allein aus Gottes Wort genommen haben, sondern daß auch sie menschliche Glossen enthalten, welche an die Stelle göttlicher Aussprüche gesetzt werden, daß sie also nicht durchaus ein Zeugniß der Wahrheit, der reinen apostolischen Lehre, ein Bekenntniß der wahren apostoli= schen christlichen Religion und Kirche seien: so müßte doch nothwendiger Weise irgend eine der in den lutherischen Symbolen enthaltenen Lehren wider irgend einen Text der heiligen Schrift anlaufen und statt des Sinnes, welchen der Wortlaut desselben angibt, einen andern ihm bei= legen, der den Text nöthigen würde, das Gegentheil von dem auszusagen, was er wirklich in der apostolischen Fassung aussagt. Wo hat man je eine solche Lehre in den lutherischen Bekenntnißschriften gefunden? Es ist allein der Text des Wortes Gottes, welcher von unseren Bekenntnissen bekannt und als göttliche Wahrheit bezeugt wird, und es sind allein die Glossen, und zwar alle und jede, welche von unseren Bekenntnissen ver= worfen und verdammt werden. Und darin liegt der wesentliche Unterschied zwischen ihnen und den Bekenntnissen aller anderen Kirchengemeinschaften, darin liegt ihr ausschließlicher Charakter, das Bekenntniß der wahren apostolischen christlichen Religion und Kirche zu sein. Daß z. E. auf der einen Seite die papistische Kirche den Text des Wortes Gottes ver= dammt und dafür ihre Glossen als Gottes Wort anpreis't, ist ja bekannt genug und liegt klar auf der Hand, es bezeugt dies die Pabstkirche selbst schon durch die eine Thatsache, daß sie dem Christenvolke verbietet, diesen Text auch nur zu lesen. Daß auf der anderen Seite die Bekenntnisse der reformirten Kirchengemeinschaften menschliche Glossen an die Stelle des Textes göttlicher Aussprüche setzen, ist ebenso klar und bekannt. Denn wie z. E. die Texte: „Nehmet, esset, das ist mein Leib, Matth. 26, 26. „Nach seiner Barmherzigkeit machte Er uns selig durch das Bad der Wiedergeburt, Tit. 3, 5. „Siehe, Ich bin bei euch alle Tage, bis an der Welt Ende", Matth. 28, 20. „Gott will, daß allen Men= schen geholfen werde", 1 Tim. 2, 4., so wie die Worte lauten, den reinen, vollen, herrlichen Glauben der lutherischen Bekenntnisse aus= sprechen, sprechen sie nach den reformirten Bekenntnissen unsinnige Irr= thümer, ja abscheuliche und verdammte Greuel aus.

Darum ist es eine überaus folgenschwere Versündigung, zu leugnen, daß das lutherische Bekenntniß das Bekenntniß der reinen, der

vor sich, wenn sie diese Leugnung nicht gegen ihren Willen selbst wieder
aufheben. Sie müssen entweder behaupten: die Texte und der Wortlaut der
christlichen Lehren, wie wir dieselben in den Schriften der Evangelisten und
Apostel vorfinden, sind n i c h t der Ausdruck des Glaubens der apostolischen
Kirche gewesen, sondern diese, als die wahre christliche apostolische Kirche, hat
a n d e r s geglaubt, als sie in den neutestamentlichen Schriften geredet und
bekannt hat, ihr Glaube ist in solchen Glossen enthalten gewesen, welche
uns verborgen geblieben sind; oder, die apostolische Kirche hat sammt ihren
in den heiligen Texten enthaltenen Bekenntnissen sich im Irrwahn befunden
und kann nicht als eine r e c h t e Kirche Christi gelten, welche die w a h r e
christliche Religion gehabt habe. Zu einer oder der anderen dieser Behaup=
tungen m u ß jeder folgerichtig gelangen, welcher das l u t h e r i s c h e Be=
kenntniß wirklich kennt und doch erklärt, es sei n i c h t das der w a h r e n
c h r i s t l i c h e n a p o s t o l i s c h e n Kirche.

Ist nun die in den lutherischen Symbolen enthaltene Lehre die aus
Gottes Wort zusammengezogene allgemeine summarische Lehre der w a h r e n
c h r i s t l i c h e n R e l i g i o n, so ist sie auch diejenige, bei welcher sich dieser
Zeit r e c h t e Christen nächst Gottes Wort sollen finden lassen. Sie ent=
halten den summarischen, einhelligen Begriff und Form der allein richtigen
und möglichen U n i o n aller derer, welche der w a h r e n christlichen Religion
angehören wollen und als einhellige Glieder der wahren Kirche Christi auch
äußerlich ihre Einheit und Einigkeit zu erkennen geben wollen und sollen.
Denn es ist unmöglich, diejenigen, welche mit Ernst und in jeder Hinsicht
wahre Christen sein wollen, auf einem anderen Grunde zu uniren als auf
den T e x t e n d e s W o r t e s G o t t e s a l l e i n. Geschieht eine Union auf
Grund von menschlichen Glossen irgend welcher Art, so hat eine solche Ge=
sellschaft schon von vornherein die Glaubenseinigkeit und Gemeinschaft mit
der apostolischen Kirche aufgegeben, die solche Glossen nicht anerkannt, son=
dern durch die Texte der heiligen Schrift, die ihr Glaubensbekenntniß waren,
verworfen hat. Damit hat dann ferner eine solche Union den Charakter
der wahren Kirche Christi und das Bekenntniß der wahren christlichen
Religion verloren. Eine Gemeinschaft, die nicht auf der ewigen Wahrheit
ruht, kann eben deswegen auch nicht Bestand und Dauer haben, wenigstens
nicht innerlich, die Gemeinschaft der Kirche ist aber wesentlich eine innerliche.
Sie ist dann eine Gemeinschaft, die n i c h t den r e c h t e n Verstand der

aufrichtiger Bekenner der wahren christlichen Religion kann und wird diesem
Gebote seiner Religion den Gehorsam verweigern und doch ein aufrichtiger
und wahrer Bekenner derselben sein und bleiben wollen. Jede Union, die
nicht auf dem Wortlaut des Textes der heiligen Schrift ruht,
muß im Gegensatz gegen die heilige Schrift, gegen die alte apostolische und
die lutherische Kirche nothwendiger Weise die Glossen frei geben als Stell=
vertreter der göttlichen Aussprüche, des wahren Wortes Gottes. Und da
diese Glossen nicht nur wider die Schrift und das Bekenntniß der wahren
Kirche, sondern auch wider einander und fast jedem Wechsel des Zeitgeistes
unterworfen sind, so bildet eine derartige Union das unchristliche Zerrbild
und Gegenstück der wahren, grünblichen und beständigen Einig=
keit der wahren christlichen Kirche und Religion und gereicht diesen, wenn
sie sich mit dem christlichen Namen schmückt, zu Schimpf und Schmach.
Darum besteht ein nothwendiges Stück der Bekenntnißtreue darin, sich in
keiner anderen Union finden zu lassen als in derjenigen, welche durch die
aufrichtige Zustimmung zum Texte göttlichen Worts, wie es lautet, voll=
zogen wird, wie das die lutherischen Bekenntnisse im Einklang und in
Glaubenseinigkeit mit der alten apostolischen Kirche fordern. Deswegen
hat auch das lutherische Bekenntniß das klare, göttliche Recht, zu sagen,
weil es das Bekenntniß der rechtgläubigen und wahrhaftigen Kirche sei, so
sollen sich dieser Zeit rechte Christen nächst Gottes Wort bei diesem Be=
kenntniß finden lassen.

(Schluß folgt.)

(Eingesandt.)

Wie bringen wir den Pfalmengefang auch im öffentlichen Gottes= dienste wieder in Uebung?

So haben also auch wir unser Pfalterlein, lieblich und zum wechsel=
seitigen Beten gedruckt und dazu die köstlichen Summarien Dr. Luthers.
Fürwahr, eine schöne Gabe zum Reformationsfeste! Und nicht nur ist
nach dem Vorbild älterer Ausgaben bei diesem Abdruck durch den großen
Anfangsbuchstaben*) der Anfang des zweiten Theils eines jeden Verses,
der ursprüngliche Parallelismus membrorum, beobachtet worden, sondern,
damit wir, wie die Väter, unser Pfalterlein auch wieder zum Singen ge=
brauchen können, ist eine musikalische Beigabe aus dem musikalisch litur=
gischen Werke von F. Hommel nebst dessen Anleitung zum Pfalmensingen
mit erschienen!

Hat wohl irgend Jemanden die in Nr. 20 des „Lutheraner" v. J. er=

---

*) Bei einer neuen Auflage dürfte es noch zweckmäßiger sein, den Parallelismus
nicht nur durch einen großen, sondern auch durch einen fetten Anfangsbuchstaben

ſchienene Anzeige des Pſalters und ſeiner Beigabe freudig überraſcht, ſo
war es der Schreiber dieſes. Nicht nur war der ſelige Hommel, Juriſt,
aber nebenbei ſonderlicher Liebhaber und Kenner des liturgiſchen Geſangs,
einſt mein Lehrer in dieſem Zweig des heiligen Amtes, ſondern ich habe
auch, eingeführt in das Verſtändniß des Pſalmengeſangs und frühzeitig be=
geiſtert für denſelben, die Freude gehabt, dieſe Weiſe des Geſangs mit den
damals vorhandenen Kräften in meiner vorigen Gemeinde in Schwang zu
bringen und mit derſelben etliche Jahre hindurch allſonntäglich mich erbauen
zu können. Schon längſt von dem innigen Wunſche beſeelt, daß der alte
Pſalmengeſang auch in unſeren Kirchen wieder heimiſch werden möchte,
ergreife ich daher die Gelegenheit jener Anzeige und erlaube mir, meinen
Brüdern unter den Predigern und Lehrern Einiges von dem gemachten
Verſuch und der Erfahrung dabei zu Nutz und Frommen mitzutheilen.

Wer Dr. Luthers liturgiſche Schriften, wie die lutheriſchen Kirchen=
ordnungen des 16. und 17. Jahrhunderts kennt, weiß, daß das Singen
geiſtlicher, lieblicher Lieder und der Pſalmen, meiſt dreier, einen Haupt=
beſtandtheil der Nebengottesdienſte, der Metten und Veſpern, bildet.
Ausgeſprochener Maßen dachte man hierbei an das Wort des Apoſtels Col.
3, 16.: „Laſſet das Wort Chriſti unter euch reichlich wohnen
in aller Weisheit. Lehret und vermahnet euch ſelbſt mit
Pſalmen und Lobgeſängen (wie z. B. der Lobgeſang Mariä und
Zachariä, ſowie der ambroſianiſche Lobgeſang, das Te Deum laudamus)
und geiſtlichen lieblichen Liedern (an denen gerade die Kirche der
Reformation durch Luthers Vorgang ſo reich geworden iſt), und ſinget
und ſpielet dem HErrn in euerem Herzen.“

Da nun unter unſeren hieſigen Verhältniſſen es keine täglichen Metten
und Veſpern gibt, ſondern nur die ſonntäglichen und feſttäglichen Nach=
mittags= oder Abendgottesdienſte, wie die Predigt am Mittwoch oder Frei=
tag unſere Nebengottesdienſte ausmachen, das ſonntägliche Katechismus=
examen oder die Chriſtenlehre aber der allgemeine und zugleich der
wichtigſte der Nebengottesdienſte iſt und in ihm gerade mit Hilfe der Schule
am leichteſten der Pſalmengeſang wieder in Uebung gebracht werden kann,
ſo machte ich hier meinen erſten Verſuch und ſchloß mich dabei in Betreff der
der Pſalmodie zugehörigen Stelle möglichſt an die alte Veſperordnung an,
ſo viel es Zeit und Gelegenheit geſtattete.

In Einem Stück jedoch erlaubte ich mir von dem gegebenen Vorbilde
eine beſondere Abweichung, die im Grunde aber auch wieder keine war.
Die alten Metten und Veſpern waren, wie dies die römiſchen, lutheriſchen
und epiſcopaliſtiſchen Ritualien, letztere im Morning und Evening Prayer
des Common Prayer Book, zeigen, nach Zweck und Charakter Gebets=
gottesdienſte und darum deren weſentliche Beſtandtheile Anrufen, Beten,

Anberem also: „Nun diese Mißbräuche (die papistischen) abzuthun, ist aufs
Erste zu wissen, daß die christliche Gemeine nimmer soll zu=
sammenkommen, es werde denn daselbst Gottes Wort ge=
prebigt und gebetet, es sei auch aufs Kürzeste, wie Pf. 102,
23.: Wenn die Könige und das Volk zusammenkommen, Gott zu dienen,
sollen sie Gottes Namen und Lob verkündigen. Und Paulus 1 Cor. 14, 31.
spricht, daß in der Gemeinde soll geweissagt, gelehrt und ermahnt werden.
Darum wo nicht Gottes Wort geprebigt wird, ist's besser,
daß man weber singe, noch lese, noch zusammenkomme. Also
ist's aber zugegangen unter den Christen zur Zeit der Apostel und sollt auch
noch so zugehen, daß man täglich des Morgens eine Stunde, frühe um vier
ober fünfe, zusammenkäme und daselbst lesen ließe, es seien Schüler ober
Priester, ober wer es sei, gleichwie man jetzt noch die Lection in der Metten
lies't. Das sollen thun einer ober zween, ober einer um den anbern, wie
das am besten gefällt. Darnach soll der Prediger, ober welchem es befohlen
wird, herfürtreten und bieselbe Lection ein Stück auslegen, daß
es die Anbern alle verstehen lernen und ermahnt werden.
Das erste Werk heißt Paulus 1 Cor. 14, 26. mit Zungen reben; das
anbere auslegen und weissagen und mit dem Sinn oder Verstand reben.
Und wo bies nicht geschieht, so ist die Gemeine der Lection nichts gebessert,
wie bisher in Klöstern und Stiften geschehen, ba sie nur die Wände haben
angeblehet." (Erl. A. 22, 154.)

In Berücksichtigung dieser, auch hier das spezifisch Lutherische bezeich=
nenden Bemerkung, daß in jedem öffentlichen Gottesdienste die Schrift nicht
blos gelesen, sondern auch geprebigt und ausgelegt werden solle, „es sei
auch aufs Kürzeste", entstanden nach Vorgang der Summarien Luthers
über den Psalter die Summarien Veit Dietrichs über die andern
Theile der Schrift und geschah beren Gebrauch in den Metten und Vespern.
In seiner Vorrede zu den Summarien des Alten Testaments sagt z. B.
Veit Dietrich: „So hat es sich keineswegs schicken wollen, daß ich es
hätte weitläuftiger gemacht, weil ich anfänglich biese Arbeit für mich ge=
nommen, daß solche Summarien des Alten Testaments in meiner Kirche
vor den Kapiteln gelesen würden, und jetzund viel andere
Kirchen solchen Brauch auch angenommen haben, und biese
Summarien zum guten Unterricht lesen." (S. Bd. I. p. XVII. der hie=
sigen Ausgabe des Altenburger Bibelwerks.) — Und in der Vorrede von
Franciscus Vierling zu dem Neuen Testament des genannten Bibelwerks
heißt es p. XVIII. in Betreff der täglichen Mette zu Breslau vom J. 1596:
„Also und in der Gestalt aber wird die heilige Biblia bei uns abgelesen
und in Ordnung und mit solchen Ceremonien und Gebräuchen: Nach dem
alten gebräuchlichen Chorgesang der Matutinarum ober Metten wird erstlich
gesungen ein Psalm oder Lobgesang, wie bie auf bie Zeit gehören, als im

Gottes=Sohn ꝛc. Und auf andere Feſte, ihre dazu geſtellte chriſtliche Lieder,
bis nach Trinitatis, zu welcher ganzer Zeit die andern gemeinen Geſänge
auf die Wochen vertheilet ſind. Auf dieſen Geſang folgt die Lection, welche
die Choraliſten als Lectores verrichten. Und leſen anfänglich den Prologum,
wie er zu den Kapiteln der heiligen Biblia gehöret; darauf das Kapitel,
dann die Summarien Herrn Veit Dietrichs ꝛc. Auf dieſes das zugehörige
Votum oder den Beſchluß. Nach verrichteter Lection wird geleſen ein ge=
mein Gebet; auch auf die unterſchiedenen Jahrzeiten mit gerichtet. Dieſes
wird beſchloſſen mit dem Gebet des HErrn Chriſti, welches von ſeinen erſten
Worten das Vater Unſer genennet wird, und daſſelbe wird von der ganzen
Gemeine geſprochen mit erhabener Stimme; damit ſich das tägliche Gebet
ſchleußt und endet."

Wohl wird ja nun gerade in der Chriſtenlehre am Sonntag Nach=
mittag der Text des Katechismus nicht blos gemeinſchaftlich aufgebetet
(recitirt), ſondern auch in der darauf folgenden Katechiſation ein Stück
erklärt, Gottes Wort alſo nicht blos geleſen, ſondern auch ausgelegt. Aber
von dem Gedanken bewegt, daß ſich ein Pſalm noch einmal ſo anbächtig
und herzlich ſingen oder ſingen hören läßt, wenn man die Summa deſſelben
verſteht, wagte ich es, dem wechſelſeitigen Singen des Pſalms durch die
Kinder das Summarium Dr. Luthers vorangehen zu laſſen. Sahe ich
mich doch auch bei ſolcher Verwendung des Summariums nicht ohne alles
kirchliche Vorbild durch die beim früheren Pſalmengeſang vorausgehende
längere oder kürzere Antiphone, die aus einer Schriftſtelle oder aus ein
paar Schriftſtellen beſtand und meiſt ſo gewählt war, daß ihr Inhalt die
Summa des nun zu ſingenden Pſalms angeben ſollte. So geſtaltete ſich
denn die für einige Jahre im Schwang gehende und der Gemeinde lieb
gewordene Weiſe. Den

Eingang

bildete ein kurzes Lied de tempore: Nr. 20: „Laßt uns alle fröhlich ſein",
von Advent bis Weihnachten; Nr. 60: „Was fürchtſt du Feind Herodes
ſehr", und Nr. 344: „Lobet den HErrn, ihr Heiden all", für die Epiphanias=
zeit; Nr. 69: „Chriſte, du Lamm Gottes", für die Faſtenzeit; Nr. 98: „Chriſt
iſt erſtanden", für Oſtern bis Jubilate; Nr. 119: „Chriſt fuhr gen Himmel",
von Cantate bis Pfingſten und Nr. 143: „Der du biſt drei in Einigkeit",
abwechſelnd mit: Nr. 133 oder 134 V. 1: „Komm, Heiliger Geiſt", für die
ganze Trinitätszeit. Darauf das altherkömmliche Domine labia und
Deus in adjutorium:

P. HErr, thue unſere Lippen auf,

G. Daß unſer Mund deinen Ruhm verkündige.

P. Eile, Gott, uns zu erretten,

P. Ehre ſei dem Vater und dem Sohn und dem Heiligen Geiſt,

G. Wie es war im Anfang, jetzt und immerdar und von Ewigkeit zu Ewigkeit. Amen. Halleluja.*)

Da nun hier nach der alten Metten= und Vesperordnung mit dem **Invitatorium** (Einladung zum Lobe Gottes aus Pſ. 95, 1. u. 2.) die Pſalmodie eintritt, ſo benutzte ich jenes zur Einleitung des Summariums und zur Aufforderung für den nun folgenden Geſang des Pſalms, z. B. alſo des 1. Pſalms:

Kommt herzu, laßt uns dem HErrn frohlocken und jauchzen dem Hort unſeres Heils. Laſſet uns mit Danken vor ſein Angeſicht kommen und mit Pſalmen ihm jauchzen. Laſſet uns um einander ſingen den 1. Pſalm, welcher „iſt ein Troſtpſalm, der vermahnet uns, daß wir Gottes Wort gerne hören ſollen und lernen; und tröſtet uns" u. ſ. w.

Darauf ein paar entſprechende Accorde auf der Orgel und nun wird der Pſalm **intonirt**, d. i. die erſte Verszeile entweder von mir oder dem Lehrer oder dem einen Kinderchor mit entſprechender Orgelbegleitung ge= ſungen und dann ging es antiphonatim zwiſchen den zwei Kinderchören weiter, davon der eine, aus etlichen Knaben beſtehend, ſich oben auf dem Orgelchor bei dem Lehrer befand und dieſen zum Vorſänger hatte und der andere, ſtärkere, als der respondirende, die Kinderſchaar unten und mich oder einen anderen Lehrer zum Vorſänger hatte.

Bei einem Theil der Vesperordnungen folgt nach der Pſalmodie die **Lection** (in der römiſchen Kirche das Capitulum), deren Stelle in der Chriſtenlehre eben dann die in unſerer Agende angegebene **Recitation, das gemeinſame laute Bekennen des Textes der 6 Hauptſtücke** tritt; bei einem andern Theil jener Ordnungen aber ſchließt ſich an die Pſalmodie unmittelbar noch der Geſang **eines Liedes** von Seiten der Gemeinde an und folgt dieſem die Lection. Da nun dieſe Verbindung von Pſalmenſang und Liedſang, von gregorianiſcher und rhythmiſcher Sing= weiſe überaus lieblich klingt, vorausgeſetzt, daß der Organiſt zwiſchen beiden nicht zu lang präludirt, ſondern mit ein paar überleitenden Accorden der Sache und Gemeinde zu lieb ſich begnügt, ſo verband ich, wo es nur irgend= wie die Zeit geſtattete, Pſalmodie und Lied, und wenn es von letzterem auch nur durch zwei oder ſelbſt nur durch einen Vers geſchehen konnte.

Der Verlauf der Chriſtenlehre nach der Recitation des Katechismus war dann der in der Agende angegebene: Katechismuslied Nr. 179, Kate= chiſation mit oder ohne beſonderes Katechismusgebet, Vater Unſer, kurzer

---

*) Die Singweiſe findet ſich in der vierten Abtheilung von Layriz' „Kern des Kirchengeſangs 1855", p. 64; außerdem in den vom Schreiber dieſes heraus= gegebenen „Geſängen beim Gebrauch der Liturgie für einen Kinder=

Gesang, oder keiner, sondern gleich Collecte, Segen und Schlußvers. Die ganze Aenderung der in unserer Agende angegebenen Ordnung der Christen= lehre bestand hiernach nur darin, daß zwischen das Eingangslied und die Katechismusrecitation die Psalmodie geschoben und ihr die ihr gebührende Stelle angewiesen wurde und daß ich mir die besondere Freiheit nahm, mich zu Nutz und Frommen von Jung und Alt des Luther'schen Summariums zu bedienen.

Uebrigens läßt sich diese Form und Weise noch vereinfachen, ohne wesentlich eine andere zu werden. Kann oder will man nämlich jene Ein= leitung zur Psalmodie, das Domine labia und Adjutorium, nicht gebrauchen, so beginnt man gleich mit einem der oben angegebenen Eingangsliedern nach Gelegenheit der Zeit. Namentlich dürfte sich dann im Wechsel mit Nr. 143 keines so als Substitut zugleich eignen, als Nr. 4: „HErr JEsu Christ, dich zu uns wend", da dies, wie ein Vergleich zeigt, das Domine labia mit dem Deus in adjutorium in rhythmischer Form ist. Beide Lieder lassen sich sogar dann als Wechselgesang gebrauchen, da ein Theil der Gemeinde die erste, der andere die zweite Zeile singt und dann das Gloria Patri: „Ehr sei dem Vater und dem Sohn" oder: „Gott Vater, dem sei ewig Ehr" ohne Wechsel von Allen zusammen erschallt. Versuche zeigten, wie schön und lieblich auch dies klingt. Die Ordnung wäre dann bis zur Recitation:

Gesang von Nr. 4 oder Nr. 143 oder einem Lied de tempore;
Summarium mit dem obenangegebenen Invitatorium;
Psalmodie;
Lied, oder gleich
Recitation des Katechismus.

Will man sich jedoch des Summariums nicht bedienen, so folgt auf das Eingangslied das Invitatorium, das dann vom Pastor in dem gewöhnlichen Antiphonenton zu singen wäre.

Nachdem die Psalmodie eine Zeitlang in der Christenlehre auf obige Weise in Uebung war, so fand sie auch leicht ihre Stelle im Predigt= gottesdienst an Nachmittagen oder Abenden der Sonn= und Festtage. Die Ordnung war dann genau dieselbe, nur daß an die Stelle der Kate= chismusrecitation und des Katechismusliedes die Lection und der Gesang eines Liedes, wie Nr. 5 oder Nr. 8 oder etlicher Verse eines anderen Liedes trat.

Es war und ist das alles ja nur eine Nachbildung oder vielmehr eine Vereinfachung der alten Vesperordnung und deren Verwendung insonder= heit für die Christenlehre, da jene in ihrer reichen Gliederung aus Mangel an Zeit, musikalischem Geschick und liturgischem Verstand und Geschmack allhier meist nicht zur Ausführung kommen dürfte. Die Mittheilung dieser Nachbildung bezweckt aber nichts weiter, als um auf Grund gemachter jahre=

nun angeregte Psalmengesang auch für den öffentlichen Gottesdienst in
Uebung gebracht werden könnte und welche Stelle er da einzunehmen hätte.
Zu diesem Zweck daher noch einige praktische und erprobte Rathschläge.

1. So leicht es bei einem Blick auf die Noten erscheint, einen Psalm
nach denselben zu singen, so schwer ist es doch, hier den rechten Griff zu
lernen, d. h. nach dem Accent zu singen. Trifft man es hier nicht, so soll
einem das Singen der Psalmen wohl bald entleidet werden; denn es
klingt dann, wie das monotone und tactlose langsame Lesen des ABC-
Schützen, der, jede Silbe in gleicher Dehnung, z. B. Ps. 1. so lies't: Wohl —
dem — der — nicht — wan — delt — im — Rath — der — Gott — lo — sen
u. s. w. Wohl zeigt nun Hommel in der abgedruckten Beigabe zu unserem
Psalter so deutlich als möglich p. 6, wie ein Psalm gesungen werden
müsse. Allein es ist trotzdem doch nöthig, daß man dies Singen von einem
geübten Psaltisten auch ein und abermal höre, und so man keinen solchen
unter den Glaubensgenossen in der Nähe hat, daß man das Psalmodiren
einmal in der Vesper der Papisten anhöre oder im Evening Prayer der
Episcopalen, welch letztere zwar in ihren Chants sich nicht der gregoriani-
schen, sondern einer später aufgekommenen, doch an sich auch schönen Weise
bedienen, beim Vortrag aber ebenso den Accent beobachten, wie es die
gregorianische Weise erfordert. Und man muß sagen, der Vortrag ist
meist musterhaft. An ihm kann man in dieser Beziehung das Psalmensingen auch lernen. „Alles ist euer!"

2. Aus dem obigen Grunde dürfte es daher auch wohl meist schwer
halten, im öffentlichen Gottesdienst die Betheiligung Aller im Psalmensingen zu erzielen, zumal in großen Kirchen, von großer Versammlung. Es
wird daher das Singen der Psalmen meist nur von der Schule allein,
oder dem Gemeinde-Singchor allein oder antiphonatim von Schule und
Chor geschehen können, während die Andern etwa in ihrem Psalter dabei
nachlesen und so sich am Psalmensingen betheiligen und erbauen. Und doch
gäbe es einen Punct, wo die ganze, auch noch so große Versammlung einsetzen und so sich auch, wenigstens theilweise, activ am Psalmensingen betheiligen könnte. Dies ist nämlich das Gloria Patri (Ehre sei dem Vater ꝛc.)
oder die Doxologie, mit der jeder Psalm schließt, gleichwie auch dies bei
einer ganzen Anzahl der älteren Kirchenlieder der Fall ist. Da die Worte
der bei den Psalmen gebrauchten Doxologie immer dieselben sind und die
Gemeinde von Vers zu Vers die Melodie gehört hat, so fällt es derselben
dann gar nicht schwer, hier mit den Psalmensängern einzustimmen. Wird
nun auf solche Weise die Doxologie von Allen und dabei ganz, nicht antiphonatim, gesungen; leitet die Orgel dasselbe mit ein paar Accorden unter
Hinzunahme verstärkter Register ein, woran dann die Gemeinde desto besser
merkt, daß jetzt die Doxologie folgt, so klingt das auch recht schön, wie ich
aus Erfahrung versichern kann — und beobachtet man dabei den alten

Dreieinigkeit die ganze Versammlung bei der Doxologie sich erhebt, so wird das Psalmensingen nur um so feierlicher.

3. Soll beim Psalmensingen eine Orgelbegleitung stattfinden, was aus mehreren Gründen nur zu empfehlen ist, so darf hierbei die Orgel nur begleitend sein, doch also, daß sie den zweiten Theil eines jeden Verses immer etwas stärker begleite, als den ersten. Bei der Doxologie jedoch zieht man noch stärkere Register.

4. Bei der Einübung mit Schule und Chor erreicht man am besten seinen Zweck auf folgende Weise. Man lasse zuerst von Vers zu Vers den Psalm mehrmals vom ganzen Chor und darauf von zwei Chören mit genauer Beobachtung des Accentuirens der Silben und der Interpunction betreffs des Absetzens zusammensprechen und zeige darauf, daß gerade so mit dem Accentuiren und Absetzen jeder Vers gesungen werden müsse, da diese Singweise ein singendes Sprechen sein solle, dabei nur die Anfangs- und Schlußsilbe jeder Verszeile des Wohllauts wegen gedehnt werden müssen. Dann übe man das Singen — erst ohne, hernach mit Orgelbegleitung, und vergesse dabei nicht, daß hier Rede und Gegenrede, erster Chor und zweiter Chor, immer einander Schlag auf Schlag folgen müssen. „Erfahrungsmäßig hängt von dieser stufenweisen Erlernung das Gelingen des Psalmodirens ab."

Probire denn, wer Lust hat. Gereuen wirds weder Pastor, noch Gemeinde bei einigem Erfolg. Sind doch die von dem Heiligen Geist eingegebenen Psalmen vornehmlich für den Gesang gedichtet und daher auch nicht nur in der Kirche Alten Testaments, sondern auch je und je in der Kirche Neuen Testaments gesungen worden!

> Singet um einander dem HErrn mit Danke,
> Und lobet unsern Gott mit Harfen.   Ps. 140, 7.

> Singt gegen einander dem HErren mit Danken,
> Lobt ihn mit Harfen, unsern Gott, den werthen,
> Denn er ist mächtig und von großen Kräften.
> Lobet den HErren!   Lied Nr. 343, 2.

F. Lochner.

Dies ist das rechte Wahrzeichen und Merkmal, daran man soll falsche Lehrer erkennen, wenn sie die Zuhörer auf sich und auf ihr Leben ziehen, nicht von sich auf Christum weisen. (Luther. Erl. 45, 355.)

Wo das Herz glaubt, da ehret man unsern HErrn Gott mit der höchsten Ehre, die er am liebsten hat; denn man hält ihn für wahrhaftig. (Luther. Erl. 5, 166.)

(Uebersetzt von Prof. A. Crämer.)

Compendium der Theologie der Väter

von

M. Heinrich Eckhardt.

(Fortsetzung.)

5. Die Allwissenheit..

Damascenus: „Die menschliche Natur in Christo besitzt wesent=
lich nicht, noch hat sie die Kenntniß der künftigen Dinge, aber wie die
Seele des Herrn wegen der Vereinigung mit Gott dem Worte mit
den übrigen göttlichen Eigenschaften bereichert ist, so auch mit der Kennt=
niß der zukünftigen Dinge. Wir sagen daher, daß Ein Christus
und zwar derselbe zugleich Gott und Mensch alles wisse; denn in ihm
liegen alle Schätze der Weisheit und der Erkenntniß verborgen." [1])
Epiphanius: „Die Menschheit Christi besteht nicht getrennt für sich,
sondern mit der Gottheit vereinigt, und weiß nun eben in der Gottheit auch
das Vollendetste, als die mit Gott vereinigt ist." [2]) Damascenus:
„Obwohl die Seele des Herrn an sich unwissender Natur war, so hatte
sie doch, nach der Person mit Gott dem Wort vereinigt, die Kenntniß aller
Dinge, nicht aus Vergunst oder theilhaftig gemacht, sondern wegen der per=
sönlichen Vereinigung." [3])

6. Die Allgegenwart.

Decumenius: „Er ist aufgefahren, auf daß er alles erfüllete", das
erklärt er so: „Obgleich er auch in der bloßen Gottheit einst alles erfüllte.
Aber Fleisch geworden, ist er, auf daß er alles mit seinem Fleisch
erfüllete, hinuntergefahren und aufgefahren." [4])

Cyrill: „In vier Theile sind Christi Kleider getheilt worden, der
Rock allein blieb ungetheilt. Denn die vier Theile der Welt, zum Heil ge=

---

1) Humana natura in Christo essentialiter non possidet seu obtinet
futurorum cognitionem, sed ut Domini anima propter unionem ad ipsum
Deum Verbum locupletata est cum reliquis divinis praedictionibus, etiam
futurorum cognitione. Nos ergo dicimus, unum Christum, eundemque
simul Deum et hominem, omnia scire: in ipso enim omnes thesauri
sapientiae et scientiae absconditi latent. Dam. l. 3. c. 21.

2) Humanitas Christi non seorsim per se subsistit, sed counita Deitati,
et jam in ipsa Deitate, quae perfectissima sunt, sciens, utpote counita Deo.
Epiph. contra Ar.

3) Domini anima, etsi secundum se naturae erat ignorantis, attamen
secundum hypostasin unita Deo Verbo, omnium cognitionem habuit,
non ex gratia, seu participative, sed propter hypostaticam unionem. Dam.
l. 2. c. 21.

4) Ascendit, ut omnia impleret, ita interpretatur: Etenim nuda quoque
divinitate olim omnia implebat. Et incarnatus. ut omnia μετὰ σαρκὸς.

bracht, haben die Hülle des Logos, d. i. sein Fleisch, unzertheilt unter sich getheilt. Denn indem der Eingeborene gesondert in die einzelnen eingeht, und durch sein Fleisch ihre Seele und ihren Leib heiligt, ist er ungetheilt und ganz in allen, da er überall der Eine ist, auf keinerlei Weise zertheilt." [1]

7. Die Theilnahme an der Dreieinigkeit.

Auch dies kann zu den Vorzügen der angenommenen Natur gezählt werden, daß Christus mit seinem Fleisch einer aus der Dreieinigkeit ist. Ambrosius: „Nicht zu verachten ist die Natur des menschlichen Fleisches, welches durch den HErrn Christum gewann, in die Gemeinschaft der heiligen Dreieinigkeit zu gelangen." [2] Isychius: „In der Dreieinigkeit ist Eine Gottheit und sind drei Personen. Woraus offenbar ist, daß wir nicht sündigen, wenn wir sagen, das Fleisch des HErrn sei ein Theil der Dreieinigkeit, wegen der unzertrennlichen Vereinigung des Logos mit demselben." [3]

Aber so würde ja eine Viereinigkeit eingeführt?

Durchaus nicht. Augustin: „Durch die Annahme des Menschen ist die Zahl der Personen der Dreieinigkeit nicht vermehrt worden, sondern dieselbe Dreieinigkeit geblieben. Denn wie im Menschen Seele und Leib Eine Person ist, so ist in Christo das Wort und der Mensch Eine Person." [4] Derselbe: „Der angenommen hat und das, was er angenommen hat, ist in der Dreieinigkeit Eine Person. Denn durch den angenommenen Menschen ist nicht eine Viereinigkeit geworden, sondern die Dreieinigkeit geblieben, indem jene Annahme in unaussprechlicher Weise die Wahrheit der Einen Person in dem Gott und Menschen bewirkte." [5]

---

1) In quatuor partes vestimenta Christi divisa sunt, et tunica sola indivisa mansit. Nam quatuor orbis partes, ad salutem reductae, indumentum Verbi, i. e. Carnem ejus impartibiliter inter se partitae sunt. In singulis enim partibiliter transiens unigenitus, et animam et corpus eorum per carnem suam sanctificans, **impartibiliter** atque integre in omnibus est, cum unus ubique sit nullo modo divisus. Cyrill. l. 12 in Joh.

2) Non est despicienda carnis humanae natura, quae in sanctae Trinitatis consortium per Dominum Christum ingredi meruit. Ambr. de Resurr.

3) In Trinitate una est Deitas et tres personae. Unde manifestum est, non peccare nos, Trinitatis partem carnem Domini dicentes, propter inseparabilem cum ea incarnati Verbi unionem. Isych. in Levit.

4) Homine assumpto non auctus est numerus personarum Trinitatis, sed eadem Trinitas mansit. Sicut enim in homine anima et corpus una persona est: ita in Christo Verbum et homo una est persona. Aug. ep. 102.

5) Qui suscepit et quod suscepit, una est in Trinitate persona.

Ist die Mittheilung dieses dritten Grades eine gegenseitige?

Nein. Augustin: „Ich bekenne, daß durch die Unbilde seines Fleisches seine Gottheit nicht berührt worden ist, wie wir dagegen wissen, daß sein Fleisch durch die Majestät der Gottheit verherrlicht wurde." [1]) Damascenus: „Die göttliche Natur macht die ihr eigenen Vorzüge oder Herrlichkeiten dem Fleische gemein oder theilt sie ihm mit, selbst aber bleibt sie für sich frei von den Leiden des Fleisches." [2])

(Fortsetzung folgt.)

Aphorismen.

„Ihre Lehrer müssen gestürzt werden über einen Fels; so wird man denn meine Lehre hören, daß sie lieblich sei." Ps. 141, 6. Zu diesen Worten macht der treue, vielverlästerte Selneccer folgende Bemerkung: „O du herzes Verslein, wie bist du so ein großer Trost vielen treuen Lehrern zu dieser Zeit! Es gehet ja übel, wenn man will geradezu gehen und die Wahrheit sagen und schlecht und recht bei dem Worte Gottes bleiben. Es habens allezeit die kühnen Heuchler und sichern Wänste besser, denn die Rechtgläubigen. Aber es heißt: Lieber, warte doch deinem HErrn zu gefallen! Ihr Heucheln, Stolzieren und verkehrte Art wird zuletzt den Hals über einen Felsen brechen, das ist, plötzlich gestürzt werden und ein gar böses Ende nehmen. Alsdann wird man sehen, wie bitter ihre süße Lehre, und wie recht und lieblich unsere saure Lehre und Arbeit sei. Recht muß doch Recht bleiben." (Auslegung des Psalters. Th. III. fol. 219.) Wohlan, vielgeschmähte Mitzeugen der reinen, vollen, ungeschminkten Wahrheit, das sei auch unser Trost in dieser allerletzten hochbetrübten Zeit.   W.

Redeweise. Aegidius Hunnius sagt in seiner Schrift von der Prädestination: „Es gibt kaum und nicht einmal kaum einen in den göttlichen Geheimnissen so bewanderten, so geübten Theologen, welcher nicht zuweilen seine entweder ungeeigneten oder noch nicht in jeder Beziehung passenden Redeweisen hätte." (Quaest. et Resp. de praedest. S. 446.)

Biblische Kritik. Dr. Delitzsch schreibt in einem Vorwort zu der Schrift von Saphir, Pastor der presbyter. Trinity-Church in London, „Christus und die Schrift" (Leipzig 1879) u. A. Folgendes: „Immer

---

mansit, assumptione illa ineffabiliter faciente personae unius in Deo et homine veritatem. Idem.

1) Injuria sui corporis affectam non fateor Deitatem, sicut majestate Deitatis glorificatam novimus carnem. Aug. c. Felic. Arr. c. 11.

2) Divina natura proprias suas excellentias seu glorificationes carni communicat seu impertit, ipsa vero passionum carnis in se manet expers.

maßloser und ärgernißgebender wird die pietätslose Unehrerbietigkeit, mit welcher von manchen Theologen die heilige Schrift behandelt und so die Grundlage unseres aus dem Geiste der Reformation geborenen evangelischen Volksthums untergraben wird. Wir bestreiten der Kritik nicht ihr Recht, aber wir verwerfen die Profanität ihres Gebahrens, welche niederreißt, ohne zu bauen, und welcher über der menschlichen Seite der biblischen Bücher ihre ehrfurchtgebietende göttliche entschwindet. Es gab eine Zeit, in welcher man von todten Orthodoxen redete. In unserer Zeit gibt es um so mehr todte Kritiker, aus deren Büchern uns eitel Moder entgegenstiebt. Sie sind nicht auf dem Erfahrungswege der Buße zum Leben des Glaubens hindurchgedrungen und vermögen deshalb auch nicht Geistliches geistlich zu richten. Allerdings ist die heilige Schrift auch ein Gegenstand wissenschaftlicher Forschung, aber sie will mehr als das sein, und wer sie für nichts weiter gelten läßt, dem wird sie ein Geruch des Todes zum Tode. Sie ist nicht blos ein religionsgeschichtliches Denkmal, sondern die Urkunde der Wege Gottes zum Heile der Menschheit, Urkunde des Heilsweges, welcher zu seliger Gottesgemeinschaft führt, Urkunde des Willens Gottes, welche keinen Fragenden im Stich läßt. Nur wer das Bedürfniß der Sündenvergebung zu empfinden begonnen, nur der wird, wenn er von dieser Grundvoraussetzung des geistlichen Erfahrungslebens aus sich weiter dem Zuge und der Führung der Gnade untergibt, den Werth der heiligen Schrift schätzen lernen. Das vorliegende Buch Saphirs ist eine köstliche Anleitung zu Hebung des verborgenen Schatzes." — Möchte nur Herr Dr. Delitzsch nicht auch selbst die sogenannte „menschliche Seite der biblischen Bücher" also betonen, daß auch über seiner Behandlung derselben das Wort des Apostels „entschwindet": Πᾶσα γραφὴ θεόπνευστος καὶ etc. (2 Tim. 3, 16.)   W.

Ueber die neuen eschatologischen Träumereien schreibt Dr. Münkel in seinem N. Zeitbl. vom 20. November recht gut unter Anderem wie folgt: Die Auslegung der heil. Schrift hat sich mit besonderer Vorliebe den „letzten Dingen" zugewandt, und dabei die Bemerkung einfließen lassen, daß unsere Väter nach der Reformation wohl die Lehren von der Person Christi, von den Sacramenten, von der Rechtfertigung und was auf das innere Leben geht, zu einem gewissen Abschlusse gebracht, darüber aber die Lehren von der Zukunft Christi und seines Reiches auf Erden und im Himmel mehr vernachlässigt, zum Theil auch falsch verstanden haben. Jetzt sei die Zeit,

daß die neuern Auslegungen, die oft kraus und bunt durcheinander und widereinander gehen, darum richtiger find. Das ist aber wahr, so wie die Irvingianer und manche Secten und Chiliasten haben unsere Väter die Zu= kunftslehren nicht in die Mitte gerückt, als ob gegenwärtig die Hauptsache sei, sie zu Anfang, Mitte und Ende der geistlichen göttlichen Gedanken zu machen, und gewissermaßen zum vornehmsten Glaubensartikel zu erheben. Das konnten sie nicht und wollten sie nicht. Ihnen war Mark und Saft ihrer geistlichen Gedanken Christus, zwar der ganze Christus, aber der, wel= cher, Mensch geworden, für unsere Sünden gestorben und für unsere Ge= rechtigkeit auferweckt, nun kraft seines weltüberwindenden Opfers herrscht, und alle bußfertigen Sünder durch sein Blut aus Gnaden allein durch den Glauben reinigt und versöhnt. Ihr Leben war zuerst ein Leben in der fortgehenden Versöhnung, und ihre vornehmste Sorge, einen gnädigen Vater im Himmel zu haben, woran sie gewiß nicht unrecht gethan haben. Von da aus beurtheilten sie alles und auch die letzten Dinge, die nicht bloß in Uebereinstimmung mit ihren innerlichen Heilserfahrungen sein, sondern auch als ihr entsprechender Ausdruck erfunden werden mußten. Die beiden angeführten Bitten des Vaterunsers würde ein begeisterter Zukunftstheologe wohl anders als der kleine Katechismus Luthers ausgelegt haben, es würde ihm zu wenig gewesen sein, daß das Reich Gottes kommt, wenn der himm= lische Vater uns seinen Heiligen Geist gibt, daß wir seinem Worte durch seine Gnade glauben und göttlich leben hier zeitlich und dort ewiglich. Denn das ist zu sehr auf die inwendige Erbauung des Tempels Gottes be= rechnet. Hier oder bei der siebten Bitte hätte etwas von den sogenannten großen „Reichsgedanken" einfließen müssen. — Es ist gut, daß auch dieser prophetische Theil der Schrift durchforscht wird, welcher uns gleichfalls zur Lehre, zur Strafe, zur Besserung und Förderung in der Gerechtigkeit ge= geben ist. Unsere Väter haben das auch gethan, und wer es besser machen kann, der mache es besser. Nur vor einem sehr häufigen und gefährlichen Abweg muß man warnen. Wohin sich unsere Väter mit festem Fuße ge= stellt hatten, wenn sie Umschau in der Lehre von den letzten Dingen hielten, das ist vorhin gesagt. Aber diese unverrückbare Grundlage des Glaubens und göttlichen Lebens ist vielen zu knapp, zu dürftig und unbrauchbar, stellenweise auch fehlerhaft. Sie sehen eben darin eine Hauptursache der Verwirrungen und Nöthe der Kirche, die ihnen ein Antrieb mehr sind, sich

eine ganz andere Gestalt des Christenthums und der Gottseligkeit untergebracht wird, die eine um so größere Gewalt auf unbefestigte und unklare
Gemüther ausübt, als sie sich mit kräftigen Phantasiegebilden bekleidet, und
der herrschenden Zeitstimmung Nahrung gibt, welche Anregung des Gefühls
mehr als Erbauung, schwungreiche Phantasie mehr als nüchterne Lehre,
Erforschung der Heimlichkeiten mehr als den gewissen Heilsgrund begehrt.
Viele dieser Zukunftsgemälde braucht man nur zu überschauen, um sogleich
den Eindruck zu bekommen, daß sie aus einer fremden Welt stammen, und
nicht sowohl dem Reiche Gottes, als dem Reiche der Träumer, wenn nicht
gar dem Reiche der Schwärmer und Verführer angehören, durch die unsere
Kirche um ihre „gute Beilage" gebracht wird. — Dieser Strom der Be-
rauschung hat sich leider schon so reichlich über uns ergossen, und so viel
Unfug angerichtet, daß es allerdings gerathen sein kann, den vielen Irr-
lichtern das rechte Licht aus Gottes klarem und einfachem Worte entgegen-
zusetzen, aber nicht minder gerathen, die Gemeinden mit dem gelehrten oder
träumerischen Vorwitz zu verschonen, und sich das Wort des HErrn aus
seinen Reden über die letzten Dinge zum Text zu nehmen: „Wachet!"

Literatur.

Jüdisches Handwerkerleben zur Zeit Jesu. Nach den ältesten Quellen geschildert von Franz Delitzsch. Dritte, revi-dirte Auflage. Erlangen, bei A. Deichert. 1879. Preis 1 Mark.

Ein interessantes, 83 Seiten in Octav umfassendes Schriftchen.
Es behandelt in fünf Abschnitten folgende Themata: I. Die Herodier-
Herrschaft und der zweite Tempel in ihren Beziehungen zum Handwerk.
II. Zeitanschauungen über Arbeit und Handwerk im Allgemeinen. III. Die
höhere oder niedrigere Stellung der einzelnen Gewerbe im Urtheile des
Volks. IV. Ein Junitag aus dem letzten Jahrzehnt des vorchristlichen
Jerusalems. V. Lehrstand und Handwerk in Verbindung. — Wir stimmen
dem Verfasser vollkommen bei, wenn er S. 6 sagt: „Es ist der Mühe werth,
nach allen Seiten hin die Scene des Bodens und der Umgebung sich zu vergegenwärtigen, über welche der himmlische Menschensohn gewandelt ist,
dem wir, die Jungen und die Alten, die Studirten und die Unstudirten,
das Heil unserer Seele verdanken." Aber nicht romanhaft, à la Rénan
und Consorten, will er den Stoff behandeln. „Sind wir etwa der Meinung" — heißt es S. 6 — „daß uns auf diesem Wege das Wesen der Person und des Werkes Jesu begreiflicher werden wird? Werden wir einen
Beitrag zu jener romanhaften Behandlung des Lebens Jesu liefern, welche
jetzt Mode geworden ist? Nein — ich habe mich drei Jahrzehnte lang mit

hervorgegangen ist, aber um so mehr habe ich mich auch überzeugt, daß das, was er der Welt war und geworden ist, sich nicht aus dem Zusammenhange seiner Zeit und Lebensverhältnisse heraus erklären und begreifen läßt. Man mag die Zustände seiner Zeit und die Beschaffenheit seines Wohn= landes sich noch so nahe bringen — immer wallt er durch diese Zeitlichkeit wie eine geheimnißvolle Gestalt, immer hebt sich sein Bild in unvergleich= licher Erhabenheit von der Staffage seiner Gegenwart ab." Professor Delitzsch will vielmehr einen Theil des geschichtlichen Hintergrundes des Lebens JEsu zeichnen, will dazu beitragen, daß man sich die Zustände zur Zeit Christi und der Apostel lebendig vergegenwärtigen könne. Hierzu ge= währt das in Rede stehende Schriftchen, nach unserem Dafürhalten, aller= dings eine dankenswerthe Hilfe. Und man wird um so eher nach dem Büchlein greifen, als die in demselben geleistete Arbeit nur wenige Theo= logen zu leisten im Stande sind. Das Dargebotene ist nämlich zum größ= ten Theil aus dem Talmud*) und den Midraschim**) geschöpft, deren Studium die Aufgabe eines ganzen Lebens ist, eine Aufgabe, die frei= lich nicht nach unserm Geschmack ist. Die in dem Büchlein sich findenden archäologischen Notizen sind auch für den Exegeten interessant und in= structiv. Wenn ihm die meisten derselben auch schon bekannt sind: hier findet er sie zu einem lebendigen Zeitgemälde vereinigt. — In manchen Einzelheiten und beiläufigen Bemerkungen wird man dem Verfasser nicht beistimmen können. Trotz der Stabilität der orientalischen Verhältnisse kann man doch nicht frei aus dem Talmud auf die Zeit JEsu schließen. So will es uns nicht einleuchten, daß die Stellung des Weibes zur Zeit Christi

---

*) Ueber den Talmud sagt der Verfasser S. 36: „Alle diejenigen, welchen die außerordentlich schwierige selbständige Lesung dieses Werkes nicht wenigstens einiger= maßen möglich geworden, werden sich keine deutliche Vorstellung von diesem viel= gliederigen Kolosse machen können. Es ist ein ungeheurer Sprechsaal, in welchem tausend und abertausend Stimmen von wenigstens fünf Jahrhunderten durcheinander= summen. ... Denken Sie sich etwa 10,000 Gesetzbestimmungen, das jüdische Gesetz betreffend und nach Lebensgebieten classificirt, und dazu etwa 500 Schrift= und Rechts= gelehrte, meistens aus Palästina oder Babylonien, welche eine dieser Gesetzbestim= mungen nach der andern zum Gegenstand der Untersuchung und Debatte machen und mit haarspaltendem Scharfsinn (sehr oft auch Unsinn. D. Ref.) alle Möglichkeiten des Wortsinns und der praktischen Vorkommnisse erschöpfen, und denken Sie sich weiter, daß der feingesponnene Faden dieser Gesetzesinterpretation sich häufig in Abschweifungen verliert und daß, wenn man lange Strecken dieses Wüstensandes durchwatet hat, sich hie und da ein grüner Ruheplatz findet, welcher aus Sprüchen und Geschichten von all= gemeinerem Interesse besteht: so haben Sie ein ungefähres Bild dieses ungeheuren, in seiner Art einzigen Rechtscodex, gegen dessen Umfang alle Rechtsbücher anderer Völker Liliputer sind und gegen dessen buntscheckiges sumsendes Marktgetümmel sie stillen Studirstuben gleichen."

**) Die Midraschim, „die bis in die ersten christlichen Jahrhunderte zurückreichen= den umfänglichen und zahlreichen Sentenzensammlungen in Form von Commentaren zu

in dem talmudischen Spruch bezeichnet ist: „Wer seine Tochter im Gesetz unterrichtet, unterrichtet sie in Unsittlichkeit." In dem Maße war das Weib wohl nicht verachtet. Wir hätten dann doch wohl in den Evangelien mehrere gehässige Bemerkungen der Juden über den Verkehr des HErrn mit den Frauen. Joh. 4, 27. dürfte als Beweis nicht ausreichen. Eine optimistische Ansicht hat Herr Professor D. von den heutigen Juden. S. 30 f. lesen wir: „Auf allen Lebensgebieten entfaltet dieses Volk eine Begabung, die mit den hervorragendsten Leistungen in Wettstreit tritt, und eine Arbeitskraft, vor der sich manche unserer Liberalen so sehr fürchten, daß sie im Puncte der Durchführung der Judenemancipation lieber inconsequent werden. Auch auf dem Gebiete des Ackerbaues haben die Juden, wo es ihnen vergönnt war, sich bald wieder heimisch gemacht." Hier in den Vereinigten Staaten hätten die Juden die beste Gelegenheit, sich auf dem Gebiet des Ackerbaues heimisch zu machen. Bis jetzt aber existirt unseres Wissens noch keine jüdische Ansiedelung im „Westen". Sie beeilen sich nicht sehr, „den Pack von der Schulter zu werfen", sondern ziehen den Erwerb „durch Klein- und Großhandel" und „Literatenthum" vor.   F. P.

Dürfen unsere lutherischen Landeskirchen sich in Wahrheit dessen rühmen, daß sie schriftgemäß sind? Von F. E. Nerling, Pastor zu St. Matthäi in Esthland.

Dem Kirchen-Blatt der Breslauer vom 15. November v. J. entnehmen wir folgende Anzeige dieses Schriftchens:

Diese Schrift zerfällt in 5 Abschnitte. Der erste beleuchtet die gegenwärtigen landeskirchlichen Verhältnisse nach 1 Cor. 5. und Offenb. Joh. 3., und weis't nach, daß die lutherischen Landeskirchen sich wohl rühmten rechte Kirchen zu sein, dieser Ruhm aber ebenso wenig fein sei als der der Corinther, da sie keine Kirchenzucht übten, also schriftwidrig handelten. Im 2. Abschnitt geht der Verfasser besonders ausführlich auf die Erklärung jenes Gleichnisses vom Unkraut unter dem Weizen ein, das als der scheinbarste Schriftgrund angeführt wird, wenn nicht gegen die Kirchenzucht überhaupt, doch zur Rechtfertigung dafür, wenn man sich bei dem Unterbleiben der Kirchenzucht beruhigt. Er kommt hier zu dem Resultat, daß in diesem Gleichniß keineswegs die Kirchenzucht aufgehoben werde, sondern nur die gewaltsame Ausrottung der offenbaren Sünden verboten werde. Im 3. Abschnitt beantwortet der Verfasser die Frage: Was haben wir zu thun, um der Erkenntniß von der Nothwendigkeit der Kirchenzucht durch die That Folge zu geben? Die Summe der Antwort auf diese Frage läuft darauf hinaus, daß, da bei dem Wesen der Landeskirche principiell oder von vorn herein eine Selbstständigkeit der Kirche und Durchführung der Kirchenzucht nicht möglich,

diesen Abschnitt mit den Worten: Darum muß, wer die Kirchenzucht als nothwendige Forderung des HErrn an seine Gemeinde erkannt hat, auf Bildung von Freigemeinden bedacht sein, und wo mehrere in dieser Er= kenntniß zusammentreffen, müssen sie aus der Landeskirche austreten und eine eigene Gemeinde bilden auf Grund der schriftgemäßen Verkündigung des Wortes, der schriftgemäßen Verwaltung der Sacramente und einer schriftgemäßen Kirchenzucht. Im 4. Abschnitt begegnet er fünf Einwürfen gegen den Austritt aus der Landeskirche, bezüglich gegen Trennung von Kirche und Staat, als 1. Aufgeben des kirchlichen Einflusses auf die Masse des Volkes, 2. die Aussicht, daß doch wieder die Lutherischen nach ihren einzelnen verschiedenen Standpuncten in ebenso viele einander verketzernde Kirchenkörper zerfallen, 3) daß außerdem dadurch viel Verwirrung und Aergerniß unter den Seelen angerichtet werde; 4. daß man dadurch die Drangsale der letzten Zeit verfrühe, 5. daß der pecuniäre Schaden am Kirchengut die Existenz solcher Separation bedrohe. Hiergegen ist ja freilich immer in erster Linie festzuhalten, daß, wer des Tags, d. h. im Gehorsam des Wortes wandelt, der stößt sich nicht; im Uebrigen erwartet der Verfasser, besonders was den 1., 3. und 4. Einwand betrifft, den entgegengesetzten Gewinn. Im 5. Abschnitt gibt er eine Auslegung von 1 Cor. 5., worin er nachträglich beweis't, daß jene Stelle wirkliches Bannverfahren vorschreibt.

Kirchlich = Zeitgeschichtliches.

I. America.

Die Bischöfliche Methodistenkirche ist bekanntlich ganz von den Logen beherrscht, während die Wesleyanischen Methodisten gegen die Logen zeugen. Die Wesleyanischen blieben ihrem Zeugniß auch treu, als die Bischöflichen einen Freimaurer als Abgeord= neten an ihre letzte Generalconferenz abschickten: sie nahmen ihn einfach nicht an. — Dieselbe Generalconferenz der Wesleyanischen Methodisten beschloß auch nur mit Einer Stimme Mehrheit, an dem beabsichtigten Allgemeinen Methodistenconcil Theil zu nehmen.

Methodismus. Ein Theil derjenigen unter den Bischöflichen Methodisten, die der Bevormundung der Gemeinden durch die Bischöfe und deren Herrschaft müde sind und das Wahlrecht der Gemeinden vertheidigen, hat sich nun abgesondert und eine eigene Gesellschaft organisirt: Die jährliche Conferenz der Methodistenkirche.

Methodismus. Ueber das Unwesen bei methodistischen Versammlungen gehen selbst manchen Methodisten die Augen auf. Der „Sendbote" theilt aus dem „Christian Advocate" Folgendes mit: „Wenn ich mir drei oder vier starke Männer vorstelle, die neben drei oder vier bußfertigen Mädchen knieen und mit allem Feuereifer beten, dessen sie fähig sind, schreiend, händeklappend und unablässig ermahnend, daß, wie eine be= merkte, sie ‚keines Gedankens mächtig war', ist es zu verwundern, daß eine Entkräftung und dann in rückwirkender Weise eine Entzündung hervorgebracht wurde, in welcher die

Mädchen, trotz der unweisen Maßnahmen, sie ,durchzubeten'; sind, wie ich glaube, vom
Tode zum Leben durchgedrungen; aber solche Methode ist geeignet, ein oberflächliches"
— [wollte Gott, nur oberflächlich!] — „Werk zu Stande zu bringen, das seinen Ursprung
in nervöser Erregung hat und endlich zu Täuschung und entschiedenem bittern Un=
glauben führt. Einer der erklärtesten Ungläubigen, den ich kenne, ist ein abgefallener
Methodistenprediger, der einst berühmt war um der wunderbaren körperlichen Mani=
festationen willen, die sein Predigen begleiteten. Schreien, Rufen, Seufzen und Weinen
wurden von seiner Versammlung gewöhnlich gehört und gesehen, und gelegentlich er=
eignete es sich, daß er vor lauter Erschöpfung zusammenbrach. Heute ist er einer, der
das Werk des Heiligen Geistes bestreitet, selbst in den besten der Menschen. Ein anderer
Prediger wurde, als er noch ganz jung war, von etlichen unverständigen Brüdern an=
getrieben, sein geistliches Leben in handgreiflicher Weise darzustellen und die Gebete und
Ermahnungen mit lautem Rufen zu unterstützen. Während einer verlängerten Ver=
sammlung drangen sie in ihn, zu rufen und zu schreien, und ihrem Rathe folgend war
er bald in solcher Extase, wie der Lauteste unter ihnen. Ehe er von seinen Knieen auf=
stand, erfüllte ihn die Ueberzeugung, daß sein Gebahren unecht und nicht vom Geiste
Gottes gewirkt war, und ein Gefühl der Reue und Scham durchdrang ihn, daß er Monate
lang am Rande des Abfalls war, fühlend, als habe er den Geist geläftert. Heute sagt
er, daß er sich dieser Erfahrung gleich eines schrecklichen Traumes erinnere. Werden
wir nicht ermahnt: ,Glaubet nicht einem jeglichen Geist, sondern prüfet die Geister, ob
sie von Gott sind' (1 Joh. 4, 1.)? Ich habe nichts wider einen Freudenruf, der aus
einer gesegneten Erfahrung kommt, habe aber keinen Glauben an eine Erfahrung, die
ihren Grund in nervöser Erregung hat. — Das ,Journal and Messenger' bemerkt
hierzu: ,Der Schreiber dieses wohnte vor dreißig Jahren einer Lagerversammlung bei
und war als Zeuge von Auftritten und Betragen, das er es nie vergessen kann; und
dieses machte einen solchen Eindruck auf ihn, daß er seitdem nie das leiseste Verlangen
gespürt hat, einer andern beizuwohnen. Und doch wurden die handelnden Personen in
diesen Scenen als vernünftige christliche Männer und Weiber betrachtet.' "

Gottesläfterliches Politisiren auf der Canzel. Als Expräfident Grant jüngft
der Gaft Philadelphia's war, da, so meldet ein New Yorker deutsches politisches Blatt,
predigte ein protestantischer Geistlicher Philadelphia's mit Namen A. J. Rowland (es
war am 4. Abbentsfonntag v. J.) über den Empfang Grant's auf Grund von Joh.
1, 11. 12.: „Er kam in sein Eigenthum, und die Seinen nahmen ihn nicht auf. Wie
viele ihn aber aufnahmen, denen gab er Macht." Das ist selbst dem von einem Un=
gläubigen redigirten Blatte zu arg. Dasselbe setzt daher hinzu: „Demnach ist Grant
ein größerer Mann, als es Christus war", und straft es, daß „die dem ,großen Welt=
reisenden' gebrachten Ovationen den Charakter einer Vergötterung im buchstäblichen
Sinne des Wortes angenommen" haben. Das Blatt findet es natürlich, daß, nachdem
ein Prediger so vorangegangen sei, ein Politiker „bei Gelegenheit des Empfangs in der
Commercial Exchange Grant mit dem Prädicat ,unser Erlöser' becomplimentirt habe."

Schreckenerregende Vermehrung der Selbstmorde unter den Deutschen.
Folgendes berichtet eine hiesige Zeitung: „Im Jahre 1879 haben sich in St. Louis
42 Personen das Leben genommen — 14 weniger als im Jahre 1878. Von den 42
waren 31 Deutsche, also genau 75 Procent von der Gesammtzahl; 19 wählten, um aus
der Welt zu kommen, das Erschießen; 9 sprangen in's Wasser; 7 erhängten und 7 ver=
gifteten sich. Die 5 Frauen, die sich das Leben nahmen, griffen alle zum Gift." — Daß
gerade die Deutschen ein so großes Contingent zu der Zahl der Selbstmörder liefern, ist
wohl nur daraus zu erklären, daß wohl in keinem Volke der Erde der Gott und sein

Rom und die Volksschulen. Aus einem in Boston gehaltenen Vortrage des Rev. Jos. Cool theilt der „Sendbote" Folgendes mit: „Ist nichts zu fürchten, wenn dem Pabst gestattet wird, die Elementarschulen einer freien Nation zu regieren? Fragt Mexico. Fragt die hinkenden Republiken von Süd=America. Fragt Unter=Canada, wo mir selbst auf offener Straße mit Gewaltthätigkeit gedroht wurde, weil ich anständig und höflich behauptete, daß ein Priester nicht im Stande sei, Todte zu erwecken. Fragt das südliche Italien. Fragt Irland und seine höheren Schulen. Fragt Gladstone, wie er, über die Seiten seines Pamphlets ‚Vaticanismus' gebeugt, die gesammte Weltgeschichte herausfordert, zu bezeugen, daß die Erziehung, nicht zu reden von den Freiheiten des Volkes, nicht sicher ist unter der ausschließlichen Aufsicht Roms. Fragt Fürst Bismarck. In seinem Palaste zu Varzin hat er in seinem Zimmer über dem Kamin eine kostbare Tapete, die König Heinrich IV. barfuß und im Büßergewande darstellt, wie er zu Canossa drei Tage im Schnee am Thore des Palastes Pabst Hildebrand's kniet und vergeblich um Absolution bittet, bis seine Demüthigung so tief war, wie sie nach den Begriffen des römischen Oberpriesters sein mußte, um ein Symbol zu sein von der Niedrigkeit der weltlichen Macht, wenn sie sich wider die geistliche Macht auflehnt. Fragt Sicilien und Sardinien, ob es sicher ist, die Jesuiten die Volkserziehung eine Reihe von Generationen hindurch controliren zu lassen. Fragt den Pabst Clemens, der in demselben Jahre, in dem dies Haus, in dem wir versammelt sind, gebaut wurde, die Jesuiten aus Rom verbannte und den Orden aufhob. Fragt die lange Reihe römisch=katholischer Fürsten, die von jenem Datum an die Jesuiten aus ihren Ländern vertrieben. Fragt den Kirchenstaat, unter dem Schatten der St. Peterskirche, wo zur Zeit, als Victor Emmanuel Besitz von Rom nahm, nur fünf Procent von der Bevölkerung lesen und schreiben konnten."

Nekrologisches. Am 23. November v. J. starb Dr. C. F. Schäffer, Präsident und Professor des theologischen Seminars in Philadelphia.

II. Ausland.

Urtheil über Missouri. In der „Hannoverschen Pastoral=Correspondenz" vom 22. November v. J. lesen wir unter Anderem Folgendes: „Es ist mit Hermannsburg wie mit Missouri. Welchem rechten Lutheraner, der nicht die Vilmar=Huschke'sche Brille trägt, wird nicht das Gedeihen der Missourier am Herzen liegen, da sie das genuin Lutherische wie keine andere Kirchengemeinschaft in America freilich etwas steifleinen betonen, wenn wir auch nicht mit ihnen auf Artikel, welche mehr die Historie, als die Lehre angehen, den Antichrist und den Chiliasmus, solches Gewicht legen wie sie; wenn wir ihre Verwerfung des Zinsnehmens nicht für richtig halten, und die Lehre von der Uebertragung sonderlich in der Anwendung auf die realen Verhältnisse auf einer Verwechslung der idealen und empirischen Gemeine beruht. Aber nachdem sie die hier ausgebildeten Prediger in unsere Landeskirchen schicken, um an ihrer Auflösung zu arbeiten, ist unsere Hand lahm geworden ihnen zu helfen." — Wenn der wohlwollende Schreiber erstlich behauptet, daß die Puncte vom Antichrist und vom Chiliasmus „mehr die Historie, als die Lehre angehen", so müssen wir Folgendes bemerken. Was erstlich den Antichrist betrifft, so hätten sich nach dieser Anschauung die Juden einst, als nur das Alte Testament da war, ebenfalls damit ausreden können, wenn sie JEsum nicht für den Christ erkennen wollten; sie hätten nemlich sagen können, ob JEsus von Nazareth der Christ sei, sei mehr eine „historische", als „Lehrfrage". Aber nachdem der, der da kommen sollte nach den Weissagungen der Propheten, bereits gekommen war mit allen Kennzeichen des Verheißenen, da hörte die Frage auf, eine blos oder mehr historische zu sein, da wurde allerdings eine Lehrfrage, von deren Beantwortung Annahme oder

Schrift vorausverkündigten Antichrist bewandt, nachdem derselbe ebenfalls mit allen Zeichen des ἀντικείμενος (2 Theff. 2, 4.) bereits gekommen ist, wenn auch an sich die Anerkennung des Antichrists von unendlich geringerer Bedeutung ist, als die Anerkennung des in der Fülle der Zeit gekommenen Christus. Und so erweisen nicht nur wir die relative Nothwendigkeit der Anerkennung des Antichrists, so auch unsere Väter bis auf Spener incluf. Die Lehre vom Antichrist für eine mehr historische, als Lehrfrage, erklären, ist eine reine petitio principii. Wenn nach der „Pastoral-Correspondenz" ferner auch der Chiliasmus mehr die Historie, als die Lehre angehen soll, so sollte der Schreiber, welcher dies Missouri entgegenhält, wissen, daß Missouri gegen den Chiliasmus nur insoweit mit allem Ernste als eine seelenverderbliche Schwärmerei auftritt, als derselbe irgend einem Artikel des Glaubens widerstreitet, also nicht „dem Glauben ähnlich" ist (Röm. 12, 7.), daß wir aber sonst den Chiliasten gern das Vergnügen lassen, die ganze Welt- und Specialgeschichte aus der Offenbarung St. Johannis zu studiren oder schon gefunden haben zu wollen. Daß ferner der Schreiber die Lehre der alten Kirche, Luther's, Melanchthon's, Chemnitz'ens oder besser der heiligen Schrift vom Wucher nicht für richtig hält, bedauern wir; aber an der Wahrheit derselben ändert das so wenig, als an der Wahrheit vieler anderen Lehren, die jetzt auch die „Gläubigen" nicht für richtig halten. Wenn aber der Schreiber auch behauptet, daß unsere „Lehre von der Uebertragung sonderlich in der Anwendung auf die realen Verhältnisse auf einer Verwechslung der idealen und empirischen Gemeinde beruht", so scheint ihm eine Uebertragung und eine praktische Anwendung der Lehre von der Uebertragung vorzuschweben, von der wir nichts wissen. Auch wir wissen erstlich nur von einer Uebertragung des Amtes, nicht durch die Kirche „large" genommen (S. Apologie S. 154), insofern sie „Böse und Gute begreift", als solche, sondern durch die unsichtbare Kirche, die in jeder sichtbaren verborgen liegt und die, wie unser Bekenntniß sagt, „allein das Priesterthum hat" (Schmalk. Art. S. 342). Was aber die „Anwendung auf die realen Verhältnisse" betrifft, so sind wir weit davon entfernt, nach der Ableitung des heiligen Predigtamts, anstatt aus der Ordination, aus der Gemeinde der Heiligen das Verhältniß des Predigers zur Kirche im uneigentlichen Sinne äußerlich ordnen und die Ordnung, welche Gott selbst gemacht hat, ändern oder gar aufheben zu wollen. Das Interesse, welches uns bei der Betonung der Uebertragungslehre leitet, ist lediglich die Abwehr jeder Art von Priesterstolz und Priesterherrschaft und die Salvirung der Freiheit der christlichen Gewissen. Während wir daher auf der einen Seite dem öffentlichen Predigtamte alle seine göttlichen Gewalten, Rechte und Privilegien ängstlich wahren, zeigen wir nur zugleich auf der anderen Seite, woher diese Herrlichkeit fließt, „auf daß man", wie Luther sagt, „dieses Dinges einen rechten Grund habe" (Walch XIX, 1052). Daß, wie der Schreiber schließlich sagt, den Hannoveranern die „Hand lahm geworden" sei, uns zu helfen, nachdem wir angefangen haben, wo uns Gott dazu Beruf gibt, auch an unserem Theile an der Auflösung der abgefallenen Landeskirchen zu arbeiten, das thut uns leid, obwohl wir bisher von helfenden Händen von dorther auch früher herzlich wenig gespürt haben.   W.

ration zwingt. Ja, wohl ist es um die Milde eine schöne, echt christliche Sache, Seelen gegenüber, die unwissend irren — aber den bewußten Spöttern und Verächtern gegen= über gehört sich ganz dasselbe, was der HErr Christus auch brauchte, — die Geißel, die sie zum Heiligthume hinausjagt." — In demselben Blatte bemerkt der Redacteur: „Nr. 15 u. 16. der ‚Freikirche' enthält einen beachtenswerthen Artikel über die britte allgemeine lutherische Conferenz zu Nürnberg, besonders über den Vortrag von Lohmann: ‚Landeskirche oder Freikirche.'" Dieser Wink ist in der That erfreulich; das bloße „Beachten" des allerdings ganz ausgezeichneten Artikels ist jedoch freilich nicht genug, er will auch ausgeführt sein. — Endlich lesen wir in derselben Nummer: „Wahr= haft niederschmetternd ist die Nachricht, daß den Geistlichen der Sühneversuch bei dro= henden Ehescheidungen genommen, und somit die letzte Mahnung der Kirche aufgehoben wird. Man fragt erschrocken: ‚Und das in einer Zeit, in welcher wie eine ungeheuere tiefe Kluft, die Alles zu verschlingen droht, der sittlich=religiöse Schaden unseres Volkes uns entgegengähnt? Hat man denn keine Augen, zu sehen?' Das Verfahren scheint um so auffallender, wenn man bedenkt, wie nach der neuen Organisation den ländlichen Friedensrichtern Sühneversuche bei kleineren Injuriensachen übertragen werden. Hier soll (und kann es auch ganz gut) ein Gemeindevorstand streitende Parteien auf welt= lichem Gebiete versöhnen. Aber der gebildete, studirte Geistliche soll auf einem Gebiete, das ihn so recht eigentlich angeht, dies zu thun nicht im Stande sein? In der That, man kommt wirklich auf den Gedanken, daß man ganz absichtlich darauf ausgeht, den Geistlichen und damit der Kirche jeglichen Einfluß auf das Volksleben mehr und mehr zu entziehen. Und dann wundert man sich noch, daß des Socialismus Hydra gähnend ihre Häupter erhebt." Und doch wollen selbst Männer, wie der Redacteur des Blattes, Pastor Dr. Schenkel, in der sächsischen Staatskirche treu ausharren!	W.

Die Leipziger Mission hat durch den im vorigen Jahre erfolgten Tod des Mis= sionars K. E. Grahl einen neuen Schlag erhalten.

Gegen Hrn. Past. Hübner's Beleuchtung der Nürnberger Conferenzverhand= lungen ist in der Luthardt'schen Kz. vom 28. Nov. v. J. eine Kritik erschienen. Zwar hatten wir uns schon auf eine armselige Kritik derselben gefaßt gemacht, denn wer kann eine faule Sache vertheidigen ohne Sophistereien? daß dieselbe aber so kläglich ausfallen werde, wie sie jetzt vorliegt, haben wir doch für unmöglich gehalten. Um nur ein Bei= spiel anzuführen, so lesen wir in der Kritik: „Gelegentlich wird gesagt, daß die obrig= keitlichen Kirchenordnungen schon Uebergriffe in das eigentlich geistliche Gebiet seien. Dies wird so bewiesen: denn dann müßten Ordnungen, die sonst ,um der Liebe und des Friedens willen' zu halten seien, aus Gehorsam gegen das vierte Gebot gehalten werden, und das beschwere die Gewissen. Ist es denn weniger eine Gewissenspflicht, daß man Liebe übe und Frieden halte? — Wahrlich, wenn das Hineinregieren der Obrigkeit in die Kirche weiter nichts auf sich hätte: den Schaden möchten wir schon tragen." Der Herr Kritiker scheint hiernach auch nicht eine Idee von dem zu haben, was die durch Christum so theuer erworbene christliche Freiheit ist und wie ernst ein Christ für dieselbe alles, auch sein Leben, einzusetzen habe. Bei so dicker Finsterniß müssen freilich selbst die ärgsten Verleugnungen der Wahrheit leicht zu verschluckende Mücken und eine Separation um des Gewissens willen nur eine Folge einer kranken Milz, wenn nicht schlimmerer Dinge

daß bei der ganzen Angelegenheit die Abhängigkeit der Kirche vom Staate sich sehr fühl=
bar gemacht habe, wies Abt Dr. Uhlhorn als Vertreter des Kirchenregiments darauf
hin, daß es sich Pastor Harms gegenüber um Abweisung einer bekenntnißwidrigen Lehre
von der Ehe gehandelt habe, und erklärte bei dieser Gelegenheit: ‚Einer Durchbrechung
der bekenntnißmäßigen Lehre muß die Kirchenbehörde auf gleiche Weise entgegentreten,
mag sie auf der linken oder auf der rechten Seite, bei den Protestantenvereinlern oder
bei Pastor Harms und seinem Anhange geschehen.‘“ Die Kirchenzeitung setzt hinzu:
„Wir nehmen gern von dieser Aeußerung Anlaß, und hoffen, daß die Behörde sich vor=
kommendenfalls des mit solchem Nachdruck Ausgesprochenen erinnern wird.“ — Die
liebe Kz. bedenkt aber nicht, daß man zwar Gott, aber nicht Menschen gegenüber glauben
solle auf Hoffnung, „da nichts zu hoffen“ ist; oder wo hat das Hannoversche Kirchen=
regiment mit seinem Einschreiten gegen die Protestantenvereinler Ernst gemacht? Lehren
dieselben nicht bis diese Stunde unangefochten auf vielen Canzeln der Landeskirche?
Nein, es ist nicht wahr, das Hannoversche Kirchenregiment tritt nicht der „Durch=
brechung der bekenntnißmäßigen Lehre, mag sie auf der linken oder auf der rechten Seite
geschehen“, entgegen. Nicht dann tritt diese Kirchenbehörde energisch auf, wenn Christi
Kirche, sondern wenn die Landeskirche mit den darin vorgehenden Greueln durch eine
Lehre gefährdet wird. Das sei Gott geklagt! Denn das wissen wir im Voraus, daß
eine solche Rüge uns bei den Menschen nichts einbringen wird, als Schmähung unserer
Person als eines hochmüthigen Fanatikers. Denn gegen sogenannte „positive“ Theo=
logen auftreten, das gilt jetzt ast für eine Sünde in den heiligen Geist. Daß es Gott
erbarme, ehe der Tag seines Gerichts kommen wird.   W.

Frankfurt am Main. Im „Kirchenblatt“ der Breslauer vom 1. December v. J.
lesen wir: „Pastor Diedrich, der bekanntlich vor mehreren Jahren Jabel verließ, um
in Frankfurt eine ‚Immanuel = Gemeinde‘ ins Leben zu rufen, hat den größten Theil
seiner Gemeindeglieder und mit ihnen das großartig angelegte Kirchlocal wieder ver=
loren; mit seinen wenigen Getreuen hat er vorläufig eine Zuflucht im Locale des evan=
gelischen Jünglingsvereins gefunden. Was aus seinen gewesenen Gemeindegliedern
wird, deren größter Theil ursprünglich zu uns gehörte, dann in den 60er Jahren mit
Pastor Hein abfiel und missourisch wurde, dann in den 70er Jahren zu Diedrich über=
ging, steht noch dahin. Versuche, an die hessischen Renitenten sich anzuschließen, sollen
nicht geglückt sein.“ Pastor Diedrich staken offenbar große Dinge im Kopf, als er seine
bedeutende Gemeinde aufgab und nach der großen Stadt Frankfurt übersiedelte, um sich
hier an die Spitze der wenigen malcontenten ausgeschiedenen Elemente der Gemeinde
Herrn Pastor Hein's zu stellen. Aus den „großen Dingen“ ist aber nichts geworden.
Selbst das „großartig angelegte Kirchlokal“ hat nicht ziehen wollen. Wie hat sich Died=
rich von Grabau aufstacheln lassen, uns Missourier als Rottenmacher zu verlästern,
nachdem wir nur derjenigen angenommen hatten, deren Gewissen von Grabau und
Genossen auf das greulichste tyrannisirt und die von diesen Papisten mitten in der luthe=
rischen Kirche in himmelschreiender Weise in falschen ungerechten Bann gethan worden
waren! Und was thut er selbst? — Er selbst macht wirklich „Rotten“ und nimmt Ver=
ächter des Predigtamtes von denen an, die er dieser Sünde wider die Wahrheit bezichtigt!
Kein Wunder, daß die Sache ein Ende mit Schanden nimmt.   W.

Vilmarianismus. Im Ev. = luth. Friedensboten aus Elsaß = Lothringen vom
19. October v. J. lesen wir: So lehrt man die Missionszöglinge in Melsungen (Kur=
hessen): „In dem ersten Menschen Adam tritt die Schöpfung des Menschen aus der
Ewigkeit in die Zeit ein, womit zugleich das Schöpfungswort des Menschen erfüllt ist
und die gesammte Schöpfung der Menschschöpfung unterworfen ist, insofern sich in

keit in der Zeit ist in die Ordnung der Ehe gefaßt, deswegen wir die Ehe die Schöpfungs=
ordnung des Menschengeschlechtes nennen können. In Noah tritt das specifische
Menschenleben aus der Ewigkeit in die Zeit ein, und durch ihn scheidet sich das specifische
Menschenleben von dem Naturleben und das letztere wird dem erstern untergeordnet, so
daß durch die Stiftung der Obrigkeit die Naturschöpfung in die höhere Potenz der
Menschenschöpfung eingebunden worden ist. In Abraham tritt das personale
Menschenleben oder das specifische Offenbarungsleben aus der Ewigkeit in die Zeit ein
und scheidet sich von dem specifischen Menschenleben oder Völkerleben, so daß wir die in
Abraham neu gestiftete Ordnung des Gottesdienstes die Gnadenordnung nennen können.
In solcher Weise vollendet sich erst im Personalleben des Menschen die Offenbarung
Gottes u. s. w." Es ist ordentlich, als gäben sich diese Leute Mühe, ihre Gedanken
recht in dunkle Satzwendungen zu verhüllen. Wo ist da die Einfalt der Schrift=
sprache? — Und das soll lutherisch sein?!! Werdet doch einmal recht
nüchtern! 1 Cor. 15, 34.

Preußische Landeskirche. Der „Pilger aus Sachsen" vom 7. December v. J.
schreibt: Auch von kirchlichen Nachrichten haben wir keine erfreulichen aus Berlin zu
bringen. Werner ist bestätigt. Der Synodalausschuß ist zwar von dem Branden=
burger Consistorium in der Angelegenheit zugezogen worden, allein es waren nur
8 Stimmen gegen, 10 Stimmen (darunter die Dr. Brückner's) für die Bestätigung,
eine Entscheidung, die nach den Verhandlungen der Generalsynode doppeltes Erstaunen
erregt. Begründet wird die Bestätigung damit, daß die Schriften, welche Werner vor
seiner Berufung in die preußische Landeskirche geschrieben habe und auf welche sich der
Protest der Jakobikirchglieder stützt, dadurch ihre Beweiskraft verloren hätten, daß
Werner ja durch seinen Uebertritt in die preußische Landeskirche sich auf deren kirchliche
Grundlage gestellt habe, in der That eine Begründung, die eine neue Auflage des be=
kannten Wortes der Rotte Korah ist: die ganze Gemeinde ist überall heilig. Es ist jedoch
völlig nutzlos, von Sachsen aus den Preußen den Text lesen zu wollen. Sie haben
Einwände, denen sich schwerlich von uns aus etwas entgegnen läßt. — In der General=
synode hatte Dr. Brückner die Hoffnung auf die Kirchensteuer, welche den einzig in der
Welt bestehenden Berliner Kirchenjammer (bei 850,000 evangelischen Einwohnern
96 Geistliche) etwas abhelfen könnte, für ein „verlöschendes Licht" erklärt. Nun wird
das Licht wieder helle brennen. Denn Werner, ohne dessen Bestätigung die Stadtsynode
keine Kirchensteuer bewilligen wollte, ist ihr ja nun bewilligt. Es heißt sogar, die Dro=
hung der Stadtsynode sei ein Hauptdrücker für die consistoriale Bestätigung gewesen.
Mit Werner wurde übrigens gleich ein weiteres protestantenvereinliches Kirchenlicht,
welches sich eine andere Berliner Gemeinde aus Jena verschrieben hatte, bestätigt, so
daß also nun der Handel für abgeschlossen gilt und die Zahlung der Silberlinge erfolgen
kann.

Kirchendisciplin in Preußen. Dr. Münkel berichtet: „Ein freisinniger Geist=
licher, Neßler, gab sich dazu her, den ausgetretenen Kalthoff nach dessen Wunsch zu
trauen, so daß es keine kirchliche Trauung und doch eine Feierlichkeit des Ehestandes
sein sollte. Der Geistliche verrichtete die Handlung nach Wunsch im Hause Kalthoffs
und im Frack, deswegen er vom Consistorium verurtheilt wurde zu einer namhaften
Geldstrafe von 200 Mark, und daß er im Talar vor dem Consistorium erscheinen und
einen Verweis entgegennehmen sollte." In Lehrsachen bringt man bekanntlich in
Preußen als über harmlose Sachen den „Geist der Milde" zum Ausdruck; aber wenn
so erschreckliche Dinge von einem „Geistlichen" begangen werden, daß er im Frack traut,
dann läßt auch ein preußisches Consistorium nicht mit sich spaßen.   W.

Waldeck genießt ein Kirchenregiment, von dem man zweifelhaft sein kann, ob es

sche Kirche auf den Grundsätzen der reformatorischen Bekenntnisse ruhe. Diese Unbe=
stimmtheit war dazu angethan, den Unglauben ins Predigtamt zu rufen, und brachte
natürlich die Waldeck'sche Kirche außerhalb des Ländchens in Verruf. Bei der im Sep=
tember gehaltenen Landessynode beantragte man daher, daß unter den reformatorischen
Grundsätzen „das alleinige Ansehen der heiligen Schrift und die Rechtfertigung durch
den Glauben an Christum" zu verstehen sei, welcher Antrag auch mit zwei Drittel der
Stimmen angenommen wurde. Aber selbst diesen immer noch ziemlich wächsernen Zusatz
erklärte das h. Waldeck'sche Consistorium für unannehmbar! (Pilger a. S.)

Nassau. Münkel berichtet: „Die Bezirkssynode Wiesbaden verhandelte am
23. October über einen Anschluß des Consistorialbezirkes Wiesbaden an die preußische
Landeskirche unter Vorbehalt mancher nassauischen Eigenthümlichkeiten, namentlich auch,
daß die nassauische Union von 1817 und 1818 in ihrem Bekenntnißstande unberührt
bleiben sollte. Von einem solchen Anschlusse ist schon seit mehreren Jahren die Rede,
indeß wurde er mit 23 Stimmen gegen 19 abgelehnt." Und warum? — Weil den
Nassauern die preußische Landeskirche zu orthodox ist! W.

Anhalt. In der Luthardt'schen Kz. vom 14. November v. J. lesen wir: „Da in
den Kreisen Köthen und Zerbst die reformirten und lutherischen Gemeinden noch nicht
unirt sind, so werden zum Behuf der Wahl für die erste Landessynode für den ehemals
köthenschen Landestheil je ein reformirter und lutherischer Wahlkreis gebildet. In diesen
sechs Wahlkreisen werden für die Landessynode zehn Geistliche, zehn Weltliche und neun
angesehene Männer als Abgeordnete gewählt, wozu dann die fünf Kreissuperintendenten
und noch fünf von dem evang. Landesherrn zu ernennende Synodale hinzukommen.
Die Zahl 39 umfaßt also die Gesammtheit der Synodalen. Unter diesen hat die refor=
mirte Kirche nur sechs, die lutherische vier Vertreter. Dieses Verhältniß muß deshalb
in Betracht kommen, weil man in den maßgebenden Kreisen damit umgeht, das diesen
beiden Kirchen Eigenthümliche in Lehre und Cultus durch die Union zu verwischen.
Nach einer Mittheilung aus Dessau würde sich die Aufgabe der Synode in der Haupt=
sache auf die Einführung der Union in dem ganzen Herzogthum Anhalt beschränken.
Es soll dabei, wie angeführt wird, nichts Neues geschaffen werden, sondern die jetzt noch
getrennt bestehenden Confessionen des köthenschen Landestheils sollen nur der in den
übrigen Landestheilen schon über fünfzig Jahre bestehenden Union beitreten, und die
Landessynode soll dazu ihre Zustimmung ertheilen. An dem Bekenntnißstande würde
durch die Union nichts geändert, sondern es würde durch dieselbe in der Hauptsache nur
eine Abendmahlsgemeinschaft eingeführt und die wünschenswerthe Einheit im Cultus
und in sonstigen kirchlichen Einrichtungen angebahnt werden. Auch sei durch die Frei=
zügigkeit ein Zustand herbeigeführt, daß in fast allen köthenschen Ortschaften Reformirte,
Lutheraner und Unirte vermischt untereinander wohnten, also rein reformirte und rein
lutherische Gemeinden kaum noch vorhanden wären. Ueberdies sei die Kenntniß der
Unterscheidungslehren zwischen der reformirten und der lutherischen Confession in dem
Volke fast ganz verschwunden, auch in dem gemeinsamen Bekenntnisse eine breite
Grundlage der Einheit gegeben." — Wir wollen gern glauben, daß mit der endlichen
authentischen Erklärung, Anhalt sei unirt, nichts als der Name geändert werden wird.
Möchten nur die anderen Landeskirchen, welche das noch nicht gethan haben, auch so
ehrlich sein, es zu thun, so käme wenigstens zum Abfall nicht auch noch die Unehrlichkeit
hinzu. W.

Die Kirche Hamburgs befindet sich in einem überaus traurigen Zustande. Die
Hälfte der Glieder des Ministeriums sind Protestantenvereinler, von denen soeben einer,
Hirsche, Senior geworden ist. Zwar ist letzterer nach seiner Erhebung auf diesen
wichtigen Posten aus dem Protestantenverein ausgetreten, hat aber demselben die be=

ruhigende Versicherung gegeben, daß er im Geiste dem Verein nach wie vor zugehöre. Unter der Bedingung jenes Austritts hat sich selbst der gläubige Hauptpastor K r e u s l e r dazu verstanden, Herrn Hirsche Gehorsam und Ehrerbietung zu geloben, also der Unter= hirt dem Oberwolf!   W.

Die Kirchenzeitungen in Deutschland. G. Jäger schreibt in seinen „Beiträgen zur Evangelien=Auslegung" (Leipzig 1879): „Seit einigen Jahren sind theologische Zeitschriften, die auf eine stattliche Reihe von Jahrgängen zurückblicken durften, wie die Zeitschrift für Protestantismus und Kirche, für die gesammte lutherische Theologie und Kirche, die Jahrbücher für deutsche Theologie, eingegangen, und das Interesse wendet sich vorwiegend den eigentlichen Kirchenzeitungen zu, die von Besprechungen der Tagesfragen leben."

Böhmen. In einem in der „Pastoral=Correspondenz" vom 8. November v. J. veröffentlichten Schreiben aus Böhmen, worin für Zusendung deutscher Schriften ge= dankt wird, die dem Schreiber durch den hannoverschen Schriftenverein zugegangen waren, heißt es schlüßlich: „Diesem erlaube ich mir, aufgemuntert durch Ihre Freund= lichkeit, noch eine zweite ergebene Bitte beizufügen, daß nämlich der hannoversche Schriftenverein die Güte hätte, wenigstens seine christlichen Tractate auch in böhmischer Sprache herauszugeben. Die Uebersetzung und auch die Correctur des Druckes würden wir hier gern besorgen. Wir haben in Böhmen nur 13 und in Mähren nur 11 böhmisch redende Gemeinden, fast alle nicht große und ärmliche zerstreute Landgemeinden (in Böhmen 12,700 Seelen), welche nur mit Hülfe slowakischer Abonnenten in Ungarn eine monatliche kirchliche Zeitschrift mit einem Missionsblatt erhalten, und bei denen der Ab= satz anderer confessioneller Schriften die Druckkosten nicht decken würde. Und doch ist die Verbreitung solcher Schriften auch hier dringendes Bedürfniß sowohl gegenüber dem weltlichen Unglauben, als auch gegenüber der römischen und der reformirten Kirche, welche mit Hülfe von Unterstützungsmitteln aus America und Großbritannien durch Colporteure und zwei Buchhandlungen ihre Schriften nebst methobistischen und independen= tistischen Tractaten verbreitet."

Türkisches. Im „Neuen Zeitblatt" vom 27. November v. J. lesen wir: „Der Türke Achmed Effendi hatte einem englischen Missionar Hülfe geleistet bei der Ueber= setzung der Bibel ins Türkische. Deswegen angeklagt, wurde er auf Grund der neuen liberalen Verfassung verurtheilt, welche vorschreibt: ,Der Jslam ist die Staatsreligion. Unter voller Berücksichtigung dieses Grundsatzes schützt der Staat die freie Ausübung aller im Reiche anerkannten Religionsgesellschaften, unter der Bedingung, daß dadurch die öffentliche Ordnung oder die guten Sitten nicht geschädigt werden.' Das lautet ganz modern, als wär' es aus der französischen Verfassung herübergenommen. Was machte nun die hohe Pforte daraus? Achmed hat den Ungläubigen Hülfe geleistet bei Uebersetzung eines christlichen Buches, also hat er die öffentliche Ordnung und die guten Sitten gestört. Darin sind die Türken also schon ganz modern und gebildet, ein Gesetz so auszulegen, daß ungefähr das Gegentheil herauskommt. Dagegen ist die zuerkannte Strafe wieder ganz türkisch, entweder Todesstrafe oder lebenslängliches Gefängniß. Auf den Abfall vom Glauben setzt der Koran Todesstrafe, und nach der Auslegung der Erklärer soll Verleitung zum Abfall noch strafbarer sein. Der Einspruch der christlichen Vormundschaft hat indeß so viel bewirkt, daß Achmed Effendi seine Schuld im Gefäng= nisse in Asien büßen muß." — Man sieht hieraus, auch die Türken eifern für ihre „Landeskirche" mit Landesverweisung. Von wem sie das wohl gelernt haben mögen?
                                   W.

Lehre und Wehre.

Jahrgang 26.   **Februar 1880.**   **No. 2.**

Vorwort.

(Schluß.)

Lutherische Bekenntnißtreue ist nicht möglich ohne die Ueberzeugung, daß das lutherische Bekenntniß nichts anderes als das Bekenntniß der wahren christlichen apostolischen Kirche ist, welche sich von Anfang an zu dem Worte Gottes, so wie es lautet, als zu der für alle Zeiten gültigen, weil ewigen Wahrheit, bekannt hat. Wer diese Ueberzeugung nicht hat, ist in einem Truge befangen, täuscht sich selbst und Andere, wenn er sich lutherisch nennt. Nur das Wort Gottes allein, und zwar so verstanden, wie es lautet, ist nach lutherischem Bekenntniß die Lehre und das Bekenntniß der wahren und rechten Kirche Christi. Wer sich also nicht allein zu Gottes Wort, sondern auch zu menschlichen Glossen bekennt, bezeugt damit, daß er sich mit seinem Bekenntniß von der wahren, christlichen Kirche absondert. Es ist darum unzweifelhaft nicht der Wahrheit gemäß, ihn nicht als einen solchen anzusehen und zu behandeln. Wer sich einen Lutheraner nennt und doch zugleich den im Bekenntniß bezeugten Glauben in irgend einem Theile für einen anderen hält als den, welchen die apostolische Kirche durch ihre Lehrer, die Apostel, empfing und bekannte, der führt den Namen lutherisch mit Unrecht und handelt trüglich in einer so hohen und heiligen Sache, wie das Bekenntniß seines Glaubens einem Christen doch sein muß. Daß die einmal geleistete Verpflichtung auf das lutherische Bekenntniß, daß sein Amt, seine Stellung, seine äußere Zugehörigkeit zur lutherischen Kirche, daß das Gute, welches er als Glied der lutherischen Gemeinschaft und unter lutherischem Namen ausrichten zu können vermeint, ihn nöthige, bei diesem Bekenntniß und Namen trotz seiner abweichenden Ansichten zu verbleiben, kann unmöglich die Sünde des Truges, der Untreue in seinem Bekenntniß beseitigen. Es ist wahrlich nichts Geringes, sich zur wahren Religion und Kirche zu bekennen, wie das durch die Annahme des lutherischen Namens geschieht. Wer ein wahrer Christ sein will, soll auch wahrhaftig sein wollen, in keiner Weise bewußt Irrthum und

Bekenntniß nicht durchweg für das Zeugniß des rechten Verstandes des Wortes Gottes, so sollte er sich davon lossagen, da dieses Bekenntniß ausdrücklich erklärt, daß es wirklich ein solches Zeugniß sei. Nennt sich Jemand einen lutherischen Christen, so erklärt er damit, daß man von ihm glauben solle, er halte das lutherische Bekenntniß für die reine Lehre des göttlichen Wortes.

Dann ist er aber auch genöthigt, die Aufrichtigkeit seiner Ueberzeugung damit zu erweisen, daß er alle Abweichungen von der Lehre des lutherischen Bekenntnisses verwirft und verdammt, wie es das Bekenntniß selbst thut. Das ist das Zweite, ohne welches lutherische Bekenntnißtreue nicht möglich ist. Diejenigen Lehren und Meinungen, welche der lutherischen Lehre, die ja nichts als die Aussprüche Gottes, wie sie lauten, zum Inhalt hat, widersprechen, die zerrütten, verderben, beseitigen, so weit ihr Einfluß reicht, die seligmachende Wahrheit, den heiligen Willen Gottes, das Heil der Menschen. Sie sind Sünde und verführen zur Sünde, ihre Wirkung und Frucht besteht in einem beständigen Untergraben und Zerreißen der vom Heiligen Geiste in Gnaden gewirkten Einigkeit unter denen, welche Gott zu seinem Volk und Kirche beruft.

Daß die Christenheit äußerlich in so viele, einander bekämpfende Heerlager auseinander gerissen ist, steht als ein warnendes Zeichen und Denkmal göttlichen Gerichts über eine schwere Sünde vor aller Augen. Die Abweichung von dem Worte Gottes, wie es lautet, ist mit unverdecktem, dauerndem Fluch beladen. Man sollte meinen, diese schmachvolle, heillose Trennung begnadigter Menschen, welche Gott zur innigsten Einigkeit und Gemeinschaft berufen hat, mit all ihren entsetzlichen, in der Größe des beständig daraus hervorquellenden Unheils ganz unübersehbaren Folgen, die sie schon gehabt hat und fortdauernd neu hervorbringt, müßte jedem Christenmenschen also zu Herzen gehen, daß er schon vor dem bloßen Gedanken zurückbebt, er möchte je einmal selbst einen thätigen Antheil nehmen an der verfluchten That, das göttliche Wort, wie es lautet, zu verlassen und menschlichen Glossen Vorschub zu leisten. Aber der, von dem die Spaltungen und Zerrüttungen im Reiche Gottes eigentlich ausgehen, weiß unter Gottes Zulassung zur Prüfung der Aufrichtigen sein satanisches Werk dadurch zu erhalten und fortzuführen, daß er das, was ihm im Paradiese mit so großem Erfolge gelungen ist, auch in dem durch Christum wiedergewonnenen menschlichen Geschlecht, in Christi Kirche, fleißig wiederholt und Christen in der Weise bethört, daß sie sich in dem Truge beruhigen lernen, zu meinen, sie haben und halten auch dann noch Gottes Wort, nachdem demselben ein anderer Sinn beigelegt worden ist, als der ist, welchen dasselbe in seinem Wortlaut klar und deutlich selbst anzeigt. Denn daß derjenige, welcher einen Ausspruch Gottes, so wie er lautet, wirklich für Gottes Wort, Gottes Sinn, Gottes Gedanken, Gottes Offenbarung zur Seligkeit der Menschen hält, nicht aber eine diesem widersprechende Rede als eine Versündigung an der göttlichen Majestät und Heiligkeit verdammen mag, im eigenen Herzen wenigstens den Anspruch, ein Christ zu sein aufgegeben hat, wird kein Christ leugnen wollen. Die einzig mögliche Verführung zum Abfall von der Wahrheit bei denen, die Christen bleiben wollen, besteht also darin, daß sie sich, wie unsere ersten Eltern, zu dem Wahne bethören lassen, sie hätten damit das Wort Gottes selbst nicht verloren, wenn ihnen auch der im Wortlaut ausgesprochene Sinn entrissen ist. Diese fortdauernde satanische Verführung sehen wir je nach der vorhandenen natürlichen besonderen Art und Neigung der Menschen in verschiedener Weise innerhalb der Christenheit hervortreten, und gegen jede muß der bekenntnißtreue Lutheraner es für seine Pflicht halten, ein gleich offenes und entschiedenes Zeugniß abzulegen.

Die eine Art der Verführten hält zwar einige Aussprüche des göttlichen Worts in der heiligen Schrift nach ihrem Wortlaut für festes, untrügliches Gotteswort, andere Aussprüche dagegen scheinen ihnen nach ihrem Wortlaut allzu offenbar gegen die eigene Vernunft und Weisheit zu verstoßen, als daß sie sich nicht für berechtigt halten sollten, ihre, einen anderen, entgegengesetzten Sinn enthaltende Auslegung derselben, als Gottes würdiger, an die Stelle derselben zu setzen. Sie sinds, welche es wagen, nicht nur innerlich, sondern auch äußerlich die Kirche in Parteien mit verschiedener Lehre zu zerreißen, ihre besondere Secte aufrecht zu erhalten sich bemühen, und sich nicht entblöden, zur Vertheidigung ihrer Glossen den klaren Sinn der göttlichen Aussprüche ganz offen anzufeinden und zu verdammen. Indem sie so göttliche Texte mit ihrem heilbringenden, seligen Inhalt beseitigen, ihrer eigenen Glosse die Ehre des göttlichen Textes geben, und den verderblichen Einfluß ihrer Glosse mehr oder weniger auf das Ganze der christlichen Erkenntniß und des christlichen Lebens ausdehnen, offenbaren sie deutlich, daß sie, auch wider ihren Willen, dem alten Verführer als Werkzeuge zur Ausführung der teuflischen Absicht dienen müssen, das innere und äußere Leben der Kirche und ihre Einigkeit zu zerstören und der Christenheit das göttliche Wort, wenn möglich, ganz zu entreißen. Denn ist eine Lehre, welche der Wortlaut der heiligen Schrift klar und nachdrücklich ausspricht, nicht für untrügliche Wahrheit anzusehen, was kann und darf den Christen dann gewiß machen, daß der Wortlaut anderer Schriftstellen den wahren Sinn und Meinung Gottes und wirkliche göttliche Lehre ausspricht? Was oder wer darf hier eine endgültige Entscheidung wagen? Die Vernunft, der Geist, die Frömmigkeit einzelner Christen? Die Uebereinstimmung der Kirche? Aber wo ist die zu finden, da man zuvor wissen muß, wo und wann sich die rechtgläubige wahre Kirche ausgesprochen hat? Das ganze Wort Gottes ist damit einem gerechten Zweifel preisgegeben. Die ganze christliche Religion und Kirche wird von dem Felsen des göttlichen Wortes abgehoben und auf den Sand menschlicher Meinung, menschlicher

Gunst der Menschen abhängig gemacht. Ein Lutheraner, der seinem himm=
lischen HErrn aus völligster Ueberzeugung nachsprechen muß: Die Schrift
kann doch nicht gebrochen werden! Joh. 10, 35., sollte ein solches Zerstören
und Zerreißen und Verderben und Unterwühlen des Hauses Gottes nicht
verwerfen, nicht laut und öffentlich dagegen zeugen und warnen? Wer das
nicht thun will, trägt sicherlich das lutherische Bekenntniß nur auf der
Zunge und nicht im Herzen, er ist, bewußt oder unbewußt, selbst der Ver=
führung unterworfen und dienstbar. Der Glossenbekenner gibts aber eine
nicht geringe Schaar unter denen, welche den lutherischen Namen tragen,
auf diesen Namen einen gerechten Anspruch zu haben meinen, weil sie
einzelne Lehren des lutherischen Bekenntnisses im Gegensatz gegen diejenigen,
welche sich auch äußerlich von der lutherischen Kirche getrennt halten, be=
kennen und vertheidigen, wie z. B. die Lehre von der Taufe und dem hei=
ligen Abendmahl, andere Lehren unseres Bekenntnisses dagegen nicht an=
nehmen. Wer aber der schmählichen Verführung unterlegen ist, klare
Aussprüche des göttlichen Worts preiszugeben, wer sich nicht scheut, Lehren,
welche das lutherische Bekenntniß und also auch die wahre christliche Kirche
als Gottes Wort lehrt, zu verwerfen, Lehren, welche von derselben Kirche
verdammt sind, für göttliche Lehre und Wahrheit zu erklären, wer fähig ist,
an treue Bekenner die Zumuthung zu stellen, die traurige Verwirrung des
Kopfes und Herzens, die ihn veranlaßt, sich trotz seines theilweisen Abfalls
für einen treu gebliebenen Bekenner des lutherischen Glaubens, für ein rein
lehrendes und glaubendes Glied der lutherischen Kirche zu halten, sich eben=
falls anzueignen und zu billigen, hat kein Recht, über erlittene Unbill zu
klagen, wenn treue Bekenner, ihrem Gewissen folgend, nicht nur solch An=
sinnen ablehnen, sondern ihm auch seinen Abfall vorhalten. Wenn auch
der alte Verführer mit dem Abfall von der Wahrheit zugleich den Verstand
der Verführten verwirrt, so ist das Zeugniß der wahren Kirche gegen solchen
Abfall darum nicht weniger nöthig, wenn dem Wolfe unter dem Schafs=
kleide des lutherischen Namens Gelegenheit gegeben wird, Schafe von der
Heerde Christi, ja den höchsten Schatz der reinen gewissen Wahrheit der
Kirche Gottes zu rauben. Der Lutheraner, welcher in solchem Falle lieber
still schweigen und das Gegenzeugniß unterdrückt sehen will, möchte wohl
Ursache haben, die eigene Bekenntnißtreue und den eigenen Glauben an
Gottes Wort etwas genauer zu untersuchen.

Die Verführung zum Abfall von der geoffenbarten Wahrheit zeigt sich
bei einer anderen Art Menschen in der Weise, daß sie die, der lutherischen
Lehre widerstreitenden Glossen nicht für gewisse, göttliche Wahrheiten aus=
geben, aber trotzdem sich offen dagegen erklären, daß man diese Glossen ver=
werfen und verdammen dürfe. Das sind die Leute, welche sich vom Ver=
führer den Taumelkelch der sogenannten Union haben reichen lassen.
Ihre christliche Erkenntniß ist dadurch so verwirrt, ihr geistiges Auge so ge=
trübt und verderbt worden, daß sie die christlichen Wahrheiten nur in einer

verwischten und verzerrten Gestalt sehen, und weil sie diese Wahrheiten nur
so und nicht anders zu sehen vermögen, lassen sie sich dadurch verleiten, alle
diejenigen, welche die göttlichen Dinge durch Gottes Gnade richtig und ge=
rade so wie die Christen von Alters her beurtheilen, deren Bekenntniß sie
denn auch aufrichtig zu dem ihrigen machen und jede Entstellung christlicher
Lehre verwerfen, als die lieblosesten, unchristlichsten Menschen anzusehen
und von Grund ihres Herzens zu hassen. Die klarsten Aussprüche der
heiligen Schrift erscheinen ihnen durchaus unklar, sie könnten vielleicht den
Sinn haben, den Andere darin finden, aber sie könnten doch auch einen
andern haben. Wer dürfe da entscheiden? Nur unchristliche Anmaßung
und verwerflicher Hochmuth könne es wagen wollen, zu erklären, das sei
der Sinn des Ausspruchs und eben deswegen kein anderer. Wahres,
echtes Christenthum erweise in Lehrsachen sich durch Zurückhalten des eige=
nen Urtheils und durch Vermeiden der Verurtheilung Andersdenkender und
Andersglaubender. Nur ein Fanatiker lasse sich von dem Wahne beherr=
schen, er habe eine göttliche Gewißheit und stehe im Besitze untrüglicher
Wahrheit. Der christliche Glaube sei überhaupt nicht ein festes Fürwahr=
halten und Ergreifen bestimmter Aussprüche Gottes, in welchen das Herz
unerschütterlich ruhen solle, sondern vielmehr das allgemeine Gefühl der
Abhängigkeit des Menschen von Gott. Dieses Gefühl finde sich doch in
allen Kirchengemeinschaften vor, und darum dürfe uns nichts hindern, alle
Christen ohne Unterschied als Brüder in der Einigkeit der christlichen Liebe
zu umfassen, wie verschieden auch ihre dogmatischen Ansichten sein mögen,
die doch nur alle aus der Gewissenhaftigkeit der Ueberzeugung des Einzelnen
entspringen. Die Parteiungen in der Christenheit seien einmal da, sie seien
also als historische Thatsachen, als unter der Regierung und Leitung des
Gottes der Geschichte entstanden, hochzuachten und hätten darum ihre gött=
liche Berechtigung und ihren Nutzen, das solle man anerkennen. Die ge=
trennten Kirchen seien Schwesterkirchen, die, anstatt sich zu bekämpfen,
vielmehr jede nur eine besondere Aufgabe zu lösen hätten, um dem Ganzen
zu dienen. Das Christenthum sei durchaus nicht Lehre, sondern Leben,
nicht Glaube, sondern Liebe, nicht sowohl Gottes, als vielmehr die eige=
nen Werke seien es doch, die den Christen machen. Das Christenthum sei
eigentlich nur die Veredlung und Verklärung der natürlichen Kräfte des
Menschen. Die Kirche im Ganzen und jeder Einzelne in ihr lösen ihre
Aufgabe allein dadurch, daß sie den sittlichen Lehren und dem sittlichen
Vorbilde Jesu, dieser höchsten Blüthe der Menschheit, folgend, sich als
Volk, als ganze Nation, auf eine möglichst hohe Culturstufe erheben, allen
Streit um Glaubensdogmen als einen überwundenen Standpunct hinter
sich lassen und vor Allem der Entwickelung der natürlichen Anlagen sich
hingeben, damit die Bedürfnisse des Menschen durch ungehinderte Entfal=
tung jeder Art menschlichen Strebens wirkliche Befriedigung finden. In=
dem so nach und nach alle himmlischen Lichter göttlicher Offenbarung

ausgelöscht werden, und die Nacht des Heidenthums mit seiner Weisheit und seinen gleißenden Werken, in welchen der fromme alte Adam sich in seinem ganzen Glanze zeigen kann, wieder hergestellt wird, erkennt der veredelte Menschengeist, wie erhaben er ist über eine Nothwendigkeit täglicher Reue und Buße, erhaben über jede Differenz religiöser Meinung, erhaben über jedes eigensinnige Märtyrerthum, das sich verpflichtet fühlen könnte, um des Glaubens und Gewissens willen jemals Amt und Behaglichkeit zu opfern. Da fühlt der Menschengeist, daß er die ganze Welt in Liebe umarmen kann, mit der einzigen Ausnahme der „Symbolisten". Und muß das nicht die wahre Religion sein, die den Menschen es fühlen läßt, daß sie alles Sehnen und Trachten des menschlichen Herzens stillt und befriedigt, und die dem ganzen Menschen so wohl thut? So ist dann der schmale Weg und die enge Pforte glücklich aus den Augen gerückt, statt des Himmelreichs entfaltet das Erdreich alle seine Kräfte, der alte Verführer kann das Christenvolk mit Haufen, Hirt und Heerde durch die weite Pforte ins ewige Verderben geleiten. — Während nun anstatt einer Gemeinde Gottes eine glaubensleere, werkstolze Gemeinde der Zweifler unter christlichem Namen herangezogen wird, und der Betrug im größten Maßstabe vor sich geht, dürfen die wahren Bekenner des Evangeliums ihren Beruf, das Licht der Welt und das Salz der Erde zu sein, versäumen? Sollten christliche Prediger und Gemeinden nicht sehen können, wohin es endlich führt und führen muß, wenn sie unterlassen, die vom Bekenntniß abweichenden Lehren mit heiligem Ernste zu verwerfen und zu verdammen? Dieses Verwerfen und Verdammen der Gegenlehre ist ein so nothwendiges Stück der wahren christlichen Religion, daß bei Unterlassung desselben die Kirche ihren Grund, das Wort der Propheten und Apostel selbst ganz und gar verlieren muß.

In etwas anderer Art entwickelt sich der Abfall von Gottes Wort bei denen, welche für den sogenannten Fortschritt in der christlichen Lehre, oder die offenen Fragen eintreten. Sie leugnen nicht, daß die Schrift deutlich rede, auch nicht, daß der im Wortlaut göttlicher Aussprüche hervortretende Sinn derselben Gottes Wort sei. Sie leugnen nicht, daß die apostolische Kirche den wahren christlichen Glauben und Religion gehabt habe, und daß dieselbe im Wortlaut der apostolischen Schriften vor Augen liege. Sie leugnen nicht, daß das Bekenntniß der lutherischen Reformation das Bekenntniß der reinen und wahren Kirche sei, und daß dieses Bekenntniß klar und verständlich rede. Aber das leugnen sie, daß das Bekenntniß der apostolischen Kirche und das der Kirche der Reformation dasselbe sei. Das leugnen sie, daß man heutiges Tages das lutherische Bekenntniß gerade so wie die lutherischen Bekenner zur Zeit der Reformation annehmen müsse, daß es noch heut als das Bekenntniß der wahren christlichen Religion und Kirche gelten dürfe, so daß Abweichungen von dem klaren Sinn desselben mit Recht verworfen und verdammt werden könnten. Und warum? In dieser veränderlichen Welt gibt es nichts Unveränderliches und Beständiges als die Veränderung und Unbeständigkeit selbst. Indem der Gottesgeist in menschlicher Sprache redete, in menschliches Denken und Sein einging, und so durch Menschengeist Gedanken mittheilte, hat er sich auch unter das Naturgesetz der Veränderung, dem alles Geschaffene unterworfen ist, begeben. Das Wort der Offenbarung ist ein sich beständig fortentwickelndes, wachsendes Wesen. Wer heut glauben wollte wie Luther, müßte zu Luthers Zeiten gelebt haben. Hätte Luther geglaubt wie ein Apostel, so hätte er zur Zeit der Apostel existiren müssen. Hätte ein Apostel geglaubt wie einer der Propheten, so hätte er auch mit den Propheten gelebt haben müssen. Hätte ein Prophet geglaubt wie Moses, so hätte seine Lebenszeit in die Zeit Mosis fallen müssen. Hätte Moses geglaubt wie Adam, so hätte er Adam selbst sein müssen. Denselben Glauben in so weit auseinander liegenden Zeitaltern anzunehmen, ist eine gänzliche Verkennung des göttlichen Schöpfergeistes, der durch den Eintritt in das Geschaffene auch der geistigen Entwickelung des Geschaffenen Rechnung trug, und, wie ein Kind nur allmählich zur Mannheit heranreift, so steigt die geistige Entwickelung des Glaubens der Menschen nur von Stufe zu Stufe aufwärts. Die Wissenschaftslehre hat bewiesen, daß es ein Irrthum ist, zu meinen, die wahre Erkenntniß einer und derselben Sache müsse unveränderlich dieselbe bleiben und sei vom Flusse der Zeit unabhängig. Da das Werden allein, wie die Philosophie zeige, das einzige Beständige ist, so ist das Suchen nach unveränderlicher Erkenntniß, nach dem unveränderlich Wahren selbst allerdings ebenso hoffnungslos als „den Vögeln nachzulaufen". Aber da die Wahrheit selbst sich beständig verändert, so ist jenes Nachlaufen, wenn es nur von gelehrten, ernsten Männern geübt wird, keineswegs ein bloßes kindisches Spiel, sondern eine gesetzmäßige Entwickelung des Gottesgeistes im Menschengeiste. Und da es nichts anderes als die Wahrheit selbst ist, die sich beständig fortentwickelt und fortbildet, so ist sie auf jeder ihrer Entwickelungsstufen Wahrheit. Darum muß für jedes Zeitalter der Kirche der Glaube derselben durch ihre bevorzugten Glieder und Repräsentanten für die Kirche selbst festgestellt werden. Sich an den Wortlaut älterer Bekenntnisse zu binden, ist rohes, bedauernswerthes Zurückbleiben auf einer niederen Stufe der Erkenntniß und, als Forderung an Andere gestellt, eine Versündigung gegen den lebendigen Geist. — So muthet man den Christen an, die ewigen, herrlichen, heilbringenden, unsere Seele selig machenden Worte unseres lieben Vaters im Himmel, die schon so viele Menschen in allen Jahrhunderten zu ihm gezogen, in welchen die ganze heilige Dreieinigkeit bei uns Wohnung macht, und durch welche sie selbst unser lieber Hausgast, oder vielmehr wir ihre lieben Freunde und Hausgenossen werden, so muthet man den Christen an, den höchsten und edelsten Schatz, den sie auf dieser Erde besitzen, die ganze heilige Schrift, einer tollen, unverschämten Gedankenverwickelung, die sich wissenschaftliche Theologie nennt, in den Schlund zu werfen, um das Himmelsbrod in der Form, in welcher es als Ergebniß

ihrer fortbildenden Verdauung abfallen wird, unserem Geiste als die jetzt
gültige, weil fortentwickelte, Wahrheit anzueignen, als Füllung bisher offen
gebliebener Fragen an Stelle der ewigen Wahrheit dankbar in Empfang zu
nehmen. Welcher nüchterne Lutheraner wird nicht mit Entrüstung das
Ansinnen von sich abweisen, die hellen Sterne, die ihm am geistlichen
Himmel leuchten, und unverändert dieselben bleiben werden, auch wenn
Himmel und Erde vergeht, nur dann und nur soweit sie dafür zu halten,
als die Gelehrten das ihm verstatten wollen, und den Grund seines Glaubens dem Winde preiszugeben, der diese Art Theologie in nicht mehr ferner
Zeit vom Erdboden fegen wird. Es ist darum auch die Pflicht jedes Lutheraners, schon den ersten Anfängen auch dieser Art der Verführung, wo immer
sie sich unter schönem Namen und gleißender Verhüllung in Gottes Kirche
einschleicht, mit aller Entschiedenheit in der Furcht Gottes entgegen zu treten.
Mit unseren Vätern jede Abweichung von der Lehre unseres lutherischen
Bekenntnisses als seelenverderblichen Irrthum und Anfang des Abfalls vom
ganzen Worte der Schrift zu verwerfen und zu verdammen, ist ein nothwendiges Stück lutherischer Bekenntnißtreue.

Im Lehren und Wehren muß die Bekenntnißtreue sich zeigen. Im
Lehren darin, daß nur bekenntnißmäßige Lehre als göttliches Wort und
Lehre der wahren christlichen Religion und Kirche vorgetragen wird. In
unserem Bekenntniß ist die männliche Reife der Erkenntniß der Wahrheit
dargelegt. Wer in einer Lehre seine eigene Ueberzeugung nicht im Bekenntniß wiederfindet, möge daran merken, daß er in diesem Stücke noch
unmündig ist und öffentlich schweigen sollte. Seine Aufgabe besteht dann
darin, zu studiren, zu lernen, zu fragen, sich besser zu unterrichten, ehe er
als Lehrer Anderer auftritt. Kindische, vorwitzige Menschen, denen jeder
Wind der Eingebungen ihres eigenen Geistes im Gegensatz gegen die Kirchen-
lehre den Bauch bläht, denen der Weltkreis beklagenswerth erscheint, falls
ihm das Wunder unbekannt bleiben sollte, womit sie schwanger gegangen,
sollten von ernsten Lutheranern, die ihre Kirche werth halten, diejenige
Zurechtweisung erfahren, die ihnen noth thut. Wieviel Unheil, Zank und
Zerrüttung könnte dadurch in Christi Kirche, in diesem Hause Gottes, in
dem des HErrn Wort allein gelten darf, verhütet werden! Sein Auge ruht
auf allen, die in seinem Hause sind, er kennt diejenigen, welche in Demuth
ihm gehorchen und aufrichtig für seine Ehre eintreten, und er hat uns ausdrücklich erklärt, daß große Dinge in seinem Namen thun, nichts vor ihm
gilt, sondern allein das, daß man den Willen thut seines Vaters, der klar
dahin lautet: Das ist mein lieber Sohn, den sollt ihr hören. An seinem
Wort, wie Er es der Kirche anvertraut hat, und welches die Kirche schon
lange vor uns rein und lauter verkündigt hat, ist nichts zu ändern und zu
bessern. Nur wer an Christi Rede bleibt, ist sein rechter Jünger und darf
dessen gewiß sein, **daß er nicht irrt.**

Der alte Feind steht in der Christenheit mit seinen Schaaren von abgefallenen Geistern und Menschen, die er in seinen Dienst gezogen, und arbeitet. Nicht als bewußte Gottlosigkeit, sondern wie einen süßen Rausch läßt er seine Verführung zum Abfall vom Worte des lebendigen Gottes in erlös'ten Menschenseelen wirken. Mit der äußeren Hülle dieses Gottes= wortes umkleidet er seine Gedanken, damit seine Opfer auch wie Christi Knechte zu reden vermöchten. Zahllose Schaaren derer, für welche Christi Blut geflossen ist, führt er als seine Beute in sein Reich ein. Der himmlische HErr blickt nach denen, welche, nachdem Er erhöhet ist, in Ihm und in seiner Kraft seinen Kampf zu führen berufen sind. Schon die heilige Taufe hat sie zu Streitern Christi geweiht. Waffen und Rüstung hat Er ihnen gegeben. Nur Worte sinds, Worte allein, aber es sind Gottes Worte, fest, zuver= lässig, kein Rohrstab, ein unzerbrechliches, durchdringendes Schwert, weder der Rost der Zeit, noch das Scheidewasser der Wissenschaft vermag es anzu= fressen, es ist mächtig zu verstören alle Befestungen der Hölle. Sollen wir ruhen und träumen, wenn es gilt für unsern HErrn zu streiten? Er hat uns vom ewigen Verderben erlös't. Er hat uns zu Gottes Kindern erhoben. Das Erbe der Herrlichkeit ist schon geschenkt. Der Dank gegen Ihn sollte der Anstoß der Bewegung jedes Bluttropfens in unsern Adern sein. Für sein Wort, für sein reines, heiliges Reich zu kämpfen ist unserem Könige gegenüber die froheste, seligste Schuldigkeit. Er hat noch besondern Lohn verheißen! Das ist genug! nein, unendlich mehr als genug! Die Arbeit soll nicht vergeblich sein. Nur sei es allein die heilsame Lehre, welche ermahnt und straft, das alte, unveränderliche, unvergängliche Wort, wie Er es ausgesprochen! Hier gilt die Losung: Neu ist falsch! Es gibt nur Eine christliche Religion, und die ist alt. Es gibt nur Eine geoffen= barte Wahrheit, und die ist alt. Es gibt nur Eine Kirche, und die ist alt. Der gehören wir an, nur als die alte ist sie uns neu. Das alte Wort sollen die Menschen hören und sich beugen, denn es ist Gottes Wort. Die Bekenner des ewigen Evangeliums kennen kein neues. Wer hier für uns ist, schäme sich unser nicht. Nicht etwa unserer Ehre wegen. Man thut uns nicht unrecht, uns für die Geringsten in Gottes Reich zu erklären. Wir haben nur Eins, das Werth hat, das ist das Wort unsers HErrn, in dessen Glanz unsere Person verschwindet. Man strafe uns, wo wir fehlen, es soll zu Herzen bringen und Frucht bringen. Nur Eins strafe man nicht, die lutherische Lehre, denn sie ist Gottes Wort, und das ist erhaben über uns alle. Solchem Strafen wollen wir durch Gottes Gnade eine unverwundbare Haut entgegenhalten. Dem durch die heilsame Lehre ge= forderten Ermahnen und Strafen hat dies Blatt bisher gedient. Möge die Stunde, da es darin untreu werden sollte, zugleich die Stunde seines Endes sein. R. L.

Dogmengeſchichtliches über die Lehre vom Verhältniß des Glaubens zur Gnadenwahl.

So oft die Frage entſteht, ob eine Lehre lutheriſch ſei, ruft man mit Recht auch den großen Chor der anerkannt treuen und rechtgläubigen Lehrer unſerer Kirche zu Zeugen auf. Selbſt ein Mann wie Twesten ſchreibt: „Unſtreitig wird man die ſymboliſchen Bücher aus den übrigen Wer= ken ihrer Urheber und der in gleichem Geiſte fortarbeitenden Nach= folger derſelben am beſten verſtehen; man wird jene (die Symbole) nicht achten können, ohne einen Theil dieſer Achtung auch auf dieſe zu übertragen." (Vorleſ. über die Dogm. der evang.=luth. Kirche. Erſter Band, S. 54.)

So richtig dies nun iſt, ſo iſt doch auch dieſer Grundſatz dem Miß= brauche unterworfen. Gar viele, wenn ſie, entweder zum Beleg ihrer Mei= nung oder zur Erhärtung ihrer Verwerfung der Meinung eines Anderen, ein Zeugniß oder auch mehrere Zeugniſſe eines oder mehrerer anerkannt lutheriſcher Theologen ergattert haben, meinen, damit ſei jederzeit die Sache ein für allemal entſchieden. Dem iſt aber keineswegs immer ſo. Be= kanntlich gibt es erſtlich Dogmen untergeordneterer Bedeutung, über welche z. B. die ſonſt ſo bekenntnißtreuen Dogmatiker des 17. Jahrhunderts in ihrer großen Mehrheit ſelbſt nicht ganz bekenntnißmäßig lehren. Wir er= innern nur an die Lehre vom Sonntag, wie dieſelbe in der Augsburgiſchen Confeſſion, in deren Apologie und in dem großen Katechismus Luthers und wie ſie in jenen Dogmatiken dargelegt iſt. Es gibt ferner Puncte, über welche ſich vortreffliche Theologen in ihren früheren Schriften anders aus= geſprochen haben, als in ihren ſpäteren, daher ſelbſtverſtändlich allein ihre ſpäteren Erklärungen für ihre ſchließliche Meinung anzuſehen ſind. Es gibt auch wichtige vielgebrauchte theologiſche Termini, über deren Richtig= keit oder Unrichtigkeit und über deren eigentlichen Sinn ſelbſt manche unſe= rer beſten Dogmatiker ſelbſt nicht einig ſind, ſo daß der eine immer den des anderen als einen inadäquaten zurückweiſ't oder denſelben in einem anderen Sinne nimmt. Daher iſt nicht nur eine gründliche Kenntniß der beſten dogmatiſchen Werke unſerer Kirche ſchlechterdings nöthig, wenn man aus denſelben die Frage, ob ein Lehrtypus echt lutheriſch_ſei, entſcheiden will,*) es gehört auch ein beſcheidener, vorſichtiger, leidenſchaftsloſer, ſich nicht überſtürzender Geiſt dazu.

Zu den theologiſchen Terminis, über deren Richtigkeit oder Unrichtig= keit und eigentlichen Sinn unſere beſten Dogmatiker leider ſelbſt nicht voll= ſtändig einig geworden ſind, gehören zum Theil auch diejenigen, welche das

---

*) Es wird unnöthig ſein, zu bemerken, daß es uns nicht in den Sinn kommt, zu behaupten, daß eine gründliche Kenntniß der beſten dogmatiſchen Werke unſerer Kirche dazu nöthig ſei, um überhaupt entſcheiden zu können, ob eine Lehre echt lutheriſch ſei;

Verhältniß des Glaubens zur Gnadenwahl zu definiren den Zweck haben. Wenn je, so ist daher dann, wenn unsere Theologen über diesen Punct zu Zeugen aufgerufen werden sollen, ebenso eine gründliche Kenntniß ihrer ganzen Lehrart, als ein bescheidener und vorsichtiger Geist nöthig, will man nicht in der bedenklichsten Weise fehl gehen.

So gedenken wir denn in gegenwärtigem Artikel, vielleicht (so Gott will) als einem Vorläufer eigener Auseinandersetzung des hochwichtigen Gegenstandes, etwas Dogmengeschichtliches über die Lehre vom Verhältniß des Glaubens zur Gnadenwahl unseren Lesern mitzutheilen.

Was erstlich unseren Luther betrifft, so spricht sich derselbe bekanntlich in seiner „güldenen" Vorrede zum Briefe St. Pauli an die Römer, welche sich in fast allen reinen für das Volk glossirten Bibeln, auch in der Altenburger und Weimarischen, findet, über unseren Gegenstand folgendermaßen aus: „Am 9., 10. und 11. Capitel lehret er (St. Paulus) von der ewigen Versehung Gottes, daher es ursprünglich fleußt, wer gläuben oder nicht gläuben soll, von Sünden los oder nicht los werden kann; damit es je gar aus unsern Händen genommen und allein in Gottes Hand gestellet sei, daß wir fromm werden. Und das ist auch auf das allerhöheste noth. Denn wir sind so schwach und ungewiß, daß wenn es bei uns stünde, würde freilich nicht ein Mensch selig, der Teufel würde sie gewißlich alle überwältigen. Aber nun Gott gewiß ist, daß ihm sein Versehen nicht fehlet, noch jemand wehren kann, haben wir noch Hoffnung wider die Sünde." (XIV, 125.)

So schreibt ferner Urbanus Rhegius, welchen Luther neben Brenz und Amsdorf den „höchsten und fürnehmsten Theologen" seiner Zeit noch 1539 zuzählte (XXII, 2235 vgl. XIV, 163), in seiner Schrift „Formulae caute et citra scandalum loquendi", welche Schrift bekanntlich im Jahre 1576 in das Corpus Julium als ein provinciales kirchliches Symbol aufgenommen worden ist: „Daß es eine Prädestination gebe, ist gewiß. Ephes. 1, 4.: ‚Der Vater hat uns in Christo erwählt, ehe der Welt Grund geleget war'; und Röm. 9, 11. 12.: ‚Ehe die Kinder (Esau und Jakob) geboren waren, und weder Gutes noch Böses gethan hatten, auf daß der Vorsatz bestände nach der Wahl, ward zu ihr gesagt, nicht aus Verdienst der Werke, sondern aus Gnaden des Berufers also: Der Größere soll dienstbar werden dem Kleinern. Wie denn geschrieben stehet (Mal. 1. 2. 3.): Jakob habe ich geliebet, aber Esau habe ich gehaßset.' Aber

Gutes, so wirst du selig.' Dieses ist ein gotteslästerlicher Irrthum, und mußt du darum also reden: ‚Wer zum ewigen Leben versehen ist, der glaubet dem Evangelio und bessert sein Leben, denn Gott beruft ihn zu seiner Zeit; einen in der Jugend, den andern im Alter, nach seinem Willen; es bleibt kein Auserwählter im Unglauben und sündigen Leben endlich, welcher aber immerhin Böses thut und darauf beharret, der wird verdammt, denn er hat keinen christlichen Glauben; glaubete er, so lebete er christlich und besserte sein Leben; darum, wer endlich keine Buße thut, der ist gewißlich der Verdammten Einer. Darum ist es gewiß: welcher versehen ist, der thut nicht immerdar, was er will, sondern wird bekehrt, und thut darnach auch, was Gott will; wer Böses thut, der kann und soll verdammt werden, wenn er im Bösen verharret. Gleichwie Gott Petrum, Paulum und uns andere Christen zur Seligkeit versehen hat, also hat er auch zuvor verordnet und versehen ihre Bekehrung, ihren christlichen Wandel, Buße und gute Werke, darinnen sie wandeln und ihren Beruf und Glauben bezeugen müssen. Ephes. 2.‘" (Formulae etc. denuo promulg. a D. J. H. Feustkingio. 1710. S. 36 ff.)

So schreibt Martin Chemnitz, der Hauptverfasser der Concordienformel, in seinem Enchiridion, welches er zum Unterricht für das lutherische Ministerium des Herzogthums Braunschweig im Jahre 1574 entworfen hat: „Begreift aber die Prädestination nur den Handel von der Seligkeit und nicht zugleich die Personen derjenigen, welche selig gemacht werden sollen, in sich? Die Schrift schließt in diesem Artikel zugleich auch die Personen der Erwählten ein. Denn man darf nicht dafür halten, gleich als ob Gott durch seine Prädestination nur im Allgemeinen bereitet, an die Personen aber selbst, welche selig gemacht werden sollten, nicht gedacht, sondern es ihnen überlassen habe, daß sie durch ihre eigenen natürlichen Kräfte und Bestrebungen nach jener Seligkeit trachten und dieselbe zu erlangen suchen. Sondern Gott hat alle und jede einzelnen Erwählten, welche durch Christum sollen selig werden, in seinem ewigen Rathschluß der Prädestination und Vorsatz der Gnade in Gnaden bedacht und zur Seligkeit prädestinirt und erwählt, indem er zugleich zuvor verordnet hat, wie er dieselben durch seine Gnade, Gaben und Wirkung zu der in Christo bereiteten Seligkeit berufen, dazu bringen und darin erhalten wolle. Geschieht jene Erwählung erst, wenn die Menschen Buße thun und dem Evangelio glauben, oder ist sie wegen der von Ewigkeit vorausgesehenen Heiligkeit derselben geschehen? Paulus sagt Ephes. 1, 4.: ‚Er hat uns in Christo‘ nicht in der Zeit, sondern ‚ehe der Welt Grund geleget war, erwählt‘, und 2 Tim. 1, 9. spricht er: ‚Er hat uns berufen mit einem heiligen Ruf, nicht nach unsern Werken, sondern nach seinem Vorsatz und Gnade, die uns gegeben ist in Christo Jesu vor der Zeit der Welt.‘ Denn die Wahl Gottes folgt nicht unserem Glauben und Gerechtigkeit, sondern geht ihr als die wirkende Ursache voraus." (D. Martini Chemnitii Enchiridion de praecipuis doctrinae coelestis capitibus. Ed. studio et opera P. Chemnitii fil. 1600. p. 210 sq.)

Im letzten Decennium des sechszehnten Jahrhunderts erregte bekannt=lich Samuel Huber durch öffentliche Vertheidigung seiner Lehre, daß die Gnadenwahl eine allgemeine sei, daß nemlich alle Menschen ohne Ausnahme von Gott von Ewigkeit zur Seligkeit erwählt seien, einen ge=fährlichen Streit in der lutherischen Kirche. Aus den gegen ihn alsbald erschienenen Schriften mögen denn nun hier einige Citate Platz finden, aus welchen zu ersehen ist, wie die damals auch des Calvinismus von Huber be=zichtigten rechtgläubigen Theologen vom Verhältniß des Glaubens zur Gnadenwahl geredet und gelehrt haben.

So heißt es in der von der Wittenbergischen theologischen Facultät*) im Jahre 1596 herausgegebenen „Gründlichen Wider=legung" der Schriften S. Huber's über diesen Punct u. A.: „Wenn in dem Handel und Artikel von der Gnadenwahl der Glaube eingeführt wird, hat es nicht die Meinung, daß uns Gott um des Glaubens willen, als wegen unseres Verdienstes, erwählet hätte oder daß wir von Gott darum erwählet wären, dieweil er zuvor von Ewigkeit ge=sehen, daß wir an Christum glauben, und also der Gnade und Erwählung Gottes uns würdig erzeigen würden; sondern das ist die rechte Meinung der heilsamen Lehre vom Glauben, daß Gott von Ewigkeit den wahren Glauben an Christum als das einige selige Mittel und Werk=zeug geordnet, dadurch wir den theuren Verdienst unsers HErrn Christi ergreifen und uns zueignen sollen Röm. 3. 4. 14. Gal. 3. 4. Joh. 1. 3. 6., dieweil wir nicht außer Christo, sondern in demselbigen erwählet sind, ehe der Welt Grund geleget ist, Eph. 1., in Christo aber niemand gefunden wird, ohne durch den Glauben, durch welchen er in unserm Herzen wohnet, Eph. 3. . . . Gleichwie wir nicht um des Glaubens, als eines Werks und Verdienstes, willen, sondern durch den Glauben gerecht werden, der=gestalt, daß wir durch den Glauben das Verdienst JEsu Christi ergreifen: also sind wir auch von Gott zum ewigen Leben nicht um des Glaubens willen, sondern durch oder im Glauben erwählet, wie St. Paulus an die Thessalonicher schreibt: ‚Gott hat euch erwählet von Anfang zur Seligkeit in der Heiligung des Geistes und im Glauben der Wahrheit.' Und gleichwie wir mit dem Glauben nicht die Justification oder Gerecht=fertigung, sondern das Verdienst Christi an uns ziehen und alsdann gerecht werden: also ergreift der Glaube nicht die Election und Erwählung selbst, wie Dr. Huber meint, sondern die Gnade der Erwählung selbst und den HErrn Christum in seinem Verdienst. . . . Wenn der Glaube an Christum darum aus der Erwählung zur Seligkeit gemustert werden sollte,

weil dieselbe ein Grund, Ursprung und Brunnquell des Glaubens
ist, so müßte um gleicher Ursachen willen auch das Leiden und Sterben
Christi von der Gnadenwahl Gottes ausgesetzt sein, sintemal solche Gnadenwahl ebensowohl des Leidens und Sterbens Christi ein Ursprung ist. Wie
es aber gleichwohl zugehe, daß die Gnadenwahl eine Ursache sei unserer
Gerechtigkeit, Glaubens und Seligkeit, und dennoch nichts desto weniger
alle diese Stücke in der Gnadenwahl eingeschlossen sein und bleiben, das ist
leicht zu erklären; denn es ist wahr, daß Gott von Ewigkeit uns in Christo
erwählet und in seinem Rath die Ordnung gemacht hat, daß er alle die, so
an Christum glauben und im Glauben verharren, zum ewigen Leben erwählen und bringen wolle, Joh. 3. Mark. 16. Eph. 1. Diesen Rath
aber und das kündlich große Geheimniß, das von der Ewigkeit und von der
Welt her in Gott verschwiegen gewesen ist, hat er in der Fülle der Zeit geoffenbart und ins Werk gerichtet, Röm. 16. Daher denn recht und wohl
gesagt.wird, wenn man den Rath Gottes gegen der Execution und desselben
Vollziehung hält, daß die Gnadenwahl eine Ursache sei unsers Glaubens
unserer Gerechtigkeit und Seligkeit, gleichwie das Ewige vor dem Zeitlichen
vorhergeht. So wir aber den Rath Gottes an sich selbst erwägen,
wie es uns im Evangelio geoffenbaret ist, so befinden wir, daß demselben
der Glaube an Christum mit eingeschlossen sei, dieweil dieser und kein
anderer Gottes Rath von Ewigkeit gewesen, daß er aus lauter Gnaden
durch den Glauben an Christum uns zur Seligkeit befördern wollte. ...
Darnach gibt er (Huber) uns Schuld, gleichsam sollten wir die Worte
St. Pauli (2 Theff. 2.) also deuten, daß, wenn der Apostel sagt: Gott hat
euch erwählet im Glauben, solches den Verstand haben müßte, daß uns
Gott um des Glaubens willen erwählet. Solches ist abermal eine
erdichtete, falsche Anklage, sintemal Dr. Hubero unmöglich ist zu erweisen,
daß wir jemals in unsern Büchern sollten geschrieben oder auch sonsten gesagt haben, Gott habe uns um des Glaubens willen erwählet. ... Wenn
man nur der Sachen eins ist, daß Gott nicht blos dahin, sondern in
gnädiger Ansehung des Glaubens an Christum die Gläubigen,
und nicht auch die Glaublosen, in Christo zum ewigen Leben erwählet
habe, wollen wir mit niemand hierüber zanken, ob der
Glaube eine causa, συναίτιον, oder nothwendiges Stück,
membrum und requisitum, oder Eigenschaft, Proprietät
und attributum der Auserwählten und also auch der
Gnadenwahl solle genennet werden. Nur alleine, daß der
Glaube nicht ausgesetzt und die ewige Prädestination ohne den Glauben
an Christum, nicht im bloßen Willen Gottes und Verdienst des HErrn
Christi, ob derselbe schon nicht durch wahren Glauben ergriffen wird, voll-
kömmlich gesucht werde, wie Huber thue; sondern daß man mit dem christlichen Concordienbuch lehre und also sage, wie im summarischen Begriff
stehet: ,Daß Gott in seinem ewigen göttlichen Rath beschlossen habe, daß

er außerhalb benen, so seinen Sohn Christum erkennen und wahrhaftig an
ihn glauben, niemand wolle selig machen.'... Wir sagen nicht, daß der
Glaube eine Ursache in uns sei, um welcher willen uns Gott erwählet habe.
... Es verwirft das Visitationsbuch, wenn man lehret, daß man um des
Glaubens, als einer Tugend und Verdiensts, willen erwählet sollte sein,
welches wir gleichfalls als eine pelagianische Schwärmerei verdammen." (Wittenbergische Consilien. I, 569 f. 589 f. 604. 609.)

Dieselbe Wittenbergische theologische Facultät vom
J. 1597 schreibt in ihrem „Bekenntniß von der ewigen Gnadenwahl und
Verordnung Gottes zur Seligkeit" über unseren Gegenstand unter anderem
Folgendes: „Derwegen wird von uns ferner als falsch und gottlos verworfen, wenn von jemand gesagt oder gelehrt würde,
daß die Gläubigen erwählen durch den Glauben Gott, ehe
daß Er sie erwähle, und gebe ihm Ursach, daß er sie hernach
erwähle.... So doch der Glaube selber von der ewigen Wahl
Gottes ursprünglich herkommt, auch nicht von uns, sondern
allein durch Gottes Kraft in uns gewirket wird." (A. a. O.
fol. 616.)... „Hat Gott können die Personen sehen, die er erschaffen würde,
so hat er auch können den Glauben sehen, den er selbst durch seine göttliche Gnade und Kraft vermittelst des gepredigten Worts in ihnen wirken
würde." (S. fol. 637.) „Obwohl an ihm selbst wahr ist, wie Gottes
Wort lehrt, daß gegen die Menge der Verworfenen zu rechnen wenig erwählet sein, so ist doch der Calvinisten Lehre falsch, daß aus bloßem,
heimlichem und unerforschlichem Rath Gottes ohne einig Ansehen der Unwürdigkeit der größte Theil menschliches Geschlechts zum ewigen Verderben
geschaffen und verordnet sei, welches denn in der Verantwortung der Visi-
tationsartikel billig gestraft wird. In diesem Verstand haben etliche
vornehme und reine Lehrer eine allgemeine Gnadenwahl Gottes gelehret, und das Wort Gnadenwahl in einem weitläuftigeren Verstand gebraucht. Daher bekennet das Concordienbuch bald im Eingang dieses
Artikels, daß die Theologi nicht allwege gleiche Reden von diesem Artikel
gebrauchen." (fol. 651. f.)

Dieselbe schreibt in ihrer „Censura, betreffend Huberi Schwarm
und Lehre" vom Jahre 1612: „Daß aber Dr. Gottfried (ein Huberianer)
zu seinem Behuf sich auf etliche orthodoxos theologos berufen thut, die
electionem universalem auch gelehret haben, so wird ihm sonder Zweifel
nicht unbewußt sein, wie sich solche Theologi erklärt haben, nemlich daß sie
1. nach Art der calvinischen Scribenten, denen sie sich opponiret, geredet
haben; denn weil dieselben particularem electionem universali dilectioni
Dei opponiren*), so haben die Theologi auch terminum causalis electionis
pro universali dilectione Dei gebraucht. 2. Darnach haben sie bekannt,

---

*) Das ist, weil dieselben die particulare Wahl der allgemeinen Liebe entgegen-

daß ſie improprie und *καταχρηστικῶς* geredet haben, denn universalis dilectio Dei mit nichten die ganze Gnadenwahl iſt, ſondern nur ein Anfang derſelben." (A. a. D. fol. 653.)

Auf Hunnius († 1603) und ſeine Collegen, welche vor allen den Kampf gegen den Schwarmgeiſt Huber geführt haben, laſſen wir nun **Leonhard Hutter** († 1616), den Verfaſſer der berühmten Concordia concors, reden.

Derſelbe ſchreibt in ſeiner Erklärung des Concordienbuchs: „**Willig geben wir zu, daß weder der Glaube noch das Vorherſehen des Glaubens die Urſache unſerer Erwählung iſt.** Der Glaube nemlich nicht, weil er an und für ſich, ſofern er eine Tugend, ein Habitus oder eine Qualität iſt, durchaus nichts weder zu unſerer Erwählung, noch zu unſerer Rechtfertigung thut; und in dieſem Falle hat er ganz dieſelbe Beſchaffenheit, welche die Werke oder Verdienſte der Menſchen haben. Aber wir geben auch zu, daß auch nicht das Vorherſehen des Glaubens, eigentlich zu reden, die Urſache unſerer Erwählung ſei; ſintemal ſchon oben in den allgemeinen Erinnerungen nachgewieſen worden iſt, daß das Vorherſehen, ebenſo wie das Vorherwiſſen, nicht die Urſache irgend einer vorerkannten und vorgewußten Sache ſei, ſondern nur das Bekanntſein aller vorhergewußten Sachen in ſich faſſe. Uebrigens haben wir, indem wir dieſes Beides zugeben, darum" (den Huberianern und Calviniſten gegen=über) „unſere Sache nicht verloren, geſchweige, daß damit von den Gegnern erwieſen wäre, daß der Glaube an Chriſtum aus dem Rathſchluß der Erwählung ausgetilgt werden müſſe. Denn oben haben wir eben unwiderleglich nachgewieſen, daß das Vorherwiſſen Gottes, ohne welches der Rathſchluß der Erwählung nicht geſchehen konnte, einzig und allein Rückſicht genommen habe auf den zuvor verſehenen JEſus Chriſtus (1 Petr. 1, 20.), als die wahre Urſache unſerer Erwählung, jedoch nicht nur, ſofern er das Erlöſungswerk vollbracht hat, ſondern ſofern er unſer wird durch den Glauben. Denn ohne Glauben nützt uns Chriſtus nichts. Nachdem wir dieſes vorausgeſchickt haben, machen wir den Schluß, daß in dem Rathſchluß der Erwählung hauptſächlich zweierlei zu erwägen iſt: nemlich der Rath=ſchluß ſelbſt und die Art und Weiſe des Rathſchluſſes. Der Rathſchluß ſelbſt bezieht ſich auf den gnadenvollen Vorſatz die Menſchen zur Seligkeit zu erwählen. Die Art und Weiſe des Rathſchluſſes aber ſchließt die Ordnung von Mitteln in ſich, durch welche Gott eben dieſen ſeinen Rathſchluß auszuführen beſchloſſen hat: daß er nemlich nur diejenigen zum Leben erwählt haben will, welche an den Sohn beharrlich glauben

Glauben an sich, sondern bezeichnen wir ben mit festem Glauben er-
griffenen Christum allein als jene verdienstliche Ursache. Wenn nun gefragt wird, ob die Erwählung vom Glauben, oder der Glaube
von der Erwählung abhänge, so antworte ich, daß beides nicht
unbequem behauptet werden könne, jedoch in bestimmter Rücksicht. Denn
sofern zwischen geordneten Dingen eine gegenseitige Verknüpfung ist, insofern hängt auch gewißlich der Glaube von der Erwählung ab, und umgekehrt hängt die Erwählung vom Glauben ab oder, was dasselbe ist, von
Christo, der im Glauben ergriffen ist; sintemal nur die Gläubigen Erwählte
sind; wo eine solche gegenseitige Beziehung zwischen Erwählung und Glaube
entsteht, dergleichen zwischen dem Geordneten und der Ordnung, oder zwischen
dem Bestimmten und der Bestimmung ist, nicht aber dergleichen zwischen der
Wirkung und Ursache ist. Denn auch die Wahl hängt nicht vom Glauben
ab, als von der antreibenden oder verdienstlichen Ursache, sondern als von
der werkzeuglichen Ursache, welche die Gnade des erwählenden Gottes und
das im Wort des Evangeliums angebotene Verdienst Christi fest ergreift.
Und gewißlich werden die Gegner diese Betrachtung des Glaubens, von der
wir geredet haben, aus jenem ewigen Erwählungs-Rathschluß nicht eher
entfernen, als bis sie aus der Schrift nachgewiesen haben, daß Gott von
Ewigkeit beschlossen habe, die Menschen durch andere Ursachen selig zu machen,
als er sie in der Zeit selig macht, oder, was auf dasselbe heraus kommt,
daß Gott einen andern Rathschluß der Erwählung, einen anderen Rathschluß
aber der Ausführung gefaßt habe, was von Gott auch nur zu denken gottlos
und lästerlich sein würde, indem es ihn einer gewissen Veränderlichkeit unter-
würfe. Indessen aber bekennen wir aufrichtig, daß wir keinesweges Streit anfangen werden, mag nun jemand den auf diese
Weise im Rathschluß der Erwählung betrachteten Glauben
lieber die werkzeugliche Ursache, oder einen Theil jener Ordnung nennen wollen, welche in dem Rathschluß der Erwählung
eingeschlossen ist." (Liber christ. Conc. Explicatio. p. 1101—1104.)

Wie verschieden in unserer Kirche während des 17. Jahrhunderts von
Aegidius Hunnius an über das Verhältniß des Glaubens zur
Gnadenwahl von unseren besten Theologen geredet worden ist, berichtet
und zeigt Dr. Johannes Musäus in dem von ihm im Jahre 1680 ent-
worfenen „Bedenken der theologischen Facultät zu Jena vom Consensus
repetitus." Er schreibt darüber unter anderem Folgendes:[*]

„Im Artikel von der Prädestination stimmen unserer Kirche Theologen
einmüthig zusammen und lehren einhellig wider die Calvinisten, der Rathschluß der Prädestination sei nicht absolut, sondern, wie wir in der Zeit
gerecht und selig werden πίστει, fide, Röm. 3, 28., διὰ πίστεως, per fidem,

---

[*] Die häufig eingeflochtenen lateinischen Worte und Sätze geben wir um be-
quemeren Lesens willen gleich in getreuer deutscher Uebersetzung.

und ἐκ πίστεως, ex fide, Röm. 3, 11. Gal. 2, 16. Eph. 2, 8., alſo hat auch Gott von Ewigkeit her in Anſehen des vorausgeſchauten Glaubens (intuitu praevisae fidei) auserwählt und zum ewigen Leben verordnet alle, die in der Zeit durch den Glauben gerecht und ſelig werden. Hierin, ſagen wir, ſind alle unſeres Theils reine Theologen einig; aber was der vorausgeſehene Glaube für ein Verhältniß zum Rathſchluß der Prädeſtination importire, ob das einer Urſache? ob das einer Bedingung, welche auf Seiten des zu prädeſtinirenden Subjects er= fordert iſt? oder ein anderes? Darüber haben ſie von langen Jahren her ungleiche Gedanken gehabt und auch über die Ausdrücke (termini) und Redeweiſen (phrases), womit daſſelbe am füglichſten möchte beſchrieben und exprimirt werden, ſich nicht allerdings vergleichen können.*) Der fürtreffliche und um die chriſtliche Kirche wohlverdiente Theolog Dr. Aegi= dius Hunnius, der in der Erklärung und Läuterung dieſes Artikels vor Anderen großen Fleiß angewendet und denſelben auch wider die Cal= viniſten gewaltig vertheidigt hat, iſt in der beſtändigen Meinung geweſen, der Glaube ſei die Urſache der Prädeſtination, und hat ſeine Meinung darauf gegründet, daß der Glaube die Urſache der Rechtferti= gung ſei. Denn die Redeweiſen der Schrift ‚rechtfertigen fide, per fidem, ex fide‘ importiren das wahre Verhältniß einer Urſache, welches dem Glau= ben in Beziehung auf die Rechtfertigung und Seligmachung, als auf die Ausführung des Rathſchluſſes der Prädeſtination, dadurch zugeeignet werde. Nun aber ſeien die Urſachen eines Rathſchluſſes und der Ausführung die= ſelben. Es wurde ihm aber alſobald, nicht allein von Calviniſten, ſondern auch von etlichen unſeres Theils Theologen der Scrupel gemacht, daß wenn der Glaube die Urſache des Rathſchluſſes der Prädeſtination wäre, ſo müßte er eine verdienſtliche Urſache deſ= ſelben ſein. Denn ſie ſahen wohl, daß die Kraft zu verurſachen, welche jede bewegende Urſache habe (cujusque causae impulsivae vis causandi), beſtehen müßte in einem Verdienſt oder doch in einer eigenen Würdigkeit und Güte, kraft deren die be= ſchließende oder handelnde Urſache zum Beſchließen oder Handeln bewogen werde, und vermeinten daher, wenn der Glaube die Urſache des Rathſchluſſes der Prädeſtination wäre, ſo müßte er auch ein Verdienſt oder eine Würdigkeit, eine gewiſſe Vollkommenheit (perfectio) und Güte in ſich halten, durch deren Kraft er Gott zur Faſſung des Rath= ſchluſſes der Prädeſtination von Ewigkeit bewogen habe. Worauf ſich denn der ſel. Hunnius weiter erklärte, daß, wie der Glaube die werkzeug=

liche Ursache der Rechtfertigung ist, nicht eine verbienstliche, benn er
mache gerecht nicht als eine Qualität ober als ein Habitus, auf Grund
(ratione) irgenb einer Würbigkeit, Bollkommenheit ober Geltung (valoris),
bie er habe, auch nicht als ein verbienstlicher Act, sonbern nur insofern er
bas Berbienst Christi ergreift unb uns zueignet: also sei er auch bie werk=
zeugliche Ursache bes Rathschlusses ber Präbestination, nicht eine
verbienstliche; benn er sei auch bie Ursache bieser nicht als eine Qualität
ober als ein Habitus, auf Grund irgenb einer Würbigkeit ober Güte, bie
er habe, ober als ein verbienstlicher Act, sonbern auch als fern er Christi
Berbienst ergreift unb uns zueignet unb Gott nach seiner Allwissenheit sol=
ches von Ewigkeit her gesehen hat, unb sei also ber, Christi Berbienst er=
greifenbe, Glaube in Gottes ewiger Borsehung bie werkzeugliche Ur=
sache bes Rathschlusses ber Präbestination eben wie ber Rechtfertigung.
Weil aber bie Rebeweise, ber Glaube sei bie werkzeugliche Ursache
bes Rathschlusses ber Präbestination, etwas hart lautet unb ben
Worten nach biese Meinung zu haben scheint, berselbe sei von
Seiten bes präbestinirenben Gottes bie werkzeugliche Ur=
sache ber Fassung bes ewigen Rathschlusses von unserer Seligkeit, unb
(weil) auch bes seligen Hunnius Gegner, sonberlich Samuel Huber unb
Daniel Tossanus, bieselbe noch anbers, unb (zwar) also beuteten, ber
Glaube sei bie werkzeugliche Ursache bes Rathschlusses ber Präbestination,
weil er unsere Präbestination ergreife, wiewohl wiber Hunnii
ausbrückliche Protestation, baß bieses seine Meinung nicht wäre: als
haben etliche anbere unseres Theils Theologen berselben
sich zu gebrauchen angestanben, unb lieber sagen wollen, ber Glaube
sei bie Bebingung ber Präbestination, welche von Seiten bes zu
präbestinirenben Subjects erforbert sei, unb ein Theil ber präbestina=
torischen Ordnung, als, baß er bie werkzeugliche Ursache ber Prä=
bestination sei. Wenn man auch gleich bes sel. Hunnius rechte Erklärung
ohne Mißbeutung hinzuthut, baß ber Glaube sei, wie ber Rechtfertigung,
also auch bes Rathschlusses ber Präbestination werkzeugliche Ursache, in=
sofern er bie werkzeugliche Ursache ber Ergreifung bes Berbienstes Christi
ist, so bleibt boch bei ben Lernenben noch ber Scrupel, was
benn ber Glaube für ein Berhältniß ber Ursache sowohl zum
Act ber Rechtfertigung, als zu bem Rathschluß ber Prä=
bestination selbst in sich halte. Denn ja ein anberes ist bie Er=
greifung bes Berbienstes Christi, ein anberes ber Act ber Recht=
fertigung unb ber Rathschluß ber Präbestination. Die Er=
greifung bes Berbienstes Christi ist ein Act bes Glaubens in
uns, unb weil sie ein Act bes Glaubens ist, so ist kein Zweifel, baß ber
Glaube berselben Ursache sei in ber Gattung ber wirkenben Ursache;
ber Act ber Rechtfertigung unb ber Rathschluß ber Prä=
bestination aber sinb Acte Gottes in Gott, nach unserer Bor=

stellungsweise so zu reden; wenn nun deren Ursache der Glaube ist, so bleibt noch der Scrupel, in welcher Gattung oder Ordnung der Ursache er derselben Ursache sei und worin desselben Causalverhältniß zu jenen Acten bestehe. Dieser Difficultät aber scheinen nicht unterworfen (zu) sein die anderen beiden Phrases, daß der Glaube die Bedingung des Rathschlusses der Prädestination sei, welche von Seiten des zu prädestinirenden Subjects erfordert sei, oder daß er ein **Theil der prädestinatorischen Ordnung** sei, und scheint auch wider der Reformirten absoluten Prädestinations- Rathschluß genug (zu) sein, wenn man dieses erhält, daß der Rathschluß der Prädestination den vorhergesehenen Glauben in sich begreife als die Bedingung, welche von Seiten des zu prädestinirenden Subjects erfordert ist, und als einen Theil der prädestinatorischen Ordnung; **und hielten auch wir für's Sicherste, daß man bei dieser einfältigen Redensart bliebe, wo uns nicht etwas Anderes im Wege läge.***) Es liegt uns aber im Wege, erstlich, daß die heilige Schrift dem Glauben das Verhältniß einer Ursache in Beziehung auf die Rechtfertigung und Seligmachung, als auf die Ausführung des Rathschlusses der Prädestination, zueignet, und so beständig lehrt, daß wir gerechtfertigt und auch selig werden πίστει, διὰ πίστεως, durch den Glauben, ἐκ πίστεως, aus dem Glauben ꝛc. Was aber Ursache der Ausführung ist, das muß auch Ursache des Rathschlusses sein. Darnach liegt uns auch im Wege, daß wir in dem Hauptstreit mit den Calvinisten über die Prädestination des allerwichtigsten und allerstärksten Arguments, das von der Ausführung genommen ist, dessen wir uns wider der Calvinisten absolutes Decret zu gebrauchen pflegen, uns entweder von uns selber begeben müssen, oder doch dasselbe mit keinem Nachdruck urgiren können, so lange wir leugnen oder anstehen zu sagen, der Glaube sei die **Ursache** des Rathschlusses der Prädestination, und nur **dabei** bleiben, daß er nur die von Seiten des Subjects geforderte **Bedingung** und ein Theil der prädestinatorischen Ordnung sei. Denn wenn man also schließen wollte: ‚Was die **Ursache der Rechtfertigung** und Seligmachung ist, das ist die von Seiten des Subjects erforderte Bedingung des Rathschlusses der Prädestination‘, so würden die Calvinisten mit vielen Ausflüchten und Instanzen das Argument zunichte machen. So will auch zum nachdrücklichen Gebrauch dieses Arguments nicht genugsam sein, daß man sagt, der Glaube sei Ursache der Ausführung, sondern man muß distinct erklären, in welcher

---

*) Den Glauben wollen übrigens unsere rechtgläubigen Theologen selbst nicht zur Bedingung der Rechtfertigung machen. Joh. Olearius z. B. schreibt: „Der Glaube ist keineswegs unser Werk, sondern Gottes Geschenk, auch nicht eine von uns zu erfüllende Bedingung, sondern ein Erforderniß, welches von Gott aus Gnaden durch die ordentlichen Mittel des Heils verliehen wird." (Cf. Carpzovii Isag.

Gattung von Ursachen oder in welcher Ordnung der Glaube die Ursache der Ausführung, nemlich der Rechtfertigung und Seligmachung, sei.
Denn nicht von jedweder Gattung der Ursachen geht diese
Schlußfolgerung: ‚Was Ursache der Ausführung ist, ist
auch Ursache des Rathschlusses‘, richtig an, und ist demnach
nöthig, wenn man dieses Argument mit Nachdruck brauchen will, daß man
vorher genau wisse und zeige, in welcher Gattung oder Ordnung der
Ursachen der Glaube die Ursache der Rechtfertigung und Seligmachung
sei; und alsdann kann man kräftig schließen und der studirenden Jugend
erklären, ob und in welcher Gattung und Ordnung der Ursachen der Glaube
auch die Ursache des Rathschlusses der Prädestination sei. Dieser Difficultät nun abzuhelfen und, was der Glaube an Christum für ein Verhältniß zum Rathschluß der Prädestination in sich halte, ob das einer bloßen
Bedingung? oder das einer Ursache? oder welcher Gattung der Ursache? den Lernenden deutlich und gründlich zu erklären, haben wir zum
ersten und zuvörderst unser Absehen gerichtet gehabt auf die Sache selbst
und befunden, daß durchgehends alle unserer Kirchen reine Theologen und
Lehrer, welche die Lehre von dem Rathschluß der Prädestination erklärt und
wider der Calvinisten absolutes Decret vertheidigt haben, in ihren Erklärungen, so viel die Sache selbst betrifft, endlich dahin kommen, der
vorhergesehene Glaube sei des Rathschlusses der Prädestination **untergeordnete bewegende Ursache (causam impulsivam minus princi-
palem). . . .** Darnach haben wir weiter gesehen auf die Ursache, warum
denn unserer Kirchen Theologen von der Sache selbst, worin sie durchaus
einstimmig sind, so ungleiche Ausdrücke (terminos) und Redeweisen geführt und dieselbe nicht mit ihren eignen Ausdrücken bezeichnet
und gesagt haben, der vorhergesehene Glaube an Christum sei die untergeordnete bewegende Ursache des Rathschlusses der Prädestination,
sondern (eines) Theils haben gesagt, er sei die werkzeugliche Ursache
des Rathschlusses der Prädestination, Andere, er sei die von Seiten des zu
prädestinirenden Subjects erforderte Bedingung oder ein Theil der
prädestinatorischen Ordnung; woburch die Lernenden im
Wachsthum in der gründlichen Erkenntniß in diesem Stück
nicht wenig zurückgehalten und gehindert werden.*) In genauer Untersuchung solcher Ursachen haben wir befunden, daß die Hauptursachen dieser Ungleichheit in Ausdrücken (terminis) und Redensarten
diese gewesen, daß man zu selbigen Zeiten von der Unterscheidung zwischen
den bewegenden Hauptursachen (principales) und den untergeordneten in unseren Schulen nichts gewußt hat, sondern in dem

---

*) Es ist dies in der That eine schneibende Kritik des τρόπος παιδείας der vor
Musäus lehrenden lutherischen Dogmatiker über das Verhältniß des Glaubens zur
Prädestination! W.

Wahn geſtanden iſt, eine jede bewegende Urſache müſſe ein Verdienſt, oder
eine Würdigkeit, eine eigene Güte in ſich begreifen, durch deren Kraft und
Geltung ſie die wirkende Urſache etwas zu beſchließen oder zu thun be=
wege, und ſei alſo eine jede bewegende Urſache eine Haupturſache (causa
principalis). Und weil dem Glauben an Chriſtum an ſich ſelbſt kein
Verdienſt, keine Würdigkeit, Güte und eigene Vollkommenheit zukommt,
durch deren Werth (valore) Gott zu unſerer Prädeſtination bewogen wor=
den wäre, haben etliche Theologen, wie gedacht, den Glauben
an Chriſtum gar nicht wollen die Urſache des Rathſchluſſes
der Prädeſtination nennen, weil ſie wohl ſahen, daß der
Glaube in keiner anderen Gattung der Urſache könne des
Rathſchluſſes der Prädeſtination Urſache ſein, als in der
Gattung und Ordnung der bewegenden Urſachen, und wenn
er ſollte desſelben Urſache ſein, ſo müßte er die bewegende Urſache
desſelben ſein, und daneben in den feſten Gedanken ſtunden, jede bewegende
Urſache ſchließe ein Verdienſt oder eine andere eigene Bewegkraft in ſich und
ſei eine Haupturſache. Und hierüber iſt ſich nicht zu verwundern. Denn
zu ſelbigen Zeiten iſt die Metaphyſik, wohin die Lehre von den Gattungen
der Urſachen und inſonderheit auch von den bewegenden Haupt= und unter=
geordneten Urſachen gehört, wenig bekannt geweſen, und wird man nicht
leicht eine lutheriſche Univerſität finden, worauf in den Statuten der philo=
ſophiſchen Facultät die Metaphyſik zu leſen vor Alters wäre verordnet ge=
weſen. Zudem ſind die untergeordneten bewegenden Urſachen im Ge=
brauch nicht ſo gemein, wie etwa die untergeordneten Urſachen in der
Gattung der wirkenden Urſache zu ſein pflegen, und wird daher in den
Compendien der Metaphyſik von den untergeordneten bewegenden Urſachen
ſelten oder gar nicht gehandelt.“ — Im Folgenden ſucht nun Muſäus
an dem Gebet zu zeigen, daß die untergeordnete bewegende Urſache keine
eigene Würdigkeit habe, ſondern daß dieſe allein der Haupturſache, nemlich
Chriſti Verdienſt, welcher ſie untergeordnet ſei, zugeſchrieben werden müſſe;
worauf er fortfährt: „So iſt nun die Hypotheſe, daß alle bewegenden
Urſachen ein eigenes Verdienſt oder eine eigene Bewegungskraft
in ſich halten und Haupturſachen ſeien, falſch, und nachdem dieſer Scrupel
gehoben iſt, liegt nichts mehr im Wege und hindert weiters nicht, daß man
die von allen unſern Theologen, ſo viel die Sache ſelbſt betrifft, ein=
hellig (?) bekannte Lehre, daß der vorhergeſehene Glaube an Chriſtum die
untergeordnete bewegende Urſache (causa impulsiva minus principalis) des Rathſchluſſes der Prädeſtination ſei, nicht mit ihren eigenen
Worten ausſprechen, und ſagen möge, er, der vorausgeſehene, ſei die unter=
geordnete Bewegurſache des Rathſchluſſes der Prädeſtination.“ (Siehe:
Historia syncretismi, verfaßt von Dr. Abr. Calov. 1682., welchem
Werke Muſäus'-Bedenken über den Consensus repetitus einverleibt iſt.
S. 1041—1046.)

Wenn Musäus gemeint hatte, mit seinem Terminus „causa impulsiva minus principalis" den Streit schlichten und über mehr-
genannten Punct „einerlei Rede in Einem Sinne und in einerlei Meinung" herstellen zu können, so hatte er sich geirrt. Ja, auf seinen
Terminus vereinigten sich die Theologen um so weniger, als er eine, wenn
auch nicht so übel, als sie klingt, gemeinte, aber zu Mißverstand nur zu leicht
führende Phrasis damit verband. Calov trat daher gegen ihn auf. In
seinem dogmatischen System wirft nemlich Calov die Frage auf: „Ob der
Glaube, sofern er zum Rathschluß der Erwählung gehört, nach Art einer
bewegenden Ursache, auch aus eigener Kraft, etwas zum Rathschluß beitrage?" und antwortet darauf unter anderem Folgendes: „Die
Affirmative nimmt die Jenaische Schrift*) in Schuh, jedoch erklärt sie sich
also, was für eine eigene Kraft des Glaubens verstanden werde, nemlich
die Kraft, das Verdienst Christi zu ergreifen und dasselbe mit
uns zu Prädestinirenden zu vereinigen.... Obgleich dies aber
in einer gewissen Weise entsprechend erklärt werden kann, so ist doch eine
derartige Redeweise nicht leicht anzunehmen. Erstlich, weil keine Nothwendigkeit den Gebrauch derselben erfordert... Zum andern, kann diese
Aufstellung (assertio) durch kein Zeugniß der Schrift gründlich erwiesen
werden. Denn wir heißen nicht wegen des Glaubens, sondern durch den
Glauben an Christum erwählt, wovon jenes die Anzeige einer bewegenden, dieses die einer werkzeuglichen ist. Daher die Unseren den
Ausdruck ‚bewegende Ursache‘ abweisen. ‚Wenn der Glaube die
Ursache der Erwählung genannt wird, so darf man nicht die bewegende
verstehen‘, erinnert der selige Meisner a. a. O. ‚Denn die Erwählung
hängt nicht vom Glauben als der bewegenden oder verdienstlichen Ursache
ab‘, sagt der sel. Hutter in seinem Commentar zur Concordienformel,
Art. 11. S. 1103. Zum dritten, kann kein nöthigender Grund beigebracht werden, warum jener Ausdruck anzuwenden sein sollte, sintemal
allgemein zugestanden wird, daß durch die gemeine und angenommene Redeweise den Zwinglisch-Calvinischen von unseren Theologen hinreichend begegnet ist, während hierüber selbst jene nicht anderer Meinung sind, welche
hier neue Ausdrücke einführen, die Unseren aber vor einem neuen Ausdrucke
(terminus) eine starke Abneigung haben (abhorreant).... Viertens,
ist im Gegentheil jene Redeweise vom Glauben als der bewegenden Ursache der Prädestination leicht einer falschen Anklage ausgesetzt, indem die
Calvinisten daraus Pelagianismus schließen mögen, daß der Glaube
Gott angetrieben oder bewogen habe, uns zu erwählen; was sie noch
mehr sagen werden, wenn festgestellt werden sollte, daß der Glaube dieses
‚durch eigene Kraft‘ thue, wenn auch (nicht) als Hauptursache. Fünf-

---

*) Es ist damit die von Musäus im Namen der Jenaischen theologischen Facultät
verfaßte, im J. 1677 erschienene Schutzschrift gemeint: „Der Jenischen Theologen Aus-

tens, werfen uns aus dieser Ursache die Calvinisten einen Dissensus vor...
Sechstens, ist das Argument, welches er allein für diese neue Redensart
urgirt, keinesweges hinreichend, geschweige unauflöslich. Ich will jenes
Dilemma mit seinen eigenen Worten vorlegen; es lautet folgendermaßen
S. 513*): ‚Nun fragt sich's, ob der Glaube an Christum durch eigne
Kraft Christi Verdienst ergreife, uns zueigne, und mache, daß es Gott
im Act der Prädestination angesehen und angenommen als
unser Verdienst, oder es thut der Glaube an Christum dieses nicht
durch eigne Kraft. Thut er's nicht durch eigne Kraft, so ist er
nicht Glaube an Christum. Denn die Natur des Glaubens an Christum
selbst besteht darin, daß er auf Christum und sein Verdienst, als sein eigent-
liches Object, gerichtet ist und dasselbe ergreift und uns zueignet. Thut
er's aber durch eigne Kraft, so trägt er ja etwas durch eigne
Kraft zum Rathschluß der Prädestination bei, dieweil er Christi
Verdienst durch eigne Kraft ergreift, uns zueignet und Gott als ein
vollkommenes Lösegeld für unsere Sünde vorhält, ohne welche Ergreifung
das Verdienst Christi Niemandem thatsächlich (actu) die bewegende Ursache
der Prädestination oder Rechtfertigung ist. Was könnte klärer sein?' —
Ich antworte: Der Glaube an Gottes Gnade und Christum und
an sein Verdienst ist nicht sowohl thätig, indem er dieses
ergreift, er nimmt vielmehr das an, was angeboten wird,
und wird selbst von Gott und Christo ergriffen; denn er ist
eigentlich ein Nehmer des von Gott Dargebotenen; er hat auch, genau
zu reden, nicht eine active Kraft oder eine Activität zur Rechtfertigung (also auch nicht zur Prädestination), da jene in göttlicher Vergebung oder Nichtzurechnung unserer Schuld und Zurechnung einer fremden
Gerechtigkeit, d. i., Christi, besteht; was sollte aber zu derselben unsere
Thätigkeit (actus) beitragen, was könnte unser Glaube mitwirken, da
sowohl jene Vergebung, als Zurechnung ein Act reiner göttlicher Gnade ist
und in keiner Weise von der Kraft des Glaubens abhängt, sondern einzig
und allein der göttlichen, auf Christum und sein Verdienst gegründeten
Gnade zu danken ist?.. Wie nicht die Hand oder das Gefäß des Bettlers,
welches die Spende empfängt (wie z. B. an einem Blinden zu sehen ist oder
an dem, welcher keine Hand hat, daher er die Spende nicht annehmen kann),
sondern die Freigebigkeit des Gebers die Ursache ist, daß die Gabe
verliehen oder in das hingestellte Gefäß geworfen oder dem Blinden in die
Hände gegeben wird... Und wie sollte der Glaube die bewegende Ursache
sein oder Gott antreiben, die Gläubigen zu rechtfertigen und zu prädestiniren, und zwar durch eigene Kraft, da der Glaube hier weder
eine Kraft noch eine Activität besitzt, sondern sich rein nur passiv

---

*) Die folgenden Worte sind der oben angezeigten von Musäus ausgearbeiteten
Schutzschrift entnommen.   W.

verhält!?*) ... Achtens, ist die Rede nicht recht bequem, daß das Verdienst Christi nur die unvollständige (incompleta) bewegende Ursache der Erwählung und Rechtfertigung ohne den Glauben sei, durch welchen es erst die vollständige bewegende Ursache werde; während vielmehr gesagt werden muß, daß das Verdienst Christi die einzige bewegende Ursache, obgleich demselben der Glaube subordinirt ist, indem er es ergreift; was aber hier von der Jenaischen Schrift umgekehrt wird." (System. locc. theol. Tom. X, 628–638.)

(Fortsetzung folgt.)

(Eingesandt von Dr. Sihler.)

Nekrologisches.

So eben lese ich den Heimgang des theuren Licentiaten der Theologie, weil. Herrn Karl Ströbel, in einem Alter von 73 Jahren in seiner Vaterstadt Zeitz. Wie bekannt, war er seit 1843 in der von den Doctoren Rudelbach und Guericke herausgegebenen Zeitschrift für lutherische Theologie und Kirche in Aufsätzen und Recensionen thätig.

Nächst Rudelbach war er jedenfalls der bedeutendste Mitarbeiter an diesem Blatte; seine Recensionen und Kritiken waren noch etwas anderes, als sie Dr. Delitzsch zu nennen beliebt, nämlich „schroff und schneibig, aber charakterhaft und frisch". Sie waren nämlich von echt lutherischem Geiste in Lehre und Wehre. Kein Einziger, wie er, ist mit solcher Fülle von Gelehrsamkeit, Geist und Witz wider den verderblichen fluchwürdigen Unionismus auch auf dem Gebiete der lutherischen Landeskirchen, wider das antichristische Pabstthum, wider die hohle aufgeblasene Phraseologie pseudolutherischer Schriften, wider die greuliche Vermengung von Kirche und Staat, mit Gottes Wort und auf Grund des lutherischen Bekenntnisses so energisch zu Felde gezogen.

Kein Anderer, wie er, hat in dieser Zeitschrift eben so scharfsinnig als geistreich und genial seine Gegner lahm gelegt und sie offenbar gemacht in der Schande ihrer Blöße.

Leider war er ein Prophet, der nichts galt in seinem Vaterlande; er war ein Prediger in der Wüste, zu dem aber nicht, wie zu Johannes dem Täufer, die Schaaren des Volkes von allen Seiten zusammenströmten. Wie die Pharisäer und Schriftgelehrten sich verächtlich und spöttisch von Johanne fern hielten, so erging es ihm von den afterlutherischen Zunft- und Kathedertheologen. Sie hielten ihn für einen hirnverbrannten Fanatiker und theologischen Revolutionär, für eine Art Monstrum; und statt

---

*) Aus Mangel an Raum müssen wir es uns leider versagen, die ganze gründliche Auseinandersetzung dieses Punctes hier mitzutheilen. W.

von ihm zu lernen, haßten und verachteten sie sein Zeugniß. Es waren
sicherlich nur wenige aufrichtige lutherische Theologen, welche die edle Gabe
Gottes in ihm erkannten, dem HErrn dafür die Ehre gaben und sein Zeugniß mit Dank annahmen, daraus in ihrer Erkenntniß wuchsen und zugleich
nach ihrem ganzen Menschen dadurch für gesundes Lutherthum kräftig an-
geregt und erfrischt wurden. Die Masse der sogenannten lutherischen Theologen verwarf ihn; und es war dies zugleich von Seiten Gottes ein ge-
rechtes Strafgericht, daß sie Augen hatten und nicht sahen und durch den
Hochmuth ihres Herzens verblendet wurden. Böswillig in ihre schrift-
widrigen antilutherischen Irrthümer und Irrlehren verstrickt, war es Gottes
Urtheil und Gericht, daß sie die Wahrheit aus dem Zeugniß seines treuen
und wahrhaftigen Knechtes nicht erkannten.

Gott sei gelobt, daß dieser treue Zeuge bei uns diesseits des Oceans
eine andere und bessere Aufnahme fand bei allen, die jene Zeitschrift lasen
oder Auszüge aus derselben von seinen Aufsätzen in unsern Blättern.

Wie berichtet wird, ist er „ohne besondere Leiden und Schmerzen sanft
entschlafen", nachdem er noch kurz vorher an einen Freund, fast erblindet
und mit zitternder Hand, geschrieben hatte: „Ich bleibe Ihr Bruder und
Mitgenosse am Trübsal und am Reiche und an der Geduld JEsu Christi.
Ihre Losung ist auch die meinige: Helfe uns Gott, daß wir, auf das Kreuz
blickend, die Trübsal dieser Zeit standhaft überwinden."

Wohl ihm, daß ihn nun der HErr erlöset hat von allem Uebel und
ihm ausgeholfen zu seinem himmlischen Reiche, darin ihm der HErr auch
reichlich vergelten wird, was er um seinet- und seines Wortes willen von
den Feinden desselben hienieden erbuldet hat. Sein Gedächtniß bleibe bei
uns im Segen! —

Kirchlich-Zeitgeschichtliches.

I. America.

Dr. Krauth ist von der Pittsburg-Synode gebeten worden, eine Lebensbeschreibung
Luthers in englischer Sprache zu verfassen. Herr Dr. Krauth sollte diesem Ansuchen
nachkommen. Er hat da die beste Gelegenheit, seinen Lesern einen „Lutheraner" in
concreto vor Augen zu führen. Befreundet man sich mit diesem, so ist die Frage
von der Abendmahls- und Kanzelgemeinschaft auch bald entschieden; so wird auch bei
Manchen im Council der Schrecken vor den „westlichen" Lutheranern, die man sich vielfach als Hyperlutheraner vorstellt, schwinden. Dr. Krauth ist nicht nur eminent befähigt, eine Biographie Luthers zu schreiben, sondern wir zweifeln auch keinen Augenblick, daß er Luther nicht darstellen wird, wie man ihn gern hätte, sondern wie er wirklich war.   F. P.

Die Ev.-Luth. Tennessee-Synode hielt ihre jährliche Versammlung in Summit,
S. C., vom 13. November an. Dieser Versammlung hat die Kirche mit einigem Interesse
entgegen gesehen in Folge einer Ankündigung des Präsidenten, Pastor P. C. Henkel,
welche erwarten ließ, daß man sich ernstlich bemühen werde, die Synode mehr auf rechtgläu-

„Ich meldete durch Our Church Paper, daß ich beabsichtigte, der Synode zu empfehlen, die Lehre und den Gottesdienst der geheimen Gesellschaften, sowie den Gegenstand der Altar= und Kanzelgemeinschaft und chiliastischen Ansichten, vor Gott zu überlegen und zu untersuchen. Da es eine der Pflichten der Synode ist, falsche Lehren aufzudecken und bloßzustellen, und da mich der Gedanke in meinem Gewissen beschwert, auf irgend eine Weise mit denen gemeinsame Sache zu machen, welche wissentlich eine von unsern Glaubensbekenntnissen verschiedene Lehre festhalten und Gott in anderer Weise als drei Personen in einiger Gottheit und einen einigen Gott in drei Personen, nach der Forde= rung unseres erhabenen Athanasianischen Glaubensbekenntnisses, anbeten; so bitte ich die Synode, das Gewissen nicht dadurch zu beschweren, daß man eine Untersuchung des falschen Gottesdienstes und der falschen Lehre verzögert, welche von geheimen Gesell= schaften ausgeübt und festgehalten werden, und welche einige unserer Prediger sich wahrscheinlich angeeignet haben und wir mit ihnen. Ist meine Unruhe unbegründet, so bitte ich die Synode, sie zu beseitigen, indem man klar nachweis't, daß Gottesdienst und Lehre der geheimen Gesellschaften mit unseren Bekenntnissen und der heil. Schrift vereinbar sind, oder anderen Falls die Gründe hinwegräume, um welcher willen der= artige böse Dinge uns zugerechnet werden können. Erlauben Sie mir, einiges Em= pfehlenswerthe der Erwägung der Synode anzubieten. 2. Im 3. Art. Sect. 1. Man sollte lieber sagen, die Synode bestehe aus Gemeinden, welche von ihren Pastoren und Laien=Deputirten vertreten werden. Wie die Worte jetzt lauten, können sie den Sinn haben, daß das Ministerium ein unterschiedener und be= sonderer Stand in der Kirche sei, während es doch nur ein Amt in der Kirche, und der Pastor ein Diener der Gemeinde ist. (1 Cor. 3, 5. Col. 2, 24. 25.) Im 4. Art. Sect. 1. Dieser Artikel setzt als einen Theil der Synodalgeschäfte fest, ,diejenigen, welche nach ge= höriger Ermahnung sich weigern, ihr Unrecht zu bereuen, vom heiligen Predigtamte ab= zusetzen.' Dies ist eine Gewalt, womit die Synode nicht betraut werden kann, da das Predigtamt nur von denen, durch welche es übertragen worden ist, zurückgenommen werden kann. Das Amt wird jedoch durch die Gemeinde übertragen (Matth. 18, 15. 20. 1 Petr. 2, 5. 10.), also kann auch nur die Gemeinde vom Amte absetzen. Die Synode kann von ihrer Verbindung ausschließen und den betreffenden Gemeinden die Absetzung empfehlen. Auch in Sect. 3. Dieser Abschnitt sollte lieber so lauten: ,in Folge eines Gesuchs, Candidaten zu prüfen, welche ordentlicher Weise zum Predigtamte be= rufen sind 2c.', da die Ordination ohne solchen Beruf andeuten würde, daß das Amt in der Ordination übertragen wird, während es im Berufe übertragen wird, und die Ordination nur ein apostolisch kirchlicher Brauch, und nicht göttlicher Einsetzung ist. Ich würde empfehlen, daß in den Nebengesetzen, Art. 4, § 2, nachdem die Ermahnung durch den Gemeindevorstand sich als vergeblich erwiesen, der Fall vor die ganze Ge= meinde gebracht werden sollte, ehe man sich an die Synode wendet. Die Fassung dieses Abschnitts deutet an, daß der Gemeindevorstand das höchste Gericht in der Gemeinde sei, während die letzte Stufe, nach Matth. 18, 15. 18., die Gemeinde ist. ,Deren Ent= scheidung er sich fügen muß' könnte ganz weggelassen werden, da die Entscheidungen der Synode nicht an und für sich bindend sind. Gottes Wort allein bindet. 1 Cor. 7, 29." — Was geschehen ist, wird der Leser aus dem folgenden Bericht, der angenommen wurde, ersehen. Daß treue Lutheraner durch diese Beschlußnahme getäuscht sein werden, brauchen wir nicht zu sagen. Sie ist im Geiste des Council gefaßt und durch die Nei= gung, um jeden Preis Friede zu haben, regiert. Es wäre bedauerlich, wenn diejenigen, deren Gewissen über die Sache beunruhigt waren, sich mit solchem Troste zufrieden ge= stellt erklären würden. Die Erklärung der Synode lautet so: „Der Präsident empfiehlt die Erwägung der Lehre und des Gottesdienstes der geheimen Gesellschaften. In Be= ziehung hierauf legen wir Folgendes zur Annahme vor. Da diese Synode nur mit be=

rathender Gewalt betraut ist; und da dies allgemeine Verfahren dieser Synode nicht darin bestanden hat, solche Lehren, Gottesdienst oder Gemeinschaft zu ermuthigen, so sei es beschlossen, 1. daß diese Synode, da wir, so weit uns bekannt, keinen Prediger in Mitgliedschaft mit solchen Gesellschaften unter uns haben, allen denen, welche das Predigtamt in Verbindung mit dieser Synode suchen möchten, anräth, in keine Ver= bindung oder Gemeinschaft einzutreten mit irgend welchen Gesellschaften, welche einen bestimmten Gottesdienst oder Anbetung pflegen zum Nachtheil der JEsu Christo ge= bührenden Anbetung, oder welche dem rechtgläubigen Gottesdienste der Kirche wider= streitet, oder welche einen Erlösungsplan aufrichten im Widerspruch mit dem in der göttlichen Offenbarung dargelegten, durch den Heiland, den HErrn JEsus Christus, als den Mittler zwischen Gott und Menschen; da es der Sinn dieser Synode ist, daß man solche nicht aufnehmen könne. 2. Daß wir diese Sachen für Gegenstände der Unter= suchung und Belehrung halten, und rathen wir unseren Predigern an, solche Belehrung mitzutheilen, als sie für angemessen erachten mögen, wenn solche begehrt wird. — In Rücksicht auf Altar= und Kanzelgemeinschaft ist die Gesinnung dieser Synode diese, daß unsere Prediger und Gemeindeglieder sich an die Praxis halten, welche in den Bekennt= nissen der Kirche dargelegt ist, indem sie alle nöthige Vorsicht, Klugheit und Verstand in der Ausübung solcher Rechte anwenden, damit nicht die Heiligkeit des Altars und der Kanzel verletzt, oder das Gewissen irgend eines Menschen beschwert werde, und immer sollte Bedacht genommen werden auf die Vorbereitung, welche in der Augsburgischen Confession Art. 11. und in Luther's Katechismus bestimmt ist, wo es heißt: ‚Der Mensch prüfe sich selbst' 2c. und ‚nur der ist recht würdig und wohlgeschickt, der den Glauben hat an diese Worte' 2c. In Betreff des Chiliasmus möchten wir einfach sagen,. daß er im 17. Artikel der Augsburgischen Confession klar verworfen ist. Bezüg= lich des Hinweises im Berichte des Präsidenten auf gewisse Artikel in der Constitution der Synode, möchten wir einfach bemerken, daß organische Gesetze nur selten verändert werden sollten, und da kein Antrag nach dem 8ten Artikel genannter Constitution auf irgend eine Veränderung oder Hinweisung gestellt worden ist, so ist von Seiten der Synode keine Beschlußnahme erforderlich." (Aus b. Luth. Stand. übers. v. L.)

II. Ausland.

Die „Literarische Beilage", welche im vorigen Jahre die „Allgem. Ev.-Luth. Kirchenzeitung" begleitet hat, erscheint seit Anfang dieses Jahres unter dem Titel: „Theologisches Literaturblatt", sowie die „Ergänzungsblätter" unter dem Titel: „Zeitschrift für kirchliche Wissenschaft und kirchliches Leben". Das „Literaturblatt" ist in unveränderter Gestalt an die Stelle der „Beilage" getreten; mit der „Zeitschrift" sind die „Ergänzungsblätter" dahin umgewandelt, daß nun zu= gleich für „wissenschaftliche Abhandlungen im strengeren Sinn" Raum geschafft worden ist, auch erscheint die „Zeitschrift" nun in Monatsheften von 3 bis 3½ Bogen groß 8° zum Preise von 8 Mk. für den Jahrgang. Bezeichnend ist die Rechtfertigung dieses Unternehmens: „Die luth. Kirche deutscher Zunge hat gegenwärtig kein wissenschaft= liches Organ kirchlicher Richtung. Es erschien als Ehrensache, daß sie ein solches besitze." Bei der bekannten Emancipation der neueren Theologie als Wissen= schaft von der Vormundschaft der Kirche ist diese Rechtfertigung allerdings erklärlich genug.   W.

Sächsische Landeskirche. Der „Pilger aus Sachsen" vom 21. Dec. v. J. schreibt: Am 12. November hielt der Verband der Predigerconferenzen im Königreich Sach= sen seine Jahresconferenz. Man beschäftigte sich hauptsächlich mit dem Amt und Ge= meinde tief schädigenden gegenwärtigen Pfarrwahlmodus und machte Aenderungs= vorschläge. Aus der über die Verhandlungen an das Consistorium gerichteten Denk=

schrift heben wir folgende Stelle hervor: „Wir hoffen zuversichtlich, daß das hohe Landes=
consistorium Geistliche, welchen die kirchliche Qualification für das heilige Predigtamt
fehlt, um so mehr von unserer Landeskirche fern halten wird, als sonst treue lutherische
Christen ihren Uebertritt aus der Landeskirche zur Separation besonders damit begrün=
den, daß in diesem Stück das evangelisch=lutherische Bekenntniß nicht sorgsam gewahrt
werde." — Schlimm steht es mit einem Consistorium, dem dies seine Prediger immer
und immer wieder vorhalten müssen, und eine unehrliche Menschelei ist es, wenn die
Prediger die Bestrafung der notorischen Untreue ihrer Wächter fort und fort in eine
Versicherung, wie: „Wir hoffen zuversichtlich", verwandeln, nachdem ihnen ihre Wächter
auf solche Versicherung hin bisher regelmäßig damit geantwortet haben, daß sie das
gerade Gegentheil von dem Gehofften thaten. W.

Wiedereintritt in die Landeskirche. Pastor Schall in Altkranz, früher Geist=
licher in der mecklenburgischen Landeskirche, von welcher er vor einigen Jahren zu der
breslauer Synode übertrat, hat sein Amt in Altkranz niedergelegt und wiederum ein
landeskirchliches, und zwar im Braunschweigischen, angenommen. So berichtet die
Allg. Kz. Wenn wir nicht irren, war Schall auch eine Zeitlang Prediger in America.

Synodalbeschlüsse, welche den Gemeinden Geldbeiträge auferlegen. In
einem Berichte über die letzte oldenburgische Landessynode, den wir in Luthardt's Allg.
Ev.=Luth. Kz. vom 19. Dec. v. J. finden, lesen wir: Die demnächst folgende dritte Vor=
lage des O.=K.=Raths enthält einen Gesetzentwurf, der als Nachtrag zur Geschäftsordnung
„das Verfahren hinsichtlich der Vorbereitung, Berathung und Beschlußfassung hinsichtlich
solcher Gegenstände regeln sollte, bei denen die zu Mitgliedern der Synode gewählten
(nicht vom Großherzog ernannten) Geistlichen nur eine berathende, aber keine beschließende
Stimme haben." Es muß hierbei in Erinnerung gebracht werden, daß die Synode von
1873, und zwar gerade auf Anregung der conservativen Seite, den Beschluß gefaßt hatte,
bei allen Geldfragen sich in eine engere und eine weitere Versammlung zu theilen. Dem=
nach sollte bei der Berathung pecuniärer Fragen (Einnahmen durch Kirchensteuern,
Ausgaben aus der Centralkirchen= und Centralpfarrkasse, Besoldung der Geistlichen ꝛc.)
die ganze Synode, bei der endlichen Beschlußfassung nur die engere, ohne die zwölf Geist=
lichen, eine Stimme haben. Wir wissen, daß dies Gesetz anderswo getadelt ist; daß es
in Hessen, wo man es gleichfalls eingeführt hatte, sogar wieder aufgehoben wurde. Wir
müssen dabei bleiben, daß es ein nothwendiges war. Allerdings documentirt es aufs
deutlichste ein gewisses Mißtrauen gegen die Geistlichkeit; sie könnte sich bei solchen Ab=
stimmungen von persönlichen Interessen leiten lassen; aber dieses Mißtrauen ist einmal
vorhanden und kann auf keinem anderen Wege entfernt werden als auf diesem. Das
mag anderswo vielleicht anders sein. Bei uns, wo die Bauern in der Synode wie im
Landtage dominiren, ist es so. Auch hat die Erfahrung gezeigt, daß wir besser dabei
fahren als früher. Jetzt, wo er sich nicht mehr in Gefahr sieht, von den Geistlichen
überstimmt zu werden, ist der Landmann freigebig; wir haben in Betreff des Ein=
kommens der Geistlichkeit auf der letzten Synode Resultate erreicht, die wir bei dem
früheren Verfahren nie erreicht hätten. Freilich mußten noch Bestimmungen getroffen

in zweiter Lesung angenommen ist, noch die Zustimmung der engeren erforderlich bleibt. Darüber aber, ob solche Bestimmungen in einem Gesetzentwurf vorhanden seien oder nicht, ob also die weitere oder die engere Versammlung bei demselben einzutreten habe, sollte nach dem Entwurf der Präsident, event. wenn auch nur ein Mitglied widerspräche, die weitere Synode entscheiden. Hier war die Mehrheit des Ausschusses, welchem diese Sache vorlag, und der aus sieben Mitgliedern bestand, anderer Meinung; sie wollte, daß die engere Versammlung dies Recht habe; unseres Erachtens nur consequent und, wenn nicht wieder Mißtrauen entstehen sollte, ganz nothwendig, zumal im Resultate ein verschiedener Erfolg kaum denkbar erscheint. Und die Synode, hier natürlich noch die weitere, trat ihr bei, sodaß jetzt diese ganze Angelegenheit geordnet erscheint und schon bei der gegenwärtigen Versammlung freiwillig danach verfahren wurde.

Todtenfest und Beerdigung von Selbstmördern. Auf der letzten oldenburgischen Landessynode wurde unter anderem die Einführung eines Todtenfestes (!) am letzten Sonntag des Kirchenjahrs beantragt. Der Berichterstatter hierüber bemerkt: Wir sehen in dem beabsichtigten Todtenfeste nicht allein die Gefahr sentimentaler Rühr=predigten, sondern auch eine schwere Versuchung für den Geistlichen selbst, alle die Todten selig zu sprechen, von deren Abscheiden und liebevollem Andenken bei den Hinterbliebenen an einem solchen Tage geredet werden soll, eine Versuchung, die schon bei so vielen Leichen=reden vorliegt; das Todtenfest ist aber nur eine Gesammtleichenrede für alle Verstorbenen. Was wir am Ende des Jahres für uns und unsere Gemeinden bedürfen, das bieten uns die Perikopen reichlich dar von dem Evangelium vom Jüngling zu Nain an bis zu den Episteln an die Thessalonicher. — Was die kirchliche Beerdigung von Selbstmördern be=trifft, so heißt es im Berichte: Es wurden verschiedene Anträge gestellt und abgelehnt, bis zuletzt der Antrag eines Landmannes eine hinreichende Mehrheit erreichte, Synode wolle beschließen: „die bestehenden Gesetze über Beerdigung von Selbstmördern sind aufgehoben und die Art und Weise der Beerdigung dem gewissenhaften Ermessen der Geistlichen zu überlassen". „Dann wollen wir die Pastoren schon kriegen", setzte derselbe bei Begründung seines Antrages hinzu, „wenn sie nicht thun, was wir wollen".

Echt freimaurerische Predigt. Die Allg. Kirchenz. vom 19. Dec. v. J. schreibt: Das Blatt „Unter dem Kreuz" weiß seinen Lesern mitzutheilen, daß in der St. Magni=kirche zu Braunschweig der Gehülfsprediger Scheller jüngst über das Evangelium Matth. 12, 46—50 in einer Weise gepredigt habe, welche geradezu als Reclame für die Frei=maurerei gelten könne. Er habe nämlich in einem ersten Theil „von Christo als dem Meister vom Stuhl", in einem zweiten „von der großen Loge des Christenthums" gehandelt!

Werner. Der Bescheid des brandenburger Consistoriums an die Protesterheber gegen Werners Wahl liegt gedruckt vor. Werner wird bestätigt trotz seiner runden und entschiedenen Verwerfung der Gottheit Christi, weil dieselbe der Zeit vor seiner Anstellung in Preußen angehört, und weil nach dieser Anstellung nichts zur Kenntniß des Con=sistoriums gekommen ist, was Anstoß geben könnte. Aber eben so wenig ist zur Kennt=niß des Consistoriums gekommen, daß Werner öffentlich oder sonderlich seine ärgerliche

einige Seufzer aus und hoffen auf die Hilfe des HErrn, obgleich sie mit seinen Feinden und Lästerern an Einem Joche ziehen! Es ist erschrecklich. **W.**

Waldeck. Der im September v. J. versammelten waldeckischen Landessynode war eine Denkschrift des Consistoriums überreicht worden, in welcher das Consistorium die Landeskirche als eine in jeder Beziehung blühende dargestellt hatte. Da trat denn allein ein Laie, der Gemeindedeputirte Oekonom Lentrodt aus Pyrmont, auf und warf der Denkschrift Schönfärberei und Verhüllung der vorhandenen tiefen kirchlichen Schäden vor. Anknüpfend an den Theologenmangel beklagte er, „daß viele auswärtige Candidaten und Pastoren in das Land gekommen seien, die in der eigenen Heimath nicht ankommen können.“ „Wie sie aber gekommen, können sie der Gemeinde nicht dienen, indem sie freisinnige Leute sind und nicht den Glauben predigen; indem ihnen das Interesse an unserem Volke fehlt, sie am liebsten die Stellen in unseren Städten begehren.“ „Der im Consistorialberichte erwähnte Friede ist wohl da, aber das ist die Ruhe ersterbenden Lebens, ein Kirchhofsfriede.“ „Das bekenntnißgemäße Glaubensleben der Kirche wird jetzt durch Lehrfreiheit unterminirt; in etwa zehn Jahren, fürchte ich, sind wir in der Periode gänzlicher Umgestaltung.“ „Ferner bedaure ich, daß die Synode nicht, wie früher geschah, mit Gottesdienst eröffnet ist.“ „Die im Berichte erwähnte Missionsthätigkeit ist im ganzen eine schlechte. Grund dafür ist der kirchliche Schlaf, der über die Landeskirche gekommen ist. Wo kein Glaubensleben, ist auch keine Missionsthätigkeit, und andererseits wird solches durch Missionsfeste gestärkt und erfrischt.“ „Der ganze Consistorialbericht ist überhaupt zu rosig gehalten, der angelegte Maßstab ist ein falscher.“ Es war zu erwarten, daß diese Anklagen weder bei der Synode noch bei dem Consistorium Anklang finden würden. Und in der That erhob sich ein Sturm des Unwillens und ein Eifer der Zurückweisung in der ganzen Versammlung, und nur einen schwachen Vertheidiger oder vielmehr Entschuldiger fand der scharfe Ankläger in dem Pastor seines Wohnorts. Der angegriffene Ankläger vertheidigte sich mannhaft: „Nun will ich es gerade heraussagen: die JEsum Christum nicht für den wahrhaftigen Sohn Gottes halten, sind ungläubig. Gegen solche Irrlehre müssen wir einen Schutz haben; eine Kirche, welche Irrlehren in ihrer Mitte buldet, geht zu Grunde. Wenn in unserem Volke nicht ein fester religiöser Kern wäre, so wäre es längst kirchlich untergegangen.“ Die Discussion endete resultatlos. (Allg. Kz.)

Nekrologisches. Die Hannoversche Pastoral=Correspondenz vom 20. December v. J. theilt die höchst unerwartete Nachricht mit, daß Hr. Chr. B. Rudolph Lohmann, zuletzt Pastor in Wahrenholz, am 15. December v. J. entschlafen ist. Geboren war er im Jahre 1825, zuerst (seit 1851) Pastor in der separirten preußisch=lutherischen Kirche, aus welcher er im Jahre 1865 um der in derselben herrschenden falschen Lehre vom Kirchenregiment willen ausschied, worauf er in den Dienst der Hannoverschen Landeskirche eintrat. Zuerst Pastor Theodor Harms' Nachfolger in Müden, war er seit 1876 Pastor in Wahrenholz. Für die von uns geführte Lehre hat der Selige manches schöne Zeugniß abgelegt, was wir ihm nie vergessen, sondern in steter dankbarer Erinnerung behalten wollen; um so wehmüthiger aber stimmt uns das Andenken gerade an seine letzte öffentliche Thätigkeit, die leider in der Anwaltschaft für die sogenannten lutherischen Landeskirchen bestand. **W.**

Rationalismus in Norwegen. So schreibt Dr. Münkel in seinem Neuen Zeitblatt vom 25. Dec. v. J.: In Norwegen scheint man schon etwas dreister zu werden, nachdem Brandes gegen das Christenthum vorgegangen ist. Der Stipendiat Dons hat an der Universität Christiania eine Reihe philosophischer Vorlesungen gehalten, welche wegen ihrer rücksichtslosen Angriffe auf das Christenthum und die theologische Facultät großes Aufsehen erregten. Die Aufforderung eines öffentlichen Blattes, diese Vorlesungen stille zu stellen, hatte den Beschluß zur Folge, Dons gewähren zu lassen, da nur noch eine Vor-

Eine lutherische Gemeinde im fernsten Osten. In einem Bericht über die Verhandlungen des Centralcomité's des Unterstützungsvereins der ev.-luth. Kirche Rußlands im vorigen Jahre lesen wir: Der äußerste Posten der ev.-luth. Kirche Rußlands ist Wladiwostok am Japanischen Meere, wo eine nicht unbedeutende Anzahl lutherischer Glaubensgenossen lebt, bisher aber !der Wohlthat eines regelmäßigen Gottesdienstes entbehrt. Für den Zweck der geistlichen Versorgung derselben wurde von einem bei dem Jahresfest anwesenden kirchlich gesinnten Manne die Summe von 1000 Rubel gespendet.

Lossagung einer italienischen Gemeinde von der päbstlichen Jurisdiction. In der Luthardt'schen Kz. vom 12. December v. J. lesen wir Folgendes: In unserer letzten Correspondenz (Nr. 32) erwähnten wir eine in der Diöcese Udine geschehene „freie" Pfarrwahl. Jetzt ist in Ricalbone (Kreis Acqui), also in großer Nähe des päbstlichen Stuhles, Schlimmeres geschehen. Der Propst obigen Ortes hatte eine Gedächtnißrede auf Victor Emmanuel gehalten und wurde deshalb vom Bischof von Acqui unter dem 20. September excommunicirt. Darauf hat die Gemeindevertretung eine Versammlung angeordnet, in welcher folgender Beschluß gefaßt und unterm 5. October in der Zeitung von Acqui veröffentlicht wurde: „Art. 1. Die Kirche von Ricalbone wird unter den hohen Schutz Sr. Maj. des Königs von Italien und der Staatsgesetze gestellt. Sie erklärt sich frei und unabhängig von der antinationalen und freiheitsmörderischen Curie in Acqui und Rom. Art. 2. Jeder Beschluß oder Verordnung, welche von jener Curie ausgehen, sind in Bezug auf den Pfarrer und die Christen in Ricalbone null und nichtig. Art. 3. Es ist Sache der Gemeindevertretung, die Amtsverrichtungen des erwählten Pfarrers zu überwachen und in Uebereinstimmung mit dem Evangelium dem Willen der Bevölkerung und den Gesetzen des Staates zu regeln. Art. 4. Allein die christliche Gemeinde hat das ausschließliche Recht, ihren Geistlichen zu wählen. Art. 5. Der gewählte Geistliche befolgt in Ausübung seines heiligen Amtes die Gebräuche, Glaubenssätze und Lehren der Kirche Christi. Gegenwärtiger Beschluß wird dem Bischof von Acqui überreicht und in das Protokoll der Kirche in Ricalbone aufgenommen. Gegeben im Pfarrhause zu Ricalbone am 5. Oct. 1879. Der Vorsitzende Melchiade Geloso, erwählter Pfarrer." Folgen die weiteren Unterschriften der Gemeindevertretung.

Französische Jesuiten. In der Neuen Ev. Kz. vom 6. Dec. v. J. lesen wir: Das englische Kirchenblatt „John Bull" berichtet, daß die französischen Jesuiten, die Annahme des neuen Unterrichtsgesetzes in ihrem Vaterlande voraussehend, schon ein geräumiges Gebäude auf der englischen Insel Jersey käuflich erworben haben, um sich dort anzusiedeln und eine Schule zu gründen. Auch die Archive und die bedeutendsten Reliquien des Klosters Grande Chartreuse sollen zur sichern Aufbewahrung in England und zwar in einem Karthäuser-Kloster der Grafschaft Sussex untergebracht werden.

Zustände innerhalb der griechischen Kirche. Folgendes lesen wir in Dr. Münkels Neuem Zeitblatte vom 25. December v. J.: Gegen den Nihilismus hat sich die russisch-griechische, oder wie sie sich gern nennt, die rechtgläubige Kirche, noch nicht gerührt, und ob sie überhaupt etwas machen kann, das ist fraglich. Was sie kann, sehen wir aus dem Schriftchen des Popen Bogolubow „Warnung an die Rechtgläubigen", das mit Gutheißen der geistlichen Censur in Moskau erschienen ist. Der Nihilismus wird darin als Vorläufer des Antichrist dargestellt, und seine Herkunft aus dem Westen, insonderheit Frankreich abgeleitet. Wiewohl nun der Aufkläricht und Unglaube von Westen her seinen Einfluß geübt hat, so wäre doch noch mehr zu sagen und die russische Kirche nicht zuletzt zu verklagen gewesen. Es heißt in dieser Schrift: „Jene gottlosen Menschen sind als wahre Sendlinge Satans bestrebt, die Grundlagen der rechtgläubigen Kirche, und sogar die heilige Gewalt des Gesalbten des Herrn, unseres Czaren, zu untergraben." Man achte auf das „sogar". Und dann: „Hütet euch, Rechtgläubige, mit ihnen die geringste Verbindung zu haben, denn es sind Feinde unsres Vaters, des Czaren. Ver-

Lehre und Wehre.

Jahrgang 26. März 1880. No. 3.

Dogmengeschichtliches über die Lehre vom Verhältniß des Glaubens zur Gnadenwahl.

(Fortsetzung.)

Daß unsere bedeutendsten späteren Theologen, namentlich seit Aegidius Hunnius, einen anderen τρόπος παιδείας in der Lehre vom Verhältniß des Glaubens zur Gnadenwahl, als Luther, Rhegius und Chemnitz, befolgt haben, haben wir bereits so deutlich gesehen, daß dies zu leugnen schlechterdings unmöglich ist. Selbst der Erlanger Professor Schmid gesteht dies in seiner „Dogmatik der ev.=luth. Kirche" willig zu. Nachdem er einen Abriß der Lehre von der Prädestination nach Gerhard, Quenstedt, Hollaz, Baier ꝛc. gegeben hat, macht er die Bemerkung: „Die oben gegebene Darstellung gehört in dieser Ausbildung erst der spätern Zeit an." (2. Aufl. S. 226.) Leider stellt aber Prof. Schmid das Verhältniß beider Tropen nicht richtig dar und verflacht den aus der Zeit der Entstehung der lutherischen Bekenntnisse stammenden Tropus in wahrhaft kläglicher Weise. Auch der Erlanger Dogmatiker Thomasius hat die Verschiedenheit des früheren und des späteren Lehrtypus gemerkt. Er schreibt in seiner Schrift „Das Bekenntniß der ev.=luth. Kirche in der Consequenz seines Princips" (1848): „Die Vermittelung, welche die späteren Dogmatiker versuchten, die Unterscheidung zwischen einer voluntas antecedens et consequens halte ich für keine glückliche, ihre Bestimmung, daß die Erwählung ex praevisa fide geschehen, geradezu für verfehlt." (S. 222.) Leider geht aber Thomasius selbst in der Lehre von der Gnadenwahl von der der Concordienformel entschieden ab, indem er mit den meisten modern gläubigen Dogmatikern von einer Einzelwahl nichts wissen will. Auch der vortreffliche Philippi erkennt hier eine Verschiedenheit der Lehrdarstellung, wie sich dieselbe in der Concordienformel findet, und wie sie in den späteren dogmatischen Werken gegeben ist. Nachdem nemlich Philippi erst die Lehre von der Prädestination ohne Berücksichtigung des Unterschieds zwischen der voluntas antecedens und consequens, die er den

Unterscheidung, die er den zweiten Lehrtropus nennt, selbst dargelegt
hat, bemerkt er: „Nach der Concordienformel nun hat Gott von Ewigkeit das Heil aller" (von Philippi selbst hervorgehoben) „Menschen beschlossen, und zur Ausführung dieses Rathschlusses in der Fülle der Zeit
seinen Sohn zur Versöhnung der Sünden der ganzen Welt in den Tod gegeben. Diesen allgemeinen, in Christo vollzogenen Gnadenrathschluß er-
bietet er ernstlich allen Menschen durch das Wort, welches als Träger des
Geistes in sich selbst bekehrungskräftiges Heilsmittel ist. Alle diejenigen
demnach, welche durch das Wort Gottes zum Glauben und damit zur
Gerechtigkeit und zum Leben geführt werden, verdanken dies
lediglich dem göttlichen Erbarmen, das sie von Ewigkeit in
Christo erwählet und in der Zeit in ihm errettet hat: diejenigen hingegen, welche nicht zu diesem Heilsziele gelangen, haben es
ihrem eigenen Widerstreben gegen Gottes Gnadenwillen und gegen
sein Wort und seinen Geist zuzuschreiben. Die Concordienformel schließt
also durch die Art, wie sie die Bekehrung des Menschen rein als Wirkung
der göttlichen Gnade faßt, jede pelagianische, semipelagianische und synergistische Anschauungsweise aus, ohne dadurch dem entgegengesetzten Extreme
des Prädestinatianismus*) zu verfallen, indem sie Gottes Gnade,
Christi Opfer und Gottes Wort als auf alle Menschen sich erstreckend darstellt. — Auf dem Grunde und nach dem Vorbilde der Lehre der Concordienformel haben nun auch die älteren Dogmatiker unserer Kirche ihren Lehrbegriff eingerichtet. Während jedoch die Concordienformel mehr
diejenige Form der Darstellung vertritt, welche wir in
unserer eigenen Entwickelung als den **ersten** Lehrtropus bezeichnet haben: so wenden sich die späteren Dogmatiker seit Gerhard
derjenigen Darstellungsform zu, die wir den zweiten Lehrtropus
nannten." (Kirchliche Glaubenslehre. IV. Erste Hälfte. 1868. S. 62—64.)
Im Folgenden sucht nun Philippi seine Behauptung zu begründen, daß der
andere Lehrtropus den ersten nur ergänze; obgleich er selbst eingesteht:
„Schon Johannes Damascenus de fid. orth. II, 26. 29. 30. unterscheidet
zwischen ϑέλημα προηγούμενον, voluntas Dei antecedens und ϑέλημα ἑπό-
μενον, voluntas consequens; nur ruht bei ihm diese Unterscheidung auf semipelagianischen Voraussetzungen." (A. a. O.)†)

---

*) „Prädestinatianismus" ist natürlich nicht, wie viele Ignoranten oder muth-
willige Verkehrer meinen oder sagen, die Lehre von der Prädestination, die klar in
Gottes Wort gelehrt wird, sondern das System Calvins, mit seiner doppelten Prädestination zur Sünde und Gerechtigkeit, zum Leben und zum Tod, zur Seligkeit und
Verdammniß, mit seiner particularen Gnade, Erlösung und Berufung Gottes, mit
seiner particularen Kraft der Gnadenmittel, auf der anderen Seite mit seiner unwiderstehlichen und unverlierbaren Gnade.   W.

†) Dieselbe Bewandniß hat es mit der Unterscheidung der „voluntas prima" und
„secunda", welche Chrysostomus und die Scholastiker aufgestellt haben; auch sie ver-

Zwar suchen jene späteren lutherischen Dogmatiker selbst nachzuweisen, daß der Lehrtropus eines Luther, eines Chemniz rc. in Betreff des Verhältnisses des Glaubens zur Gnadenwahl auch der ihrige sei. Aber hierbei geht es den theuren Männern wie bei der Lehre vom Sonntag und von der Macht der weltlichen Obrigkeit in kirchlichen Dingen. Wenn man da lies't, wie sie troz ihrer offenbar irrigen Lehre in Betreff dieser Puncte mit der Augsburgischen Confession (und diese mit ihnen in Betreff derselben) übereinstimmen sollen, so traut man kaum seinen Augen. Es ist dann, als ob man ganz andere Männer vor sich hätte. Sie, die sonst so sicheren Logiker und so mächtigen Schriftausleger, welche ihre Beweise sonst immer zu apodictischer Evidenz zu bringen verstehen, kann man hier gar nicht wieder erkennen. Wenn man freilich bedenkt, daß diese theuren Männer sonst an der reinen lauteren Lehre unserer Kirche festhalten und daher ihren Irrthum in einem Punct mit der Wahrheit in allen anderen Puncten in Einklang bringen wollen, so darf es uns gar nicht Wunder nehmen, daß selbst so scharfsinnige Syllogisten hier so unbündige Schlüsse machen, da die Wahrheit nur Eine ist und da daher weder aus der Wahrheit ein Irrthum noch aus einem Irrthum die Wahrheit geschlossen werden kann. Was aber den späteren sonst durchaus rechtgläubigen Dogmatikern in den Puncten vom Sonntag und von der Macht der weltlichen Obrigkeit in kirchlichen Angelegenheiten widerfahren ist, das ist ihnen, wie gesagt, auch im Puncte von dem Verhältniß des Glaubens zur Gnadenwahl begegnet. Luthers und Chemnizens Lehre von der Gnadenwahl, wie sie in der Concordienformel ausgesprochen ist, wollen sie festhalten und halten sie in der That fest; sie wollen es sich nicht nehmen lassen, daß die Wahl eine Wahl lediglich der Gnade sei, daß also Gott in seinen Auserwählten durchaus nichts, gar nichts gefunden habe, was ihn hätte bewegen können, sie vor Andern zu erwählen, selbst den vorhergesehenen Glauben machen sie, da er allein Gottes Werk sei, nicht zur Bewegursache der Erwählung, nicht wegen, sagen sie, sondern durch den Glauben seien die Erwählten erwählt. Aber nichts desto weniger erklären sie, die Erwählten seien „intuitu fidei" (in Ansehung des Glaubens) erwählt und der Glaube folge nicht der Erwählung, sondern er gehe dem Rathschluß der Erwählung vorher! Nun sagt aber Luther in seiner Vorrede zu dem Briefe an die Römer ausdrücklich: „Am 9. 10. und 11. Capitel lehret er (St. Paulus) von der ewigen Versehung Gottes, daher es ursprünglich fleußt, wer gläuben oder nicht gläuben soll." Und Chemniz sagt: „Die Wahl Gottes folgt nicht unserm Glauben und Gerechtigkeit, sondern geht ihm*) als die wirkende Ursache voraus." Trotzdem aber ſuchen ſie auch hier die Uebereinſtimmung ihres τρόπος παιδείας mit dem dieſer zwei Martine (von deren zweitem ſelbſt die Papiſten geſagt haben: „Si posterior non venisset, prior non stetisset") dadurch zu erweiſen, daß ſie behaupten, dieſelben redeten von einer Gnaden= wahl im weiteren Sinne, wornach dieſelbe in dem ganzen Rath Gottes zur Seligkeit beſtehe. Abgeſehen aber von dem Zuſammenhange, in welchem jene Worte Luther's und Chemnitzens ſtehen, nach welchem beide ganz offen= bar von der ſogenannten Gnadenwahl im engeren Sinne reden, indem ſie warnen vor dem Erforſchenwollen der „secreta arcani consilii", ſo iſt es überhaupt rein undenkbar, daß Chemnitz eine ſo triviale Behaup= tung aufſtellen ſollte, die Erlöſung, die Berufung durch das Wort ꝛc. folge nicht unſerem Glauben, ſondern gehe ihm als die wirkende Urſache voraus! Eine ſolche Plattheit ſchreibe man einem gedankenloſen Vielſchreiber, aber nicht Männern wie Luther, Chemnitz ꝛc. zu. Wir ſind jedoch, wir wiederholen es, weit entfernt, die ſpäteren Dogmatiker einer falſchen Lehre von der Gnadenwahl zeihen zu wollen (wie allerdings eines Irrthums in Betreff des Sonntags und der Macht der weltlichen Obrigkeit in kirchlichen Dingen), aber wir ſind feſt überzeugt, daß ihr un= ſymboliſcher Lehrtropus, anſtatt die Calviniſten zu ſchlagen, was ſie ja wollen, den Calviniſten einen Angriffspunct bereitet und auf nicht richtiger Exegeſe beruht. Auch wir, weit entfernt, durch das Zurückgehen auf den erſten Lehrtropus den Calviniſten Conceſſionen zu machen und uns den= ſelben nähern zu wollen, was uns lächerlicher Weiſe jetzt vorgeworfen wird, halten vielmehr an dem Lehrtropus namentlich der Concordienformel und eines Chemnitz feſt, um auch den letzten Schein abzuſtreifen, als ſeien wir Semipelagianer und Synergiſten, deſſen die unverſchämten Calviniſten unſere Kirche beſchuldigen. Man vergleiche „Lehre und Wehre" Jahrg. IX, S. 289—302., wo wir bereits die Anklage eines Calviniſten gegen unſere Kirche, daß dieſelbe in der Prädeſtinationslehre ſemipelagianiſch ſei, wider= legt haben.

Da es nun eine Sache von hoher Wichtigkeit iſt, den urſprünglich in unſerer luth. Kirche vorhandenen Lehrtypus zu kennen, namentlich den= jenigen, welchen die Verfaſſer und Apologeten unſeres Schlußbekenntniſſes, der Formula Concordiae, haben, ſo wollen wir, ehe wir weiter gehen, zu= vor noch einiges hierher Gehörige nachtragen.

Wie Luther, Rhegius und Chemnitz den Glauben nicht zur Urſache der Wahl machen, ſondern den Glauben der Wahl folgen laſſen, ſo auch Selneccer, der bekannte Mitverfaſſer der Concordienformel.

In ſeinem Commentar zum Briefe St. Pauli an die Römer befindet ſich nemlich als Eingang zum 9. Capitel ein Excurs über die Prädeſtination, in welchem Selneccer die Frage aufwirft: „Warum ſteht geſchrieben Act. 13, 48.: ‚Und wurden gläubig, wie viele ihrer zum ewigen Leben verordnet waren'?" und dieſelbe folgendermaßen

beantwortet: „Dieses ist darum geschrieben, weil sich die Sache so verhält.
Denn Gott kennt die Seinen von Ewigkeit, und welche er zum ewigen
Leben prädestinirt, die begabt er durch das Wort, welches
sie hören, mit Glauben und rechtfertigt sie. Daß er aber
nicht alle prädestinirt und mit Glauben begabt, ist der Menschen Schuld,
nicht Gottes. Denn viele Menschen hören das Wort vergeblich und ver=
schmähen die im Wort angebotene Gnade Gottes. Obgleich aber Gott
aus allen Nichtwollenden Wollende machen könnte, so thut
er dies doch nicht; und warum er es nicht thue, dazu hat er
seine gerechtesten und weisesten Gründe, welche zu er=
forschen, unsere Sache nicht ist. ` Vielmehr sind wir schuldig, von
ganzem Herzen Dank zu sagen, daß er uns durch die Predigt des Evan=
geliums zur Gemeinschaft des ewigen Lebens berufen und unsere Herzen
durch den Glauben erleuchtet hat. Und da Lukas Act. 13. des sonderlichen
Wortes sich bedient ‚τεταγμένοι‘, verordnet, so sollen wir wissen, daß wir
an eine τάξις gebunden sind, das ist, daß wir nach der von Gott in der
Kirche eingesetzten Ordnung durch Wort und Sacrament von der Erwählung
urtheilen und reden und von derselben immer diese Wahrheiten (sententias)
aufs treueste festhalten sollen: Daß es nirgends Auserwählte gibt, als in
dem Haufen der Berufenen, und: daß alle im Todeskampfe im Glauben
und in der Anrufung des Sohnes Gottes Beharrenden Auserwählte sind.“
Hierauf wirft Selnecker auch folgende Frage auf:) „Ist der voraus=
gesehene Glaube die Ursache der Erwählung?“ und beant=
wortet dieselbe, wie folgt: „Wenn der rechtfertigende Glaube
unser Werk, unsere Beschaffenheit (qualitas) und Tugend
wäre, so hätte diese Frage statt. Aber weil jener Glaube Gottes
Werk in uns ist, darum bedarf's dieser Frage nicht so sehr; auf welche
jedoch zu antworten nicht schwer ist. ‘ Die Erwählung ist gewiß Gottes
ewiger Vorsatz in Betreff der seligzumachenden Menschen. Diesem Vorsatz
Gottes unterliegt (subjicitur) der Glaube an Christum, welchen auch
selbst Gott gibt nach der von ihm eingesetzten Ordnung.
Daher kann der vorausgesehene Glaube nicht die Ursache
der ewigen Wahl sein, **dessen Folge und Wirkung der Glaube
gleichsam ist** in uns in der Zeit Gebornen,*) und in der Zeit hört

---

*) Zwar redet Selnecker ebensowohl wie Brenz noch von einer „universalis
electio“, worauf sich daher später Huber berief, um diese großen Theologen zu Ver=
tretern seiner Meinung von einer allgemeinen Erwählung aller Menschen und
zu Zeugen für den lutherischen Charakter seines Wahnes zu machen; allein, was zu=
nächst Selnecker betrifft, so erklärt er sich selbst über seinen Ausdruck also, daß Huber
darin keinen Behelf finden konnte, wie ihm u. A. schon Hunnius deutlich nachgewiesen
hat. Selnecker sagt nemlich ausdrücklich: „Die göttliche Erwählung sei
nur, wenn sie a priori betrachtet wird, was nemlich den absoluten Willen
Gottes und die absolute Gnade desselben betrifft, ebenso allgemein,

er auch auf, wenn wir ſterben. Würde nun der vorausgeſehene Glaube
die Urſache der Erwählung genannt werden, ſo könnte leicht der falſche
Wahn von unſerer vorausgeſehenen Würdigkeit und von Verdienſten nicht
nur des Glaubens, als unſerer Beſchaffenheit, ſondern auch unſerer
anderen guten Werke die Gemüther einnehmen. Gott weiß, welche die
Seinen ſind, und hat dieſelben vor Grundlegung der Welt erwählt. Und
die Urſache dieſer Erwählung iſt keine andere, als die Barmherzigkeit und
gnadenvolle Gütigkeit Gottes durch und um Chriſti, des Mittlers, und
ſeines Verdienſtes willen, welches durch den Glauben allein ergriffen und
zugeeignet werden muß. Dieſer Glaube, weil er die Hand oder das Inſtru-
ment iſt, durch welches Gottes Gnade und Chriſti Verdienſt ergriffen wird,
kann nicht die Urſache der Gnade und der Erwählung ſein, ſondern er iſt
jenes Mittel und Werkzeug, durch das wir uns die Gnade und das Verdienſt
Chriſti zueignen.“ (In omnes epistolas D. Pauli apostoli Commentarius.
Herausgegeben vom Sohne Georg Selneccer. Leipzig 1595. fol. 213 f.)

So ſchreibt ferner Timotheus Kirchner, Profeſſor zu Heidelberg,
aber von da ſpäter unter Johann Caſimir durch die Calviniſten vertrieben,
bekannt als (neben Chemnitz und Selneccer) Mitverfaſſer der „Apologia
oder Verantwortung des chriſtlichen Concordienbuchs“ vom Jahre 1583,
in ſeinem köſtlichen deutſchen „Enchiridion“ von demſelben Jahre: „Woher kommt die Wahl zum ewigen Leben? Aus Gottes gnädigem Rath und
Willen. Eph. 1.: ‚Er hat uns verordnet zur Kindſchaft gegen ihm ſelbſt,
durch JEſum Chriſt, nach dem Wohlgefallen ſeines Willens‘ ꝛc. Was bewegt ihn zu ſolcher Gnadenwahl? Seine unausſprechliche Barmherzigkeit.
Röm. 9. Eph. 1., und daß er nicht gewollt hat, daß das ganze menſchliche
Geſchlecht umſonſt ſollte geſchaffen ſein und endlich des ewigen Todes ſterben und verderben. Ezech. 18.: ‚Ich will nicht den Tod des Sünders,

---

wie die Verheißung und Berufung.“ (Am anzuzeigenden Ort fol. 226.)
Keineswegs aber will er die Erwählung im eigentlichen Sinne, die, wie die Concordienformel ſagt, „allein über die frommen, wohlgefälligen Kinder Gottes gehet“ (S. 554),
zu einer allgemeinen machen. Wenn er nun in der oben citirten Stelle ſagt, daß „der
Glaube gleichſam eine Folge und Wirkung der Erwählung“ ſei, ſo iſt es geradezu
lächerlich, anzunehmen, Selneccer rede hier von der „a priori betrachteten Erwählung“, die „ſo allgemein ſei wie die Verheißung und Berufung“; denn dieſe iſt
keineswegs nur „gleichſam“, ſondern in jeder Beziehung die Urſache des Glaubens, und hinwiederum iſt der Glaube nicht nur „gleichſam“, ſondern in jeder
Beziehung „Folge und Wirkung“ derſelben und nicht des Menſchen eigenes Werk.
Es iſt eben betreffs der in der Lehre von der Erwählung gebrauchten Terminologie geſchehen, was betreffs der in faſt allen Lehren gebrauchten Terminologie geſchehen iſt:
erſt nach und nach erhielten die Termini eine allgemein angenommene, feſte, be-
ſtimmte Bedeutung. Theils haben daher immer unlautere Geiſter, wie Huber, das an-
fängliche Schwanken zur Verwirrung der an ſich klaren Lehre und zur Beſtätigung
ihres Irrthums gemißbraucht; theils ſind ſchwache Geiſter dadurch ſelbſt in Verwirrung
gerathen. Der Weg der reinen Lehre iſt eben ſchmal und fordert einen ebenſo lauteren
als vorſichtigen Geiſt.

sondern daß er bekehret werde und lebe.' Wer hat aber solche Gnadenwahl
verdienet? Niemand als JEsus Christus, allein mit seinem heiligen Lei=
ben und Sterben und heiligen Gehorsam, dadurch er uns Menschen von der
Sünde und Tod erkauft und erworben zu seinem Erbe. Eph. 1.: ‚Er hat
uns angenehm gemacht in dem Geliebten, an welchem wir haben die Er=
lösung durch sein Blut.' Darum ist's unrecht, die Ursache der Erwählung
in uns Menschen und unserm Verdienst suchen wollen, wie die Papisten
thun. Was hält aber Gott für eine Ordnung in der Gnadenwahl? Die
Ordnung wird vom Apostel Paulo Röm. 8. beschrieben: ‚Welche er ver=
ordnet hat, die hat er auch berufen; welche er aber berufen hat, die
hat er auch gerecht gemacht; welche er aber hat gerecht gemacht,
die hat er auch herrlich gemacht.' Derwegen müssen die Auserwählten
nirgend, denn in der Gemeine Gottes, da sein heiliges Wort rein und lau=
ter geprebigt und die Sacramente nach Christi Ordnung ausgetheilt, ge=
sucht werden; da nemlich die Berufung im Schwang geht: denn die Be=
rufung geschieht durch's Predigtamt. Wie kommt's aber, daß wenig er=
wählt sind, wie Christus Matthäi am 20. sagt? Antwort: Wir reden hier
vom offenbarten Wort, das spricht Röm. 11.: ‚Sie sind zerbrochen um
ihres Unglaubens willen'; da deutlich angezeigt wird, daß der Un=
glaube die Schuld sei. Ist denn Gott die Ursache, daß Etliche verdammt
werden? Keineswegs. Denn er schwört und spricht selbst, Er wolle nicht
den Tod des Sünders, sondern daß er bekehret werde und lebe, Ezech. 18.
Darum sollen wir nicht sagen, daß die Verwerfung der Gottlosen Gottes
Wille oder Ordnung sei; sondern vielmehr bekennen, daß Sünde eine Ur=
sache derselben sei; denn der Sünden Sold ist der Tod, Röm. 6. Er
könnte sie aber alle mit einander bekehren? Da ist kein
Zweifel an, wenn er seine Allmächtigkeit brauchen wollte; daß er's
aber nicht thut, haben wir ihn nicht drum zu besprechen.
Paulus Röm. 9. schreibt, Er erzeige Zorn und thue kund seine Macht und
trage mit großer Geduld die Gefäße des Zorns 2c. In denen, die er also
in ihrem Unglauben bleiben läßt, erzeigt er seine Gerechtigkeit und Zorn
wider die Sünde. Er ist ja unser Keinem nichts schuldig, sondern was er
gibt und thut, das thut er aus lauter Gnaden, um JEsu Christi willen, dem
haben wir alles zu danken und zuzuschreiben. Weil denn der Glaube
an Christum eine sonderliche Gabe Gottes ist, warum gibt
er ihn nicht allen? Dieser Frage Erörterung sollen wir
in's ewige Leben sparen, unterdeß uns daran genügen lassen, daß
Gott nicht will, daß wir seine heimlichen Gerichte erforschen wollen.
Röm. 11.: ‚O welch eine Tiefe des Reichthums, beide der Weisheit und
Erkenntniß Gottes! Wie gar unbegreiflich sind seine Gerichte!' Ist es
denn unrecht, lehren, daß die Gnadenwahl stehe auf unsern Werken oder
unserm Willen? Ja traun! denn sie stehet allein auf Gottes Barm=
herzigkeit. Röm. 9.: ‚Welches ich mich erbarme, deß erbarme ich mich.'

Eph. 1.: ‚Und hat uns ihm verordnet zur Kindſchaft gegen ihn ſelbſt, durch JEſum Chriſt.‘ “ (Enchirid. S. 141 ff.)

Auch Chemnitz fährt unmittelbar nach den im vorigen Hefte S. 44 f. bereits citirten Worten folgendermaßen fort: „Denn welche er zuvor ver= ſehen und verordnet hat (quos praedefinivit et praedestinavit), die hat er auch berufen und gerecht gemacht.‘ Röm. 8, 29. f. Auguſtinus hat fleißig erörtert, was Paulus Eph. 1, 4. ſchreibt: ‚Er hat uns erwählt‘, nicht, weil wir heilig waren oder geheiligt worden ſind, oder weil er voraus= geſehen hat, daß wir heilig ſein würden, ſondern ‚er hat uns erwählt in Chriſto‘, ſagt er, und zwar ‚ehe der Welt Grund geleget war, daß wir ſollten ſein heilig und unſträflich vor ihm.‘ Denn die Erwählung und der Vorſatz der Gnade iſt die wirkende Urſache alles deſſen, was zur Seligkeit gehört; wie Paulus in derſelben Stelle V. 11. beſtätigt, indem er ſpricht: ‚Durch Chriſtum ſind wir zum Erbtheil gekommen, die wir zuvor verordnet ſind nach dem Vorſatz deß, der alle Dinge wirket nach dem Rath ſeines Willens‘, V. 12.: ‚auf daß wir etwas ſeien zu Lobe ſeiner Herrlichkeit‘, V. 19.: ‚durch deſſen kräftige Wirkung wir auch glauben‘ ꝛc. Und dieſe Erwählung iſt vor den Zeiten der Welt geſchehen, nicht in Rückſicht auf unſere Werke, ſeien es frühere, oder gegenwärtige, oder zukünftige, nach Gottes Vorſatz und dem Wohlgefallen ſeiner Gnade. Röm. 9, 12.: ‚Nicht aus Verdienſt der Werke, ſondern aus Gnaden des Berufers.‘ 2 Tim. 1, 9.: ‚Er hat uns berufen mit einem heiligen Ruf, nicht nach unſeren Werken, ſondern nach ſeinem Vorſatz und Gnade.‘ ... Daher auch Paulus ſagt 2 Tim. 2, 19., daß dieſes das Siegel ſei: ‚Es trete ab von der Ungerechtigkeit, wer den Namen Chriſti nennt.‘ Und daraus erhellt mit Gewißheit (certo constat), daß keiner von den Erwählten in der, wie man ſpricht, endlichen Unbußfertigkeit und Ungläubigkeit (in finali, ut dicitur, impoenitentia et incredulitate) bleibe.“*) (Enchirid. p. 211. sq. 215.)

---

*) Dieſe letzten Worte zeigen unwiderleglich, daß Chemnitz von der ſogenannten Gnadenwahl im engeren Sinne rede, da er von ſolchen Erwählten redet, die nicht nur kräftig berufen und daher zum Glauben gekommen ſind, ſondern die auch, wenn ſie je fallen, nicht bis zum Tode in ihrem Falle liegen bleiben, ſondern gewiß noch vor ihrem Ende wieder zur Buße kommen und daher gewiß ſelig werden. Selbſtverſtändlich reden wir nicht in dem Sinne von einer Gnadenwahl im engeren Sinne, als ob es eine ſolche gäbe, die von dem allgemeinen Gnadenrath losgetrennt wäre oder losgetrennt gedacht werden ſollte oder könnte, da ja Gott unmöglich ſeine Auserwählten anders ſelig zu machen in der Ewigkeit beſchloſſen haben kann, als er ſie in der Zeit ſelig macht. Wir bedienen uns jenes von den Dogmatikern gebrauchten Ausdrucks vielmehr nur, um diejenigen abzuweiſen, welche unter Gnadenwahl nur Gottes allgemeinen, alle Menſchen, oder doch alle Gläubigen, auch die Zeit= gläubigen betreffenden Heilsrathſchluß verſtanden wiſſen wollen und dieſes lächer= licher Weiſe mit Ausſchluß des Actes einer wirklichen Auswahl (ἐκλογή) einzelner Per= ſonen die Gnadenwahl im weiteren Sinne nennen. Es iſt das ebenſo lächer=

Dieses mag genug sein zum Beleg, welches der ursprüngliche Lehrtropus in Betreff der Lehre vom Verhältnisse des Glaubens zur Gnadenwahl in unserer Kirche gewesen sei. Am Schluß dieses Artikels gedenken wir noch insonderheit zu zeigen, wie die biblischen Sedes doctrinae de praedestinatione je nach dem verschiedenen Lehrtropus von den betreffenden Theologen unserer Kirche verstanden und ausgelegt worden sind, woraus insonderheit erhellen wird, welcher der beiden Lehrtropen der heiligen Schrift am gemäßesten ist, woraus sodann für alle gläubigen Christen schließlich sich entscheiden wird, welchem von beiden der Vorzug gegeben werden müsse. (Fortsetzung folgt.)

(Eingesandt von Prof. A. L. Gräbner.)

Zur Bestimmung des Begriffs πρόγνωσις.

„Folglich ist πρόγνωσις nicht die Wahl selbst; dies ist zu bemerken gegen die Calvinisten"*) — schreibt Quenstedt in seiner „Lehr= und Wehr=Theologie", und spricht damit einen Lehrsatz aus von der weittragendsten Bedeutung und einen Wehrsatz, der nicht nur die in demselben Genannten, die Calvinisten, trifft, sondern auch solche, die ebenso entschieden wie Quenstedt den Calvinisten gegenüberstehen, die aber wie wir den Satz vertreten, den Quenstedt hier verwirft, „Erwählung und Versehung ist eins und dasselbe". **)

Als einen Satz von der weittragendsten Bedeutung bezeichnen wir die oben angeführte Behauptung des großen Dogmatikers deshalb, weil in diesem Satz die Position angegeben liegt, auf welcher alle, welche die von Quenstedt vertretene Lehre von der Gnadenwahl geführt haben, fußten, zu=

---

lich, als von einer Bekehrung im weiteren Sinne reden zu wollen, zu welcher die Bekehrung im engeren, also im eigentlichen Sinne nicht gehöre! Wie dieses eine Bekehrung ohne Bekehrung wäre, so wäre jenes eine Erwählung ohne Erwählung! Wie übrigens der theure Chemnitz in der Lehre von der Gnadenwahl gestanden habe, ist unter Anderem auch aus Folgendem zu ersehen. Als Cyriacus Spangenberg's Predigten über die Prädestination, in welchen derselbe ganz wie Luther im Buche de servo arbitrio geredet hatte, erschienen waren und sich selbst manche Lutheraner an der harten Rede stießen, da schrieb Chemnitz von Braunschweig aus unter dem 13. December 1567 an Conrad Schlüsselburg u. A. Folgendes: „Ich habe Spangenberg's Büchlein von der Prädestination gelesen, und ich sehe nicht, daß er irgend welche falsche oder neue Fündlein lehre, sondern er wiederholt dasjenige, und zwar beinahe mit ebendenselben Worten, was von Augustin, Luther und Brenz über diese Frage aus Gottes Wort gelehrt worden ist." (M. Chemnitii ad Matth. Ritterum epp. Accedunt 5 ejusdem Chemnitii ad C. Schluesselburgium. Ed. G. Chr. Joannis. Francof. ad M. 1712. p. 63.)

*) Ergo πρόγνωσις non est ipsa electio, quod contra Calvinianos observandum. (Theol. did.-pol. P. III. c. II. th. V. nota II.)

**) Synodalbericht Westl. Districts. 1877. p. 37.

gleich aber auch die Position, mit der jener Lehrtropus steht und fällt. Daher erklären sich auch die Anstrengungen, die jene Systematiker und die gleichgesinnten Exegeten machen, diesen Satz zu halten und zu stützen; daher wird es sich aber auch erklären, wenn wir, die wir jene Stellung nicht theilen, uns gerade gegen diesen Punct wenden, ohne uns durch die Beschuldigung des Calvinismus irgendwie beirren zu lassen.

Die Frage, welche wir zu erörtern haben, ist also diese: „Was versteht die Schrift unter der göttlichen πρόγνωσις?" Quenstedt gibt in derselben Note, der seine oben angeführten Worte entnommen sind, das Wort πρόγνωσιν lateinisch wieder mit fidei perseverantis intuitum, zu Deutsch: Anschauung des beharrenden Glaubens, und in der Anmerkung, welche der in Rede stehenden unmittelbar vorhergeht, heißt es ebenfalls: „πρόγνωσιν, sive intuitum fidei." An anderen Stellen*) setzt er für πρόγνωσις praescientia fidei oder praevisio fidei, Vorherwissen oder Vorhersehung des Glaubens, und in dem bekannten syllogismus praedestinatorius**) besteht die πρόγνωσις einfach darin, daß Gott wußte, daß Petrus, Paulus, Johannes u. s. w. bis ans Ende glauben würden.

Ist nun diese Auffassung der göttlichen πρόγνωσις im Sinne der Schrift oder nicht? Wir wollen sehen.

Das Substantiv πρόγνωσις kommt im Neuen Testament zweimal vor. Das erstemal steht es Apostelgeschichte 2, 23., wo es im Grundtext heißt: τοῦτον τῇ ὡρισμένῃ βουλῇ καὶ προγνώσει τοῦ θεοῦ ἔκδοτον διὰ χειρὸς ἀνόμων προσπήξαντες ἀνείλατε, nach Luthers Uebersetzung: denselbigen, nachdem er aus bedachtem Rath und Vorsehung Gottes ergeben war, habt ihr genommen durch die Hände der Ungerechten und ihn angeheftet und erwürget. Aus dieser Stelle geht schon auf den ersten Blick dies hervor, daß πρόγνωσις nicht schlechthin heißen kann Anschauung (Vorherwissen, Vorhersehung) des Glaubens; denn dann würden die Worte genau übersetzt lauten: Diesen, nach bestimmtem Rath und Anschauung (Vorherwissen, Vorhersehung) des Glaubens dahingegeben u. s. w. So denkt denn auch Quenstedt nicht daran, diese Stelle von einer Vorhersehung des Glaubens zu verstehen, er versteht vielmehr hier unter πρόγνωσις so ziemlich die gegentheilige Vorhersehung, wie er selber zu Act. 2, 23. schreibt: „Die Vorhersehung war jedoch die Vorhersehung der Gottlosigkeit der Juden", †) und: „Gott sah vorher jene gottlosen Hände." ††)

Ob nun mit dieser Erklärung unserer Stelle das Richtige getroffen ist, möge eine genauere Prüfung des Textes darthun.

---

*) L. c. Sect. II. Q. IV. βεβαιωσις. fol. 37. sq.

**) L. c. Sect. I. th. XIII. nota II. fol. 18.

†) Praescientia tamen fuit impietatis Judaeorum. L. c. c. III. membr. III. Sect. I. th. 38. obs. 3. fol. 353.

††) Praevidit deus illas impias manus. L. c.

Darüber, daß der Dativ προγνώσει ebenso wie der Dativ βουλῇ ad=
verbiale Bestimmung zu ἔκδοτον ist, kann wohl kein Zweifel sein. Daß
ferner durch den Dativ βουλῇ nur entweder ein Motiv oder, und letzteres
ist das Richtige, eine N o r m für die Handlung des ἐκδιδόναι angegeben sein
kann, läßt sich ebenfalls nicht mit Erfolg bestreiten. Dann wird aber der
durch καὶ und durch den gemeinsamen Artikel (τῇ) und durch den gemein=
samen Genitiv τοῦ θεοῦ mit βουλῇ aufs engste verbundene Dativ προγνώσει
in demselben Sinn zu fassen sein, abgesehen davon, daß er sich auch ohne
diese genaue Verbindung kaum anders fassen ließe. Und nun fragen wir:
Wo in der ganzen Schrift wird die Gottlosigkeit eines Theiles der Juden
oder die verruchte Hand einer heidnischen Soldateska als das Motiv an=
gegeben für die Hingabe des ewigen Sohnes durch den ewigen Vater?
Nirgends. „Er dacht an sein' Barmherzigkeit“, singt Dr. Luther und gibt
damit das Motiv an, von dem die Schrift zu reden weiß, wenn sie sagt,
was Gott bewogen habe, seinen Sohn dahinzugeben, wie Joh. 3, 16. Röm.
5, 8. Eph. 1, 6. 7. zu lesen ist. Und, fragen wir weiter, wo in der ganzen
Schrift wird das W i s s e n Gottes um die Gottlosigkeit des jüdischen Volks
und die Verruchtheit der Kriegsknechte zu Jerusalem als N o r m angegeben,
wonach die Hingabe des Sohnes zur Erlösung der Welt geschah? Nirgends.
Hingegen weiß der Heiland dort in Gethsemane, da die Berge unserer
Sünden sich über ihm häuften und blutiger Angstschweiß ihn deckte, die
majestätische Norm, nach der es mit ihm gehen sollte, ganz anders anzugeben,
wenn er spricht: „Mein Vater, wenn dies nicht vorüber gehen kann, ohne
daß ich es trinke, so g e s c h e h e d e i n W i l l e“, Matth. 26, 42.*) Und
da er aufstand vom letzten Abendmahl, um hinaus zu gehen in die schreck=
liche Nacht, was spricht er da? „Auf daß die Welt erkenne, daß ich den
Vater liebe, und ich also thue, wie mir der Vater geboten hat“,
stehet auf und laßt uns von hinnen gehen“, Joh. 14, 31. Und kurz vorher
hat er über Tisch es ausgesprochen, daß des Menschen Sohn dahingehet,
„w i e e s b e s c h l o s s e n i s t“, Luc. 22, 22. Und da er vor Pilatus steht,
also dem Ungerechten übergeben ist, sagt er da etwa: „Du hast keine Macht
über mich, ohne daß es mein Vater w e i ß“? Keineswegs; sondern er
spricht: „Du hättest keine Macht über mich, wenn es dir nicht von oben
herab g e g e b e n w ä r e“, Joh. 19, 11. — Vgl. noch Joh. 10, 18. Apost.
4, 28. Phil. 2, 8. Röm. 5, 19. Ebr. 5, 8. — Weit entfernt also, daß die
Schrift das W i s s e n des Vaters um die Gottlosigkeit der Einwohner und
der römischen Besatzung Jerusalems als Norm kennte für die Hingabe des
Sohnes, so weiß sie überhaupt nichts von einem normirenden W i s s e n
Gottes in diesem Handel, sondern nach seinem W i l l e n sendet er den Sohn
und im Gehorsam gegen diesen Willen geht der Heiland in die Niedrig=
keit, durch Schmach und Schmerzen in den bittern Tod.

---

*) Matth. 26, 42.: εἰ οὐ δύναται τοῦτο παρελθεῖν, ἐὰν μὴ αὐτὸ πίω, γενηθήτω τὸ

Aus dem Obigen dürfte nun zur Genüge erhellen, daß, wollte man πρόγνωσις Apoſt. 2, 23. dennoch von einem Wiſſen Gottes um die Gott=loſigkeit der Juden verſtehen, dies Moment an der genannten Stelle mit klaren Worten ausgedrückt ſein müßte. Wir finden aber, daß das eben nicht der Fall iſt. Es gibt keine Lesart, nach der es a. a. O. hieße: προγνώσει ἀσεβείας ὑμῶν, ja das Wort, aus dem der betreffende Genitiv ſich ergänzen ließe, kommt auch in dem ganzen Text nicht vor, ſo daß alſo für die von uns abgelehnte Erklärung weder der Text, noch der Context, noch die übrige Schrift irgend welche Berechtigung bietet.

Genau ſo ſteht es aber mit den Stellen, wo die Schrift das Wort πρόγνωσις oder προγινώσκειν in Verbindung mit der Lehre von der Gnaden=wahl gebraucht. Auch da hat ſie es mit einem ewigen Willensact Gottes zu thun, gemäß welchem Gott in der Zeit handelt, und an keiner einzigen jener Stellen iſt der Glaube in der Nähe des Wortes πρόγνωσις oder προγινώσκειν auch nur genannt, viel weniger dazu conſtruirt. Auch da hat alſo die von uns ebenfalls abgelehnte bekannte Erklärung des Wortes πρόγνωσις durchaus keine Berechtigung.

Nur e i n Einwurf könnte noch gemacht werden, nämlich dieſer: Wie, wenn es aber bei dem Worte πρόγνωσις n o t h w e n d i g wäre, irgend eine ſolche Ergänzung zu denken? Gibt denn z. B. Apoſtelgeſchichte 2, 23. dieſes Wort ohne eine ſolche Procedur überhaupt einen Sinn?

Freilich; und zwar einen ſehr ſchönen und ſchriftgemäßen. Während nämlich der Sohn Gottes als der Heiland der Welt in ſeinem Verhältniß zum Vater nirgends in der Schrift als der V o r h e r g e ſ e h e n e bezeichnet iſt, ſo kennt ihn das Alte wie das Neue Teſtament als den A u s e r w ä h l = t e n Gottes. Im Propheten Jeſaias, Cap. 42, 1., ſagt Gott von ihm: „Siehe, das iſt mein Knecht, ich erhalte ihn, und mein A u s e r w ä h l t e r, an welchem meine Seele Wohlgefallen hat." Und im Neuen Teſtament wird Matth. 12, 17. 18. dieſe Stelle ausdrücklich als von JEſu Chriſto handelnd citirt: „Auf daß erfüllet würde, das geſagt iſt durch den Pro=pheten Jeſaia, der da ſpricht: Siehe, mein Knecht, d e n i c h e r w ä h l t h a b e." Und auf dem Berge der Verklärung, da nun Chriſtus hineingehen ſollte in ſeine Paſſion und in die Hände der Ungerechten, ſpricht nach Luc. 9, 35. der Vater aus der Wolke: „Dieſer iſt mein Sohn, der A u s = e r w ä h l t e."[*]) Und wenn die Parallelerzählung des Matthäus aus des Vaters Munde die Worte berichtet: „an dem ich Wohlgefallen fand", ſo müſſen wir annehmen, daß beides bei dieſer Gelegenheit über Chriſto ge=ſprochen wurde, oder daß die beiden Ausdrücke als weſentlich gleichbedeutend ein und daſſelbe hebräiſche oder aramäiſche Wort wiedergeben, das aus der Wolke erſchallte. Jedenfalls aber bezeichnete der ganzen Analogie nach des

---

[*]) Luc. 9, 35.: Οὗτός ἐστιν ὁ υἱός μου ὁ ἐκλελεγμένος. Dieſe Lesart hat außer

Vaters Ruf über dem HErrn, auch da er sein Lehramt antrat und sich, um alle Gerechtigkeit zu erfüllen, von Johannes taufen ließ, den Heiland eben=falls als den vom Vater in Liebe Auserkorenen, nicht als den Vorher=gewußten oder Vorhergesehenen.

Wenn nun 1 Petri 1, 20. Christus bezeichnet wird als προεγνωσμένος πρὸ καταβολῆς κόσμου, und γινώσκειν allgemein von unsern Dogma=tikern und Exegeten zugestandenermaßen die Bedeutung ersehen, er=wählen haben kann, ja sie an einigen Stellen des Neuen Testaments offenbar hat, also sprachlich nichts im Wege steht, προεγνωσμένος mit vorhererſehen, vorhererwählt zu überſetzen, — ſollen wir da der ſtehenden Anſchauung der Schrift von dem Verhältniß des Heilandes zum Vater und dem Sprachgebrauch des Neuen Teſtaments Rechnung tragend 1 Petri 1, 20. mit Luther überſetzen: „der zuvor verſehen (aus=erſehen, erwählt) iſt, ehe der Welt Grund gelegt ward“, oder ſollen wir die Stelle in einer Weiſe verſtehen, daß ein Sinn herauskommt, der ſonſt der ganzen Schrift fremd iſt, und überſetzen: „der zuvor geſehen (gewußt) iſt, ehe der Welt Grund gelegt ward“ —? Die Wahl kann hier nicht ſchwer fallen. Und verliert etwa bei Luthers und unſerer Auffaſſung die Stelle an praktiſchem Werth? Was kann uns wohl mächtiger tröſten und eindrücklicher das Treumeinen Gottes mit unſerm Heile ans Herz legen, wenn wir hören, daß Gott vor aller Zeit JEſum Chriſtum, ſeinen Sohn, zu unſerm Heiland erkoren hat und dieſen ſeinen Auserwählten in der Fülle der Zeit dargeſtellt hat zu einem Gnadenſtuhl in ſeinem Blut, oder daß uns geſagt wird, daß Gott in Ewigkeit gewußt hat, wen er in der Zeit als Heiland offenbaren wollte?

Gehen wir jetzt auf der gewonnenen exegetiſchen Baſis an die Er=klärung von Apoſt. 2, 23. Der Apoſtel ſagt hier den Männern von Iſrael: „Ihr habt JEſum von Nazareth durch die Hand der Ungerechten angeheftet und getödtet. Aber ihr hättet keine Macht über ihn gehabt, wäre ſie euch nicht von oben herab gegeben, wäre er euch nicht dahingegeben geweſen (ἔκδοτον).“ Doch dies Dahingeben geſchah nicht von ohngefähr, ſondern gemäß dem beſtimmten Rathſchluß, den Gott gefaßt hatte zur Er=löſung der Welt (τῇ ὡρισμένῃ βουλῇ) ward er dahingegeben, und gemäß der ewigen Verſehung Gottes, der Wahl, die Gott getroffen hatte vor Grundlegung der Welt (προγνώσει τοῦ θεοῦ), ward gerade er dahingegeben.

> Den, den hat Gott zum Sündenfeind
> Und Sühner wollen wählen:
> Geh' hin, mein Kind, und nimm dich an
> Der Kinder, die ich ausgethan
> Zu Straf und Zornesruthen.
> Die Straf' iſt ſchwer, der Zorn iſt groß,
> Du kannſt und ſollſt ſie machen los

(Eingesandt auf Beschluß der Effingham Specialconferenz von G. G.)

Der 11. Artikel der Augsburgischen Confession.

I. Einleitendes.

Der 11. Artikel der Augsburgischen Confession trägt die Ueberschrift: „Von der Beichte", handelt aber eigentlich von der Privatabsolution. Dies hat seinen guten Grund, wie man aus dem 12. Artikel der Apologie sieht. Denn da heißt es: „Die Beichte behalten wir auch um der Absolution willen, welche ist Gottes Wort, dadurch uns die Gewalt der Schlüssel losspricht von Sünden." Unsere Symbole halten also die Beichte nicht für nöthig an sich, sondern nur um der Absolution willen. Jene ist blos menschliche, kirchliche Ordnung; diese ist Gottes klares Wort. „So lehret auch die Glossa in Decretis de Poenitentia Dist. 5., daß die Beichte nicht durch die Schrift geboten, sondern durch die Kirche eingesetzt sei. Doch wird durch die Prediger dieses Theils fleißig gelehrt, daß die Beichte von wegen der Absolution, welche das Hauptstück und das Fürnehmste darin ist, zu Trost der erschrockenen Gewissen, dazu um etlicher anderer Ursachen willen zu erhalten sei." (Art. 25. der Augsb. Conf.) Der 11. Artikel ist also mit Absicht so gefaßt, daß er der Beichte nur so nebenbei Erwähnung thut. Er soll der christlichen Freiheit nicht zu nahe treten. Dies geht recht deutlich hervor aus der Fassung, die er in den „Schwabacher und Torgauer Artikeln" trägt, welche bekanntlich die Grundlage der Augsb. Confession bilden. Darin bekennt Luther nämlich: „XI. Daß die heimliche Beichte nicht solle erzwungen werden mit Gesetzen, so wenig als die Taufe, Sacrament, Evangelien sollen erzwungen sein, sondern frei; doch daß man wisse, wie gar tröstlich und heilsam, nützlich und gut sie sei dem betrübten oder irrigen Gewissen, weil darinnen die Absolution, d. i. Gottes Wort und Urtheil gesprochen wird, dadurch das Gewissen los und zufrieden wird von seiner Bekümmerniß; sei auch nicht noth, alle Sünden zu erzählen; man mag aber anzeigen die, so das Herz beißen und unruhig machen." (Seckendorf, Hist. Luth. Deutsche Ausg. von Frick. S. 971.) Jede gesetzliche Lehre betreffs der Beichte ist demnach unseren Symbolen zuwider. Sie halten fest an dem in Art. 7. der Augsb. Confession ausgesprochenen Grundsatze: „Dies ist genug zu wahrer Einigkeit der christlichen Kirche, daß da einträchtiglich nach reinem Verstand das Evangelium gepredigt und die Sacramente dem göttlichen Wort gemäß gereicht werden. Und ist nicht noth zu wahrer Einigkeit der christlichen Kirche, daß allenthalben gleichförmige Ceremonien, von den Menschen eingesetzt, gehalten werden." Diesem Grundsatze gemäß will auch unser Artikel nur die Privatabsolution d. i. das Evangelium in seiner Anwendung auf den einzelnen Sünder in der Kirche erhalten wissen, ohne über die damit verbundenen Ceremonien eine unverbrüchliche Ordnung vorzuschreiben. Dieser Standpunct unserer Symbole ist den papenzenden Lutheranern gegenüber von großer Wichtigkeit.

Um aber zur Sache selbst überzugehen, so muß man sich insbesondere darüber völlig klar sein, was Absolution, was ferner Privatabsolution sei, weshalb letztere in der Kirche erhalten werden solle und inwiefern demnach auch Privatbeichte nöthig sei.

II. Die Absolution ist göttliche Ordnung in der Kirche und darum unbedingt nöthig.

Absolution ist nichts anderes als Uebung der Schlüsselgewalt, Ausrichtung des Evangeliums, sei es an Viele oder an Einzelne. Gott ist in Christo versöhnt. Er will nun der Welt seine Gnade mittheilen. Darum legt er den Reichthum seiner Barmherzigkeit, den ganzen Ablaßschatz, in das Evangelium. Dadurch soll er den Sündern zugeeignet werden. Mit dieser Ablaßcommission hat Christus seine Kirche betraut. Sie ist eine Kirche der Vergebung. In Predigt, Taufe und Nachtmahl soll sie die mit Christi Blut geschriebenen Ablaßbriefe austheilen. Dazu ist ihr das Wort gesagt: „Nehmet hin den Heiligen Geist! Welchen ihr die Sünden erlasset 2c." Indem er der Kirche die Macht verliehen hat, auf Erden Sünden zu vergeben, hat er sie zur Verwalterin des Gnadenschatzes gemacht. Wo sie nur den Mund aufthut, muß sie eine Absolution sprechen. „Tröstet, tröstet mein Volk, spricht euer Gott" (Jes. 40, 1.). Darum ist ihre Zunge, um mit dem Psalmisten zu reden, ein Griffel eines guten Schreibers (Ps. 45, 2.), der auf die Stirne des Sünders, in das Gewissen des vom Gesetze Verdammten den Namen Gottes und des neuen Jerusalems und den neuen Namen des Lammes schreibt (Offenb. 3, 12. 14, 1.). „Also ist das Evangelium selbst eine gemeine Absolution." (Luther an den Rath zu Nürnberg.) Darum kann aber auch jedes Christenkind Absolution austheilen; denn es kann dem betrübten Sünder ein evangelisches Trostwort sagen; und im Worte des Evangeliums liegt eben die Absolution, nicht in einer aus den Fingern des Ordinators fließenden Zauberkraft. Nichts ist demnach leichter als zu absolviren. Jeder Christ muß eine Absolution sprechen. Dazu gibt der Glaube den geistlich Stummen die Sprache, daß sie als geistliche Priester die Tugenden dessen verkündigen, der sie berufen hat von der Finsterniß zu seinem wunderbaren Lichte. So oft eine christliche Gemeinde ein evangelisches Lied singt, schallt die Kirche von Absolution wieder. Diese Absolution ist keine andere, als die von einem Prediger gesprochene. Der Unterschied besteht nur darin, daß der Pastor das öffentliche Amt hat, die Absolution zu sprechen (2 Cor. 2, 10.: „So ich etwas vergebe jemanden, das vergebe ich um euretwillen an Christi Statt"), daß er die öffentliche Verwaltung der Gnadenmittel und darum die Pflicht hat, durch Predigt und Sacramentsverwaltung die Gnade auszutheilen; Gemeindeglieder aber verkündigen privatim die großen Thaten Gottes. Das Gnadenwort selbst wird durch diese verschiedene Art und Form der Verkündigung weder stärker noch schwächer. Denn Gottes Wort bleibt Gottes Wort und also gewiß und wahr, es spreche oder höre es, wer da wolle. Daß es an Un- bußfertigen seine Kraft nicht ausrichtet, liegt nicht an ihm noch an den Lippen, über die es geht, sondern lediglich an den Boshaftigen und Ver- stockten selbst.

Dies ist die allgemeine Absolution. Sie ist unbedingt nöthig; denn ohne sie kann die Kirche keine Stunde existiren. Sie ist das tägliche Brod und die Luft, wovon und worin die Kirche lebt. Ein Carlstadt, Schwenkfeld, Zwingli und alle Enthusiasten mögen das münd- liche Wort verachten und mit den Juden schreien: „Wer kann Sünde ver- geben ohne allein Gott?" Sie wissen eben nichts von der Schlüsselgewalt. Die Schrift aber zeigt uns, daß Gott ordentlicher Weise nur durch Menschen absolvirt. Alles wahrhaft göttliche Leben, welches sich noch unter den Secten findet, ist darum auch nur aus der im Worte des Evan- geliums verkündigten allgemeinen Absolution geflossen. Deshalb bekennen wir den Enthusiasten und allen methodistischen und sonstigen Schwarm- geistern gegenüber mit unsern Vätern: Die Absolution „ist Gottes Wort, dadurch uns die Gewalt der Schlüssel losspricht von Sünden. Darum wäre es wider Gott, die Absolution aus der Kirche also abthun 2c. Die- jenigen, so die Absolution verachten, die wissen nicht, was Vergebung der Sünde ist oder was die Gewalt der Schlüssel ist." (Apolog. Art. 12.) Diese Worte sind zwar eigentlich von der Privatabsolution gesagt. Man kann sie jedoch mit vollem Rechte auf die Absolution überhaupt beziehen.

III. **Privatabsolution ist von der öffentlichen nicht dem Wesen, sondern nur der Form nach verschieden.**

Die Privatabsolution wird von papenzenden Lutheranern der Neuzeit viel höher gestellt als die übrige Gnadenmittelverwaltung. Die Predigt des Evangeliums soll ein leeres Anbieten und Verkündigen, Privatabsolution aber eine kräftige Mittheilung der Gnade sein. Ihr Zweck dabei ist aber nicht Verherrlichung der Gnade Gottes, sondern Glorifizirung des Pfarr- amtes. Sie schielen nach Rom. Die geölten und geschmierten papistischen Pfaffen haben für sie zu große Anziehungskraft. Die armen Laien sollen denken, ihr Pastor sei ein Mittler zwischen Gott und den Menschen, denn in sein Haupt sei aus den Fingern des Ordinators eine besondere Salbung geflossen. Was hier scheinbar der Privatabsolution zu viel zugeeignet wird, das ist der Predigt des Evangeliums gestohlen. Man sieht hieraus wieder, wie nahe Papismus und Schwärmerei verwandt sind trotz des anscheinenden unversöhnlichen Gegensatzes. „Denn das Pabstthum auch ein eitel En- thusiasmus ist." (Schmalk. Art. P. III. Art. 8.) Die Predigt des Evan- geliums ist niemals eine leere Ankündigung. Mit dem Gnadenmittel ist

der Gnadenschaß stets unzertrennlich verbunden; denn das Evangelium ist
eine Gotteskraft, selig zu machen. Es ist also eine kräftige Ankündigung
der Absolution, d. h. eine solche, wodurch die Absolution zugleich mitgetheilt
wird. Wesentlich ist demnach zwischen Privat= und allgemeiner Abso=
lution im Evangelium gar kein Unterschied. Sehr schön schreibt Dr. Phi=
lippi's Meckl. K. u. Ztbl. vom 18. April 1877: „Unterscheidet sich doch
die Privatabsolution von der allgemeinen Predigt des Evangeliums nur
dadurch, daß in derselben die Sündenvergebung dem Einzelnen besonders
zugesprochen wird, von den Sacramenten aber nur durch das Fehlen des
sacramentlichen Unterpfandes. Auch hat unsere Kirche gewiß nicht geirrt,
wenn sie unter Schlüsselgewalt von je nicht blos die in der Privatabsolution,
sondern ganz allgemein auch die in der gesammten Gnadenmittelverwaltung
sich vollziehende Thätigkeit des geistlichen Amtes verstanden hat, weil eben
in ihr und nicht blos in der Privatabsolution die Sünden vergeben oder
behalten, gelöf't oder gebunden, das Himmelreich auf= oder zugeschlossen
wird. So schreibt Luther: ‚Nun, die Schlüssel, zu binden und zu lösen,
ist die Gewalt zu lehren und nicht allein zu absolviren. Denn die Schlüssel
werden gezogen auf alles das, damit ich meinem Nächsten helfen kann, auf
den Trost, den einer dem andern geben kann, auf die öffentliche und heim=
liche Beichte, auf die Absolution und was des Dinges mehr ist, aber doch
vornehmlich auf das Predigen. Denn wo man prediget: Wer da glaubet,
der wird selig, das heißet aufschließen; wer aber nicht glaubet, der wird
verdammt, das heißet zuschließen.‘ (Erl. Ausg. tom. XV. p. 395.) Und:
‚Solchen Schaß aber theilet die christliche Kirche aus nicht allein im Wort,
durch die Absolution und öffentliche Predigt, sondern auch durch die Taufe
und im Abendmahl des HErrn Christi. Denn wer glaubt und getauft wird,
der wird selig. Also wenn du glaubest, daß der Leib Christi für dich hin=
gegeben und sein Blut um deiner Sünden willen vergossen sei, und empfähest
in solchem Glauben das hochw. Sacrament, den Leib und Blut Christi, so
hast du auch Vergebung der Sünden.‘ (A. a. O. tom. VI. p. 296.) Daher
denn in den Schmalk. Artikeln die Schlüssel geradezu das Amt genannt
werden: ‚Dieweil die Schlüssel nichts anders sind denn das Amt, dadurch
solche Verheißung jedermann, wer es begehrt, wird mitgetheilt.‘ (Ausg.
v. Müller p. 333.)" L. u. W. 1877. S. 175.

Wie die Neulutheraner im Evangelium nur eine Erzählung von
der Gnade sehen, so wollten die Schwärmer von jeher die Absolution
kein kräftiges Gnadenwort sein lassen. Die Form: „Ich vergebe dir" ꝛc.
ist ihnen höchst anstößig; denn sie sehen darin eine Gotteslästerung. Wie
kann ein Mensch Sünden vergeben? sprechen sie. Das kommt aber, wie
wir gesehen haben, nur daher, weil sie überhaupt nicht wissen, was Abso=
lution und Evangelium ist. „Wahr sagen die Schriftgelehrten", antwortet
ihnen schon Beda der Ehrwürdige (†735), „daß niemand Sünden erlassen
könne als Gott; der erläßt auch durch diejenigen, denen er die Macht zu

erlassen verliehen hat." (Magd. Cent. Ausg. v. Lucius. Basel 1624.
Cent. VIII, 125.) Gigas († 1581) warnt in seiner Predigt über das
Evangelium des 19. Sonnt. nach Trinitatis: „Lasset uns auch die bethörten
Wiedertäufer, Schwenkfelder und andere Flattergeister nicht berücken noch
irre machen, welche sehr höhnisch von der heiligen Absolution reden, auch
schreien und schreiben, daß wir Kirchendiener uns für Götter aufwerfen,
Gott in sein Amt fallen, welcher allein Sünde vergeben kann, so sie doch
hören und wohl wissen, daß wir nicht für unsere Person, sondern auf Christi
Befehl und als seine Diener die bußfertigen Sünder und Sünderinnen von
ihren Sünden absolviren, lebig und lossprechen. Christus ist der HErr,
der aus eigener Macht Sünde vergibt und die Absolution spricht; wir aber
sind seine Pedellen und Diener, richten uns nach seiner Instruction und
nach seinen Credenzbriefen. Thust du wahre Buße, so sprechen wir dir
aus Christi Befehl und auf sein wahres Wort die Absolution und du wirst
auf Christi Verdienst von allen deinen Sünden gewißlich entbunden, wie
David von Nathan und die Zöllner von Johann dem Täufer sind absol-
viret worden." (Beste: Kanzelr. II, 10.) Aehnlich Otho: „Die Wiedertäufer und Schwenkfelder vernichten die Kraft des Predigtamts und halten
die Stimme des Beichtvaters nur für ein vergeblich Getön. Diesen stimmen
bei die Calvinisten, wenn sie lehren, die Prediger vergeben die Sünden nicht,
sondern verkündigen, vermelden und erklären nur die allbereit geschehene
Erlassung. ... Nein, Gottes Kraft und des Dieners Amt sind hier bei-
sammen und können vermög göttlicher Ordnung nicht getrennet werden.
Gott zwar allein vergibt die Sünde als die wirkende Hauptursach; er ge-
brauchet aber den Kirchendiener als sein Instrument und Werkzeug dazu."
(Krankentrost, S. 1339 f.) Darum singen wir mit Nic. Hermann
(† 1561): „Wenn uns der Priester absolvirt, sein Amt der HErr Christ
durch ihn führt und spricht uns selbst von Sünden rein; sein Werkzeug
ist der Dien'r allein. ... Wem der Priester auflegt seine Hand, dem löf't
Christ auf der Sünden Band und absolvirt ihn durch sein Blut; wer's
glaubt, aus Gnad hat solches Gut." (Gesgb. Nr. 192, V. 6 u. 8.)

Die Privatabsolution ist also weder mehr noch weniger als die allgemeine Absolution im Evangelium. Sie ist vielmehr nichts anderes als
eine spezielle Anwendung der allgemeinen Gnade auf den Zustand des einzelnen Sünders. Wie kann sie auch etwas Besonderes sein?
St. Paulus kennt nur Gesetz und Evangelium. Ist die Privatabsolution
nicht Gesetz, so muß sie Evangelium sein. „Was ist die Absolution anders",
schreibt Luther, „denn das Evangelium, einem einzelnen Menschen gesagt,
der über seine bekannte Sünde Trost dadurch empfahe?" (Walch XVI,
2178). „Es ist hierunter kein anderer Unterschied, ohne daß solch Wort,
so sonst in der Predigt des Evangelii öffentlich und insgemein jedermann
verkündigt wird, dasselbe wird in der Absolution einem oder mehreren, die
es begehren, insonderheit gesagt. Wie denn Christus geordnet, daß solche

Predigt der Vergebung der Sünden allenthalben und allezeit, nicht allein insgemein über einen ganzen Haufen, sondern auch einzelnen Personen, wo solche Leute sind, die es bedürfen, gehen und schallen soll. . . . Ob du es gleich nicht in der Beichte höretest, so hörest du doch sonst das Evangelium täglich, welches ist eben das Wort der Absolution. Denn Vergebung der Sünden predigen heißt nichts anders denn absolviren oder lossprechen von Sünden, welches geschieht auch in der Taufe und Sacrament." (Erl. A. XI, 294 f.) M. Chemnitz: „Nichts anderes ist die Absolution als die Stimme des Evangeliums, welches Vergebung der Sünden verkündigt um des Verdienstes Christi willen." (Ex. .Conc. Trid. Genf. 1614, Th. II, 197.) „Wir haben gelehrt . . ., daß Absolution nichts anderes sei als die Stimme des Evangeliums selbst, welches Vergebung der Sünden umsonst um Christi willen insgemein allen, die Buße thun und dem Evangelium glauben, ankündige, welche Stimme des Evangeliums um des festeren und gewisseren Trostes willen durch die Privatabsolution den Einzelnen, die sie begehren, zugeeignet wird. . . . So empfangen furchtsame und erschrockene Gewissen aus der Absolution Trost, daß sie nicht zweifeln, auch ihnen privatim gehören, auch ihnen privatim seien die Wohlthaten des Mittlers, die im Evangelium allen Gläubigen insgemein verheißen werden, geschenkt und zugeeignet." (Ebend. II, 199.)

Nicht dem Wesen, sondern nur der Form nach ist also Privatabsolution von der öffentlichen verschieden. Wer stark genug ist, sich an diese zu halten, hat ebensoviel, als wer jene empfangen hat. Nur die menschliche Schwachheit macht jene nöthig. Christus selber absolvirte privatim. „Dir sind deine Sünden vergeben", sprach er zum Gichtbrüchigen. Alle Verkündiger des Evangeliums vor und nach Christi Geburt haben sich der Privatabsolution bedient. Wenn Nathan zu David spricht: „Der HErr hat deine Sünde von dir genommen"; oder wenn Paulus den Blutschänder in Corinth besonders trösten läßt — was ist das anders als Privatabsolution? In den Worten unsers HErrn: „Welchen ihr die Sünden vergebet" 2c., liegt schon die Vollmacht, auch den Einzelnen die Absolution zuzueignen. „Unser Gott ist nicht so karg", schreibt Luther, „daß er uns nur eine Absolution und nur einen Trostspruch gelassen hätte zur Stärkung und Tröstung unseres Gewissens." (S. Walther, Pred. S. 320.) „Wie demnach verschiedene Organe und Mittel sind von Seiten Gottes, durch welche uns der Leib und das Blut Christi dargereicht wird, nämlich zum ersten das Wort des Evangeliums, durch welches sie uns zu geistlichem Essen und Trinken dargereicht werden nach dem Wort des Heilands, Joh. 6, 53. f., zum andern das Sacrament des Abendmahls, dadurch sie zu sacramentlichem Essen und Trinken dargereicht werden, so sind auch zwei Organe und Mittel, durch welche dem Menschen, soviel die Absolution belangt, Vergebung der Sünden dargereicht und ertheilt wird, nämlich 1. das allgemeine Wort des Evangeliums, 2. das Wort der Absolution, welches gleichsam ein spe=

zielles Wort des Evangeliums ist. . . . Und also ists dieselbe Gnade und dieselbe Vergebung der Sünden, die aber durch verschiedene Mittel und Organe dargereicht und empfangen wird." (Chr. Chemnitz in Brevis instructio futuri ministri ecclesiae. S. „Lehre und Wehre", 1878. S. 79 f.) Im Grunde liegt die Verschiedenheit nicht einmal im Organ, sondern im Object der Gnade. Denn die allgemeine Absolution spricht viele von Sünden los; die Privatabsolution ist, „wann einer gewissen" (einzelnen) „Person, welche ihre Sünden gebeichtet hat, die Vergebung der Sünden entweder überhaupt, oder auch wann das geängstete Gewissen es erfordert, dieser oder jener Sünde Vergebung insonderheit angekündiget wird." (Speners Katech.-Tab., bearb. v. Starke. S. 285.)

(Schluß folgt.)

Miscellen.

Thomasius schreibt in Bezug auf die Lehre von der Prädestination (Dogmatik, 2. Aufl. I, 426 f.): „Dieses Problem ist freilich leicht gelös’t, wenn man entweder mit Augustin und Calvin ein zwiefaches decretum absolutum annimmt, ein decretum electionis und reprobationis, oder wenn man mit Pelagius den ewigen Gnadenrath durch die göttliche Präscienz um das Wohlverhalten der menschlichen Freiheit bedingt sein läßt. Beides ist ebenso einfach und leicht — als schriftwidrig."

Thomasius selbst nun, der übrigens seinen unmittelbar folgenden eigenen Ausführungen in der Lehre von der Prädestination keineswegs traut,*) kommt schließlich doch in eine Behandlung dieser Lehre hinein, welche die Wahl im Sinne der Concordienformel ganz aufhebt. Nach ihm soll die Wahl zunächst keine Beziehung haben auf Personen oder bestimmte Individuen; das ist das gerade Gegentheil von dem, was in der Concordienformel Sol. Decl. Art. XI. § 23. Müll. S. 708**) ausgesprochen ist. Aber mit den oben angeführten Worten gibt T. einen nicht aus den Augen zu lassenden Wink für die Behandlung des hohen Artikels von der Prädestination. Jegliche Ausführung in dieser Lehre,

---

*) Nachdem Thomasius seine Ansicht von der Wahl dargelegt hat, bemerkt er a. a. O. S. 428: „Ich weiß sehr wohl, daß mit diesen Bemerkungen wenig zur Erklärung gesagt ist; bescheide mich auch gerne, hier vor einem Mysterium zu stehen."

**) „Und hat Gott in solchem seinem Rath, Fürsatz und Verordnung nicht allein in gemein die Seligkeit (scil. suorum) bereitet, sondern hat auch alle und jede Person der Auserwählten, so durch Christum sollen selig werden, in Gnaden bedacht, zur Seligkeit erwählet, auch verordnet, daß er sie auf die Weise, wie jetzt gemeldet (Punct 1—8), durch seine Gnade, Gaben und Wirkung darzu bringen, helfen, fördern, stärken und erhalten wolle."

welche den allgemeinen ernstlichen und wirksamen Gnaden=
willen Gottes negirt, ist als eine Ketzerei zu verwerfen
und soll in der Kirche Gottes nicht gehört werden. Wer da
behauptet, Gott wolle nicht ernstlich die Bekehrung, den Glauben, die Er=
haltung im Glauben und die Seligkeit jedes Menschen: mit dem lasse
man sich nicht weiter in eine Unterhandlung über die Lehre von der Prä=
bestination ein. Derselbe verwirft eine Lehre, die sonnenhell geoffenbart
ist (Joh. 3, 16. Röm. 11, 32. 1 Tim. 2, 4. Tit. 2, 11. Ezech. 18, 23.
33, 11. 2 Petr. 3, 9. 2c.) und zum abc der christlichen Lehre gehört.

Aber ebensowenig ist derjenige in der Frage von der Prädestination
zu hören, welcher die Wahl Gottes von einem Wohlverhalten
der menschlichen Freiheit im Werk der Bekehrung abhängig
sein läßt. Von diesem Puncte aus sucht meistens die neuere lutherische
Dogmatik Licht in die Lehre von der Prädestination zu bringen. Von
diesem Puncte aus will man diese Lehre logisch klarer und der menschlichen
Vernunft plausibler machen. Zwar weis't man entschieden den Vorwurf
des Pelagianisirens zurück, aber das ändert nichts an dem Thatbestand,
der offen vor Augen liegt. Die Lehre von der „Selbstentscheidung",
wenn sie überhaupt einen Sinn haben soll gegenüber der luthe=
rischen Lehre, daß die cooperatio erst nach geschehener Bekehrung eintritt,
verlegt die Entscheidung für das Heil in die Sphäre des
natürlichen Menschen. Kahnis nennt die Lehre, „daß der natür=
liche Mensch nur zum Bösen Freiheit habe und darum der Gnade nur
widerstreben könne", „eine zum Manichäismus abschüssige" Lehre, nimmt
Erasmus gegen Luther in Schutz, läßt Melanchthon mit den drei
causis conversionis „die Fahne der Wahrheit" tragen, stellt den Satz auf,
„der Heilige Geist wirkt in der Wiedergeburt die Kraft zu glauben, nicht
den Act des Glaubens" und „corrigirt" von diesem Standpunct
aus den Prädestinationsbegriff und den Gnadenbegriff der Concordien=
formel.*) Selbst Philippi glaubt nur so die Charybdis des Prä=
bestinatianismus vermeiden zu können, daß er annimmt, „das Nicht=
widerstreben stehe in der Macht des Menschen."**)

Als vor 7—8 Jahren in der americanisch=lutherischen Kirche die Lehre
von der Gnadenwahl öffentlich in den theologischen Zeitschriften besprochen

*) Dogmatik. Leipzig 1864. II. S. 545. 543. 546. Lehre vom Abendmahl.
1851. S. 431.

wurde, kam man von der einen Seite auch immer wieder auf die „Lösung" durch die sogenannte Selbstentscheidung zurück. In den Brobst'schen Monatsheften wurde z. B. geschrieben (Jahrgang 5, S. 87): „Darin liegt der eigentliche innerste Unterschied der biblischen und der prädestinatianischen Lehre, daß nach jener in der persönlichen freien Entscheidung des Menschen für oder wider die ihm in Christo angebotene Gnade sein ewiges Schicksal wurzelt.... Er (Gott) läßt es von der Entscheidung des Menschen abhängen, wessen er sich erbarmen und wen er verstocken will." S. 89: „In der eigenen freien Entscheidung der Menschen hat es seinen Grund, warum ihr Loos sich so verschieden gestaltet." S. 99: „Sie (die Missourisynode) leugnet, daß auf des Menschen eigner Selbstentscheidung für oder wider das Heil es ankommt, ob er selig wird oder ob er ewig verloren geht. Diese uns hier vorliegende missourische Lehre ist ein grundstürzender Irrthum."

Jetzt nun ist die Lehre von der Gnadenwahl wieder Gegenstand der öffentlichen Besprechung geworden. Von den verschiedensten Seiten schickt man sich zu „Beiträgen" an und stellt solche in Aussicht. Nun wohl, man studire eifrigst diese Lehre, damit die landläufigen, oberflächlichen Reden verschwinden und das Herz fest werde aus Gottes Wort. Aber es ist gut, daß man sich von vorn herein bewußt ist, wo die „Lösung" der Schwierigkeiten, welche diese Lehre für die menschliche Vernunft hat, nicht zu suchen sei. Sie ist aber nicht dort zu suchen, wo sie die neuere lutherische Dogmatik sucht. Die Reden von der freien Selbstentscheidung für oder wider das Heil im Werke der Bekehrung sollten nicht angeführt werden, um in die Lehre von der Prädestination „Licht" zu bringen. Mit dieser freien Selbstentscheidung für oder wider das Heil ist es eben nichts, rein garnichts. Wohl kann sich der Mensch frei selbstentscheiden für das Verderben, aber für das Heil entscheidet Gott ihn, indem Gott durch die Bekehrung aus dem Nichtwollenden einen Wollenden macht. Selbst ein Musäus schreibt gegen den reformirten Theologen Wendelinus, der behauptet hatte, die Lutheraner lehrten, der Grund, warum die Einen bekehrt würden, die Andern nicht, liege allein im Menschen, Folgendes: „Wendelinus legt die Meinung der Unseren nicht ganz ehrlich dar und drückt dieselbe mit Fleiß zweideutig aus, damit er an derselben etwas auszusetzen habe. Fürs erste: die Unsern pflegen nicht zu sagen, der Grund der Entscheidung, warum die Einen bekehrt werden, liege einzig beim Menschen, sondern Alle sagen mit einem Munde (so): der Grund, warum die bekehrt werden, welche bekehrt werden, liege nicht beim Menschen, sondern einzig bei Gott; der Grund aber, warum die nicht bekehrt werden, welche in ihrer Gottlosigkeit verharren, liege nicht bei Gott, sondern einzig beim Menschen."*) „Des unwiedergebornen

---

*) Colleg. controvers. p. 390.

Menschen Verstand und Wille — sagt die Concordienformel S. 610 — ist anders nichts, denn allein subjectum convertendum, das ist, der bekehrt werden soll, als eines geistlich todten Menschen Verstand und Wille, in dem der Heilige Geist die Bekehrung wirket." „Denn (S. 609) die Bekehrung unseres verderbten Willens, welche anders nichts, denn eine Erweckung desselben von dem geistlichen Tode, ist einig und allein Gottes Werk, wie auch die Auferweckung in der leiblichen Auf=erstehung des Fleisches allein Gott zugeschrieben werden soll, inmaßen droben ausführlich angezeiget und mit offenbarlichen Zeugnissen der heiligen Schrift erwiesen worden." Da ist kein Raum für die Selbstentscheidung im Sinne der neueren Theologie! „Das ist die rechtgläubige Lehre — schreibt Hülsemann — daß Niemand sich einen Vorzug geben noch sich rühmen könne gegen einen Andern, der nicht bekehrt ist."*)

Gibt es so keine Selbstentscheidung des Menschen im Werke der Be=kehrung, so operire man auch nicht mit diesem non-ens in der Lehre von der Prädestination. Will Jemand, mit dem man über diese Lehre handelt, aus der Selbstentscheidung die Lösung holen, so höre man auf, mit ihm von dem hohen Artikel der Prädestination zu reden. Man rede mit ihm über die Lehre von der Bekehrung. Daß der Mensch in der Lehre von der Be=kehrung nur das subjectum convertendum sei, gehört ebenso zum a b c der christlichen Lehre (Ebr. 6, 1. 2.), wie jenes, daß Gott alle Menschen ernstlich um Christi willen selig machen wolle. Es wäre ja thöricht, mit Jemand lesen zu wollen, mit dem man noch nicht über die Bedeutung der ersten Buchstaben einig ist.   F. P.

Lutheraner innerhalb der Union. Pastor Paulsen schreibt in seinem kirchlichen Anzeiger: „Die Augustconferenz der Lutheraner innerhalb der Union scheint endlich zu der Erkenntniß zu kommen: der Grundschaden der Lutheraner bestehe darin, daß sie keine lutherische Kirche haben. Die Lutheraner in der Union können sich nicht darüber beklagen, daß sie nur geduldet werden, denn allerdings ist es von der Union sehr tolerant, daß sie die Lutheraner noch duldet. Um ihrer Existenz willen darf sie es nicht thun und Niemand kann es auch von ihr verlangen, denn die Lutheraner bedrohen die Union. Es ist auch kein Platz für sie in der Union. Sie haben kein Existenzrecht darin. Das sollte ihnen doch nachgerade klar werden. Sie haben ihre Sache aufgegeben, als sie sich von der lutherischen Kirche, welche jetzt altlutherische Kirche genannt wird, trennten. Ohne Kirche können sich die Lutheraner unmöglich halten, sie müssen denn Concessionen machen, welche ihr Lebensmark angreifen. Sie stehen da, wie die Juden in der Christenheit, ohne Tempel, ohne Leibrock, ohne Opfer. Daher gibt es für die Lutheraner innerhalb der Union nur einen Rath und eine Hilfe. Ver=

---

*) De auxiliis gratiae p. 274.

laßt die falsche Union und schließt euch den Breslauern an." — Den letzteren
Rath werden diejenigen, welchen es ein Ernst ist, auch keine temperative
Kirchenunion einzugehen, schwerlich befolgen. W.

Streit innerhalb der Freikirchen. Im „Kirchenblatt" der Breslauer
vom 1. December v. J. lesen wir: In der (Hannoverschen) „Volkskirche"
lasen wir kürzlich folgenden Satz: „So lange die bis jetzt bestehenden deut=
schen Freikirchen ihre beste Kraft in inneren Streitigkeiten verzehren, und
jede einzelne Separation die Samenkörner von zwei, drei neuen Separationen
in sich trägt, so lange wird sich das Gros des christlichen Volkes von diesen
Bewegungen fern halten." Wie kann man so gedankenlos schreiben! Das
Gros des „christlichen" Volkes hat sich ja auch damals fern gehalten, als
die Freikirche im tiefsten Frieden und großer Einigkeit lebte. Dem „christ=
lichen Volk" ist die Freikirche zu theuer und zu niedrig und zu unbequem,
da lag es und da liegt es. Oder wenn das „christliche Volk" wirklich daran
Anstoß nimmt, daß wir unsre „beste Kraft in inneren Streitigkeiten ver=
zehren" — was uns übrigens gar nicht einfällt, höchstens daß wir alljährlich
einen oder zwei „innere" Streitartikel leisten —, wie kommt es denn, daß
das „christliche Volk" so fest an den Landeskirchen hängt? Diese müssen
wirklich einen großen Theil ihrer Kraft auf „innere" Streitigkeiten wenden,
Parteien und Parteiblätter überall, die sich gegenseitig aufs bitterste ver=
höhnen in wenig gewählten Formen. Und um welche tiefen Gegensätze
handelt sichs da; dagegen wollen unsre „inneren" Streitigkeiten wenig
sagen. (?) Daß trotzdem die Landeskirchen immer noch zusammenhalten
und trotz aller großen Worte schließlich die Confessionellen, Unions=
lutheraner, halben und ganzen Protestantenvereinsmänner doch Arm in
Arm auf Kanzeln und Altären stehen: das verdanken sie dem Staat, —
wenn es anders dankenswerth ist. Wahrhaftig, die Staatskirchenleute
hätten keinen Grund, bei ihrem Verkehr mit den Freikirchen Goliaths
Manieren anzunehmen, wie die Volkskirche gern thut.

Ueber den Verbleib der beiden Originale (des deutschen und des
lateinischen) der im Jahre 1530 dem Kaiser Karl V. überreichten Augs=
burgischen Confession hat sich bekanntlich bisher etwas Zuverlässiges
nicht ermitteln lassen. Das deutsche, dem Erzkanzler in Verwahrung ge=
gebene Exemplar wurde noch einmal im Jahre 1540 beim Wormser
Religionsgespräch gesehen. Darauf erhielt es Dr. Eck aus der mainzer
Kanzlei, und von da ab blieb es verschwunden. In Bezug auf das Schick=
sal des von Karl V. für sich behaltenen, in den sechziger Jahren des 16ten
Jahrhunderts in Brüssel aufbewahrten und einigemal copirten lateinischen
Originals erfährt man aus einem im Jahre 1848 von G. Heine veröffent=
lichten Bruchstück eines Briefes Philipp's II. an den Herzog Alba zu
Brüssel vom 18. Februar 1569, daß letzterer den Auftrag hatte, es nach
Spanien zu bringen. Der König schreibt daselbst: „Man hat mir an=

gezeigt, daß unter einigen Papieren, die dem Kaiser, meinem Herrn, der bei Gott ist, gehört haben, oder in dem Archiv jener Stadt sich das Buch der Augsburger Confeſſion befindet, das Philipp Melanchthon eigenhändig geſchrieben hat. Und da es in Betracht jener verdammten Menſchen, die es in jenem Staate gibt, angemeſſen iſt, es von dort zu entfernen, damit ſie es nicht als einen Alkoran anſehen, der Neigung dieſer verdammten Secte gemäß, ſo wird es gut ſein, daß Ihr Viglius ſaget, Ihr wollet be= ſagtes Buch ſehen, er möge es ſuchen und es Euch ausliefern. Und dann bewahret es in Euerer Hand, um es mit Euch zu bringen, wenn Ihr in dieſes Reich glücklich zurückkehrt. Sorget aber dafür, daß man Euch das Original gebe und keine Copie, und daß keine Abſchrift noch Spur davon zurückbleibe, damit ein ſo unheilvolles Werk für immer untergehe." Da weiterhin feſtgeſtellt wurde, daß Alba das Buch Melanchthon's wirklich von Viglius, dem Präſidenten des brüſſeler Staatsraths, eingefordert und ſelbſt noch einmal von Philipp die Weiſung erhalten hat, ſich das Original der Confeſſion unverweilt geben zu laſſen, ſo hat man allen Grund anzu= nehmen, daß Philipp's feindſeliges Intereſſe an der Handſchrift in der von ihm gewünſchten Weiſe auch befriedigt wurde, und Alba dieſelbe wirklich nach Spanien gebracht hat. Und hier ſcheint ſie der Vernichtung, vielleicht durch Philipp II. ſelbſt, anheimgefallen zu ſein. Wenigſtens haben die Nachforſchungen nach der Handſchrift, welche der Hiſtoriker O. Walz in den an handſchriftlichem Material ſehr reichen Bibliotheken im Escorial, in Madrid und Simancas jüngſt anſtellen durfte, kein Reſultat ergeben. Er ermittelte nur, wie er in Sybel's „Hiſtor. Zeitſchr." (Jahrg. 1879, Heft 6) mittheilt, eine kurze Beſchreibung des Aeußeren der Handſchrift in Siman= cas (La relacion que se enbio a m. may de lo de los luteranos a XIII. de Jullio 1530. Le que en sustancia passa en lo de la dietta es: Que el duque de Sassa elettor y otros quatro principes de su liga han dado una escritura a su mgt. que tiene cerca de cinquenta pligos de papel la copia de la qual ha embiado a su s.ᵃ su legado. E. 850 f. 137) und im Escorial unter den Büchern Philipp's II. einen römiſchen Index, deſſen Titelbild, eine Bücherverbrennung mit der Unterſchrift: „Multi eorum qui fuerant curiosa sectati, contulerunt libros et combusserunt coram omnibus. Acta Cap. XIX. V. 19.", das Schickſal der lateiniſchen Ur= ſchrift der Augsburgiſchen Confeſſion wenigſtens ahnen läßt. (Allg. Kz.) So iſt es denn dem Original der Augsburgiſchen Confeſſion wie den Auto= graphen der Propheten und Apoſtel ergangen. Wie aber mit dieſen das vom Heiligen Geiſte eingegebene ewige Wort Gottes nicht untergegangen iſt, ſo mit jenem das unſterbliche reine Bekenntniß zu demſelben nicht.

W.

Kirchlich=Zeitgeschichtliches.

I. America.

Es ist ganz erstaunlich, was jetzt nicht alles Beiträge zur Lehre von der Gnaden=wahl liefern will. Selbst der generalsynodistische „Lutherische Kirchenfreund" bringt in seiner letzten Nummer einen „Beitrag zur Lehre von der Gnadenwahl". Der Schreiber des „Beitrags" citirt aus Dr. Walthers Postille unter Anderem Folgendes: „Die freie Gnadenwahl Gottes geht daher der Seligkeit der Auserwählten nicht nur voraus, son=bern ist auch der Seligkeit der Auserwählten Ursache und ewiger unerschütterlicher Grund" und erklärt frei heraus: „Daß besonders der letzte Satz die calvinistische Prädestinationslehre ganz und voll ausspricht, liegt klar. Es bedarf nur einer Prüfung der Dortrechter Synodalbeschlüsse, um zu dieser Ansicht zu kommen." Wir nehmen nicht an, daß der Beitraglieferer der Missourisynode und Dr. Walther etwas anhängen will, sondern schreiben obige Aeußerung seiner Unwissenheit in diesem Stücke zu. Der Schreiber weiß weder, was lutherische noch was calvinistische Lehre von der Gnadenwahl ist. Er sagt: „Es bedarf nur einer Prüfung der Dortrechter Synodal=beschlüsse, um zu dieser Einsicht zu kommen." Er selbst nun hat die Dortrechter Be=schlüsse entweder gar nicht gelesen oder, wenn er sie gelesen hat, gar nicht verstanden. Dieselben stellen klar dem decretum electionis ein decretum reprobationis gegenüber. Es heißt in Art. 15., daß Gott „nach seinem unveränderlichen Wohl=gefallen beschloß, diese (die Nichterwählten) in dem gemeinsamen Elende ... zu lassen, und sie mit dem seligmachenden Glauben und der Gnade der Bekehrung nicht zu beschenken." Das ist allerdings schriftwidrige, greu=liche calvinistische Irrlehre. Diese Irrlehre hat die lutherische Kirche (vgl. Concordienf. Art. 11. Neg. 1—3) und auch die Missourisynode stets verworfen. In Dr. Walthers Postille, in der „klar" Calvinismus zu finden sein soll, heißt es S. 92: „So oft euch, meine Lieben, die Lehre von der Gnadenwahl oder Versehung so dargestellt wird, als ob nach derselben Gott nicht wolle, daß alle Menschen kräftig berufen, zum Glauben ge=bracht und selig werden und daß darum auch Christus für viele Menschen nicht sich ge=opfert und sie versöhnt habe; oder so oft auch solche Gedanken in euren eigenen Herzen aufsteigen, so verwerfet sie nur getrost als trügerische, lügenhafte und gottesläterliche Vernunftschlüsse und haltet euch fest an das Wort Gottes, welches zwar sagt, daß Gott nur wenige auserwählt habe, aber zugleich uns klar und deutlich bezeugt, daß Gott nicht wolle, daß Jemand verloren werde, daß Gott Niemanden durch einen unbedingten Rath=schluß zur Verdammniß bestimmt habe." Der für calvinistisch angesehene Satz dagegen, daß die freie Gnadenwahl Gottes der Seligkeit der Auserwählten Ur=sache und ewiger unerschütterlicher Grund sei, ist echt lutherisch. Es be=darf nur eines Blickes in unsere Bekenntnißschriften, Concordienformel Art. 11., um dies zu erkennen. Epit. Affirm. 4.: „Die Prädestination aber oder ewige Wahl Gottes gehet allein über die frommen, wohlgefälligen Kinder Gottes, die eine Ursache ist ihrer Seligkeit, welche er auch schaffet, und was zur selbigen gehöret, verordnet, darauf unsere Seligkeit so steif gegründet, daß sie die Pforten der Hölle nicht überwältigen können." Sol. Decl. § 8. Müll. S. 705: „Die ewige Wahl Gottes aber siehet und weiß nicht allein zuvor der Auserwählten Seligkeit, son=bern auch aus gnädigem Willen und Wohlgefallen Gottes in Christo JEsu eine Ur=sach, so da unsere Seligkeit und was zu derselben gehöret, schaffet, wirket, hilft und befördert; darauf auch unsere Seligkeit also gegründet ist, daß die Pforten der Hölle nichts dawider vermögen sollen, wie geschrieben stehet Joh. 10, 28." Also nota bene: der Satz: „die freie Gnadenwahl Gottes ist auch der Seligkeit der Auserwählten Ursache und ewiger, unerschütterlicher Grund" ist rechte lutherische Lehre. Der Satz dagegen, Gott sei auch Ursache der Verdammniß der Menschen, indem er nicht ernstlich wolle, daß alle Menschen selig werden, Christus auch nicht alle Menschen vollkommen erlös't habe, Gott auch nicht ernstlich durch Wort und Sacrament in allen Menschen den Glauben und die Erhaltung im Glauben wirken wolle: das ist calvinistische, von unserem Bekenntniß verworfene Irrlehre. Wer da meint, daß aus dem ersten lutherischen Satz der zweite calvinistische folge, der schließt falsch, weil — Gottes Wort nicht so schließt. Zum Schluß noch die Bitte: wer „Beiträge zur Lehre von der Gnadenwahl" liefern und einem in Frage kommenden Satz das Prädikat „lutherisch" oder „calvinistisch" zukommen lassen will, der verschaffe sich vorher doch ja die leider! in unserer Zeit sehr abhanden gekommene Erkenntniß, was lutherische, was calvinistische Lehre sei.   F. P.

Lutherisches Seminar zu Philadelphia. Dem lutherischen Seminar in Phila= delphia hat die Familie des verstorbenen Dr. Schäffer dessen werthvolle Bibliothek ge= schenkt. — — Dr. Carl W. Schäffer, ein Neffe des verstorbenen Professors, wurde an dessen Stelle zum Vorsitzer der Facultät gewählt. Dr. C. W. Schäffer war schon vorher Professor am Seminar.   (Luth. Kirchenz.)

In der reformirten Kirche Americas wurde in den letzten 25 Jahren ein ziemlich heftiger Streit die Lehre und den Cultus betreffend geführt. Veranlaßt wurde der Streit durch die Einführung der sogenannten Mercersburger Theologie. Um eine drohende Spaltung abzuwenden, setzte die 1878 zu Lancaster, Pa., versammelte General= synode eine „Friedenscommission" (Peace-Commission) ein, die eine Platform aus= arbeiten sollte, auf welcher sich die verschiedenen Richtungen vereinigen könnten. Diese Friedenscommission ist vom 26. November bis zum 3. December v. J. zu Harrisburg, Pa., in Sitzung gewesen und hat, die Lehre betreffend, sich in Folgendem geeinigt: 1. Wir erkennen in JEsu Christo und seinem für die gefallene Menschheit gebrachten Opfer den Grund und die Quelle unseres ganzen Heils. — 2. Wir glauben, daß das christliche Leben in uns durch das Wort Gottes erzeugt wird, welches stets lebendig ist und durch den Heiligen Geist in sich die Kraft trägt, den Glauben und die Liebe in den Herzen zu erwecken. — 3. Wir sehen die sichtbare und die unsichtbare Kirche nicht als einander deckend oder identisch an, wie das die Römischen meinen; eben so wenig glau= ben wir aber auch, daß in dieser Welt die unsichtbare von der sichtbaren getrennt werden kann, wie die falschen Spiritualisten und die Pietisten meinen; wir unterscheiden die sichtbare von der unsichtbaren Kirche, aber wir trennen sie nicht von einander nach unserer Anschauung. — 4. Wir glauben, daß bei dem Gebrauch der heiligen Sacramente die durch die äußeren Zeichen bedeutete Gnade nur denen mitgetheilt wird, die wahrhaft gläubig sind, daß aber die Ungläubigen nur die äußeren Zeichen empfangen zu ihrer Verdammniß. — 5. Wir sind zu einer klareren Einsicht davon gekommen, daß das christ= liche Leben etwas weiter Greifendes und Tieferes ist, als dessen Hervortreten in bewu= wußte Erfahrung. — 6. Wir sprechen aus unser Vertrauen in die Wahrheit des Pro= testantismus gegenüber den Irrthümern von Rom auf der einen Seite und gegenüber dem Rationalismus und dem Unglauben auf der andern Seite. — 7. Wir halten fest die Lehre von der Rechtfertigung durch den wahren Glauben an JEsum Christum, nach welcher nur die Genugthuung, Heiligkeit und Gerechtigkeit Christi unsre Gerechtigkeit vor Gott ist, und daß wir uns dieselbe in keinem andren Wege aneignen können, als nur durch den Glauben. — 8. Wir halten fest an dem allgemeinen Priesterthum aller Gläu= bigen gegenüber allen romanisirenden Tendenzen zur Priesterherrschaft, zu gleicher Zeit aber wollen wir die geziemende Anerkennung des Predigtamtes in der christlichen

Kirche. — 9. Wir glauben vom Predigtamt, daß die Prediger der Kirche nicht Herren des Glaubens sind, sondern Diener, Botschafter, Herolde und Wächter Christi, Mitarbeiter Gottes, Prediger des Wortes und Haushalter über die Geheimnisse Gottes. — 10. Alle philosophische und theologische Speculation sollte in demüthiger Unterwerfung unter Gottes Wort gehalten werden, welches mit seinem himmlischen Licht die Operationen und Untersuchungen der Vernunft leiten sollte.

Kindertaufe. Der baptistische Professor Rauschenbusch schreibt in einer im „Sendboten" mitgetheilten Correspondenz aus Italien unter Anderem wie folgt: „Pastor Longo" (ein Waldenserprediger, mit dem er sich unterhalten hatte) „hatte die ältere Geschichte der Waldenser studirt und auch die Frage untersucht, ob die Waldenser vor Zeiten die Kindertaufe verwarfen. Das Ergebniß seiner Forschungen hierüber ist: Die Waldenser haben niemals die Kindertaufe verworfen! Und das Ergebniß meiner Forschungen ist das gleiche. Und mein herzlicher Wunsch ist, daß die Baptisten von der grundlosen Behauptung, die alten Waldenser seien Gegner der Kindertaufe gewesen, gänzlich abstehen möchten."

Freimaurerei. Der Boston Herald vom 7. Februar berichtet von einer Versammlung, welche Tags zuvor daselbst zu dem Zwecke abgehalten wurde, einen gewissen Methodistenprediger, D. P. Rathbun, anzuhören, welcher sich anheischig gemacht hatte, die Geheimnisse des Freimaurer=Ordens, und namentlich die Einweihung zur dritten Stufe desselben, öffentlich bloßzustellen. Schon vor Beginn der Vorstellung mußte die Kirche, welche zu diesem Zwecke hergegeben worden war, geschlossen werden, um dem Andrange der Einlaß Begehrenden die nothwendigen Schranken zu setzen. Freimaurer in großer Anzahl hatten sich eingestellt, angezogen, wie Einer sagte, „von der Kühnheit des Mannes, der sich nicht fürchte, den heiligsten (!) Eid, der je von Sterblichen geschworen wurde, zu verletzen." Die Versammlung war eine höchst stürmische. Die Zuhörer und Zuschauer — denn der Redner führte die Ceremonie an einem jungen Manne aus, der sich für den Preis von 2 Dollars dazu aus der Zuhörerschaft dingen ließ — schrieen, lachten, zischten, brüllten, pfiffen, sangen, schimpften. Polizei wurde herbeigeholt, sie versuchte, einigermaßen die Ordnung aufrecht zu erhalten. Man rief den Polizisten zu: „Unsere Vorfahren sind hier geboren worden und haben für dies Land der Freiheit gekämpft. Sie können uns nicht herauswerfen, lassen Sie sich das gesagt sein." Der Lärm, das Gequietsch und Gebrüll nahm mit jeder Minute zu. Als einer der Zuhörer aufsprang, diejenigen, welche den Enthüllungen des Predigers keinen Glauben schenkten, aufforderte aufzustehen, und darauf neun Zehntel der Versammlung sich erhoben, wurde, wie die Zeitung sagt, ein Gebrüll ausgestoßen, das einem ganzen Stamme von Schwarzfuß=Indianern Genüge gethan hätte. Ein gewisser J. S. Damrell, von der Versammlung zu reden aufgefordert, übergoß in feierlicher Weise, bei lautloser Stille der ganzen Menge, erst Herrn Rathbun mit Schimpf und bedauerte sodann die Gemeinde, die einen so geistesschwachen Kirchenvorstand besitze, daß er nicht schon längst in ihrem Prediger, der mit Rathbun gemeinsame Sache mache, den Judas erkannt habe. Dies war das Signal zu einem dreimaligen Hussa, von welchem die Wände dröhnten, worauf sich die Versammlung langsam und lärmend theils selbst verlief, theils von der Polizei schließlich auseinander getrieben wurde.

R. L.

II. Ausland.

Beichtsiegel. Die Allgem. Ev.=Luth. Kz. enthält S. 91 des gegenwärtigen Jahrgangs Folgendes: In Bezug auf die Zeugnißpflicht der Geistlichen in bürgerlichen Rechtsstreitigkeiten und Strafsachen bestimmt bekanntlich § 348, Alin. 1, Nr. 4 der Civilprozeßordnung sowie § 52, Nr. 1 der Strafprozeßordnung gleichlautend: „Zur Verweigerung

des Zeugnisses sind berechtigt Geistliche in Ansehung dessen, was ihnen bei der Ausübung der Seelsorge anvertraut ist." Dieser Bestimmung fügt jedoch die Civilprozeßordnung die Einschränkung hinzu: „Geistliche dürfen das Zeugniß nicht verweigern,
wenn sie von der Verpflichtung zur Verschwiegenheit entbunden sind (§ 350, Alin. 2)."
Hinsichtlich dieser gesetzlichen Bestimmungen hat der O.-K.-Rath in Mecklenburg-
Schwerin die Geistlichen des Landes mit folgender Instruction versehen: Die Befreiung
von der Zeugnißpflicht ist nicht auf das in der Beichte Anvertraute beschränkt anzusehen,
sondern erstreckt sich auf alle Mittheilungen, welche dem Geistlichen bei Ausübung der
Seelsorge gemacht sind. Unter „Anvertrauen" ist jedes Mittheilen begriffen; daß der
Mittheilende sich ausdrücklich Verschwiegenheit ausbedungen habe, ist nicht erforderlich.
Wenn die Strafprozeßordnung bestimmt, daß die Gerichte für die Zwecke der Straf-
rechtspflege die Verschwiegenheit des Geistlichen über das ihm bei Ausübung der Seel-
sorge Anvertraute absolut zu respektiren haben, also in keinem denkbaren Falle in einer
vor sie gehörenden Strafsache einen Zwang gegen den Geistlichen zur Zeugenschaft über
Thatsachen, über die er zu schweigen berechtigt ist, anwenden dürfen, so macht der
O.-K.-Rath es ausdrücklich den Geistlichen zur Pflicht, daß sie von dieser gesetzlichen
Befugniß stets Gebrauch machen und also ein ihnen in Strafsachen angesonnenes Zeugniß allemal ablehnen, sofern das Gesetz solche Ablehnung gestattet. Wenn jedoch die
Civilprozeßordnung § 350, Alin. 2 den streitenden Parteien das Recht gibt, das Zeugniß
der Geistlichen auch in Ansehung desjenigen, was ihnen bei der Ausübung der Seelsorge
anvertraut ist, dann zu verlangen, wenn die Geistlichen von der Verpflichtung zur Verschwiegenheit entbunden sind, so ist, wie auch bei den Verhandlungen über diesen Punct
innerhalb der gesetzgebenden Körperschaften anerkannt ist, die Frage, wann ein Geistlicher seiner Verpflichtung zur Verschwiegenheit als entbunden zu betrachten sei, nicht
nach der Civilprozeßordnung, sondern nach dem Rechte der Kirche zu entscheiden. Für
die lutherische Landesgeistlichkeit entscheidet also das Recht der lutherischen Landeskirche;
und vom Standpunct desselben ist zu behaupten, daß die Pastoren im einzelnen Falle
der Pflicht zur Geheimhaltung desjenigen, was ihnen bei Ausübung der Seelsorge anvertraut ist, nicht schon dann als entledigt sich betrachten dürfen, wenn derjenige, der
ihnen die betreffenden Thatsachen anvertraut hat, sie seinerseits von der Geheimhaltung
derselben entbunden erklärt hat, sondern erst dann, wenn außerdem auch das Kirchenregiment sie von solcher Geheimhaltung entbunden und zur Offenbarung der fraglichen
Thatsachen vor Gericht als Zeugen ermächtigt hat. Der O.-K.-Rath ordnet daher an,
daß die Pastoren in vorkommenden Fällen sich hiernach zu richten haben und also auch
in bürgerlichen Rechtsstreitigkeiten die Ablegung des gegen ihre gesetzliche Befreiung von
ihnen verlangten Zeugnisses bis dahin abzulehnen haben, wo sie ihrer Pflicht zur Verschwiegenheit auch vom Kirchenregiment entbunden sein sollten. — Es ist erfreulich, daß
die bürgerliche Gesetzgebung selbst in Deutschland noch immer auf die Unverletzlichkeit
des sigillum confessionis Rücksicht nimmt. Warum selbst wenn derjenige, welcher
seinem Seelsorger etwas anvertraut hat, ihn von der Geheimhaltung desselben entbunden hat, der Seelsorger sich dennoch so lange zum Stillschweigen verpflichtet halten
müsse, bis das Kirchenregiment ihn auch entbunden hat, können wir nicht einsehen.

W.

Separation im Gothaischen. Folgendes schreibt das „Neue Zeitblatt" vom
21. Januar: Die ärgerlichen Erklärungen der Conferenz gegen die Gottheit Christi,
welche durch Pastor Dreyer auf einer kleineren Conferenz im November gutgeheißen sind,
haben ihre Früchte getragen. Eine größere Anzahl Einwohner, schreibt man, habe ähnlich wie im Großherzogthum Hessen der abgefallenen Landeskirche den Rücken gekehrt,
und eine „bibelgläubige" Vereinigung gebildet, welche fürerst in einem Privathause
Gottesdienst hält, und beim Ministerium ein Gesuch um Verleihung von Corporations-

rechten eingereicht hat. Ueber diese Separation wird man erst urtheilen können, wenn mehr als diese allgemeine Nachricht vorliegt.

Schleswig=Holstein. Nach einer Entscheidung des Kgl. Consistoriums in Kiel darf im Gebiet der schleswig=holsteinischen Landeskirche bei der Taufe der Exorcismus und die Abrenuntiation nicht mehr gebraucht werden. Die Ehrlichkeit, daß das Consistorium öffentlich verbietet, daß in seinem Sprengel dem Teufel entsagt werde, geht doch in der That etwas zu weit. W.

Aus Schlesien wird der Allgem. Ev.=Luth. Kz. vom 30. Januar geschrieben: „Auch bei uns ist man auf das Urtheil des O.=K.=Raths in Sachen Werner's sehr ge= spannt. In einer so von verschiedenen Gemeinschaften umgebenen Kirche ist die bez. Entscheidung fast eine Lebensfrage für die Gemeinden. Man muß sich überall von Katholiken und Separatisten verspotten lassen, ,weil die Landeskirche das ökumenische Bekenntniß aufgegeben habe'. Schon sinnt man nach, wie man sich, wenn die Kirchen= behörde nachgiebig sein sollte, von unten auf gegen das Eindringen unitarischer Ele= mente zu schützen habe. Spaltungen auf Diöcesanconventen und Kreißsynoden sind nicht außer dem Bereiche der Möglichkeit." — Wie oft schon hat man, wenn die Ent= scheidung ähnlicher Fälle vor der Thür war, mit Austritt gedroht? Aber so oft die Entscheidung gegen Gottes Wort ausfiel, fand man immer einen Grund, sich wieder zu beruhigen. Wer trotz der gegenwärtigen landeskirchlichen Zustände in den Landes= kirchen verbleiben kann, den wird schwerlich irgend eine gottlose Maßregel des Kirchen= regimentes aus denselben treiben. Die Macht der Ungläubigen darin wird immer größer werden und endlich werden die Gläubigen froh sein müssen, daß man sie in den Kirchen des Unglaubens duldet, und fast möchte man hinzusetzen: V. R. W. — W.

Antichrist. Die Thesen für die lutherische Pastoralconferenz in Bremen am 9. Oct. 1879 zum Referat über die Lehre vom Antichrist lauteten, wie folgt: I. Der von Daniel, Paulus (2 Thess. 2.) und Johannes in der Offenbarung geweissagte letzte Feind des Volkes Gottes vor der Parusie ist eine bestimmte, mit dämonischen Verführungswundern ausgerüstete Persönlichkeit. II. Er ist der letzte Weltherrscher, der sich selbst vergötternd auch innerhalb der Kirche Anbetung fordert und eben deshalb über die treuen Christen die schwerste Verfolgung verhängt. III. Sein Auftreten ist das sicherste Vorzeichen der nahen Parusie. IV. Insofern er sich erhebt über alles, was Gott und Gottesdienst heißt, hat er in dem Hochmuth mancher göttliches und menschliches Recht mit Füßen tretenden und die Gemeinde Gottes verfolgenden Herrscher der Weltreiche seine Vor= läufer. V. Insofern seine ganze Erscheinung eine thatsächliche Negation Christi, ist er der Antichrist und hat als solcher innerhalb der Kirche selbst an den vielen Anti= christen (1 Joh. 2, 18.) seine Vorläufer, welche leugnen, daß JEsus Gottes Sohn sei (die Vollendung der ethnisirenden Irrlehre). VI. Diese Leugnung, welche seit der zweiten Hälfte des vorigen Jahrhunderts nicht mehr wie vormals sporadisch auftritt, sondern in den weitesten Kreisen sich Bahn zu brechen begonnen hat, ist der geweissagte „Abfall", der dem Antichrist innerhalb der Kirche selbst die Wege bereitet. VII. Die im Zusammenhange damit seit 1789 als weltgeschichtliche Macht auf den Schauplatz tretende Revolution, welche das bestehende und göttliche Recht negirend, aus der auto= nomen Vernunft und dem autonomen Willen des Menschen heraus neue Ordnungen schafft, ist die (Matth. 24, 12.) geweissagte „Gesetzlosigkeit", welche dem „Gesetzlosen" auf staatlichem Gebiet die Wege bereitet. VIII. Das Pabstthum, in welchem die judaistische Irrlehre sich vollendet, ist nicht der Antichrist, trägt aber in der Selbst= überhebung des angeblichen vicarius Christi und seiner — wenn die Möglichkeit vor=

antichristische Züge an sich. — Ein seltsames Lutherthum, welches sich hiermit ausspricht! Es scheint, diese confessionellen Lutheraner kennen entweder unser s. g. Schmalkaldisches Bekenntniß nicht, oder sie erachten sich trotz einer unbestreitbar confessionellen Stellung davon dispensirt. Gott erbarm's! **W.**

Atheistische und spiritistische Zeitungsliteratur. Luthardt's Theol. Literatur= blatt vom 16. Januar entnehmen wir die folgenden Mittheilungen: Sehr charakteristisch für die religiöse Zerfahrenheit der heutigen Menschheit ist die Aufnahme, welche der S p i r i t i s m u s bei ihr gefunden, und die Verbreitung, welche diese Richtung in kurzem in der Welt erlangt hat. Es belehrt darüber am besten die Thatsache, daß gegenwärtig schon nicht weniger als 33 Zeitschriften existiren, welche als Organ des Spiritismus die Ausbreitung desselben zum Ziel haben. Hiervon erscheinen: in Deutschland eine („Psychische Studien"), in Oesterreich=Ungarn zwei, in Belgien vier, in England sieben, in Frankreich zwei, in Holland und Italien je eine, in Spanien fünf, in Nordamerica vier, in der argentinischen Republik, in Columbia und in Mexico je zwei. Den fünf spiritistischen Zeitschriften in Spanien stehen in diesem ganzen Lande nur vier oder fünf literarische Revuen gegenüber. — In I t a l i e n erscheinen gegenwärtig zwei Zeitschriften, von denen die eine „Der Atheist", die andere „Der Satan" betitelt ist. Letztere geht von einer Gesellschaft aus, welche sich die Zerstörung alles religiösen Glaubens zur Auf= gabe gestellt hat.

Brasilien. Nach einem der Luthardtschen Zeitung vom 9. Januar zugegangenen Bericht sieht es in Brasilien ebenso in Betreff der Religionsfreiheit, wie um die Religion der dortigen Altkatholiken traurig genug aus. Es heißt unter Anderem in dem Be= richte: Es ist unrichtig, wie deutsche evangelische Blätter berichteten, daß protestantische Geistliche gemischte Ehen einsegnen, und daß protestantische Gotteshäuser sich mit Thür= men schmücken dürfen. Sollen gemischte Ehen geschlossen werden, so ist zunächst die Erlaubniß des Bischofs schriftlich einzuholen, was mit vielen Kosten und zeitraubenden Mühen verbunden ist. Ist die Erlaubniß eingetroffen, so haben die Brautleute vor dem Parochus und einigen Zeugen einen Eid zu leisten, und zwar hat der evangelische Theil „sich unter einem Eide auf die heiligen Evangelien zu verpflichten, er wolle erlauben, daß die Söhne und Töchter, welche aus der beabsichtigten Ehe mit N. hervorgingen, in den Grundsätzen und Wahrheiten der katholisch=apostolisch=römischen Religion erzogen würden, und seiner zukünftigen Frau, resp. Mann die freie Ausübung dieser ihrer Religion nicht verwehren". Der katholische Theil hat zu beschwören, „er wolle fest= bleiben in seiner katholisch=apostolisch=römischen Religion, sich niemals irreführen noch in seiner Gottesverehrung gleichgültig machen lassen, sondern die Religion bewahren, welche er uns 'durch seinen eingeborenen Sohn verkündigt hat, und welche die Apostel predigten; er wolle seine Söhne und Töchter, die aus der beabsichtigten Ehe hervorgehen würden, in der katholisch=apostolisch=römischen Religion erziehen und erziehen lassen und mit aller seiner Kraft auf den Uebertritt des Gemahls hinarbeiten, indem er ihn ermahne, dieselbe katholisch=apostolisch=römische Religion anzunehmen (abraçar)". Erst nachdem dieser Eid geleistet und das Protokoll über diesen Vorgang unterschrieben ist, werden die Brautleute, nicht in der Kirche, sondern höchstens in der Sakristei, nicht eingesegnet, sondern zusammengesprochen. Stärker als durch diesen Vorgang kann das freie, das liberale Brasilien seine Intoleranz nicht bekunden. Man kann leicht sagen: warum gehen denn Evangelische unter solchen Bedingungen eine Ehe ein, die ja ein nicht ganz todtes Gewissen entweder völlig ertödten oder höchst beunruhigen muß? Ja, wäre in unseren Gemeinden christliches Leben und confessionelles Bewußtsein, so würden solche Fälle selten zu verzeichnen sein. Doch, evangelische Glaubensgenossen in Deutschland,

Kreisen, welche auch drüben sich dem Einflusse der Kirche entzogen haben; die übrigen sind kirchliche Leute gewesen, solange Sitte und Gewohnheit sie gleichsam bezwang. Hier herrscht, hier brüstet sich der Unglaube; Sitte und Gewohnheit ebenen hier nicht die Wege zur Kirche. Aus ärmlichen Verhältnissen stammend, kämpfen die Eingewanderten zuerst wirklich den Kampf ums Dasein mit aller Kraft, fast in Verzweiflung. Seit sie drüben ihre Habseligkeiten einpackten und hier ein wenig zum friedlichen Ausruhen kom= men, ist mindestens ein Jahr vergangen, ein Jahr, in welchem stets neue Erlebnisse, neue Sorgen, neue Arbeiten, in welchem Scham und Furcht die Herzen bewegten und von Gottesverehrung daheim und in der Kirche abzogen. Nun kommt die Erkenntniß, daß man sich etwas erübrigen könne, und damit gelangt in das Herz der bisher armen Familie ein Gefühl, das sie nie gehabt hat, die süße Ahnung, daß man auf dem Wege der Arbeit und der Sparsamkeit der Sorgen um das Fortkommen ledig werden könne. Da dauert es nicht lange, so wird das Arbeiten zum Verdienenwollen und das Sparen zum Geizen. Leise hält der krasse Materialismus seinen Einzug in das Menschenherz, derselbe Materialismus, welchen die Zeitungen dem Colonisten als das einzig Wahre predigen. Selbst ein bisher frommes Gemüth hat Deutschland kaum zwei Jahre verlassen, so blickt es mit überlegenem Lächeln auf die alte Heimath, wo die Bauern noch so be= schränkt sind, an Gott zu glauben und sich von den Pfaffen etwas vorschwatzen zu lassen. Man frage in allen Colonien nach, und man wird hören, daß die meisten der Einwande= rer evangelischen Glaubens diese Entwickelung nehmen. Bei dieser Sachlage wird man sich wohl nicht so sehr wundern dürfen, daß öfters gemischte Ehen geschlossen werden. In dem jugendlichen Alter, in welchem man hier zur Ehe zu schreiten pflegt, helfen auch Vorstellungen und Mahnungen nicht viel. Die Liebe findet eben den Besitz durch nichts zu theuer erkauft. Einige leisten den Eid in Leichtsinn, andere ausgesprochenermaßen mit der reservatio mentalis. Sind die Kinder da, so kommt meistens die Besinnung und die Gewissensnoth. Auf diese Weise sind unserer Kirche viele Ehen verloren ge= gangen; denn die Jesuiten arbeiten gerade in gemischten Ehen mit aller Macht. Da nun die römisch=katholische Kirche diese Ehen zu einer schmählichen Gewissensbedrückung benutzt, entschloß sich in den letzten Jahren nicht selten der katholische Theil eines Braut= paares zur evangelischen Kirche überzutreten. Diese Uebertritte mögen oft das Resultat der gläubigen Ueberzeugung sein; meistens jedoch geschehen sie bei völligem Indifferentis= mus, blos damit die Ehe ohne weitere Beschwerlichkeit geschlossen werden kann. Die Jesuiten haben gegen diese Weise, Ehen ohne ihre Einmischung zu schließen, Einspruch erhoben, jedoch vergeblich, da die Staatsgesetze dabei nicht verletzt werden. Da nun unter den Verhältnissen diese Nothform der Eheschließung sich verallgemeinert hat, so scheint man anzunehmen, der Staat habe den evangelischen Geistlichen erlaubt, ge= mischte Ehen einzusegnen. — Ebenso steht es mit der anderen Behauptung, die Pro= testanten hätten die Erlaubniß, ihre Gotteshäuser mit Thürmen zu schmücken. Die Vor= schrift der Constitution, daß die Häuser, in denen Akatholiken sich zur Ausübung ihrer Religion zusammenfinden, nicht die äußere Form eines Tempels haben dürfen, besteht nach wie vor. Die meisten protestantischen Gotteshäuser sehen einer Scheune oder einem Schafstall auffallend ähnlich, und ob solche Gebäude durch einen sogenannten Dachreiter oder selbst einen vorgebauten Thurm die Form eines Tempels erhalten, darüber mögen die Architecten Auskunft geben. Doch geben wir gern zu, daß manche protestantische Kirchen sich auch an der äußeren Form (Fensterwölbung, Größe, vielleicht auch Thurm) als solche erkennen lassen. Die Regierung duldet in diesen Fällen, was sie nicht ändern kann.

Lehre und Wehre.

Jahrgang 26. April 1880. No. 4.

Dogmengeschichtliches über die Lehre vom Verhältniß des Glaubens zur Gnadenwahl.

(Fortsetzung.)

Wenn unsere besten Theologen von Luther an bis zur Concorbienformel incluf. lehren, der Glaube folge dem Rathschluß der Erwählung,
und zwar nicht nur der Zeit nach, sondern auch in signo rationis, so scheint
daraus allerdings die absolute Präbestination zu folgen; und es ist Thatsache, daß die späteren Theologen unserer Kirche eben darum jenen Lehrtropus aufgegeben und in ihren Darstellungen den Glauben dem Rathschluß
der Erwählung haben vorausgehen lassen. Hiermit haben sie jedoch
die in der That vorhandene Schwierigkeit keineswegs gelös't, sondern
nur verschoben. Denn da alle diese unsere anerkannten Theologen
lehren, daß der Mensch sich den Glauben nicht selbst geben könne, daß derselbe vielmehr ein Gnadengeschenk Gottes und daß selbst das Nicht=Wider-
streben, ohne das die Erzeugung des Glaubens nicht geschehen kann, nicht
eine Folge davon sei, daß sich der Mensch dazu frei entscheide, sondern
allein eine Gnadenwirkung des Heiligen Geistes, so entgehen sie jener
Schwierigkeit nicht im mindesten damit, daß sie den Glauben, anstatt nach,
vor den Rathschluß der Erwählung stellen. Denn, wenn der Glaube göttliche Wirkung ist, bei welcher sich der Mensch pure passive verhält und auch
dieses nur kraft der gratia praeveniens, ohne welche er in einer das Werk
hindernden Weise widerstreben würde, so scheint auch bei Voranstellung des
Glaubens die absolute Präbestination, jener „militaris delectus", jene
„Musterung" daraus zu folgen, welche unser Bekenntniß so entschieden verwirft und verdammt, nemlich jene Wahl der Willkür, welche das Correlat
einer absoluten, unbedingten, willkürlichen Verwerfung der Nichterwählten
von Ewigkeit ist. Auch dem Scheine, als ob man eine Lehre von der
Erwählung habe, die in ihrer Consequenz zur absoluten Präbestination
führe, kann man nur dadurch entgehen, daß man mit den moderngläubigen
Theologen synergistisch . pelagianisch lehrt, der Glaube sei etwas „vom

Menſchen als ſeine Leiſtung" Geforbertes, „freier Gehorſam, ben ber
Menſch leiſtet", eine „ſittliche Selbſtthat des Menſchen" (vgl. Lutharbt's
Kompenbium ber Dogmatik. Dritte Aufl. S. 202. 203.), „ein Thun
unſeres Ich" (vgl. Kahnis, Die Lehre vom Abenbmahle, 1851. S. 431,
wo noch hinzugeſetzt wirb: „Der Heilige Geiſt wirkt bie Kraft zu glauben,
nicht ben Act bes Glaubens", was Kahnis ſpäter in ſeiner Dogmatik
mit ben Worten wiederholt: „Was vom Heiligen Geiſt iſt, iſt bie Kraft zu
glauben. Was aber vom Menſchen iſt, iſt ber Act bes Glaubens",
ſ. Die luth. Dogm. Bb. II, 1864, S. 545.). Damit iſt allerbings jebe
Schwierigkeit in ber Lehre von ber Gnabenwahl gelöſ't, aber freilich bas
Gnabengeheimniß zerſtört, unb zwar zugleich auf Koſten ber Lehre bes
Wortes Gottes de libero arbitrio.

Am ſicherſten meinten unſere Theologen zu gehen, wenn ſie ſich hier
bes Ausbruckes „intuitu fidei, b. h. in Anſehung bes Glaubens" bebienten.
Damit wollten ſie auf ber einen Seite ber Scylla ber abſoluten Präbeſti=
nation Calvin's, auf ber anberen Seite ber Charybbis ber burch bes Men=
ſchen Thun bebingten Präbeſtination bes Pelagius unb aller Synergiſten
ausweichen unb entgehen. Sie waren weit bavon entfernt, mit jenem be=
benklichen Terminus „intuitu fidei" bie reine bibliſche unb ſymboliſche
Lehre von ber Gnabenwahl in irgenb einer Weiſe corrigiren zu wollen.
Vielmehr hielten ſie an berſelben nichts beſto weniger mit vollem Ernſte
feſt unb wieſen jebe pelagianiſche unb ſynergiſtiſche Vorſtellung in ber Lehre
von ber Gnabenwahl auf bas Entſchiebenſte zurück. Daher es eine un=
verantwortliche Ketzermacherei wäre, bieſe reinen, um bie Entfaltung unb
Vertheibigung ber Lehre unſerer Kirche ſo hochverbienten Theologen um
jenes allerbings nur zu leicht zu Mißverſtanb führenben Ausbrucks willen
zu Irrlehrern, nemlich zu Pelagianern, wenigſtens zu Semipelagianern
ober Synergiſten machen zu wollen. *)

---

*) Derſelben Sünbe ber Haeretificatio machen ſich aber im Gegentheil alle bie
ſchulbig, welche biejenigen für Calviniſten, ja, was noch ſchlimmer iſt, für Krypto=
calviniſten erklären, welche mit Luther ſich bes Ausbruds bebienen, baß ber be=
ſtänbige Glaube aus ber Gnabenwahl fließe, unb mit Chemnitz, baß ber Glaube ber=
ſelben nicht vorhergehe, ſonbern folge, währenb ſie hierbei bie bibliſche unb ſymboliſche
Lehre von ber georbneten Gnabenwahl mit vollem Ernſte feſthalten unb jebe cal=
viniſtiſche Vorſtellung von einer abſoluten Präbeſtination auf bas Entſchiebenſte zurück=
weiſen unb von Herzen verbammen. Möchten jene immerhin ben Lehrthpus, baß ber
Glaube aus ber Gnabenwahl fließe unb berſelben in signo rationis nicht vorausgehe,
ſonbern berſelben folge, für einen bebenklichen anſehen unb erklären, ber Unvorſichtige
zu Calvinismus führen könne, unb ſich baher von bemſelben als einem mißverſtänb=
lichen losſagen: bies gibt ihnen burchaus kein Recht, biejenigen, welche ſich bieſes Lehr=
thpus als eines ganz ber Schrift abäquaten bebienen, als Ketzer, reſp. als Krypto=
calviniſten auszuſchreien, ſowenig wie bieſe ein Recht haben, biejenigen, welche als Ketzer,
reſp. als Pelagianer unb Synergiſten, auszuſchreien, welche an bem „intuitu fidei"
unb baß ber Glaube in signo rationis bem Decret ber Wahl „vorausgehe", feſthalten,

Um nun unsere Beiträge zur Geschichte des Dogma's vom Verhältniß des Glaubens zur Gnadenwahl namentlich innerhalb unserer lutherischen Kirche zu vervollständigen, tragen wir noch folgende Zeugnisse nach.

Daniel Arcularius (gestorben 1596) schreibt: „Apost. 13, 48. wird gesagt, damals seien gläubig geworden, ,wie viele ihrer zum ewigen

wenn nemlich dieselben zugleich an der biblischen und symbolischen Lehre von der Wahl als einer Gnadenwahl mit vollem Ernste festhalten und jede pelagianische und synergistische Vorstellung von einer durch des Menschen Thun bedingten Wahl auf das Entschiedenste zurückweisen und offenbar von Herzen verdammen. Nicht jede Lehre, mit welcher ein Ketzer seine Ketzerei begründen oder doch beschönigen will, ist darum nothwendig eine ketzerische. Die Papisten wollen ihr Pabstsystem mit der Lehre begründen und beschönigen, daß die Kirche nicht irren könne; Luther ist aber darum kein Ketzer, resp. ein Kryptopapist, gewesen, daß auch er lehrte: „Freilich muß das wahr sein, daß die Kirche heilig sei und nicht irren möge im Glauben, weil sie mit Christo Ein Leib und Ein Geist ist." (XIV, 290.) Ferner: „Wie man recht und wohl sagt: Die Kirche kann nicht irren; denn Gottes Wort, welches sie lehret, kann nicht irren. Was aber anders gelehret oder Zweifel ist, ob's Gottes Wort sei, das kann nicht der Kirchen Lehre sein." (Wider Hans Wurst vom J. 1541. XVII, 1686.) So sagen auch die Calvinisten, der Glaube gehe in signo rationis nicht der Gnadenwahl vorher, sondern folge derselben; darum lehren jedoch Luther, Chemnitz, und die denselben folgen, keineswegs calvinisch, obgleich sie jene Lehre auch haben. Warum? — Weil sie diese Lehre nicht calvinisch verstehen und verwenden. Der Calvinist will aus derselben folgern, daß die Auserwählten durch eine unwiderstehliche Gnadenwirkung zum Glauben gebracht werden und daß Gott den Nicht-Erwählten denselben nicht geben wolle; Luther, Chemnitz und alle, die denselben folgen, hingegen lehren, daß die Auserwählten durch keine andere Gnade und durch keine anderen Mittel zum Glauben kommen, als durch welche Gott alle Menschen zum Glauben bringen will und durch welche auch die nicht-erwählten Zeitgläubigen wirklich zum wahren Glauben kommen. So schreibt daher Hülsemann von gewissen Calvinisten: „Sie lehren, ,der Gegenstand der göttlichen Prädestination sei der zukünftig Gläubige oder von welchem Gott vorausgesehen hat, daß er glauben werde, daß er aber glauben werde durch die Gnade dessen, der ihn vorausgesehen, und zwar durch eine wirksame Gnade', worin sie", setzt Hülsemann hinzu, „mit uns und mit der Wahrheit bis soweit übereinstimmen. Aber", fährt Hülsemann fort, „in Betreff der Definition der wirksamen Gnade, sowie in Betreff der Absicht Gottes, die Gnade zu geben, stimmen sie nicht mit uns überein. Denn sie lehren, ,der Rathschluß, die wirksame oder unwiderstehliche Gnade hänge vom alleinigen und absoluten Wohlgefallen Gottes ab, nach welchem er absolut und ohne irgend eine andere Ursache beschlossen hat, Anderen, und zwar den Allermeisten, diese Art Gnade nicht zu geben.'" (Praelect. Form. Conc. p. 708.) Hier scheint uns daher der Punct zu liegen, von welchem aus mit denen, welche weder in calvinischen noch synergistischen Anschauungen stecken, eine Verständigung möglich sein dürfte. Es wäre jetzt wohl die Zeit, einen gründlichen Artikel über die Frage zu schreiben: Was ist das Calvinische in dem, was die Calvinisten von der Gnadenwahl lehren? Si duo dicunt et faciunt idem, non est idem. Wie daher einst damit kein Scherz zu treiben war, daß man göttliche Wahrheiten, welche auch im Pabstthum (obwohl falsch ausgelegt) gelehrt werden, papistische Irrthümer nannte, wie noch heutzutage von den Schwärmern viele Lehren des Wortes Gottes (z. B. die

Leben verordnet waren', womit die Ursache von dem angezeigt wird, was
Lukas unmittelbar zuvor von der Freude und von dem Preise des Wortes
des HErrn gesagt hatte, nemlich der Glaube, welcher aus der ewigen Präbestination Gottes, als aus seiner Quelle, geflossen sei." (Acta app.
triumvirati comment. illustr. Ed. Fecht. p. 319.)

Meno Hanneken schreibt 1629: „Der Glaube ist nicht die
werkzeugliche Ursache des göttlichen Rathschlusses von der Erwählung.
,Der wäre ein alberner Mensch', schreibt der sel. Mentzer in seiner Antwort auf die Vertheidigung des Crocius Cap. 11., welcher sagen wollte,
der Glaube sei die Ursache des Evangeliums; aber bei weitem thörichter
ist es, den Glauben des Menschen ein Werkzeug des göttlichen Rath-

von der Absolution) papistischer Sauerteig genannt werden: so ist daher auch kein
Scherz damit zu treiben, daß man göttliche Wahrheiten, welche auch Calvinisten (obwohl falsch ausgelegt und verwendet) aussprechen, kryptocalvinische Irrlehren nennt.
Uns schauert, wenn wir daran denken, welch eine furchtbare Sünde damit begangen
wird. Es hilft hier auch nichts, wenn man spricht, daß ja auch unsere rechtgläubigen
Theologen gewisse Sätze an den Calvinisten verwerfen und verdammen, wenn man dieselben an sonst rechtgläubigen Lutheranern als Kryptocalvinismus verwirft und verdammt; denn unsere rechtgläubigen Theologen haben jene Sätze an den Calvinisten
gestraft, wie dieselben von den Calvinisten verstanden wurden und verstanden werden,
nicht, wie sie von reinen Theologen auf Grund des Wortes Gottes verstanden werden.
Daher finden wir, daß von manchen unserer Theologen gewisse Sätze an den Calvinisten verdammt werden, deren sich in einer ganz anderen Bedeutung andere reine
Theologen unserer Kirche selbst bedienen, nemlich nicht im calvinischen, sondern in einem
biblischen Sinne. Ja, es gibt reine Theologen unserer Kirche, welche gewisse von den
Calvinisten aufgestellte Sätze an der einen Stelle verwerfen, während sie an anderen
Stellen dieselben Sätze selbst aufstellen, wie unter Anderem aus der am Schluß dieses
Artikels citirten Stelle der theologischen Aphorismen Sebastian Schmidt's zu ersehen ist, in welcher derselbe nachweis't, daß Berufung und Rechtfertigung, obgleich gemeine, auch Verworfenen zu Theil werdende, Wirkungen der Gnade, nichts desto weniger
zugleich aus dem Rathschluß der Präbestination hervorgehen, daher man in diesem
Sinne vom Menschen mit Luther sagen könne, daß derselbe auch zum Glauben prä-
bestinirt werde. Wir erinnern daher an Luthers Warnung in seinem Briefe von der
Wiedertaufe vom Jahre 1528: „Wir schwärmen nicht also, wie die Rottengeister, daß
wir alles verwerfen, was der Pabst unter sich hat; denn so würden wir auch die Christenheit, den ,Tempel Gottes', verwerfen mit allem, das sie von Christo hat. Sondern das
fechten wir an und verwerfen, daß der Pabst nicht bleiben lassen will bei solchen Gütern
der Christenheit, die er von den Aposteln geerbet hat, sondern thut seinen Teufels-
Zusatz dabei und drüber.... Lieber, es ist nicht also auf den Pabst zu platzen,
weil Christi Heiligen unter ihm liegen. Es gehört ein fürsichtiger, bescheidener Geist
dazu, der unter ihm lasse bleiben, was ,Gottes Tempel' ist, und wehre seinem Zusatz,
damit er den Tempel Gottts zerstöret." (XVII, 2652. 2653 f.) Mögen sich daher
immerhin manche erst durch das Geschrei: „Kryptocalvinismus!" anfänglich schrecken,
ja, zeitweilig verwirren lassen: das trübe gemachte Wasser wird durch Gottes Gnade
wieder helle werden, die Wahrheit wird siegreich aus dem Kampfe hervorgehen und alle
fromme Herzen werden ihr schließlich zufallen, sollte sie auch eine Zeitlang zu unterliegen scheinen.

schlusses oder Decrets von der Erwählung zu nennen. Die Ursache des göttlichen Decrets ist der allerweiseste und allmächtige Wille Gottes, der Glaube aber ist das Organ oder Werkzeug und gleichsam die geistliche Hand, welche die im Evangelio angebotene Gnade Gottes in Christo, dem Mittler, ergreift.' In orthodoxer Weise spricht derselbe im 13. Capitel jener Antwort: ‚In der Erwählung handelt es sich um den er=wählenden Gott und um den erwählten Menschen. In dem erwählen=den Gott wird Christi Segnung und Genugthuung und die Predigt des Evangeliums in Betracht gezogen. In so fern kann also der Glaube nicht in irgend welcher Weise die Ursache der Erwählung genannt werden, nemlich in Rücksicht auf den erwählenden Gott. Sondern in dem erwählten Menschen ist die Zueignung jener göttlichen Erwählung zu zeigen, die nicht eine absolute, sondern eine in Christo geschehene ist. Es kann aber von Seiten des Menschen kein anderes Mittel der Zueignung geben, außer dem Glauben.' Der Glaube wird daher von den orthodoxen Theologen die werkzeugliche Ursache der Erwählung genannt nicht in Rücksicht auf Gott, entweder sofern er den Rathschluß faßt, oder sofern er erwählt, sondern in Rücksicht auf die Menschen, welchen die Gnade Gottes und Christus mit allen seinen Wohlthaten zugeeignet wird. Der Glaube ist nicht die Wirkung der Erwählung schlechthin und ohne daß man eine Unterscheidung macht (simpliciter et indistincte loquendo), weil unsere Erwählung nicht ohne das Vorherwissen des Glaubens ge=schehen ist, welcher uns von Gott durch das Wort und die Sacramente ge=geben und in uns erhalten werden sollte, und weil der Glaube ein Theil der Erwählung ist, sofern sie ganz ist. Von Einigen wird er jedoch die Wirkung derselben genannt um des Vorsatzes Gottes willen, nach welchem die Erwählung geschehen ist, und um der Gnade Gottes willen, welche die Hauptursache der Erwählung ist, auch um des Verdienstes Christi, sowie um des Wortes und der Sacramente willen (deren Inbetrachtziehung, sofern durch dieselben die Gnade des erwählenden und seligmachenden Gottes und Christi Verdienst angeboten wird, auch in den Kreis der Erwählung eingeht), woraus der Glaube seine Existenz hat. So nennt man die Conclusion, welche ein Theil des Syllogismus ist, in Absicht auf die Prämissen die Wirkung des Syllogismus. So sind die Kinder ein Theil der Familie und werden in Rücksicht auf die Eltern die Wirkung jener genannt. So sind die Zuhörer ein Theil der Kirche und können in Absicht auf die Pastoren die Wirkung der Kirche genannt werden nach 1 Kor. 4, 15. Ezech. 16, 20. 21. Derjenige geht am sichersten, welcher in dieser Frage vom Glauben die verschiedenen theologischen Kunstausdrücke (technologicas appellationes), sei es ‚Ursache‘, sei es ‚Bedingung‘ und ähn=liche, fahren läßt (negligit) und Geistliches mit Geistlichem vergleicht (1 Kor. 2, 13. vgl. diesen mit V. 4.), nur daß er dieses der Schrift gemäß festhält, daß die Erwählung nicht absolut, sondern mit Rücksicht auf den Glauben geschehen sei, welcher das Verdienst Christi ergreift." (Verae th. Synopsis, p. 54—57.)

Johann Gerhard: „Wir sagen nicht, daß der Glaube die verdienstliche oder bewirkende Ursache der Erwählung sei, oder daß uns Gott um des Glaubens willen erwählt habe." (Loc. de elect. § 170.)

Derselbe: „Wir sagen nicht, daß die Prädestination in der Vorhersehung des Glaubens ihren Grund habe (ex praevisione fidei esse), sondern daß die Ansehung des Glaubens (intuitus fidei) zum Rathschluß der Erwählung gehöre; zwischen diesen Sätzen ist aber ein großer Unterschied; der erste drückt die verdienstliche oder veranlassende (προκαταρκτικήν) Ursache aus, der letztere bezeichnet nur die Ordnung." (Loc. de elect. § 175.)

Derselbe: „Da der Rathschluß der Prädestination von Gott selbst, welchem niemand zuvorkommen kann, durch eine bestimmte Ordnung begrenzt ist, so kann niemand ordentlicher Weise glauben, wenn er nicht jene ursprünglich von Gott festgesetzte Ordnung beobachtet, so daß alle Gnade ursprünglich aus Gottes Hand herfließt, als welcher jene Ordnung unverbrüchlich festgesetzt und vorgeschrieben hat, damit, welcher den Glauben zu erlangen begehrt und durch denselben selig werden will, Wort und Sacramente, welche dazu der Kirche vertraut sind, gebrauche. Kurz, der Glaube ist eine Gabe und Wirkung der Gnade des erwählenden Gottes, welcher nicht nur über die Seligkeit der Gläubigen den Rathschluß gefaßt, sondern auch gewisse Mittel des Glaubens und der Seligkeit zuvorverordnet hat, ohne welche Ordnung niemand weder glauben, noch selig werden würde." (Disputatt. Isag. p. 726.)

Derselbe: „Man hüte sich, einzuwenden, aus dieser unserer Meinung folge, daß sich die Menschen selbst zum ewigen Leben verordnen, weil wir diese Verordnung Gott allein zuschreiben. Hätte Gott nicht selbst so einige zum ewigen Leben verordnet, so würde niemand glauben, niemand selig werden. Gott ist es, welcher von Ewigkeit diese Ordnung festgestellt hat, daß diejenigen, welche das Wort hören und lernen, eben durch dieses Hören des Wortes zum Glauben kommen und selig werden. Gäbe es keine solche Ordnung Gottes, so würde niemand hören (weil er selbst allem unserem Hören durch die Offenbarung des Wortes zuvorkommt), oder glauben (weil, wenn Gott nicht beschlossen hätte, durch das Wort in den Herzen der Menschen wirksam zu sein, niemand zum Glauben kommen würde, wenn er es auch hundert Jahre hindurch hörte), oder selig werden (weil die Erwählung zur Seligkeit allein von der Gnade des erbarmenden Gottes abhängt). .... Es wird nicht geleugnet, daß Gott diejenigen, welche aus bloßer Gnade selig werden sollen, zum Endziel und zu den Mitteln prä-

deſtinirt habe, ſondern darin beſteht der Nerv der Controverſe, ob Gott
einige zuerſt nach einem a b ſ o l u t e n Wohlgefallen zum Endziel präbeſtinirt
habe, welchen ſo abſolut Erwählten die Mittel zu geben und durch die=
ſelben ſie zum Endziel zu führen erſt beſchloſſen habe." (Loc. de elect.
§ 169. 175.)

Derſelbe: „Wir bekennen mit lauter Stimme, daß wir dafür halten,
daß Gott n i ch t s G u t e s in den zum ewigen Leben zu erwählenden Men=
ſchen gefunden, daß er weder auf g u t e W e r k e, noch auf den Gebrauch
des f r e i e n W i l l e n s, ja auch ſelbſt auf den G l a u b e n nicht ſo Rück=
ſicht genommen habe, daß er, weil er d a d u r ch b e w o g e n worden wäre
oder um beßſelben willen, Einige erwählt habe." (Loc. de elect.
§ 161. Vgl. Synobalbericht vom J. 1877 S. 84.)

Dannhauer: „Die Präbeſtination hängt nicht ab von irgend einem
Werk, von einem Verdienſt, von einem Beweggrund, der aus uns oder
durch uns iſt, in uns haftet, um deſſentwillen die Erwählung geſchehen
wäre; nicht vom Glauben, ſofern er ein Werk oder des Glaubens
Frucht iſt. Denn alſo ſagen auch wir, daß der Rathſchluß ein rein
g n a d e n v o l l e r ſei. Dieſes Gnadenvolle ſchließt die Verdienſte aus,
nicht die Ordnung; der Glaube iſt hier nicht ein Werk oder Verdienſt, ſon=
dern die v o r a u s g e ſ e h e n e B e t t l e r s h a n d. Daher dem Glauben
nichts von einem Rühmlein, auch dem geringſten, übrig gelaſſen wird, in=
dem er nimmt, nicht ſchenkt oder erwirbt. Daher Gott nichts von thätiger
Würdigkeit im Menſchen ſah, nichts Gutes, was nicht aus ihm, Gott ſelbſt,
wäre. Gott bleibt die Urſache und wird **nie das Verurſachte:**
eigentlich iſt in ihm nichts früher der Zeit nach; jedoch hängt auch der Wille
nicht von dem Vorherſehen ab, obwohl es dem Begriffe nach früher iſt."
(Hodos. Phaen. 7. p. 289.)

Quenſtedt: „Die bewegende Urſache (der Präbeſtination) iſt theils
eine innerliche, theils eine äußerliche. Die innerliche iſt die rein umſonſt
ſich erweiſende Gnade Gottes, welche durchaus jedes Verdienſt menſchlicher
Werke, oder alles das, was den Namen eines W e r k e s oder einer Hand=
lung hat, g e ſ ch e h e ſ i e n u n d u r ch G o t t e s G n a d e oder aus n a t ü r=
l i ch e n K r ä f t e n, ausſchließt. Denn Gott hat uns nicht nach den Wer=
ken, ſondern aus ſeiner bloßen Gnade erwählt. Auch der G l a u b e ſelbſt
gehört nicht hierher, wenn er als eine mehr oder minder (ſei es, an ſich, ſei
es, nach einer durch den Willen Gottes dem Glauben beigegebenen Werth=
ſchätzung) würdige B e d i n g u n g angeſehen wird, weil hiervon nichts zu
dem Rathſchluß der Erwählung als eine Gott zur Faſſung eines ſolchen
Rathſchluſſes bewegende und antreibende Urſache gehört, ſondern dieſes der
pur lauteren Gnade Gottes zugeſchrieben werden muß. Dieſer Satz wird
erſtlich aus Röm. 9, 15. 16. erwieſen: ‚Welches ich mich erbarme, deß er=
barme ich mich. So liegt es nun nicht an jemandes Wollen oder Laufen,
ſondern an Gottes Erbarmen.'" (Theol. did.-polem. III, 25.)

Derſelbe: „Es ſtimmt mit dem Wort überein, daß die Urſache, warum einige glauben, nicht in den Menſchen, ſondern in Gott ſei, der ihnen den Glauben nach ſeinem Wohlgefallen verleiht." (L. c. f. 59.)

Derſelbe: „Etwas anderes iſt es, erwählt werden wegen des Glaubens, als einer verdienenden oder befördernden Urſache, und etwas anderes iſt es, erwählt werden unter der Bedingung des Glaubens, als dem von Ewigkeit vorausgeſehenen und in der Zeit von Gott geſchenkten und zugelaſſenen (admisso) das Verdienſt Chriſti annehmenden Mittel und Werkzeug, 2 Theſſ. 2, 13. Nicht das erſte, ſondern das andere behaupten wir. Denn der Glaube gehört zur Erwählung (ingreditur electionem) nicht auf Grund einer verdienſtlichen Würdigkeit, ſondern rückſichtlich ſeines Correlates oder ſofern er jenes einzige Mittel iſt, das Verdienſt Chriſti zu ergreifen; oder der Glaube iſt nicht die verdienſtliche Urſache der Er= wählung, ſondern nur eine zuvor erforderliche Bedingung, oder **vielmehr** (potius) **ein Theil der von Gott in der Erwählung feſt= geſetzten Ordnung** (pars ordinis divinitus in electione constituti). Wir ſind nicht erwählt wegen des Glaubens, ſondern durch den Glauben und in demſelben. Obgleich zwiſchen uns und den Calviniſten nur dies die Frage iſt: ob der vorausgeſehene Glaube zu dem Handel (negotium) der Erwählung gehöre. Denn von der Art und Weiſe, wie er zur Erwählung gehöre, zu diſputiren iſt hier unnütz, da jene ſchlechterdings leugnen, daß der Glaube zur Erwählung in einer Beziehung ſtehe (attinere)." (L. c. f. 59.) Es iſt höchſt merkwürdig, wie Quenſtedt ſich hier ſelbſt corrigirt, wenn er nach der Angabe anderer Beziehungen und Verhältniſſe des Glaubens zur Erwählung ſchließlich ſagt: er ſei **vielmehr** ein Theil der von Gott in der Erwählung feſtgeſetzten Ordnung!

Von Dr. Johann Reinhard, geſtorben 1691, meldet Muſäus: „Er gibt vor, der Glaube ſei nicht die untergeordnete, ſondern die **principale bewegende Urſache der Prädeſtination und Recht= fertigung**, welches Vorgeben aber eine recht eigentliche und ſchädliche Neue= rung iſt. Denn 1. iſt ſie der Analogie des Glaubens nicht gemäß. Denn die principale bewegende Urſache iſt diejenige, welche durch ihre eigene Würdigkeit und Güte oder durch ihr eigenes Verdienſt den Willen der wirkenden Urſache zum Wollen und etwas zu thun bewegt. . . . Welches der ganzen heiligen Schrift und der in unſern Glaubens=Symbolen ver= faßten einhelligen Glaubenslehre ſchnurſtracks zuwider iſt. 2. Iſt ſie un= gegründet und fundirt ſich darin, daß der Glaube an Chriſtum das Ver= dienſt Chriſti in ſich begreife und alſo nicht durch eine geringere Kraft, als erforderlich iſt, Gott zu unſerer Rechtfertigung bewege!' Aber zur princi= palen bewegenden Urſache iſt noch bei weitem nicht genug, daß ſie auf irgend eine Weiſe nicht eine geringere Kraft, als erforderlich iſt, in ſich be= greife, ſondern dazu wird erfordert, daß die nicht geringere Kraft die eigene ſei. . . . Daher 3. die Reinhardiſche Meinung keine zum Fortſchritt in der

Religion oder zum Wachsthum an der gründlichen Erkenntniß der wahren Glaubenslehre gehörige Lehre, sondern eine aus grober Ignoranz herrührende, in der christlichen Kirche nie erhörte und schädliche Neuerung ist, wodurch die Schüler verwirrt, in ihrem Wachsthum an der gründlichen Erkenntniß gehindert und in Irrthum verleitet werden." (Historia Syncretismi von A. Calov. S. 1053 f.)

Dr. Melchior Nicolai in Stuttgart schreibt im Jahre 1654 in seinem Compendium: „Alle sind unter einer Bedingung entweder Erwählte, oder Verworfene; Erwählte, wenn sie glauben, Verworfene, wenn sie nicht glauben.... Paulus gibt ihnen (den Thessalonichern 1 Thess. 1, 5.) den Namen Erwählte wegen der gegenwärtigen Gnade des Glaubens, nicht wegen der Beständigkeit. Petrus heißt uns Fleiß thun, unseren Beruf und Erwählung fest zu machen, so lange wir der Gefahr des Falles und Anstoßes ausgesetzt sind. 2 Petr. 1, 10. Er zeigt also, daß die Erwählung auch bei denen ist, welche nach Erlangung der Gnade des Glaubens durch einen Fall aus derselben fallen können. Diejenigen, welche das Wort Erwählung nur auf die im Glauben Beständigen beschränken und den Rathschluß der Erwählung durch die Beständigkeit als den letzten und specifischen Unterschied definiren, weil sie bei Verschiedenheit der Worte dasselbe wahre Dogma festhalten, tadeln wir nicht, weil wir nicht mit unsern Brüdern um Worte zu zanken pflegen. Jedoch können wir nicht fassen, ohne damit so großen Männern zu nahe treten zu wollen, wie die Beständigkeit die Erwählung ausmache (constituat), welche nichts setzt, sondern nur, was gesetzt ist, fortsetzt. ‚Haltet, was ihr habt‘, spricht der Sohn Gottes Offenb. 2, 25. Die Beständigen erlangen also nicht eine neue Gabe Gottes, die sie nicht hatten, sondern bewahren, was sie gehabt haben. Wie derjenige nicht darum nicht in Christo gewesen ist, welcher sich durch Unglauben von Christo abgesondert hat (excisus fuit e Christo), so ist derjenige nicht darum nicht erwählt gewesen, welcher aus Schuld des Unglaubens ein Erwählter zu sein aufgehört hat." (Compend. didact. et elencht. p. 163. 168 f.) Hieraus ist freilich zu ersehen und die Definition, welche Nicolai gibt, beweis’t es, daß er unter der Erwählung nichts weiter versteht, als den in Betreff der ganzen Welt von Gott gefaßten Rathschluß der Seligmachung; aber auch abgesehen von dieser die Lehre der Schrift von der Erwählung aufhebenden Darstellung ist der Ausdruck, daß die Menschen „unter der Bedingung des Glaubens" erwählt seien, ein durchaus verkehrter.

Johannes Lassenius: „Wenn der Glaube betrachtet wird nach dem Zustande, darin er in der Zeit ist, so kann man ihn mehr eine Frucht der Erwählung nennen, ob man gleich solcher Redensarten sich behutsam zu bedienen hat, wiewohl es nicht wider die Aehnlichkeit des Glaubens läuft, wenn man sagt, daß es aus der Erwählung zur Seligkeit herrühre, daß die Auserwählten glauben." (82 kurze Trostreden xc. St. Louis, Mo. 1861. S. 158.)

Ph. Jak. Spener: „Es ist unmöglich, daß die Auserwählten beharrlich verführt werden, Matth. 24, 24. Indessen ist die Wahl nicht Ursach, daß solche Leute in der Gnade beständig bleiben, sondern weil sie beständig bleiben werden, (das) hat gemacht, daß sie der HErr erwählt hat." (Kurze Catechismus-Predigten. Frankfurt a. M. 1689. S. 355.)

Hollaz ist selbst folgender, von allen früheren Theologen, ja in seinen vorausgehenden Auseinandersetzungen von ihm selbst zurückgewiesener Satz entschlüpft: „Gott hat schlechthin und kategorisch beschlossen (decrevit), diesen, jenen (hunc, illum, istum) Menschen selig zu machen, weil er mit Gewißheit seinen beständigen Glauben an Christum voraus sah." (Exam. P. III. s. I. c. II. q. 12. p. 631.)

Sebastian Schmidt: „Allerdings ist diese Prädestination Gottes aus reiner Gnade geschehen; ohne irgend ein Verdienst der Werke, mag man nun sagen, daß dieselben aus natürlichen oder aus übernatürlichen Kräften geschehen; auch ohne irgend eine Rücksicht auf diese Werke, ja, selbst ohne alle Rücksicht auf den **Glauben,** welcher Gott durch seine Würdigkeit, sei es eine eigene und natürliche, oder eine zugerechnete, zur Prädestination bewogen habe. . . . In einem prädestinirten Menschen ist ebenso wenig als in einem verworfenen eine Ursache der Prädestination, sondern sie geht aus der bloßen göttlichen Verordnung hervor, die sich auf die allgemeine Gnade und Christi Verdienst stützt und ihrer Natur nach jede Ursache von Seiten des Menschen ausschließt." (Aphorismi th. Disp. XXXIV. § 14. 17. S. 294 f.)

Derselbe: „Die Disputation von den Wirkungen der Prädestination ist eine überaus weitläuftige. Jedoch wollen wir dieselbe, um die Grenzen unseres Vorhabens nicht zu überschreiten, kurz zusammen ziehen. Und zwar ist es außer Streit, daß die Wirkung der Prädestination die ewige Seligkeit der Prädestinirten sei, welche zugleich der Endzweck der Prädestination genannt worden ist; aber ist sie es allein? Paulus zwar macht allein diese Wirkung namhaft Röm. 8, 29.: ,Welche er zuvor versehen hat, die hat er auch verordnet, daß sie gleich sein sollten dem Ebenbilde seines Sohnes.'*) Die Calvinisten fügen eine ganze Menge (Wirkungen) hinzu; nemlich alle Mittel zur Seligkeit und selbst Christi Verdienst. Ja, die Supralapsarier rechnen sogar auch die Erschaffung der Prädestinirten zu den Wirkungen der Prädestination. . . . Dieser Gegenstand des Streites würde zu großer Weitläuftigkeit führen, wenn es unser Vorhaben litte, uns dabei aufzuhalten. Unsere Meinung haben wir nur darum etwas vollständiger auseinander gesetzt, damit die beigebrachten Schriftgründe der Gegner nicht gegen uns vorgebracht werden können. Ueber dieselben wollen wir ein Weniges hinzufügen. Wir

---

*) Im Vorhergehenden legt dies Schmidt von der Gleichheit in der Herrlichkeit

antworten daher auf die oben vorgelegte Frage: Ob allein das ewige
Leben oder die Seligkeit die Wirkung der Prädestination sei? bejahend;
indem wir uns auf die Schrift stützen, welche diese Wirkung namhaft macht
und denselben Endzweck rücksichtlich der Prädestinirten und durchaus keinen
andern anzeigt oder ausdrücklich bezeichnet. Die Stelle Röm. 8, 29. haben
wir schon oben vorgelegt; derselben fügen wir 2 Theff. 2, 23. hinzu: ‚Wir
aber‘, spricht der Apostel, ‚sollen Gott danken allezeit um euch, geliebte
Brüder von dem HErrn, daß euch Gott erwählet hat von Anfange zur
Seligkeit in der Heiligung des Geistes und im Glauben der Wahrheit.‘
Wir bemerken jedoch zweierlei. Das Erste ist, daß wir das Wort
‚Prädestination‘, sowie ‚Erwählung‘ dem Gebrauche gemäß nehmen, welchen wir in der Schrift finden, oder dem biblischen Gebrauche in Betreff
dieser Sache gemäß, nicht aber der kirchlichen Redeweise oder jener der
Schrift nicht unähnlichen Redeweise gemäß, nach welcher alles, insonderheit was die Seligkeit der Menschen betrifft, einen ewigen göttlichen
Rathschluß bezeichnet. Denn wir haben schon oben angedeutet, daß
ein zum Glauben, zur Rechtfertigung, zur Heiligung 2c. Prädestinirter auch
ein Zeitgläubiger genannt werden könne, auch ein solcher, welcher im
Glauben und in der Heiligung nicht verharrt und daher endlich verdammt
wird. Daher wir hier willig zugeben, daß in jenem weiteren Gebrauche
des Wortes der .Glaube, die Rechtfertigung 2c. eine Wirkung der Prädestination genannt werden könne. ... Das Andere ist, daß das Wort
‚ewiges Leben‘ oder ‚ewige Seligkeit‘ hier nicht so eng zu
nehmen ist, daß es nur die bloße Einführung in das ewige Leben
ausdrücke, sondern daß es in einer weiteren Bedeutung zu nehmen ist,
so daß es die Beständigkeit bis an das Ende in sich schließt.
Obgleich daher die Schrift einzig und allein des Wortes ‚Seligkeit‘
Erwähnung thut, so können doch, um zu zeigen, was es in sich schließe,
nicht mit Unrecht zwei unterschiedliche Wirkungen geschehen: Beständigkeit und Seligkeit oder Herrlichkeit oder ewiges Heil. Es darf sich
niemand über das, was wir sagen, wundern. Denn die Prädestination
zur Seligkeit bedeutet den Rathschluß, durch welchen den Menschen die
Gabe Gottes zugedacht wird, die unmittelbar unsere Seligkeit
zum Ziele hat (immediate ad salutem nostram contendit) und von
welcher unsere Seligkeit unmittelbar abhängt. Dieses ist aber nicht
die bloße Einführung oder Aufnahme in das Leben, sondern zugleich die
Gabe der Beständigkeit bis an das Ende, durch deren Bestätigung wir im Glauben fest verbleiben oder der Glaube so
unterstützt wird, daß er nicht aufhöre und schwinde. Der Glaube, sage
ich, wird unterstützt. Denn man muß sich dessen wohl erinnern, daß
unser Glaube in unserem ganzen Leben unvollkommen ist und bleibt, und,
obwohl er mehr und mehr wächst, doch nicht zur Vollkommenheit sich entfaltet. Man darf auch dieses nicht denken, gleich als ob uns Gott einen

Habitus des Glaubens so eingöße, daß wir durch denselben den Act des Glaubens ohne weitere Hilfe erzeugen und bis ans Ende fortsetzen könnten. Sondern wenn die helfende Gnade Gottes auch nur auf einen Augenblick hinweg wäre, könnte er um seiner Unvollkommenheit willen nicht bestehen. Auch ist überdies der Vollzug des Glaubensactes Gotte zuzuschreiben. Daher kommt es darum auch, daß in Absicht auf das Beharren im Glauben dasselbe gesagt werden muß. Allerdings verharrt der Mensch im Glauben, das ist, er gebraucht die neuen Kräfte zu glauben in rechter Weise und nach göttlicher Ordnung, indem er den Act der Beständigkeit zum Ziel sich setzt; aber er kann denselben ohne Gottes Beistand, der seine Schwachheit unterstützt, nicht vollführen. Aber dieser Beistand ist die Gabe der Beständigkeit, welche wir eine in dem Worte ‚Seligkeit‘ mit eingeschlossene **Wirkung der Prädestination** genannt haben, weil mit Setzung derselben zugleich die Seligkeit des Menschen gesetzt ist.“ (Artic. Form. Conc. Repetitio, p. 517. sq.)

Derselbe: „Der **Endzweck der Prädestination,** und zwar der letzte, ist die Ehre Gottes oder, wie der Apostel Eph. 1, 6. 12. redet, das Lob seiner Gnade und das Lob seiner Herrlichkeit. Die untergeordneten und mittelbaren Endzwecke (der Prädestination) sind die ewige Seligkeit der Prädestinirten, Sieg und das Nicht-Geschiedenwerden von der Liebe Gottes in Christo und Trost (Röm. 8, 28. 31. 35. 38. 39.), sowie Heiligung des Lebens; keineswegs aber entweder Sicherheit oder Verzweiflung der Menschen (Röm 11, 20. 23. 24.). Die beste Unterscheidung der **Wirkungen** (der Prädestination oder Erwählung) ist die in allgemeine und ihr ausschließlich eigene (proprios). Diese (die ihr ausschließlich eigenen Wirkungen) sind die bis an das Ende dauernde Beständigkeit und das ewige Leben (die wir soeben unter die Endzwecke gerechnet haben); jene (die allgemeinen Wirkungen) aber sind diejenigen, welche nicht allein aus der Prädestination hervorfließen und nicht den Prädestinirten allein zugestanden werden, sondern die aus anderen Ursachen, auch mit Ausschluß dieser Prädestination, auch selbst Verworfenen widerfahren, nemlich aus der allgemeinen Gnade und deren Mitteln, kraft des vorhergehenden Willens, Matth. 20, 16. Ebr. 6, 4. 5. Wie die Beständigkeit, obgleich kraft des nachfolgenden Willens den Prädestinirten eigen geworden, doch ernstlich nach dem vorhergehenden Willen selbst den Verworfenen verheißen und angeboten worden ist: so gehen die Berufung, die Rechtfertigung und andere gemeine Wirkungen, obgleich sie den Verworfenen auch angeboten und verliehen worden, nichts desto weniger zugleich aus dem Rathschluß der Prädestination hervor, sowohl auf Grund eines zum Mitleid bewegenden Affectes, als auf Grund einer reicheren Gnade, welche zuweilen der gemeinen Gnade hinzugethan wird; nicht, damit sie diese (erst) wirksam mache, sondern daß sie diese herrlicher mache. Und so kann von den Menschen mit Luther gesagt werden, daß er zum Glauben selbst prädestinirt werde, nicht nur in der allgemeinen Bedeutung des Wortes, nach welcher Gott alles, was er thut und gibt, zu thun und zu geben vorher beschlossen hat, sondern auch in dieser besonderen (speciali) Bedeutung, welche sie in diesem Artikel hat. Röm. 8, 29. 30. Ephes. 1, 4." (Aphorismi th. Disp. XXXIV. § 23—25. p. 297. sq.)

Da die modern gläubigen Theologen fast insgesammt von einer Einzel= wahl nichts wissen wollen, so haben sie natürlich auch keine Lehre vom Ver= hältniß des Glaubens zur Gnadenwahl. Für diejenigen unserer Leser, welchen die Lehrschriften derselben nicht zugänglich sind, mögen jedoch folgende betreffende Erklärungen hier Platz finden.

So schreibt Dr. v. Hofmann: „Gegenstand dieses ewigen Willens Gottes sind nach der Schrift nicht die Menschen als einzelne, sondern der Mensch ist es, oder, was gleichviel sagen will, die Menschheit... Ent= schieden falsch wird es nun sein, von ‚Erwählt=werden' (ἐκλέγεσθαι) zu sagen, es bezeichne die ewige Bestimmung gewisser Individuen zur Selig= keit... da es vielmehr zunächst die Gemeinde ist, und zwar die ganze Ge= meinde Christi oder eine einzelne als Glied derselben, von welcher es heißt, Gott habe sie erlesen. Von den einzelnen Christen ist es gesagt, weil sie und in so fern sie Glieder der Gemeinde sind." (Schriftbeweis, I, 193. 199. 201.)

Dr. Luthardt schreibt: „Der Grundfehler" (der lutherischen Lehre von der Gnadenwahl) „ist von Anfang an die zu unmittelbare Beziehung auf die Einzelnen, statt auf die Menschheit, wie sie Gott in Christo will, in deren Gemeinschaft dann eben nur die Einzelnen durch den Glauben eintreten. Diese einzelnen Gläubigen sind aber dann nicht Gegenstand einer speciellen und particularen Prädestination, sondern an ihnen ver= wirklicht sich eben nur geschichtlich der eine und allgemeine Rathschluß der Liebe Gottes." (Compendium. Dritte Aufl. S. 95.)

Dr. Vilmar schreibt: „Fruchtbarer ... hätten die lutherischen Dog= matiker ohne alle Frage die Lehre der Formula Concordiä ausbilden können, wenn sie sich die Frage vorgelegt hätten, ob denn nicht in der Apologie An= laß dazu gegeben sei, die Erwählung als Darstellung der Gründung der christlichen Kirche als Heilsanstalt im Ganzen zu fassen, mithin die Erwählung, als auf einzelne Personen bezüglich, gänzlich zu beseitigen, d. h. die Erwählung für die Einzelnen nur zu behaupten, insofern diese Einzelnen, in der Aussonderung der Christengemeinde aus der Welt, unter den Heiligen, mit begriffen seien." (Dogmatik 1874. S. 16. f.)

Dr. Thomasius schreibt: „An sich betrachtet hat der göttliche Vor= satz keine Beziehung auf einzelne Individuen (Personen), es ist kein Rathschluß in Betreff der Erwählung Einzelner,*) wohl aber die geordnete

---

*) „Kein decretum de singulis eligendis."

Liebe. †) Mit andern Worten: Gottes Liebe ruht auf Chriſto, dem Ge=
liebten, und in ihm auf Allen, die ſich im Glauben mit ihm zuſammen=
ſchließen, durch den Glauben Eine Perſon mit ihm werden. Welche dieſe
ſind, das iſt nicht Inhalt, nicht eine Beſtimmung, die jener Rathſchluß an
ſich hat — er iſt alſo nach dieſer Seite hin nicht abgeſchloſſen, und zwar
deshalb nicht, weil es mit ihm auf das Verhalten der Menſchen abgeſehen
iſt.... Und ſo erfüllt er ſich, wenn ich ſo ſagen darf, erſt allmählich mit
den einzelnen Individuen; welche dieſe ſind, weiß freilich Gott kraft ſeiner
Präſcienz voraus, aber es iſt das nicht Inhalt, nicht Beſtimmung jenes
allgemeinen Beſchluſſes über die Menſchen, welche ſelig werden ſollen.“
(Chriſti Perſon und Werk. 1853. I, 400. f.) „Der ewige Vorſatz ... iſt
nicht Einzelwahl, ſondern ... univerſaler, das ganze verlorne menſchliche
Geſchlecht umfaſſender Gnadenwille, jedoch kein ſchlecht=univerſaler, ſondern
in Chriſto beſchloſſen und gefaßt, Eph. 1, 4.; denn er beſteht eben darin,
daß Gott die Menſchheit in Chriſto, dem Gegenſtand ſeiner Liebe und dem
Erwerber unſers Heils, und nur in Chriſto, d. h. ſofern ſie ſich ihm im
Glauben hingibt, nicht ohne und außer ihm ſelig machen will.“ (Das
Bekenntniß der ev.=lutheriſchen Kirche ꝛc. 1848. S. 219.)

Dr. Kahnis ſchreibt: „Es hängt weſentlich vom Menſchen ab, ob er
bis ans Ende im Heilsſtand bleibt... Wenn alſo nur Der ſelig wird, der
bis an’s Ende verharrt, das Beharren aber vom Willen des Menſchen
abhängt, ſo folgt unwiderſprechlich, daß die Seligkeit nicht allein
in der Gnade, ſondern auch im Willen des Menſchen ihren
Grund hat.“ (Die luth. Dogmatik. Leipzig 1875. II, 254.)

Derſelbe: „Demnach iſt die Prädeſtination durch die Präſcienz
(Vorherwiſſen), die Präſcienz durch die Entſcheidung des Menſchen be=
dingt.“ (A. a. O. S. 256.)

Dr. Frank ſchreibt: „Der Menſch vermag auf Grund der an ihn er=
gangenen Berufung wohl der Gnade zu cooperiren“ (mitzuwirken) „und
für dieſe ſich perſönlich zu entſcheiden aus ſich ſelbſt (ex se
ipso), ſo daß er ſelbſt der wirkende dabei iſt und kein Anderer, aber doch
nicht als aus ſich ſelbſt (tamquam ex semet ipso), als hätte er dieſes
Selbſtwirken aus und durch ſich ſelbſt.“ (Die Theologie der Concordien=
formel. IV, 164.)

Dr. Luthardt ſchreibt: „Die Thüre muß der Menſch ſelbſt auf=
machen, daß JEſus zu ihm eingehe. Zuletzt kommt es doch auf
unſere eigene, freie, d. h. von uns ſelbſt ausgehende Selbſt=
beſtimmung an, ob wir von den Impulſen uns beſtimmen laſſen wollen
oder nicht.“ (Die Lehre vom freien Willen. S. 427. 428.)

(Fortſetzung folgt.)

---

†) Voluntas ordinata.

(Eingesandt auf Beschluß der Effingham Specialconferenz von G. G.)

Der 11. Artikel der Augsburgischen Confession.

(Fortsetzung.)

IV. Obgleich nicht unbedingt nothwendig, so ist die Privat-absolution doch um ihres besondern Nutzens willen in der Kirche zu erhalten.

Unbedingt nothwendig ist sie nicht, weil die Kirche ohne sie be-stehen kann; denn sie gibt keine andere Vergebung als die allgemeine Ab-solution. Die Schlüffel werden, wie Luther sagt, „vornehmlich auf das Predigen gezogen". Sie sind „die Gewalt zu lehren und nicht allein zu absolviren", wie die Neulutheraner wähnen. Darum schreibt Luther: „Wiewohl wir die Privatabsolution für sehr christlich und tröst-lich halten und daß sie soll in der Kirche erhalten werden, so können und wollen wir doch die Gewissen nicht so hart beschweren, als sollte keine Ver-gebung der Sünde sein, ohne allein durch Privatabsolution." (S. Zehnter Bericht der Allg. Syn. v. Miss. 2c. S. 37.) So stand Luther allezeit. Bei Abfassung der Wittenberger Concordie zwischen den Wittenberger und den oberländischen Theologen im Jahre 1536 wurde auch von der Beichte und Absolution gehandelt, weil im Oberlande das kirchliche Beichtinstitut gefallen war. Hierüber berichtet Seckendorf: „Von der Beichte und Absolution zeigte Bucerus an, daß sie zwar solche für heilsam erkennen, sei auch bei ihnen Anfangs üblich gewesen, hernach aber um beschwerlicher Deutung willen gefallen; doch unterrichten sie die Jugend fleißig im Kate-chismo und wollen darnach trachten, wie auch die Unterrichtung der Alten wiederum möchte angerichtet werden, womit Lutherus zufrieden war." (A. a. O. S. 1532.) Man darf darum keinem Christen die Privatabsolution aufzwingen. Wen nicht Verlangen darnach treibt, der mag sich der all-gemeinen bedienen. Man würde der christlichen Freiheit zu nahe treten, wenn man jemanden den ausschließlichen Gebrauch der Privatabsolution zur Gewissenssache machen wollte. C. Dannhauer schreibt: „In den Artikeln der Augsb. Conf. wird die Privatabsolution festgesetzt und doch die christliche Freiheit auch gestattet." Fr. Bechmann: „Viele Kirchen Augsb. Conf. behalten in Praxi nur die öffentliche Beichte... Dies wird zugegeben; aber wie wir dieses aus christlicher Freiheit thun, so wird in andern Kirchen Augsb. Conf. aus derselben christlichen Freiheit die Privat-beichte beibehalten." Balth. Meisner: „Keiner unserer Lehrer hat die Art der allgemeinen Absolution ... als eine gottlose getadelt oder verdammt. Denn wir wissen durch Gottes Gnade, daß das Wort der Absolution, welches da der Kirchendiener im Namen und auf Befehl Christi den Beichtenden ins-gemein ankündigt, eben das Wort sei, welches in unsern Kirchen nicht allen insgemein, sondern jedem Einzelnen applicirt wird; und darum

sagen wir, daß jene Absolution eine wahre und wirksame; diese aber
nicht nur eine wahre und wirksame, sondern überdies auch eine passendere
sei." (Siehe Walther: Past.-Theol. S. 158.) Wenn es darum in unserem
Artikel heißt: „Von der Beichte wird also gelehret, daß man in der Kirche
privatam absolutionem erhalten und nicht fallen lassen soll", so heißt das
nicht, daß man Widerwillige mit Ordnungen und Gesetzen dazu zwingen
soll. Eine christliche Gemeinde kann ja freilich in ihrer Gemeindeordnung
den ausschließlichen Gebrauch der Privatabsolution festsetzen, aber nur weil
sie darin einig ist. Sie braucht diese Ordnung auch nicht um jedes dagegen vorgebrachten Einwandes willen abzuschaffen; aber sie ist schuldig,
die Gewissen zu schonen und auch nöthigenfalls mit den Schwachen Nachsicht zu haben. Nur durch die Lehre von der Herrlichkeit der Privatabsolution kann man ängstliche Gewissen herbeilocken. Mit Gesetz läßt sich
das Evangelium nicht erhalten. Wenn die Predigt von dem besondern
Trost und Nutzen der Privatabsolution sie nicht in Gang zu bringen vermag, dann ist's lächerlich, ihr mit Kirchenordnungen aufhelfen zu wollen.
Daraus wird nichts als ein todter Formelkram, ein opus operatum und
heuchlerischer Pharisäismus, der verächtlich auf andere Gemeinden herabsieht.

Wenn aber auch nicht unbedingt nothwendig, so ist die Privatabsolution
doch so tröstlich, daß sie um deßwillen in der Kirche zu erhalten ist. „In
der Beichte" (NB. Privatbeichte) „hast du auch den Vortheil", schreibt
Luther, „daß das Wort allein auf deine Person gestellt wird. Denn in
der Predigt fleugt es in der Gemeine dahin und wiewohl es dich auch trifft,
so bist du doch sein nicht so gewiß; aber hie kann es niemand treffen denn
dich allein." (Zehnter Bericht der Allg. Synode 2c. S. 37.) In der allgemeinen Absolution wird der Reichthum der Barmherzigkeit Gottes über
eine ganze Gemeinde ausgeschüttet; in der Privatabsolution aber wird er
jedem einzeln zugeeignet. Wer zugreift, hat freilich in einer so viel wie in
der andern. Aber daran fehlt es eben bei erschrockenen Gewissen. Daß die
Welt absolvirt sei, leugnen sie nicht, aber sich können sie nicht mit ein-
schließen. Die Gnade ist ihnen zu groß. Denn sie haben immer ihre Unwürdigkeit vor Augen und bauen den Trost mehr auf ihren Herzenszustand
als auf das Gnadenwort. Heuchler sind immer stark genug, sich in der allgemeinen Absolution mit eingeschlossen zu finden. Methodisten und voll-
kommene Heilige bedürfen keiner Stützen und Krücken zum Glauben.
Luther aber schreibt: „Ich wäre längst von dem Teufel überwunden und
erwürget worden, wenn mich diese Beichte nicht erhalten hätte." „Weil
wir denn viel Tröstung haben müssen, so wir wider den Teufel, Tod und
Hölle streiten, und auch bestehen sollen, so müssen wir uns keine Waffe nehmen
lassen, sondern unsern Harnisch ganz bleiben und die Tröstung, uns von
Gott gegeben, unverrückt lassen bleiben. Denn ihr wisset noch nicht, was
es für Mühe und Arbeit kostet, mit dem Teufel zu streiten." (S. Walther:
Predigten S. 320.) Er lief oft dreimal an einem Tage zu Dr. Bugen-

Der 11. Artikel der Augsburgischen Confession.

hagen, um sich bei ihm Absolution zu holen. „Wenn tausend und aber
tausend Welten mein wären", schreibt er an die Frankfurter, „so wollt ich
alles lieber verlieren, als ich wollt dieser Beicht das geringste Stücklein
eines aus der Kirchen fallen lassen." (Seckendorf a. a. O. S. 1343.)
Daß die Privatabsolution jetzt so wenig begehrt wird, kommt hauptsächlich
von der Sicherheit dieser letzten Zeit her. (Vgl. Walther: Predigt am 19.
n. Trin.) Niemand will krank sein. Die Wunden brennen nicht; drum
zeigt sich so wenig Verlangen nach Arznei. Es fehlt an rechter Sündenerkenntniß. „Die Schwärmer, weil sie sicher sind und von Traurigkeit
und Anfechtungen nichts wissen, verachten sie leichtlich die Arznei und
Trost", schreibt Luther in seiner Warnungsschrift an die Frankfurter.
Betrübten und angefochtenen Seelen ist dieser besondere Trost des Evangeliums höchst nöthig. Darum darf sich kein Pastor die Spendung der
Privatabsolution verbieten lassen. Sein Amt fordert's, daß er jedem,
der's begehrt, den vollen Trost des Evangeliums zueignet. Eine Gemeinde,
die ihm solches verbieten würde, würde ihn damit seines Amtes entsetzen.
Da Petrus nach seinem Falle in großer Anfechtung stak, ließ ihn der HErr
auch besonders trösten. „Gehet hin und sagt's seinen Jüngern und Petro"
(Marc. 16, 7.), sprach der Engel zu den Weibern. Unter die Zahl der
Jünger wagte Petrus sich nicht mehr zu rechnen; darum sucht ihn die Gnade
ganz besonders heim. Hier ist uns ein Exempel gegeben für unsere Amts-
führung. Wir wollen niemanden die Privatabsolution aufzwingen; aber
verwehren soll sie uns auch niemand. Luther schreibt in Gemeinschaft
mit Jonas und Melanchthon: „Wiewohl wir niemand bei einer Tod-
sünde zur (Privat-)Beichte wollen zwingen und bringen lassen, . . . doch
ist das ebensowenig zu leiden, daß man die Beichte verbieten und die
Absolution aus der Kirche darum stoßen wollte." (Walch XVI, 2177.)
Gegen solches Verbot ist die Antithesis unsers Artikels gerichtet, wie aus einer
Vergleichung mit dem 11ten der Schwabacher und Torgauer Artikel hervorgeht. — Doch ist nicht zu leugnen, daß unsere Väter einen allgemeinen
Gebrauch der Privatabsolution zu erhalten wünschten. Fürst Georg von
Anhalt sagt in seiner 1ten Predigt am 8. nach Trin.: „Hieneben können
wir die auch nicht loben, welche die Privatbeichte und Absolution in der
Kirche abgethan und nicht wollen wieder anrichten, weil doch dieselbige
merklichen Nutzen und Besserung, so die Mißbräuche hintangesetzt, mit sich
bringet, zum Unterricht und Trost der einfältigen und betrübten Gewissen
sehr dienstlich ist. Denn was kann tröstlichers sein, denn so der Beichtvater
an Gottes Statt mit Auflegung der Hände dich entbindet und insonderheit
zu dir saget: Tibi remittuntur peccata tua; dir sind deine Sünden vergeben? So ist es auch nütz und nöthig, daß du und andere also insonderheit
vor Sünden gewarnet und zu den Früchten der Buße angehalten werdest.
Denn ob's wohl auch ingemein in der Predigt geschieht, so beweget es doch
mehr in solchem christlichen privato colloquio und sonderlichen Gespräche.

Denn es einer viel stärker und gewisser fasset, wenn's ihm insonderheit als
einer einzelnen Person gesagt wird." (Schriften S. 233). Wenn aber
hier wie auch in den Schmalk. Artikeln P. III. Art. 8 das „Verhör" der
Jugend und die Unterrichtung der Einfältigen mit unter die besonderen
Vorzüge der Privatbeichte und -Absolution gerechnet wird, so ist zu bemerken,
daß dieser Zweck bei uns auch durch die Beichtanmeldung erreicht wird. Wo,
wie in manchen Gemeinden, der Privatbeichte eine Beichtrede vorausgeht,
worauf sich die Beichtenden nach der Sacristei drängen, um ihre Beichtformel
herzusagen und sich absolviren zu lassen, da ist ein Verhör und ein seelsorger-
lich Gespräch kaum möglich. Denn sobald jemand über die gewöhnliche Zeit
in der Sacristei bleibt, entsteht ein Gerücht in der Gemeinde. Wenn überdies, wie in großen Gemeinden, die Leute stundenlang sitzen müssen, so
verlieren sie Andacht und Geduld. Einer solchen Privatbeichte ist ohne
Zweifel die öffentliche mit vorausgehender Beichtanmeldung noch vorzuziehen. Denn die letztere gibt doch Gelegenheit zu einem seelsorgerlichen
Gespräche. Da kann man auch privatim den Trost der Absolution aus-
breiten und dem betrübten Gewissen zueignen, so daß die Privatabsolution
auch bei der allgemeinen Beichte erhalten bleibt. Auf diese Weise werden
jährlich viel mehr Seelen des Trostes der Privatabsolution theilhaftig, als
die statistischen Tabellen der Synodalberichte ausweisen. Aber unsere Väter
wollten freilich keine solche Einrichtung der Privatbeichte, wodurch deren
ganzer Zweck vereitelt wird. Das von ihnen empfohlene Beichtinstitut,
welches Gelegenheit gibt, vor den Augen des Sünders den ganzen Reichthum
der Gnade Gottes auszubreiten, wieder emporzubringen, sei unser ernstliches
Streben. Nachdem dasselbe aber einmal gefallen ist, und zwar theilweise
schon in der Reformationszeit, vollends aber durch die Stöße des Pietismus
und Rationalismus, so würde es nichts thörichteres geben, als es durch
Kirchenordnungen wieder einführen zu wollen. Das wäre praktische Vermengung des Gesetzes und Evangeliums und würde einestheils zu endlosen
Streitigkeiten, anderntheils zu Pharisäismus und todter Orthodoxie führen.
Da wäre der Brunnen des Abgrunds erst recht aufgethan. Denn nichts ist
verderblicher, als wenn der Teufel unter der Maske der Rechtgläubigkeit
einhergeht, wie an den noch übrigen Trümmern der Grabauischen Synagoge
zu sehen ist. Wir können darum nichts thun als: durch die Predigt des
Gesetzes Gnadenhunger wecken und durch die Predigt von der Herrlichkeit
des Trostes, der in der Privatabsolution liegt, die armen Sünder zu ihr
locken. Wer kommen will, komme, wer nicht will, mag's lassen. Wir urtheilen deßhalb über keinen; denn Heuchler drängen sich ebensowohl zur
Privat- wie zur öffentlichen Absolution. Nur soviel sagen wir, daß die
Vorurtheile gegen jene auf Mangel an Erkenntniß beruhen.

(Schluß folgt.)

(Eingesandt.)

Der Bischof der protestantischen Episcopalkirche in Ontario, C. W., in Betreff der Zulässigkeit der Schwägerschaftsehe.

Es mag in weiteren Kreisen von Interesse sein, zu vernehmen, daß dem Parlament der Canadischen Dominion gegenwärtig die Frage vorliegt, ob das Gesetz, nach welchem jede Schwägerschaftsehe für straffällig gilt, in Canada aufrecht erhalten werden soll oder nicht. Es ist nämlich in obigem Parlament eine Bill eingereicht worden, welche die Aufhebung des Verbots der Schwägerschaftsehe bezweckt. Obschon es dieser letzteren Bill nicht an Freunden im Parlament zu Ottawa fehlt, so hat dennoch der obgenannte Bischof an das Haus der Gemeinen (House of Commons) eine Petition dagegen eingesandt, welche jetzt im Druck verbreitet wird und so triftige Gründe gegen die Zulässigkeit der Schwägerschaftsehe vorbringt, daß wir uns nicht enthalten können, Punct 3—9 in obiger Petition hier wieder-zugeben.

Nachdem der Bischof sich darauf berufen hat, daß gar kein Bedürfniß vorhanden sei, welches die Aufhebung jenes Gesetzes fordere, indem die Leute, welche jetzt jene Bill einbringen, sich nur selbst straflos machen wollen, weil sie das Gesetz übertreten hätten, so hebt er an, sich auf Schrift-gründe zu berufen, und fährt in Nro. 3 mit Folgendem fort:

3. Daß die heilige Schrift solche (Schwägerschafts-) Ehen deutlich verbietet. In 3 Mose 18, 16. und 20, 21. ist es einem Mann verboten, seines Bruders Weib zu nehmen, demnach — wenn man nur die gleiche Schlußfolge gelten läßt — kann auch ein Mann seines Weibes Schwester nicht heirathen; es müßte denn, im andern Fall, bewiesen werden, daß das zehnte Gebot ebensowenig einem Weib verbietet, ihres Nächsten (einer Anderen) Mann zu begehren, weil dieses letztere Verbot nicht gerade in ebenso vielen Worten constatirt ist.

4. Daß nach Christi Wort Mann und Weib Ein Fleisch werden und daß demgemäß die Kirche 1400 Jahre lang nach Christi Geburt (einstimmig) dafür hielt, daß eines Mannes Schwägerin dessen eigene Schwester wird.

5. Daß ein Bruch in der Tafel der verbotenen Verwandtschaftsgrade, in dem Fall der Schwägerschaftsehe, unvermeiblich zur Abschaffung des Verbotes der übrigen Verwandtschaftsgrade führen muß, so daß hinfort ein Mann auch seines Weibes Mutter, oder seines Weibes Tochter heirathen könnte.

6. Daß die Geschichte beweis't, daß, sobald die in der heiligen Schrift verbotenen Verwandtschaftsgrade freigegeben werden, diese Laxheit über-haupt zu laxer, loser Moral und zu immer häufigeren Ehescheidungen führe; sobald ein Mann seiner verstorbenen Ehefrau Schwester heirathen darf, so darf er auch des von ihm geschiedenen Weibes Schwester heirathen.

7. Daß die eingebrachte Bill, sofern sie das Verhältniß von Tanten und von Schwägerinnen betrifft, eine Zerrüttung des häuslichen Lebens verursachen und in mancher Familie Eifersüchteleien Raum geben wird, die bis jetzt davon frei war.

8. Daß der vorgebrachte Einwand ohne allen Grund ist, als ob die Schwester des verstorbenen Weibes natürlicher Weise die beste Pflegerin ihrer Neffen und Nichten sein soll. Es mag dies der Fall sein, so lange sie in der Eigenschaft einer Tante bleibt, es muß jedoch keineswegs so sein, wenn sie zur Stiefmutter wird.

9. Daß die großen Theile (departments) der Christenheit, die römische Kirche, die Kirche von England und die Kirche von Schottland dem Grundsatz obiger eingebrachten Bill ganz und gar entgegen sind. Es ist wahr, daß die römische Kirche in solchen Fällen Dispensationen ertheilt, die Thatsache einer solchen Dispensation ist jedoch geradezu ein Zeugniß gegen die Rechtmäßigkeit einer solchen Ehe, um die es sich hier handelt. Man bedenke noch überdies, daß die erste Dispensation im Jahre 1500 durch den Pabst Alexander VI. für Borgia dem König in Portugal gegeben wurde.

Aus obigen Gründen ersucht der Bittsteller das ehrenwerthe Haus, betreffs der eingebrachten Bill Beschlußnahme aufzuschieben, und den verschiedenen religiösen Körperschaften innerhalb der Dominion Gelegenheit zu geben, ihre Ueberzeugung in Betreff dieser Sache darzulegen.

(Uebersetzt von Prof. A. Crämer.)

Compendium der Theologie der Väter

von

M. Heinrich Eckhardt.

(Fortsetzung.)

XIII. Die Erniedrigung.

Hat Christus immer, da er im Fleisch wandelte, jener göttlich mitgetheilten Verrichtungen und Herrlichkeiten sich äußerlich gebraucht?

Nein. Theodoret: „Denn bisweilen hat die Gottheit des Logos zur Zeit der Erniedrigung die angenommene menschliche Natur von der ihr eigenthümlichen Wirksamkeit nackt und bloß gelassen, d. i. entblößt und gleichsam verlassen von der göttlichen Wirkung, damit er durch Zeigung der Schwäche seine menschliche Natur beweise; bisweilen aber hat er durch Zeigung der Gottheit die Schwachheit verborgen, da er nicht bloßer Mensch war." [1]

---

1) Aliquando enim divinitas Verbi assumptam naturam humanam ἔρημην καὶ γυμνὴν ἀφίησι τῆς οἰκείας ἐνεργείας, i. e. nudam et quasi destitutam operatione divina reliquit tempore exinanitionis, ut ostensione infirmitatis

Was ist also die Erniedrigung?

Leo: „Die Erniedrigung war eine Herablassung der Erbarmung, nicht ein Mangel der Macht." [1]) Aus Theodoret kann sie beschrieben werden als „eine Unterlassung der göttlichen Wirksamkeit, oder Entleerung oder Entblößung von derselben." [2]) Und wiederum aus Leo: „Daß es sei die Annahme der Knechtsgestalt, während die Unermeßlichkeit göttlicher Majestät verdeckt war." [3]) Schön erklärt sie auch Ambrosius: „Er äußerte sich selbst, d. i. er zog seine Macht vom Werk zurück, daß er erniedrigt in Folge der ruhenden Kraft schwach zu werden schiene." [4]) Desgleichen: „Er war in göttlicher Gestalt, weil, während er als Mensch erschien, er Gottes Werke that, damit er, der Mensch schien, in seinen Thaten sich als Gott offenbarete; indem er aber seine Kraft zurückhielt, daß sie an ihm nicht offenbar wurde, ist er als Mensch erschienen." [5])

Da das vorzüglichste Stück der Erniedrigung das Leiden Christi ist, sage: warum wollte Christus leiden?

Chrysostomus: „Dies ist die erste Ursache, daß er erkannt wissen wollte, wie sehr Gott, der mehr geliebt als gefürchtet werden wollte, den Menschen liebe. Er opferte daher sich selbst für seine Feinde, für die, die ihn haßten und von ihm abgewendet waren. Was keiner für seine Freunde, noch für seine Brüder, noch für seine Kinder thäte, das that der HErr für Knechte, Gott für Menschen, der Unsterbliche für Sterbliche, der Ewige für Zeitliche, endlich Gottes Sohn für seine Feinde. Die zweite Ursache ist, daß er das Urtheil des Todes, welches er gerecht gefällt hatte, noch gerechter wieder abthäte." [6])

ipsam naturam humanitatis comprobaret: aliquando vero infirmitatem ostensione divinitatis occultavit, quoniam non nudus homo erat. Theod. dial. 3. ex Chrys.

1) Exinanitio fuit inclinatio miserationis, non defectio potestatis. Leo ep. 10.

2) Ἄφεσις, ἢ ἐρήμωσις, ἢ γύμνωσις τῆς θείας ἐνεργείας. Ex Theodor.

3) Quod sit formae servilis, obumbrata divinae majestatis immensitate, susceptio. Leo.

4) Exinanivit se h. e. potestatem suam ab opere retraxit, ut humiliatus otiosa virtute infirmari videretur. Ambr. Phil. 2.

5) In forma Dei erat, quia, cum homo videretur, opera Dei faciebat, ut in rebus gestis appareret Deus esse, qui homo videbatur: retinens autem virtutem suam, ne appareret in eo, ut homo visus est.

6) Haec prima causa est, quia sciri voluit, quantum amaret hominem Deus, qui plus amari voluit, quam timeri. Litavit igitur semetipsum pro inimicis, pro his, qui se oderant, pro aversis a se. Id quod neque pro amicis, neque pro fratribus, neque pro filiis faceret quispiam, hoc fecit pro servis dominus, pro hominibus Deus, pro mortalibus immortalis, pro inimicis denique Dei Filius. Secunda causa est, ut sententiam mortis, quam juste dederat, justius aboleret. Chrys. in 1 Tim. 2.

Ist das Leiden bloß menschlich geschehen?

Athanasius: „Wie wir sagen, daß der Leib des Herrn eigen sei, so sollen auch des Leibes Leiden seine eigenen genannt werden, wiewohl sie ihm nicht zukommen nach seiner Gottheit, sonst wäre eines anderen der Leib, und aber eines anderen hießen die Leiden. Wenn aber das Fleisch des Logos Fleisch ist, so müssen von Noth auch des Fleisches Leiden die Leiden dessen genannt werden, dessen das Fleisch ist. Deshalb sagen wir mit Recht, daß die Leiden nicht eines anderen seien, als des Herrn, damit sowohl die Gnade von ihm sei, als auch, damit wir nicht Abgöttische werden, sondern wahrhaft Fromme." [1] Leo: „Weder ist da der Logos von dem Menschen getrennt, noch der Mensch von dem Logos gelös't. Nicht ist die Niedrigkeit verschmäht, weil auch die Majestät nicht verringert ist, und der unverletz= baren Natur schadete nichts, was der leidensfähigen angethan werden mußte. Und dieses ganze Geheimniß hat sowohl die Menschheit als die Gottheit vollbracht." [2] Vigilius: „Er, der Logos, hat gelitten in der Einigkeit der Person, nicht in der Eigenthümlichkeit der Natur." [3]

Hat er das willig oder wider Willen gethan?

Theodulus: „Christus hätte der Schmähungen und des Vorwurfs der Juden ledig sein, und nicht leiden können, was er trug, wenn er seinen eignen Vortheil angeschaut hätte; aber unseren Nutzen suchend, hat er frei= lich seinen eigenen hintangesetzt, und ist mit Unrecht angethan worden und hat bei je vielen schlechten Dank davongetragen." [4]

Was wollen daher jene scheuen Worte: „Vater, überhebe mich dieses Kelches"?

Beda antwortet: „Paulus, der gesagt hat: ,Ich habe Lust ab= zuscheiden', hat den Tod nicht gefürchtet, Laurentius hat ihn nicht ge= fürchtet, Stephanus nicht, noch die übrigen solchen Männer. Wie reimt

---

1) Sicut proprium Domini esse dicimus corpus: ita et corporis passiones propriae ejus dicantur, etiamsi non contingant secundum divinitatem
ejus: alioqui alterius esset corpus, alterius dicerentur passiones. Si autem
caro Verbi caro est, necessarium et passiones carnis dici ejus, cujus et caro
est. Idcirco recte non alterius, quam Domini, dicuntur esse passiones, ut et
gratia ab ipso sit et non fiamus idololatrae, sed vere pii. Athan. ap. Cyrill.
in Apol.

2) Nec Verbum ibi disjunctum est ab homine, nec homo dissociatus a
Verbo. Non est fastidita humilitas, quia nec imminuta majestas: nihilque
nocuit naturae inviolabili, quod oportebat inferri passibili. Totumque illud
sacramentum et humanitas consummavit et Deitas. Leo serm. 1. de pass.

3) Passus est in unione personae, non in proprietate naturae. Vigil. l. 2.
contr. Eutych.

4) Christus potuisset alienus esse a conviciis et opprobrio Judaeorum:
neque pati, quae pertulit, si privatum commodum spectasset: sed nostram
utilitatem quaerens, propriam sane posthabuit, et injuria affectus est, malam-
que apud non parum multos gratiam retulit. Theodul. in 15. c. Rom.

sichs daher, daß das, was der Soldat konnte, der Feldherr nicht sollte können? Je keineswegs. Wegen unsrer Schwachheit also hat er gesagt: „Vater, überhebe mich rc., damit er nämlich uns Schüchterne zur Nachahmung seines Leidens stärkete." [1])

Warum hat Christus nicht durch einen anderen, als des Kreuzes Tod, sein Leben gelassen?

Haymo zählt zwei Ursachen, die eine aus dem Rath der Juden, die andere aus dem Christi: „Deshalb haben sie ihn gekreuzigt, weil der Kreuzestod um der langen Qual willen der grausamste unter allen Toden ist. Denn wenn sie ihn mit dem Schwert zerhauen hätten, wäre es schnell abgethan gewesen. Oder so hat es ihm gefallen, damit der Mensch, weil er am Holz gesündigt hat, am Holz erlöf't würde." [2])

Welche Frucht wird uns von Christi Erniedrigung zu Theil?

Cyprian: „Christus wollte des Menschen Sohn sein, daß er uns zu Gottes Kindern machete; er erniedrigte sich, daß er sein Volk, welches zuvor am Boden lag, erhöhe; er ward verwundet, daß er unsere Wunden heilete; er ward Knecht, daß er uns Knechten zur Freiheit hülfe; er litt den Tod, daß er sterbend uns Sterblichen die Unsterblichkeit brächte." [3]) Athanasius: „Christi Leiden ist unsere Leidenlosigkeit; sein Tod unsere Unsterblichkeit; sein Weinen unsere Freude; sein Begräbniß unsere Auferstehung; seine Taufe unsere Heiligung; seine Striemen unsere Heilung; seine Strafe unser Friede; seine Schmach unsere Ehre." [4])

(Fortsetzung folgt.)

---

1) Non timuit mortem Paulus, qui dixit: Cupio dissolvi, non timuit eam Laurentius, non Stephanus, nec caeteri tales. Quomodo igitur convenit, ut, quod miles potuit, imperator non posset? Nullo modo utique. Nostra ergo infirmitate haec dixit: Pater, transfer etc., ut nos licet timidos ad passionem suam imitandam corroboraret.

2) Ideo crucifixerunt eum, quia omnibus mortibus severior est mors crucis, propter longum cruciatum. Si enim gladio transverberassent eum, cito finiretur. Vel sic placuit ei, ut, quia per lignum peccavit homo, per lignum redimeretur. Haymo super 2. c. Philip.

3) Christus hominis filius esse voluit, ut nos filios Dei faceret; humiliavit se, ut populum, qui prius jacebat, erigeret; vulneratus est, ut vulnera nostra sanaret; servivit, ut ad libertatem servientes extraheret; mori sustinuit, ut moriens immortalitatem mortalibus exhiberet. Cypr. serm. de Elemos.

4) Christi passio nostra est impatibilitas; illius mors nostra immortalitas; illius fletus nostra laetitia; illius sepultura nostra ressurrectio; illius baptisma nostra sanctificatio; illius vibices nostra sanitas; illius disciplina pax nostra; illius ignominia nostra gloria. Athan. contra Apollin.

Miscelle.

„Der Begriff des Kirchenregiments." Von Dr. F. L. Steinmeyer, Prof. in Berlin. Berlin 1879, Wiegandt und Grieben. (VIII. 147 S. gr. 8.) So hoch die „Allgem. Ev.-Luth. Kz." vom 27. Februar diese Schrift lobt, und so weniges in derselben sie beanstandet, so wenig macht der Auszug, welchen die Kirchenzeitung aus der Schrift gibt, begierig, dieselbe zu lesen. „Bei der Lösung der Aufgabe", sagt die Kirchenzeitung, „kann ein doppelter Weg eingeschlagen werden: entweder man geht vom HErrenwort aus oder von der geschichtlichen Thatsache. Steinmeyer wählt mit Vorbedacht den zweiten (!) Weg; von ihm aus fällt auf alle einschlägigen Fragen Licht." Aber was für eines?! Steinmeyers Resultat ist: 1. Die Aufgabe der Kirchengewalt ist, daß sie der Kirche Organe bilde, welche das Amt der Institution des HErrn und seinem Begriff entsprechend verwalten, neben welchem Dienst ihm die Pflicht der Mission und der Zucht reservirt ist. 2. Die Person des Kirchenregiments ist der Landesherr, und zwar als solcher, nicht in der Gestalt eines vermeintlichen Episkopus. Als für Luther das praktische Bedürfniß einer Entscheidung gekommen sei, habe er nicht aus Noth, wie die gewöhnliche Rede gehe (sollte heißen: wie freilich Luther selbst behaupte), sondern mit Vorbedacht und echt prophetischem Scharfblick das Kirchenregiment in die Hand des Landesherrn gelegt. Sapienti sat!   W.

Literatur.

Neudrucke deutscher Literaturwerke des XVI. und XVII. Jahrhunderts. Nr. 18. Halle a. S. 1879, Niemeyer (8.) à 60 Pf. Inhalt: Sendbrief an Pabst Leo X. Von der Freiheit eines Christenmenschen. Warum des Pabsts und seiner Jünger Bücher von D. Martino Luther verbrannt seien. Drei Reformationsschriften aus dem Jahre 1520 von Martin Luther. (XII. 54 S.)

In einer Anzeige dieser Neudrucke sagt Luthardt's „Theol. Literaturblatt" vom 27. Februar: Mit ganz besonderer Freude aber begrüßen wir gerade das vorliegende Heft Nr. 18 jener Neudrucke, dessen Inhalt die oben bezeichneten drei Schriften Dr. M. Luther's bilden. In dem Abbruck der drei Schriften ist überall die Urausgabe zu Grunde gelegt und dabei der Text derselben mit diplomatischer Treue wiedergegeben, selbst Interpunction und Orthographie nicht ausgenommen; nur offenbare Druckfehler und die irrigen Angaben biblischer Stellen, wobei jedoch S. 47 Z. 16 Luc. xxi anstatt 22 übersehen worden ist, sind beseitigt worden. Daß der Herausgeber jede Conjectur vermieden hat, wird man nur billigen, gewiß aber würde die Anführung der wichtigsten Varianten späterer Drucke sehr willkommen gewesen sein. Eingeleitet sind die betr. Büchlein von dem vorzüglichen Kenner Luther'scher Schriften, Past. Knaake in Potsdam, durch eine kurze Darlegung ihrer Veranlassung und eine sorgfältige Zusammenstellung bzw. Beschreibung sämmtlicher zu des Reformators Lebzeiten erschienenen Einzeldrucke, welche man hier so vollständig verzeichnet findet, daß kaum noch etwas Erhebliches nachzutragen sein wird; wir vermißten nur eine einzige Ausgabe der an zweiter Stelle aufgeführten Schrift: „Von der Freiheit eines Christenmenschen."

Kirchlich=Zeitgeschichtliches.

I. America.

Der „Zeitschrift" vom 6. März wird aus Philadelphia unter Anderem Folgendes geschrieben: „Aus dem Ledger ersehe ich, daß Dr. Seiß schon den ganzen Winter über die Offenbarung Johannis predigt. Da sind denn allerlei Gegenstände zum Voraus angezeigt, welche der Herr Doctor behandeln wird und über welche die heil. Schrift uns wenig oder gar nichts offenbart. Dabei hat denn ein speculativer Geist einen weiten Spielraum für allerlei Einbildung und Erfindung, das in Predigern und Zuhörern eine krankhafte Neugierde weckt, und sie leicht abbringt von dem Einen, das Noth ist. Dr. Seiß versteht es natürlich meisterhaft, darüber zu predigen; aber mit welch größerem Nutzen könnte er seine glänzenden Gaben nicht auf die wichtigen Hauptstücke christlicher Lehre verwenden, die Allen, auch einer aus vornehmen Leuten bestehenden Gemeinde, so sehr noth thun."

Eine wichtige Entscheidung in Ehescheidungssachen wurde kürzlich im New Yorker Court of Common Pleas gefällt. Phöbe Robertson forderte im Jahre 1871 von Westmore R. Robertson wegen angeblich grausamer Behandlung die gerichtliche Scheidung. Robertson stellte die Angaben der Klägerin in Abrede. Nach dem Beginne des Processes bat die Klägerin um Erlaubniß, ihre Klage ergänzen zu dürfen, da sie erst später in Erfahrung gebracht habe, daß ihr Gatte sich wiederholt des Ehebruchs schuldig gemacht und sich eines von ihm begangenen Mordes wegen in Nevada in Haft befinde. Die gewünschte Erlaubniß wurde ertheilt, und im März 1878 erfolgte auf Grund des Berichtes eines Referenten eine der Klägerin günstige Entscheidung, d. h. ein Scheidungsdecret wurde erlassen. Ehe dasselbe aber erfolgt war, verheirathete sich die Klägerin wieder. Bald darauf wurde im Namen des Beklagten beantragt, das Scheidungsdecret aufzuheben, beziehungsweise ihm zu gestatten, in dem Ehescheidungsprocesse, an welchem er sich später nicht betheiligt hatte, als Partei aufzutreten. Die Klägerin wandte dagegen ein, daß sie sich in gutem Glauben wieder verheirathet habe. Der Richter erklärte jedoch das Ehescheidungsdecret für ungültig und führte zur Begründung des Entscheides an, daß die Aufrechterhaltung des Scheidungsdecretes dem größten Unfug Thür und Thor öffnen würde. Es sollte niemals zugelassen werden, daß eine Partei ohne Benachrichtigung der andern neue, in der ersten Klage nicht enthaltene Angaben mache. Später in Erfahrung gebrachte Thatsachen rechtfertigen nur die Anhängigmachung einer zweiten Klage. Ziehe man dieselben aber in den bereits begonnenen Proceß hinein, so geschähe einer der beiden Parteien großes Unrecht. Es sei unrecht, ein Urtheil zu fällen, welches nicht im Einklange mit der ursprünglichen Klage sei. — So lesen wir in einem hiesigen politischen Blatte.

Die Zahl der katholischen Einwohner der Vereinigten Staaten wird in dem „Catholic Directory" für's Jahr 1880 auf 6,143,222 angegeben, wobei die Kinder katholischer Eltern mitgezählt sind. Nach demselben Werkchen gibt es in den Vereinigten Staaten 6,407 katholische Kirchen mit 12 Erzbischöfen, 65 Bischöfen, 5989 Priestern und 1,130 Studirenden (in theologischen Seminaren), sowie 2,246 Pfarrschulen mit 405,234 Schülern. Aus dem Schriftchen ist ferner ersichtlich, daß durchschnittlich ein Fünfzehntel der katholischen Bevölkerung die katholischen Schulen besucht. Der Anzahl der katholischen Schulen nach nimmt das Bisthum Newark, N. J., mit 156 derartigen Anstalten und 23,085 Schülern bei einer katholischen Bevölkerung von 175,000 Seelen den ersten Platz ein. Das Erzbisthum New York hat bei einer katholischen Bevölkerung von 600,000 in 83 katholischen Schulen die meisten Schüler, nämlich 33,495 aufzuweisen. Das Erzbisthum Cincinnati besitzt bei einer katholischen Bevölkerung von 200,000 Seelen 140 Schulen mit 25,406 Schülern, während das Erzbisthum Boston bei einer katholischen Bevölkerung von 310,000 nur 16 katholische Schulen hat.

Suchen nach den verlorenen zehn Stämmen. Der „Pilger" vom 21. Februar berichtet: „„Der Erbe der Welt" heißt eine neue Zeitschrift aus Brooklyn, welche den Beweis führen will, daß die angelsächsische Race (Engländer und Yankees) die verloren gegangenen zehn Stämme Israel seien. In England dagegen ist die Idee aufgetaucht, daß die Afghanen die Nachkommen der zehn Stämme seien ihrer Judennasen wegen.

In der Stadt New York besteht der Gebrauch, daß jugendliche Verbrecher beiderlei Geschlechts in Privatanstalten untergebracht werden, welche dann von der Stadt Bezahlung dafür erhalten. Desgleichen werden die Findelhäuser für die Aufnahme von Waisen oder Halbwaisen, ja auch der Mutter von letzteren bezahlt. Die Stadt ist in ihrer Bezahlung so liberal, daß derartige „Wohlthätigkeit" zu einem ganz einträglichen Geschäft geworden ist, auf das sich namentlich die katholische Geistlichkeit mit Eifer geworfen hat. Sie soll so profitabler finden, daß sie in den Polizeigerichten ordentliche Agenten hält, welche dafür sorgen müssen, daß möglichst viele jugendliche Verbrecher katholischen Anstalten zugewiesen werden. Besonders gilt dies vom katholischen „Protectory", welches jährlich $110 für jeden ihm zugewiesenen jugendlichen Verbrecher erhält, auch wenn manchmal sein Name blos im Buche stehen sollte. Ebenso blüht das Geschäft in dem „Findelhaus der Barmherzigen Schwestern", welche ihre Findlinge, wenn Mädchen, bis zum 18. Jahre, und wenn Knaben, bis zum 21. Jahre unter ihrer Obhut behalten. Diese „Findlinge" mögen als Halbwaisen von Vater oder Mutter der Anstalt überwiesen werden und die Letztere kann, wie schon bemerkt, dann auch in der Anstalt wohnen. Die „barmherzigen" Schwestern aber ziehen aus den städtischen Fonds für jeden solchen Findling $138.70 und für die Mutter $216 per Jahr! So kostet dieses Findelhaus der Stadt jährlich zwischen 2—300,000 Dollars, während das „Protectory" etwa ebenso viel zieht. Herr Dexter R. Hawkins rechnet der katholischen Kirche nach, daß sie auf solche Weise in den letzten elf Jahren nicht weniger als $5,827,417.19 aus dem städtischen Seckel gezogen habe, während sie sich noch Grundeigenthum im Werthe von 3½ Millionen Dollars von der Stadt schenken ließ. Es haben freilich auch protestantische Anstalten Unterstützung von der Stadt erhalten, aber der Betrag ist gegen jene Summen verschwindend klein. Daß die katholischen Anstalten um so viel größere Summen erhielten, erklärt sich freilich theilweise dadurch, daß ein großer Theil der ärmeren Bevölkerung New Yorks katholisch ist; aber daß die Politiker der Stadt sich von den irischen Stimmen abhängig fühlen, hat unstreitig auch viel damit zu thun. — So schreibt ein politisches Blatt.

II. Ausland.

Jubelfeier des Concordienbuchs. Aus Anlaß der bevorstehenden 300jährigen Jubelfeier des Concordienbuchs hat der Pfarrgemeinderath der ev. = lutherischen Gemeinde Neckargröningen in Württemberg an die kirchliche Oberbehörde die Bitte gerichtet, es veranlassen beziehungsweise anordnen zu wollen, daß entsprechend der Bedeutung dieses Gedächtnißtages für die ev. = lutherische Kirche Württembergs die 300jährige Jubelfeier des Concordienbuches nach dem Beispiele anderer lutherischer Kirchen auch in der württembergischen Landeskirche am Reformationsfest 1880 begangen werde.

(Allg. Kz.)

Sachsen. Der „Pilger aus Sachsen" vom 1. Februar gibt einen Auszug aus einer Recursschrift von 1121 gläubigen Gliedern der Pfarrgemeinde von St. Jakobi in Berlin, in welcher dieselben gegen die consistoriale Bestätigung des Rationalisten Werner zu ihrem Pastor bei dem Oberkirchenrath Protest einlegen. Dabei ist der „Pilger" so ehr= lich, zu gestehen, daß „auch andere Landeskirchen, und nicht am wenigsten die sächsische, von ähnlichen Vorgängen und Zuständen zu sagen wissen", und daß er dabei „an das tiefe Schweigen" denke, „in welches sich bei einem ganz ähnlichen Vorkommniß die ganze große Gemeinde zu Dresden=Neustadt mitsammt ihren 5 Geistlichen hüllte." Wäre es aber nicht aufrichtiger und seiner Bekenntnißpflicht gemäßer gewesen, wenn der „Pilger" bei dieser Gelegenheit auch der unentschuldbaren Untreue gedacht hätte, deren sich damals sein hohes Kirchenregiment schuldig gemacht habe, und zwar nicht durch bloßes Schwei= gen, sondern zugleich durch Bestätigung eines reißenden Wolfes zum Seelenhirten?!

W.

Ueber die lutherischen Freikirchen in Deutschland theilt die Allg. Kz. Folgendes mit: Die Gesammtzahl der Freikirchlichen in Deutschland dürfte kaum 58,000 Seelen betragen, wovon ca. 50,000 der unter dem O.=K.=Collegium zu Breslau stehenden Synode, 5—6000 der Immanuelsynode und 1000 der Missourisynode angehören, während 1000 bis 1500 Separirte in Hessen und Baden independent stehen. Eine Einigung der getrennten Glieder wird daher immer lebhafter herbeigewünscht. So haben neuerdings wieder, nachdem zuerst zwischen den darmstädtischen und den hannoverischen Separirten einerseits und den von Sup. Hoffmann geleiteten Separirten anderer= seits, welche letzteren sich von den niederhessischen Reformirten unter Vilmar getrennt und dem lutherischen Bekenntniß angeschlossen haben, eine Einigung zu Stande gekom= men ist, auch Annäherungen zwischen den unter dem breslauer O.=K.=Collegium stehen= den Lutheranern und den von Past. Harms geleiteten hannoverischen Separirten statt= gefunden. Zwei von Past. Harms belegirte Pastoren (Sültmann und Müßefeld) haben am 15. und 16. Oktober v. J. in Pyrmont eine Zusammenkunft mit mehreren Bres= lauern gehabt und mit diesen zunächst drei Puncte vereinbart: 1. die Kirche eine Ge= meinschaft und eine Anstalt; 2. Nothwendigkeit eines Kirchenregiments und Anerkennung des O.=K.=Collegiums in Breslau als eines solchen; 3. keine Abendmahlsgemeinschaft mit solchen, welche noch Unlutherisches in ihrer Lehre und Gemeinschaft führen. — So weit die Kirchenzeitung. Die Angabe der Zahl der zur sogenannten missourischen Frei= kirche gehörenden Seelen ist incorrect; die Zahl derselben beläuft sich auf etwas mehr als 1800.

W.

Die Hermannsburger Mission und die Landeskirche. Aus Hannover meldet ein Correspondent der Allg. Kz. vom 13. Februar, es sei Thatsache, daß immer mehrere nach kurzem Schwanken mit ihrem Interesse sich wieder der Hermannsburger Mission zuwenden. Es ist das ganz natürlich. Die Treue gegen die Landeskirche steckt eben nicht im Gewissen.

W.

Hermannsburger Missionsanstalt. Der Allg. Kirchenz. vom 27. Februar wird aus Hannover geschrieben: Aus der hermannsburger separirten Gemeinde ist noch zu berichten, daß fünf Zöglinge, die eigentlich für America bestimmt, auf ihre Kosten sich in Hermannsburg aufhielten, aber im Missionshause Unterricht genossen, in fünf kleine separirte Gemeinden abgesandt sind, um vorläufig daselbst zu predigen. Sie sollen dann, wie es heißt, mit den demnächst abzuordnenden Zöglingen ordinirt und darauf vollständig eingesetzt werden. Demnach scheint es allerdings, als ob die Missionshäuser zugleich Seminare für die separirte Kirche werden sollen, eine Entwickelung der Dinge, die namentlich denen, welche der Landeskirche treu sind, die Anhänglichkeit an die hermannsburger Mission wesentlich erschweren wird.

Missions-Inspector Deinzer in Neuendettelsau war im vorigen Jahre in America auf Besuch. In den „Kirchlichen Mittheilungen aus, über und für Nord-America" erstattet er über diese seine Reise in sogenannten „Reisebriefen aus America" Bericht. Laut dieser Briefe hat der Herr Inspector während seines gastlichen Verweilens in America unter anderem auch die durch Löhe's Vermittelung entstandenen fränkischen Colonieen in Michigan besucht. In Frankenmuth quartirte er sich mit dem ihn begleitenden Pastor Deindörfer bei einem Gemeindeglied ein. Ueber die hier gemachten Erfahrungen berichtet er in Nr. 2 des laufenden Jahrgangs unter anderem in folgender Weise: „Abends, nachdem wir wieder in unsere Herberge zurückgekehrt waren, fanden sich einige Nachbarn ein, mit welchen wir, ohne es zu wollen, bald in einen theologischen Disput geriethen. Die einfachen Landleute, die natürlich die zwischen uns und Missouri obschwebenden kirchlichen Fragen nur in der Auffassung und Beleuchtung des ‚Lutheraner' kannten, beklagten es schmerzlich, daß Löhe, wie sie meinten, der reinen lutherischen Lehre untreu geworden sei, weil er sich zum Chiliasmus d. h. der Lehre vom 1000 jährigen Reich ꝛc. geneigt habe. Wir vertheidigten und begründeten unsere Stellung aus Gottes Wort und wiesen ihnen nach, daß wir, obwohl wir mit der Apologie der Augsburgischen Confession das Pabstthum für ein ‚Stück des Reichs des Antichristus' hielten, doch unmöglich mit jener Stelle der Schmalkaldischen Artikel den Pabst für den ‚rechten Antichrist' erklären könnten, weil ja der Pabst auch jetzt noch JEsum Christum als Gottes Sohn anbete, und weil der geweissagte Antichrist nach 2 Thess. 2, 3. 4. eine Einzelperson und nach der Offenbarung ein Weltherrscher der Zukunft sein müsse. Wir beklagten uns auch ernstlich über die unchristliche Kampfesweise der Missourier, die anstatt anzuerkennen, daß wir doch auch ein Gewissen und zwar ein in Gottes Wort gebundenes Gewissen hätten und deshalb nicht wider die von uns als schriftmäßig erkannte Wahrheit könnten, uns (wenigstens die Jowasynode) fortwährend als einen Haufen gewissenloser unehrlicher Leute behandelten, die mit dem Gewissen und der göttlichen Wahrheit ein frevles Spiel trieben. Es schien, wie wenn diese unsre Beschwerden doch nicht ohne allen Eindruck auf die Leute geblieben seien, wie es denn in der That verwunderlich wäre, wenn christliche Laien, die ein feineres Gefühl für den geistlichen Anstand in der theologischen Polemik zu haben pflegen als leider die meisten Theologen, nicht doch Anstoß nähmen an dem unbrüderlichen lieblosen Richtgeist, der leider die missourische Kampfesweise kennzeichnet." — Hierzu bemerken wir nur das Folgende. Jowa oder vielmehr Jowa's Stimmführer haben wir nie um ihrer Irrthümer willen für unehrliche Leute gehalten und erklärt, sondern um ihrer unehrlichen Handlungsweise willen. Diesen Vorwurf haben wir daher auch nie den Löhianern in Deutschland gemacht. Daß wir aber, obgleich den letzteren ihre chiliastischen und sonstigen Irrthümer im Gewissen stecken mögen, uns das nicht abhalten lassen, diese Irrthümer an ihnen mit allem Ernste zu strafen, dies kommt daher, weil das Wort Gottes über den Gewissen des Menschen steht und der Mensch allemal die Schuld trägt, wenn sein Gewissen etwas fordert, was Gottes Wort verwirft, oder wenn sein Gewissen etwas verwirft, was Gottes Wort

fordert. Zum andern gibt es wohl wenige Irrlehrer, die nicht ihre Irrlehre um ihres
Gewissens willen festhalten zu müssen glaubten oder die das nicht wenigstens vorgäben.
Christus sagt sogar von den blutgierigen Verfolgern der Apostel, sie würden meinen, sie
thäten Gott einen Dienst daran (Joh. 16, 2.), sie würden also in ihrem Gewissen getrieben sein, also zu handeln, wie sie handeln. Auch Paulus sagt selbst von sich, daß
er die Christen keinesweges wider sein Gewissen verfolgt, sondern daß er vielmehr b e i
s i c h s e l b s t g e m e i n t h a b e, also von seinem Gewissen dazu genöthigt worden sei, dem
Namen JEsu von Nazareth viel zuwider thun zu müssen. (Apost. 26, 29.) Dürfte man
also die Irrthümer derjenigen nicht strafen, welche man mit irrendem Gewissen vertheidigt, so müßte man alle falschen Propheten gewähren lassen. Das Richtige ist aber
dieses, daß die reine seligmachende Lehre um so mehr in Gefahr steht und daher um so
eifriger vertheidigt und der entgegenstehende Irrthum um so ernster zu bekämpfen ist,
je mehr die Vertreter eines Irrthums und die Gegner einer Wahrheit das Ansehen ge-
wissenhafter Leute haben. Als Petrus nur in der Praxis abirrte, da strafte ihn daher
Paulus um so härter, je höher Petrus mit Recht sonst in den Augen der Christen stand.
Gal. 2, 11—18. Es ist freilich wahr, daß man ganz anders gegen Personen auftreten
muß, von denen man voraussetzen kann, daß sie in irrendem Gewissen gegen die Wahrheit streiten, als gegen die, welche als unlautere Geister offenbar geworden sind, aber
Gottes Wort muß auch gegen Menschen-Gewissen vertheidigt werden. Durch Gottes
Gnade haben wir aber bisher Beides gethan.   W.

Gotha. Auch hier besteht seit einer Reihe von Jahren eine kleine separirte sogenannte altlutherische Gemeinde, hält in einem Privathause ihre Gottesdienste ab und
ist bisher von dem Nachfolger Wermelskirch's in Erfurt, Pastor Lochte, alle drei bis
vier Wochen bedient worden. Die Allgem. Kz. vom 20. Februar meldet, daß seit dem
Weggange des letzten „positiven" Subdiakonus von Gotha sich vorübergehend einzelne
gläubige Familien der Gemeinde angeschlossen oder sich wenigstens an den gottesdienstlichen Versammlungen betheiligt haben. Die Kirchenzeitung ist aber für das Staats-
kirchenthum so sehr eingenommen, daß sie selbst zur Gründung einer separirten Gemeinde
in Gotha, wo der nackteste Rationalismus die vollste Herrschaft hat, schel sieht. Sie
bemerkt daher: „So viel aber steht fest, daß die zum Theil sehr angesehenen Familien,
welche sich seit kürzerer Zeit den Separirten genähert haben, ohne innerlich völlig zu
ihnen zu gehören, weil sie an der Separation keine Freude haben, nur durch den
Mangel eines Geistlichen ihrer Richtung dahin geführt worden sind. Sehr dankbar
würde es daher sicher begrüßt werden, wenn man in Gotha, wie in Koburg geschehen
ist, eine jüngere positive Kraft anstellte und damit auch der rechten Seite gerecht würde."
                                                                              W.

Aus Bayern wird der Allgem. Kz. vom 6. Februar geschrieben: Cand. H e r b s t in
Oettingen schloß sich anfangs an Hörger an, und es schien dadurch die lutherische Separation in Bayern Fortgang zu gewinnen. Bald aber traten die tiefen Differenzen
zwischen Hörger und Herbst trennend zu Tage, und Herbst wurde durch darbystische Ein-
flüsse in einer bei einem Theologen auffallend kurzen Zeit aus einem separirten Lutheraner in einen vollendeten Darbysten umgewandelt. Auf Grund des Wortes: „Gehet
hin in alle Welt" fühlt er sich gedrungen, in die Häuser evangelischer Christen zu bringen,
um sie „zu JEsu zu führen". — Ueber den Predigermangel in Bayern wird ebendaselbst
berichtet: In einer an die Geistlichen und Kirchenvorsteher gerichteten Ansprache des
O.-Consistoriums vom 20. November v. J. wird nachgewiesen, wie jährlich im Durch-
schnitt für 33 abgehende Geistliche nur auf 15 neu hinzukommende Candidaten gezählt
werden kann. 78 Pfarrstellen und andere ständige Posten sind zur Zeit unbesetzt und
wird die Zahl, bis neue Candidaten hinzukommen, sich mindestens auf hundert belaufen.

Für die nächste Zukunft wird voraussichtlich der Uebelstand noch größer. — Endlich lesen wir a. a. O.: Der protestantischen Geistlichkeit Bayerns ist kürzlich eine sehr reiche Zuwendung durch Testament gemacht worden. Ein reicher Privatmann in Augsburg hat nämlich sein ganzes Vermögen im Gesammtbetrage von 300,000 Mk. der protestantischen Pfarrwittwenkasse vermacht.

Berlin hat nun einen grob rationalistischen Prediger mehr. Die Allg. Kz. schreibt: Den gegen die Wahl des Diak. und Garnisonpredigers Dr. P. Kirmß in Jena zum dritten Geistlichen an der Thomaskirche zu Berlin aus den kirchl. Kreisen der Gemeinde hervorgegangenen Einspruch hatte, wie bekannt, das Kgl. Consistorium zurückgewiesen und ein Colloquium mit demselben anzustellen namentlich auf Grund einer schriftlichen Rechtfertigung des Gewählten abgelehnt. Nachdem nun die den Protesterhebern zustehende Frist zur Berufung gegen diese Entscheidung des Consistoriums an die Instanz des O.=K.=Raths verstrichen, ohne daß der Recurs angemeldet worden ist, ist die Wahl des Dr. Kirmß als definitiv bestätigt anzusehen.

Bankerott eines „Geistlichen". Die Allgem. Kz. meldet: Der der weimarischen Landeskirche angehörende Pfarrer des Ortes O. bei Cölleda hat unlängst sich vor Gericht für insolvent erklärt und die Passiva mit 38,000 Mk. angemeldet. Er bezieht einen Gehalt von 5000 Mark.

Civilehe. Die kirchliche Conferenz für Mecklenburg=Strelitz hat an den Reichstag eine Petition gerichtet, in welcher sie um Aufhebung des mit der sogenannten obligatorischen Civilehe eingeführten drückenden Zwanges zur bürgerlichen Eheschließung, event. mindestens um die Freiheit nachsucht, daß die Landesgesetzgebung in dieser Beziehung Abhilfe schaffen könne. — Die Allgem. Kz. vom 20. Februar macht die Mittheilung: Ueber die Civilehe hat die Congregatio Concilii unter dem 13. März 1879 eine interessante Entscheidung erlassen, daß durch dieselbe, weil sie nullum matrimonium ist, auch kein impedimentum publicae honestatis entstehe. Denn die Civilehe kann, so lautet die weitere Erörterung, 1. nicht als Verlöbniß zukünftiger Ehe betrachtet werden; darum bewirkt sie auch nicht wie die Sponsalien ein impedimentum im ersten Grad der Verwandtschaft. 2. Sie ist auch nicht matrimonium ratum wie selbstverständlich. 3. Sie ist auch nicht matrimonium clandestinum. Denn die wahren Katholiken wollen beim Civileheact nur einer Formalität, wozu die Staatsbehörde zwingt, sich unterziehen, also keineswegs eine Ehe schließen. Aber auch die Irreligiösen haben keineswegs die zum Sacrament erforderliche Absicht faciendi quod facit ecclesia. Also ist von matrimonium clandestinum im Sinne der Kirche nicht die Rede. Uebrigens selbst wenn die Civilehe matrimonium clandestinum wäre, so entsteht doch kein Ehehinderniß, weil der Civileheact über die Absicht der Contrahenten, eine wahre Ehe einzugehen, nichts schließen läßt; über diese Absicht können nur die Contrahenten sicheres sagen; allein diesen ist wegen der Natur des Actes in diesem Falle kein Glaube beizumessen. Im Gegentheil, da die Contrahenten eine Handlung verrichten, welche der erlaubten Eheschließung total zuwiderläuft, so geht ihre Absicht präsumtiv nicht auf einen wahren Ehebund. Und gesetzt, sie hätten diese Absicht wirklich, so wüßte man nichts davon, ihre Ehe wäre also matrimonium clandestinum occultum, welches nach übereinstimmender Lehre der Kanonisten das Hinderniß der öffentlichen Ehrbarkeit nicht nach sich zieht.

Jesuitenorden. Nach dem neuesten Katalog der österreichisch=ungarischen Ordensprovinz der Gesellschaft Jesu zählte der Jesuitenorden zu Ende des vergangenen Jahres insgesammt 10,207 Mitglieder, d. h. 220 mehr als Anfang 1878 und 1524 mehr als 1869. Davon sind in den Missionen nur 2104 thätig; die übrigen 8103 werden zu Erziehungs= und anderen Zwecken verwendet. In Nordamerica unterhält die Gesellschaft Jesu 22 Collegien mit Pensionaten, in denen 4168 Zöglinge unterrichtet werden.

Statistisches in Betreff der Juden. Die Allgem. Kz. meldet: Nach dem Jahresbericht für 1878 der jüdischen Gesellschaft für Verbreitung des Glaubens in Berlin" gibt es auf der ganzen Erde im ganzen 6—7 Millionen Juden, ebenso viel, als es zur Zeit des Königs David gegeben haben mag. Davon kommen 5 Millionen auf Europa, 200,000 auf Asien, 80,000 auf Afrika, 1—1½ Million auf America. In Europa gibt es die meisten Juden in Rußland, nämlich 2,621,000; Oesterreich zählt 1,375,000, davon 575,000 in Galizien; Deutschland 512,000, davon 61,000 in Posen; Holland 70,000; England 50,000; Frankreich 49,000; Italien 35,000; Spanien und Portugal 2—4000; Schweden 1800; Norwegen 250. In Berlin leben 45,000 Juden, fast so viel, als in ganz Frankreich. In Afrika findet man die Juden namentlich in Algier; doch trifft man sie selbst in Abessynien und in den Oasen der Sahara; oft bilden sie die Vermittler zwischen Christen und Mohammedanern. In Asien kommen 20,000 Juden auf Indien, 25,000 auf Paläftina. In Jerusalem soll es 13,000 Juden neben 7000 Mohammedanern und 5000 Christen geben.

Anhalt. Am 7. Januar d. J. und die folgenden Tage tagte die erste ordentliche anhaltinische Landessynode in Dessau. Ihr war ein Kirchengesetz, betreffend die formelle Vollziehung der Union in dem früher köthenschen Landestheile, unterbreitet. Zwar opponirten anfänglich einige sich lutherisch oder reformirt nennende Prediger schwächlich, indem sie theils die Competenz der Synode, eine solche Aenderung endgiltig zu beschließen, anzweifelten, theils darauf hinwiesen, daß ein solcher Beschluß ohne die Zustimmung der Gemeinden nicht gefaßt und durchgeführt werden könne, und dergleichen. Allein schließlich fand nach vielem Hinundherreden das betreffende Kirchengesetz einstimmige Annahme. Dasselbe lautet, wie folgt: „Wir Friedrich, von Gottes Gnaden Herzog von Anhalt 2c. 2c., verordnen hierdurch zur Vereinigung der in Unserem Herzogthum noch confessionell getrennt bestehenden evangelischen Kirchengemeinschaften mit der unirten evangelischen Landeskirche unter Zustimmung der Landessynode als Kirchengesetz, was folgt: „§ 1. Die reformirte sowie die lutherische Kirche in den früher köthenschen Theilen Unseres Herzogthums bilden fortan mit der bisher schon bestehenden unirten Kirche Unseres Landes eine unirte evangelische Landeskirche. § 2. Die ordinatorische Verpflichtung der evangelischen Geistlichen und Predigtamtscandidaten erfolgt in Zukunft für den ganzen Bereich der evangelischen Landeskirche nach folgender Verpflichtungsformel: ‚Ich gelobe an Eidesstatt, daß ich das Wort Gottes, Alten und Neuen Testaments, ohne menschliche Zusätze lauter und unverfälscht lehren und mich hierin nach den drei ökumenischen Symbolen, der Augsb. Confession und deren Apologie treulich richten will.' In denjenigen Gemeinden, in welchen noch andere als die in der Verpflichtungsformel genannten Bekenntnißschriften zu Recht bestehen, wird an der Berechtigung zum Gebrauch derselben nichts geändert. § 3. Alle Geistlichen und Predigtamtscandidaten der evangelischen Landeskirche sind für jede zu letzterer gehörige Gemeinde anstellungsfähig. § 4. Alle evangelischen Gemeinden stehen in Abendmahlsgemeinschaft miteinander. Auch sollen zur Beseitigung der die kirchliche Gemeinschaft hemmenden und störenden Unterschiede und Besonderheiten möglichst gleichmäßige Formen des öffentlichen Gottesdienstes sowie möglichst gleiche agendarische Ordnungen und kirchliche Bücher eingeführt werden. § 5. Alle Mitglieder der evangelischen Landeskirche haben als solche hinsichtlich der Bezüge aus kirchlichen Fonds, kirchlichen Stiftungen, Stipendien, Präbenden 2c. gleiche Rechte und Ansprüche, gleichviel, ob sie bisher der einen oder der anderen confessionellen

Kirche angehört haben." Diese kirchliche Neugestaltung will, scheint's, nicht viel besagen. Der Geist einer religionsmengerischen Union herrschte längst schon auch in dem Anhalt= Köthen'schen; die Aenderung besteht somit nur darin, daß nun die Unirten, und die so= genannten Reformirten und Lutheraner eine und dieselbe Livrée tragen. Mit Rücksicht auf die Verordnung durch den Herzog macht der „Ev.=luth. Friedensbote" vom 1. Febr. die Schlußbemerkung: „Da braucht man über den Absolutismus Ludwigs XIV. nicht zu schmälen. Denn das lautet so: Die Kirche bin ich, den Glauben und das Bekenntniß mache ich, die Gewissen gelten da gar nichts mehr! O wie ein trauriges Zeichen der Zeit, daß man statt die Union aufzulösen oder zu bekämpfen, noch immer fortfährt dieses **Werk der Finsterniß** zu befördern!"   W.

Mormonismus in Mecklenburg. Der Allgem. Kz. vom 13. Februar wird Folgendes gemeldet: Wie seit einigen Jahren die Baptisten und Irvingianer, so sucht jetzt das Mormonenthum Mecklenburg=Schwerin zu einer Versuchsstation seiner Lehre zu machen. Seit Anfang d. J. treibt sich der Mormonenapostel Sührke, ein ge= borener Mecklenburger, der mit 11 anderen Aposteln nach Europa gesandt ist, in der Umgegend von Neukloster und Wismar umher und sucht seine Verwandten: Bauern, Büdner und Tagelöhner auf. Um Anhänger für seine Lehre zu gewinnen, hält er Ver= sammlungen, vertheilt Broschüren und sucht durch Gesänge in den Kneipen und durch Besuche Einfluß zu gewinnen. Sührke stehen viele Bibelsprüche zur Verfügung; er spricht mit Ruhe und Vorsicht, aber unverhohlen predigt er die Unhaltbarkeit der mecklenburgischen kirchlichen Zustände und das alleinige Heil des Mormonismus. Als Hauptgrundsätze desselben werden aufgestellt: 1. Glaube an Gott, den ewigen Vater. 2. Glaube an JEsum Christum, seinen eingeborenen Sohn. 3. Glaube an den Heiligen Geist. 4. Buße. 5. Taufe durch Untertauchen zur Vergebung der Sünden (bei Kindern ist mit acht Jahren eine Wiedertaufe nothwendig). 6. Die Gabe des Heiligen Geistes durch Auflegung der Hände. 7. Die Gaben des Evangeliums, kundgegeben durch Hei= lung der Kranken, durch Austreiben von bösen Geistern, Reden mit Zungen 2c. 8. Das heilige Abendmahl (ganz zwinglisch aufgefaßt). 9. Die Organisation der Kirche mit Aposteln, Propheten, Hirten, Lehrern und allen anderen Aemtern, welche einstmals in der Kirche JEsu waren. 10. Die wirkliche Sammlung Israels und Wiederbringung der zehn Stämme (die Indianer Nordamerikas sind Nachkommen der zehn Stämme: ihnen offenbart sich Christus einige Jahrhunderte hindurch, und darauf gründt sich das wunderbare Buch Mormon, aufgefunden und gedeutet durch den Pro= pheten Joseph Smith). 11. Die Gründung Zions auf dem westlichen Continente. 12. Das tausendjährige Reich Christi auf der Erde. 13. Die Erneuerung der Erde in paradiesischer Herrlichkeit. 14. Die Auferstehung der Todten. 15. Die Taufe für die Todten. 16. Die Präexistenz unseres Geistes. 17. Die ewige Fortdauer der Ehe (nebenher Polygamie erlaubt). Alles wird auf die heilige Schrift gegründet. Diese Daten sind zwei vertheilten Büchern entnommen: 1. „Ein Wort der Ver= theidigung", 2. „Die Wiederherstellung des ursprünglichen Evangeliums." Die Ver= sammlungen haben in letzterer Zeit aufgehört, weil dieselben dem Apostel Sührke von den Obrigkeiten untersagt sind. Sührke hat sich deshalb direct an den Großherzog um Abhülfe gewendet und erwartet einen ihm günstigen Bescheid.

Lehre und Wehre.

Jahrgang 26.   Mai 1880.   No. 5.

Dogmengeschichtliches über die Lehre vom Verhältniß des Glaubens zur Gnadenwahl.

(Fortsetzung.)

Daß die Verschiedenheit des ursprünglich und des später in unserer Kirche sich findenden Lehrtropus in Absicht auf die Gnadenwahl, insonderheit in Absicht auf das Verhältniß des Glaubens zu derselben, in einer Verschiedenheit des Verständnisses und demgemäßen Auslegung der betreffenden Grundstellen der heiligen Schrift (sedes doctrinae) und gewisser betreffender einzelner Worte derselben ihren Hauptgrund habe, dieses ist, bei dem so entschiedenen Festhalten aller unserer Theologen an dem Schriftprincip, auch wenn man keine Gelegenheit hätte, eine Vergleichung der Exegese der Vertreter der ersten und der anderen Lehrform anzustellen, unbedenklich, ja nothwendig schon im Voraus anzunehmen. Da es aber höchst interessant und belehrend ist, eine solche Vergleichung anzustellen, so wollen wir nun zum Schlusse unseres Artikels denjenigen unserer Leser, welchen damit gedient sein könnte, zu einer anzustellenden Vergleichung die Unterlage geben, indem wir die bezügliche Auslegung zuerst der Theologen, welche den ersten Lehrtropus, und hierauf derjenigen, welche den zweiten befolgen, mittheilen; so viel uns nemlich unser geringer Vorrath von exegetischen und Exegetisches enthaltenden Werken aus der frühesten Zeit unserer Kirche gestattet. Was die Schriftstellen betrifft, deren Erklärung vor anderen nachzusehen ist, so sind dieses namentlich folgende: Röm. 8, 28. ff. Ephef. 1, 3. ff. 2 Tim. 1, 9. f. 1 Petr. 1, 1. f. 2 Theff. 2, 13.; was aber die hier sonderlich in Betracht kommenden einzelnen Schriftworte betrifft, so dürften dieses vor allen folgende sein: „Zuvor versehen“, „Versehung“ (Röm. 8, 29.: προέγνω, vergl. 2 Tim. 2, 19.; 1 Petr. 1, 2.: πρόγνωσις, vgl. Act. 2, 23.), „Vorsatz“ (Röm. 8, 28.: πρόθεσις, vgl. Ephef. 1, 11. 2 Tim. 1, 9.), „Wohlgefallen“ (Ephef. 1, 5. 9.: εὐδοκία, vgl. Phil. 2, 13.), „verordnet“ (Röm. 8, 29. f. προώρισε == zuvor verordnet, vgl. Ephef. 1, 5. 11.; Act. 13, 48.: τεταγμένοι).

Wir beginnen mit der Auslegung von Röm. 8, 28. ff., welche Johannes Brenz in seinem Commentar zum Briefe an die Römer gibt.

Er schreibt: „Obgleich hinreichend auseinandergesetzt ist, welchen (Men=
schen) die Trübsale zum Besten dienen, wenn er sagt: ‚Denen, die Gott
lieben‘, so hat es doch Paulus für gut angesehen, damit die von Trübsalen
Heimgesuchten gestärkt würden, dieses durch eine Steigerung (gradatione
= Stufenleiter) zu erklären. Welchen dienen also die Trübsale zum
Besten, und welche sind es, die durch Trübsale zur Herrlichkeit des himm=
lischen Reiches erhoben werden? Er antwortet: Jene, welche ‚nach
dem Vorsatz‘ berufen sind, das ist, welche durch Gottes Rath
vor Grundlegung der Welt auserwählt sind, daß sie die
himmlische Herrlichkeit auf immer genießen. Denn welche
Gott zuvor versieht (praecognoscit), vorherbestimmt (praedestinat) und
erwählt zur ewigen Herrlichkeit, die bestimmt und verordnet er (definit et
ordinat) auch, daß sie gleich werden sollen dem Ebenbilde seines Sohnes.
Welche er aber bestimmt und verordnet, daß sie Christo gleich werden, diese
beruft er auch durch das Evangelium zum Glauben. Welche er aber be=
ruft, diese macht er auch gerecht, das ist, absolvirt sie von der Ungerechtig=
keit und sieht sie für Gerechte an um Christi willen. Welche er aber gerecht
macht, das ist, absolvirt von der Ungerechtigkeit um Christi willen, diese
macht er auch herrlich, wie er auch Christum, seinen Sohn, herrlich gemacht
hat. Daher ist es offenbar, daß diejenigen, welche Trübsale leiden und
durch das Evangelium zum Glauben an Christum berufen sind, herrlich ge=
macht werden. . . . Welche er zuvorbestimmt (praedefinit), diese
beruft er auch. Auf die Vorherbestimmung oder Prädesti=
nation folgt die Berufung. Denn Gott hält seinen Vorsatz, seinen
Rath und seine Vorherbestimmung nicht heimlich (celat), sondern macht sie
offenbar durch die Berufung. Welche er zu berufen und dem Ebenbilde
Christi, seines Sohnes, gleich zu machen sich vorgesetzt hat, diese beruft er
auch durch die Ankündigung des Evangeliums. Darum sollen diejenigen,
welche durch das Evangelium berufen werden, wissen, daß sie nicht aus Zu=
fall, sondern ‚aus bedachtem Rath und Vorsehung Gottes‘, wie Petrus
redet, berufen werden. . . . Welche er aber beruft, diese macht er auch ge=
recht. Denn welche die Berufung des Evangelii anerkennen und dem
Evangelio glauben, diese werden gerecht gemacht, das ist, absolvirt von
ihrer Ungerechtigkeit und zu Kindern und Erben Gottes um Christi willen
adoptirt. Welche er aber gerecht macht, diese macht er auch herrlich.
Denn welche von ihrer Ungerechtigkeit absolvirt werden und Erben Gottes
werden um Christi willen, diese erlangen auch zugleich mit Christo die Herr=
lichkeit des himmlischen Reiches. Darum ist es unmöglich, daß
diejenigen, welche nach Gottes Vorsatz berufen werden und
Christo gleich werden im Creuz, nicht auch nach ihrem Maße
Christo in der Herrlichkeit gleich gemacht werden." (Opp.

bekanntlich so viel dazu beigetragen hat, daß die Concordienformel zu
Stande kam und von der Würtembergischen Kirche angenommen wurde, in
seinem berühmten im Jahre 1578 das erste Mal erschienenen lateinischen
Bibelwerk folgendermaßen: „Paulus fährt fort, unsere Hoffnung durch ein
anderes Argument zu bestätigen, daß nemlich alles, was uns widerfahre,
von Gott zur Beförderung unserer Seligkeit dirigirt werde. ‚Wir
wissen aber‘, spricht er, ‚daß denen, die Gott lieben, alle
Dinge zum Besten dienen‘, zu ihrer ewigen Seligkeit; obgleich es der
menschlichen Vernunft ganz anders vorkommt. (Denn wenn der HErr
Wohlergehen schenkt, so bestätigt und stärkt dies unseren Glauben an Gottes väterliche Liebe gegen uns; oder wenn er Trübsale zuschickt, so erinnern
uns dieselben früherer Sündenfälle und erwecken in uns wahre Sündenerkenntniß und Buße; oder wenn wir etwas Gutes thun, so machen wir
unsere Berufung fest, daß wir aus den Früchten erkennen, daß wir gute
Bäume sind, und einst Belohnungen davon tragen; oder wenn wir aus
Schwachheit des Fleisches einmal in Sünde fallen, so wendet Gott nach
seiner Güte auch selbst dieses zum Besten, daß wir die uns anhaftende
Sünde erkennen, hernach vorsichtiger wandeln und in wahrer Demuth gegen
Gott und den Nächsten erhalten werden.) Denjenigen nemlich dient alles
zum Besten, ‚welche nach dem Vorsatz‘ das ist, die nach Gottes
ewigem Rathschluß zur Erkenntniß des Evangeliums ‚berufen sind‘
und ‚heilig‘, nemlich durch das Blut des Sohnes Gottes geheiligt sind
durch den Glauben. (Denn den Verworfenen und Ungläubigen, welche
nicht bekehrt werden, dient alles zum Bösen.) Darum was uns auch
immer widerfahren mag, so sollen wir die Zuversicht haben, daß es uns,
die wir glauben, zum Besten gereichen werde, damit uns unsere christliche
Hoffnung nie zu Schanden werden lasse. Nun zeigt uns der Apostel gleichsam mit Fingern den aus dem Artikel der Prädestination
fließenden Trost (welchen Artikel er in den drei folgenden Capiteln
ausführlich handeln wird), und zeigt, durch welche Stufen gleichsam der
HErr diejenigen zu führen pflegt, deren Hoffnung nie vergeblich sein wird.
‚Denn welche er zuvor versehen hat‘ (welche er, noch ehe sie geboren wurden, nach seiner unermeßlichen und ewigen Weisheit vorher sah,
welche ihm aus Gnaden gefallen, daß sie Erben des himmlischen Reiches
werden, ‚die er ersehen hat‘*)), ‚die hat er auch verordnet‘ (‚er hat

---

*) Mit den Worten: „Die er ersehen hat“ übersetzt, mitten im lateinischen
Text, um recht verstanden zu werden, Osiander selbst die griechischen Worte: „Οὓς
προέγνω“, und die lateinischen: „Quos praescivit.“ Was Osiander mit der Uebersetzung: „Die er ersehen hat“, ausdrücken will, erhellt daraus, daß er weiter unten die
Worte Röm. 11, 2.: „Τὸν λαὸν αὐτοῦ, ὃν προέγνω“ == ‚sein Volk, welches er zuvor versehen hat‘, also commentirt: „Plebem suam, quam praescivit“, i. e., eos Judaeos,
quos ab aeterno ad vitam praedestinavit“ == ‚das ist, diejenigen Juden, welche er

sie dahin geordnet und dazu gewidmet'), ‚daß sie gleich sein sollten
dem Ebenbilde seines Sohnes‘, das ist, daß sie geheiligt werden
und mit ihm Trübsale leiden und mit demselben hernach der ewigen Herr=
lichkeit theilhaftig werden; doch also, ‚daß derselbige der Erstge=
borne sei unter vielen Brüdern‘ (d. h. obgleich Christus seine
ewige Glückseligkeit den Auserwählten mittheilt, so behält er doch immer
eine Prärogative in allen Dingen vor anderen frommen Menschen als
Gottes natürlicher Sohn, in dessen menschlicher Natur wegen der persön=
lichen Vereinigung die ganze Fülle der Gottheit leibhaftig wohnt, welcher
auch die Gaben des Heiligen Geistes nicht nach dem Maß, wie wir, sondern
ohne Maß, überreichlich empfangen hat, Joh. 3, 34. Pf. 45, 8.; denn die
Erstgebornen erhielten einst bei dem Antreten des väterlichen Erbes nach
dem mosaischen Gesetz vor den anderen Erben ein doppeltes Theil).
‚Welche er aber verordnet hat‘, spricht Paulus, ‚die hat er
auch berufen‘ durch das Amt des Evangeliums, daß sie zu Christo be=
kehrt werden. (Also sind außer dem Haufen der Berufenen die Auser=
wählten nicht zu suchen; und diejenigen sind ganz unsinnig (delirant),
welche gewisse Heiden um einiger glänzenden Tugenden willen, die dieselben
hatten, in den Himmel versetzen.) ‚Welche er aber berufen hat‘
zur Erkenntniß des Evangeliums, ‚die hat er auch‘ durch den Glauben
‚gerecht gemacht; welche er aber hat gerecht gemacht, die hat
er auch herrlich gemacht‘, d. i., denen schenkt er auch die ewige Herr=
lichkeit und Seligkeit. (Denn in dieser ganzen Stufenleiter gebraucht
Paulus nach hebräischer Art die vergangene Zeit für die gegenwärtige.)
[Darum da Gott nicht erst dann anfängt für uns Sorge zu tragen, wann
wir das Evangelium annehmen, sondern uns vorlängst, ja, vor Grund=
legung der Welt als die anerkannt hat (agnoverit), welche selig werden
sollen, und über uns einen Rathschluß gefaßt hat, welcher nicht geändert
werden kann, und uns durch die vorbesagten Stufen bis zur Rechtfertigung
geführt hat: so ist kein Zweifel, daß er uns auch zur letzten Stufe, nemlich
zur ewigen Herrlichkeit, führen werde. Darum wird einen Christenmen=
schen seine Hoffnung nicht betrügen. Welche also berufen und gerecht ge=
macht sind, sollen der Zuversicht sein, daß sie zu der Zahl derjenigen ge=
hören, welche Gott von Ewigkeit prädestinirt hat.]“ (Sacr. Bibl. P. III.
fol. 430.)

Nicht anders legt die Stelle Röm. 8, 29. ff. ein Mitverfasser der Con=
cordienformel, Dr. Christoph Körner, weil. Professor der Theologie in
Frankfurt an der Oder, aus. Er schreibt in seinem im Jahre 1583 er=
schienenen Commentar zum Briefe St. Pauli an die Römer:

„Das neunte Argument, mit welchem Paulus die Frommen in ihren
geistlichen Kämpfen, Anfechtungen und Gefahren aufzurichten sucht, ist von
der Gewißheit der zukünftigen Herrlichkeit hergenommen durch

ben beobachtet. In dieser Ordnung aber sind fünf Grade göttlicher
Handlungen, welche auf einander folgen (quae se invicem con-
sequuntur). Der erste Grad ist die πρόγνωσις ϑεοῦ, die Vorsehung
(praescientia) Gottes, denn er hat von Ewigkeit vorausgewußt und erkannt, welche selig werden sollten (essent salvandi).*) Der zweite ist die
πρωόρισις, die Prädestination, da Gott bei sich zuvor verordnet, bestimmt und beschließt, welchen er die Seligkeit verleihen wolle, und dieselben aus dem ganzen menschlichen Geschlechte zur Seligkeit erwählt. Der
dritte ist die Berufung, wie er denn sagt: ‚die hat er berufen.‘ Denn
die Auserwählten werden zu seiner Zeit durch das Wort und die Sacramente berufen und zur Erlangung der ihnen bestimmten Wohlthaten eingeladen. Der vierte ist die Gerechtmachung, denn welche er berufen
hat, die hat er auch gerecht gemacht. Denn diese, wenn sie an den Sohn
glauben, nimmt er in seine Gnade auf, indem er ihnen die Sünden um des
Mittlers willen vergibt. Endlich folgt der fünfte Grad, welcher ist die
Herrlichmachung, vermöge welcher die Gerechtgemachten in den Besitz
des ewigen Lebens und der nie aufhörenden Herrlichkeit eingeführt werden.
Paulus argumentirt also durch diese Steigerung folgendermaßen: (Die
Heiligen Gottes sind ihrer Seligkeit und künftigen Herrlichkeit gewiß, denn
sie sind von Gott vorher versehen, prädestinirt, berufen und gerecht gemacht
und werden seiner Zeit auch die Krone ewiger Herrlichkeit davon tragen.
Daher sollen sie sich gelassen, geduldig und stark im Creuz erweisen und
alles gefaßt im Glauben Christi tragen, durch welchen Glauben sie sich gerecht gemacht wissen und in Hoffnung das Ende ihrer Uebel, Befreiung der
ganzen Kirche und Sieg und Triumph erwarten.) (In Ep. D. Pauli ad
Rom. scriptam Commentar. Heidelb. 1583. p. 111. sq.)

In gleicher Weise legt der Mitverfasser sowohl der Concordienformel
als der Apologie derselben, Nikolaus Selneccer, unsere Grundstelle
Röm. 8, 28 ff. aus. Er schreibt:

„‚Nach dem Vorsatz‘, κατὰ πρόϑεσιν, nach dem ewigen Wohlgefallen oder bestimmten und unveränderlichen Rath des ganz freien und
allergnädigsten Willens Gottes. (Welche er zuvor versehen hat‘,
προέγνω, nach seiner unermeßlichen Weisheit vorausgesehen und für sie von
Ewigkeit Sorge getragen (prospexit) und sie anerkannt (approbavit) hat. †)

---

*) Zu Röm. 11, 2.: „Gott hat sein Volk nicht verstoßen, welches er zuvor ver-
sehen hat" (ὃν προέγνω), schreibt Körner: „Die Juden werden selig, welche Gott
vorher versehen, das ist, nach seinem gütigen Willen zu Söhnen erwählt
hat." A. a. O. p. 189. b.

†) Wir machen hier noch einmal auf die Erklärung Selneccers aufmerksam, daß
der vorausgesehene Glaube nicht die Ursache der „ewigen Wahl sein" könne,
dessen „Folge und Wirkung der Glaube" vielmehr „gleichsam" sei. Vgl. oben S. 69.
„Gleichsam", sagt Selneccer, weil nicht sowohl die Wahl, als das Evangelium den

‚Die hat er auch verordnet‘, προώρισε, vorherbeſtimmt (praefiniit, constituit, ordinavit). Πρὸ καταβολῆς τοῦ κόσμου ὥρισε, er hat ſie vor Grundlegung der Welt beſtimmt (destinavit et constituit) und aus dem Haufen der zum ewigen Tode beſtimmten (destinatorum) Sterblichen in die Liſte (album) ſeiner väterlichen Gnade aufgenommen und zur Schar (coloniam) Gottes abgeſondert und auserwählt (delegit), Epheſ. 1., προορίσας ἡμᾶς εἰς υἱοθεσίαν, indem er uns dazu zuvor verordnet hat, uns zu ſeinen Kindern anzunehmen (qui praedestinavit nos, quos adoptaret in filios). Wenn nun gefragt wird, wo, woher und wie dieſe Vorher=beſtimmung (praedestinatio) aufzuſuchen und zu holen ſei (inquirenda et petenda sit), ſo antwortet Paulus: ‚in Chriſto‘.| Denn dazu, dieſem gleichförmig zu ſein, hat ſie Gott der Vater vorherbeſtimmt, συμμόρφους τῆς εἰκόνος τοῦ υἱοῦ αὐτοῦ. Außer Chriſto und ohne Chriſtum und ohne Einpflanzung in und ohne Glauben an Chriſtum iſt keine Vorherbeſtimmung und Erwählung zur Seligkeit. Daher Paulus in ſeiner Steigerung ſagt: ‚Welche er aber zuvor verordnet hat, die hat er auch be=rufen‘‘, nemlich durch das Amt des Evangeliums, daß ſie zu Chriſto be=kehrt werden. Denn außerhalb des Haufens der Berufenen ſind keine Präbeſtinirten und Auserwählten, wenn es auch die weiſeſten Heiden wären und, wie es der menſchlichen Vernunft ſcheint, in den höchſten Tugenden leuchteten. ‚Welche er aber berufen hat, die hat er auch ge=recht gemacht.‘ Paulus redet von denjenigen Berufenen, welche nicht der betretene Weg, der Fels oder die Dornen ſind, Luk. 8., ſondern der gute Acker, κλητοὶ κατὰ πρόθεσιν, ‚die nach dem Vorſatz berufen ſind‘, das iſt, welche dem Evangelio glauben. Denn dieſe werden durch den Glauben gerecht gemacht und endlich mit der ewigen Herrlichkeit und Seligkeit be=ſchenkt. Ueber die Uebrigen aber, welche in dem Haufen der Berufenen Heuchler ſind, liegt Chriſti Urtheil Matth. 20. vor: ‚Viele ſind berufen, aber wenige ſind auserwählt‘. Und: ‚Wer nicht an den Sohn glaubt, über dem bleibt der Zorn Gottes.‘ Paulus bedient ſich aber in ſeiner ganzen Steigerung der ganz vergangenen Zeit: πρόεγνω, προώρισε, ἐκάλεσε, ἐδικαίωσεν, ἐδόξασε, und zwar thut er dies nach hebräiſcher Art und zugleich aus dieſer Urſache, um den ununterbrochenen Act zu erklären und uns unſerer Seligkeit gewiß zu machen, ſintemal Gott nicht jetzt erſt anfängt, für uns Sorge zu tragen, ſondern uns ſchon vor Grundlegung der Welt anerkannt, geliebt und in derjenigen Ordnung, welche er in der Lehre des Evangeliums geoffenbart hat, zur Rechtfertigung geführt und durch und um des Sohnes willen zur ewigen Seligkeit beſtimmt hat. Und dieſer ‚feſte Grund Gottes beſtehet und hat dieſes Siegel: der HErr kennet die Seinen‘, 2 Tim. 2. Es iſt auch die Ordnung der Worte mit ihrer em=

Gottes, vermöge welcher Gott will, daß wir selig werden. Diese Handlung hat in Gott zum Grunde: Erstlich, die πρόθεσις, das ist, den gewissen und unbeweglichen Vorsatz und Willen ober den ewigen und unveränder= lichen Rathschluß über die Menschen, welche selig werden sollen, die ὡρισ= μένη βουλή (Act. 2.), den bestimmten Rathschluß, die βουλή τοῦ θελήματος τοῦ θεοῦ καὶ εὐδοκία, ἣν προέθετο ἐν αὐτῷ, den Rath des Willens Gottes und das Wohlgefallen, das er sich vorgesetzt hat in sich selbst Ephes. 1, 11. 9. Zum andern hat sie (zum Grunde) die πρόγνωσις, das Vorhererkennen oder Vorherwissen, nach welchem Gott diejenigen kennt, welche er der Selig= keit würdigt (salute dignatur) und dieselben vor seinem väterlichen Antlitz hat. Darnach den προορισμός, die Vorherbestimmung, nach welcher er diejenigen bestimmt, und diejenigen verkündigt, welche es seien, und wie sie zu Gott kommen und selig werden, nemlich in Christo, durch und um Christi willen, welcher einzig und allein der Brunnen und das Haupt der πρόθεσις, πρόγνωσις und des προορισμός ist." (In omnes epp. D. Pauli apostoli commentarius. Lips. 1595. I. f. 177. sq.) —

Was nun das Verständniß und die Auslegung der in der Lehre von der Gnadenwahl vorkommenden entscheidenden einzelnen Schriftworte betrifft, wie sie von den Vertretern des ursprünglichen Lehrtropus gegeben wird, so machen wir namentlich auf die folgenden hier aufmerksam.

1. Προέγνω, was Luther Röm. 8, 29. 11, 2. übersetzt hat: „(Welche und welches) er zuvor versehen hat", und πρόγνωσις, was derselbe 1 Petr. 1, 2. mit dem Worte „Versehung" wiedergegeben hat. — Wie die Concor= bienformel diese Worte verstanden wissen wolle, hierüber kann kein Zweifel sein. S. 709 § 27 schreibt sie nemlich: „Wie Paulus spricht Röm. 8, 29.: ‚Die Gott versehen, erwählet und verordnet hat, die hat er auch be= rufen'", welche Worte lateinisch folgendermaßen übersetzt sind: „‚Quos praedestinavit, elegit et praeordinavit' (inquit Paulus Rom. 8, 29. sq.), ‚hos et vocavit.'" Die Concorbienformel macht daher einen strengen Unterschied zwischen Vorherwissen, Vorhersehen, Zuvorersehen und Vorsehung im Allgemeinen und zwischen Versehen, Versehen=sein, und Vor= sehung, Bedacht=sein im Besonderen, sofern nemlich letzteres Momente des Rathschlusses der Gnadenwahl sind. Die ersteren Worte übersetzt sie mit praescientia, praevisio, praevidere (vgl. Art. 11. Declar. § 3. 6. 7. 9. 54.), die anderen übersetzt sie mit praedestinatio, electio, praedestinare

und Verordnung Gottes zur Seligkeit = de proposito Dei, praedestinatione, electione et ordinatione ad vitam aeternam" — § 25: „Von
der Vorsehung Gottes zur Seligkeit = de divina praedestinatione
electorum ad salutem" — § 26 u. 33: „Den heimlichen verborgenen
Abgrund göttlicher Vorsehung = absconditam et occultissimam abys-
sum divinae praedestinationis" — § 43: „Das Geheimniß der
Vorsehung = praedestinationis mysterio" — Schon die Ueberschrift lautet: „Von der ewigen Vorsehung und Wahl Gottes = de
aeterna praedestinatione et electione Dei" — § 23: „In Gnaden
bedacht" wird zwar übersetzt: „clementer praescivit", hierbei ist
aber nicht nur das „praescivit" durch das „clementer" modificirt, es
wird auch § 44 das Wort „bedacht" geradezu mit „decreverit" übersetzt, wie es denn überhaupt eine ganz willkürliche, mit Nichts zu rechtfertigende Umdeutung des Wortsinns ist, das Wort „bedacht sein" in
der Bedeutung von einem bloßen Vorherwissen zu nehmen.*)

Daß auch Luther unter dem προέγνω und unter der πρόγνωσις nicht
das Vorherwissen Gottes, daß gewisse Personen bis an das Ende im
Glauben verharren werden, sondern die Gnadenwahl selbst verstehe,
erst beweisen zu wollen, hieße in der That, Wasser in das Meer tragen.
Schon seine Uebersetzung: „Welche er zuvor versehen" (nicht: gesehen)
„hat", zeigen dies unwidersprechlich an; und vergleiche man irgend eine
Stelle in Luthers Schriften, wo er von der Versehung redet, so wird man
finden, daß er da die Gnadenwahl selbst meint. Zur Auslegung der Worte
Petri: „Den erwählten Fremdlingen nach der Versehung Gottes des
Vaters" (1 Petr. 1, 1. 2.), setzt daher Luther hinzu: „Sie sind erwählt
(spricht er). Wie? Nicht von ihnen selber, sondern nach Gottes Ord-

---

*) Auch Dr. Frank schreibt in seiner „Theologie der Concordienformel": „Wenn
es in dem lateinischen Texte von den einzelnen Erwählten heißt clementer praescivit etc., so folgt daraus nicht, daß hier gemäß der späteren Fassung der Lehre die
electio von der praevisio bedingt gedacht werde, da jenes praescivit nur ein ungenauer Ausdruck ist für den deutschen, Gott ‚habe in Gnaden bedacht', wie denn die
zu Grunde liegende Aussage bei Chemnitz" (in seinem deutschen Enchiridion), „„Gott
habe in seinem ewigen Rath, nach seinem gnädigen Vorsatz bedacht', jene Mißdeutung
ausschließt." (Die Theol. der Concordienf. IV, 167.)   Die Schuld der „ungenauen"
Uebersetzung scheint auf Zanger zu fallen, welcher Chemnitzens „Handbüchlein" von 1574
lateinisch übersetzt herausgab, woraus der lateinische Uebersetzer der Concordienformel
die in dieselbe übergegangenen Stellen entnommen hat. — Uebrigens ist in ähnlicher
Weise wie das Wort „bedacht" auch das Wort „Vorsehung" (in der Bedeutung von
Gnadenwahl) ausnahmsweise einmal mit „praescientia" übersetzt, nemlich § 13:
„Daß man nicht von der bloßen, heimlichen, verborgenen, unausforschlichen Vorsehung Gottes speculire = ne nudam, occultam, nulli homini exploratam et
cognitam Dei praescientiam ratione nostra perscrutari conemur", aber
sogleich wird zur näheren Erklärung hinzugesetzt: „Sed ad eum modum divinam
electionem meditemur, quemadmodum etc."

nung.*) Denn wir werden uns selber nicht können zum Himmel brin=
gen oder den Glauben in uns machen. Gott wird nicht alle Menschen in
Himmel lassen; die Seinen wird er gar genau zählen. Da gilt nun nichts
mehr Menschenlehre vom freien Willen und unsern Kräften; es liegt nicht
an unserm Willen, sondern an Gottes Willen und Erwählung." (Erlanger
Ausg., Bd. 51, 329.)   (Schluß folgt.)

(Eingesandt von P. Stöckhardt, Lic. theol.)

Lehrt die Concordienformel eine „Gnadenwahl im weitern Sinn"?
(Bearbeitet im Auftrag der St. Louiser Pastoralconferenz.)

Es ist früher von etlichen lutherischen Theologen und auch neuerdings
wieder behauptet worden, die Concordienformel lehre eine sog. „Gnaden=
wahl im weitern Sinn". Dieser Ausdruck wird als gleichbedeutend gefaßt
mit dem andern, bekannten Begriff „Rathschluß der Erlösung". Die Theo=
logen, welche eine solche „Gnadenwahl im weitern Sinn" vertheidigen,
lehren ganz richtig, daß Gott von Ewigkeit her beschlossen habe, das ge=
fallene Menschengeschlecht durch Christum zu erlösen, und daß er auch von
Anfang an die Heilsordnung, daß die erlösten Sünder durch den Heiligen
Geist und die Gnadenmittel berufen, bekehrt und durch den Glauben selig
werden sollen, festgesetzt habe, aber sie fügen nun hinzu, eben diesen Rath
und Willen Gottes bezeichne die Concordienformel mit dem Ausdruck „Wahl",
„Wahl der Kinder Gottes zum ewigen Leben". Von dieser „Gnadenwahl
im weitern Sinn" unterscheiden sie wohl eine „Gnadenwahl im engern
Sinn" und geben zu, daß die Concordienformel in manchen Stellen auch
von der letzteren rede. Unter „Gnadenwahl im engern Sinn" verstehen
sie dann eine solche Bestimmung Gottes, nach welcher Gott diejenigen, deren
Glauben er vorausgesehen hat, und zwar in Ansehung oder in Folge des
vorhergesehenen Glaubens, zur Seligkeit verordnet habe. So gefaßt ist die
Lehre von der Gnadenwahl ein ganz selbstverständlicher Schluß aus dem all=
gemeinen Grundsatz: Wer glaubt, wird selig. Hat Gott einmal die Ord=
nung getroffen, daß nur wer glaubt, selig werden soll, so folgt von selbst,
daß er alle die, deren Glauben er vorausgesehen, auch selig zu machen be=

---

*) Selbst Hunnius kann nicht umhin, diese Worte lateinisch folgendermaßen
wiederzugeben: „Secundum ordinationem Dei" = nach Gottes Verordnung
(προορισμός). Zwar sagen manche Theologen, daß wenn man unter dem προέγνω
Röm. 8, 29. die Gnadenwahl verstehe, eine Tautologie entstehe; es ist aber dem
keineswegs so. Denn Synonyme können wegen der besonderen Nebenbedeutung,
die ein jedes hat, allerdings von einander ausgesagt werden; wie denn die heil. Schrift
selbst redet von einem Vorsatz nach der Wahl." (Röm. 9, 11.) Was Osiander folgender=
maßen commentirt: „Damit Gottes ewiger Rathschluß (decretum) fest bestehe, durch
welchen er den einen erwählt, den andern verwirft." (L. c. f. 433.)

schlossen hat.   Wahrlich, es wäre schwer zu begreifen, daß Schrift und Be=
kenntniß eine solche klare Folgerung, die Jeder selbst aus der Schriftwahr=
heit: „Wer glaubt, wird selig", herausziehen kann, als eine besondere
Lehre, gar als ein unerforschliches Geheimniß uns sollten an die Hand ge=
geben haben.   Darum verlegen die Theologen, die wir im Sinn haben,
den Schwerpunkt der Frage auch auf jene „Gnadenwahl im weitern Sinn",
wobei es freilich wiederum unbegreiflich erscheint, warum die Concordien=
formel einen eigenen Lehrartikel von der „Prädestination" oder der „Wahl
der Kinder Gottes zum ewigen Leben" aufgestellt hat, statt diesen Rath und
Willen Gottes einfach mit dem bekannten Titel „Rathschluß der Erlösung
und Seligmachung des menschlichen Geschlechts" zu belegen.

Hiermit ist schon angedeutet, von welcher Wichtigkeit diese Frage ist,
ob die Concordienformel eine „Gnadenwahl im weitern Sinn" lehrt.   Es
handelt sich darum, ob das lutherische Bekenntniß einfach von dem Rath=
schluß von der Erlösung und Rettung der Sünder redet, oder ob es uns
außerdem noch von einem andern Rathschluß Gottes sagt, der auf be=
stimmte Personen geht; es handelt sich darum, ob die hochtröstliche Lehre
von der Gnadenwahl, so wie wir sie bisher verstanden haben, aus der Reihe
der lutherischen Glaubens= und Bekenntnißartikel gestrichen werden soll
oder nicht.

Der Zweck dieser Zeilen ist, aus der Concordienformel selbst diese Frage
zu entscheiden, ob sie eine „Gnadenwahl im weitern Sinn" lehrt.   Natürlich
wird sich uns bei dieser Untersuchung zugleich der wirkliche, rechte Begriff
und Verstand der Concordienformel von der „Gnadenwahl" ergeben.

Damit wir eine sichere Grundlage für die Erörterung der obschweben=
den Frage gewinnen, müssen wir uns zuvor den Gedankengang des 11. Ar=
tikels der Concordienformel vergegenwärtigen.   Eine eigentliche Auslegung
dieses Artikels würde weit über die Grenzen unserer Aufgabe und das Maß
Eines Aufsatzes hinausgehen.   Ebenso ist der Schriftbeweis für die be=
treffenden Aussagen der Concordienformel ein Capitel und Thema für sich,
das hier nicht erörtert werden soll.   Wir appelliren jetzt an das gesunde
Urtheil und den guten Willen der Leser.   Wir bitten die Leser, den Text
der Concordienformel sorgfältig zu prüfen und dann selbst zu entscheiden,
ob im Folgenden nicht der richtige, klare, deutliche Verstand der Concordien=
formel wiedergegeben wird.

Gottes gehet allein über die Kinder Gottes, und ist kein bloßes Voraussehen und Vorherwissen, sondern aus Gottes gnädigem Willen und Wohlgefallen Gottes in Christo JEsu eine Ursache, so da unsere Seligkeit und, was zu derselben gehöret, schafft, wirkt, hilft und fördert.) Indem nun die Concordienformel sich anschickt, diese ewige Wahl Gottes näher zu beschreiben, stellt sie die mehr negative Bestimmung voran § 9—12, daß dieselbe nicht bloß in dem heimlichen, unerforschlichen Rath Gottes zu betrachten sei, als habe Gott einfach beschlossen: der und der soll selig werden, der nicht, — weiter nichts; denn daraus würde entweder Sicherheit und Unbußfertigkeit oder Kleinmuth und Verzweifelung folgen, welches beides dem rechten Verstand und gesunden Gebrauch der Schriftlehre zuwiderlaufe. Also es wird hiermit nicht der Satz und Gedanke, daß Gott über die Seligkeit etlicher bestimmter Personen Beschluß gefaßt habe, als falsch und verkehrt verworfen, sondern das ist verkehrt und führt zu bedenklichen, praktischen Consequenzen, wenn man bei diesem Satz und Gedanken stehen bleibt und bei der Betrachtung und Beschreibung der Lehre von der Wahl nicht noch mehr hinzunimmt. Welche Punkte hier mit berücksichtigt werden müssen, wird im Folgenden auseinandergesetzt. In dem Abschnitt § 13—24 liegt eine vollständige Begriffsbestimmung der ewigen Wahl Gottes vor. Gott hat nicht nur bestimmte Personen zur Seligkeit erwählt, sondern auch die Art und Weise verordnet, wie er diese Personen der Auserwählten zur Seligkeit bringen wolle. Er hat beschlossen, dieselben auf dem Weg der Berufung, Bekehrung, Rechtfertigung zum ewigen Leben zu führen. Er hat dieselben zur Kindschaft (ad adoptionem in filios) und zur ewigen Seligkeit erwählt. Die Concordienformel überläßt es dem Leser, aus dieser vollständigen Begriffsbestimmung den Schluß zu ziehen, daß damit die erst erwähnten gefährlichen und schädlichen Gedanken abgeschnitten sind. Weil Buße und Glaube schon mit in jenen ewigen Rath Gottes über die Auserwählten aufgenommen sind, so kann kein Unbußfertiger und Ungläubiger auf den Wahn kommen, er sei ein Erwählter. Wer dagegen glaubt und in den Schranken der Heilsordnung bleibt, darf und soll sich sagen, daß er unter die Auserwählten gehöre. Der nächste Absatz § 25—33 handelt vom rechten Brauch der Lehre von der Gnadenwahl und beantwortet die Frage, woraus man erkennen könne, welche die Auserwählten sind. Es heißt: Die Gott verordnet hat, die hat er auch berufen. So weis't uns die Schrift an das

erst das Wort mit Freuden angenommen haben, so fallen sie wieder ab.
Schließlich wird der herrliche Trost dieser Lehre ins Licht gestellt: § 43
bis 51. Das Geheimniß der Vorsehung, wenn man es so faßt und ver=
steht, wie es im Wort Gottes offenbart ist, nemlich, daß Gott zugleich mit
unserer Seligkeit unsere Berufung, Bekehrung, Gerechtigkeit zuvor bedacht
hat, gibt uns, gegenüber den Anfechtungen des Teufels, der Welt und unsers
Fleisches, feste Gewißheit über unsere Seligkeit, Trost und Kraft im Kreuz,
gleichwie wir auch heilsame, nöthige Vermahnungen und Warnungen daraus
schöpfen. Hiermit ist die Lehre von der Gnadenwahl nach allen Seiten und
Beziehungen, nach ihrem Inhalt, ihrem Brauch, ihrem Trost und Nutzen,
kurz und klar und vollständig abgehandelt. Der letzte Theil dieses 11. Ar=
tikels, § 52—96, ist mehr ein Anhang und Nachtrag, als ein integrirender
Theil der Lehrdarstellung. Der Grundgedanke, der sich durch diesen letzten
Abschnitt hindurchzieht, ist die Warnung, über das geoffenbarte Wort hin=
aus dieses Geheimniß zu erforschen. In den verborgnen Rath Gottes,
in seine unbegreiflichen Wege und Gerichte in der Geschichte der Völker
sollen wir mit unserer Vernunft nicht einzudringen suchen, da wir doch diese
Tiefen nicht ergründen können. Nachdrücklich verweis't die Concordien=
formel nochmals die Christen auf das klare, offenbare Wort, auf die allge=
meinen Gnadenverheißungen des Evangeliums, auf die in der Schrift klar
vorgehaltene Heilsordnung, sintemal eben Gott seine Auserwählten gerade
auf diesem Wege zur Seligkeit führen will, erinnert auch nochmals an die
Kehrseite, daß alle Bereitung zur Verdammniß vom Teufel, vom sündigen
Menschen und nicht von Gott ist. Sie beschließt und krönt diesen Artikel
mit einem Soli Deo Gloria, sie bezeugt und betont, daß mit dieser Lehre,
die den Christen so hochtröstlich sei, zugleich Gott seine Ehre ganz und völlig
gegeben werde.

Derselbe Gedankengang tritt uns in der Epitome vor Augen. §§ 1—3
handeln vom Unterschied zwischen Vorsehung und Prädestination, § 4 vom
Begriff und rechten Verstand der Wahl Gottes, § 5—10 vom rechten Brauch
der Lehre, daß man aus dem Evangelium von Christo seine Wahl erkennen
solle, § 11 von der Ursache der Verdammniß, § 12 vom Trost und Nutzen
dieser Lehre.

Aus vorstehender Disposition des 11. Artikels geht hervor, in welchem
Theil wir sonderlich die Begriffsbestimmung der Gnadenwahl zu suchen
haben, nemlich in dem Abschnitt § 13—24. Wird nun in diesem Zu=
sammenhang eine „Gnadenwahl im weitern Sinn" gelehrt? Gerade die
hier aufgezählten 8 Punkte § 15—22 gelten den Vertheidigern dieser An=
sicht als Beweis dafür, daß die Lehre vom Rathschluß der Erlösung, von
der Berufung, Bekehrung, überhaupt von der Heilsordnung den eigentlichen

nannten Paragraphen ausgedrückt und gelehrt. Der Rathschluß der Erlösung und Seligmachung der Sünder in Verbindung mit der Aufstellung
der Heilsordnung soll unter der ewigen Wahl und Verordnung der Kinder
Gottes zum ewigen Leben zu verstehen sein. Wie man bei dieser Fassung
mit dem Ausdruck „Wahl" auskommt, bleibt unerklärlich. Aber wir wollen
jetzt davon absehen und aus dem Zusammenhang der vorliegenden Sätze
§ 13—24 die obschwebende Frage entscheiden. Das rechte Verständniß
jener 8 Punkte, § 15—22, ergibt sich zunächst aus den Sätzen, welche zur
Einleitung und zum Schluß vorausgeschickt und angefügt sind, aus § 13.
14 und 23. 24.

In dem einleitenden Abschnitt, § 13. 14, wird gesagt, daß man, wenn
man von der ewigen Wahl oder von der Prädestination und Verordnung
der Kinder Gottes zum ewigen Leben recht reden wolle, nicht von der bloßen
heimlichen, verborgenen Vorsehung Gottes speculiren, sondern darauf sehen
müsse, wie der Rath, Vorsatz und Verordnung Gottes in Christo durch das
Wort uns offenbart werde. Zu dem Zweck wird auf St. Paulum verwiesen, wie derselbe Röm. 8, und Eph. 1. diesen Artikel handele und erkläre.
Nun handelt aber St. Paulus an diesen zwei Stellen offenbar nicht die
Lehre von der allgemeinen Erlösung, Berufung, Rechtfertigung ab, sondern
redet hier nur von dem Rath Gottes über die Auserwählten. Röm. 8.
sagt er davon, daß Gott die Auserwählten auch beruft, rechtfertigt und verherrlicht. Eph. 1. faßt er sich mit allen Auserwählten in das „Wir",
„Uns" zusammen und lehrt, daß wie Gott uns, eben die Erwählten, vor
Grundlegung der Welt erwählt, demgemäß, in Folge deß auch in der Zeit
uns, die Erwählten, mit geistlichem Segen in himmlischen Gütern bedacht,
Gott angenehm gemacht habe in dem Geliebten. Er betont ausdrücklich,
daß wir zur Kindschaft gegen Gott erwählt sind. St. Paulus treibt also
Röm. 8. und Eph. 1. die Lehre von der Gnadenwahl in der Weise, daß
er nicht kurzweg von einer Wahl zum ewigen Leben redet, sondern zugleich
bezeugt, daß Gott die Erwählten zur Kindschaft verordnet habe und demgemäß die Erwählten in der Zeit berufe, rechtfertige. Wenn es daher § 14
heißt, daß die ganze Lehre von dem Vorsatz, Rath, Willen und Verordnung
Gottes, belangend unsere Erlösung, Beruf, Gerecht- und Seligmachung,
in diesem Artikel von der Gnadenwahl zusammengefaßt werden müsse, wie
St. Paulus Röm. 8., Eph. 1. davon handele, so sind in den Worten
„unsere Erlösung, Beruf" u. s. w. unwidersprechlich dieselben Personen
gemeint, von denen Paulus Röm. 8. und Eph. 1. sagt, d. h. die Auserwählten, so muß man an dieser Stelle den Ausdruck „unsere" (unsere Erlösung, Beruf u. s. w.) ebenso verstehen, wie den Ausdruck „uns" Eph. 1.
Die Christen sind's, die hier von sich selbst als Auserwählten reden. Das
ist die Lehre von der Gnadenwahl, wie sie im Wort offenbart, von St. Paulo
dargestellt ist: Gott hat nicht nur bestimmte Personen zur Seligkeit erwählt,
sondern zugleich beschlossen, dieselben zu berufen, zu rechtfertigen, zu seinen

Kindern zu machen. So allein will auch die Concordienformel von der Wahl Gottes geredet wissen. Demnach wird in diesen einleitenden Sätzen § 13 und 14 für das Folgende nicht eine Darstellung der Lehre von der Er= lösung, Berufung, Rechtfertigung im Allgemeinen, sondern eine ausführ= liche, vollständige Erklärung und Aufzählung von Willensacten Gottes, die sich auf die Auserwählten beziehen, und welche alle in dem Rath der Wahl oder Prädestination zusammengefaßt waren, angekündigt.

Mit dieser Einleitung § 13. 14 stimmt genau der abschließende Ab= satz § 23. 24. An dieser letzteren Stelle erklärt die Concordienformel mit unzweideutigen Worten, daß Gott nicht im Allgemeinen nur die Seligkeit der Auserwählten bereitet, sondern zugleich verordnet habe, daß er die Aus= erwählten, alle und jede Person der Auserwählten, auf die Weise, wie jetzt, in den 8 Punkten, gemeldet, durch seine Gnaden, Gaben und Wirkung zur Seligkeit helfen, fördern, stärken und erhalten wolle. Das war also Sinn, Meinung und Zweck der Auseinandersetzung § 15—22, jener be= kannten 8 Sätze, darzuthun, wie, auf welche Weise Gott von Ewigkeit die Erwählten zu ihrem Ziel, zur Seligkeit hat führen wollen. Daß die Concordienformel bei der Beschreibung der Heilsordnung in den 8 Punkten auf die Auserwählten ihr Absehen hat, erhellt sonderlich auch aus den An= fangsworten des Schlußsatzes § 23, sowie dieselben in dem lateinischen Text lauten: Et quidem Deus illo suo consilio, proposito et ordinatione non tantum in genere salutem suorum procuravit etc. Also nur von der Seligmachung „der Seinen", der Auserwählten, ist im ganzen Zusammen= hang die Rede. Und daß Gott die Seinen, die Erwählten, auf der in den 8 Punkten bezeichneten Stufenleiter der Heilsordnung, durch Berufung, Rechtfertigung u. s. w. hindurch zum Heil, zur Seligkeit zu führen be= schlossen hat, soll nach § 24 in die Lehre von der Gnadenwahl mit einbe= griffen werden. Es ist also, kurz gesagt, eine Wahl zur Kindschaft, ad adoptionem in filios, und zum ewigen Leben.

Was wir aus dem Zusammenhang der Rede ersehen haben, nemlich, daß in diesem Abschnitt § 13—24 der Weg beschrieben wird, den Gott seine Auserwählten zu führen beschlossen hat, wird nun auch durch den Wortlaut der 8 Punkte § 15—22 bestätigt. Die Concordien= formel will hier in Kürze Folgendes sagen: Gott hat in seinem ewigen Vor= satz und Rath, der auf die Seligkeit der Erwählten abzweckt, zugleich ver= ordnet, daß er dieselben, nachdem sie durch Christum erlös't (1), durch Wort und Sacrament berufen (2), bekehren (3), zu Kindern annehmen (4), hei= ligen (5), erhalten (6. 7) und so schließlich selig machen wolle (8). Dieser unserer Fassung steht nicht entgegen, daß im ersten Punkt von der Erlösung des ganzen menschlichen Geschlechts die Rede ist. Denn der Rathschluß der Erlösung des Menschengeschlechts ist ja die Grundlage des Rathschlusses der Wahl. Wir sind in Christo, dem Erlöser, um seines Verdienstes willen erwählt. Und die Erlösung, die das ganze Menschengeschlecht angeht, ist

zugleich Mittel der Ausführung des Erwählungsrathschlusses. Denn nur
erlöste Sünder kann Gott berufen, bekehren, selig machen. Ebensowenig
widerspricht der Bedingungssatz im 7. Punkt, „wo sie an Gottes Wort sich
halten, fleißig beten u. s. w.", der Beziehung sämmtlicher Aussagen auf die
Auserwählten. Gott stellt ja freilich den Auserwählten Bedingungen,
gleicherweise wie er Forderungen an sie richtet — Bedingungen, Forderungen, zu deren Erfüllung er selber ihnen Kraft und Vermögen darreicht,
deren Erfüllung er ihnen zugleich garantirt. Weil er eben seine Erwählten
durch die Heilsordnung hindurchzuführen beschlossen hat, so fordert er von
ihnen und bedingt es sich aus, daß sie in dieser Ordnung bleiben, am Wort
festhalten, fleißig beten u. s. w. Eine ganz ähnliche Stelle, wie unter dem
7. Punkt, findet sich § 40 dieses Artikels. Da wird gesagt: wie Gott die
Auserwählten zu berufen, zu bekehren, gerecht und selig zu machen beschlossen hat, so hat er auch beschlossen, die dem Wort beharrlich widerstreben,
zu verwerfen und zu verdammen. Dem Vordersatz, der von den Erwählten
redet, wird aber auch ein Zwischensatz eingefügt, der eine Bedingung in sich
schließt: „daß er alle die, so durch den rechten Glauben Christum annehmen, gerecht und selig machen wolle." Derselben Redeweise, daß einer bestimmten
Aussage von der Erwählung, einer bestimmten Zusage der Seligkeit eine
Bedingung angehängt wird, bedient sich Luther in seiner Auslegung des
1. Petribriefes (Erl. A. 20, S. 5): „Erwählte seid ihr, und bleibt's auch
wohl, denn Gott, der euch versehen hat, ist stark und gewiß genug, daß ihm
seine Versehung nicht fehlen kann, doch sofern ihr auch seiner Verheißung
glaubet und ihn für einen treuen Gott haltet." Nur wer mit roher fleisch-
licher Vernunft das Geheimniß der Wahl angafft und angreift, findet zwischen der Behauptung, daß Gottes Wahl fest und gewiß ist und nicht fehlen
kann und ihr Werk an den Erwählten durchsetzt, und solcher Bedingung und
Forderung „so sie am Worte bleiben", „bleibet Gott treu!" einen unaus-
gleichlichen Widerspruch. Wer geistliche Dinge geistlich richten kann und
das Geheimniß der Gottseligkeit an seinem Herzen erfahren hat, versteht,
daß die Mahnung: „Schaffet, daß ihr selig werdet, mit Furcht und Zittern!"
und die bestimmte Aussage und Zusage: „Gott ist's, der in euch wirket,
beides, Wollen und Vollbringen des Guten", daß die Vermahnung, „Beruf
und Erwählung fest zu machen", und die tröstliche Lehre von der Gewißheit
und Unwandelbarkeit der Wahl gar wohl mit einander harmoniren.

Geschweige also, daß der Wortlaut der 8 Punkte der Beziehung dieser
Aussagen auf die Auserwählten widerstreitet, fordert er vielmehr diese Auslegung. Im 5. Punkt heißt es, daß Gott die Gerechtfertigten in der Liebe
heiligen wolle, wie St. Paulus Eph. 1. sagt. Eph. 1. redet aber St. Paulus von den Auserwählten und betont, daß Gott uns dazu erwählt habe,
vor ihm heilig und unsträflich zu sein in der Liebe. Und der 8. Punkt
lautet: „Daß er endlich dieselbigen, so er erwählet, berufen und gerecht
gemacht hat, auch im ewigen Leben ewig selig und herrlich machen wolle."

Aus der Zusammenstellung der drei Ausdrücke: „erwählt, berufen und ge=
recht gemacht" erhellt mit Bestimmtheit, daß in den vorigen Punkten von
der Berufung und Rechtfertigung der Erwählten die Rede war.

Das ist also der klare, einfältige Sinn und Verstand des vorliegenden
Abschnitts § 13—24, der die Begriffsbestimmung der Gnadenwahl enthält:
Gott hat in seinem Rath nicht nur beschlossen, bestimmte Personen selig zu
machen, sondern zugleich Art und Weise, wie er dieselben selig machen wolle,
zuvor bedacht, zugleich verordnet, daß er dieselben die in den 8 Punkten be=
schriebene Stufenleiter der Heilsordnung hindurchführen wolle. Und da
man die Summa der 8 Punkte auch wohl in den einen Begriff „Kindschaft,
Adoption" zusammenfassen kann, so kann man die Gnadenwahl nach § 24,
im Einklang mit Eph. 1., kurzweg so definiren: es ist eine Erwählung
zur Kindschaft und ewigen Seligkeit, electio divina ad adoptionem
in filios et ad aeternam salutem. Die 8 Punkte entfalten nur den bibli=
schen Begriff „Kindschaft", erklären, wie Gott uns zu Kindern mache und
in der Kindschaft erhält. Von einer „Gnadenwahl im weitern Sinn"
wird in dem erörterten Zusammenhang nichts gelehrt. Es wird nur eine
vollständige Begriffsbestimmung der Gnadenwahl gegeben und nach=
drücklich hervorgehoben, daß Gott uns nicht nur zur Seligkeit, sondern
ebendamit zugleich zur Kindschaft verordnet und in seinem ewigen Rath be=
schlossen habe, uns zu berufen, zu bekehren, zu rechtfertigen u. s. w. Wenn
man also von der Gnadenwahl redet, sind alle Mißdeutungen ausge=
schlossen. Nun kann sich kein Gottloser der Wahl trösten, welche eben nur
die Kinder Gottes angeht, da wir zur Kindschaft erwählt sind. Dieser rechte
Verstand der Gnadenwahl gereicht den bekümmerten Seelen zur Tröstung
und Stärkung. Wer vom Heiligen Geist das Zeugniß hat, daß er ein
Kind Gottes ist, darf und soll seiner Wahl gewiß sein. Freilich ist die
Lehre von der allgemeinen Erlösung, Berufung, von der Heilsordnung bei
dieser Begriffsbestimmung der Wahl vorausgesetzt. Gott beruft die Aus=
erwählten nicht anders, durch kein anderes Mittel, als er alle Sünder be=
ruft, durch die allgemeinen Gnadenverheißungen des Evangeliums, wie der
nächstfolgende Abschnitt § 25—33 dies näher nachweis't. Es ist kein aparter
Heilsweg, den er die Auserwählten führt. Aber daraus folgt nicht, daß
die Lehre vom Rathschluß der Erlösung, von der allgemeinen Berufung,
von der Heilsordnung hier unter den Begriff „Gnadenwahl", eben „Gnaden=
wahl im weitern Sinn", zusammengefaßt wird. Jene ersteren Lehren sind
vielmehr Grundlage und Voraussetzung, ohne welche die Lehre von der
Gnadenwahl, nemlich daß Gott bestimmte Personen zur Kindschaft und
Seligkeit erwählt hat, nicht verstanden werden kann. Wohl aber gehören
die in den 8 Punkten enthaltenen Sätze, vom Rathschluß der Berufung, Be=
kehrung, Rechtfertigung, Erhaltung der Auserwählten, in circulum
notionis electionis, zum vollständigen Begriff der Gnadenwahl oder Prä=
destination.

Zum Beweis für die Richtigkeit unserer Auslegung wiederholen wir eine Stelle aus dem Enchiridion von Martin Chemnitz, welche schon im Februarheft von „Lehre und Wehre" S. 44 citirt ist. Es ist bekannt, daß die jetzige Fassung des 11. Artikels der Concordienformel von Martin Chem= nitz herrührt. Und gerade so, wie Chemnitz in dem erörterten Passus der Concordienformel, § 13—24, geredet hat, gerade so redet er mit offenbarer Verweisung auf jene Stelle im Enchiridion: „Man darf nicht dafür halten, gleich als ob Gott durch seine Prädestination (die Seligkeit) nur im All= gemeinen bereitet, an die Personen aber selbst, welche selig gemacht werden sollten, nicht gedacht, sondern es ihnen überlassen habe, daß sie durch ihre eigenen natürlichen Kräfte und Bestrebungen nach jener Seligkeit trachten und dieselbe zu erlangen suchen. Sondern Gott hat alle und jede einzelnen Erwählten, welche durch Christum sollen selig werden, in seinem ewigen Rath der Prädestination und Vorsatz der Gnade in Gnaden bedacht und zur Seligkeit prädestinirt und erwählt, indem er zugleich zuvor verordnet hat, wie er dieselben durch seine Gnade, Gaben und Wirkung zu der in Christo bereiteten Seligkeit berufen, dazu bringen und darin erhalten wolle."

Noch an zwei andern Stellen des 11. Artikels wird die Skala der Heils= ordnung ganz ähnlich, wie § 15—22, beschrieben, nemlich § 30—32 und § 67—76. In diesen letztgenannten Abschnitten wird aber ausdrücklich gesagt, daß Gott die Auserwählten diese Skala hindurch führt. Nur sofern Gott seine Auserwählten seinem ewigen Rath gemäß beruft, bekehrt, heiligt, erhält, gehört die Heilsordnung in die Lehre von der Gnadenwahl hinein. Der erstere Passus, § 30—32, findet sich in dem Zusammenhang, welcher den rechten Brauch der Lehre von der Gnadenwahl behandelt und davon sagt, daß wir aus dem Evangelium von Christo, aus den allgemeinen Gnadenverheißungen, die alle Menschen angehen, unsere Wahl erkennen sollen. Gerade aber auch in diesem Abschnitt, welcher die allgemeine Er= lösung und Versöhnung, die allgemeine Verheißung des Evangelii betont, wird mit unzweideutigen Worten erklärt, daß nur die Berufung, Bekehrung, Rechtfertigung, Heiligung und Erhaltung der Auserwählten in die Lehre von der Wahl eingreift. Es heißt hier § 30—32: Die Auserwählten, die nach dem Vorsatz verordnet sind, hören das Evangelium, glauben an Christum, beten und danken, werden geheiligt in der Liebe, haben Hoffnung, Geduld und Trost im Kreuz. Der Geist Gottes gibt den Auserwählten

die Auserwählten das Evangelium hören, an Christum glauben u. s. w., schlägt die Predigt des Evangeliums in den Umfang des Begriffs der Gnaden= wahl ein. Gott hat eben beschlossen, alle und jede Person der Auserwählten durch das Evangelium zu berufen, zu bekehren u. s. w. Nun und nimmer faßt die Concordienformel, auch nicht im vorliegenden Abschnitt, § 25—33, die Lehren von der allgemeinen Versöhnung, von der allgemeinen Berufung, von der Heilsordnung an sich unter den Titel und Namen „Gnadenwahl" zusammen. Die § 30—32 enthaltenen Sätze beweisen unwidersprechlich das Gegentheil.

Zum dritten Mal wird die Stufenfolge der Heilsordnung § 67—76 beschrieben, aber wiederum nur mit ausdrücklicher Beziehung auf die Aus= erwählten. In Form der Mahnung wird hier dargelegt, daß die Menschen, die selig werden wollen, Christum hören, von Sünden abstehen, Buße thun und, wenn dann der Heilige Geist in ihnen wohnt, sich vom Heiligen Geist zum Gehorsam und zur Gottseligkeit antreiben lassen, auch, wo sie wieder= um straucheln und Gott sie wiederum zur Buße ruft, durch den rechten Glauben zu ihm bekehren sollen. Der Zusammenhang der Rede zeigt klar, daß Gott selbst das alles in ihnen wirken wolle, wozu sie vermahnt werden, und daß hier die Auserwählten angeredet werden. § 73 heißt es: „nachdem der Heilige Geist in den Auserwählten, die gläubig worden sein, wohnet, als in seinem Tempel...."; § 74: „Denn der Geist Gottes den Auserwählten Zeugniß gibt, daß sie Gottes Kinder sein", Röm. 8.

Wir sehen, die Rede von einer „Gnadenwahl im weitern Sinn", die in der Concordienformel gelehrt sein soll, ist ein Menschenfündlein, das vor dem klaren, deutlichen Wortlaut des Bekenntnisses in Nichts zerstiebt. Nur wenn man sich solche Gedanken aus bestimmten Gründen und Interessen vorher in den Kopf gesetzt hat und nun auch in der Concordienformel für solche Lieblingsideen Anhalt sucht und in diesen und jenen Sätzen des 11. Artikels von der allgemeinen Gnade, Erlösung, Berufung liest und diese Sätze aus dem Zusammenhang und von der ganzen Tendenz dieses Artikels loslös't, erklärt es sich, daß man auf derartige Rede von einer „Gnadenwahl im weitern Sinn" verfällt, die in sich schon eine contradictio in adjecto ist, denn eine Wahl, Auswahl, welche alle Menschen, alle Sünder angehen soll, ist ein Unding, ein in sich widersinniger Begriff. Mit der „Gnadenwahl im weitern Sinn" fällt aber auch jene „Gnadenwahl im engern Sinn", wie sie von den Auslegern, mit denen wir es hier zu thun haben, gefaßt wird, gänzlich dahin. Diese Interpreten sagen, die Con= cordienformel lehre neben der allgemeinen Gnadenwahl auch eine engere Gnadenwahl, die sich nur auf bestimmte Personen erstrecke, nemlich auf alle die, deren Glauben Gott vorausgesehen habe. Die Personen, von denen Gott zuvor gewußt, daß sie die allgemeine Verheißung des Evangelii an= nehmen und glauben würden, habe er nun auch selig zu machen beschlossen. Die also reden und demnach den Glauben als Bedingung, Voraussetzung,

Erforderniß vor die Wahl setzen, geben zu, daß diese Gnadenwahl im engern Sinn nun und nimmer eine Ursache unserer Berufung, Bekehrung genannt werden könne. Da aber nun die Concordienformel, z. B. § 8, die Wahl Gottes eine Ursache heißt, so da nicht nur unsere Seligkeit, sondern auch Alles, was dazu gehört, also Berufung, Bekehrung u. f. w., wirkt, hilft und befördert, so deuten sie dies so, daß die „Gnadenwahl im weitern Sinn", also der Rathschluß der Erlösung, Ursache unsrer Berufung, Bekehrung u. f. w. sei. Erweis't sich indessen die Annahme einer „Gnadenwahl im weitern Sinn" als trügerisch, so wird ebendamit auch die andere Hypothese, daß Gott in Rücksicht und auf Grund des vorausgesehenen Glaubens bestimmte Personen zur Seligkeit erwählt habe, aufgehoben. Heißt und ist die Gnadenwahl im engern Sinn Ursache der Berufung, Bekehrung, also auch des Glaubens, so ist Berufung, Bekehrung, Glaube, Heiligung das posterius. Daß der 11. Artikel das Verhältniß der Wahl zum Glauben so darstellt, daß letzterer der erstern folgt, dieser Einsicht wird sich kein vorurtheilsfreier Leser der Concordienformel entziehen können. Er wird die betreffenden Aussagen nicht anders verstehen, als wie sie lauten, und wie sie Chemnitz, der Hauptverfasser, offenbar gemeint hat, der in seinem Enchiridion die unmißverständliche Erklärung hinzufügt: „Die Wahl Gottes folgt nicht unserm Glauben und Gerechtigkeit, sondern geht ihr als die wirkende Ursache voraus."

Den Verfassern der Concordienformel lag kein andrer Begriff von der Wahl im Sinn, als den der Ausdruck „Wahl", „Auserwählen" von selbst an die Hand gibt. Die ewige Wahl Gottes ist das wunderbare Geheimniß, das über bestimmten Personen schwebt. Es gibt nur eine partikuläre Wahl. Daß aber Gott nun alle und jede Person der Auserwählten, die er nach dem Wohlgefallen seines Willens in Christo JEsu sich erwählt hat, nicht kurzweg zur Seligkeit prädestinirt, sondern zugleich denselben die Art und Weise, wie sie selig werden sollen, den Weg des Heils zuvorbedacht, daß er in seinem ewigen Rath zugleich verordnet hat, dieselben in der Zeit zu berufen, zu bekehren, zu seinen Kindern zu machen, zu heiligen und zu erhalten, das ist's, was die Concordienformel mit vielen Worten und großem Fleiß darlegt und nachweis't. Dieser vollständige Begriff der Wahl schließt alle Mißdeutungen und gefährliche Folgerungen aus und macht diese Lehre den Christen zu einem gottseligen, hochtröstlichen Geheimniß.

Die Concordienformel hebt nachdrücklich hervor, „daß sie diese Erklärung hierher hat setzen wollen, auf daß männiglich wissen möge, was auch von diesem Artikel unsere einhellige Lehre, Glaube und Bekenntniß sei." (§ 1.) Die eben skizzirte bekenntnißgemäße Lehre von der Gnadenwahl ist so hell und klar und deutlich, daß Einhelligkeit, Uebereinstimmung auch in diesem Artikel unter allen aufrichtigen Lutheranern gar wohl möglich ist und möglich bleibt. Die Concordienformel betont: „Durch diese Lehre und Erklärung von der ewigen und seligmachenden Wahl der auserwählten Kinder Gottes wird Gott seine Ehre ganz und völlig gegeben, daß er aus lauter Barmherzigkeit in Christo, ohne all' unser Verdienst oder gute Werke uns selig macht." (§ 87.) Wer also diese Lehre aufhebt oder verkehrt, der tritt dem hohen Artikel von der Rechtfertigung allein aus Gnaden zu nahe, der öffnet, auch ohne daß er es weiß und will, dem Synergismus eine Schleuse, der schmälert und beeinträchtigt Gottes Ehre. Da behüte uns vor, lieber himmlischer Vater!*)

(Eingesandt auf Beschluß der Effingham Specialconferenz von G. G.)

Der 11. Artikel der Augsburgischen Confession.

(Fortsetzung.)

V. Privatabsolution setzt Privatbeichte voraus, jedoch nicht Aufzählung aller Sünden.

Es existiren Gemeinden, welche die öffentliche Beichte haben, worauf Absolution der Einzelnen folgt. Man kann sich in eine solche Ordnung zwar mit gutem Gewissen schicken, wofern nur nebenbei persönliche Anmeldung stattfindet; aber abnorm ist und bleibt eine solche Einrichtung. Privatabsolution fordert Privatbeichte. Diese ist nichts anderes als das ausgesprochene Verlangen nach dem Trost der Privatabsolution. Beichten heißt, sagt Luther, „der Absolution begehren, welches ist an ihm selbst genug gebeichtet d. i. schuldig gegeben und bekennet, daß du ein Sünder seiest; und nicht soll mehr gefordert noch aufgeleget werden, alle oder etliche, viel oder wenig Sünden namhaftig zu erzählen, du wolltest denn selbst etwas anzeigen, das dein Gewissen insonderheit beschweret und in dem du Unterricht und Rath oder besondern Trost bedürfest, wie den jungen einfältigen Leuten, und auch andern oft vonnöthen ist." (Erl. A. tom. XI, 295.) Christus konnte ohne ein ausgesprochenes

---

*) Unter den neueren Theologen ist es auch Dr. Fr. H. R. Frank in Erlangen, welcher in seinem Werke „Die Theologie der Concordienformel" ebenfalls auf das Entschiedenste bezeugt, daß die Concordienformel die sogenannte Gnadenwahl im engeren Sinne lehre. Er schreibt: „Wenn man neuerdings den in einem früheren Artikel" (der Concordienformel, nemlich in dem 2. vom freien Willen S. 603) „vorkömmlichen Ausdruck, Gott der HErr ziehe den Menschen, welchen er bekehren wolle (trahit, quem convertere decrevit), als bedenklich bezeichnet und von ‚Nachwirkungen der von Alters her in der Theologie herrschenden irrigen unmittelbaren Beziehung des göttlichen Rathschlusses auf die Einzelnen‘ geredet hat, die in der Darstellung des 11. Artikels ‚noch sichtbar‘ seien" (wie nemlich Luthardt schreibt), „so sind wir, auf den historischen Sachverhalt gesehen, nicht in der Lage, dies ‚Bedenkliche‘ bei Seite zu schieben und die Setzung der particularen, auf die Einzelnen sich beziehenden, Prädestination als zufällige, noch (!) sichtbare Nachwirkung einer früheren irrigen Auffassung von der Substanz des Bekenntnisses zu trennen." (A. a. O. IV. 166 f.)   D. R.

Verlangen absolviren; denn er wußte wohl, was im Menschen war. Menschen aber können nicht ins Herz sehen. Darum ist die Beichte nöthig. Ein ausdrückliches Schriftgebot hat sie bekanntlich nicht für sich. Privatbeichte wird in der Schrift nie verlangt, sondern nur angenommen. Sündenangst und Anfechtung treiben die Leute schon zu den Quellen des Heils. So bekannten die Juden Johannes dem Täufer ihre Sünden und empfingen darauf die Taufe als kräftiges Mittel der Gnade. Kein Gebot, sondern der Gnadenhunger trieb sie hin. Die Papisten suchten sehr eifrig nach einer Schriftstelle, welche das Beichten gebietet. Schon das 4te ökumenische Concil zu Chalcedon (i. J. 451) wollte sich auf Jac. 5, 16. berufen. (Magd. Cent. VIII, 118.) Aber unsere Apologie antwortet: „Er (Jacobus) redet aber da nicht von der Beichte, so dem Priester geschieht u. s. w., sondern redet von einem Versöhnen und Bekennen, wenn ich sonst mich mit meinem Nächsten versöhne." (Art. 12.) Von dem tridentinischen Concil berichtet Sarpi: „Wenn man die Confession" (Beichte) „aus der heiligen Schrift beweisen wollte, so suchte man alle Stellen aus den Propheten und Psalmen zusammen, darin die Wörter confiteor und confessio stunden, die in der hebräischen Sprache so viel als Lob oder vielmehr ein freies Bekenntniß der Religion anzeigten, welches man hernach auf die sacramentliche Confession und Beichte zueignete. Ja, was noch unsinniger war, man achtete nicht darauf, ob die Sachen sich zusammenschickten oder nicht, sondern man suchte aus dem alten Testamente Figuren auf, um zu zeigen, daß die Confession dadurch vorgebildet worden, und derjenige wurde für den geschicktesten gehalten, der die allermeisten zusammenraffen konnte." (Historie des trib. Conc. Hrsg. v. Rambach. III, 310.) Ueber solche Esel macht sich unsere Apologie nur lustig. „Es ist närrisch und kindisch gnug bei Verständigen, den Spruch Salomonis, da er am 27. saget: ,Diligenter cognosce vultum pecoris tui', d. i. ,habe Acht auf deine Schafe', an dem Ort von der Beichte oder Absolution einführen. . . . . Aber die Widersacher machen aus der Schrift schwarz und weiß, wenn und wie sie wollen, wider alle natürliche Art der klaren Wort an dem Ort. . . . Da muß cognoscere Beichte hören heißen. Vieh oder Schafe muß da Menschen heißen. Stabulum, achten wir, heißt auch eine Schul, da solche Doctores und Oratores innen sein." (Art. 12.) — Es bleibt also dabei, „daß die Beichte nicht durch die Schrift geboten, sondern durch die Kirche eingesetzt sei". (A. C. Art. 25.)

Die kirchliche Beichte entstand aus den öffentlichen Bußbekenntnissen der Gefallenen, denen öffentliche Absolution folgte. (Vgl. Magd. Cent. II, 89 f. Melanchthons Loci communes. Ausgabe v. Augusti. 1821. S. 151 ff.) Wer nämlich zu den Secten sich hatte verführen lassen oder in der Verfolgung Christum verleugnet hatte oder sonst schwer gefallen war, mußte, wenn er sich mit der Kirche wieder aussöhnen wollte, im Versamm-

kennen und so lange weinen und flehen, bis die Kirche sich für ausgesöhnt erklärte. Auf Fürbitte von Märtyrern und Bekennern wurde die Bußzeit zuweilen abgekürzt. Um die Aufrichtigkeit der Buße zu erproben, wurden den Büßenden gewöhnlich Satisfactionen auferlegt. Tertullian († 220) schreibt über diese öffentliche Beichte: „Dieser Act, welcher meist durch ein griechisches Wort ausgedrückt und bezeichnet wird, ist die Exomologesis, das Bekenntniß, durch welches wir dem HErrn unsere Sünden bekennen, nicht zwar, als seien sie ihm unbekannt, sondern insofern durch das Bekenntniß die Genugthuung geregelt wird, aus dem Bekenntnisse die Buße" (d. i. das äußere Bußwerk) „erwächst, die Buße Gott besänftigt. Deshalb ist die Exomologesis eine Disciplin des Menschen, sich niederzuwerfen und zu demüthigen, welche eine Lebensweise zugleich hinzufügt, die Barmherzigkeit anzulocken. Sie gebietet auch wegen der Kleidung und der Nahrung, nämlich in Sack und Asche zu liegen, den Leib der Schönheit zu berauben, die Seele zu betrüben und sie, die gesündigt, durch unfreundliche Behandlung zu ändern; überhaupt Speise und Trank nur in ihrer Einfachheit und nicht des Bauches, sondern der Seele wegen zu genießen, mehr aber durch Fasten das Gebet zu nähren, zu seufzen, zu weinen, Tag und Nacht zum HErrn zu stöhnen, vor den Priestern sich niederzuwerfen und vor den Geliebten Gottes niederzuknieen, an alle Brüder endlich das Ansuchen um ihre Fürbitte zu stellen. . . ." (V. d. Reue u. Buße. C. 9. Opp. Deutsch v. Fr. Ant. v. Besnard. Th. II, 32 f.) Eusebius berichtet etliche Fälle dieser öffentlichen Beichte (K.-Gesch. Buch V. Cap. 28. u. Buch VI. Cap. 34.), u. A. von einem sectirerischen Bischof Natalis, den die Engel eine Nacht hindurch so heftig gegeißelt und durchgeprügelt haben sollen, daß er am frühen Morgen zum römischen Bischof Zephyrinus rannte, um sich zur Exomologesis zu melden. — Allein diese öffentliche Beichte ließ sich nicht lange aufrecht halten. Tertullian klagt bereits: „Manche scheuen dieses Werk, gleichsam eine Veröffentlichung ihrer selbst, oder verschieben es von einem Tage zum andern, wie ich vermuthe, mehr der Scham als des Heiles eingedenk, denen gleich, welche dem Arzte die an geheimen Orten des Leibes sich zugezogenen Uebel nicht offenbaren wollen und dergestalt sammt ihrer Schamhaftigkeit zu Grunde gehen." (A. a. O. II. S. 33.)

Neben dieser öffentlichen Kirchenbeichte der Gefallenen bestand, wie sich eigentlich von selbst versteht, die Sitte, „daß diejenigen, deren Gewissen um irgend einer Sache willen geängstigt waren, die Heiligen und die in geistlichen Dingen erfahrenen Leute um Rath fragten und von ihnen absolvirt wurden." (Melanchth. a. a. O. S. 154.) Diese freiwillige Privatbeichte scheint man schon frühe in unevangelischer Weise zu einer Gewissenspflicht aller Christen gemacht zu haben. In den Pseudo-Clementinen heißt es wenigstens in epist. I. ad Jacobum: „Wenn etwa jemandes

wähnt haben, heimlich beschlichen hat, so schäme er sich nicht, wenn er für seine Seele Sorge trägt, solches dem zu bekennen, der ihm vor=steht, damit er von ihm durch Gottes Wort und heilsamen Rath geheilt werde und also durch unversehrten Glauben und gute Werke den Strafen des ewigen Feuers entrinnen und zu den Belohnungen des beständigen Lebens gelangen könne." „Petrus gab Anweisung, daß man die Hand=lungen seines Lebens zu jeder Stunde überwache und an jedem Orte Gott vor Augen habe, die dem Herzen nahenden bösen Gedanken alsbald stand=haft an Christo zerschlage und den Priestern des HErrn offen=bare." (Magd. Cent. III, 84.) Der Lehre Petri ist das freilich nicht gemäß. Die pseudoclementinischen Briefe sind auch eine viel zu trübe Quelle, als daß sich hieraus viel beweisen ließe. Aber so viel geht doch daraus hervor, daß man schon in früher Zeit die Erzählung der Sünden zum Gesetz zu machen trachtete. Das erreichte man, indem man allmählich die Exomologesis in eine Privatbeichte verwandelte und die Verpflichtung zum Beichten nicht mehr blos auf grobe, öffentliche, sondern auch auf heim=liche Sünden ausdehnte. Die öffentliche Beichte vor der Gemeinde blieb nur noch für reuig wiederkehrende Excommunicirte. Schon im 3ten Jahr=hundert wird die Privatbeichte für nothwendig erklärt. So berichten die Magd. Centurien: „Daß die Privatbeichte üblich gewesen sei, in der man Vergehen und auch schlechte Gedanken beichtete, erhellt aus einigen Stellen Cyprians (serm. 5. de lapsis u. l. 3. epist. 14. u. 16.), wo er ausdrücklich sagt, auch in kleineren Sünden, die zwar nicht gegen Gott be=gangen werden, sei es nöthig, daß man zur Exomologesis komme, und befiehlt, daß das häufig geschehen solle" (lib. V. ep. 3.). Es wurde also auch das Leben derer, welche leichtere Sünden auf diese Weise beichteten, besehen, und gerichtet, ob sie rechte Buße gethan hätten, wie aus Cyprian hervorgeht (l. 3, ep. 16.). Aus demselben erhellt (serm. 5. de laps.), daß jenen auch die gewöhnlichen Satisfactionen nach Verhältniß des Vergehens auferlegt wurden. Derselben gedenkt auch Tertullian im Buch von der Buße. „Nachher wurden sie durch Handauflegung vom Bischof und Klerus absolvirt und zum Recht der Communion zugelassen." (Cent. III, 89 A. f.) Aus dem 4ten Jahrhundert berichtet Sozomenus über den in vielen abendländischen Kirchen eingeführten Beichtritus: „Sie (die Priester) bestimmten einen der Presbyter, dessen Lebenswandel der beste, der auch verschwiegen und klug gewesen; zu dem sollten diejenigen, welche gesündigt hatten, gehen und ihm beichten, was sie gethan hätten." (Cent. IV, 238 f.) Zu Constantinopel aber schaffte Bischof Nekta=rius i. J. 391 eines von einem Diaconus in der Privatbeichte begangenen Verbrechens und des dadurch entstandenen Aergernisses halber die Beichte ganz ab. Zu Rom jedoch hatte immer noch die öffentliche Beichte neben der privaten fortbestanden. Erst Leo der Große († 461) ordnete an, daß fortan nur noch die Privatbeichte bestehen solle. Er schrieb: „Ob=

gleich die Glaubensfülle lobenswerth zu ſein ſcheint, die um der Furcht
Gottes willen ſich nicht ſcheut, vor Menſchen zu erröthen; weil jedoch nicht
aller Sünden derart ſind, daß ſie das, was die Buße erfordert, zu ver=
öffentlichen ſich nicht fürchten, ſo ſoll eine ſolche unangenehme (improba-
bilis) Gewohnheit abgeſchafft werden, damit nicht viele von den Heilmitteln
der Buße abgehalten werden, indem ſie ſich entweder ſchämen oder fürchten,
ihren Feinden ihre Thaten zu offenbaren, von welchen ſie durch die Be=
ſtimmung der Geſetze zu Grunde gerichtet werden könnten. Es genügt
nämlich jene Beichte, welche zuerſt Gott dargebracht wird, darnach auch dem
Prieſter, der als Fürbitter für die Vergehen der Bußfertigen hintritt.“
(Epist. 136. Cf. Buddeus: Instit. theol. dogm. II, 1275 f.) Um dieſe
Zeit fing es in der Kirche ſchon ſtark an dunkel zu werden. Die Buße —
und darunter verſtand man ſchon meiſt das äußere Bußwerk — galt ſchon
als das zweite Bret, an welches man ſich nach des Hieronymus Lehre
nach Verluſt des erſten, der Taufgnade, anklammern müſſe. Die Beichte
wurde nicht um der Abſolution, ſondern um ihrer ſelbſt willen gefordert
als ein gutes Werk. Selbſt Auguſtinus, der große Gnadenprediger
(† 430), bringt viel Heu und Stroh. So ſchreibt er: „Durch die Beichte
wird läßlich, was verbrecheriſch (criminale) war in der Handlung. Und
wenn es auch nicht ſogleich gereinigt wird, ſo wird doch verzeihlich (veniale),
was Tödtliches begangen wurde. Denn viel hat der an Genugthuung dar=
gebracht, der, ſeine Schamhaftigkeit beherrſchend, nichts von dem, was er
begangen hat, dem Boten Gottes ableugnet.“ (Opp. ed. Erasmi IV, 744.)
„So groß iſt die Kraft der Beichte, daß, wenn ein Prieſter fehlt, man ſei=
nem Nächſten beichten ſoll. Denn oft kommt es vor, daß der Bußfertige
nicht vor einen Prieſter kommen kann, weil ſolchen weder Ort noch Zeit
dem Verlangenden bietet. Und wenn jener, dem er beichten wird, die Ge=
walt zu löſen nicht hat, ſo wird doch um des Verlangens nach dem Prieſter
willen der Gnade würdig, wer dem Genoſſen die Schändlichkeit des Ver=
gehens beichtet.“ (Ebend. S. 745.) Da liegt alſo alles am Beichtwerke.
Doch redet Auguſtinus ſonſt auch anders. „Gut iſt Sündenbekenntniß,
wenn auch Heilung folgt“, ſchreibt er einmal; „denn was nützt es, die
Plage zu entdecken und nicht Medicin anzuwenden?“ (Bd. III. S. 748.)
Hier läßt er offenbar die Beichte nur um der Abſolution willen gelten.
Aber dieſe Erkenntniß ſchwand in der Kirche immer mehr. Die Beichte

löse Aufzählung der Sünden aus (Cent. VI, 115); aber sein Zeugniß ist
nur noch wie die Stimme eines Predigers in der Wüste. Von Gregors
des Großen Zeit an († 604) wurde den Mönchen das Beichthören zugestanden. (Cent. VI, 165 u. VII, 74.) Nun wird die Finsterniß immer
dicker. Gregor selbst war schon so blind, daß er Rechtfertigung und
priesterliche Freisprechung von gebeichteten Sünden verwechselte. (Cent.
VI, 139.) Auch lügenhafte Kräfte und Zeichen und Wunder
mußten mithelfen, um den Glauben an die unbedingte Nothwendigkeit der
Beichte zu befestigen. So betet Philibert im 7ten Jahrhundert, daß
doch seinem taubstummen Bruder die Zunge gelöf't werden möchte, damit
er beichten köne — und es geschah. So berichtet auch Beda der Ehrwürdige († 735) von Einem, der mit großen Schrecken zur Hölle gefahren
sei, weil er die Beichte zu lange aufgeschoben. (Cent. VII, 324.) Im
8ten Jahrhundert war es schon Sitte, daß alle Sünden gebeichtet werden
mußten. Ausnahmen waren ganz vereinzelt. Die gallische Synode zu
Cabillon vom J. 813 bestimmte in Cap. 32. ihrer Beschlüsse: „Einige,
wenn sie ihre Sünden den Priestern bekennen, thun dies nicht vollständig.
Weil also feststeht, daß der Mensch aus zwei Substanzen, aus Leib und
Seele nämlich, besteht . . ., so müssen durch sorgfältiges Nachspüren die
Sünden selbst erforscht werden, damit aus beiden eine vollständige Beichte
werde, daß man nämlich sowohl das beichte, was durch den Leib begangen
wird, als das, was allein in Gedanken verbrochen wird. (Cent. VIII,
188. IX, 130.) „Wessen sich ein Mensch erinnert, daß er Uebels gethan
habe, das eröffne er durch die Beichte dem Priester“, schreibt Rhabanus
Maurus († 856). Cent. IX, 72. Haymo († 853) macht zum 31. Psalm
die Glosse: „Obgleich Gott die Sünden erläßt, . . . so muß man doch den
Kirchendienern beichten, weil man, wenn man nicht beichtet, um des
eigenen Ungehorsams willen verdammt wird. Dies ist an Laza-
rus gezeigt worden, der, nachdem er auferweckt war, noch nöthig hatte,
aufgelöf't zu werden.“ (Cent. IX, 167.) Im 9ten Jahrhundert wurde
unter den Franken die Beichte vor der Communion üblich, sowie
vor einem Kriegszug. Im 10ten Jahrhundert hob man schon hervor, daß
der Priester kraft seiner geistlichen Vaterschaft die Sünden der Beichtenden
auf sich nehme. (Cent. X, 91. XII, 257.) Einen Schriftbeweis hatte
man nicht mehr nöthig. Durch ein uns lächerlich erscheinendes Allegorien-
spiel wußte man alles glaublich zu machen. So schreibt Anselmus
(† 1109): „Man muß zu den Priestern kommen, um von ihnen Lösung zu
suchen, damit, die schon vor Gott gereinigt sind, durch das Urtheil
der Priester auch den Menschen als rein gezeigt werden.“
(Cent. XI, 85.) Der gute Mann war nur um etwa 1100 Jahre zu spät
geboren. Hätte er gesagt, daß die vor Gott Gerechtfertigten in der Beichte
dieser Rechtfertigung vergewissert werden sollen, so ginge es an. Hugo
von St. Victor († 1141) treibt es sogar so weit, daß er behauptet:

„Alle Hoffnung auf Gnade und Barmherzigkeit ist in der Beichte. Es kann keiner von einer Sünde gerechtfertigt werden, wenn er nicht vorher die Sünde gebeichtet hat. Jeder fängt da an gerecht zu sein, wo er sein eigener Ankläger wird." (Cent. XII, 250.) Mag dies immerhin von einer Beichte vor Gott gesagt sein, so ist es greulich genug, dem Beichtwerke das ganze Gnadenwerk des Heiligen Geistes zuzuschreiben. Das Wort: „Wer kennet die Missethat?" stand für solche Leute nicht in der Schrift. — Um diese Zeit ward die Beichte vor der Communion allgemeiner. Richard von St. Victor († 1173) darf schon sagen, „die ohne Beichte und Absolution des Priesters zur Communion gingen, äßen und tränken sich das Gericht, obgleich sie noch so viel über ihre Sünden trauerten". (Cent. XII, 361.) — Wenn noch etwas fehlte, um die Beichte zur gräßlichsten Folterbank der Gewissen zu machen, so fügte es Pabst Innocenz III. (1198—1216) hinzu. Er verordnete nämlich, daß nicht blos jede Sünde, sondern auch der kleinste Umstand jeder Sünde dem Priester zu beichten sei. Kein Wunder, daß der französische König Ludwig IX. der Heilige alle 6 Stunden beichtete. Sind die Pfaffen Richter, so ist gegen dieses Decret freilich nichts einzuwenden. Denn eine Rechtssache muß auch aufs genaueste untersucht sein. Uebrigens konnte man sich bis auf diese Zeit wenigstens noch einen Mann seines Vertrauens zum Beicht= vater wählen. Nach dem Decret des 4ten Lateranconcils vom J. 1215, wodurch die Ohrenbeichte zum allgemeinen, unverbrüchlichen Kirchengesetz gemacht wurde, mußte aber trotzdem noch Jeder wenigstens einmal jähr= lich alle seine Sünden seinem eigenen Seelsorger beichten. (Siehe das Cap.: „Omnis utriusque sexus" bei Buddeus: Instit. th. dogm. II, 1276 u. Magd. Cent. XIII, 251.) Von dieser Zeit an trat keine wesent= liche Aenderung mehr ein. Der Höhepunct pfäffischer Anmaßung war erreicht.

(Schluß folgt.)

Miscelle.

Das Leipziger Missionsblatt vom 1. Februar entwirft ein ziemlich düsteres Bild von der Lage, in welcher sich die Leipziger Mission befindet. Unter der Ueberschrift: „Die Spuren und Wirkungen der Zucht Gottes in der heimathlichen Missionsgemeinde", schreibt das Blatt unter Anderem Folgendes: „Daß viele Jahre hindurch das Missionsleben unsrer heimath= lichen Kirche, trotz einzelner Heimsuchungen, sich in Frieden hat erbauen können unter der schirmenden Hand des HErrn — denn wer hat es sonst beschützt? — daß andrerseits jetzt nicht etwa nur äußerliche, sondern noch viel gefährlichere innere Anfechtungen von allen Seiten gegen dasselbe

Darlegung bedürfen. Daß wir z. B. keine Missionscandidaten haben,
kommt eben doch nirgendwo anders her, als weil Gott sie uns nicht zu=
führt; und wenn wir auf die vorhandenen und noch drohenden Zersplitte=
rungen in der Missionsgemeinde sehen, auf die Uneinigkeit des Geistes, auf
die miteinander streitenden Bestrebungen auf diesem Gebiete, auf viele
Missionsfrüchte und Feste und Erscheinungen, die nicht gewachsen und ge=
worden und lebensfähig, sondern zurechtgemacht und tobtgeboren sind, —
in dem Allen können wir nichts Andres spüren, als den ausgereckten Arm
des HErrn, der uns züchtigt! — Was sollen wir mit diesen Züchtigungen
thun? Wir können uns nicht so stellen, als ob sie nicht da wären und wir
sie nicht fühlten. Ach, wenn wir sie nur mehr und tiefer und lebendiger
fühlten! Wir können auch nicht über allerlei menschliche Mittel und
Mittelchen uns den Kopf zerbrechen und das Herz beschweren; an ihrem
Orte sollen diese in allen ihnen zukommenden Ehren bleiben, aber göttliche
Zucht verlangt etwas Andres, als daß wir sie mit menschlichen Mitteln
umgehen und abwerfen. Viele liebe und treue Freunde unsrer Mission er=
warten z. B. eine Neubelebung der Theilnahme dafür von besonders ge=
schickt, anregend, lebendig geschriebenen Missionsberichten und mit Freuden
bringt dies Blatt solche Berichte, wenn es möglich ist. Aber es würde ein
arger Mißgriff sein, wenn wir die Freudigkeit unsrer Arbeit in der Mission
auch nur zum geringsten Theil von solchen Berichten abhängig machen,
wenn wir das Schwergewicht der Zucht Gottes in der heimathlichen Kirche
dadurch verringern wollten. Was die Heiden sind, hat uns nicht ein
menschlicher Bericht, sondern Gottes Wort gesagt, Röm. 1, 29.: Voll alles
Ungerechten, Hurerei, Schalkheit, Geizes, Bosheit, voll Hasses, Mords,
Haders, List, Giftige, Ohrenbläser, Verleumder, Gottesverächter, Frevler,
Hoffährtige, Ruhmredige, Schädliche, den Eltern Ungehorsame, Unvernünf=
tige, Treulose, Störrige, Unversöhnliche, Unbarmherzige. Das ist ein
finsteres Gesicht, dies Heiden-Antlitz! Ein Missionar, der im Namen
Gottes dem Behemoth unter den Heiden zwischen seine großen Zähne tritt
und Christum bekennt, wird uns, wenn er Alles über heidnisches Leben
mittheilen könnte, manche Dinge erzählen müssen, von denen uns die
Ohren gellen, und die wir, wenn es nicht nothwendig und von Gott ge=
boten ist, viel besser gar nicht wissen. Dagegen wird er in seiner heißen
Arbeit nur selten und mit großer Mühe so darüber schreiben können, daß
wir's etwa interessant und anregend finden, wenn nicht obendrein Ge=
wissensbedenken vorliegen, welche diesen Ton verbieten. — Ja, der Missio=
nar sieht freilich auch andrerseits das Licht in der Finsterniß scheinen, er
dankt Gott, wenn er jes erleben darf, daß sein Wort auch unter Heiden
Frucht bringet, und mit St. Paulo erzählt er mit Freuden vom Siege des
Evangeliums. Aber Menschen sehen, was vor Augen ist. Manche unserer
Brüder draußen bemerken, daß, wenn sie von einem Erfolge berichtet hatten,

Kirchlich-Zeitgeschichtliches.

I. America.

Curiosum. Im „Lutherischen Kirchenfreund" vom 2. April finden wir Folgendes: „Wie schlecht steht es nicht in den Gemeinden der Missouri-Synode. Was Luther be-kämpft, suchen sie wieder einzuführen, nämlich die Ohrenbeichte und das Sünden-vergeben seitens der Prediger." Der dies in sein Blatt aufgenommen hat, ist ein alter Redacteur, nebenbei „Professor" an einem theologischen Seminar und — behauptet, seinen Verstand nicht verloren zu haben.   F. P.

Fälscherei in der Generalsynode. In Dr. Luthardt's „Theol. Literaturblatt" vom 5. März lesen wir: Zu der in der vor. Nummer erwähnten amerikanischen Ueber-setzung des 2. Theils der Wildenhahn'schen Schrift: „M. Luther" müssen wir leider nach-träglich noch bemerken, daß der Uebersetzer, J. G. Morris, ein hervorragender Geist-licher der Generalsynode, vor einer Fälschung der Einleitung der zehn Gebote nicht zu-rückgeschreckt ist. Es ist dies allerdings nicht der erste derartige Fall, welcher in der sich „lutherisch" nennenden Generalsynode vorkommt. In ihrem neuen Gesangbuche hat sie bereits den zweiten Artikel verfälscht.

Die Baptisten. Nach dem „Examiner", einem Baptistenblatt, werden unter dieser Secte selbst solche wieder getauft, welche von andern, als Baptistenpredigern, wenn auch als Erwachsene auf ganz baptistische Weise, getauft sind.

Ein Methodistenprediger in Atlanta, Georgia, hat sich erhängt, weil er vom Bi-schof an eine ihm unliebsame Stelle versetzt ward.

II. Ausland.

Ueber die Vertheidigungsrede des Herrn P. Krauß, gegenwärtig unsers Schul-lehrerseminar-Directors, welche im September- und Octoberheft von „Lehre und Wehre" Jahrgang 1879 mitgetheilt worden ist, und über die Veröffentlichung dieser Rede in der Sächsischen „Freikirche" macht das „Sächs. Kirchen- und Schulblatt" vom 18. März folgende Bemerkung: „Wohl absichtlich druckt die ‚Freikirche' eine allerdings meister-hafte Vertheidigungsrede gegen den Vorwurf der Beschimpfung einer kirchlichen Einrich-tung, gehalten vor der Strafkammer in Karlsruhe von Krauß, luth. Pfarrer in Baden, ab, auf welche hin der dortige Gerichtshof den Angeklagten von der Klage und den Kosten freisprach. Der Fall, zu dem auch noch ein ähnlicher in Bayern kommt, der auch mit Freisprechung endete, zeigt, daß diese geistlichen Streitigkeiten wohl auch geistlich gerichtet werden müssen."

Pastor Diedrich in Frankfurt a. M. hatte im Jahre '74, wie bekannt, seine große Gemeinde in Jabel verlassen und war jählings einem Rufe nach Frankfurt gefolgt, den ein Haufe an ihn hatte ergehen lassen, welcher sich von meiner Gemeinde auf die Machi-nationen eines Mannes getrennt hatte, der es nicht leiden mochte, daß ich dem P. Die-drich und seinen Genossen die Abendmahlsgemeinschaft aufgekündigt hatte, weil und so lange sie bekenntnißmäßige lutherische Lehre verlästerten. Das Feuer hatte P. Diedrich selbst angesteckt und geschürt, indem er brieflich jenen Mann belehrte, daß ich die ganze Immanuel-Synode mit ihm, dem Lästerer, „in den Bann gethan" hätte, und die Immanuel-Synode ergriff diese Gelegenheit, ihr Zelt weiter auszuspannen, mit großen Freuden, daß sie auch einig wurde, ihren besten Mann nach Frankfurt ziehen zu lassen, damit er „ein Damm gegen den missourischen Geist im südlichen

riſſen! Kaum war er ¼ Jahr bei dieſem Haufen, den er ſelber ſpäter belehrte, daß ſie als eine „Rotte" von meiner Gemeinde geſchieden ſeien, ohne zu bedenken, daß er ſich damit ſelber den gebührenden Namen eines „Rottenpredigers" gab, als daß Feuer der Zwietracht darin ſchon hell entbrannt war. Sie hatten ein Haus gekauft, ganz nach Diedrich's Wille, Weiſung und Anordnung, auch unter dem Verſprechen eines bedeutenden Geldzuſchuſſes. Als er aber da war, entzog er ſich den eingegangenen Verpflichtungen; wollte es anders verſtanden haben, als die Worte lauteten, und als man auf die Briefe drang, um den Wortlaut feſtzuſtellen, waren ſie „in ſeinem Papierkorbe" verſchwunden. Ueber alle dem wurde ein Haus gebaut, das im unterſten Stockwerk ein prächtiges Kirchlein enthält, mit allem Aufwand ausgeſtattet, welches aber ſchon bei ſeiner Einweihung — dem einzigen Tag, an welchem es gefüllt war mit Zuhörern — ſchon einen ſo in ſich zerriſſenen Haufen umſchloß, daß der mitfeiernde Geſchäftsführende der Synode zugleich als Friedensſtifter ſeine Meiſterſchaft verſuchte, die aber ein ihrer kläglichen Arbeit würdiges ganz vergebliches Reſultat hatte. War man einſt von mir gegangen, weil ich Diedrich die Abendmahlsgemeinſchaft aufgekündigt hatte, ſo kündigte man nun ſelber ihm ſolche. Der größte Theil ſeiner Zuhörer ging nicht mehr bei ihm zum Abendmahl, was auch der Streit und die Erbitterung unter einander nicht litt, und verlangte vorher Klarſtellung und Beſeitigung des Streitpunktes. Diedrich aber verweigerte, die Sache „vor der Gemeinde" zu verhandeln, verwies die Unzufriedenen an die Synode; aber endlich nach Jahr und Tag, ehe noch die Synode zuſammentrat, machte er ſelbſtſtändig der Sache dadurch ein Ende, daß er, während gar noch 2 der Betheiligten in Bädern entfernt waren, an einem Sonntag erklärte, wenn ſie nun nicht zum Abendmahl kämen, werde er ſie als ausgeſchloſſen betrachten, und 8 Tage darauf ſie als Ausgeſchloſſene proclamirte — und das alles ohne auch nur Einen von ihnen einer Privatermahnung, oder einer Beredung vor 2 Zeugen, oder einer Vornahme vor der Gemeinde gewürdigt zu haben. Das alles ſtill hinzunehmen, waren aber dieſe, wenn ſchon verführten, Leute doch ſchon zu gut „miſſouriſch" und für Diedrich'ſche zuchtloſe gewaltthätige Weiſe verdorben. Sie hielten doch dafür, daß ein Mann ſein Wort halten ſoll, daß die Schlüſſel nicht einer einzelnen Perſon, ſondern der Gemeinde von Chriſto gegeben ſind, daß man nicht „durch den Paſtor durch auf ſein Amt ſehen" kann, wie ſie's nach Diedrichs Belehrung ſollten, wenn man mit ihm in Hader und Streit liegt, ſondern dieſe erſt chriſtlich und Gotte gefällig beilegen ſoll u. dgl. Eine Bitte an die Synode, daß, weil mit Briefen und Schriften nichts gethan ſei, eine Commiſſion an Ort und Stelle in Frankfurt und vor der Gemeinde die Sache unterſuchen und Recht ſprechen ſolle, war auch vergeblich, da die Commiſſion nicht zu bewegen war, nach Frankfurt zu kommen, ſondern auf Diedrich's Geſchreibe hin ohne ordentliches Verhör der Kläger ein abgünſtiges Urtheil gab durch Brief. — Da man nun ſah, daß unter ſolchem Regiment in ſtetigem Hader und Streit die Seelen zu Grunde gehen mußten, fragte man: was thun? und das that zuerſt nicht ein Gegner Diedrich's, der etwa früher ſchon zu meiner Gemeinde gehört hätte, ſondern ein langjähriges Glied der Immanuel-Synode, das er einſt ſelbſt aus der Union aufgenommen hatte, dem er aber, weil er auf Erfordern jener Commiſſion einen Brief geſchrieben und um Hilfe zur Herſtellung des Friedens gebeten hatte, was aus Haß und Feindſchaft gegen ihn geſchehen ſein und alſo gebeichtet werden ſollte, das Abendmahl und Abſolution verweigerte. Dann that's ein mit Krankheit heimgeſuchtes Ehepaar, das ſeines Lebens Reſt meinte zu viel höheren und wichtigeren Dingen als Zanken und Prozeſſen verwenden zu müſſen, und in Erinnerung der alten Zeit Seelſorge und Ermahnung und Troſt begehrte, wo es ſolches einſt gehabt hatte; es bekannte reumüthig ſeinen einſtigen Abfall und die dabei geſchehenen Verſündigungen und bat um Wiederaufnahme: dem folgten dann andere langſamer oder ſchneller, denn bittend wiederkehren, von wo man theils mit feindlichem Partheigeiſt, theils mit wun-

dem Gewissen ausgegangen war, bekennen, daß man auf eigenen Wegen gegen Gottes
Wort lauter Unsegen und Verderben gefunden und sich selbst betrogen hat, das ist ja für
Fleisch und Blut ein schweres Ding. Ja, etliche hatten erst andere Auskunft gesucht
und mit den hessischen Renitenten Verhandlungen angeknüpft, wo sie aber auch hören
mußten, daß sie Unrecht gethan hätten, sich von mir zu trennen, wenn sie in der Lehre
mit mir einig wären, und das waren sie, und hatten bei ihrem Ausgang von uns fast
alle sich mit feinen Worten ausdrücklich für die reine Lehre und rechte Sacrament, auch
übrige Sorge für ihre Seelen bedankt. Und so geschah's durch Gottes Gnade, daß diese
Verführten nach und nach — es mußte ja auch mit jedem Einzelnen nach seinem besonderen Stand und seinem sonstigen christlichen Leben während der Zeit seiner Entfernung
von uns gehandelt werden — fast alle wieder zu unserer Gemeinde sich sammelten.
Von denen, die nicht um andrer Unlauterkeiten willen sich von uns trennten, ist nur
allein noch der Anfänger dieser ganzen Spaltung zurück und ist auch der nicht mehr bei
Diedrich. Dieser aber verließ sein Kirchlein mit seinen wenigen Anhängern, da sie es
auch nicht länger behaupten und bezahlen konnten, sich auch darin ganz verloren, und
zog mit seinem Gegenaltar und Gegenkanzel, nachdem sie dieselben selber abgebrochen
haben, in das Local des (unirten) evangelischen Jünglings-Vereins, dem Diedrich auch
schon, weil ja eine Liebe der andern werth ist, an seinem Stiftungsfeste die Festrede gehalten hat in Vertretung des Pfarrers Schlosser, der den evangelischen Verein geistlich
bedient. — Unserer St. Martins-Gemeinde aber wurde schon im November v. J. das
schöne Kirchlein zur Miethe angetragen, das gegen uns gebaut und unser Ruin werden
sollte. Nicht Schadenfreude, nicht eigner Ruhm, ach nein! hätten wir solche gehabt, sie
wäre vergangen gewesen durch die Erfahrung, in welchem geistlichen Zustande wir unsere früheren Gemeindeglieder nach dieser Rotterei mußten wiederfinden! sondern andere
Rücksichten bewogen uns dann, dieses Kirchlein zu miethen. Am Neujahrstage hielten
wir unsern ersten Gottesdienst darin, wohl in hoher Freude, unsere Gemeinde in ihrer
alten Gestalt wieder fast ganz bei einander zu haben, auch mit Dank gegen Gott, der in
dieser Sache so deutlich geredet und P. Diedrich, den wir für einen zucht- und gewissen-
losen Lästerer erkennen müssen, so aufs Lästermaul geschlagen hat, aber auch in herzlicher
Beugung vor Gott dem HErrn, der uns in alle dem sagte: „Sei nicht stolz, sondern
fürchte dich!" — Dieses alles erzähle ich auch nur mit Widerstreben, weil ich weiß, wie
viele unlautere, faule Geister in Art der Spinnen daraus nur Gift saugen werden, gegen
die Separation damit zu streiten; aber wer böse ist, sei immerhin böse, und Gottes Ehre
will ich drüber nicht verschweigen, der uns armen „Missouriern", die so sehr gehaßt und
nicht sowohl der Welt, als der Frommen und Selbstheiligen Jegopfer sein müssen, gegen
unsere bitteren, hoffährtigen und lästerlichen Feinde in Frankfurt geholfen hat, ohne
unser Thun und Ruhm, denn ich habe nichts gethan dabei, als daß ich meinem Amte
an den mir vertrauten Seelen in der Schmach und Stille nachgegangen bin — allein
durch ihr eigenes Werk und den Geist der Wahrheit, der ja gerade im tiefsten Elend und
Sündennoth zumeist und zuliebst sein Gnadenwerk anfängt oder auch wieder neu anfängt. So sei's auch dem gnädigen Gott in Seiner Furcht weiter befohlen. Hein.
                                           (Aus der Sächs. Ev.-Luth. Freikirche vom 1. März.)

Eine Reliquie aus dem 17. Jahrhundert. Folgendes meldet die ‚Luthardt'sche
Kirchenztg.' vom 26. März: „Vor Kurzem starb (in Frankfurt a. M.) der alte Senior
König im 92. Lebensjahre, dessen Jugend in die Stürme der französischen Revolution,
dessen Alter in die Stürme der Gegenwart gefallen, ohne daß er irgendwie von ihnen
berührt worden wäre, unverändert in einer gewissen altlutherischen Orthodoxie des
Abraham Calov seine Predigten haltend."

„Confessionsmengerei." Das „Sächs. Kirchen- und Schulblatt" vom 18. März
bringt folgende Notiz: „Auffällig zum mindesten erscheint im Kirchenzettel von Dresden

die Anzeige, daß Sup. em. und Kirchenrath (der evang.-luth. Landeskirche) Beyer, der immer noch sehr bereit ist, mit seiner Kraft zu helfen, in der reformirten Kirche predigt. Mag dies auch vielleicht für einen erkrankten Geistlichen dieser Kirche geschehen sein, so sollte doch ein Kirchenrath in unserer Zeit, wo die Freikirche alsbald aus so etwas neue Nahrung zieht, der ev.-luth. Landeskirche besser zu rathen verstehen. — In einer Correspondenz aus Württemberg (in der ‚Ev. Volkskirchenzeitung‘) war dieser Tage zu lesen: ‚Man gibt vielfach dem sonst so trefflichen, jüngst dahingeschiedenen Prälat v. Kapff schuld, daß er den Methodismus ins Land hereingebracht, bez. hereingelassen habe. Und wirklich, wenn er ohne Falsch war wie die Tauben, so ließ er es doch manchmal an der nöthigen Klugheit fehlen. Im Namen der sog. Evang. Allianz, der Kapff ergeben war, drang der Baptismus und Methodismus bei uns ein, und da die methodistischen Prediger als „Brüder‟ sich einzuschmuggeln wußten, die eben auch in sog. „Stunden‟ wirken wollten, fanden sie an Kapff einen Fürsprecher. Schon lange haben sie ihre wahre Natur gezeigt als Wölfe in Schafskleidern, und nun bestehen die bischöflich-methodistische Kirche, die Evang. Gemeinschaft oder Albrechtsbrüder und die Wesleyaner als eigene religiöse Gemeinschaften neben unserer evang.-luth. Landeskirche. Man sieht hieraus, wie sehr man sich in unseren Tagen vor aller Confessionsmengerei hüten muß.‘‟

Schleswig-Holstein mit Lauenburg hat im Monat Februar nun endlich auch seine Synode gehabt. Auf derselben erhub sich Streit über schriftwidrig geschlossene Ehen, ob sie getraut werden sollen, wenn die Eheleute Reue und Buße über ihre Versündigung zeigen. Einige verlangten das, weil man den Bußfertigen zum Abendmahle zulassen müsse, und ihn also noch weniger von der Trauung zurückweisen dürfe. Der königl. Commissarius Memmsen beharrte aber bei der Verweigerung der Trauung: über das Wort Gottes könne die Eheschließung des Staates nicht hinweghelfen, auch wenn man die heilige Schrift nicht als Gesetz, sondern nur als leitendes Princip ansehe. Dabei blieb es auch. Man wird sich der Streitigkeiten erinnern, die schon vor mehreren Jahren über diese heiklige Sache geführt sind, und in denen die Annahme den Ausschlag gegeben hat, daß das Abendmahl der bußfertigen Person gilt, hingegen die Trauung einem sündlichen Verhältnisse, welches bleibt, wie es ist. (Dr. Münkel's N. Ztbl.)

Nekrologisches. Pfr. Johann Christoph Blumhardt, bekannt durch seine Krankenheilungen vermittelst Absolution, Handauflegung und Gebet, ist am 25. Febr. d. J. im 75. Lebensjahre zu Bad Boll bei Göppingen in Württemberg gestorben.

Schweden. Der „Pilger aus Sachsen‟ vom 28. März schreibt: „Gegen Waldenström hat das Kirchenregiment geglaubt etwas thun zu müssen. Er lehrt bekanntlich, daß die Versöhnung nicht auf Gottes Seite, sondern auf Seite der Welt stattfinde, und daß diese Versöhnung nicht schon in Christo geschehen sei, sondern erst noch zu geschehen habe. Es wurde ihm aufgegeben, in Zukunft seine Irrthümer und Fehler zu vermeiden, und als er (er ist Oberlehrer an einer gelehrten Schule) in einem Kirchdorf während des öffentlichen Gottesdienstes eine Gebetsversammlung unter freiem Himmel gehalten, ihm eine zweite Warnung ertheilt. Wenig, aber wie gesagt, doch etwas. Denn anderswo geschieht ja gar nichts, daß die geärgerten Kleinen davon wüßten, oder man streicht gar die Gläubigen wegen ihres Eifers öffentlich mit Ruthen, während man den Wolf im Schafspelz als Bruder tractirt und fein säuberlich mit ihm fährt.‟ — Daß der „Pilger‟ zu seinem Bericht diese Nutzanwendung macht, bei welcher er ohne Zweifel u. A. seine sächsische Landeskirche wenigstens mit im Auge hat, ist sehr erfreulich. Gott helfe ihm weiter!   W.

Folgendes: „Unter den Punkten, welche Ihr Interesse beanspruchen, ist besonders die Untersuchung der Bekenntnißangelegenheit. Wir saßen Montag und Dienstag Abend bis 12 Uhr; der Klugheit von P. Herliz gelang es endlich durch die Hilfe Gottes, eine Erklärung zu Stande zu bringen, die jedem Theil von uns genügte, wenn wir auch wohl noch manches zu bemäkeln gehabt hätten. In dieser Erklärung bekennen wir uns zu sämmtlichen Bekenntnißschriften der lutherischen Kirche, ,weil sie in allen Glaubenslehren mit Gottes Wort übereinstimmen.‘ Unsere Synode nimmt etwa jetzt denselben Standpunkt ein wie Jowa, d. h. als Synodalkörper vertritt sie nicht die Ansicht derer, zu denen wir uns zählen, weil sie in ihrem Schooß auch anders gerichtete Elemente hat, auf welche sie Rücksicht zu nehmen hat." Hiermit ist der Immanuelssynode ein Zeugniß ausgestellt, welches ihr auch das letzte Zutrauen treuer und aufrichtiger Lutheraner nothwendig nehmen muß. W.

Die Bibel in Rom. Zur Zeit des päbstlichen Concils im Jahre 1870 wollte der damalige Bischof von Orleans, ein Gegner der päbstlichen Unfehlbarkeit, etwas in der Bibel nachschlagen, aber es war ihm unmöglich in Rom eine Bibel aufzutreiben, bis er eine solche endlich von dem in Rom befindlichen preußischen Gesandtschaftsprediger erhielt. Obgleich sie ihm aber nur geliehen worden war, erstattete doch der Herr Bischof die Bibel nicht zurück. Warum? ist schwer zu sagen. Heutzutage ist, Gott sei Dank! auch in Rom das theure Bibelbuch leicht zu haben, natürlich zu großem Verdruß seiner Unheiligkeit des Herrn Pabstes.

Grabreden für Selbstmörder. In Stade (Hannover) hielt jüngst der Landgerichtsrath und Kirchenvorsteher Weber (es ist derselbe, der seiner Zeit öffentlich die Dreieinigkeit lästern durfte) am Grabe eines Selbstmörders, dem die Geistlichkeit das kirchliche Begräbniß verweigert hatte, folgende Grabrede: „Betrübten Herzens, aber willig und gern sind wir, dem Gebote einer Menschlichkeit nachgebend, diesem Sarge gefolgt, damit zugleich der gebeugten Familie einen Beweis unserer Theilnahme gebend, da wir morgen von gleich schwerem Schlage getroffen werden können, wie sie heute. Als Christen getrösten wir uns aber der sicheren Zuversicht, daß die in den letzten Tagen ihres Lebens umnachtete Seele des Entschlafenen" (der betreffende war ein junger Kaufmann, der ein notorisch unsittliches Leben geführt und sich auf der Reise nach Hamburg erschossen hatte) „nun hell und klar aufsieht zu Ihm, zum Vater alles Lichts, von dem sie einst ausgegangen ist, daß diese Seele zurückgekehrt und wieder aufgenommen ist in den Schoß des ewigen allbarmherzigen Gottes, von dessen unendlicher, allumfassender Liebe auch wir so vielfach irrenden und fehlenden Menschen dermaleinst hoffen hingenommen zu werden. Lasset uns denn beten für die Seele des Verstorbenen und für unsere eigene, indem wir mit den Worten unseres Herrn und Heilandes sprechen: Vater Unser u. s. w. Amen." — In der That ein sauberes Evangelium! Sonst hieß es doch wenigstens: Lustig gelebt und selig gestorben, das heißt dem Teufel die Rechnung verdorben. Jetzt aber: Saufen und Fressen, Schuldenmachen und die Leute betrügen, dann sich todtschießen und im Schoße des allbarmherzigen Vaters ein Ruheplätzchen finden. Da gefällt uns doch besser, was im vorigen Sommer auf einem Frankfurter Kirchhofe am Grabe seiner verstorbenen Ehefrau der eigene Ehegatte verkündigte: Es sei das Glück ihres ehelichen Lebens gewesen, daß beide von dem Wahn, es gäbe eine Ewigkeit, befreit gewesen! Freilich legte sich auch diesem Erdenbürger reinster Race der unverständliche Schluß in den Mund: Möge ihre Seele ruhen im ewigen Frieden. Man sieht, es kostet wirklich Anstrengung und Uebung, die Ewigkeitsgedanken ganz los zu werden.   (Rheinisch luth. Wochenblatt.)

Lehre und Wehre.

Jahrgang 26.   Juni 1880.   No. 6.

Dogmengeschichtliches über die Lehre vom Verhältniß des Glaubens zur Gnadenwahl.

(Schluß.)

2.*) Πρόϑεσις = Vorsatz (Röm. 8, 28. Ephes. 1, 11. 2 Tim. 1, 9. Röm. 9, 11.: ἡ κατ᾽ ἐκλογὴν τοῦ ϑεοῦ πρόϑεσις = der Vorsatz Gottes nach der Wahl). Was die Concordienformel unter diesem Terminus verstehe, erhellt deutlich aus folgenden Worten: „Es gibt auch also diese Lehre den schönen herrlichen Trost, daß Gott eines jeden Christen Bekehrung, Gerechtigkeit und Seligkeit so hoch ihm angelegen sein lassen und es so treulich damit gemeint, daß er, ehe der Welt Grund geleget, darüber Rath gehalten und in seinem Fürsatz" („in illo arcano suo proposito" = in jenem

---

*) Wir erlauben uns hier die Bemerkung, daß von mehreren Seiten darüber geklagt worden ist, daß die Lehre von der Gnadenwahl nicht sogleich aus der Schrift, sondern bisher nur aus den Zeugnissen theils des Bekenntnisses, theils der Dogmatiker unserer Kirche dargestellt worden ist, und zwar mit Unrecht. Denn da wir bekanntlich beschuldigt worden sind, nicht die lutherische, sondern eine kryptocalvinistische (!) Lehre von der Gnadenwahl zu führen, so war es vor allem nöthig, da sich ja hiernach zunächst um eine historische Frage handelte, den Beweis zu liefern, daß unsere Lehre die Lehre unserer lutherischen Kirche sei. Weit entfernt aber, daß wir damit uns der Pflicht, den Schriftbeweis für unsere Lehre zu liefern, hätten entziehen wollen, so werden wir im Gegentheil erst recht frei aufathmen, wenn wir die uns abgenöthigte historische Beweisführung endlich hinter uns haben und, während wir es dann unsern Gegnern ruhig überlassen können, auch fernerhin allein die Meinungen der Dogmatiker gegen uns in das Feld zu führen, uns in die liebe heilige Schrift versenken und daraus erweisen, daß unsere Lehre von der Gnadenwahl die von dem großen Gott selbst in seinem heiligen Worte geoffenbarte sei. Wissen wir doch, daß unsere Gegner nur so lange einen gewissen Schein, für die Wahrheit zu kämpfen, um sich verbreiten können, als sich's nur darum handelt, was gewisse sonst anerkannte lutherische Dogmatiker gemeint haben; daß aber auch dieser Schein alsbald völlig verschwindet, wenn sie genöthigt werden, in das Sonnenlicht der Schrift zu treten und Schrift aus Schrift zu erklären, ohne daß es ihnen erlaubt ist, sich auf das zu berufen und zu stützen, was Menschen nicht aus derselben heraus, sondern (aus menschlicher Schwachheit) in dieselbe hinein getragen haben.

11

seinem geheimen Vorsatz) „verordnet hat, wie er mich dazu bringen und darinnen erhalten wolle. Item daß er meine Seligkeit so wohl und gewiß habe verwahren wollen, weil sie durch Schwachheit und Bosheit unsers Fleisches aus unsern Händen leichtlich könnte verloren oder durch List und Gewalt des Teufels und der Welt daraus gerissen und genommen werden, daß er dieselbige in seinem vorigen Vorsatz, welcher nicht feilen oder umgestoßen werden kann, verordnet und in die all= mächtige Hand unsers Heilandes JEsu Christi, daraus uns niemand reißen kann, zu bewahren geleget hat, Joh. 10, 28.; daher auch Paulus sagt Röm. 8, 28. 39.: ‚Weil wir nach dem Fürsatz Gottes berufen sind, wer will uns denn scheiden von der Liebe Gottes in Christo?‘ Es gibt auch diese Lehre in Kreuz und Anfechtungen herrlichen Trost, nemlich daß Gott in seinem Rath vor der Zeit der Welt bedacht und beschlossen habe, daß er uns in allen Nöthen beistehen, Geduld verleihen, Trost geben, Hoffnung wirken und einen solchen Ausgang verschaffen wolle, daß es uns seliglich sein möge. Item, wie Paulus dies gar tröstlich handelt Röm. 8, 28. 29. 38. 39., daß ‚Gott in seinem Fürsatz vor der Zeit der Welt verordnet habe‘, durch was Kreuz und Leiden er einen jeden seiner Auserwählten gleich wollte machen dem Ebenbilde seines Sohnes, und daß einem Jeden sein Kreuz zum Besten dienen soll und müsse, weil sie nach dem Fürsatz berufen seien, dar= aus Paulus für gewiß und ungezweifelt beschlossen („ideo Paulus certitu- dinem beatitudinis nostrae super fundamentum propositi divini extruit, cum ex eo, quod secundum propositum Dei vocati sumus, colligit“ = daher Paulus die Gewißheit unserer Seligkeit auf dem Grund des göttlichen Vorsatzes auferbaut, wenn er daraus, daß wir nach dem Vorsatz Gottes berufen sind, schließt), daß ‚weder Trübsal noch Angst, weder Tod noch Leben ꝛc., uns scheiden können von der Liebe Gottes in Christo JEsu‘.“ (S. 714. § 45—49.) Hieraus ist unwidersprechlich klar, daß unser Bekenntniß unter dem Vorsatz nicht die Gnadenordnung Gottes für alle Menschen im Allgemeinen versteht, sondern dieses Wort als ein Synonymum von Erwählung und Zuvorverordnung betrachtet. Daß Brenz, L. Osiander sen. und Selnecker das Wort πρόθεσις ebenso verstehen, haben wir bereits im vorigen Hefte aus ihrer Auslegung von Röm. 8, 29. ff. ersehen. Was Osiander betrifft, so commentirt er 2 Tim. 1, 9. folgendermaßen: „Er hat uns zu jener ewigen Seligkeit nicht nach unseren Werken berufen, sondern nach seiner ewigen Erwählung oder (seu) Vorsatz und nach seiner Gnade und unverdienten Gütigkeit, welche uns gegeben ist in Christo JEsu vor der Zeit der Welt, d. i., Gott hat uns zur ewigen Seligkeit prädestinirt um Christi willen, ehe der Welt Grund gelegt wurde.“ (L. c. f. 597.) Derselbe setzt zu den Worten: „daß der Vorsatz Gottes bestünde nach der Wahl“ (Röm. 9, 11.) als Erklärung hinzu: „das ist, daß Gottes ewiger Rathschluß fest stünde, durch welchen er den einen erwählt, den andern verwirft.“ (L. c.

f. 433.) Zu der letzteren Stelle bemerkt Brenz: „Was Paulus sagt, hat diese Meinung: Gott hat Jakob erwählt und Esau verworfen, damit er durch ein klares Beispiel beweise, daß er seine Kinder zur himmlischen Erb=schaft erwähle nicht auf Grund (ex) der Werke oder irgendwelcher Verdienste, seien es nun vorausgehende, oder nachfolgende, sondern allein nach seinem Vorsatz und Berufung, das ist, nach dem bloßen Wohlgefallen seines Willens (animi sui) und aus rein gnadenvoller Gütigkeit und Barmherzigkeit." (L. c. f. 665.) Derselbe schreibt zu Röm. 8, 28.: „Alle Dinge, spricht er, müssen denen zum Besten dienen, die nach dem Vorsatz berufen sind. Welche sind nun jene, die nach dem Vorsatz be=rufen sind? Und was ist jener Vorsatz? Hier muß man wissen, daß nicht von des Menschen, sondern von Gottes Vorsatz die Rede sei. Es wird nemlich derselbe dem Zufall oder dem blinden Ungefähr entgegengesetzt. Denn als die Predigt des Evangeliums von Christo durch die Apostel unter den Heiden in der ganzen Welt ausgebreitet wurde, da nahmen zwar Viele das Evangelium an und glaubten an Christum; dies schien aber nicht nach einem bestimmten Rathschluß und Vorsatz Gottes, sondern nur menschlich zufällig und von ungefähr zu geschehen. Daher schienen ihnen auch die darauf folgenden Trübsale selbst zufällig und von ungefähr zu widerfahren, und derjenige wurde darum von den Klugen dieser Welt für den größten Thoren geachtet, welcher sich so vielen Gefahren durch seine Unüberlegtheit selbst aussetzte. Paulus aber, wenn er sagt, daß alle Dinge denjenigen zum Besten dienen, die nach dem Vorsatz berufen sind, tröstet die Trübsal Lei=benden und ermahnt sie, zu bedenken, daß sie zum Glauben des Evan=geliums gekommen sind nicht nach menschlichem, sondern göttlichem Vorsatz, nicht nach menschlichem, sondern göttlichem Rath=schluß, nicht durch menschliche, sondern göttliche Berufung, daher sie wissen sollen, daß auch die Trübsale, welche wegen des Bekenntnisses des Evangeliums erfolgen, nicht aus menschlicher Macht hervorgehen, sondern nach Gottes Willen, und daß, da derselbe nicht ein tyrannischer, sondern ein väterlicher ist, es nicht anders möglich ist, als daß die Trübsale dem Gläu=bigen heilsam sind und zum Besten dienen. Man sieht also, worauf die Lehre von dem Vorsatz oder der Prädestination Gottes zielt, nem=lich nicht darauf, den Glauben zu schwächen, sondern zu stärken in jedem Mißgeschick; wir sollen nemlich wissen, daß wir, wie wir nicht durch einen blinden Zufall, sondern nach einem ganz gewissen Vorsatz und Rathschluß Gottes zur Erkenntniß des Evangeliums berufen worden sind, so auch nicht von ungefähr, sondern nach Gottes gutem Willen von mancherlei Trübsalen betroffen werden, und daß daher die Hoffnung einer wahren und ewigen Seligkeit, welche wir in Christo gefaßt haben, uns nicht beschämen werde." (L. c. f. 649.) Christoph Körner endlich schreibt zu Röm. 9, 11.: „Es ist dies eine Bestätigung des (V. 10.) vorge=legten Beispiels durch eine Widerlegung eines möglichen Einwurfs im Vor=

aus (per occupationem) und durch eine Erzählung: Vielleicht ſprechen die
Juden, es ſei wahr, daß Gott Jakob ſeinem Bruder Eſau vorgezogen habe,
aber dies ſei darum geſchehen, weil Eſau böſe, Jakob aber gut geweſen ſei.
Dieſem Einwurf begegnend, erzählt er, daß Gott, ehe dieſe beiden ge=
boren geweſen und weder Gutes noch Böſes gethan hätten,
bei ſich beſchloſſen habe, welchen er von ihnen beiden erwählen und
dem Anderen vorziehen wollte, damit man ſähe, daß dieſes nicht ſowohl
um ihrer Verdienſte und Werke willen geſchehen ſei, als daß er ſeinen Vor=
ſatz nach der Wahl feſtgehalten (servasse) und dieſes rein umſonſt,
nach ſeiner Barmherzigkeit und ſeinem freien Willen gethan habe." (L. c.
p. 120.)

3. Εὐδοχία = Wohlgefallen (Epheſ. 1, 5. 9. vgl. Phil. 2, 13.).
So ſchreibt Selneccer zu Epheſ. 1, 9.: „Der Wille Gottes in der Lehre
des Evangeliums iſt durchaus geheimnißvoll und hat keine andere Urſache,
als ſich ſelbſt, daher Paulus ſpricht: ‚Nach ſeinem Wohlgefallen, das er
ſich vorgeſetzt hatte in ihm ſelbſt‘ (ἣν προέθετο ἐν αὐτῷ) oder in ſeinem Ge=
müth und Herzen." (L. c. II, 7.)　So ſchreibt ferner Oſiander in der
Auslegung von Epheſ. 1, 5. 6.: „Das iſt, der himmliſche Vater hat uns
von Ewigkeit zum Erbe des ewigen Lebens vorherbeſtimmt, welches uns
Chriſtus durch ſein allerheiligſtes Verdienſt erworben hat; denn der himm=
liſche Vater wollte uns ſich zu ſeinen Kindern annehmen, und zwar durch
keines Menſchen Verdienſt dazu bewogen (invitatus), ſon=
dern weil es ihm ſo wohlgefällig war.　Daher allein ſein Wille
die erſte Urſache unſerer Seligkeit iſt." (L. c. f. 539.)　Auf Veranlaſſung
der Stelle Luk. 12, 32. (εὐδόχησεν) ſchreibt Polykarpus Leyſer: „Das
erſte Fundament iſt Gottes des Vaters ewiges Wohlgefallen, durch
welches er uns κατὰ τὴν εὐδοχίαν τοῦ θελήματος αὐτοῦ, aus dem väter=
lichen Affect ſeines Willens in Chriſto JEſu, ſeinem geliebten Sohne,
ehe der Welt Grund geleget ward, erwählet und uns zur Kindſchaft gegen
ihn ſelbſt zuvorverordnet hat, wie Paulus Epheſ. 1, 4. redet.　Dieſer
‚Grund Gottes beſtehet und hat dieſes Siegel: Der HErr kennet die
Seinen‘, 2 Tim. 2, 18.　Und zwar iſt dies ſo feſt, daß ſelbſt zehen Myri=
aden von Teufeln und alle Pforten der Hölle es nicht überwältigen können,
Matth. 16, 18.　Denn ‚der Rath des HErrn bleibet ewiglich, ſeines
Herzens Gedanken für und für‘, wie David ſingt Pſ. 33, 11.　Und
Jeſaias ſagt Cap. 14, 27.: ‚Der HErr Zebaoth hat’s beſchloſſen; wer
will’s wehren? und ſeine Hand iſt ausgereckt; wer will ſie wenden?‘
Dieſes iſt daher unſer und aller Glieder der Kirche höchſter Troſt, daß
unſere Seligkeit nicht von unſerer Würdigkeit oder Unwürdigkeit, nicht von
unſeren Verdienſten oder Werken abhängt, ſonſt würden wir übel auf die=
ſelbe hoffen, ſondern daß ſie auf den freien und gnadenvollen
Willen Gottes gegründet iſt." (Harmon. evangel. ad l. c. I. f. 2068.)

4. Προώρισε = zuvor verordnet (Röm. 8, 29. vgl. Epheſ. 1, 5. 11.).

Wie die Concordienformel dieses Wort verstehe und in welches Verhältniß dieselbe demgemäß die Zuvorverordnung zu den Gnadenhandlungen Gottes in der Zeit setze, geht u. a. aus folgenden Worten klar hervor: „Es gehöret auch dies zu fernerer Erklärung und heilsamen Brauch der Lehre von der Vorsehung Gottes zur Seligkeit (de divina praedestinatione electorum ad salutem): weil allein die Auserwählten selig werden, deren Namen geschrieben stehen im Buch des Lebens, wie man das wissen, woraus und wobei man erkennen könne, welche die Auserwählten sind, die sich dieser Lehre zum Trost annehmen können und sollen. Und hiervon sollen wir nicht urtheilen nach unserer Vernunft, auch nicht nach dem Gesetz, oder aus einigem äußerlichen Schein; auch sollen wir uns nicht unterstehen, den heimlichen verborgenen Abgrund göttlicher Vorsehung (praedestinationis) zu forschen, sondern auf den geoffenbarten Willen Gottes Achtung geben. Denn ‚er hat uns offenbaret und wissen lassen das Geheimniß seines Willens, und hat dasselbige herfürgebracht durch Christum, daß es geprediget werde‘, Ephes. 1, 9. ff. 2 Tim. 1, 9. f. Dasselbige aber wird uns also geoffenbaret, wie Paulus spricht Röm. 8, 29. f.: ‚Die Gott versehen, erwählet und verordnet hat (praeordinavit), die hat er auch berufen.‘“ (S. 709. § 25. 26. 27.) Wenn die Concordienformel hiernach lehrt, daß man aus seiner kräftigen Berufung auf seine Erwählung schließen solle und wenn sie sich dabei auf Röm. 8, 29. f. beruft, so heißt sie offenbar aus der Wirkung auf die Ursache schließen und erklärt sie somit die Zuvorverordnung für eine Handlung Gottes, deren nächste Wirkung die Berufung, also die Schenkung des Glaubens ist. Dies zeigen auch die folgenden Worte: „Daher werden die Auserwählten also beschrieben Joh. 10, 27. f.: ‚Meine Schafe hören meine Stimme, und ich kenne sie, und sie folgen mir, und ich gebe ihnen das ewige Leben.‘ Und Ephes. 1, 11. 13.: ‚Die nach dem Fürsatz verordnet sein zum Erbtheil‘, die hören das Evangelium, glauben an Christum, beten und danken, werden geheiliget in der Liebe, haben Hoffnung, Geduld und Trost im Kreuz (perseverant in spe, patientia et consolatione sub cruce = verharren in der Hoffnung ꝛc., Röm. 8, 25.), und ob dies alles gleich sehr schwach in ihnen ist, haben sie doch Hunger und Durst nach der Gerechtigkeit (Matth. 5, 6.).“ (S. 710. § 30.)

Daß Chemnitz, der Hauptverfasser der Concordienformel, ebenso in seinen Privatschriften von dem προορισμός (praedestinatio) gelehrt habe, ist nicht anders zu erwarten. Zum Ueberfluß erinnern wir daran, daß er in seinen Locis schreibt: „Die Prädestination wird von der speciellen Handlung Gottes in den Auserwählten ausgesagt, vermöge welcher er beruft, rechtfertigt und selig macht (praedestinatio dicitur de speciali actione Dei in electis, qua vocat, justificat et salvos facit). Das Vorherwissen aber bedeutet schlechthin das Wissen und wird sowohl vom Guten, als vom Böſen verſtanden." (Loc. th. Loc. de causa peccati, cap. 6. I, f. 148.) So ſchreibt Chemniß ferner in ſeinem Handbüchlein: „Gott hat jede und alle Perſonen der Auserwählten, ſo durch Chriſtum ſollen ſelig werden, in ſeinem ewigen Rath, nach ſeinem gnädigen Vorſaß bedacht und zur Seligkeit verſehen und erwählet, auch verordnet, wie er ſie durch ſeine Gnade, Gaben und Wirkung dazu bringen, befördern und erhalten wolle." (Citirt von Frank in ſeiner „Theologie der Concordienformel". IV. S. 336.) So ſchreibt endlich Urbanus Rhegius: „Gleichwie Gott Petrum, Paulum und uns andere Chriſten zur Seligkeit verſehen hat, alſo hat er auch verordnet und verſehen ihre Bekehrung, ihren chriſtlichen Wandel, Buße und gute Werke." (Formulae caute loquendi. Ed. Feuſt= king. p. 37. sq.) Wie Brenz, L. Oſiander, Körner und Selnec= cer das Wort προώρισε verſtehen, haben wir bereits im vorigen Heft aus ihren Commentarien zum Briefe St. Pauli an die Römer geſehen.

5. Τεταγμένοι εἰς ζωὴν αἰώνιον = zum ewigen Leben verordnet (Apoſt. 13, 48.). Daß dieſe Worte von der Präbeſtination oder Erwählung han= deln, bezeugt unſer Bekenntniß. So heißt es in der Concordienformel: „Die ewige Wahl Gottes aber ſiehet und weiß nicht allein zu= vor der Auserwählten Seligkeit, ſondern iſt auch aus gnädigem Willen und Wohlgefallen Gottes in Chriſto JEſu eine Urſache, ſo da unſere Seligkeit und was zu derſelben gehöret, ſchaffet, wirket, hilft und befördert; darauf auch unſere Seligkeit alſo gegründet iſt, daß die Pforten der Höllen nichts dawider vermögen ſollen; wie geſchrieben ſtehet: ‚Meine Schafe wird mir niemand aus meiner Hand reißen'; und abermals Act. 13, 48.: ‚Und es wurden gläubig, ſo viel ihr zum ewigen Leben verordnet waren.'" (S. 705 f.) Wie Selnecer die Worte ver= ſtehe, haben wir bereits im März-Heft S. 69 nachgewieſen. Lukas Oſiander commentirt die Stelle wie folgt: „‚Und es wurden gläubig' (an das Evangelium), ‚ſo viel ihr' (in Gottes geheimen Rathſchluß) ‚zum ewigen Leben verordnet waren'; dieſen iſt es durch den heiligen Geiſt ge= geben worden, daß ſie an Chriſtum glaubten; die Uebrigen hörten zwar, aber glaubten nicht. [Denn diejenigen, welche der HErr von Ewigkeit zum ewigen Leben zuvorverordnet hat, die beſchenkt er mit Erkenntniß des Evan= geliums; gemäß jenem Spruch Pauli: ‚Welche er verordnet hat, die hat er auch berufen,*) und welche er berufen hat, die hat er auch gerecht gemacht, Röm. 8. Warum aber der HErr nicht alle verordnet hat, und warum er nicht alle mit Glauben beſchenkt, zu erforſchen, iſt nicht unſere Sache. Es iſt aber dafür zu halten, daß Gott vollkommen gerecht und weiſe iſt. Unterdeſſen ſollen wir ſelbſt von ganzem Herzen dafür dankſagen, daß er uns durch die Predigt des Evangeliums zur Gemeinſchaft des ewigen

Lebens berufen und unsere Herzen durch den Glauben erleuchtet hat.]"
(L. c. ad Act. 13, 48. P. III. fol. 360.) Diese Auslegung finden wir
übrigens auch bei späteren Theologen, welche sonst den zweiten Lehrtropus
angenommen haben. So schreibt z. B. Balthasar Meisner in seiner
Widerlegung der Lehre Samuel Huber's von einer angeblichen allgemeinen
Gnadenwahl aller Menschen: „Huber wird widerlegt 6. aus Apost. 13, 48.:
‚Und wurden gläubig, wie viel ihrer zum ewigen Leben verordnet waren.'
Viele aber glaubten nicht. Also waren viele nicht zum ewigen Leben
verordnet, das ist, erwählt. Daß aber diese Stelle von der Wahl der
Gläubigen rede, beweis't, außerdem daß die Concordienformel es so auslegt,
der Laut der Worte selbst: ὅσοι τεταγμένοι ἦσαν πρὸς ζωὴν αἰώνιον. Aus
welchen Worten klar hervorgeht, daß von der Verordnung oder Bestimmung
zum ewigen Leben die Rede sei, welche von Ewigkeit vor Grundlegung der
Welt geschehen ist und nichts anderes bezeichnen kann, als die Erwählung
der Gläubigen selbst." (Ἀνθρωπολογ. Disput. XVII. B. 3. b.) Auch
Arcularius schreibt in seinem Commentar zur Apostelgeschichte zu Act.
13, 48.: „Es heißt, daß gläubig wurden, wie viel ihrer zum ewigen Leben
verordnet waren, womit die Ursache von dem angezeigt wird, was Lukas
sowohl von der Freude, als von der Lobpreisung der göttlichen Predigt kurz
vorher gesagt hatte, nemlich der aus der ewigen Prädestination Gottes, als
seiner Quelle, fließende Glaube." (Commentar. in Acta Apost. Ed.
B. Menzer. p. 319.)

Was nun die Verschiedenheit der Exegese betrifft, welche dem zweiten
Lehrtropus in Betreff der Gnadenwahl zum Grunde liegt, so zeigt sich dieselbe namentlich durch das Folgende.*)

Die ziemlich übereinstimmende Auslegung von Röm. 8, 28. ff., wie sie
sich bei den späteren Dogmatikern findet, zusammenfassend, schreibt Hollaz
unter Anderem Folgendes: „Das Wesen des ewigen Rathschlusses, gewisse
Menschen selig zu machen, besteht nach dem Urtheil Scherzer's (System.
theol. l. XVIII. p. 518.) in dem Zusammenkommen des Vorsatzes, des

---

*) Wie wenig die späteren Theologen geneigt waren, im Locus von der Gnaden-
wahl dem Vorbild der Concordienformel und namentlich der betreffenden Exegese derselben zu folgen, dieß spricht Caspar Löscher in seiner Theologia thetica (1694)
ganz naiv besonders deutlich aus. Er schreibt: „Unserer Lehre ist nicht entgegen, daß
die Prädestination keinen besonderen Artikel des Glaubens und der Religion constituire,
sondern vielmehr durch alle Artikel umher irre, z. B. von der Erlösung, Berufung, Bekehrung 2c. Und dieses Lehre die Concordienformel selbst im 11. Artikel. Daher
werde sie irrthümlicherweise von diesen Artikeln abgesondert und besonders gelehrt.
Denn wir erwidern: Wohl hat das Wort Prädestination eine weitere Bedeutung,
aber nicht in der heiligen Schrift, sondern in den symbolischen Büchern. Daher wir wieder zwischen der symbolischen und biblischen Bedeutung
unterscheiden. Jene ist eine weite, diese eine enge. Jene hat hier keinen Platz,
außer daß sie abgewiesen wird (remotive), diese aber gehört hierher. Denn wir

Vorherwissens und Zuvorverordnung. Denn so sagt der Apostel: ‚Denen, die Gott lieben, dienen alle Dinge zum Besten‘, denen nämlich, ‚die nach dem Vorsatz berufen sind; denn welche er zuvor versehen‘ (zuvor ge= wußt) ‚hat, die hat er auch verordnet‘ (prädestinirt), ‚daß sie gleich sein sollen dem Ebenbilde seines Sohnes‘, Röm. 8, 28. ff. Woraus fol= gender prädestinatorischer Syllogismus sich ergibt:

Ein Jeder, welcher beharrlich bis an das Ende seines Lebens an Chri= stum glauben wird, wird gewiß selig werden und soll daher erwählt und in das Buch des Lebens eingeschrieben sein.

Nun wird dieser, jener, Abraham, Petrus, Paulus ꝛc., beharrlich bis an das Ende seines Lebens an Christum glauben.

Also wird dieser, jener, Abraham, Petrus, Paulus ꝛc., gewiß selig werden und soll daher erwählt und in das Buch des Lebens eingeschrie= ben sein.

Der erste Satz dieses Syllogismus (major propositio) ist die πρόθεσις oder der göttliche Vorsatz, die an Christum bis ans Ende glau= benden sündigen Menschen selig zu machen. Den zweiten Satz (mino= rem) bildet die πρόγνωσις, durch welche Gott von Ewigkeit vorausgesehen hat, welche einzelne Personen in der Zeit bis ans Ende glauben werden. Daraus folgt der Schlußsatz (conclusio), welcher den προορισμός oder die Erwählung selbst ihrem Wesen nach enthält, vermöge welcher Gott von Ewigkeit beschlossen hat, diesen, jenen gewiß und unfehlbar zur festgesetzten Zeit selig zu machen.“ (Exam. th. acroamat. P. III. S. 1. c. 2. q. 11. p. 630. sq.)

Dieser Anschauung gemäß legt Gerhard auch den 29. Vers von Röm. 8. aus, nemlich folgendermaßen: „Welche Gott zuvor gewußt hat, spricht der Apostel, die hat er verordnet; also setzt die Prädestination dies Vorherwissen voraus; jenes Vorauswissen bezieht sich auf den durch den Glauben zu ergreifenden Christus, weil Christus jener Vorhergewußte ist, in welchem Gott die Seinen vorhergewußt (1 Petr. 1, 20.) und prädestinirt hat (Ephes. 1, 4.). Welche also Gott als in Christo Vorhergewußte präde= stinirt hat, die hat er auch berufen, wobei eine mit des berufenen Menschen Zustimmung und Gehorsam verbundene Berufung verstanden wird. Welche in Christo Vorhergewußte und Prädestinirte er berufen und bekehrt hat, die hat er auch gerecht gemacht (nemlich durch den Glauben) und herrlich gemacht. In dieser Steigerung des Apostels wird also sowohl der nach dem Vorherwissen geschehene Rathschluß der Erwählung, als die Aus= führung jenes Rathschlusses beschrieben, weil Gott solche nach dem Vor= herwissen Prädestinirte in der Zeit beruft, gerecht macht und herrlich macht.“ (Loc. de electione et reprob. § 174.) So schreibt ferner Baier: „Der Glaube hat die Art einer bewegenden Ursache in Absicht auf den ewigen Rathschluß der Erwählung, nicht weil er von Ewigkeit existirt

worden ist. Wohin jene Stelle Röm. 8, 29. gehört: ‚Welche er zuvor ge=
wußt hat (als solche, die durch den Glauben in Christo JEsu sein würden),
die hat er auch vorher verordnet‘.“ (Compend. P. III. c. 12. § 15.)
Meisner setzt zu den Worten: „Welche er verordnet hat, die hat er auch
berufen; welche er aber berufen hat, die hat er auch gerecht gemacht;
welche er aber hat gerecht gemacht, die hat er auch herrlich gemacht“, hinzu:
„In dieser wahrhaft goldenen Kette hängen die Glieder zusammen, daß die
früheren Glieder immer durch die späteren bestimmt werden
(determinentur).“ (L. c. Disp. XVII. B. 4. a.)

Ueber den Begriff und das Verhältniß der πρόθεσις und πρόγνωσις
zur Gnadenwahl spricht sich Hollaz folgendermaßen aus: „Das erste (und
mittelbare) normirende Princip, nach welchem von Gott die Erwäh=
lung eingerichtet ist, ist die πρόθεσις oder der göttliche Vorsatz, nach wel=
chem Gott von Ewigkeit wollte, daß alle gefallenen Menschen selig werden
sollten, so viel ihrer an Christum beharrlich glauben würden; das nächste
(und unmittelbare) normirende Princip ist die πρόγνωσις oder das
göttliche Vorherwissen, durch welches Gott von Ewigkeit voraussah, welche
einzelne Personen unter den Menschen in der Zeit bis an das Ende an
Christum glauben würden . . . . Die πρόθεσις (der Vorsatz) ist die εὐδοκία
(das Wohlgefallen) Gottes, vermöge dessen er in Voraussicht des Falles Aller
vermöge seines vorausgehenden Willens alle Menschen ohne Ausnahme
selig zu machen beschlossen hat, 1 Tim. 2, 4., und zwar, wenn sie an
Christum bis an's Ende glauben würden.“ (L. c. q. 10. p. 629.)*)

Was endlich die Worte betrifft: „Und wurden gläubig, wie viel ihrer
zum ewigen Leben verordnet waren“, Act. 13, 48., so schreibt Hunnius:
„Wenn der Evangelist sagt, daß geglaubt hätten, wie viel ihrer τεταγμένοι,
verordnet, waren zum ewigen Leben, so bezieht er sich auf die Ordnung der
Mittel: es glaubten, das ist, es kamen zum Glauben, wie viel ihrer jene
von Gott zur Seligkeit festgesetzte Ordnung befolgten.“ (Volum. th. dis=
put. Witeb. 1598. p. 234. b.) Justus Feuerborn legt die Worte
folgendermaßen aus: „Das ist, von welchen Gott vorausgesehen hat, daß
sie glauben werden, diese haben thatsächlich den Glauben aus göttlicher
Gnade erlangt.“ (Syntagma sacr. disquisit. Marpurgi 1642. II, 641.)

---

*) Meisner hingegen schreibt: Der Wille ist der allgemeinere Begriff und be=
faßt auch diejenigen Dinge, welche nicht geschehen. So will Gott, daß alle Menschen

Hollaz ſchreibt geradezu in directem Widerſpruch gegen die Concordien=
formel: „Die Stelle Act. 13, 48. handelt nicht von der ewigen Prädeſtina=
tion, ſondern von einer Diſpoſition in der Zeit." (Exam. l. c. p. 624.)*)
Hollaz iſt hier offenbar Quenſtedt gefolgt, welcher ſchreibt: „Act. 13, 48.
heißt es nicht προωρισμένοι, was zuvorverordnet hieße, aber auch nicht προ-
τεταγμένοι, ſondern τεταγμένοι, wie Grotius mit Recht bemerkt. Alſo be=
weiſen dieſe Worte nichts für die Prädeſtination, geſchweige für eine ab=
ſolute Prädeſtination. . . Denn das Wort τάττειν wird nie in der Schrift
von der ewigen Erwählung gebraucht und das Wort τάξις bezeichnet nicht
ein abſolutes Decret, ſondern eine göttliche Ordnung, welcher man ſich in
der Zeit unterwerfen muß, daher auch die τεταγμένοι nicht ‚Verordnete' ſind,
ſondern ‚Geordnete', welche in und unter der göttlichen Ordnung ſich halten
(consistunt). Welche die von Gott vorgeſchriebene Ordnung halten, in
dieſelbe eingehen, ihr folgen, wie Franz auslegt. Sie werden an dieſer
Stelle vom Gegenſatz V. 46. beſchrieben. Die ſind τεταγμένοι (Geordnete),
welche nicht ἄτακτοι (Unordentliche) ſind. Nun ſind aber dieſe nicht von
Ewigkeit Verworfene, ſondern die τάξις oder die von Gott feſtgeſetzte Ord=
nung (in der Zeit) Störende, Zertretende, Gottes Wort Verwerfende ꝛc.
Es wird daher hier von jener τάξις gehandelt, welche die durch die Predigt
des Evangeliums angebotene zeitliche Ordnung, nicht die ewige Erwählung
betrifft. Der Sinn dieſer Worte iſt alſo: Allein jene wurden gläubig,
welche ſich der göttlichen Ordnung unterwarfen, ſich ziehen ließen, das Wort
der Gnade nicht zurückwieſen, ſondern mit Freuden annahmen. V. 46. u. 48."
(Theol. did.-polem. P. III. c. 2. s. 2. q. 4. f. 61.)**)   W.

---

*) Ernſt Gerhard bemerkt in ſeinen Zuſätzen zu der Auslegung ſeines Vaters,
welcher Act. 13, 48. von der Prädeſtination auslegt: „Das lehrt auch Hunnius, indem
er erinnert, daß hier allerdings auch von der Prädeſtination zum ewigen Leben gehan=
delt werde, in welcher Weiſe die gegenwärtige Stelle auch in der Concordienformel an=
geführt werde, was auch aus dem Text ſelbſt bewieſen werde, als welcher
im Plusquamperfect ſage: τεταγμένοι ἦσαν." (Annot. in Acta apostol.
p. 439.)

**) Man wird hier in der That an die auch von Quenſtedt ſelbſt verworfene Stelle
aus Melanchthon's Locis aus den Jahren 1543 und den folgenden erinnert: „Cum pro-
missio sit universalis nec sint in Deo contradictoriae voluntates, necesse est,
in nobis esse aliquam *discriminis causam*, cur Saul abjiciatur, David recipia-
tur, id est, necesse est, aliquam esse actionem dissimilem in his duobus.
Haec dextre intellecta vera sunt." (Ed. anni 1552. p. 102.) „Da die Verhei=
ßung allgemein iſt und in Gott keine ſich widerſprechenden Willen ſind, ſo muß in u n s
eine U r ſ a c h e des U n t e r ſ c h i e d s ſein, warum Saul verworfen, David angenommen
werde, das iſt, es muß eine verſchiedene Handlung in dieſen beiden ſein. Wenn dies
recht verſtanden wird, ſo iſt es wahr." Selbſt Frank ſetzt zu dieſen Worten hinzu:
„Allerdings, aber freilich dextre — man ſieht, Melanchthon fühlte, wie folgenſchwer
dieſe Behauptungen waren." (Th. der Concordienformel I, 132.)

(Eingesandt auf Beschluß der Effingham Specialconferenz von G. G.)

Der 11. Artikel der Augsburgischen Confession.

(Schluß.)

Diese Gewissensmarter haben unsere Väter in der Reformationszeit abgeschafft. Die Beichte sollte „frei" sein (Torg. Art. XI.). Doch warfen sie deshalb die Beichte nicht weg. „Denn wiewohl sie, eigentlich zu reden, nicht ein Stück der Buße, auch nicht nöthig und geboten ist", schreibt Luther, „so dienet sie doch dazu, daß man die Absolution empfahe." (E. A. XI, 294.) In einzelnen Gegenden wurde zwar die Beichte ganz abgeschafft. Luther und seine Mitarbeiter sahen es jedoch sehr ungerne. Sie straften es, aber ohne der christlichen Freiheit zu nahe zu treten. Seckendorf bemerkt zu einer papistischen Lüge, als ob Luther und Me= lanchthon in späterer Zeit die Beichte und Aufzählung der Sünden für nöthig gehalten hätten: „Lutherus hat die Erzählung der Sünden in der Beichte niemals als nothwendig erfordert, noch gelehrt, daß mit Auf= hebung derselben die Lehre von Vergebung der Sünden verdunkelt werde, noch andere Gemeinden gestraft, welche anstatt der Privatbeichte eine Vor= bereitung und Erweckung zur Buße und Glauben bei den Communicanten eingeführet und also einen Zweck, obwohl eine andere Weise mit ihm gehabt." (A. a. O. S. 1772.) Nur die Schwärmerei, welche sich zu der Behauptung verstieg: was nicht geboten, sei verboten, wollten unsere Väter ernstlich strafen. Es ist also ganz richtig, wenn Spener auf die Frage: „Ist solche Beichte schlechterdings zur Vergebung der Sünden noth= wendig?" antwortet: „Nein; dieweil wir dessen keinen ausdrücklichen Be= fehl haben. Weil sie aber dazu dienlich ist, damit die Prediger den ihnen gegebenen Befehl, die Vergebung der Sünden den Bußfertigen zu verkün= digen, desto besser zu Werk richten mögen, so ist sie in unsern evangelischen Kirchen als eine nützliche Ceremonie behalten worden." (Einf. Erkl. der christl. Lehre. 1709. S. 690.)

Die lutherische Beichte hat sonach einen ganz andern Zweck als die papistische. Die papistischen Pfaffen sitzen dabei auf dem Richterstuhl. Darum müssen ihnen die Vergehungen ganz genau vor Augen gelegt wer= den. Ganz richtig schließt der Catechismus romanus: „Weil, wie die heil. tridentinische Synode weise erinnert hat, über keine Sache ein wahres Urtheil geschehen und in den zu fordernden Strafen der Verbrechen das Maß der Gerechtigkeit nicht eingehalten werden kann, wenn nicht die Sache vollständig erkannt und durchschaut ist, so folgt daraus, daß den Priestern durch die Beichte der Büßenden alle Sünden einzeln zu eröffnen sind." (P. II. c. V. qu. XLL. Lpz. 1856. S. 232.) Die Frage ist nur, wer sie zu Richtern gemacht hat. Die Schlüssel des Himmelreichs sind kein Richter= schwert, sondern das Amt des Evangeliums. Sie machen ihre Träger

„Denn daß sie sagen, ein jeglicher Richter muß erst die Sachen und Gebrechen hören, ehe er das Urtheil spreche; also müssen erst die Sünden erzählet werden 2c.: das thut nichts zur Sache; denn die Absolution ist schlecht der Befehl, los zu sprechen, und ist nicht ein neu Gericht, Sünden zu erforschen. Denn Gott ist der Richter. Der hat den Aposteln nicht das Richteramt, sondern die Gnadenexecution befohlen, diejenigen los zu sprechen, so es begehren, und sie entbinden auch und absolviren von Sünden, die uns nicht einfallen. Darum ist die Absolution eine Stimme des Evangelii, dadurch wir Trost empfangen, und ist nicht ein Urtheil oder Gesetz." (Apol. Art 12.) In einem gewissen Sinne möchte zwar der Beichtiger ein Richter genannt werden; denn er soll das Heiligthum nicht den Hunden geben und darüber urtheilen, wo der Löse= und wo der Bindeschlüssel anzuwenden ist. M. Chemnitz schreibt deßhalb: „Da der Schlüssel nicht ohne Urtheil entweder als lösend oder als bindend zu brauchen ist, so erforschen die Pastoren in jenem Privatgespräche die Urtheile der Zuhörer, ob sie rechte Erkenntniß haben . . .; man führt sie zur Betrachtung der Sünden; man erforscht, ob sie ernstlich betrübt sind über die Sünden, ob sie Gottes Zorn fürchten und ihm zu entrinnen begehren, ob sie einen Vorsatz der Besserung haben; man fragt sie auch, wenn man glaubt, daß sie an gewissen Sünden hangen." (Examen II, 195.) Aber das ist kein Richten über die Schwere der Sünden und die demgemäß aufzulegenden Strafen, sondern es ist das Urtheil eines Arztes über die Anwendung der Arznei. Nun könnte man einwenden, ein Arzt müsse nothwendig die Wunden untersuchen, ehe er Arznei verordnet; darum müßten auch nothwendig Sünden in der Beichte namhaft gemacht werden. Das wäre ganz richtig, wenn wir verschiedene Arzneien hätten. Allein wir haben nur eine Generalmedicin für alle Sündenwunden. Darum bezeugen wir mit unserer Apologie: „Wiewohl wir die Beichte auch behalten und sagen, es sei nicht unnütz, daß man die Jugend und unerfahrene Leute auch frage, damit sie deß besser mögen unterrichtet werden: doch ist das alles also zu mäßigen, damit die Gewissen nicht gefangen werden, welche nimmer können zufrieden sein, so lange sie in dem Wahn sind, daß man für Gott schuldig sei, die Sünden zu erzählen." (Art. 12.) Ein seelsorgerliches Gespräch soll mit der Privatbeichte allerdings verbunden sein, wenigstens bei Angefochtenen, mit jungen Leuten

schaft des Glaubens, auch Ursache, warum sie hinzugehen wollen, gefordert werden; doch sei dieses einmal im Jahre genug; bei manchen könne es auch einmal für allemal genug sein." (Ebend. S. 587.) „Denn solch Beichten nicht allein darum geschieht, daß sie Sünden erzählen, sondern daß man sie verhört, ob sie das Vaterunser, Glauben, zehn Gebote und was der Katechismus gibt, können. Denn wir wohl erfahren haben, wie der Pöbel und die Jugend aus der Predigt wenig lernet, wenn sie nicht insonderheit gefragt und verhört wird." Hiezu bemerkt Seckendorf: „Es ist hiebei anzumerken, daß diejenigen unter den Unsern Lutheri Sinn sehr zuwider seien, welche mit den Einfältigen in der Beichthandlung oder vor derselben kein Examen oder Gespräch halten, worauf doch Lutherus so scharf und ernstlich gedrungen. Denn wo solches unterlassen wird, kommt alles nur auf Hersagung der Beichte und Absolutionsformeln an, welche der stetige Gebrauch zu einer kaltsinnigen Gewohnheit macht, die man nicht achtet." (Ebend. S. 1343.) Das ist gewiß sehr richtig. Ohne ein solches seelsorgerliches Gespräch wird die Beichte bei Vielen zum papistischen opus operatum. Denn die Beichtformeln sind in Vieler Munde nichts als Lüge und Heuchelei. Jeder Beichttag ist ein Zahltag für solche Orthodoxisten, an welchem man mit dem lieben Gott Abrechnung wegen der seit der letzten Beichte gemachten Schulden halten will. Die Pietisten hatten darum auch Grund und Ursache genug, über das Beichtwesen der Orthodoxisten zu lamentiren. Mit vollem Rechte klagt A. H. Franke: „Zur Beichte gehet man wohl. Aber worinnen besteht das? Daß man seine alte Beichtformel (sie schicke sich oder schicke sich nicht auf den Zustand, darin man lebet) einmal wiederholet und saget dieselbige seinem Beichtvater wieder vor. Aber fraget man, was in dem Herzen für Erkenntniß der Sünden sei, ach wie wenig wird man davon finden! Daher folget auch keine Frucht und bleiben die Menschen bei allem ihrem Beichtwesen ungeändert." (Bußpr. I, 74.) Wahrlich, eine solche Beichte haben unsere Väter nicht gewollt. Sie ist, wenn auch nicht in der äußern Form, doch dem Wesen nach von der papistischen nicht viel verschieden. Soll man also mit der Privatbeichte nicht in Orthodoxismus gerathen, so ist auch ein seelsorgerliches Gespräch nöthig. Dabei darf der Prediger jedoch nicht nach heimlichen Sünden forschen. Dazu haben wir weder Beruf noch Recht. „Und wird von der Beichte also gelehret", bekennt unsere Augsb. Confession, „daß man niemand bringen soll, die Sünden namhaftig zu erzählen." (Art. 25.) „Die Erzählung der Sünde soll frei sein einem jeden, was er erzählen oder nicht erzählen will", sagen die Schmalkalbischen Artikel (P. III. Art. 8.). „Wenn den bußfertigen Sündern Vergebung der Sünden zu verkündigen war, so liest man nirgends, daß sie (die Apostel) eine vollständige Aufzählung der Sünden gefordert hätten, sondern es war ihnen genug, wenn man ihnen zeigte, daß man seine Sünden erkenne und bereue, an Christum glaube und in seinem Namen Vergebung

der Sünden begehre." (M. Cent. II, 383.) „So absolvirt Christus sehr
viele; so absolviren die Apostel einige Tausende, ohne zu verlangen, daß
ein Sündenregister aufgezählt werde." (Melanchthon in Locis S. 154.)
„Wiewohl wir in unsern Kirchen die besondere Beichte um guten Unter=
richts, Trosts und Absolution erhalten, ... so wird doch gelehret, daß
solche Erzählung der Sünde, so dem Priester insonderheit geschieht, nicht
geboten noch zur Vergebung nöthig, viel weniger um der willen die Sünde
vergeben wird." (Georg v. Anhalt Opp. S. 211 f.)

Dies alles wird gesagt, um die Freiheit der Gewissen zu wahren.
Alle papistische Gewissensstricke seien verflucht. Es ist genug, wenn jemand
in der Privatbeichte sich für einen Sünder bekennt. Niemand kann die
Namhaftmachung auch nur e i n e r Sünde von ihm f o r d e r n. Aber die
Freiheit haben wir für das G e w i s s e n. „Ich habe es alles Macht, aber
es frommet nicht alles", heißt es auch hier. Alle unsere Alten r a t h e n
einem Sünder, das Gewissen zu entlasten, indem er diejenigen Sünden,
die ihn beschweren, dem Beichtiger bekennt. In diesem Sinne heißt es
im kleinen K a t e c h i s m u s: „Vor dem Beichtiger sollen wir allein die
Sünden bekennen, die wir wissen und fühlen im Herzen." L u t h e r hält
es für „nicht wohl möglich", daß ein Christ erst nach Sünden zu suchen
brauche. Auch unser Artikel weis't durch die Worte: „ w i e w o h l n i c h t
noth ist, a l l e Missethat 2c. zu erzählen", darauf hin, daß es gut ist, wenn
e i n i g e namhaft gemacht werden. (Vergl. Torg. Art. XI.) Es ist
wahr, unsere Generalmedicin, das Evangelium, heilt alle Wunden. Aber
man muß sie auch recht a n w e n d e n, wenn sie ihre Heilkraft erzeigen soll.
Gerade h i e r a n wird es bei einem betrübten und angefochtenen Gewissen
fehlen. Soll ihm der Prediger als Seelenarzt bei der Anlegung des Ver=
bandes auf die aufgebrochene Wunde behilflich sein, so muß sie auch auf=
gedeckt werden. „Mit der Sünden Beicht und Offenbarung", schreibt
B a s i l i u s M. († 379), „hat es eine Gestalt wie mit der leiblichen Krank=
heit; denn wie die Menschen die Leibeskrankheiten nicht allen und jeden,
sondern allein denjenigen, die Erfahrung im Heilen haben, anzeigen und
entdecken, so muß auch die Offenbarung der Sünden denen geschehen, die
sie zu heilen wissen." (Opp. Ausg. v. 1691 S. 871.) Wer niemals
einen Gehilfen nöthig hat, um sich den Trost des Evangeliums zuzueignen,
der hat von Anfechtung wenig geschmeckt und darf sich wohl prüfen, ob ihn
nicht die Sicherheit dieser Zeit schon allzustark angesteckt hat. Je stärker
die Anfechtung ist, desto rathsamer ist die Offenbarung der Krankheit.
C y p r i a n († 254) schreibt: „Wenn die Schlange, der Teufel, einen heim=
lich gebissen und ohne jemandes Mitwissen mit dem Gift der Sünde ange=
steckt hat und derjenige, welcher getroffen ist, schweigt und thut nicht Buße,
will auch seine Wunde dem Bruder und Lehrer nicht bekennen, so wird
der Lehrer, welcher die Zunge zum Heilen hat, ihm nicht leicht nützen
können." (C h e m n i t z: Examen II, 194.) „Eine unerkannte Wunde

wird langsamer geheilt", sagt Hieronymus. (Ebend.) Sehr schön antwortet darum auch Spener auf die Frage: „Warum hat man einige Sünden absonderlich zu bekennen?" „Nicht aus sonderbarem göttlichem Gebot und gleich als würde dasjenige nicht vergeben, was nicht absonderlich gebeichtet worden, ... sondern des großen Nutzens wegen, damit der Prediger seinem Beichtkind über solche Sünde mit so viel besserem Unterricht des Gewissens, heilsamem Rath und kräftigem Trost begegnen und zu statten kommen könne." (Einf. Erkl. S. 691.) Nicht um ein Joch auf der Jünger Hälse zu legen, sondern um den armen Gewissen zu rathen, haben unsere Väter die Erzählung einzelner Sünden angerathen. So heißt es in der Kölnischen Reformation v. J. 1543: „Die Privatbeichte solle als nützlich bleiben, doch nur die Sünden, die das Gewissen vornehmlich drücken, namhaft gemacht und Rath und Trost begehrt werden." (Seckendorf a. a. O. S. 2217.) „Das specielle Bekenntniß eines besonders großen Vergehens wird von uns nicht schlechtweg, sondern nur für bedingungsweise nothwendig gehalten zur völligeren Entlassung und Unterrichtung des Gewissens", sagt Hollaz (Examen S. 1155). Soll die Privatbeichte ihren vollen Segen und Trost erweisen, so ist auch solch offenes Bekenntniß nöthig. Wo sie aber zu einem bloßen Formelwesen geworden ist, da ist von einem Nutzen für die Gemeinde keine Rede mehr. Wenn die Privatbeichte im vorigen Jahrhundert noch gewesen, was sie Anfangs war, so hätte sie die Stöße der Zeit wohl ausgehalten. Die rechte Beichte erhält sich selbst. Die orthodoxistische aber ist wie eine taube Nuß. „Man hat etwa gehöret", schreibt A. H. Francke, „was für ein großer Mißbrauch der Beicht und Bekenntniß der Sünden im Pabstthum zu großer Beschwerung der Gewissen eingerissen sei, gleich als habe keiner sich der Vergebung der Sünden zu getrösten, wofern er nicht alle und jede Sünden seinem Beichtvater eröffne ... Weil man nun, sage ich, solches etwa gehöret, so sind Viele auf das andere extremum gefallen und haben gemeint, daß den Gemeinden besser würde gerathen werden, so man die Bekenntniß seiner Sünden gar unterließe als eine Sache, welche weder nöthig noch nützlich wäre ... Wir sollen aber billig eines Andern aus unserm Catechismo uns bescheiden, nachdem der sel. Lutherus von Bekenntniß der Sünden gar anders gelehret und bezeuget, daß wir vor Gott dem HErrn uns aller Sünden schuldig geben, vor dem Beichtiger aber allein die Sünden bekennen sollen, die wir wissen und fühlen im Herzen; aus welcher Ursache er auch keineswegs die Bekenntniß hat wollen aufgehoben wissen, aus Furcht, daß den blöden Gewissen damit viel Trost würde benommen werden, wie auch die Erfahrung bezeuget ... Obige Worte stehen zwar im Catechismo; aber sie sind leider nicht so im Gebrauch." (Bußpr. II, 315 f.)

Die mit dem Sündenbekenntniß verbundene Selbstbemüthigung ist dem alten Menschen sehr heilsam. „Nichts ist der Sünde so töbtlich als

Selbstanklage und Selbstverurtheilung", sagt Chrysostomus. (Chrys.
Post. v. Hesele S. 135.) „Daß wir aber williglich und gerne beichten",
schreibt Luther an Sickingen, „soll uns fürs erste reizen das heil. Kreuz
d. i. die Schande und Scham, daß der Mensch sich williglich entblößet vor
einem andern Menschen und sich selbst anklaget und verhöhnet. Das ist
ein köstlich Stück vom heil. Kreuz. O wenn wir wüßten, was Strafe
solche willige Scham vorkäme und wie einen gnädigen Gott sie macht, daß
der Mensch Ihm zu Ehren sich selbst so vernichtet und demüthiget, wir
würden die Beichte aus der Erde graben und über tausend Meilen her-
holen." (X. Allg. Syn. Ber. S. 38.) — Allein was Luthern „gereizt"
hat zum Beichten, das schreckt uns ab. Die epicurische letzte Zeit hat uns
alle angesteckt. Die Welt prahlt mit ihren Sünden und wir Christen sind
voll falscher Scham. Das macht, wir haben unser Fleisch zu lieb, als daß
wir so unbarmherzig mit ihm umgingen. Es fehlt uns der Hunger und
Durst; denn der rechten Buße ist die rechte Beichte nicht schwer. Mancher
meint, einem Engel würde er beichten, aber nicht einem sündigen Menschen. Das ist nur eine Ausrede unseres bösen Herzens. Uns zum Trost
hat Gott Menschen zu Beichtvätern gemacht. „Wo die Krankheit, da ist
das Heilmittel", sagt Augustinus. —

Sollte rechter Gebrauch der Privatbeichte allgemeiner werden, so
müßten wir Pastoren damit den Anfang machen. Wer hat sie auch nöthiger
als wir? Wo kehrt die Anfechtung lieber ein als im Pfarrhause? Und
wie kann man jemanden nachdrücklich zu einer Arznei rathen, deren Heilsam-
keit man nicht selbst erfahren hat? Ist uns die Privatbeichte eine fremde
Schule, wie können wir Andere hineinführen? Ich bekenne, daß ich noch
spärlichen Gebrauch davon gemacht habe. Mit diesem Bekenntnisse will
ich das Referat schließen und seine Mängel entschuldigen.

(Eingesandt von P. Stöckhardt, Lic. theol.)

Schriftbeweis für die Lehre von der Gnadenwahl.

Vorbemerkung. Die Lehre von der Gnadenwahl ist in der heiligen Schrift offenbart. Die heilige Schrift beschreibt dieses unerforschliche Geheimniß mit klaren, deutlichen Worten. Eph. 1. Röm. 8. 2 Thess.
2, 13. 2 Tim. 1, 9. 1 Petri 1, 1. 2. Die heilige Schrift will mit dieser
Lehre die Christen trösten und stärken. Die heilige Schrift warnt nachdrücklich davor, über die Offenbarung Gottes hinaus dieses große, gottselige
Geheimniß mit der Vernunft zu erforschen. Röm. 9, 20. 21. Röm. 11,
33—36.

Wir ordnen die hierher gehörigen Schriftaussagen unter folgende

I. Wie beschreibt die heilige Schrift die Gnadenwahl?

II. Was lehrt die heilige Schrift von der Gewißheit der Gnadenwahl?

III. Worauf verweis't die heilige Schrift die Christen, damit sie ihrer Wahl gewiß werden?

I. Wie beschreibt die heilige Schrift die Gnadenwahl?

(„Lutheraner" von 1880. Sätze über die Gnadenwahl 5. 9. 10. 11.)

1. Wo die heilige Schrift von der Gnadenwahl redet, bezeichnet sie mit dem Ausdruck „Wahl", „Auserwählen" eine Handlung Gottes, nach der er bestimmte Personen aus der Menge der gefallenen Menschen herausgenommen hat. Desgleichen belegt die heilige Schrift mit dem Namen „Auserwählte" einzelne bestimmte Personen (nicht alle Menschen, auch nicht alle Christen, sondern die bis an's Ende glauben und schließlich selig werden). Eph. 1, 4. 2 Thess. 2, 13. 1 Petri 1, 1. Röm. 11, 7. Matth. 22, 14. Marc. 13, 20. 22. Röm. 8, 33. Col. 3, 12. 2 Tim. 2, 10. Titus 1, 1.

2. Die Wahl Gottes ist demgemäß nach der Schrift kein bloßes Vorherwissen, sondern ein Willensact Gottes. Diesen Willensact beschreibt die heilige Schrift auch mit folgenden Ausdrücken: „Zuvorerkennen", „Versehung", „Vorsatz", Vorherbestimmung", „Verordnung". Röm. 8, 29. 1 Petri 1, 2. Röm. 8, 28. Eph. 1, 11. Röm. 9, 11. Röm. 8, 29. Eph. 1, 5. Apostelgesch. 13, 48.

3. Die heilige Schrift lehrt, daß Gott uns „zur Seligkeit", „zum ewigen Leben", „zum Lob seiner herrlichen Gnade", erwählt und verordnet hat. 2 Thess. 2, 13. Apostelgesch. 13, 48. Ephes. 1, 6. 12. 13.

4. Die heilige Schrift lehrt, daß Gott uns „vor Grundlegung der Welt", „vor der Zeit der Welt", „von Anfang", also von Ewigkeit her zur Seligkeit erwählt hat. Ephes. 1, 4. 2 Tim. 1, 9. 2 Thess. 2, 13.

5. Die heilige Schrift nennt als Bestimmungsgrund der Wahl das Wohlgefallen Gottes und das Verdienst Christi. Sie sagt, daß wir „nach dem Rath und Wohlgefallen Gottes", Eph. 1, 5. 11., und daß wir „durch Christum", „in Christo JEsu", d. h. um Christi willen erwählt sind. Eph. 1, 4. 2 Tim. 1, 9. Sie schließt dabei alle Rücksicht auf das Verhalten des Menschen aus. 2 Tim. 1, 9. Röm. 9, 11. 12.

6. Die heilige Schrift lehrt, daß Gott, indem er uns zur Seligkeit vorherbestimmt, zugleich Mittel und Weg zur Seligkeit uns verordnet, daß er zugleich beschlossen hat, uns durch das Wort und den heiligen Geist

ligung des Geistes", „im Glauben der Wahrheit", „zur Kind=
schaft gegen ihn selbst", „zum Gehorsam (des Glaubens) und
zur Besprengung des Blutes JEsu Christi" erwählt sind.
2 Theff. 2, 13. Eph. 1, 5. 1 Petri 1, 1. 2.

7. Und demgemäß bezeugt die heilige Schrift, daß Gott diejenigen,
„welche er zuvor versehen", in der Zeit auch „beruft", „recht=
fertigt" und schließlich „verherrlicht"; daß die von Ewigkeit Er=
wählten in Folge der Wahl „auch gläubig werden und durch
den Glauben bewahrt werden zur Seligkeit". Nach der Schrift
ist also die ewige Wahl Gottes eine Ursache unserer Berufung und Be=
kehrung, unseres Glaubens und unserer Seligkeit. Röm. 8, 28—30.
Apostelgesch. 13, 48. 1 Petri 1, 1. 2. 5. Eph. 1, 3. 4.

II. Was lehrt die heilige Schrift von der Gewißheit der Gnadenwahl?

("Lutheraner" 1880. Sätze über die Gnadenwahl 6. 8.)

8. Die heilige Schrift lehrt, daß die ewige Wahl Gottes unver=
änderlich und unwandelbar ist. Röm. 11, 29. Matth. 24, 24.
Joh. 10, 28. Eph. 1, 11.

9. Die heilige Schrift lehrt weiter, daß wir unserer Wahl und Selig=
keit ganz gewiß sein sollen. Röm. 8, 31—39. Phil. 1, 6.

III. Worauf verweis't die heilige Schrift die Christen, damit sie ihrer Wahl gewiß werden?

("Lutheraner" 1880. Sätze über die Gnadenwahl 7. 8.)

10. Die heilige Schrift verweis't uns, damit wir unserer Wahl ge=
wiß werden, auf das Evangelium von der Erlösung durch Christum,
welches alle Sünder angeht. Daraus sollen wir unsere Wahl erkennen.
2 Tim. 1, 9. 10. 2 Theff. 2, 13. 14. Eph. 1, 6—10. 13.

11. Wie die heilige Schrift die Auserwählten auf das Evangelium
von dem Heil in Christo verweis't, so vermahnt sie auch dieselben, in der
Ordnung des Heils zu bleiben, „ihren Beruf und ihre Erwählung
fest zu machen." 2 Petri 1, 10.

Schlußbemerkungen.

("Lutheraner" 1880. Sätze über die Gnadenwahl 1—4.)

a. Diese Schriftlehre von der Gnadenwahl stellt die große unbegreif=
liche Gnade Gottes in's Licht, die sich an den Auserwählten verherrlicht,
deutet mit keinem Wort auf eine Verordnung der Andern zur Verdammniß.
Vielmehr bezeugt die heilige Schrift an andern klaren, deutlichen Stellen,
daß Alle, die verloren gehen, um ihres Unglaubens willen verdammt werden.

b. Durch die Lehre der heiligen Schrift von der Gnadenwahl wird keinesweges die andere klare, tröstliche Schriftlehre von dem allgemeinen Gnadenwillen Gottes (Gott will, daß allen Menschen geholfen werde, 1 Tim. 2, 4.) umgestoßen oder beeinträchtigt. Wir können freilich mit unserer Vernunft nun und nimmer diese beiden Lehren der Schrift zusammen reimen. Aber wir nehmen unsere Vernunft gefangen unter den Gehorsam Christi und glauben und bewahren die eine, wie die andere göttliche Lehre in ihrem vollen Umfang.

Obige Thesen bildeten die Grundlage für die diesjährigen Verhandlungen der südöstlichen Pastoralconferenz des westlichen Districts. Die Pastoral= conferenz bekannte sich einstimmig zu dem Inhalt dieser Thesen und beauf= tragte den Referenten, sein Referat, sowie die Besprechung dieser Thesen zu einem Artikel für „Lehre und Wehre" zu verarbeiten. Der nachfolgende Artikel ist eine freie Bearbeitung des Protokolls über die Verhandlungen der Conferenz. Zerstreute, inhaltähnliche Bemerkungen sind zusammengefaßt, manche Partien verkürzt, andere erweitert, Excurse, die nicht direct der Aus= führung des Thema dienten, weggelassen.

* * *

Vorbemerkung.

Die Lehre von der Gnadenwahl ist in der heiligen Schrift offenbart. Die heilige Schrift beschreibt dieses unerforschliche Geheimniß mit klaren, deutlichen Worten. Eph. 1. Röm. 8. 2 Thess. 2, 13. 2 Tim. 1, 9. 1 Petri 1, 1. 2. Die heilige Schrift will mit dieser Lehre die Christen trösten und stärken. Die heilige Schrift warnt nachdrücklich davor, über die Offenbarung Gottes hinaus dieses große, gottselige Geheimniß mit der Vernunft zu erforschen. Röm. 9, 20. 21. Röm. 11, 33—36.

Die rechtgläubige Kirche ist von jeher, wenn sie eine Lehre beweisen und gegen Angriffe Irrgläubiger vertheidigen wollte, auf die heilige Schrift zurückgegangen. Die Schrift ist die Norm, Regel, zugleich aber auch die Quelle aller Lehre. Das Wort Luthers zu Röm. 15, 4.: „Was aber zuvor geschrieben ist u. s. w." ist wohl zu beherzigen: „Merke aber hier, was der Apostel für ein Buch den Christen zu lesen und zu stubiren fürleget, nemlich allein die heilige Schrift, und spricht, daß unsere Lehre drinnen sei. So denn unsere Lehre in der Schrift ist, sollen wir sie billig nicht anderswo suchen, sondern alle Christen sollen dies Buch täglich im Brauch haben. Aber siehe zu, was hat der Teufel durch die Papisten angericht? Ihm ist nicht genug gewesen, daß sie dies Buch haben unter die Bank gestoßen und so seltsam gemacht, daß gar wenig Doctores der heiligen Schrift dasselbe haben, schweig denn lesen, sondern auf daß es Niemand herfürzöge, hängen

man müsse der Menschen Glosse folgen und nicht der bloßen Schrift. Was ist das anders gesagt, denn Paulum hier Lügen strafen, der da sagt, es sei unser Lehrbuch? Und sie sagen, es sei unser Verführebuch und sei finster." Weiter beschwert sich Luther über die Sindfluth von Büchern, welche die Schrift verdrängt und verdunkelt haben, und beschließt dann diesen Passus also: „Lasset uns zu Paulo wieder kommen, der weiset uns hie, was wir lesen und wo wir unsere Lehre suchen sollen. Wäre ein ander Buch uns zu lesen, er hätte es uns auch angezeigt." (Kirchenpostille. Erl. A. 7, 59.) Unser Bekenntniß, die Concordienformel, verweis't nachdrücklich auf die Schrift als Richterin in Glaubens- und Lehrsachen. Es heißt da in der Einleitung: „Wir bekennen uns zu den prophetischen und apostolischen Schriften altes und neues Testaments, als zu dem reinen, lautern Brunnen Israelis, welcher allein die einige, wahrhaftige Richtschnur ist, nach der alle Lehrer und Lehre zu richten und zu urtheilen sind."

Wollen wir über die Lehre von der Gnadenwahl, welche jetzt im Streit ist, klar und gewiß werden, göttliche Gewißheit erlangen, so müssen wir in diesen Brunnen Israelis hineinsteigen und daraus schöpfen. Auch diese Lehre müssen wir vor Allem in der heiligen Schrift suchen. Die Schrift entscheidet darüber, was in diesem Artikel rechte und falsche Lehre ist. Auch die Lehre von der Gnadenwahl, welche jetzt die Geister bewegt, ist Schriftlehre, in der Schrift offenbart. Es handelt sich auch hier um Gottes Wort und Offenbarung. Die citirten Stellen, die wir bei Besprechung der einzelnen Thesen erörtern werden, sind von jeher als die vornehmsten sedes doctrinae, als die Hauptfundorte der Lehre von der Gnadenwahl betrachtet und behandelt worden. Es ist also nicht richtig, wenn man sagt, man könne in diesem Artikel ohne Schaden so oder anders denken und lehren. Es steht auch hier Gottes heilige Wahrheit auf dem Spiel.

Die Lehre von der Gnadenwahl ist vor andern Artikeln des christlichen Glaubens ein Geheimniß, ein Mysterium, welches wir nun und nimmer ergründen können. Indeß auch auf dieses Geheimniß leidet der Canon der alten lutherischen Lehrer Anwendung: „Res inevidentes etiam claris et perspicuis verbis proponi possunt." Holl. Ex. Theol. p. 167. „Auch unbegreifliche Dinge können mit klaren und deutlichen Worten dargelegt werden." Die heilige Schrift ist, obwohl unergründlich tief, doch zugleich klar und einleuchtend. Sie offenbart uns die unbegreiflichen göttlichen Geheimnisse in verständlicher, unzweideutiger Rede. Auch die Lehre von der Gnadenwahl wird uns in der Schrift in deutlichen, unmißverständlichen Worten vorgelegt. Das „Was" sagt uns die Schrift, wenn sie uns auch das „Wie" und „Warum" verschweigt. Wäre es nicht schrecklich, wollten wir, weil wir das „Wie" und „Warum" nicht kennen, auch das „Was" wegwerfen? Das „Was" halten wir fest und glauben es, wenn wir es auch nicht reimen können. Die Bibel ist eine helle Sonne. Nur schließt sie uns die Tiefen Gottes nicht dergestalt auf, daß wir keine neuen Aufschlüsse mehr im ewigen Leben zu erwarten hätten. Es ist also nicht richtig, wenn man sagt, daß, weil die vorliegende Lehre von der Gnadenwahl so geheimnißvoll sei, verschiedene Deutungen hier sich noch am ehesten ertragen ließen. Was zur Substanz dieser Lehre gehört, ist deutlich offenbart.

Und diese klaren Worte der Schrift sollen die Christen trösten und stärken. Diesen Zweck hat die vorliegende Offenbarung Gottes. Das werden wir aus dem Zusammenhang der einschlagenden Stellen erkennen. Römer 8. ist ein Trostcapitel, Eph. 1, 3—14. eine Danksagung für Gottes Gnade. Wir würden der Christenheit einen großen Trost rauben, wollten wir diese Lehre verwerfen oder in Zweifel stellen oder verändern. Es ist ein gottseliges Geheimniß — aber eben den Gläubigen zur Erbauung, zur Stärkung dargegeben, nicht zu müßiger Speculation. Gerade auf diesem Gebiet warnt die Schrift nachdrücklich vor Vernunftspeculation: Röm. 9, 20. 21.: „Ja, lieber Mensch, wer bist du denn, daß du mit Gott rechten willst?" Röm. 11, 33. f.: „O welch' eine Tiefe des Reichthums" u. s. w. Von jeher hat sich die Vernunft gerade auf Ergrübelung dieses Geheimnisses geworfen und durch falsche Schlüsse diese Lehre verdächtig gemacht. Wir beherzigen darum die Warnungen der Schrift und bleiben in den Grenzen der Offenbarung. Wir vermeiden gerade auch be diesem Artikel alle vernunftgemäße Vermittelung von Gegensätzen, diese Teufelskunst der modernen Theologie.

Es ist bekannt, daß selbst die rechtgläubigen Lehrer unserer Kirche in diesem Artikel einander widersprechen. Wir kämen hier nimmer zurecht, wenn wir an die Tradition und den Consens der Väter gewiesen wären. Aber, Gott sei Dank, wir haben eine heilige Schrift, ein klares, untrügliches Licht, welches uns durch das dunkle Labyrinth von Menschenmeinungen sicher hindurchführt. Wohlan, gehen wir in unsere liebe Bibel hinein, da wird unser Herz genesen. Freilich, wir haben außer der Schrift auch unser Bekenntniß. Nur haben wir jetzt davon nicht zu handeln. Wir werden uns aber bei Erörterung der Schriftaussagen über die Gnadenwahl davon überzeugen, daß unser Bekenntniß, der 11. Artikel der Concordienformel, in allen Punkten auf Gottes Wort ruht.

———

Wir ordnen nun die hierher gehörigen Schriftaussagen unter folgende drei Gesichtspunkte, die bei jeder Darstellung der Lehre von der Gnadenwahl mehr oder minder deutlich hervortreten. Wir fragen:

   I. Wie beschreibt die heilige Schrift die Gnadenwahl?

   II. Was lehrt die heilige Schrift von der Gewißheit der Gnadenwahl?

   III. Worauf verweis't die heilige Schrift die Christen, damit sie ihrer Wahl gewiß werden?

Die erste Frage ist die wichtigste. Haben wir jenen wunderbaren Rathschluß der Erwählung nach seinem Inhalt aus der Schrift recht erkannt, so verstehen wir auch leicht, was die Schrift uns von der Gewißheit der Gnadenwahl und davon sagt, wie wir unserer Wahl gewiß werden können und sollen.

Auf zwiefache Weise läßt sich der Schriftbeweis darlegen, entweder so, daß man eine Schriftstelle nach der andern, und zwar jede Stelle gleich vollständig nach allen einzelnen Momenten und nach dem Zusammenhang erklärt, oder so, wie es in obigen Thesen geschehen ist, daß man einen Begriff nach dem andern aus dem Complex der einschlagenden Schriftabschnitte heraushebt. Die letztere Methode erscheint sonderlich aus dem Grund vortheilhafter und zweckentsprechender, weil wir gerade auch bei dieser Lehre aus dem Vergleich und Zusammenhalt verschiedener, paralleler Schriftaussagen die Schriftwahrheit erkennen. Was unter allen Umständen erwünscht ist und bleibt, daß man alle einzelnen Stellen vollständig nach ihrem ganzen Gehalte und ihrem Context vor Augen stelle und dem Leser vergegenwärtige, ergibt sich dann von selbst als Schlußresultat unserer Darlegung. Das Ganze erscheint klarer und durchsichtiger, wenn man zuvor die einzelnen Theile scharf in's Auge gefaßt hat.

I.

Wie beschreibt die heilige Schrift die Gnadenwahl?

("Lutheraner" von 1880. Sätze über die Gnadenwahl 5. 8. 10. 11.)

1. These.

Wo die heilige Schrift von der Gnadenwahl redet, bezeichnet sie mit dem Ausdruck „Wahl", „Auserwählen" eine Handlung Gottes, nach der er bestimmte Personen aus der Menge der gefallenen Menschen herausgenommen hat. Desgleichen belegt die heilige Schrift mit dem Ausdruck „Auserwählte" einzelne bestimmte Personen (nicht alle Menschen, auch nicht alle Christen, sondern die bis an's Ende glauben und schließlich selig werden). Eph. 1, 4. 2 Thess. 2, 13. 1 Petri 1, 1. Röm. 11, 7. Matth. 22, 14. Marc. 13, 20. 22. Röm. 8, 33. Col. 3, 12. 2 Tim. 2, 10. Titus 1, 1.

Der geläufigste Name, mit dem man die vorliegende Lehre bezeichnet, ist der Name: „Lehre von der Gnadenwahl". Wir beginnen daher mit der Erklärung dieses Ausdrucks „Gnadenwahl". Der Rathschluß Gottes, mit dem wir es hier zu thun haben, heißt in der Schrift: „Wahl", „Auserwählen"; ἐκλογή, ἐκλέγεσθαι.

Ehe wir auf die einzelnen Schriftstellen, die von der „Wahl" Gottes sagen, eingehen, fragen wir nach dem gewöhnlichen Sinn des Verbum ἐκλέγεσθαι, von dem das Substantiv ἐκλογή gebildet ist. Das Wort ἐκλέγεσθαι ist an sich selbst klar; es hat ganz dieselbe Bedeutung, wie das hebräische Wort בָּחַר, wie das lateinische Wort eligere, wie das deutsche Wort „erwählen, auswählen, auslesen"; es heißt: etliche bestimmte Individuen, Personen oder Dinge aus einer Masse herausnehmen. Die Medialform ἐκλέγεσθαι hat noch die Nebenbedeutung: „für sich erwählen". Dieses Zeitwort findet sich im Neuen Testament in den mannigfachsten Beziehungen und hat Personen und Dinge zum Gegenstand. Z. B. wird gesagt, daß Christus sich die Apostel erwählte aus der Menge seiner Jünger, daß Maria sich das gute Theil erwählte, das himmlische Theil, während Andere irdischen Gütern nachtrachten. Ueber die eigentliche Meinung dieses Ausdrucks ist nie Streit gewesen. Es wäre überflüssig, mehr Beispiele anzuführen. Uns handelt es sich jetzt um den Sprachgebrauch des Worts in den Verbindungen, die jene ewige Handlung Gottes, wie wir kurzweg sagen, die Wahl zum ewigen Leben beschreiben. Wenn es von Gott heißt, er habe in Ewigkeit „erwählt", ἐξελέξατο, so kann damit nach dem einfachen Wortlaut nichts Anderes gesagt sein, als: Gott hat bestimmte Personen aus der Masse der Menschen herausgenommen, aus der Welt, mit der es überhaupt die Heilslehre, das Evangelium zu thun hat, aus der verlorenen sündigen Welt. Diese Begriffsbestimmung gibt auch Johann Gerhard: „Vox eligendi includit quandam separationem, qua persona ab alia separatur .... complectitur gratuitam dilectionem, a qua originem ducat .... semper in bono usurpatur." (Loc. de elect. § 26.)/ „Der Ausdruck ‚wählen' schließt in sich eine gewisse Trennung, dadurch eine Person von der andern getrennt wird .... begreift freiwillige Liebe in sich, aus der die Wahl entspringt .... wird nur im guten Sinn gebraucht." Bengel sagt zu Matth. 20, 16.: electi = exquisiti prae aliis, die vor Andern ausgesucht sind. Auch die neuern Exegeten sind in der Erklärung der Ausdrucks ἐκλέγεσθαι, „erwählen", einig. Harleß sagt (Commentar zum Epheserbrief S. 11. 12.): „בָּחַר, ἐκλέγεσθαι ist ein Act Gottes, kraft dessen Einzelne vor Andern Gott besonders angehören. ... (ἐκλογή) die ewige Bestimmung des heiligen Willens Gottes über Einzelne." Meyer (Commentar zum Epheserbrief, 3. Aufl., S. 31.): „Gott hat sich uns auserwählt .... aus der Gesammtheit der Menschen." Nur Hofmann emancipirt sich von allen Sprachregeln und erklärt (Commentar zum Epheserbrief, S. 9.): „Es heißt von uns, daß uns Gott erkoren habe, nicht im Gegensatz zu Solchen, die er nicht erkoren hat, sondern im Gegensatz zu dem, was wir wären, wenn er uns nicht erkoren hätte." Das ist nicht nur, wie Meyer urtheilt, eine „unlogische", sondern eine unsinnige Begriffsbestimmung. Sowohl das Stammwort λέγεσθαι, als die Präposition ἐκ fordert nothwendig den Gegensatz zu Andern, die eben nicht erwählt sind. Es ist von Wichtigkeit, daß die neuern Theologen, die von dem Geheimniß der Gnadenwahl nichts wissen und wissen wollen, doch nicht umhin können, die eigentliche, genaue Bedeutung

solcher Ausdrücke, wie des Ausdrucks ἐκλέγεσθαι, einzugestehen und zu be=
stätigen. Unbegreiflich bleibt es, daß Harleß, der Seite 11 seines erwähn=
ten Commentars die Wahl als den Act Gottes bestimmt, kraft dessen Ein=
zelne vor Anderen Gott besonders angehören, weiterhin S. 21 f.
unter den Erwählten alle Erlösten, d. h. alle Menschen versteht!
Nur durch exegetische Gewaltacte, wie sie sich Hofmann, Harleß erlauben,
läßt sich die aus dem Begriff des Wortes ἐκλέγεσθαι, „auswählen“, von
selbst resultirende Lehre von einer partikulären Wahl, die einzelne, bestimmte
Personen angeht, niederschlagen.

Nachdem wir den einzigen sprachlich möglichen Sinn des Worts ἐκλέγεσθαι, ἐκλογή, „Wahl“ erkannt haben, mustern wir die hauptsächlichsten
biblischen Aussprüche, in denen dieser Ausdruck jene ewige Handlung
Gottes, die Bestimmung zum ewigen Leben, beschreibt. Dieser Ausdruck
begegnet uns in dem locus classicus Epheser 1, und zwar im 4. Vers. Der
Apostel Paulus sagt: Gelobt sei Gott, der uns mit allerlei geistlichem Se=
gen gesegnet hat, wie er uns denn erwählt hat . . . , ehe der Welt
Grund gelegt war, καθὼς ἐξελέξατο ἡμᾶς. Vom Zusammenhang der apo=
stolischen Rede sehen wir vorläufig ab. Wen meint der Apostel mit dem
„ἡμᾶς“, „uns“? Er schließt offenbar sich mit den ephesinischen Christen
in eine Einheit zusammen. (Er hält sich und seine Mitchristen für Solche,
die Gott erwählt hat. Wie er von sich selbst glaubt und weiß, daß Gott
ihn von Ewigkeit erwählt habe, so sollen auch seine Mitchristen, alle Chri=
sten, die sich zum HErrn Christo bekennen, sich für erwählt betrachten.
Jeder Christ soll glauben, er sei ein Erwählter.) Der Apostel setzt nach der
Liebe voraus, daß alle Christen, mit denen er in seinen Briefen handelt,
wahrhaft gläubige und erwählte Kinder Gottes seien. Wo die Apostel
sichtbare Christengemeinden anreden und an die Herrlichkeit des Christen=
standes erinnern, fassen sie in der sichtbaren Gemeinde die wahre Kirche der
Gläubigen, der Erwählten in's Auge und halten nach der Liebe und Hoff=
nung alle einzelnen Glieder der Gemeinde für Glieder der wahren Kirche.
Und indem nun der Apostel von sich und seinen Mitgläubigen, Mitchristen
sagt, daß Gott sie schon von Ewigkeit erwählt habe, stellt er sich und seine
Mitchristen offenbar in Gegensatz zu den Kindern des Unglaubens, zu der
ungläubigen Heidenwelt. Im 3. Vers nennt er die Segnungen des Chri=
stenthums, daran man die Christen erkennen und von den Heiden unter=
scheiden kann. Auch sonst kehrt Paulus in diesem Brief den Gegensatz
gegen das Heidenthum hervor, z. B. 2, 1. 4, 17. Also aus der Masse
der blinden Heiden, aus der gefallenen Menschheit sind diejenigen, welche
jetzt glauben, herausgenommen, von Ewigkeit herausgelesen. Am Schluß
des die Gnadenwahl behandelnden Abschnitts (Eph. 1, 3—14.), nemlich
V. 12—14., nennt der Apostel diese bestimmten Personen der Erwählten,
soweit sie überhaupt namhaft gemacht werden können. Es sind die Gläu=
bigen aus Israel, die zuvor auf Christum hofften, V. 12., und die Gläubi=

gen aus den Heiden, V. 13.; und zwar diejenigen Gläubigen, die mit dem Heiligen Geist versiegelt sind, die das Pfand des Erbes empfangen haben, an deren künftiger Seligkeit kein Zweifel ist, V. 13. 14. Von allen denen, die je auf Erden geglaubt haben, von denen, die jetzt glauben und dereinst gewißlich selig werden und das Erbe erlangen, sagt und rühmt der Apostel, daß Gott sie vor der Zeit der Welt erwählt habe. Er deutet mit keinem Wort an, daß Gott „als Gläubige", „in Voraussehung des künftigen Glaubens und Christenthums" sie erwählt habe, sondern beschreibt die Christen als das, was sie jetzt sind, als Gläubige, welche die gewisse Hoffnung der Seligkeit haben, und betont, daß Gott eben diese Personen, welche jetzt glauben und dereinst selig werden, von Ewigkeit her erwählt, aus der gefallenen, abtrünnigen Menschheit auserlesen habe.

Wir schließen des ähnlichen Inhalts halber sofort eine Stelle an, 2 Theff. 2, 13., in der sich freilich nicht der Ausdruck ἐκλέγεσθαι, aber dafür das Synonymon αἱρεῖσθαι findet. „Wir aber sollen Gott danken allezeit um euch, geliebte Brüder von dem HErrn, daß euch Gott erwählt hat vom Anfang zur Seligkeit", ὅτι εἵλετο ὑμᾶς ὁ θεὸς ἀπ᾽ ἀρχῆς εἰς σωτηρίαν. Wie ἐκλέγεσθαι genau dem deutschen „Auserlesen" entspricht, so αἱρεῖσθαι dem deutschen „Wählen". Die theffalonischen Christen sollen sich für Erwählte halten und mit dem Apostel Gott für ihre ewige Erwählung danken. Der Apostel hat in dem vorhergehenden Abschnitt 2, 1—12. die Erscheinung des Antichrists und die künftige ἀποστασία, den Abfall Vieler, die vom Antichrist verführt statt der Wahrheit der Lüge glauben werden, geweissagt. Und wenn er nun fortfährt: Wir aber sollen Gott danken um euch, daß Gott euch erwählt hat — zur Seligkeit, so stellt er offenbar die Erwählten den Abtrünnigen entgegen. Die Erwählten stehen einmal im Gegensatz zu den Ungläubigen, den blinden Heiden (Eph. 1.), sodann aber auch, wie der Zusammenhang dieser Stelle beweis't, im Gegensatz zu den Abtrünnigen oder, wie man dieselben auch zu nennen pflegt, zu den Zeitgläubigen.

Derselbe Begriff liegt dem ἐκλεκτοῖς 1 Petr. 1, 1. zu Grunde. „Petrus, ein Apostel JEsu Christi, den erwählten Fremdlingen hin und her, in Ponto, Galatien, Cappadocien, Asien, Bithynien", ἐκλεκτοῖς παρεπιδήμοις διασπορᾶς Πόντου etc.) Die unter den Völkern der Heiden zerstreut lebenden Christen nennt der Apostel „Erwählte". Der HErr hat sie längst zuvor aus der Heidenwelt auserlesen.

Römer 11, 5. 7. ist von den Erwählten aus Israel die Rede. V. 5. lautet wörtlich übersetzt: „So ist auch jetzt ein Rest übrig geblieben nach der Wahl der Gnaden." Daß zu Ahabs Zeiten und zu allen Zeiten in Israel Etliche übrig geblieben sind, Gott treu geblieben sind, ist nach der Wahl der Gnade geschehen, κατ᾽ ἐκλογὴν χάριτος. Gott hatte die, welche in der Zeit die Probe bestanden und nicht abtrünnig wurden, nach seiner Gnade von Ewigkeit her erwählt. V. 7. heißt es: „Wie denn nun? Das

Israel sucht, das erlangt es nicht; die Wahl aber erlangt es, die Andern sind verstockt." Unter „der Wahl", ἡ ἐκλογή versteht der Apostel hier die erwählten Personen. Die erlangen das verheißene Erbe, dessen das ver= stockte Israel verlustig geht. Die Erwählten sind hier der verstockten Masse des Volks entgegengesetzt.

Daß Matth. 22, 14., ebenso wie Matth. 20, 16., die wenigen Aus= erwählten den vielen Berufenen gegenüberstehen, erhellt aus der Gliederung des Satzes.

Nach jener ewigen Handlung Gottes werden nun die Christen benannt, als ἐκλεκτοί, Auserwählte, bezeichnet. „Auserwählte", ἐκλεκτοί ist terminus technicus geworden, ein Ehrentitel der wahren Christen. Aber nicht nach dem, was sie jetzt als Christen sind und geworden sind, sondern nach dem, was Gott in der Ewigkeit, ehe sie waren und Christen waren, über sie be= schlossen hat, werden sie also zubenannt. Als von Gott Erwählte, Er= korne, in Ewigkeit Hochgeliebte unterscheiden sie sich von allen andern Menschen, Ungläubigen und Abtrünnigen.

Um seiner Auserwählten willen verkürzt Gott nach Marc. 13, 20. 22. die Trübsal der letzten Tage, da diese nicht mit der Welt und den Vielen, deren Liebe erkaltet, verloren gehen können. Bezeichnend ist an dieser Stelle der Ausdruck: διὰ τοὺς ἐκλεκτούς, οὓς ἐξελέξατο, „um der Aus= erwählten willen, die er auserwählt hat." Die freie, durch kein Verhalten der Creatur bedingte Wahlhandlung Gottes wird damit in's Licht gestellt. „Die Auserwählten Gottes" kann und darf Niemand beschuldigen; denn Gott tritt für sie ein, Röm. 8, 33. Um der Auserwählten willen, damit diese zum Glauben kämen und die Seligkeit und ewige Herrlichkeit er= langten, führte Paulus sein Apostelamt, zu dem auch seine Apostelleiden gehörten, 2 Tim. 2, 10. Tit. 1, 1. Daß ihm an den Auserwählten sein Werk, seine Arbeit gelang und gelingen mußte, dessen tröstete sich der Apostel bei der Erinnerung an die Vielen, die gerade während seiner Leiden ihm und dem Evangelium untreu geworden waren. Als „die Auserwählten und Geliebten Gottes" sollen die Christen in ihrem Wandel sich auch von den Ungläubigen unterscheiden, Col. 3, 12.

Schließlich kann man mit Recht auch den Ausspruch Christi Joh. 15, 16. 19. hierher ziehen, der, auf den Zusammenhang gesehen, offenbar nicht von der Wahl zum Apostolat, sondern von der Wahl zum ewigen Leben redet. Aus der Welt hat sich JEsus seine Jünger erwählt, erlesen.

Die Wahl, Auswahl als ewige Handlung Gottes ist demnach der hei= ligen Schrift gemäß ein Act Gottes, nach dem er bestimmte einzelne Per= sonen aus der Masse der verlornen Menschen sich auserlesen hat. Die Christen, welche glauben und selig werden, heißen nach jener ewigen, freien Handlung Gottes, die vor den Glauben und die Seligkeit, vor die Zeit fällt, Auserwählte. Als Auserwählte unterscheiden sie sich von den Ungläubigen und Zeitgläubigen, Abtrünnigen, von der Menge derer, die verloren gehen.

Wenn die Concordienformel im strictesten Sinn von Erwählung redet, „von den Auserwählten", „von allen und jeden Personen der Auserwählten, die Gott zur Seligkeit erwählt hat" ꝛc., z. B. § 23., so beweis't sie damit, daß sie der Schrift den Sinn des Worts έκλέγεσθαι, έκλογή, έκλεκτοί abgelauscht hat. Sie will, wie die Schrift, mit diesem Ausdruck selbst nichts Anderes besagen, als daß Gott bestimmte, einzelne Personen aus der Menge der verlornen Menschen herausgenommen hat.   (Fortsetzung folgt.)

(Uebersetzt von Prof. A. Crämer.)

Compendium der Theologie der Väter
von
M. Heinrich Eckhardt.

(Fortsetzung.)
XIV. Die Höllenfahrt.

Ist Christus in Wahrheit zur Hölle abgestiegen?

Augustinus: „Daß Christi Seele freilich bis an jene Oerter gekommen sei, in welchen die Sünder gequält werden, damit er sie von den Qualen befreie, wird nicht mit Unrecht geglaubt. Denn ich sehe nicht, wie das anders zu verstehen sei, das gesagt ist: ‚Den hat Gott auferwecket und aufgelös't die Schmerzen der Hölle' (Luther: des Todes), ‚nachdem es unmöglich war, daß er sollte von ihr (ihm) gehalten werden', wir verstünden es denn so, daß er gewisser Leute Schmerzen der Hölle gebüßt habe." [1]

Ist er allein der Seele nach abgestiegen?

Albinus: „Das zur Hölle Absteigen war Ein Werk beider Naturen, der göttlichen und der menschlichen." [2] Eusebius Emissenus: „Man muß wissen, daß zu der Stunde, da unser Erlöser mit seines Hauptes Neigen den Geist aufgab, seine Seele, den Leib am Kreuze lassend, zugleich mit der Gottheit zur Plünderung der Hölle hinabgestiegen sei." [3]

Was haben wir davon für Frucht?

Athanasius: „Seine Niederfahrt ist unsere Auffahrt." [4]

---

1) Christi quidem animam venisse usque ad ea loca, in quibus peccatores cruciantur, ut eos solveret a tormentis, non immerito creditur. Quomodo enim aliter accipiendum sit, quod dictum est, Quem Deus suscitavit ex mortuis, solutis doloribus inferni, quia non poterat teneri ab eis: non video, nisi ut quorundam dolores apud inferos eum solvisse accipiamus. Aug. l. 1. de Genes. c. 34.
2) In infernum descendere, naturae utriusque, divinae et humanae, unum fuit opus. Albin. l. 3. de Trin. c. 16.
3) Sciendum est, quod illa hora, qua Salvator noster inclinato capite emisit spiritum, corpore in cruce derelicto, anima simul cum divinitate ad inferna spolianda descendit. Euseb. Emiss. de Resur.
4) Illius descensus noster est ascensus. Athan. contra Apoll.

XV. Die Auferstehung.
Wann hat Christus die Knechtsgestalt abgelegt?

Damascenus: „Nach seiner Auferstehung von den Todten hat er alle Leiden, Schwachheit, Hunger, Durst, Schlaf, Mühe und anderes dergleichen abgelegt. Denn ob er zwar nach der Auferstehung Speise gekostet hat, so geschah es doch nicht nach natürlichem Gesetz. Denn er hungerte nicht, sondern verschaffte durch diese Verfahrungsweise seiner Auferstehung Glauben und bekräftigte, daß ebendasselbe Fleisch, welches gelitten hat, auferstanden sei."[1] Von diesem Essen sagt auch Theophylakt: „Er aß aus Vermögen, nicht aus Noth. Denn anders verschlingt die durstige Erde das Wasser, anders der glühende Strahl der Sonne: jene aus Bedürfniß, dieser durch seine Kraft."[2]

Aber Christus erschien ja mit Nägelmalen, hat also doch nicht alle Schwachheiten abgelegt?

Chrysostomus: „Das geschah Zulassungs = (Umstands =) weise. Denn damit man die Auferstehung glaube, hat er sich so gezeigt, daß du wissest, eben er sei gekreuzigt worden, und kein Anderer sei für ihn auferstanden."[3]

Auch lies't man, daß er nach der Auferstehung bei verschlossenen Thüren zu den Jüngern eingetreten sei: hat also Christus, was die Calvinianer leugnen, die Thüre durchbrungen?

Augustinus: „Die göttliche Kraft hat die Glieder des Kindes aus dem jungfräulichen Leib der unverletzten Mutter geführt, die hernach die Glieder des Mannes durch die verschlossenen Thüren eingeführt hat. Wenn man hier nach der Weise fragt, wird sie nicht wunderbar sein; wenn man ein Beispiel fordert, wird es nicht vereinzelt sein. Räumen wir ein, daß Gott etwas könne, wovon wir bekennen müssen, daß wir es nicht zu ergründen vermögen. In solchen Dingen ist der Grund der That die Macht des Thuenden."[4] Derselbe: „Was Wunder, wenn er die Substanz seines Leibes durch verschlossene Thüren gehen ließ, dem

---

1) Post resurrectionem a mortuis omnes deposuit passiones, dissolutionem, famem, sitim, somnum, laborem et id genus alia. Nam etsi gustavit cibum post resurrectionem, non tamen naturali lege. Non enim esuriit, sed dispensationis modo resurrectionis suae fidem inducens, et confirmans, quod ipsa eadem caro, quae passa est, resurrexit. Dam. l. 4. c. 11.

2) Manducavit potestate, non necessitate. Aliter enim absorbet aquam terra sitiens, aliter solis radius candens: illa indigentia, iste potentia. Theophyl. Luc. 24.

3) Permissionis (dispensationis) hoc fuit. Ut enim resurrectio crederetur, talem se exhibuit, ut ipsum crucifixum fuisse, et neminem alium pro eo resurrexisse intelligas. Chrys. in 20. c. Joh.

4) Virtus divina per inviolatae matris virginea viscera membra infantis eduxit, quae postea per clausa ostia membra juvenis introduxit. Hic, si ratio quaeritur, non erit mirabile: si exemplum poscitur, non erit singulare. Demus Deum aliquid posse, quod nos fateamur investigare non posse. In talibus rebus tota ratio facti est potentia facientis. Aug. ep. 3.

auch die inneren Räume des Himmels offen stunden."[1]) Derselbe: „Es ist ein großes Wunder, aber du wirst zu wundern aufhören, wenn du an den Gott denken wirst. Denn es wäre zu verwundern gewesen, wenn es der bloße Mensch gethan hätte. Führ' es auf die Allmacht zurück, nicht auf die Einbildung."[2]) Desgleichen: „Der hat es gethan, dem nichts un= möglich ist, der mit seinem Leibe that, was er wollte. Denke an den Urheber und verbanne den Zweifel."[3]) Beda: „Als unser HErr durch verschlossene Thüren zu seinen Jüngern eintrat, war er wohl wahres Fleisch, aber indem die Gottheit, die eben dieses Fleisch besaß, sich wirksam erwies, drang er so durch die Riegel, daß er keine Spur von sich hinterließ."[4]) Hilarius: „Er stand leibhaftig da, nicht zum Schein oder trüglich. Alles ist unversehrt und verschlossen; aber siehe, er steht mitten inne, dem durch seine Kraft alles zugänglich ist. Nichts weicht aus seinen Fugen; nicht wie durch einen unbemerkten Fall, nicht ihrer Natur nach, lassen ihn Holz und Steine ein. Auch fällt des HErrn Leib nicht von sich selbst ab, daß er sich aus dem Nichts wieder sammle. Und woher ist er, der in der Mitte steht? Da bescheiden sich sowohl Sinne als Sprache, und außerhalb menschlicher Berechnung steht da die Wahrheit der That."[5])

(Fortsetzung folgt.)

Neue Literatur.

Memorial of Charles Fred. Schaeffer, D. D., late chairman of the faculty, and St. John's professor of systematic and pastoral theology in the ev. luth. theol. Seminary at Philadelphia. Philadelphia: Published by the Alumni Association. 1880.

Dieses uns durch Güte Hrn. Dr. B. M. Schmucker's zugekommene Pamphlet enthält zwei dem am 23. Nov. v. J. entschlafenen Dr. Schäffer gehaltenen Leichenreden, eine deutsche von Dr. A. Späth und eine englische

---

1) Quid mirum, si substantiam corporis per clausa ostia transmisit, cui etiam penetralia superiorum patuerunt. Idem, serm. 156.

2) Magnum miraculum, sed mirari desines, si Deum cogitaveris. Mirum enim esset, si solus homo fecisset. Refer ad omnipotentiam, non ad phantasiam. Aug. serm. 160. de clausis ostiis.

3) Ille haec fecit, cui nihil est impossibile, qui de corpore suo fecit, quod voluit. Considera autorem et tolle dubitationem. Ib. de agone Chr. c. 24. et serm. 158.

4) Quando januis clausis Dominus noster ad discipulos ingressus est, ibi quippe caro vera erat: sed Deitate, quae eandem carnem possidebat, efficiente, ita penetrabat claustra, ut sui nulla relinqueret vestigia.

von Dr. C. P. Krauth, eine Skizze des Lebens und der Wirksamkeit des Entschlafenen von Dr. W. J. Mann in deutscher und eine solche von Dr. B. M. Schmucker in englischer Sprache, woran sich eine Liste der literarischen Veröffentlichungen des seligen Professors anschließt. Das Schriftchen, 41 Seiten in Großoctav umfassend und mit Dr. Schäffer's Bildniß geziert, ist höchst interessant und liefert einen willkommenen Beitrag, den Leser in die Zustände der americanisch-lutherischen Kirche innerhalb der letzten 50 Jahre einzuführen.　　　　　　　　　　　　W.

Kirchlich-Zeitgeschichtliches

I. America.

Generalsynode. Welch brauchbare Männer sich doch unter den Pfarrern der Generalsynode finden! Wir haben seinerzeit hievon schon etliche Beispiele mitgetheilt. Hier ist ein weiteres und zwar aus der Feder des Dr. Conrad selbst. Derselbe schreibt von Springfield, Ohio, von Dr. Helwig, dem Präsidenten des lutherisch sein wollenden Wittenberg Collegiums, wie folgt: „Gegenwärtig predigt er drei Sonntage im Monat für die presbyterianische Gemeinde, welche gerade keinen Pfarrer hat, und am vierten Sonntag bedient er die lutherische Gemeinde in Lancaster, Ohio." Ob wohl der Herr Doctor weiß, daß ein Presbyterium in seiner Nähe einem Pfarrer verboten hat, das Evangelium, daß Christus für alle Sünder gestorben sei, zu predigen? Das heißt der Herr JEsus zwei Herren dienen und es mit keinem verderben wollen. Dieses Kunststück kann nur ein Doctor der Sprecher'schen Theologie.　　　(Zeitschr.)

Staatsschulen. Nach dem „Cincinnati Commercial" berichtet der „Glaubensbote", daß der Episcopalprediger Dr. Platt in einer Missionsversammlung die Staatsschulen als „gottlose Anstalten" bezeichnete, „in denen der kühnste Unglaube gelehrt wird."

Das „Yale Collegium" in New Haven, Connecticut, hat viele leitende Männer unseres Landes geliefert und heutzutage ist es mit den Söhnen von Bürgern gefüllt, deren öffentliche und finanzielle Stellung die Erwartung rechtfertigt, daß ihre Abkömmlinge sich hervorragend an den Angelegenheiten der Zukunft betheiligen werden. — Die Eltern sind aber jetzt durch die Nachricht überrascht, daß in jener Anstalt nicht nur Unglaube förmlich gelehrt und empfohlen wird, sondern auch einen populären Studiums-Zweig bildet. Geoffenbarte Religion wird verspöttelt und als Aberglaube behandelt. — Unglücklicherweise beschränkt sich diese Frivolität und Glaubenslosigkeit nicht blos auf das Yale Collegium, sondern ist auch bereits in fast alle Institute und Unterrichts-Anstalten, welche nicht streng denominationell sind, gedrungen. — Eine gründlichere Untersuchung der Wirkungen unseres öffentlichen Schulsystems würde sicherlich einen Zustand der Dinge enthüllen, welcher die christlichen Eltern durchschnittlich mit Staunen und Schrecken erfüllen müßte.　　　　　　　　　　　(Weltb.)

II. Ausland.

„**Halte an dem Vorbilde der heilsamen Worte**", 2 Tim. 1, 13. Wie sehr es
an diesem „Halten" selbst bei denen fehlt, welche jetzt in dem Ruf strenger lutherischer
Orthodoxie stehen, dafür liefert das „Kirchenblatt" der preußischen Lutheraner vom
15. April ein Beispiel an folgendem Schriftchen: „Abriß der Heilslehre der ev.-
luth. Kirche. Von J. Paulsen, Pastor. Rendsburg 1879. Verlag der Buchhandlung des Kropper kirchl. Anzeigers. 90 Pf." Die Anzeige dieses Schriftchens lautet,
wie folgt: Auch dieses Schriftchen gibt Zeugniß von der sonderlichen Gabe, welche der
theure Verfasser für die lebensvolle Darstellung der christlichen Wahrheit empfangen
hat, und es wird jeden Leser fesseln. Doch kann ich es leider nicht so empfehlen, wie ich
möchte, da mir manches recht bedenklich scheint. Gleich auf der ersten Seite behauptet
Verfasser von der Taufe, das Element werde zum Sacrament d u r c h d i e C o n s e c r a -
t i o n, und ebenso wird S. 81 behauptet, d u r c h d i e C o n s e c r a t i o n werde Leib und
Blut Christi mit Brod und Wein verbunden. Aber hinsichtlich des Abendmahls lehnt
die Concordienformel im 7. Artikel diese Bedeutung der Consecration geradezu ab, und
wie wenig die lutherische Kirche hinsichtlich der Taufe der Consecration irgend eine
wesentliche Bedeutung zugestanden hat, beweisen am besten die zahlreichen Taufformulare,
welche dieselbe gar nicht kennen. Wenn es richtig wäre, was Verfasser sagt: „unter-
läßt der Geistliche dies (nämlich die Einsetzungsworte über dem Wasser zu sprechen), so
ist das Wasser schlicht Wasser und keine Taufe", so sind wir hier zu Lande gar nicht
getauft; denn in unserm Taufformular kommen die Einsetzungsworte als solche gar
nicht vor. — S. 2: „die Taufe ist zur Seligkeit unbedingt nothwendig; ungetauft verstorbene Kinder sind wie die Heiden". Ist nicht allgemein lutherische Anschauung, wie
die betreffenden Formulare zur Einsegnung der Wöchnerinnen beweisen. Ebenda behauptet Verfasser, es sei Gottes Anordnung, daß die Kinder spätestens am achten
Tage getauft werden. Fragt man, wo diese Anordnung steht, so beruft sich Verfasser
auf die alttestamentliche Bestimmung über die Beschneidung. Aber das ist nicht beweis-
kräftig. — Nur eine Ungenauigkeit ist es, wenn es S. 4 heißt: „D u r c h d i e T a u f e trägt
jeder Mensch zweierlei Wesen, Christi Bild und des alten Adams Bild." Soll etwa
heißen: n a c h der Taufe. — Zur Lehre von der Höllenfahrt S. 25 wären doch einige
Fragezeichen zu machen. — „Die Erwählung beginnt mit der Erleuchtung" S. 34.
Aber wir sind ja erwählt, „ehe der Welt Grund gelegt war" (Ephes. 1, 4.). — Nur un-
genau ist wohl ebenda die synergistisch klingende Bemerkung über das Hinzutreten des
Willens zur Erkenntniß, womit die „Bekehrung beginne" (vgl. C. F. Art. 2).
Ebenda: „die Buße beginnt mit der Reue". Wir lassen sie wohl richtig mit der
Sündenerkenntniß schon beginnen. — Die Lehre von der Kirche läßt an Klarheit zu
wünschen, ebenso die Bemerkungen über das Verhältniß von Amt und allgemeinem
Priesterthum. — Ungenau S. 41: „Die Abhängigkeit der Kirche vom jedesmaligen
Staatsregiment ist zur Reformationszeit aus Noth zugestanden." Nein, einen so schwe-
ren Vorwurf wollen wir den Reformatoren nicht machen. — Drei Gnadenmittel, Wort
Gottes, Gebet, Sacramente zählt Verfasser — allerdings nach älterem Vorgange — indessen glücklich ist diese Zählung nicht; denn sie setzt das Gebet, diese Aeußerung des
gläubigen Menschen, welche selbst erst durch Wort und Sacrament vermittelt ist, in
immerhin mißverständlicher Weise neben diese beiden, das subjective neben das objective.
— Auch gegen die Anordnung des Stoffs habe ich Bedenken; daß dieselben nicht unbe-
rechtigt sind, geht wohl am besten daraus hervor, daß Verfasser die Lehre von Gottes
Wort im dritten (!) Hauptstück unterzubringen sich genöthigt gefunden hat. Die Ordnung des kleinen Katechismus will mir immer wieder als die sachlich und pädagogisch
richtige erscheinen.

sind. Die in 10,000 Exemplaren aufgelegte Ausgabe ist in der Umgangssprache der Pekinger Mandarinen, welche von zwei Fünfteln der Söhne des Himmlischen Reiches verstanden wird, gedruckt.

Die Episkopalkirche in London. Nach Mackeson's „Guide" hat London jetzt 872 Kirchen der englischen Staatskirche gegen 620 im Jahre 1869. In 409 Kirchen wird wöchentlich das Abendmahl gefeiert, in 43 Kirchen täglich, in 262 Kirchen finden Abendkommunionen statt, in 245 sind täglich Gottesdienste. In 33 Kirchen werden die alten Meßgewänder gebraucht, in 18 wird geräuchert; in 56 brennen Lichter auf dem Altar, in 214 findet die Eastward Position, die Wendung zum Altar, statt. 123 Kirchen sind tags über für Privatandacht geöffnet.

Wie Pabst Leo XIII. über das Dogma von der päbstlichen Unfehlbarkeit und den Schöpfer desselben, seinen Vorgänger Pius IX. denkt, ist aus einem Briefe desselben vom 5. December v. J. in Bezug auf das Dekret der Congregation der heiligen Riten ersichtlich, wonach in Zukunft das Fest der Unbefleckten Empfängniß ritu duplici primae classis und cum missa vigilia gefeiert werden soll. Es heißt darin: „Jam annus 25. expletur, postquam Pius IX. P. M. magni nominis et felicis recordationis decessor noster, virginis Mariae deiparae immaculatam conceptionem supremo atque irreformabili [!] judicio definivit", und weiterhin wird jene Definition „immortale illud summi pontificis oraculum" genannt, dieselbe also unzweideutig für einen Akt päbstlicher Unfehlbarkeit erklärt. Wie sehr gingen mithin diejenigen fehl, welche von irgend einer wesentlichen Differenz in den Anschauungen des verstorbenen und des jetzigen Pabstes träumten! (Ev.=Luth. Kz.) Abermals hat Pabst Leo XIII. einen Akt souveräner Machtvollkommenheit ausgeübt und dem Frhrn. v. Koeller auf Koeben in Schlesien, bisher Comes palatinus und Geh. Kämmerer, den erblichen Marquistitel verliehen. (Ebendas.) Was Ersteres betrifft, so bewahrheitet sich an Leo aufs Neue, daß, wie auch immer derjenige vorher gesinnt gewesen sein mag, welcher sich auf den päbstlichen Stuhl erheben läßt, derselbe alsbald auch mit dem Geist des Antichristenthums erfüllt wird; und was Letzteres betrifft, so ist dies zwar nur eine lächerliche Komödie, die der entfürstete Pabst aufführt, aber zu den Beweisen, daß der Pabst nicht Christi Statthalter sein kann, sondern es nur heißen und dafür angesehen sein will, gehört es auch.   W.

Der **Pabst** hat die von Bismarck betreffs der Maigesetze angebotenen Zugeständnisse für ungenügend erklärt und die seinerseits in einem Briefe an den früheren Erzbischof von Cöln gemachten Zugeständnisse zurückgezogen. Was folgt daraus? Daß der Pabst nicht unfehlbar ist. Entweder er irrte, als er die Zugeständnisse machte, oder er irrte, als er sie zurückzog. Tertium non datur.

Protestantenverein und Unitarier. Die Unitarier Englands und Amerikas haben am 7. April den hundertjährigen Geburtstag W. E. Channing's, des eigentlichen Begründers der unitarischen Gemeinden in Amerika (geb. den 7. April 1780, † 1842), zu Boston gefeiert und bei dieser Gelegenheit von dem deutschen Protestantenverein folgendes Begrüßungsschreiben erhalten: „Der deutsche Protestantenverein sendet herzlichste Segenswünsche zur Feier des hundertjährigen Geburtstags W. E. Channing's, des großen modernen Apostels der wahren Humanität Jesu und Vertheidigers der Menschenrechte gegen Sklaverei in Staat und Kirche. Mögen seine Ideen alle Gemeinden der alten und neuen Welt durchdringen und vereinigen zu einer großen christlichen Kirche nach dem Ideal Channing's!" Die Allg. Kz. Luthardt's macht hierzu zwar die richtige Bemerkung, daß hiernach nicht einzusehen sei, wie die Herren Protestantenvereinler in der christlichen Kirche Hausrecht beanspruchen können; sie sollte aber auch selbst einsehen, wie wenig ihre Kirche auf den Titel einer lutherischen Kirche Anspruch machen könne, da sie solche Protestantenvereinler auf ihre Kanzeln und an ihre Altäre stellt.   W.

Lehre und Wehre.

| Jahrgang 26. | Juli 1880. | No. 7. |

Kann der Mensch zu seiner Bekehrung etwas mitwirken?

Antwort auf diese Frage von dem schwedischen Gottesgelehrten Dr. Andreas Knös,
weiland Professor in Skara, übersetzt von W.

„Die heilige Schrift nennt die Bekehrung eine neue Schöpfung,
eine Beschneidung des Herzens, eine Wegnehmung des steinernen Herzens,
die Gebung eines neuen Herzens und eine Einpflanzung in Christum, um
zu zeigen, daß dieselbe nicht durch bloße gewisse Seufzer, Gebete und
religiöse Uebungen hervorgebracht werde, welche die Natur, die die Gnade
nachäfft, nach Art der Affen einigermaßen nachahmen und bewirken könne;
sondern daß sie ein Werk Gottes sei, welches die Ergreifung Christi in uns
bewirkt, die nur durch den Glauben in einem bekehrten, von Gott von oben
herab gebornen und neuen Herzen geschieht, Joh. 1, 12. vgl. 13.   Wir
müssen erkennen, daß wir von Natur entfremdet sind von dem Leben aus
Gott (Ephes. 4, 18.), so in Sünden todt (2, 1.), daß alles dasjenige, was
wir durch unsere Kräfte und Bemühungen der von Gott vorgeschriebenen
Ordnung uns zu bekehren gemäß, oder durch eine gewisse Thätigkeit von
unserer Seite auszurichten vermögen, zu Erlangung dieses Ziels durchaus
nichts beitragen kann.

„Es ist dies kein Streitpunct, der nichts mit dem Christenthum zu thun
hätte und nur zu den Spitzfindigkeiten der gelehrten Theologen gehörte.
Es ist dies eine Wahrheit, die sowohl richtig zu erklären ist, damit
sie nicht auf einen verkehrten Sinn gezogen werde, als auch gehörig
praktisch angewendet werden muß.   Die Bedeutung dieser Lehre
ist so groß, daß wir ohne dieselbe in der Praxis nicht verstehen können,
was mit dem gesagt sein wolle, was wir doch so oft im Munde führen:
‚Gott allein die Ehre!   (Röm. 16, 27.)   Vater unser, der du bist im
Himmel, dein ist das Reich, dein die Kraft und dein die Herrlichkeit.
Dein Name werde geheiliget!   Dein Reich komme!   Dein Wille ge=
schehe!‘ Denn alles, was unser ist, ist lauter Schwachheit, Finsterniß, ja,
der Tod selbst, und verschafft uns nichts Anderes, als Unglück und ewige

Uebel. Wir können auch keinen gründlichen Frieden des Gewissens und keine Gewißheit erlangen, so lange wir auf irgend eine Weise uns an unser eigenes Thun hängen. Sobald der Mensch, durch die zuvorkommende Gnade bewegt, über Gott und das Heil seiner Seele ernstlich nachzudenken anfängt, so wird er leicht vom Teufel und seinem Fleisch verleitet, daß er meint, er habe nun einen guten Willen, gute Gedanken, Neigungen und Vorsätze. Aber so lang er sich an diese gute Meinung von sich hängt und dafür hält, daß er nun mit seinem guten Rechte die Gnade ergreifen und sich mit derselben trösten könne vor anderen offenbaren groben Sündern, so lange ist er wie ein Rohr, das der Wind hin und her webet; er kleidet sich, und kann sich doch nicht erwärmen, Hagg. 1, 6., das heißt, er sucht Christum, aber er findet ihn nicht; weil er sich heimlich auf seine Kräfte verläßt, und daher Christum, der sich als den einigen Heiland darbietet, zurückweis't. Nicht anders, wie der, welcher sich selbst zu helfen sucht, es einem Andern, welcher die helfende Hand nach ihm ausstreckt, ihm zu helfen nicht zuläßt. Dieser Behauptung ist nicht entgegen, daß der alte Mensch, welcher der Hölle entfliehen und in das Reich Gottes eingehen will, das Bekenntniß thut, daß er sich selbst nichts, sondern alles der göttlichen Gnade zuschreibe. Denn der Pharisäer dankte Gott auch, daß er nicht sei, wie andere Leute (Luk. 18, 11.); aber er lobte doch damit sich selbst und sein Thun, indem er sein Verlangen und Bemühen, das heißt, seine Kräfte, zum Fundamente machte, denen Gott und seine Gnade nur beistünde. — Damit sich aber Niemand auf der anderen Seite durch Mißverstand diese Lehre unter dem Vorwand, er dürfe ja selbst nichts thun, unbesonnener Weise zu einem gewissen Stumpfsinn und gefühllosen Wesen verführen lasse, welches den Mystikern und Quietisten zugeschrieben zu werden pflegt, oder zu einem unechten, fleischlichen Nichtsthun: so ist zugleich wohl zu merken, daß das einzige Ziel unseres Nichtsthuns in der Bekehrung dieses ist, daß wir an unserem eigenen Willen verzagen und uns dem Willen Gottes überlassen, welcher ernstlich will, daß allen Menschen und also auch uns geholfen werde (1 Tim. 2, 4.), und daß wir uns daher an sein Wort hängen, welches uns nahe (Röm. 10, 8.) und eine Kraft Gottes ist, selig zu machen alle, die daran glauben (1, 16.). Wir loben nur eine solche Unthätigkeit des Menschen in seiner Bekehrung, durch welche das Aufmerken des Herzens auf das Wort befördert wird, welches Geist und Leben und daher siegreich, kräftig und wirksam ist. ... Manche leugnen nicht, daß sich der Mensch im Anfange der Bekehrung völlig unthätig (mere passive) verhalte; sie behaupten jedoch, daß der Mensch im Fortgang der Bekehrung zur Bewirkung derselben mit der Gnade Gottes mitwirken, nicht zwar mit seinen angebornen Kräften, welche Meinung den alten Synergisten zugeschrieben wird, sondern mit den geschenkten

Kräften, nemlich mit den durch die zuvorkommende und vorbereitende Gnade erlangten, welche Meinung die neueren Synergisten hegen. Verkehrter Weise schließen sie aus jener Stelle (Phil. 2, 12.: ‚Schaffet, daß ihr selig werdet‘ 2c.), daß die zu Bekehrenden auch etwas thun müßten, ihre Bekehrung zu bewirken und zu fördern, und zwar mit Gottes Hilfe. Weil aber von einem Menschen nicht gesagt werden kann, daß er geistlich lebe, ehe er sich des Glaubenslebens erfreut, sondern bis zu diesem Augenblick der vollendeten Bekehrung geistlich todt ist, so kann man, genau geredet, nicht von ihm sagen, daß er von der ihm zuvorkommenden und beistehenden Gnade unterstützt werde; denn sofern sie ihm zuvorkommt, wird er von ihr nicht unterstützt; denn wer unterstützt wird, ist schon vorher selbst thätig. Mag man daher sagen, ein noch nicht bekehrter Mensch handle aus eigenen Kräften und werde nur durch die Gnade unterstützt, oder mag man sagen, er handle mit Kräften, die er durch die Erleuchtung oder durch die beistehende Gnade erlangt habe, so wird in beiden Fällen verkehrter Weise vorausgesetzt, daß er schon lebe und mit Lebenskräften aus= gerüstet sei. Denn weil er noch todt ist, so kann ja der Mensch selbst, (der noch todt ist) vermittelst der empfangenen Kräfte zu seiner Bekehrung nicht mitwirken und dieselbe neben der göttlichen Gnade mit befördern und vollenden; sondern, wenn er das unternimmt, so glaubt er nicht, daß es Gott allein sei, welcher beides schafft, das Wollen und das Vollbringen, und meint heimlich, daß es Gott entweder nicht **wolle**, oder nicht allein **könne**, und bleibt daher, weil er im Unglauben bleibt, im Tode.... Dies wäre nichts anderes, als um der Gnade und göttlichen Kraft willen, die er in sich wirken fühlt, sich selbst neben Gott zu einem Götzen machen und sich zu einem, wenn auch zum kleinsten, Theile das zuschreiben, was that= sächlich Gott allein zukommt.... Durch die Kräfte, welche dem Menschen durch die zuvorkommende und vorbereitende Gnade verliehen werden, wird der Mensch ohne alle seine Thätig= keit (passive) nur zugerichtet zum allmählichen Empfang größerer Gnadenwirkungen und zur Aufnahme des geist= lichen Glaubenslebens; aber jene Kräfte erstrecken sich nicht so weit, daß er **vor** seiner vollständigen Bekehrung etwas mit Gott mitwirken könnte... Denn vor dem Act der Wiedergeburt im strengen Sinne kann der Mensch noch nicht lebendig gemacht genannt werden in dem eigentlichen und höheren Sinne dieses Wortes; denn was jene Unterscheidung betrifft, welche von einigen Theologen angewendet wird, zwischen dem Anfange der Lebendigmachung oder dem ersten Augenblick und dem zweiten, so reden wir nicht von jenem, nemlich der

und geistliche Leben verliehen wird. Denn der sogenannte erste Augenblick der Aufweckung bewirkt nur, daß der Mensch empfindet, kraft der zuvorkommenden und erleuchtenden Gnade, daß er todt sei, was um derselben Ursache willen so sehr nothwendig ist, um welcher willen es nothwendig ist, daß der Kranke seine Krankheit erkenne, damit er nemlich den Arzt zulasse. Wie aber ein zum Tode krank Darniederliegender, obgleich er seine Krankheit erkennt, doch die Gesundheit noch nicht wieder erlangt hat, noch dieselbe sich bewahrt, wenn er sich nicht vom Arzte heilen läßt: so hat auch derjenige, welcher sofern aufgeweckt ist, als er seinen geistlichen Tod empfindet, das Leben noch nicht, so lange er den Sohn (Gottes) nicht hat (1 Joh. 5, 12.), mit Christo durch den Glauben noch nicht vereinigt ist. Daraus erhellt, wie der Streit über den Bußkampf, der in diesem Jahrhundert mit so großer Bewegung der Gemüther geführt worden ist, zu beurtheilen sei, wobei die Theologen von einer Seite behaupteten, es sei wider die in heiliger Schrift vorgelegte Ordnung der Bekehrung, daß der noch nicht bekehrte Mensch mit seinem Fleische in einer gewissen eigenthätigen Weise kämpfe, während von der anderen Seite geantwortet wurde, daß ein so Buße Thuender nicht aus eigenen Kräften mit seinem Fleische kämpfe, denn es werde ein in der Buße Stehender und Erweckter vorausgesetzt, der sich schon im Anfange des geistlichen Lebens befinde und mit übernatürlichen Kräften, obwohl noch nicht befestigten, schon ausgerüstet sei. . . Anderer Theologen zu ge= schweigen, so lehrt z. B. der Hallische J. J. Rambach in seinem ‚Rath Gottes von der Seligkeit‘ in der 55. Predigt S. 1040.: ‚daß der Sünder sich so lang (N. B.) los arbeiten, los beten, los kämpfen solle, bis er in die Freiheit der Kinder Gottes versetzt werde.‘ Hierüber, ob es gleich einen guten Schein hat, wird derjenige leicht urtheilen können, wel= cher, der Analogie des Glaubens kundig, das Vorgesagte recht erfaßt hat. Denn entweder ist eine Vereinigung mit Christo geschehen, oder nicht; ent= weder ist der Mensch gleich einer Rebe dem wahren Weinstock Christi ein= gepflanzt, und zieht dann Saft von ihm (Joh. 15, 5.), oder er ist noch ein Zweig eines argen Baumes, von seinem fleischlichen Stamme noch nicht abgeschnitten und abgebrochen oder abgesondert, und dann ist die Art des Saftes, welchen er an sich zieht, kraft seiner Natur eine andere und völlig entgegengesetzte. Wenn er nun noch nicht ‚Geist‘ (oder geistlich) ‚aus Geist‘ geboren ist, so kann er keine anderen, als arge Früchte bringen (Matth. 7, 18.); darum so viel er von dem Seinen dem göttlichen Werke beimischt, um so viel verderbt er Gottes Werk. Daher

Tödtung der hochmüthigen Natur kommt hauptsächlich dadurch zu Stande, daß der Mensch im Worte hört, er selbst könne nichts thun, sondern solle glauben, daß alles werde gethan werden, daß er nemlich durch den Glauben, nicht durch die Werke selig werden solle. Ephes. 2, 8. 9. Der Glaube wird aus dem Gehör des Wortes in den Erwachsenen empfangen (Röm. 10, 17.); hingegen dafür halten, daß derselbe aus des Menschen Gebeten, sofern sie menschliche Handlungen sind, oder durch irgend eine andere Sache, Werk und Bemühung des Menschen 2c. bewirkt werde, ist gefährlich und gegen die Gnade und die göttlichen Verheißungen oder gegen das Evangelium der größte Schimpf." (Institutiones theologiae practicae. Holmiae, 1768. 4. p. 242—261.)

(Eingesandt von P. Stöckhardt, Lic. theol.)

Schriftbeweis für die Lehre von der Gnadenwahl.

(Fortsetzung.)

2. These.

Die Wahl Gottes ist demgemäß nach der Schrift kein bloßes Vorherwissen, sondern ein Willensact Gottes. Diesen Willensact beschreibt die heilige Schrift auch mit folgenden Ausdrücken: „Zuvorerkennen", „Versehung", „Vorsatz", „Vorherbestimmung", „Verordnung." Röm. 8, 29. 1 Petri 1, 2. Röm. 8, 28. Eph. 1, 11. Röm. 9, 11. Röm. 8, 29. Eph. 1, 5. Apostelgesch. 13, 48.

Daß die Wahl Gottes eine Handlung, ein Willensact Gottes ist, liegt im Begriff des Wortes „Wahl", ἐκλέγεσθαι. Aber auch alle andern Ausdrücke, mit denen die heilige Schrift jenes Geheimniß der Ewigkeit beschreibt, bezeichnen ein Thun Gottes, einen Act des göttlichen Willens. So insonderheit auch der Ausdruck: προγιγνώσκειν, πρόγνωσις, genau übersetzt: „Vorhererkennen." Diesem Begriff wenden wir zunächst unsere Aufmerksamkeit zu.

In Kürze erinnern wir vorweg an die Geschichte der Exegese dieses bedeutungsvollen Ausdrucks. Luther hat denselben überall da, wo in der

nation Gottes verstehen, ist eingehend in „Lehre und Wehre" (Maiheft
1880, S. 129 u. f. w.) nachgewiesen. Es ist überflüssig, das dort Be-
merkte hier zu wiederholen. Die späteren Dogmatiker stützen bekanntlich
ihre Aussage, daß Gott in Rücksicht auf den vorhergesehenen Glauben die
Wahl getroffen habe, auf die Schriftstellen von der Wahl, welche den
Ausdruck προγιγνώσκειν, πρόγνωσις darbieten. Sie fassen denselben durchweg als ein „Vorauswissen Gottes" und ergänzen als sachliches Object des
Vorauswissens den Begriff „Glauben". Manche neuere Exegeten sind
ihren Fußstapfen gefolgt, z. B. Meyer, Philippi. Doch die allerneuesten
und anerkanntermaßen gewiegtesten Sprachforscher sind zu der Erklärung
Luthers und der Concordienformel zurückgekehrt. Hofmann sagt in seinem
Commentar zum Römerbrief (S. 347. 348): „Gibt es ein Erkennen Gottes, welches etwas Anderes ist als ein bloßes Wissen des Erkenntnißgegen-
standes oder Innewerden der Beschaffenheit desselben, indem rechtes Erkennen ein aneignendes, also Bekanntschaft mit Verwandtem
bezweckendes Thun ist, so muß auch dasjenige göttliche Erkennen,
welches προγιγνώσκειν heißt, überall, wo dieser Ausdruck in seinem Voll-
werthe und ohne ein Objectsprädicat von Gott gebraucht vorkommt, in diesem Sinn gemeint und also ein Thun sein, welches sich auf den
Erkenntnißgegenstand, ehe er war, aneignungsweise gerichtet, ihn im Voraus zum Gegenstand eines Kennens, wie
man das Verwandte und Gleichartige kennt, gemacht hat."
Ebenso Cremer in seinem „Biblisch theologischen Wörterbuch der Neutestamentlichen Gräcität" (S. 161): „προγινώσκειν bezeichnet das göttliche
γινώσκειν als schon vor seiner geschichtlichen Erscheinung im göttlichen
Heilsrathschluß (wir sagen: Präbestinationsentschluß) vorhanden, die in
dem Heilsrathschluß gesetzte, demgemäß schon vor seiner Vollziehung vorhandene Verbindung Gottes mit den Objecten
desselben, so daß προγινώσκειν dem ἐκλέγεσθαι πρὸ καταβολῆς κόσμου entspricht, welches Eph. 1, 4. dem προορίζειν ebenso vorausgesetzt ist, wie προγινώσκειν Röm. 8, 29... Wie γινώσκειν ist auch προγινώσκειν ein selbstständiger Begriff, dessen Inhalt nicht erst angegeben zu
werden braucht." Wir freuen uns der Uebereinstimmung der neuesten
Sprachforschung mit der Auslegung Luthers und des lutherischen Bekenntnisses, welcher auch wir von Herzen beipflichten.*)
    Freilich kommt nun alles darauf an, diese Fassung der ältesten und

----

*) Es ist von Belang, daß selbst neuere Theologen, welche sonst die Lehre der
Schrift und des Bekenntnisses von einer particulären Wahl perhorresciren, nicht umhin
können, bei Erklärung einzelner Ausdrücke und Sätze den klaren Wortsinn anzuerkennen.
So muß auch die wegen ihres Lehrgehalts mit Recht von uns beanstandete und be-
kämpfte neuere Theologie mit ihrem Bestreben, der Sprache der Bibel und dem Zusammenhang der biblischen Rede gerecht zu werden, oft wider ihren Willen die Erkennt-

neuesten Exegeten, nach welcher (προγινώσκειν, πρόγνωσις einen Willensact, einen Willensbeschluß, ein Thun Gottes bezeichnet, aus der Schrift selbst zu bestätigen.

Die Bedeutung des Compositum προγινώσκειν, „Vorhererkennen", hängt von der Bedeutung des verbum simplex, γινώσκειν, „Erkennen" ab. Es bedarf keines eingehenden Beweises, daß das Zeitwort γινώσκειν, „erkennen" an vielen Stellen der Schrift ein Thun Gottes an gewissen Objecten, eine Handlung Gottes, die sich auf gewisse Personen erstreckt, bedeutet. Das wird von sämmtlichen alten und neuen Exegeten anerkannt. Die Alten setzen gar oft zu dem Ausdruck γινώσκειν die Glosse, daß hier ein nosse cum affectu et effectu gemeint sei, ein mit Zuneigung und Liebe gepaartes, kräftig wirkendes Erkennen. Wenn es in der Schrift heißt, daß Gott uns erkannt habe und kenne, so will das sagen, daß Gott uns als die Seinen erkannt, anerkannt, angenommen, durch solch Erkennen uns zu den Seinigen gemacht, sich uns angeeignet, uns mit sich selbst in Verbindung, in Gemeinschaft gesetzt habe und somit als mit ihm Verbundene, ihm Gleichgeartete und Verwandte von Herzen liebe. Er hat gleichsam seine Art in uns eingepflanzt und sieht und liebt nun in uns sein eigen Bild. Diese Beziehungen liegen schon in dem hebräischen Begriff (יָדַע). Cremer bemerkt in dem citirten Werk (S. 155): „Es bezeichnet also γινώσκειν in solchem Zusammenhang so viel als Jemandem Beachtung zu Theil werden lassen, mit Jemandem eine Verbindung anknüpfen oder in einer solchen stehen." Grimm erklärt in seinem neutestamentlichen Lexikon das Wort γινώσκειν: „cognosco aliquem consortio meo et amore dignum, als den Meinen erkennen; ita ὑπὸ τοῦ θεοῦ γινώσκεσθαι dicuntur, quos Deus evangelii beneficiis dignos judicavit." Nur muß das so verstanden werden, daß Gott durch das Erkennen diese Dignität selbst setzt und wirkt. Grimm, ein Rationalist, rationalisirt zugleich den biblischen Begriff. Die angegebene Bedeutung liegt dem Ausdruck γινώσκειν offenbar in folgenden Stellen zu Grunde: Matth. 7, 23.: οὐδέποτε ἔγνων ὑμᾶς, „ich habe euch nie als die Meinen erkannt, anerkannt"; Joh. 10, 14. (γινώσκω τὰ ἐμὰ καὶ γινώσκουσί με τὰ ἐμά, καθὼς γινώσκει με ὁ πατὴρ κἀγὼ γινώσκω τὸν πατέρα,) ich kenne die Meinen, liebe sie als die Meinen und sie kennen mich und lieben mich als ihren Hirten und Heiland" u. s. w.; 1 Cor, 8, 3.: εἰ δέ τις ἀγαπᾷ τὸν θεόν, οὗτος ἔγνωσται ὑπ' αὐτοῦ; Gal. 4, 9.: νῦν δὲ γνόντες θεόν, μᾶλλον δὲ γνωσθέντες ὑπὸ θεοῦ, will sagen: die Christen, die Gott lieben, sind von Gott erkannt, von Gott angenommen, in seine Gemeinschaft aufgenommen, gehören ihm zu; 2 Tim. 2, 19.: (ἔγνω κύριος τοὺς ὄντας αὐτοῦ,) „der HErr kennt die Seinen", — das ist der feste unerschütterliche Grund Gottes, auf dem unser Glaube ruht, daß der HErr uns als die Seinen erkannt, anerkannt, uns zu den Seinigen gemacht hat. Dieser betreffs des Worts γινώσκειν gesicherte und allgemein

anerkannte Sprachgebrauch legt es aber nahe, das Compositum προγινώσκειν überall da, wo es Gott zum Subject und Personen zum Object hat, in
demselben Sinn, d. h. als ein vorzeitliches Thun Gottes zu fassen, kraft
dessen Gott schon in der Ewigkeit, im Voraus gewisse Personen als die Seinen angenommen, sich zugeeignet hat.

Wir wenden uns nun zu den Schriftstellen, in denen das Compositum
(προγιγνώσκειν) und zwar als Prädicat, das von Gott ausgesagt wird, vorkommt. Wir stellen diejenigen Schriftaussagen voran, welche nicht von
der ewigen Wahl Gottes und der Prädestination zum ewigen Leben handeln und ein anderweitiges Vorhererkennen Gottes beschreiben. Wir finden nur drei Stellen dieser Art im Neuen Testament, doch diese genügen
uns, den schon angedeuteten Sprachgebrauch zu bestätigen.

Röm. 11, 2. schreibt Paulus: (Οὐκ ἀπώσατο ὁ θεὸς τὸν λαὸν αὐτοῦ, ὃν
προέγνω,) „Gott hat sein Volk nicht verstoßen, welches er zuvor erkannt hat."
Nur von Israel und der Annahme Israels zum Bundesvolk ist hier die
Rede. Was will nun der Nebensatz ὃν προέγνω) besagen? Heißt das:
„welches er zuvor gewußt hat"? So fassen es Calov und andere alte Ausleger auf, unter den Neueren Meyer, Philippi. Oder hat Luther richtig
übersetzt: „welches er zuvor versehen, also prädestinirt hat"?
Die kurze stricte Aussage selbst (ἐνέργεια) beweist, daß von einem Willensact Gottes die Rede ist. Dieser kurze Satz ist eine selbstständige Aussage,
προέγνω ein fertiger, in sich abgeschlossener Begriff. „Vorauswissen, vorhersehen" ist aber ein Relativbegriff, der nothwendig eine Ergänzung fordert. Die genannten Exegeten ergänzen den Satz folgendermaßen: „von
dem er vorausgewußt hat, daß es sein Volk sein und bleiben
werde." Nur so gewinnt dann der Satz Sinn und Gestalt. Der nackte
Satz: „welches er vorausgewußt hat" gibt keinen Sinn. Man will auch
erfahren, was Gott vorausgewußt hat. Und „Vorauswissen" mit einem
persönlichen Object verbunden, der Ausdruck: „Gott weiß sein Volk
voraus" ist eine ungelenke Redeweise, die sich schwerlich durch analoge Aussagen wird erhärten lassen. Nur wenn man von προγιγνώσκειν in der Bedeutung „vorauswissen" einen Accusativ cum Infinitiv abhängig macht,
wie dies bei der Erklärung geschieht: „Gott hat zuvor gewußt, daß Israel
sein Volk sein und bleiben werde", geschieht den sprachlichen Anforderungen
ein Genüge. Wer aber gibt nun jenen Auslegern das Recht, jener kurzen

griff ergibt sich uns aber, wenn wir das γιγνώσκειν in προγιγνώσκειν in der oben dargelegten Bedeutung fassen: annehmen, sich zu eigen machen. Der Apostel sagt: „ ... sein Volk, welches er im Voraus, vor der Zeit schon sich zu eigen gemacht, sich erkoren und angenommen hat. So verstanden, gibt der kurze Satz einen klaren, deutlichen Sinn. Diese Erklärung wird nothwendig auch durch den Zusammenhang des Nebensatzes, ὅν προέγνω, mit dem Hauptsatz οὐκ ἀπώσατο ὁ θεὸς τὸν λαὸν αὐτοῦ erfordert. Die Worte ὅν προέγνω hat der Apostel unzweifelhaft deshalb angefügt, um den Grund anzugeben, warum Gott sein Volk nicht verstoßen hat, ja nicht hat verstoßen können. Dieser Grund kann aber unmöglich in einem Vorauswissen, sondern nur in einem Thun Gottes liegen, welches jenes andere Thun, „die Verstoßung", ausschließt. Die ewige Handlung Gottes, „daß er sein Volk sich zu eigen gemacht", macht die zeitliche Handlung, „daß er sein Volk verstößt", unmöglich. Gott verstößt nicht, hat nicht verstoßen, kann nicht verstoßen, was er in der Ewigkeit schon angenommen, sich zugeeignet hat. Das auserwählte Volk verstoßen, wäre ein Widerspruch. Wir erläutern und bekräftigen das Gesagte noch durch etliche Worte Hofmanns zu Röm. 11, 2. (Commentar zum Römerbrief, S. 462): „Der Apostel sagt (mit den Worten ὅν προέγνω) ein Gleiches von Israel aus, wie οὓς προέγνω Röm. 8, 29. von den Christen. Der Unterschied zwischen jenem προέγνω und diesem ist nur durch die Verschiedenheit des Objects gegeben. Gott hat dieses Volk im Gegensatz zur völkerweise lebenden Menschheit, ehe es ward, zum Gegenstand seines Erkennens gemacht, so daß es ihm nicht etwa nur für sein Wissen, sondern für sein Erkennen, welches ein Willensact ist, im Voraus das Volk war, welches er und welches ihn zu eigen hat. ... Hieße ὅν προέγνω nichts weiter, als, Gott habe vorhergesehen, daß dieses Volk sein Volk sein werde, so läge darin kein Grund gegen die Denkbarkeit seiner Verstoßung. Denn er hätte ja dann auch vorhersehen können, daß und wann es durch Ungehorsam aufhören werde, sein Volk zu sein. Undenkbar ist, daß Gott es verstoßen habe, nur dann, wenn Gottes Vorhererkennen Israel im Voraus zu dem gemacht hat, was es darnach in Wirklichkeit geworden ist."

1 Petri 1, 20. heißt es: „Wisset, daß ihr nicht . . . . . erlös't seid von euerm eiteln Wandel . . . . sondern mit dem theuern Blute Christi, als eines unschuldigen und unbefleckten Lammes, der zwar zuvor erkannt ist,

so müßte man dann eben übersetzen: „Christus ist von Gott voraus=
gewußt", nicht „vorhergesehen", was προγινώσκειν nun und nimmer be=
deutet.   Ferner müßte auch hier, was Gott von Christo vorausgewußt, nem=
lich „daß er für die Sünder sterben werde", irgendwie ausgedrückt sein.
Man erwartet in diesem Fall einen Satz, wie den: (ὃν ἀποθανεῖν, oder ὃν
ἀμνὸν ἔσεσθαι προέγνω.) Die kurze passivische Aussage (προεγνωσμένου μὲν
πρὸ καταβολῆς κόσμου,) zu der Christus Subject ist, deutet darauf, daß προγινώσκειν ein selbstständiger, vollständiger Begriff ist und Christus Gegenstand eines Thuns Gottes. Das wird vollends deutlich, wenn wir das
Parallelglied hinzunehmen: φανερωθέντος δὲ etc. Gott hat Christum in
der Zeit offenbart. Das (φανεροῦν) bezeichnet eine Handlung Gottes an
Christo. Und diese Handlung ist mit der dem (προγινώσκειν προεγνωσμένου
μὲν) Gottes gegenübergestellt. Der Apostel will sagen: In der Ewigkeit
hat Gott das und das mit Christo gethan, in der Zeit hat er dann das
Andere mit ihm gethan. Der Gegensatz μὲν — δὲ zeigt an, daß beide Ge=
danken zugleich festgehalten werden sollen, daß der eine den andern fordert.
Vergl. Winer, Grammatik S. 391. So fordert der Zusammenhang für
προεγνωσμένου die Bezeichnung eines Thuns Gottes. Wir haben aber schon
früher erkannt, was für ein Thun Gottes mit γινώσκειν oft bedeutet wird.
Wir übersetzen demgemäß auch hier: mit dem theuern Blut Christi..., der
zwar zuvor versehen, zuvor bestimmt ist,.... jetzt aber offen=
bart..... Vor Grundlegung der Welt schon hat Gott sich das Lamm er=
sehen, das die Welt erlösen sollte, hat Christum zum Erlöser prädestinirt,
und in der letzten Zeit hat Gott dann den Rathschluß der Erlösung und
Christum den Erlöser offenbart, in die Erscheinung treten lassen. Diese
Auslegung wird durch die Parallele Offenb. 13, 8. bestätigt. Da heißt
Christus (ἀρνίον ἐσφαγμένον ἀπὸ καταβολῆς κόσμου,) „das Lamm, das erwürgt
ist von Anfang der Welt". Damit soll gesagt sein: daß Christus im ewigen
Rathschluß Gottes schon geschlachtet, geopfert ist, d. h. daß Gott ihn schon
in Ewigkeit zum Erlöser gesetzt und verordnet hat.

In der dritten Stelle Apostelgesch. 2, 23. findet sich das Substantiv
πρόγνωσις.) Petrus sagt dort in seiner Pfingstpredigt zu den Juden:
„τοῦτον τῇ ὡρισμένῃ βουλῇ καὶ προγνώσει τοῦ θεοῦ ἔκδοτον λαβόντες διὰ
χειρῶν ἀνόμων προσπήξαντες ἀνείλατε", oder,) wie Luther übersetzt hat:
„Denselbigen (Christus), nachdem er aus bedachtem Rath und Vorsehung

γνωσις, ein festgesetztes, vorbedachtes Vorauswissen ist ein Unding! Gerade an dieser Stelle müßte auch die Ergänzung, was Gott vorausgewußt, sehr weit hergeholt werden. Auch müßte dann πρόγνωσις dem θεός voranstehen. Nein, augenscheinlich ist mit (ἡ ὡρισμένη βουλή καὶ πρόγνωσις τοῦ θεοῦ) ein Willensact, Willensrathschluß Gottes gemeint, ein Rathschluß, der fest steht und nicht geändert werden kann, wie das Attribut (ὡρισμένη) zeigt. Nur darf man weder hier, noch überhaupt den Ausdruck (πρόγνωσις) für ganz gleichbedeutend mit Wahl (ἐκλογή) ausgeben. Der Begriff „Auserwählen, aus einer Masse auserlesen" liegt dem Stamm γινώσκειν, προγινώσκειν an sich fern. Πρόγνωσις als Willensact Gottes ist ein kräftiges Erkennen, kraft dessen Gott sich Jemanden zu eigen macht, oder zu einem bestimmten Zweck ersieht, in Beschlag nimmt. An vorliegender Stelle, in der kein persönliches Object, überhaupt kein Object zu πρόγνωσις angegeben ist, hat das Wort überhaupt die Bedeutung „Vorherbestimmung, vorhergefaßter Beschluß" (vgl. Cremer, Bibl. theol. Wörterbuch der Neutestamentl. Gräcität S. 161) gewonnen. Daß mit πρόγνωσις, ebenso wie mit βουλή nur ein Willensact, ein Rathschluß gemeint sein kann, geht ferner aus der Verbindung dieses Worts mit (ἔκδοτον) hervor. Der Dativ (τῇ ὡρισμένῃ βουλῇ καὶ προγνώσει) gibt das Motiv der Uebergabe Christi an die Ungerechten an. Gott hat ihn in ihre Hände übergeben aus vorbedachtem Rath und Zuvorerkennen. Nun und nimmer kann aber ein Vorauswissen, sondern nur ein Beschluß Gottes das Motiv sein, das Gott zu solcher Hingabe seines Sohnes bestimmt hat. *)

Wir haben nunmehr eine sichere Grundlage für das Verständniß der zwei Stellen gewonnen, in denen (προγινώσκειν, πρόγνωσις) in Verbindung mit andern Verbis erscheint, welche die ewige Wahl und Prädestination Gottes beschreiben, nemlich Röm. 8, 29. und 1 Petri 1, 1. 2. Der Sprachgebrauch des Neuen Testaments gibt uns für προγινώσκειν die Bedeutung: „im Voraus anerkennen, annehmen, sich zu eigen machen", oder in weiterm Sinn: „im Voraus über etwas Beschluß fassen", und zwar als die einzige Bedeutung an die Hand.

Diese Bedeutung entspricht einzig und allein auch dem Zusammenhang Röm. 8, 29.: (ὅτι οὓς προέγνω, καὶ προώρισε συμμόρφους) u. s. w. Uebersetzt man: „welche er zuvor gewußt hat, hat er auch zuvor bestimmt", so resultirt eine ganz schiefe, ungelenke Redeweise. „Jemanden, Personen zuvor wissen" wäre ein absonderlicher Ausdruck. Nur dann gewinnt der Ausdruck einiges Geschick, wenn die Hauptsache, die ausgedrückt werden soll, ergänzt, aus einem andern Satz oder aus den eigenen Gedanken herbei-

---

*) Vergleiche übrigens zur Erklärung von Apostelgesch. 2, 23. sowie überhaupt des Begriffs πρόγνωσις den Artikel von Hrn. Prof. Gräbner (Märzheft von L. u. W. 1880). Nur muß man wohl die Begriffe „Wahl" und „Vorhererkennen" an sich unterscheiden und auseinanderhalten, wenn beide auch dieselbe Sache, dieselbe ewige Handlung Gottes

gezogen wird. Bei Bestimmung einer solchen Ergänzung ist man ganz auf das Rathen angewiesen. Drum sind die betreffenden Ausleger auf die ver= schiedenartigsten Einfälle gekommen. Die Einen ergänzen: (ἀγαπῶντας αὐ- τόν,) „von denen er vorausgewußt, daß sie ihn lieben werden" (Ebrard); die Andern: („συμμόρφους ἔσεσθαι τῆς εἰκόνος τ. ὑ. ἀ.",) „von denen er vorausgewußt, daß sie auf dem Wege der göttlichen Heilsordnung dem Bild seines Sohnes gleich werden würden" (Meyer); die Meisten: (πιστεύσειν) „von denen er vorausgewußt, daß sie glauben werden" (Philippi und die Alten). Solche Auslegung, bei welcher der Hauptbegriff beliebig eingetragen wird, ist aber bodenlose Exegese. Wer sich dies gestattet, darf es auch den Römischen nicht wehren, in den biblischen Satz, daß wir durch den Glauben gerecht werden, den Begriff „fide caritate formata", „durch den Glauben, der durch die Liebe sein Wesen erhält", ein= zuschieben. Aller exegetischen Willkür wird auf solche Weise Thor und Thür geöffnet. Philippi bemerkt ganz naiv: „In welcher Qualität nun aber Gott die zum Leben Vorherzubestimmenden vorher gesehen habe, wird hier nicht besonders angegeben. Sie sind also nur im Allgemeinen als zu diesem Zwecke geeignet zu denken. Diese Qualification darf aber nach paulinischem Lehrbegriff nur in der πίστις und zwar in der beharrlichen (πίστις) gefunden werden." (Commentar zum Römerbrief, S. 377.) Aber weder der Glaube noch überhaupt welche Qualification ist von Paulus mit irgend einem Wort angedeutet. Was der Apostel „nicht besonders ange= geben hat", muß man sich „denken", hinzudenken. Wollen wir Grund unter den Füßen behalten, so müssen wir zuvörderst auch hier anerkennen, daß (οὓς προέγνω,) „welche er zuvor erkannt hat", ein fertiger, in sich abgeschlossener Begriff ist. Der Parallelismus mit den folgenden Verbis (προορίζειν, κα- λεῖν, δικαιοῦν, δοξάζειν) „vorherbestimmen, berufen, rechtfertigen, verherr= lichen" lehrt ferner, daß auch mit (προγιγνώσκειν,) „vorhererkennen" eine Handlung Gottes an bestimmten Personen bezeichnet ist, nicht ein Wissen Gottes um ein Thun des Menschen. Was für eine Handlung, für ein Willensact Gottes aber gemeint ist, ersehen wir aus der zuvor gewonnenen Bedeutung, die auch an dieser Stelle auf das beste sich in den Satz und den Sinn des Satzes einfügt. Paulus will sagen: welche Gott im Vor= aus, in der Ewigkeit schon sich zugeeignet, durch wirksames Erkennen zu den Seinigen gemacht, in Beziehung zu sich

Personen, welche Gott im Voraus zu den Seinigen gemacht, sich zuerkannt hat, die hat er auch dazu bestimmt und verordnet, daß sie dem Ebenbild seines Sohnes bereinst gleich werden sollten. Dieser klare, tröstliche Sinn und Gedanke springt in die Augen. Wir geben nicht zu, daß St. Paulus hier dunkel oder zweideutig rede.

Ebensowenig können wir bei einfältiger Betrachtung der Worte der Schrift über die Meinung des Apostels St. Petrus ungewiß bleiben, wenn derselbe 1 Petri 1, 1. 2. die Christen als erwählte Fremdlinge anredet, die erwählt sind (κατὰ πρόγνωσιν θεοῦ πατρὸς,) nach Luthers richtiger Uebersetzung „nach der Vorsehung Gottes des Baters." Wir können es nur für eine Vergewaltigung des Textes ansehen, wenn man übersetzt und ergänzt: „nach der Voraussetzung des Glaubens; gemäß dem, daß Gott der Vater unsern Glauben vorauswußte." „Der Glaube" als Object zu (πρόγνωσις) hat nicht den mindesten Anhalt in dem Text, wird vielmehr durch das folgende (εἰς ὑπακοὴν) ausgeschlossen. (Κατὰ πρόγνωσιν θεοῦ πατρὸς,) „nach der Vorhererkenntniß Gottes des Baters" ist offenbar eine Näherbestimmung zu dem Begriff (ἐκλεκτοῖς) Die mit dem einen Ausdruck (ἐκλεκτοῖς) kurz genannte Handlung Gottes, „das Auserwählen", wird durch die weitere Beziehung „nach, gemäß dem Vorhererkennen Gottes", (κατὰ πρόγνωσιν θεοῦ πατρὸς) näher erklärt. (Κατὰ heißt hier, wie oft: nach Maßgabe, nach Verhältniß, in der Art und Weise, pro modo, pro ratione. So (κατὰ τὸ μέτρον) 2 Cor. 10, 3. Eph. 4, 7.; (κατὰ τὴν ἀναλογίαν) Röm. 12, 6.; (κατὰ τὴν δύναμιν) Matth. 25, 15.; (κατὰ τὸ εὖ γε Luc. 1, 9.; (ἡ κατ᾽ ἐκλογὴν πρόθεσις) Röm. 9, 11. u. s. w. Vergl. Grimm, Neutestamentliches Lexicon, S. 224. Also: Ihr seid erwählt nach Maßgabe der (πρόγνωσις θ. π.), in der Art und Weise so, daß Gott, der Vater, euch zuvor erkannt hat. In (πρόγνωσις θεοῦ πατρὸς) haben die zwei letzten Worte den Ton. Erst redet der Apostel die Christen als erwählte Fremdlinge an und fügt dann hinzu, daß Gott der Vater es war, der schon im Voraus sie sich ersehen hat. Indem aber der Apostel diese Näherbestimmung anschließt, substituirt er dem Begriff (ἐκλεκτοῖς) den ähnlichen, doch nicht ganz identischen Begriff (πρόγνωσις) Das eine Mal betont er, daß sie aus der Menschheit, aus der verlorenen Welt auserlesen sind, das andere Mal, daß Gott sie im Voraus zu sich in Beziehung gesetzt, zu den Seinigen gemacht hat. Er will sagen: Erwählte seid ihr, und zwar so, daß Gott der Vater es war, der schon im Voraus euch zu seinem Eigenthum ge-

wählt seib, das habt ihr nicht durch eure Kräfte, Werk oder Verdienst. ...
Darum kommt ihr ohn all euer Zuthun, aus lauter Gnade zu solcher unaussprechlicher Herrlichkeit, nämlich baburch, baß euch Gott der Vater
von Ewigkeit bazu versehen hat; macht also bie Versehung Gottes
ganz lieblich und tröstlich, als sollt er sagen: Erwählte seib ihr und bleibts
auch wohl, denn Gott, der euch versehen hat, ist stark und gewiß genug,
baß ihm seine Versehung nicht fehlen kann." (Erl. A. 52, S. 5. Wir
lassen uns den Trost nicht nehmen, den uns die heilige Schrift in und mit
bem προγινωσκειν Gottes erschlossen hat, baß Gott schon in der Ewigkeit zu
uns, zu einem Jeben von uns gesagt hat: Du bist mein. In meine Hände
habe ich dich gezeichnet.

Die andern Ausbrücke, mit benen bie heilige Schrift jenen ewigen
Willensrath und -act Gottes beschreibt, schließen andere Beziehungen und
Nebenbegriffe in sich. Wie εκλεγεσθαι auf bie Menschheit, aus der wir
erlesen sind, προγινωσκειν auf Gott Bezug nimmt, der uns sich erkoren,
sich zu eigen gemacht hat, so faßt προοριζειν, praedestinare, „vorherbestimmen", das Ziel in das Auge, zu bem Gott uns erwählt hat. Indem er
uns erwählte, sich zu eigen machte, hat er eben damit uns zuvor bestimmt,
baß wir gleich werden sollten bem Ebenbild seines Sohnes, (προωρισε
συμμορφους της εικονος του υιου αυτου, Röm. 8, 29. Eph. 1, 5. gibt St.
Paulus bem εξελεξατο ημας bie Näherbestimmung, προορισας εις υιοθεσιαν
u. s. w., „er hat uns erwählt, indem er uns zuvor bestimmte, zuvorbestimmte
zur Kindschaft". Eph. 1, 11. 12. heißt es: προορισθεντες ... εις το ειναι
ημας εις επαινον δοξης αυτου, „die wir zuvor verordnet, vorherbestimmt
sind ... auf baß wir seien zum Lobe seiner Herrlichkeit."

Ganz dieselbe Bebeutung, wie ορισειν, hat an einer Stelle, Apost.
13, 48., bas Verbum τασσειν mit εις verbunben: (οσοι ησαν τεταγμενοι εις
ζωην αιωνιον, „welche gesetzt, geordnet, verordnet waren zum ewigen
Leben." Aehnlich verbunben findet sich ταττειν 1 Cor. 16, 15.: (και εις
διακονιαν τοις αγιοις εταξαν εαυτους, „und haben sich selbst verordnet zum
Dienst der Heiligen."

Schließlich wird bie ewige Wahl und Präbestination Gottes auch mit
bem Namen προθεσις, „Vorsatz" belegt. Vom Menschen gebraucht bedeutet
προθεσις einen Vorsatz, Entschluß, der aus bem freien Willen des Menschen
hervorgegangen, daher man sagt προθεσις της καρδιας, Apostelgesch. 11, 23.,

Relativbegriff. Es entbehrt alles Grundes, mit den Dogmatikern des 17. Jahrhunderts unter dem Wort (πρόθεσις,) propositum an sich, wo und in welcher Verbindung es auch vorkommen mag, den Vorsatz und Rathschluß der Erlösung zu verstehen. Der sogenannte Syllogismus praedestinatorius beruht auf der (πρόγνωσις τοῦ θεοῦ) im Sinn von praevisio fidei und der (πρόθεσις τοῦ θεοῦ) im Sinn von propositum redemptionis et salutis. Wie die (πρόγνωσις τοῦ θεοῦ) in diesem Sinn, so ist auch das (πρόθεσις τοῦ θεοῦ) in diesem Sinn und somit jener syllogismus hinfällig. (πρόθεσις an sich, ohne eine nähere Bestimmung, heißt „Vorsatz", ein freier und fester Vorsatz Gottes — weiter nichts. An vier Stellen der heiligen Schrift dient aber dieser Ausdruck, wie der Zusammenhang deutlich beweis't, zur Beschreibung der ewigen Wahl Gottes. Eph. 1, 11. lesen wir: (προορισθέντες κατὰ πρόθεσιν τοῦ τὰ πάντα ἐνεργοῦντος u. s. w.) „Die wir zuvor verordnet, vorherbestimmt sind nach dem Vorsatz deß, der alle Dinge wirkt." Vom Vorsatz der Prädestination ist hier die Rede. Das ist der Vorsatz Gottes, der Alles wirkt und hinausführt, also ein Vorsatz, der feststeht. Röm. 8, 28. sagt der Apostel, „daß denen, die Gott lieben, alle Dinge zum Besten dienen, die nach dem Vorsatz berufen sind." Die wahren, Gott liebenden Christen sollen wissen, daß sie nicht zufällig, sondern gemäß einem Vorsatz Gottes berufen sind. Dieser Vorsatz wird V. 29 mit (προέγνω, προώρισε,) „zuvor versehen", „verordnet, vorher bestimmt", näher erklärt. Die (πρόγνωσις τοῦ θεοῦ,) das aneignende Vorhererkennen Gottes, ist also ein bestimmter, fester, wohlbedachter Vorsatz und Entschluß Gottes. Röm. 9, 11. heißt es: (ἵνα ἡ κατ᾽ ἐκλογὴν πρόθεσις τοῦ θεοῦ μένῃ, genau übersetzt:) auf daß der der Wahl gemäße Vorsatz Gottes bestände. Ein Vorsatz ist gemeint, der wahlweise, in der Art geschieht, daß dabei eine Wahl, Auswahl stattfindet. Die ewige Wahl Gottes ist ein Vorsatz, der bleibt und besteht. 2 Tim. 1, 9. wird die ἰδία πρόθεσις Gottes, der freieigne Vorsatz Gottes durch (χάριν τὴν δοθεῖσαν ἡμῖν.. πρὸ χρόνων αἰωνίων) als der Vorsatz der ewigen Wahl und Prädestination näher bestimmt. Gott hat im Voraus uns erwählt, zu seinem Eigenthum gemacht, zum ewigen Leben vorherbestimmt, Er hat es sich vorgenommen und so bei sich festgesetzt. Das ist der Trost der Christen.

Wir sehen, der Heilige Geist wendet allen Fleiß auf die genaue Beschreibung jenes wunderbaren Mysteriums der Gnadenwahl, er häuft die Ausdrücke und wählt die mannigfaltigsten Namen, um jene ewige Handlung Gottes ins rechte Licht zu stellen. Er macht es uns auf diese Weise recht gewiß, daß ein bestimmter, fester Rathschluß und Willensact Gottes vorliegt, mit dem die Gläubigen sich trösten sollen. Gott hat gewählt, zuvorerkannt, vorherbestimmt, Entschluß gefaßt — auf diesem Wollen und Thun Gottes ruht unsere Seligkeit, dieses Wollen und Thun Gottes schließt alle Mitthätigkeit des menschlichen Wollens und Thuns, alle Rücksicht auf des Menschen Verhalten aus. Wir erkennen auch, daß unser Bekenntniß, der

11. Artikel der Concordienformel, indem es wiederholt die Ausdrücke, die jenen Willensact Gottes verdeutlichen: Deus elegit, praedestinavit, praeordinavit, clementer praescivit, Fürsatz, Vorsehung, Wahl und Verordnung Gottes zur Seligkeit (§ 24), neben einander stellt, ganz in den Spuren der heiligen Schrift geht, nach Inhalt und Form mit Gottes Wort übereinstimmt.

(Fortsetzung folgt.)

Antikritisches,

nebst einigen Erörterungen über die Frage, welche Schriftstücke von Luther, Jonas, Bugenhagen und Melanchthon dem Kurfürsten von Sachsen zu Torgau überreicht worden seien.

Das Büchlein, „Das Grundbekenntniß der evangelisch = lutherischen Kirche", welches vor einigen Wochen im hiesigen Concordia-Verlag erschien, ist auch von E. im „Gemeindeblatt" angezeigt und recensirt worden. Dieser Recension möchte der unterzeichnete Verfasser einige Worte einer Antikritik entgegenstellen. Einmal hat der Herr Recensent offenbar seine Kritik geschrieben, ohne das Büchlein ganz gelesen zu haben; sodann scheint derselbe über die Frage, auf welche sich seine Hauptausstellung bezieht, augenblicklich nicht ganz orientirt gewesen zu sein.

Zuerst das mehr Nebensächliche. Gleich in der Wahl des Titels des Buches scheint dem Recensenten ein Mangel zu liegen. Er meint, „das Grundbekenntniß der evangelisch-lutherischen Kirche" für „Augsburgische Confession" zu setzen, sei zweideutig. Nun ist es ja wahr, daß eine Antonomasie in diesem Falle unbeschadet der Deutlichkeit nur statthaben konnte, wenn die Beziehung und Bedeutung des gewählten uneigentlichen Ausdrucks historisch bekannt ist und mit dem eigentlichen sich deckt. Dieser Fall aber findet hier statt. Es ist seit 300 Jahren in der lutherischen Kirche Gebrauch, die Augsburgische Confession als das Grundbekenntniß dieser Kirche anzusehen und zu bezeichnen. Es wird Niemand, der überhaupt etwas Näheres von symbolischen Büchern weiß, an die Schmalkaldischen Artikel oder die Concordienformel denken, wenn er vom Grundbekenntniß der lutherischen Kirche hört. Es ist mir daher ganz unbegreiflich, wie E. den Titel als zweideutig bezeichnen kann. Sodann vermißt der Herr Recensent eine Erklärung des Wortes „Predigtamt", wie dies Wort im 5. Artikel der Augsburgischen Confession vorkommt. Die Erklärung steht unter dem betreffenden Artikel, und zwar mit gesperrten Lettern gedruckt. Es heißt II, S. 17.: „Wie ein Mensch den Glauben erlange, sagt unser Artikel, nämlich: durch das Predigtamt, das heißt, durch die von Gott geordneten Gnadenmittel, das Evan-

des Wortes „Polizei" (Art. 16.), da unsere Deutschen dasselbe jetzt in einem andern Sinne gebrauchten. Die Confession selbst schien dem Verfasser dieses Wort genugsam durch „weltliches Regiment" und „Oberkeit" zu erklären. Zudem sind keine eigentlichen Erklärungen, sondern nur einzelne Hinweise und Andeutungen, welche dem Verständniß der Confession dienen möchten, versprochen worden (Siehe Einl. IV.).

Der Hauptvorwurf, welchen der Recensent dem Verfasser macht, ist aber im Folgenden enthalten. E. schreibt: „Sodann ist uns beim Durchlesen aufgefallen, daß der Verfasser die Torgauer mit den Schwabacher Artikeln confundirt. Das darf aber nicht geschehen, da die ersteren von den letzteren völlig verschieden sind, und ebenso den letzten 7 Artikeln der Confession zu Grunde liegen, wie jene den ersten 17. Es ist eine solche Verwechselung auch durchaus nicht gleichgültig, da wir eben durch die Entdeckung der Torgauer Artikel von Seiten des Dr. Forstmann*) im Gothaer*) Archiv den Beweis erhalten haben; daß auch dem zweiten Theil der Augsburgischen Confession ein von Dr. Luther im wesentlichen herrührender und von ihm approbirter Entwurf zu Grunde liegt." Zunächst sei bemerkt, daß dem Herrn Recensenten hier eine kleine Confundirung der Namen passirt ist. Der Mann, welcher 1830 die „Torgauer" Artikel entdeckte, heißt nicht Forstmann, sondern K. E. Förstemann. Und nicht im Gothaer, sondern im Weimarer Archiv wurde die Entdeckung gemacht. (Cf. C. R., XXVI, 167.) Doch das nur beiläufig. E.'s Ausstellungen gehen also dahin, daß der Verfasser die Schwabacher mit den Torgauer Artikeln confundirt und damit den Antheil Luthers am zweiten Theil der Augsburgischen Confession in Frage gestellt habe. Auf Grund welcher Passagen kann diese Ausstellung gemacht sein? Es heißt in dem Büchlein (I, 73. 74.): „Luther sagte später einmal: ‚Der Katechismus, die Auslegung der zehn Gebote und die Augsburgische Confession sind mein'. Aus dem in diesem Kapitel Gesagten geht wohl zur Genüge hervor, wie Luther mit Wahrheit so reden konnte. Von ihm hauptsächlich waren die Schriftstücke (die Schwabacher und Torgauer Artikel), welche Melanchthon bei der Verabfassung der Confession vorlagen. Unter seiner fortwährenden Oberleitung wurde die Confession verfaßt und endlich wurde die Confession auch von ihm gegen die Gefahr, in wesentlichen Punkten fallen gelassen zu werden, sicher gestellt." Auf diese Stelle kann E. seinen Vorwurf unmöglich gründen, da hier die Schwabacher und Torgauer Artikel als Material für die Augsburgische Confession ausdrücklich neben einander genannt sind und auch Luthers Antheil an dem zweiten Theil der Confession genügend gewahrt ist. Der Herr Recensent kann daher nur die Stelle I, 16. im Auge gehabt haben, wo es von den literarischen Vorarbeiten zum Reichstage heißt: „Luther hatte schon Ende des vorigen Jahres mit großer Genauigkeit und Schärfe 17 Artikel entworfen, die sogenannten Schwabacher Artikel. Diese wurden noch einmal über= sehen, mit mehreren Zusätzen, in welchen die in der römischen Kirche im Schwange gehenden Mißbräuche behandelt wurden, vermehrt und dem Kur= fürsten zu Torgau überreicht." In diesen Worten muß dem Recensenten die Confundirung der Schwabacher und Torgauer Artikel liegen. Er meint offenbar, man könne so nicht reden, wenn man den Förstemannischen Fund kenne. Da er wohl den Verfasser in Unkenntniß über den Förste= mannischen Fund glaubte, so mögen hier die Aussprachen einiger Männer Platz finden, denen er eine Kenntniß desselben zutrauen wird. Guericke schreibt: „Der Churfürst von Sachsen hielt es (nämlich nach Empfang des kaiserlichen Ausschreibens) für nöthig, diejenigen Artikel, welche die Grund= lehren des evangelischen Glaubens ausmachten, kurz und klar zusammen= fassen zu lassen, um zu wissen, wie weit man sich mit Gott nach Fug und Gewissen in einen Vergleich einlassen könne, und er trug diese Arbeit unterm 14. März Luthern, Jonas, Bugenhagen und Melanchthon auf, um sie bis zum 21. März zu fertigen und dem Churfürsten zu Torgau zu über= geben.... Die Theologen überreichten dem Churfürsten zur Zeit im Wesentlichen dieselben 17 Artikel, welche schon in Schwabach vorgelegt worden waren (vermehrt nur beson= ders mit der Ausführung einiger die kirchlichen Miß= bräuche betreffenden Sätze), und welche nun den Namen der Torgauer Artikel erhielten." (Kirchengesch. 9. Aufl. III, 110. Vgl. Derselbe, Symb. 2. Aufl. 1846. S. 89.) Plitt, welcher bekanntlich sehr eingehende Forschungen auf diesem Gebiet gemacht hat (vgl. Ein= leitung in die Augustana, Erl. 1867.) spricht sich so aus: „Sie (die Theo= logen) ... überreichten (zu Torgau) verschiedene Stücke, die man zusammen hernach wol als Torgauer Artikel bezeichnete. Mit höchster Wahr= scheinlichkeit sind hierunter zu verstehen: die von Luther verfaßten Schwabacher Artikel, eine Erweiterung der Marburger, und dazu mehrere kleinere, von Gebräuchen und Mißbräuchen han= delnde Aufsätze" (Real=Encykl. von Herzog und Plitt. Lpzg. 1877 S. 772.)*)

Wenn nun der Herr Recensent in dem incriminirten Satze eine Confun= dirung der Schwabacher und Torgauer Artikel findet, so muß er einmal mit dem Charakter der von Förstemann aufgefundenen Schriftstücke nicht näher bekannt sein (weil er sie unter den „mehreren Zusätzen" nicht erkennt) und weiter annehmen, daß die Schwabacher Artikel zu Torgau nicht abermals überreicht worden seien. Gehen wir zunächst auf das Letztere etwas näher

---

*) Vgl. hier einen Artikel von Prof. Zucker, „Geschichtliche Einleitung in die Augsburgische Confession." Lehre und Wehre 1878 p. 6—14. S. 9.: „Was sie (die Theologen) ... ihrem Landesherrn überreichten, waren die aufs Neue überarbeiteten Schwabacher Artikel, denen noch einige Aufsätze über die Gebräuche beigegeben waren."

ein. Man hat wirklich dafür gehalten, daß zu Torgau weiter nichts über=
geben worden sei, als die von Förstemann herausgegebenen und von dem=
selben „Torgauer Artikel" genannten Aufsätze.[1]) Förstemann selbst hat
dies angenommen.[2]) Aber wie es oft bei neuen Entdeckungen geht, daß
man ihnen eine zu große Bedeutung beilegt, so ist es auch hier geschehen.
Deshalb haben auch die Meisten, welche in den letzten vierzig Jahren über
diesen Gegenstand geschrieben haben, Förstemanns Behauptung nicht zu der
ihrigen gemacht, sondern vielmehr angenommen, daß die Schwabacher Ar=
tikel noch einmal zu Torgau übergeben worden seien. So Guericke,[3])
Plitt,[3]) Kahnis,[4]) Köllner,[5]) Knaake,[5]) Zöckler,[6]) Cali=
nich,[7]) Kurtz,[8]) Krauth,[9]) Dilmar,[10]) Rudelbach,[11]) J. T.
Müller.[12])

Welche Gründe nun hat man dafür, daß eine abermalige Uebergabe
der Schwabacher Artikel zu Torgau stattgefunden habe? Ueber den Act
dieser Uebergabe fehlen genauere Nachrichten. Man muß also aus dem
Vorher und Nachher schließen. Zöckler schreibt: „Wenn nach dieser
wichtigen Entdeckung (Förstemanns) irgend etwas noch ungewiß und offen
bleiben konnte, so war dies die Frage: ob zugleich mit dem Torgauer Ent=
wurfe auch die Schwabacher Artikel, diese also zum zweiten Male, dem
Kurfürsten Johann am 20. März von den Theologen vorgelegt wurden?
Aber auch diese Frage läßt . . . sich mit hoher Wahrscheinlichkeit dahin be=

---

1) Es ist hier zu bemerken, daß auch die neueren Forscher den Ausdruck „Torgauer
Artikel" nicht in demselben Sinne gebrauchen. Der Förstemannsche Fund hat
in C. R. vol. XXVI. p. 171 zwar den Titel: „Articuli Torgauienses seu de arti-
culis controversis judicium a Luthero, Melanthone, Jona et Bugenhagio Wit-
tembergae 1530. d. 14—20 Martii conscriptum et deinde Torgaviae electori
ab iis exhibitum." Doch ist dieser Titel keineswegs ursprünglich. Förstemann fand
die von ihm veröffentlichten Schriftstücke vielmehr unter der unbestimmten Aufschrift:
„Bericht des Churfürsten zu Sachsen, wie es In der Religion sachen J. churf. g. In
Ihren Chur und Furstenthumben allenthalben halte, und wz Ihre Churf. g. gleube und
lehren lasse 2c." (C. R. a. a. O. p. 167.) Die Einen verstehen daher unter „Torgauer
Artikeln" bloß die Förstemannschen Schriftstücke (z. B. Zöckler), die Andern alle Schrift=
stücke, welche von den Theologen zu Torgau übergeben wurden, also auch die Schwa=
bacher Artikel (z. B. Plitt, Guericke 2c.).

2) Cf. Corpus Reformatorum (Bretschneider u. Bindseil) Vol. XXVI. p. 167.
3) A. a. O.
4) Luth. Dogm. Leipzig 1864. II, 422.
5) Bei Kahnis a. a. O.
6) Die Augsb. Conf. 2c. Frankf. a. M. 1870. S. 14.
7) Bei Zöckler a. a. O.
8) Kirchengesch. 6. Aufl. 1868. S. 446.
9) The Conservative Reformation &c. Philadelphia 1875. S. 219.
10) Die Augsb. Conf. erklärt 2c. Gütersloh 1870. S. 10.
11) Historisch=kritisch. Einl. in die A. C. Dresden 1841. S. 92.

antworten, daß allerdings eine wiederholte Uebergabe der Schwabacher Artikel damals stattfand. Und zwar dies einmal deshalb, weil der Kur=fürst nicht bloß über die streitigen Gebräuche, sondern auch über den Glauben*) ein Gutachten gefordert hatte, — welcher Forderung der Torgauer Entwurf, trotz seines theilweise auch dogmatischen Inhalts, doch nur sehr unvollkommen entsprochen haben würde. Sodann aber auch des=halb, weil der Kurfürst später in einem Schreiben an Luther ausdrücklich die von Melanchthon zu Augsburg ausgearbeitete Confession als das Pro=duct einer Zusammenarbeitung der zu Torgau ihm übergebenen Vor=arbeiten zu Einem Ganzen bezeichnete; was er nicht gekonnt hätte, wenn gerade der wichtigste Haupttheil der Confession, die „Artikel des Glaubens und der Lehre" (articuli fidei praecipui) auf Grund einer anderweitigen, nicht ebenfalls in Torgau, sondern bei einer anderen früheren Gelegenheit ihm überreichten Vorlage erwachsen wäre†) (Die Augsb. Conf. historisch und exegetisch untersucht. Frankf. a. M. 1870. S. 13.). Man hat zwar schon früher (Weber, Plank) geltend gemacht, daß Luther selbst 1530 von Coburg aus erklärte, die (Schwabacher) Artikel seien nicht gestellt worden, dieselben „auf diesen Reichstag einzulegen". (Siehe Cyprian, Historia der A. C. Beilagen S. 159 ff.) So konnte ja aber Luther auch in Wahrheit reden, weil bei der ursprünglichen Verabfassung der Schwa=bacher Artikel auf Grund der Marburger noch Niemand an den Reichstag von Augsburg gedacht hatte. Vergleiche Rudelbach a. a. O. S. 92 f.

So ist es denn keine Confundirung der Schwabacher mit den „Tor=gauer Artikeln", wenn gesagt ist, daß die Schwabacher Artikel zu Torgau

---

*) Daß man von vornherein gesinnt war, sich über die articuli fidei praecipui und nicht bloß über die sogenannten Mißbräuche auszusprechen, geht auch aus dem Rath Dr. Brücks, der vor dem 14. März gegeben wurde, hervor, daß „solche Meynung, dar=auff unsers teils bisanher gestanden und verharret, ordentlich Jn schrifften zusamen ge=zogen werde mit gründlicher Beiverung derselbigen aus göttlicher Schrifft, damit man solchs in schrifften fürzutragen hab". Auch war dem Kurfürsten von Sachsen und den Theologen wohl bekannt, daß sie allenthalben als Ketzer, die sämmtliche Grundartikel der christlichen Religion umgestoßen hätten, verschrieen waren. (Siehe E. S. Cyprian, Historia der A. C. S. 56 ff.)

†) Dieser Grund scheint mir besonders wichtig zu sein. Der hier in Betracht kom=mende Anfang des kurfürstlichen Schreibens vom 11. Mai lautet: „Unsern Gruß zuvor, Ehrwürdiger und Hochgelahrter, lieber Andächtiger. Nachdem ihr und andere unsere Gelehrten zu Wittenberg auf unser gnädiges Ansinnen und Begehren die Artikel, so der Religion halber streitig sind, in Verzeichniß gebracht: als wollen wir euch nicht bergen, daß jetzt allhie Magister Philippus Melanchthon dieselbigen weiter übersehen und in eine Form gezogen hat, die wir euch hiebei übersenden." (Walch XVI, 785.) Der Kurfürst übersandte Luthern doch die ganze Confession; diese ruht aber nur von Art. 20—28 auf den von Förstemann veröffentlichten Schriftstücken, während die ersten Ar=tikel anerkanntermaßen die Schwabacher Artikel zur Grundlage haben. Der Kurfürst befaßt also unter den für den Reichstag ihm vorgelegten Schriften auch die Schwa=

überreicht worden seien. Auch kommen die „Torgauer Artikel" zu ihrem
Recht, wenn es heißt, daß die Schwabacher Artikel „mit mehreren Zusätzen, in welchen die in der römischen Kirche im Schwange gehenden
Mißbräuche behandelt wurden, vermehrt" dem Kurfürsten überreicht worden seien. Ich weiß nicht, welche Vorstellung der Herr Recensent von den
„Torgauer Artikeln" (im engeren Sinne) hat. Jedenfalls passen auf die-
selben Plitts Worte: „mehrere kleinere, von Gebräuchen und
Mißbräuchen handelnde Aufsätze". Es sind nach C. R. XXVI,
171—199 sechs Aufsätze mit folgendem Inhalt: A. Von menschen Ler
vnnd menschen Ordnung. De conjugio Sacerdotum. Von baider ge-
stalt. De myssa. Von der Baicht. De jurisdictione. Von der waihe.
De votis. De invocatione Sanctorum. Vom Teutschem gesang. B.
Vom Glauben vnnd werken. C. Von vermoge der Schlussel. Vom Bann.
Von den graden der Sipschafft vnd magschafft. D. DE PRIVATA
MISSA. E. Der erst artikel von bayder gestalt des Sacraments. Der
annder artikel von der priester Ehe. Der brit artikel von der Messe. Der
vierdt artikel vom Ordiniren oder weihen. Der Funfft vom Babstumb.
Der Sechst artikel von closternn. Der Siebendt artikel von der Baicht.
Der acht artikel vonn Fasten vnnd vnterschiedt der spais. Der Neundt
artikel von den Sacramenten. F. In den der kirchen Cristi fordert man
dise nachgeschriebene Stuck.*) In der kirchen des Babsts findet man diese
Stucke. Man sieht aus dieser Inhaltsangabe, daß diese Aufsätze kein zu-
sammenhängendes Ganze und keineswegs in einem Gesammtbericht zu-
sammengearbeitet sind. Die „Messe" z. B. ist dreimal behandelt.
Von „beider Gestalt", von der „Beichte" u. A. zweimal. Mehrere Abschnitte umfassen nur wenige Zeilen. Zöckler schreibt: „Diese ‚Torgauer
Artikel' charakterisiren sich als ein bloßer Entwurf, eine Materialien-
sammlung." (A. a. O. S. 10.) Wenn nun dieser „Entwurf" den
Worten nach auch umfangreicher ist als die Schwabacher Artikel, so
folgt doch aus seiner Beschaffenheit, daß er mit Recht unter dem Ausdruck
„Zusätze zu den Schwabacher Artikeln" bezeichnet werden kann, wenn man

---

*) Von F. dürfte kaum eine sichere Spur in A. C. zu entdecken sein. Dagegen
springt sofort eine Aehnlichkeit mit Luthers zu Coburg geschriebener Schrift: „Vermahnung an die Geistlichen, versammlet auf dem Reichstag zu Augsburg" in die Augen.
F. ist unstreitig von Luther, A. entschieden nicht. (Es kommen die Worte vor: „Es
ist zu besorgen, das nicht vil Doctor Martinus nach dieser zeit khomen werden.")
Sonst ist richtig, was Zöckler bemerkt, daß man nur annäherungsweise und muth-
maßlich bestimmen könne, wie sich jene Schriftstücke auf die Wittenberger Theologen als
Concipienten vertheilen (a. a. O. S. 10 f.). Trotzdem ist Luther als der Haupt-
urheber auch des Torgauer Entwurfs zu bezeichnen, „wie ja überhaupt nicht anzunehmen ist — bemerkt Calinich (bei Zöckler a. a. O. o. 12) — daß da, wo Luther
selbst mit Hand anlegte, etwas Anderes als Luthers Geist und Meinung hätte auf-
kommen können."

annehmen muß, daß die Schwabacher Artikel noch einmal zu Torgau über=
reicht worden seien.

Zum Schluß noch die Bitte an den geehrten Recensenten: nichts für
ungut. Es handelt sich ja um keine Ketzerei, sondern um eine historische
Frage. Der Herr Recensent steht ja auch unter dem Schutze der tröstlichen,
von ihm selbst ausgesprochenen Wahrheit: „Es kann ja nicht gleich alles
auf den ersten Wurf vollkommen sein." Und schon mancher Recensent ist
in der Lage gewesen, daß er etwas recensirte, was er nur theilweise oder
doch ganz oberflächlich gelesen hatte, und daß er es mit einem Gegenstande
zu thun hatte, in Bezug auf welchen er augenblicklich nicht ganz orientirt
war.   F. P.

Die „Kirche JEsu" in Mexiko.

Im Jahr 1865, zur Zeit des unglücklichen Kaisers Maximilian, be=
nutzte die Britische Bibelgesellschaft die früher nicht dagewesene Freiheit, um
große Mengen heiliger Schriften in spanischer Sprache nach Mexiko ein=
zuführen. Die Bibeln wurden gelesen; hie und da fiel der göttliche Same
auf fruchtbaren Boden. Unter Anderen wurde auch ein Priester, Namens
Francisco Aguilar, erweckt. Seine Freude über das ihm aus Gottes
Wort aufgegangene Licht war so groß, daß er den neugefundenen Schatz
auch seinen Freunden und Bekannten anpries. So sammelte sich allmäh=
lich eine kleine Gemeinde von 50 Personen um ihn, denen er in spanischer
Sprache das Evangelium verkündigte. Sein Lauf war jedoch bald voll=
endet. Erschöpfende Anstrengungen, die er in seinem Eifer auf sich nahm,
und kränkende Verfolgungen, denen er beständig ausgesetzt war, untergruben
seine Gesundheit. Nach zwei Jahren hatte er ausgekämpft und ausge=
litten. In den letzten Zügen liegend drückte er noch sein theures Bibelbuch
an's Herz.

Unten den Papieren des Seligen fand man die Uebersetzung eines eng=
lischen Büchleins, in welchem das Recht und die Pflicht jedes Christen=
menschen, selbständig in der heiligen Schrift zu forschen, dargelegt war.
Diese Uebersetzung wurde nun vom Pfarrer einer protestantisch=bischöflichen,
aber spanisch redenden Gemeinde in New York in den Druck gegeben und
verbreitet. Dieser Geistliche, Namens H. C. Riley, war aus Chili ge=
bürtig, hatte eine spanische Erziehung genossen und war trotz seines Auf=
enthaltes in New York und trotz seines englischen Namens ein treuer Freund
seines Volkes geblieben. Natürlich interessirte er sich lebhaft für Aguilar
und dessen kleines Häuflein, und that aus der Entfernung alles, was er
nur konnte, für die Förderung des Evangeliums in Mexiko. Hier hatte
unterdessen das Kaiserthum ein Ende genommen, und die neue Regierung
unter Benito Juarez, einem Vollblut=Indianer aus altem aztekischem Ge=

schlecht, war der jungen protestantischen Partei in hohem Grade gewogen.
Unter diesen günstigen Umständen sandten die mexikanischen Protestanten
eine Deputation in die Vereinigten Staaten, um die Christen hier mit
ihren Bedürfnissen bekannt zu machen und das Band der brüderlichen Gemeinschaft mit ihnen zu knüpfen. Diese Deputation kam auch nach New
York und erkannte bald, daß Dr. Riley der rechte Mann für Mexiko wäre.
Sie drangen in ihn, diesen Missionsposten zu übernehmen, und er that es,
fast ganz auf eigene Kosten und jedenfalls auf eigenes Risiko.

Mit Freuden kamen ihm in Mexiko die Liebhaber des Wortes Gottes
entgegen; er selbst predigte öffentlich und machte fleißig Hausbesuche, schrieb
und verbreitete auch eine Reihe evangelischer Tractate, darunter einige von
Ryle's berühmten Flugschriften, in spanischer Uebersetzung. Seine Wirksamkeit war so gesegnet, daß trotz der Anstrengungen eines katholischen Vereins, der sich speciell zu dem Zwecke gebildet hatte, ihm entgegen zu arbeiten,
nach kurzer Zeit eine eigene protestantische Kirche unter dem Namen die
„Kirche JEsu in Mexiko" gegründet werden konnte, ungefähr so, wie der
selige Aguilar sich's schon gedacht hatte: eine Kirche mit evangelischer Lehre
und in der Verfassung möglichst nach apostolischem und altkirchlichem Vorgang eingerichtet, unabhängig von den bestehenden protestantischen Confessionen. Die liberale Regierung räumte der neuen Gemeinde sogar eine
alte Klosterkirche, San José de Gracia, ein, wodurch freilich der Zorn der
Feinde nur noch gesteigert wurde. Sie hofften, einer der gelehrtesten und
geachtetsten Geistlichen der Hauptstadt, Manuel Aguas, ein Dominikaner-
mönch und sehr beliebter Prediger, werde nun aufstehen, um die neue Lehre
gründlich und ein für allemal zu widerlegen. Gott aber hatte es anders
beschlossen. Jener Tractat über das Bibellesen fiel in seine Hände und
ward das Mittel zu seiner Erweckung. Es fiel wie Schuppen von den
Augen des Mönches, er erkannte, daß er sein Leben lang im Finstern gewandelt und daß das Werk, zu dessen Zerstörung er die Hand geboten, von
Gott sei. Er suchte nun Riley selbst auf, und das Ende war, daß er ein
Mitglied der Kirche wurde, die er vor Kurzem noch für eine schändliche Secte
gehalten. Doch hören wir ihn selbst, wie er in einem Brief seine Bekeh-
rungsgeschichte erzählt:

„Ich hatte keinen Frieden im Herzen und war sehr unglücklich, weil
ich mit Schmerzen wahrnahm, daß trotz alles meines Thuns mein Herz unbe-
kehrt blieb und mich oft zur Sünde fortriß. In diesem traurigen Zustand
befand ich mich, als der Tractat „Wahre Freiheit" in meine Hände kam.
Ich las denselben mit Sorgfalt, und obgleich ich in der Rüstkammer der
römischen Spitzfindigkeiten mich nach Mitteln umsah, die klare Beweisführung dieses Büchleins zu widerlegen, so sagte mir doch eine innere
Stimme — die Stimme meines Gewissens — daß alle meine Gegenbeweise
nicht stichhaltig und ich selbst möglicherweise im Irrthum sei.

„So fing ich an, die römischen Irrlehren aufzugeben und widmete mich

nun dem Studium aller protestantischen Bücher und Tractate, deren ich hab=
haft werden konnte. Aufmerksam las ich Merle D'Aubigné's Geschichte
der Reformation im 16. Jahrhundert und vor allem begann ich jetzt in der
Bibel zu forschen, ohne mich um die römischen Auslegungen und Anmer=
kungen zu kümmern. Und als zu diesem Studium nun auch ernstliches
Gebet hinzukam, da machte es mich wahrhaft glücklich. Ich fing an das
Licht zu sehen. Der HErr erbarmte sich meiner und half mir, die großen
Wahrheiten des Evangeliums deutlich zu erkennen. Zuerst wurde mir klar,
daß es falsch, durchaus falsch ist, daß blos in der römischen Kirche, wie diese
vorgibt, das Heil zu finden sein soll. Was mich aber völlig von der Un=
wahrheit des römischen Wesens überzeugte, war die Erfahrung, daß nach=
dem ich das Vertrauen auf meine eigene natürliche Kraft fahren gelassen
und allein auf JEsum vertraute, mit Hintansetzung aller anderen Mittler
und im Glauben, daß wahres Heil, Sicherheit und Befreiung von Schuld
nur in dem Opfer auf Golgatha sich finden, ich eine große Veränderung in
meinem Herzen spürte: meine Gefühle waren wie umgewandelt; was mir
früher gefiel, war mir jetzt zuwider; ich empfand wirkliche, aufrichtige Liebe
gegen meine Brüder, während ich früher nur künstliche und eingebildete Ge=
fühle dieser Art gehabt hatte, mit einem Wort — ich fand den lang ver=
mißten Frieden meiner Seele. Durch Gottes Gnade vermochte ich Ver=
suchungen zu widerstehen und führte nun ein stilles, glückliches Leben.

„Da ich früher ein paar Jahre lang Medicin studirt hatte, konnte ich
mir jetzt durch ärztliche Praxis meinen Unterhalt verschaffen. Alle Abend
las ich meinen Hausgenossen aus der Bibel vor und betete mit ihnen. Aber
so angenehm mir das alles war, so war es doch nicht recht, daß ich auf die
Länge nichts für die Sache des Evangeliums that. Ich fühlte, daß es eine
Gewissenspflicht für mich war, das Glück, das ich selbst gefunden, auch
meinen Brüdern mitzutheilen, zumal da ich große Uebung und Leichtigkeit
im Predigen hatte. So beschloß ich denn, öffentlich zu bekennen, daß ich
mich von der römischen Kirche getrennt und der wahren Kirche JEfu beige=
treten sei. Hier traten mir nun aber die größten Hindernisse in den Weg
und der Teufel bemühte sich, mir dieselben als unübersteiglich erscheinen zu
lassen. Die Aussicht, meinen Lebensunterhalt zu verlieren und Armuth zu
leiden, stand wie ein Schreckgespenst vor mir; da ich wußte, daß der Bischof
mich nach einem offenen Uebertritt sofort in den Bann thun und bann nicht

überaus wohl, ihn von JEſus und ſeinem theuren Blute reden zu hören;
die Liturgie und die Geſänge der Gemeinde entzückten mich, da ſie den reinen
Glauben der erſten Chriſtenheit ſo voll ausſprachen, und mit Ungebuld
wartete ich auf jeden kommenden Sonntag, denn in dieſen Gottesdienſten
empfand ich eine Freude und einen Genuß, wie ich ihn in der römiſchen
S e c t e nie gehabt.

„Längere Zeit hatte ich gedacht, wie ich wohl perſönlich mit meinem
Bruder Heinrich (Riley) bekannt werden könne. Eines Abends, als ich ihn
mit ſo viel Muth und Kraft hatte predigen hören, daß ich mich ganz ſchämen
mußte, und eine heilige Eiferſucht gegen den Chilenſer empfand, der hier in
Mexiko, mitten unter grobem Götzendienſt, von Feinden umgeben, als ein
furchtloſer Streiter JEſu Chriſti daſtand, bereit, ſein Leben zu laſſen für ſeinen
HErrn, da entſchloß ich mich, mich ihm ſelbſt vorzuſtellen und ihn brüderlich zu
begrüßen: „Wir ſind Brüder", rief ich aus, „unſere Sache iſt dieſelbe; laß
uns zuſammen arbeiten und unter dem Beiſtand unſeres anbetungswürdigen
Heilandes für den Glauben kämpfen, und ſollten wir auch darüber unter=
gehen." Verſchiedene Perſonen hatten ihm ſchon von mir geſagt... Wir
hatten eine lange Unterredung und überzeugten uns gegenſeitig, daß wir
Brüder ſeien; wir gewannen einander lieb und ſeither arbeiten wir ge=
meinſchaftlich..."

Der öffentliche Uebertritt des bisherigen Kirchenlichts erregte nicht
weniger Aufſehen, als ſ. Z. wohl die Bekehrung eines Saulus. Eben ſollte
die Kirche San Joſé de Gracia von Dr. Riley und ſeiner Gemeinde in Be=
ſitz genommen werden. Immer heftiger wurde der Zorn der Gegner, im=
mer lauter die Drohungen; und als man vollends hörte, daß die erſte Pre=
digt in der nun proteſtantiſchen Kirche von niemand anders, als von Ma=
nuel Aguas gehalten werden ſollte, da erreichte die Entrüſtung ihren Höhe=
punkt. Mit apoſtoliſchem Muth aber beſtieg der bekehrte Mönch die Kanzel
und legte vor einer ungeheuren Zuhörermenge ſein Zeugniß ab. Der HErr
bewahrte ihn vor Gewaltthat. Er konnte ſeine Predigt ungeſtört zu Ende
bringen und von dem Tage an ungehindert das Werk eines Evangeliſten
treiben.

Genau vertraut mit der römiſchen Lehre und dem ganzen inneren Ge=
triebe der katholiſchen Kirche, dazu mit ungewöhnlicher Geiſtesbegabung
ausgeſtattet und vor allem bekannt als ein Mann von fleckenloſem Lebens=

Gern nahm er die Herausforderung an. Als Thema schlug er die Frage vor:
„Ist die römische Kirche des Götzendienstes schuldig?" Alles war in großer Spannung, und am bestimmten Tage strömte alles nach San José.
Nur mit großer Mühe konnte er durch die dichtgedrängte Masse hindurch
auf die Rednerbühne gelangen. Sorgfältige Vorsichtsmaßregeln zum Schutze
seiner Person waren getroffen. Aber der Redner der andern Partei war
gar nicht erschienen. Die katholischen Stimmführer hatten sich gefürchtet
und zu guter Letzt noch beschlossen, die Disputation aufzugeben. Der von
ihnen anfangs beauftragte Theologe, der sich in gutem Glauben auf die
Disputation vorbereitet hatte, war an einen entfernten Platz geschickt worden. Aguas war allein. Er zögerte keinen Augenblick, sondern benutzte
die herrliche Gelegenheit, die gespannte Aufmerksamkeit der Versammelten,
und erhob kühn die Anklage des Götzendienstes gegen die römische Kirche.
Der Stoß, den das Ansehen der katholischen Geistlichkeit an dem Tage er-
litt, war ein bedeutender.

Aber nicht nur mündlich, auch mit seiner gewandten Feder diente
Aguas der Sache des HErrn. Der Tractat z. B., den er als Entgegnung
auf die gegen ihn ausgesprochene Excommunication veröffentlichte, verdient
den berühmten Briefen Pascals gegen die Jesuiten an die Seite gestellt zu
werden. Alles das, dazu die treue Arbeit Riley's, der inzwischen auch eine
Reise durch die Vereinigten Staaten gemacht hatte, um das Interesse für die
„Kirche JEsu in Mexiko" zu wecken, konnte nicht verfehlen, eine nachhaltige
Wirkung hervorzubringen. Von der Hauptstadt aus verbreitete sich die
Bewegung auch aufs Land und in andere Städte. Eine einfache Liturgie
wurde eingeführt und bewährte sich als den Bedürfnissen der jungen Gemeinden entsprechend. Kolporteure und Evangelisten trugen die frohe Bot-
schaft von Dorf zu Dorf und durften neben viel Schmach und Verfolgung
auch manch liebliche und herzerhebende Beweise davon erfahren, daß Gottes
Wort nicht leer wieder zurückkommt. In der Hauptstadt wurde jetzt die
große Kirche von San Francisco erworben und die evangelische Thätigkeit
dem entsprechend erweitert. Die neue Kirche war nächst der Kathedrale die
größte in der Stadt, dazu sehr gut gelegen und in jeder Beziehung für ihre
neue Bestimmung als Mittelpunkt des reformatorischen Missionswerks geeignet. Aber noch ehe dieselbe in Gebrauch genommen werden konnte,
wurde Manuel Aguas in die obere Heimat abgerufen. Oft hatte er 12- bis
15mal in einer Woche gepredigt und überhaupt keiner Arbeit und Mühe
sich entzogen. Es war ihm ähnlich gegangen, wie seinem Vorgänger
Aguilar. Im Jahre 1872 durfte er eingehen zu seiner Ruhe.

Leider war gerade damals Dr. Riley abwesend in New York. Die
verwaiste Gemeinde empfand ihren Verlust daher doppelt schwer, und er-
ließ nun eine Bittschrift an die protestantisch-bischöfliche Kirche in den
Vereinigten Staaten, daß diese sich der „Kirche JEsu" annehmen und ihr

war, daß in den Vereinigten Staaten eine aus sieben Bischöfen bestehende
„mexikanische Kommission" eingesetzt und von dieser zwei Abgeordnete nach
Mexiko geschickt wurden, um den Stand der Dinge genau kennen zu lernen
und darüber zu berichten. Anfangs nämlich hatten die Protestanten gehofft, daß sich ihnen mit der Zeit wohl auch ein mexikanischer Bischof anschließen würde; dann hätte sie nicht nöthig gehabt, sich einen Bischof von
den Amerikanern weihen zu lassen, denn an der katholischen Idee von der
bischöflichen Succession und von dem besonderen Werth bischöflicher Amts-
handlungen hielten sie fest. Die amerikanische Kirche konnte und wollte sich
mit ihnen aber nicht einlassen, ehe sie darüber volle Gewißheit erlangt, daß
diese ganze Bewegung wirklich ein Werk des Geistes und der lebensfähige
Anfang einer ihr verbundenen Schwesterkirche sei. Jetzt ward ihr diese
Gewißheit zu Theil, indem jene Abgeordneten erklärten, sie hätten viel
mehr in Mexiko gefunden, als sie je dort gesucht.

So ward denn von der amerikanisch-bischöflichen Kirche den Protestanten in Mexiko die Bruderhand gereicht. Am 24. Februar 1875 hielt ein
amerikanischer Bischof die erste Ordination in Mexiko. Die Freude war
groß. Die Neu-Ordinirten fielen nach der heiligen Handlung einander in
die Arme und weinten vor Freuden. Die Zahl der Gemeinden belief sich
damals schon auf mehr als 50. Jetzt sind es 71. Darunter sind zwar
einige noch sehr klein, andere aber haben 3—400 Mitglieder, und in einigen
Dörfern ist fast die ganze Einwohnerschaft zur „Kirche JEsu" übergetreten.
Im Ganzen mögen es 6000 Seelen sein, die der römischen Kirche den
Rücken gekehrt, die heilige Schrift als einzige Lebens- und Glaubensnorm
angenommen und die Lehre von der Rechtfertigung aus Gnaden durch den
Glauben allein schätzen gelernt haben. Wie überall, so sind es auch hier
vor allem die Armen und Geringen, welche dem Evangelium ihre Herzen
geöffnet haben. Die Anderen lassen sich durch weltliche Rücksichten vom
Uebertritt abhalten. Am Sitz der Regierung freilich sind die Protestanten
ziemlich sicher, in abgelegenen Orten aber haben sie schon reichlich Verfolgung tragen müssen, und an Martyrern*) hat es nicht gefehlt. Brand-
stiftung, heimtückischer Ueberfall, Gewaltthat — nichts ist den Feinden zu
schlecht gewesen.

Ein weiterer Fortschritt ist, daß Dr. Riley am 24. Juni 1879 zum ersten
Bischof der reformirt-katholischen Kirche JEsu in Mexiko ist geweiht worden

---

*) In einer Versammlung, die im November v. J. in London gehalten wurde, gab
Bischof Riley die Zahl der in den letzten 15 Jahren als Märtyrer in Mexiko Gefallenen
auf mehr als 40 an! Im September 1878 wurden an einem Sonntag Morgen 20
Personen getödtet, deren einziges Verbrechen das Bibellesen war, und im September
1879 wurde in der Stadt Toluca eine vom presbyterianischen Missionsprediger Diaz
geleitete Versammlung überfallen, ein Mann getödtet, durch die Straßen geschleift und
schließlich an einen Baum gehängt! An anderen Orten müssen Soldaten die Prediger

und somit diese Kirche fertig organisirt und als selbständige Körperschaft
neben die anderen protestantisch-bischöflichen (anglikanischen) Kirchen Ame=
rika's und Europa's getreten ist. Gewiß eine schöne Frucht der Einführung
von heiligen Schriften in Mexiko durch die Britische Bibelgesellschaft im
Jahr 1865!   (Bibelblätter.)

Neue Literatur.

„**Concordia**". Rede, gehalten am 25. Mai 1880 vor der Synode von
Pennsylvanien, in der Trinitatis=Kirche zu Lancaster, von Prof.
A. Späth, D.D. Reading, Pa. Pilger=Buchhandlung. 1880.

Diese zum 350sten Gedächtnißtag der Augsburgischen Confession und
zum 300sten des Concordienbuchs gehaltene Rede ist eine Stimme aus der
Synode von Pennsylvanien heraus, die wir mit großer Freude gehört
haben. Ihrer Ueberschrift „Concordia" gemäß zeigt sie erstlich vortrefflich,
daß „das Bekenntniß unserer Kirche durch den Namen ‚Concordia' als ein
organisches Ganzes, ein in sich übereinstimmendes bezeichnet sein will" und
zwar mit Recht; zum Anderen, daß das Bekenntniß mit jenem Titel nicht
nur vollen Einklang in der Wahrheit, sondern auch die demgemäße „Ver=
werfung des Widerspruchs" für sich in Anspruch nimmt; zum Dritten, daß
das Bekenntniß ihrem Namen entsprechend „die ehrliche, volle, wahre Ein=
heit in Glauben und Lehre gegenüber aller falschen unlauteren
Glaubensmengerei" bedeutet. Möge denn dieses schöne Zeugniß in
der Synode, vor welcher es abgehalten worden ist, nicht wirkungslos ver=
hallen!   · W.

Dr. M. Luther's „Ein feste Burg ist unser Gott" in 19 Sprachen.
Herausgegeben von Dr. Bernhard Pick, ev. Pfarrer zu Rochester,
N. Y. Selbstverlag des Verfassers. 1880.

Ein höchst interessantes Schriftchen. Es soll ein „Gedenkblatt zum
350jährigen Jubiläum der Augsburgischen Confession" sein. Die voran=
geschickte Einleitung gibt erstlich die Geschichte des Textes jenes unvergleich=
lichen Lutherliedes, spricht sich hierauf über die muthmaßliche Zeit der
Abfassung desselben aus und theilt endlich außer einer Nachbildung
46 Uebersetzungen in 19 verschiedenen Sprachen mit, 23 englische, 4 la=
teinische, 2 holländische, 2 französische und je 1 dänische, schwedische,
spanische, russische, polnische, böhmische, wendische, lettische, litauische,
finnische, esthnische, hebräische, sowie in der Akra=, Tschi= und Zulu=
Sprache. Das (42 Seiten in Großoctav, und zwar in feiner Ausstattung,
umfassende) Schriftchen beansprucht selbstverständlich keine Vollständigkeit,
doch ist auch diese unvollständige Sammlung alles Dankes werth, obwohl
es allerdings auffallend ist, keine norwegische Uebersetzung aufgenommen
zu sehen, während doch bekanntlich hier eine so große Kirchengemeinschaft
norwegischer Sprache sich befindet. Je erfreulicher es endlich ist, daß ein
unirter Pfarrer auf diese Arbeit so großen Fleiß gewendet hat, um so ver=
wunderlicher ist es, da die unirte Kirche als solche „Das Wort sie sollen
lassen stan" nur mit einer Reservatio singen kann.   W.

Kirchlich=Zeitgeschichtliches.

I. America.

Wie die römischen Pfaffen Proselyten machen. Vor nicht langer Zeit wurde hier ein Mörder hingerichtet. Derselbe war als Knabe von einem unirt=evangelischen Prediger unterrichtet worden und wurde vor seiner Hinrichtung von demselben mehrere Male besucht. Einem hiesigen politischen Blatte entnehmen wir Folgendes: „Als Past. K. am Freitag Morgen früh den R. besuchte, um ihm beizustehen, klagte R. demselben: er sei heute früh zur Messe commandirt und da er nicht gehen wollte, vom Sheriff aus der Zelle, sogar aus dem Bette geholt und genöthigt worden. Während der Messe habe ein Priester ihm Wasser auf den Kopf gegossen und gefragt: ‚Willst Du so und so heißen?‘ ‚Nein, ich heiße H. J. R.‘ Past. K. fragte den R.: ‚Weißt Du auch, was das war und bedeutet?‘ ‚Nein, ich weiß nicht.‘ ‚Ich will Dir's sagen, sie haben Dich katholisch gemacht.‘ ‚Ja, das habe ich nicht gewußt, auch nicht gewollt‘, war seine Antwort, ‚ich will nicht katholisch sein, ich bin protestantisch und so will ich bleiben.‘ — — Angelangt auf dem Schaffott, gesellte sich ein Priester zu R., bei dem Pastor K. und der Missionar D. standen, und fing an aus einem Buche zu lesen: da protestirte der protestantische Geistliche wiederholt dagegen. Pastor K. fragte nun den R. auf seiner Sünderbank: bist Du katholisch oder protestantisch? R. erklärte bestimmt und klar: ‚Ich bin protestantisch.‘ Dennoch wurde vom Priester mit dem unverständlichen Geplapper fortgefahren und sogar noch das Crucifix zum Küssen hinzuhalten versucht, was der Mörder auf die Worte des Pastor K.: ‚thue das nicht‘, entschieden verweigerte. Eins gelang dem Priester, dem gehängten, todten Mörderleib den römischen Segen aufzuzwingen und triumphirend die Fallklappen=Oeffnung hinabzustieren.“

II. Ausland.

Neues Hannoversches Missionsblatt. Das mehrfach angekündigte neue Missionsblatt für Hannover wird unter dem Titel: „Hannoversches Missionsblatt“ vom 1. Juli d. J. ab unter der Redaktion von Pastor H. Harms in Elsdorf bei Zeven in monatlichen Nummern für den Preis von 1 M. jährlich erscheinen. Ohne Zweifel soll dieses Blatt dem Harms'schen Opposition machen. **W.**

Gegenwärtige Lage der Hannoverschen Landeskirche. Der Allgem. Kz. vom 30. April wird Folgendes aus Hannover geschrieben: In diesem Sommer werden sämmtliche Bezirkssynoden zusammenberufen werden, um über das durch die von der letzten Landessynode ernannte Kommission fertig gestellte neue Gesangbuch für die Landeskirche im Gutachten abzugeben. In mehrfachem Sinne leiden wir ja an einer Gesangbuchsnoth. Denn eine Noth ist es gewiß, daß in unserer Landeskirche nicht weniger als achtzehn verschiedene Gesangbücher im Gebrauch sind. Noch schlimmer ist die Noth, die in der Art der meisten dieser Gesangbücher liegt. In allen Gesangbüchern, am wenigsten in dem hannoverischen und dem lüneburgischen, sind fast alle Lieder verändert, zumeist zu Gunsten einer rationalisirenden Denkweise. In allen, auch in den besten, fehlen mehrere der schönsten Kernlieder. So wäre das Unternehmen, dieser Gesangbuchsnoth ein Ende zu machen, mit Freuden zu begrüßen, wenn wir nicht die große Bewegung fürchteten, in welche dadurch gewiß unsere Landeskirche versetzt werden wird. Wenn schon die Einführung eines neuen Katechismus Sturm erregte: was ist dann wohl von der Einführung eines neuen Gesangbuches zu erwarten, da doch das Gesangbuch viel fester im Volke gewurzelt ist als der Katechismus! Wir sprachen mit wohlmeinenden Landleuten darüber und stießen selbst hier auf entschiedensten Widerstand:

zu drohen, daß unsere im Jahre 1881 zusammentretende Landessynode eine liberale wird. Man wird die Gesangbuchsfrage, die ja der Hauptgegenstand der Verhandlung sein wird, zur liberalen Wahlparole machen. Wer sein altes Gesangbuch behalten, wer sich vor unnöthigen Ausgaben hüten will, der wähle liberal! Sonach können wir dem Versuch, in der ohnehin schon so bedenklichen kirchlichen Lage, in der wir uns befinden, ein neues Gesangbuch einzuführen, so wünschenswerth wir auch ein gutes Gesangbuch halten, doch nur mit schwerem Herzen entgegensehen. Wir nennen unsere kirchliche Lage bedenklich, und sind damit sicherlich keine Schwarzseher. Noch immerfort geschehen Uebertritte zur Separation. So ist die mit der Führung des Haushalts im Henriettenstift betraute Schwester zur Freikirche übergetreten. Auch in der Gegend von Celle kommen fort und fort Uebertritte vor, und als sehr unsicher wird die ganze dortige Gegend, besonders auch in der Umgebung des Klosters Wienhausen, bezeichnet. Die Kreuzkirche in Hermannsburg, die Kirche der Separirten, ein großes schönes Gebäude mit weithin sichtbarem schlanken Thurme, die mindestens tausend Plätze zählt, ist immer so besetzt, daß schon wieder Einzelne an Festen mit kleinen Stühlen kommen und in den Gängen Platz suchen.

Aus der hannoverschen Freikirche meldet die Allg. K.: In Hermannsburg hat am 6. April die Synode der gegenwärtig ca. 4700 Seelen zählenden hannoverischen Freikirche unter dem Vorsitze des Past. Harms stattgefunden. Ihre Berathungen bezogen sich hauptsächlich auf die Wahl des Synodalausschusses und die Feststellung seines Geschäftskreises. Derselbe wurde aus dem bisherigen Präses Past. Harms, zwei anderen Geistlichen und zwei Laien der Freikirche zusammengesetzt. Zu seinen Aufgaben gehört im allgemeinen die Anstellung der Pastoren (unter Wahrung des Präsentationsrechtes der Gemeinden), die Abgrenzung der Parochien u. a. Die Prüfung der Candidaten und die Abhaltung des Colloquiums mit den Pastoren liegt den geistlichen Ausschußmitgliedern, die Ordination der Geistlichen, sowie alle drei Jahre vorzunehmende Visitation der Gemeinden dem Präses allein ob. Auch die Prüfung der bisherigen, ursprünglich für Amerika ausgebildeten Prädikanten ist dem Ausschuß zuertheilt. Derselbe tritt jährlich viermal zusammen. Die gesammte Ordnung hält sich in möglichst engem Anschluß an die lüneburgische Kirchenordnung. Demnächst gelangte u. a. noch die Pathenfrage zur Erörterung, bei welcher es sich darum handelte, ob einerseits Glieder der Freikirche das Pathenamt in der „die luth. Bekenntnisse mißachtenden Staatskirche" übernehmen können, andererseits ob in der Freikirche Pathen aus der „Staatskirche" zuzulassen seien. Von einer zwingenden Verordnung in dieser Beziehung sah die Synode ab und begnügte sich mit dem Beschlusse, allseitig nach Kräften dahin zu wirken, daß das eine wie das andere unterbleibe. Der Synodalkassenbericht konstatirte eine Einnahme von 1807 Mk. und einen wirklichen Bestand von 685 Mk.

Die hannoversche Freikirche auf abschüssiger Bahn. Das „Kirchliche Volksblatt aus Niedersachsen", genannt „Unter dem Kreuze", welches die Sache der hannoverschen Freikirche vertritt, brachte vor einiger Zeit ohne weitere Bemerkung einen Abdruck aus dem „Rheinischen Lutherischen Wochenblatt", welches Letztere im Dienste der breslaui

thigt, noch Folgendes zu bemerken: „Inzwischen ist die Hannoversche Freikirche leider auf abschüssiger Bahn von der reinen lutherischen Lehre noch weiter abgekommen. Während wir sonst glaubten Grund zu haben, wenigstens bei Herrn Pastor Harms wenigstens in Bezug auf Kirche und Kirchenregiment die rechte Lehre zu finden, erfahren wir jetzt aus dem Synodalbericht des Kreuzblattes vom 28. April, daß unter seinem Vorsitze diese Synode derartige Beschlüsse gefaßt hat, daß ein aus zwei Geistlichen und zwei Laien gebildeter Synodalausschuß ein förmliches Kirchenregiment darstellt, welches den einzelnen Gemeinden (ob mit oder ohne deren Bewilligung? ist nicht zu ersehen) ihre Selbstständigkeit raubt, die Anstellung der Pastoren besorgt, wobei die Gemeinden nur das Präsentationsrecht, nicht die Wahl*) haben, auch das Einkommen der Kirchen= diener ordnet (wahrhaftig staatskirchliche Tyrannei der Gemeinden!) und über Kirchen= gemeinschaft entscheidet (ein Ausschuß in einer so wichtigen Gewissensfrage!). Auch ist schon die Rede davon, daß man von einer „zwingenden Verordnung' (in Betreff der Pathenschaft) ‚absehen wolle'. Das Schlimmste aber ist, daß in jenen Kreisen leider das Bewußtsein von dem Werthe reiner Lehre gänzlich scheint abhanden gekommen zu sein. So heißt es im Kreuzblatte vom 3. April in einem Aufsatze von Dr. G. ‚Ueber kirchliche Gemeinschaft' unter Anderm: ‚Für verkehrt unter allen Umständen möchte ich es halten, wenn man von der Lehreinheit große Dinge hofft, als hätte man darin, daß alle die gleichen Formeln hersagen, ein Bollwerk gegen den Satan aufgerichtet. Wenn auch alle Gemeinen der Missourier die Concordienformel auswendig wüßten, so ist da= mit bekanntlich nichts erreicht, wenn sie nicht innerlich von der Wahrheit dieser Dinge durchdrungen sind. Das ist aber bei den Wenigsten der Fall; und diese Wenigen sind die, welche bitten: HErr, hilf meinem Unglauben. Das richtigste Bekenntniß ist auch im Munde der Besten immer etwas Unwahrheit. O, man irrt sich, wenn man glaubt, Gottes Wort und himmlische Weisheit, also auch das Bekenntniß auf Flaschen ziehen (!) oder wie das corpus juris anwenden zu können! Geistige Dinge wollen geistig — nach Gottes Geiste — gerichtet sein, und wer mit plumper Hand ganze Gemeinen auf das Bekenntniß einbrillt) und das geistige Fassungsvermögen, das wohl bei allen Menschen sich nach den sehr verschiedenen Seelenführungen richtet, ignorirt, der säet doch nur auf's Fleisch und wird Verderben ernten. Diese Erwägungen sollten wohl dazu angethan sein, diejenigen, welche die reine Lehre†) als brittes Wort im Munde führen, bescheiden und nachsichtig gegen solche zu machen, welche nicht, wie sie, die Be= deutung derselben erkannt haben u. s. w.' Im Folgenden heißt es weiter: ‚... heißt das Christenthum verneinen. So verneinen es Alle bewußter oder unbewußter Maßen, welche im unfehlbaren Pabst, im Kirchenregiment aus göttlicher Machtfülle, in der reinen Lehre†) (!), in doctrina publica, im Vereinswesen, in kirchlichen Festen und schönen Gottesdiensten die Mittel preisen, durch welche sich Seelen in der Wahrheit zusammenhalten lassen! u. s. w.' — Lesen wir die Gartenlaube oder die protestantische Kirchenzeitung? Nein, es ist das Blatt ‚Unter dem Kreuze', dessen verantwortlicher Re= dacteur in Vertretung Pastor Gerhold in Hannover ist!! Mit solchen wüsten Geistern muß das sonst so gesegnete Hermannsburg in engster kirchlicher Verbindung stehen! Ist es nicht wahrhaft entsetzlich, daß solche lästerliche Reden ‚unter dem Kreuze' und unter lutherischem Namen in die Welt gehen können? In der That, da hören alle ‚Schrullen' und ‚Absonderlichkeiten' auf, denn da öffnet sich vor unsern Augen eine gähnende Kluft, über welche wir keine Brücke finden. Was ist nun Schuld an der traurigen kirchlichen Zersplitterung? Nicht ‚Absonderlichkeiten', sondern die falsche Lehre, die Verachtung und Entheiligung des Wortes Gottes, welches ja nichts anderes als die reine Lehre ist.

---

*) In der Ordnung der Kreuzgemeinde in Hermannsburg vom 9. Nov. 1878 lautet dagegen Punkt 3: Die Gemeinde wählt ihre Pastoren und Lehrer selbst; und Punkt 8: In allen wichtigen Angelegenheiten hat die Gemeinde selbst zu entscheiden. Wie stimmt das?   D. Red.

Davor behüte uns, lieber himmlischer Vater! Wo aber noch Furcht vor Gott und Seinem heiligen Wort vor Augen ist und Jemand (er sei wer er sei) wollte mit uns auf Grund dieses Wortes und in Gemäßheit der Bekenntnisse der evangelisch-lutherischen Kirche über die Lehre verhandeln, damit wir uns näher kämen und uns einigten im Geiste und in der Wahrheit, so sollte er uns mit Gottes Hülfe allezeit herzlich bereit finden. Wir reden nicht von Synodalgemeinschaft. Das ist eine Sache christlicher Freiheit. Wir reden von Kirchen-, von Abendmahlsgemeinschaft. Aber keine Kirchengemeinschaft ohne Einigkeit des Geistes im Glauben, Lehre und Bekenntniß! An dieser ,Absonderlichkeit' wollen wir mit Gottes Hülfe festhalten, übrigens aber Niemandem irgendwelche ,Absonderlichkeiten' aufnöthigen. Das walte Gott!"

Stellung der Breslauer Synode zur hannoverschen Landeskirche. Hierüber berichtet die „Hannoversche Pastoral-Correspondenz" vom 29. Mai unter Anderm Folgendes: „Von der letzten Generalsynode war das O.-K.-Colleg zu Breslau beauftragt, sich über die derzeitige Bekenntnißstellung der hannoverschen Landeskirche mit dem Landes-Consistorium in direkte Verbindung zu setzen und je nach den Erklärungen dieser Behörde das Verhältniß des Breslauer Synodalverbandes zur hannoverschen Kirche zu regeln. Anlaß dazu hatte das verschiedentliche Ansuchen von Gliedern der hannoverschen Kirche um Aufnahme in den Breslauer Synodalverband gegeben; da die Petenten als Grund angaben, daß das Bekenntniß durch die amtliche Praxis der Geistlichen und Kirchenbehörden zu Gunsten der Union, ja des offenbaren Unglaubens lahm gelegt worden. Aus der Antwort des Landes-Consistorii hat sich nach Nagels Kirchenblatte unzweifelhaft zweierlei ergeben: 1) daß die Zugehörigkeit zur unirten Landeskirche Preußens nicht unbedingt von der lutherischen Kirche Hannovers ausschließe, vielmehr sowohl unirte Geistliche aus Altpreußen zu den Pfarrämtern der letzteren, als auch unirte Gemeindeglieder zum Abendmahle in dieser ohne weiteres von rechtswegen zuzulassen seien, falls nur jene Geistlichen und Gemeindeglieder aus Gemeinden lutherischen Bekenntnisses innerhalb der altpreußischen Union kommen; 2) daß außerdem auch solche Glieder der preußischen Landeskirche, bei denen dieses nicht zutreffe, unter Umständen wenigstens gastweise zum Abendmahle angenommen werden dürften. Darauf hin hat nun das O.-K.-Colleg unterm 31. März d. J. die einstweilige Suspension der Kirchen- und Abendmahlsgemeinschaft ausgesprochen. Es sieht sich wegen mangelnder Verständigung außer Stande, die Glieder seiner Kirchengemeinschaft, welche sich in Hannover aufhalten, an die Hermannsburger zu verweisen, und fordert daher von ersteren, daß sie jede Kirchen- und Abendmahlsgemeinschaft in unserer Provinz fliehen. Was dagegen die Glieder der hannoverschen Landeskirche betrifft, die nach Altpreußen verziehen, so können sie nach empfangener Belehrung sich an die Breslauer Synode anschließen, falls sie dies begehren, was nicht oft vorkommen soll. Eine förmliche Aufnahme ist nicht nöthig, da die Kirchengemeinschaft nicht völlig abgebrochen ist." Hierauf hält die „Pastoral-Correspondenz" der Breslauer Synode schließlich vor: „Endlich haben die bestehenden lutherischen Kirchengemeinschaften nicht nur sämmtlich die Wahrheit (?), sondern haben auch zu allen Zeiten mehr oder weniger geirrt. Davon ist auch die Breslauer Synode z. B. in der Lehre vom Kirchenregiment und der Ehescheidung nicht frei geblieben."

Pfarrer Frommel in Ispringen im Großherzogthum Baden ist zum Consistorialrath, Generalsuperintendenten und Pastor primarius in Celle ernannt worden.

Wieder ein Rationalist im Hannoverschen gewählt. Zum dritten Pastor der Katharinengemeinde in Osnabrück wurde am 25. April der Kandidat der Liberalen, der der badischen Union angehörige Vikar Beesenmeyer zu Schwetzingen in Baden mit 334 von 423 Stimmen gewählt. 67 Stimmen fielen auf Pfr. Dr. Apfelstedt und 22 Stimmen auf Pfr. Kröhn. Die Konfessionellen hatten sich der Wahl enthalten.

Lehre und Wehre.

| Jahrgang 26. | August 1880. | No. 8. |

(Eingesandt von P. Stöckhardt, Lic. theol.)

Schriftbeweis für die Lehre von der Gnadenwahl.

(Fortsetzung.)

3. These.

Die heilige Schrift lehrt, daß Gott uns „zur Seligkeit", „zum ewigen Leben", „zum Lob seiner herrlichen Gnade" erwählt und verordnet hat. 2 Theff. 2, 13. Apostelgesch. 13, 48. Eph. 1, 6. 12. 13.

Wir haben bisher schon von der „Wahl zum ewigen Leben" geredet. Jene ewige Handlung Gottes läßt sich ja gar nicht ohne diese Näherbestimmung denken und beschreiben. Der Deutlichkeit und Vollständigkeit wegen heben wir hiermit diese letzte Zweck= und Zielbestimmung noch sonderlich hervor. St. Paulus sagt 2 Theff. 2, 13.: εἴλετο ὑμᾶς ὁ θεὸς ἀπ' ἀρχῆς εἰς σωτηρίαν, „Gott hat euch von Anfang zur Seligkeit erwählt". Der Ausdruck (ἡ σωτηρία,) „die Seligkeit", bezeichnet im Neuen Testament, wenn er nicht durch den Zusammenhang näher bestimmt ist, durchweg das künftige Heil, die bereinstige Vollendung. Apostelgesch. 13, 48. ist von der Verordnung zum ewigen Leben die Rede, τεταγμένοι εἰς ζωὴν αἰώνιον.) Wenn nicht ausdrücklich gesagt ist, daß wir schon jetzt das ewige Leben haben, verweis't dieser Name auf das künftige, selige Leben. Eph. 1, 6. 12. wird das letzte Ziel der Erwählung und Prädestination also beschrieben: (εἰς ἔπαινον δόξης τῆς χάριτος αὐτοῦ, εἰς τὸ εἶναι ἡμᾶς εἰς ἔπαινον δόξης αὐτοῦ;) „zum Lob seiner herrlichen Gnade"; „auf daß wir etwas seien zum Lobe seiner Herrlichkeit." Wir müssen die Worte hier so allgemein fassen, wie sie lauten. Das Lob der Gnade und Herrlichkeit Gottes ist gemeint, das in der Zeit anhebt und in alle Ewigkeit sich fortsetzt. Daß der Apostel sonderlich auch auf das Lob der Ewigkeit reflectirt, beweis't der Zusammenhang des 12. .

und 13. Verses. Der Gedankengang St. Pauli ist dieser: wir sind zuvor=
bestimmt, auf daß wir seien zum Lob seiner Herrlichkeit, und zwar zunächst
wir Gläubigen aus Israel, die wir zuvor auf Christum hofften, dann aber
auch ihr Heiden, die ihr das Wort der Wahrheit, das Evangelium v o n
e u r e r S e l i g k e i t gehört habt. Wie ihr zum Lob der Herrlichkeit, also=
zur ewigen Herrlichkeit selbst prädestinirt seid, so habt ihr nun auch in der
Zeit das Evangelium, dadurch ihr selig werden sollt, gehört. Wir sind der
Schrift gemäß zur ewigen Seligkeit und Herrlichkeit, zum ewigen Leben von
Anfang erwählt, verordnet. Und so hat die Concordienformel Recht, wenn
sie (Art. 11, 714 u. öfter) betont, daß in dem ewigen Vorsatz der Wahl
u n s e r e S e l i g k e i t so fest verwahrt sei, daß sie die Pforten der Höllen
nicht umstoßen können. Sind wir z u r S e l i g k e i t erwählt, so ist folglich
auch die Wahl, wie die Concordienformel sagt, eine Ursache unserer Seligkeit.

Hier ist auch der Ort, die Zweckbestimmung des προορισεν Röm. 8, 29.,
näher in's Auge zu fassen. Es heißt: προωρισε συμμορφους τῆς εἰκόνος
τοῦ υἱοῦ αὐτοῦ, εἰς τὸ εἶναι αὐτὸν πρωτότοκον ἐν πολλοῖς ἀδελφοῖς; „daß sie
gleich sein sollten dem Ebenbilde seines Sohnes, auf daß derselbige der
Erstgeborene sei unter vielen Brüdern". Die meisten älteren Ausleger
verstehen diese Worte mit Calov von der Gemeinschaft d e r L e i d e n u n d
d e r H e r r l i c h k e i t: Praedestinavit illos, ut conformes fiant imagini filii Dei
non solum ratione passionis, sed etiam ratione gloriae, „Gott hat jene
vorherbestimmt, daß sie gleichförmig werden dem Ebenbild seines Sohnes,
nicht nur rücksichtlich des Leidens, sondern auch rücksichtlich der Herrlichkeit."
Dabei legen sie den Nachdruck auf das letztere Glied, „die Herrlichkeit".
Andere, z. B. Seb. Schmidt und s ä m m t l i c h e namhaften neueren Exe=
geten, wie Hofmann, Philippi, Meyer u. s. w. beziehen die Gleichförmigkeit
zwischen den Erwählten und dem Sohn Gottes ausschließlich auf die künf=
tige Herrlichkeit. Wenn man die Worte St. Pauli selbst genau prüft,
wird man nicht umhin können, der letzteren Auffassung beizustimmen. Fol=
gende Gründe dürften entscheidend sein. Der Hauptbegriff des ganzen
Abschnitts V. 18—30. ist die μέλλουσα δόξα, „die künftige Herrlichkeit"
V. 18, ἡ ἀπολύτρωσις τοῦ σώματος, „des Leibes Erlösung" V. 23. Mit
der zukünftigen Herrlichkeit tröstet der Apostel die leidenden Christen. Nun
sagt er V. 29., daß die Christen eben dazu prädestinirt sind. Ferner ist zu
beachten, daß V. 30. das δοξάζειν die Verherrlichung, als Schlußglied des
zeitlichen Thuns Gottes genannt wird. Dieses zeitliche Thun entspricht
aber der ewigen Prädestination Gottes. So erwartet man, daß als Ziel
und Zweck der Prädestination Gottes V. 29. gleichfalls die δόξα die Herr=
lichkeit, angegeben wird. Vor Allem aber werden obige Worte durch fol=
gende Parallelen in das rechte Licht gestellt. 1 Cor. 15, 49. sagt Paulus,
daß wir in der Auferstehung tragen werden τὴν εἰκόνα τοῦ ἐπουρανίου, das
Bild des himmlischen Menschen; 2 Cor. 3, 18., daß wir verwandelt werden
in dasselbe Bild, τὴν αὐτὴν εἰκόνα, ἀπὸ δόξης εἰς δόξαν, von Herrlichkeit zu

Herrlichkeit; Phil. 3, 21., daß unser Leib (σῶμα) werden solle (σύμμορφον τῷ σώματι τῆς δόξης αὐτοῦ,) gleichgestaltig seinem herrlichen Leibe. 1 Joh. 3, 2. heißt es: ὅμοιοι αὐτῷ ἐσόμεθα, wir werden ihm gleich sein, nämlich bereinst, in der Herrlichkeit. Wo Christus sonst noch (πρωτότοκος,) der Erstgeborne, genannt wird, Col. 1, 18., Hebr. 1, 6., da erscheint er als der Auferstandene, als der herrliche Gottessohn. Dem (πρωτότοκος) parallel ist (ἀπαρχή,) 1 Cor. 15, 20. Christus ist der Erstgeborne, der Erstling von den Todten, durch die Auferstehung als Sohn Gottes herrlich erwiesen, wir werden als die nachgebornen Söhne seiner Auferstehung und göttlichen Herrlichkeit theilhaftig werden. Wir bewegen uns also ganz im Gedankenkreise der heiligen Schrift, wenn wir an unsrer Stelle, Röm. 8, 29., die Ebenbildlichkeit und Gleichförmigkeit der erwählten Christen mit Christo, dem Sohn Gottes, auf die künftige Herrlichkeit deuten. Hofmann bemerkt richtig: „Da der Apostel vom schließlichen Ziel der Wege Gottes spricht, so ist das Bild des Sohnes Gottes, welchem wir gleichgestaltig werden sollen, nicht das des irdischen, im Werden begriffenen (wir sagen lieber: leidenden, erniedrigten), sondern das des vollendeten im Himmel. Dann aber nicht das Bild seines äußern oder das seines innern Seins, sondern beides zumal." Wir sollen nach Leib und Seele dem Sohn Gottes gleichgestaltig werden. Ein wesentlicher Bestandtheil der B. 18—30. verheißenen Herrlichkeit ist ja die (ἀπολύτρωσις τοῦ σώματος.) Wir sagen also nach der Schrift, daß wir zur Herrlichkeit, zur Gemeinschaft der Herrlichkeit Christi prädestinirt sind. Dies geben auch die älteren Ausleger zu, sofern sie in die Gleichgestaltung mit dem Sohn Gottes die Herrlichkeit, und zwar als Hauptmoment, mit einbegreifen.*)

4. These.

Die heilige Schrift lehrt, daß Gott uns „vor Grundlegung der Welt", „vor der Zeit der Welt", „von Anfang", also von Ewigkeit her zur Seligkeit erwählt hat. Eph. 1, 4. 2 Tim. 1, 9. 2 Thess. 2, 13.

Daß die Wahl Gottes eine ewige Handlung Gottes ist, ist auch schon öfter erwähnt worden. Das ist ja das Charakteristische dieses Thuns Gottes, daß es in die Ewigkeit zurückfällt. Wir verweisen hier ausdrücklich auf die Schriftstellen, welche klar und deutlich bezeugen, daß

---

*) Es sei ausdrücklich bemerkt, daß die andere Auslegung von der Vorherbestimmung zum Kreuz und zur Herrlichkeit keineswegs obige Aussagen von der Gnadenwahl alterirt. Es macht für die auch Röm. 8, 28—30. enthaltene Schriftlehre von der Gnadenwahl gar keinen Unterschied, ob man die Worte (σύμμορφος u. s. w. so oder so auslegt. Es ist dies eine rein exegetische Frage. Beiderlei Auslegung ist offenbar auch dem Glauben gemäß. Wie der Zusammenhang der drei Verse die oben gegebene Erklärung begünstigt und bestätigt, wird bei Erörterung der 7. These gezeigt werden.

Gott in der Ewigkeit schon uns erwählt und zur Seligkeit prädestinirt hat. Wenn der Apostel Eph. 1, 4. sagt: (ἐξελέξατο ἡμᾶς πρὸ καταβολῆς κόσμου,) vor Grundlegung der Welt, 2 Tim. 1, 9.; κατὰ τὴν χάριν τὴν δοθεῖσαν ἡμῖν ἐν Χριστῷ Ἰησοῦ πρὸ χρόνων αἰωνίων,) vor ewigen Zeiten, 2 Theff. 2, 13.: (εἵλετο ὑμᾶς ὁ θεὸς ἀπ᾽ ἀρχῆς εἰς σωτηρίαν,) von Anfang an, so lehrt er mit unzweideutigen Worten, daß es ein ewiger Willensact und Rathschluß Gottes ist, auf dem unsre Seligkeit ruht, und tröstet die Christen mit diesem ewigen, unerschütterlichen Fundament ihres Heils.

5. These.

Die heilige Schrift nennt als Bestimmungsgrund der Wahl das Wohlgefallen Gottes und das Verdienst Christi. Sie sagt, daß wir „nach dem Rath und Wohlgefallen Gottes", Eph. 1, 5. 11., und daß wir „durch Christum", „in Christo JEsu", d. h. um Christi willen, erwählt sind. Eph. 1, 4. 2 Tim. 1, 9. Sie schließt dabei alle Rücksicht auf das Verhalten des Menschen aus. 2 Tim. 1, 9. Röm. 9, 11. 12.

Gott hat uns von Ewigkeit zur Seligkeit erwählt. Diese Wahl hat ihren Grund einerseits in dem Wohlgefallen Gottes, andrerseits in dem Verdienst Christi. Jenes ist, so kann man sagen, die causa impulsiva, dieses die causa meritoria. Die heilige Schrift bezeugt, daß Gott uns erwählt und prädestinirt hat (κατὰ τὴν εὐδοκίαν τοῦ θελήματος αὐτοῦ,) „nach dem Wohlgefallen seines Willens", Eph. 1, 5., oder, wie es statt dessen Eph. 1, 11. heißt: (κατὰ τὴν βουλὴν τοῦ θελήματος αὐτοῦ,) „nach dem Rath seines Willens". (κατὰ gibt hier, wie oft, den Grund an. (βουλή und εὐδοκία,) „Rath" und „Wohlgefallen", sind Synonyma. Der erstere Ausdruck ist allgemeiner; in (εὐδοκία) Wohlgefallen, kreuzen sich zwei Begriffe, es bezeichnet einen festen Beschluß (wie schon im Classischen), zugleich aber einen gnadenreichen Beschluß Gottes. Es ist das lateinische beneplacitum. Luther hat es ganz treffend mit „Wohlgefallen" wiedergegeben. Harleß erklärt richtig „nach dem huldreichen Beschluß seines Willens". Der Apostel will sagen, daß Gott, als er uns erwählte, lediglich mit sich selbst zu Rathe gegangen, bei sich selbst beschlossen habe, uns selig zu machen, daß es ein geheimnißvoller, aber zugleich guter, gnädiger Wille Gottes war. Gott hat uns erwählt — nach dem Rath und Wohlgefallen seines Willens. Das sagt die Schrift. Damit verbietet sie zugleich, weiter zu grübeln und zu forschen. Das ist die letzte Stufe, bis zu welcher uns das Wort der Offenbarung führt. Wenn wir fragen, warum Gott uns, gerade uns, die wir nicht besser sind, als Andere, erwählt hat, so sollen wir wissen: Es hat Gott also wohlgefallen. Alle weiteren Fragen und Antworten sind vom Uebel. Diese εὐδοκία Gottes ist gleichsam ein unergründliches Meer, dessen Boden wir nicht mit unserem Auge erreichen, aber ein unerschöpfliches Meer der Gnade und Liebe Gottes. Wenn wir darein uns versenken, das große Erbarmen, das uns widerfahren ist, recht zu Herzen fassen, so ersterben und verstummen alle vorwitzigen Fragen, wie die, ob es nicht ungerecht sei, daß Gott uns vor Andern erwählt habe u. s. w.

Gleichzeitig lehrt aber die heilige Schrift, daß Gott uns in Christo erwählt hat: Eph. 1, 4.: (καθὼς ἐξελέξατο ἡμᾶς ἐν αὐτῷ πρὸ καταβολῆς κόσμου, wörtlich übersetzt:) „wie er denn uns erwählt hat in ihm (Christo) vor Grundlegung der Welt." Die Bedeutung des ἐν αὐτῷ, „in Christo" hängt von der Beziehung dieses Ausdrucks ab. Ist derselbe mit ἡμᾶς „uns" in Eins zusammenzufassen? Heißt es: er hat uns, die wir in Christo sind, erwählt? So fassen es viele Dogmatiker des 17. Jahrhunderts und begründen mit dieser Erklärung ihre Behauptung, daß Gott in Rück- sicht auf den vorhergesehenen Glauben erwählt habe. Es ist aber sprach- lich unmöglich, ἐν αὐτῷ mit ἡμᾶς zu verbinden. Der Grieche hätte in diesem Fall ἡμᾶς τοὺς ἐν αὐτῷ oder ἐν αὐτῷ ὄντας schreiben müssen. Auch kein deutsches Ohr wird die Worte: „Gott hat uns in Christo erwählt" so verstehen: Gott hat uns, die wir in Christo sind, erwählt. Wie der Apostel sich ausdrückt, wenn er den Gedanken, daß wir, daß die Christen in Christo sind, wiedergeben will, zeigt er z. B. Röm. 8, 1.: (Οὐδὲν ἄρα νῦν κατάκριμα τοῖς ἐν Χριστῷ Ἰησοῦ, wörtlich übersetzt: „So ist nun nichts Verdamm- liches an denen in Christo JEsu." Da eine Beziehung des ἐν αὐτῷ zu dem Object ἡμᾶς mit keinem Wörtlein angedeutet ist, so kann ἐν αὐτῷ nur als Näherbestimmung der Aussage des Satzes, des Prädikats ἐξελέξατο vermeint sein. Nicht wir sind oder waren in Christo, sondern Gott hat in Christo uns erwählt, die Auswahl ist in Christo geschehen. Das will dann nach geläufigem griechischen Sprachgebrauch so viel sagen, daß die Wahl durch Christum vermittelt ist. Luther hat, indem er übersetzte, zu- gleich richtig erklärt: „wie er uns denn erwählt hat durch denselben." Wie die griechische Partikel ἐν in der biblischen, ganz so wie in der classi- schen Gräcität, in der Bedeutung „per, durch, mittels" in den mannig- fachsten Beziehungen und Verbindungen gebraucht wird, zeigen sämmtliche neutestamentlichen Lexikographen. Vergl. Grimm S. 143 u. s. w. Schierlitz S. 100, auch Winer, Neutestamentl. Sprachidiom S. 347. Es ist eigentlich überflüssig, an Redeweisen, wie die folgenden, zu erinnern: (ἐν τῷ ἄρχοντι τῶν δαιμονίων ἐκβάλλει τὰ δαιμόνια,) er treibt die Teufel aus durch der Teufel Obersten, Matth. 9, 34.; (μέλλει κρίνειν τὴν οἰκουμένην ἐν ἀνδρὶ ᾧ ὥρισε, will den Kreis des Erdbodens richten durch einen Mann, in welchem er's beschlossen hat, Apostelgesch. 17, 31.; ἐν αὐτῷ (Χριστῷ) ἐκτίσθη τὰ πάντα, durch ihn (Christum) ist Alles erschaffen, Col. 1, 16.; (εὐλογηθήσονται ἐν σοὶ πάντα τὰ ἔθνη, kann nur heißen: in dir, Abraham, d. h. durch dich, durch deine Vermittlung, sofern Christus aus deinem Samen kommen soll, werden alle Heiden gesegnet werden, Gal. 3, 8. In demselben Satz, in welchem wir die uns vorliegende Stelle: „wie er uns denn in ihm, durch ihn erwählt hat" lesen, unmittelbar vor diesen Worten findet sich (ἐν Χριστῷ) in demselben Sinn: der uns gesegnet hat mit allerlei geistlichem Segen ... durch Christum. Durch Christum, den Erlöser, ist aber die Wahl sofern vermittelt, als Christus durch seine Erlösung, sein Verdienst es überhaupt Gott ermöglicht hat, sündige Menschen zu erwählen. Gott hätte keinen einzigen Sünder in Ewigkeit zur Seligkeit erwählen und prädestiniren können, wenn er nicht schon in der Ewigkeit Christum, den Erlöser, vor Augen gehabt hätte. Der Rathschluß der Erlösung geht freilich logisch dem Rathschluß der Wahl voran. Christus, der Erlöser, ist die verdienstliche Ursache der Wahl Gottes. „Gott hat uns in Christo, durch Christum erwählt" ist der Sache nach so viel als: „Gott hat uns um Christi willen erwählt." So erklären fast sämmtliche neueren Exegeten. Meyer sagt: „In Christo hatte es seinen Grund, daß die auswählende Gnade uns erkor;" Harleß: „der Grund der Erwählung liegt nicht in uns, sondern in Christus." Wir sind in Christo, durch Christum, um Christi willen erwählt. Das sagt und lehrt St. Paulus, weiter nichts. Wenn man zu „in Christo" hinzusetzt: „sofern derselbe durch den Glauben unser eigen ist, sofern Gott den Glauben an Christum vorhergesehen", so ist dieser Zusatz eine nicht zu begründende Glosse, ebensowenig wie die Exegese: „uns, die wir in Christo sind", welche einen in der Schrift selbst nicht geoffenbarten Gedanken einfügt. Man thut der Schrift Gewalt an und versetzt die klaren Aussagen des Heiligen Geistes mit Menschenmeinung, wenn man diese Theorie von der Vorhersehung des Glaubens aus der Schrift herzuleiten und zu begründen versucht. Die Schrift sagt weder an vorliegender Stelle noch sonst wo davon nur ein Wörtlein. Freilich gehört der Glaube nach der Schrift in die Wahlordnung — das Wort recht verstanden — hinein. Wir werden bei Besprechung der 6. und 7. These erkennen, daß Gott den Glauben in jenen ewigen Prädestinationsrathschluß mit aufgenommen, daß er, da er uns zur Seligkeit erwählte, zugleich beschlossen hat, uns durch den Glauben, auf keinem andern Wege, selig zu machen, uns zum seligmachenden Glauben zu bringen. Erst nach Erörterung dieser letzteren Thesen haben wir den vollständigen Begriff jenes seligen Mysteriums der Ewigkeit, soweit die Schrift denselben umschreibt, gewonnen. Daß man den Glauben von der ewigen Wahl und Prädestination Gottes ausschließe, dagegen verwahren wir uns auch. Aber wir leugnen, daß die Schrift den Glauben als vorausgesehen und Voraussetzung vor die Wahl faßt. Das ist und bleibt ein Menschengedanke, gegen welchen sich der Wortlaut der heiligen Schrift sträubt. An der eben besprochenen Stelle, Eph. 1, 4. ist nur dies Eine und nichts Anderes gesagt: wir sind durch Christum

καὶ χάριν τὴν δοθεῖσαν ἡμῖν ἐν Χριστῷ Ἰησοῦ πρὸ χρόνων αἰωνίων,/ „nach seinem Vorsatz und Gnade, die uns gegeben ist in Christo JEsu vor ewigen Zeiten" 2 Tim. 1, 9. Von der Gnade des Vorsatzes, der Wahl wird hier gesagt, daß sie uns vor ewigen Zeiten und daß sie uns in Christo JEsu gegeben ist. Wie die zweite Näherbestimmung /πρὸ χρόνων αἰωνίων,/ „von ewigen Zeiten", so gehört die erste „in Christo JEsu" zu dem Prädikat ἐδόθη,/ „sie ist uns gegeben." Die Zuertheilung dieser Gnade in der Ewigkeit ist in Christo geschehen, durch Christum vermittelt. Als Gott diese Gnade in der Ewigkeit uns zuertheilte, zuerkannte, hat er auf Christum gesehen, da ihn sonst der Blick auf unsere Sünde und Unwürdigkeit daran gehindert hätte, uns diese Gnade zu geben.

Gibt die heilige Schrift einzig und allein das Wohlgefallen Gottes und das Verdienst Christi als Bestimmungsgrund der Wahl an, so schließt sie ebendamit schon alle Rücksicht auf das Verhalten des Menschen als Beweggrund aus. Das thut sie aber außerdem auch noch mit ausdrücklichen Worten. In der zuletzt erörterten Stelle 2 Tim. 1, 9. ist /οὐ κατὰ τὰ ἔργα ἡμῶν,/ „nicht nach unsern Werken", der Gegensatz zum Vorsatz und zu der ewigen Gnade. Und wenn St. Paulus Röm. 9, 11. 12. offenbar mit Nachdruck dies verneinende Prädikat hervorhebt: /Μήπω γὰρ γεννηθέντων μηδὲ πραξάντων τι ἀγαθὸν ἢ κακὸν, ἵνα ἡ κατ᾽ ἐκλογὴν πρόθεσις τοῦ θεοῦ μένῃ, οὐκ ἐξ ἔργων, ἀλλ᾽ ἐκ τοῦ καλοῦντος ἐρρήθη αὐτῇ. Ὅτι ὁ μείζων δουλεύσει τῷ ἐλάσσονι,/ „Ehe die Kinder geboren waren und weder Gutes noch Böses gethan hatten, auf daß der Vorsatz der Wahl Gottes bestünde, nicht in Folge von Werken, sondern aus Gnaden des Berufers, wurde zu ihr gesagt: Der Größere soll dem Kleineren dienen," — so will er an dem Verhalten Gottes gegen Jakob zeigen, daß alle Rücksicht auf irgendwelch Verhalten von Seiten des Menschen von dem Vorsatz der Wahl Gottes fernzuhalten sei. Nicht nur die guten Werke im engeren, dogmatischen Sinn des Worts, die aus der Gesinnung fließenden guten Thaten, sondern alles Gute, was sich in Jakob fand, sonderlich also sein Glaube, den er in allem seinem Thun kund gab, schließt der Apostel von dem Vorsatz aus, den Gott im Voraus faßte. Es war ein freier, durch keinerlei Verhalten des Menschen bedingter Vorsatz Gottes, daß der Größere dem Kleinern dienen sollte. Es würde zu weit führen, wollten wir hier tiefer auf diese an sich zwar nicht dunkle, aber durch viel Auslegung, Aus= und Umdeutung verdunkelte Stelle eingehen. Wir heben für unsern Zweck die eine Wahrheit heraus, daß Gott bei dem Vorsatz der Wahl durch den Menschen oder durch ein Verhalten des Menschen sich nicht hat bestimmen oder mit bestimmen lassen. Er allein wollte und will die Ehre haben. Die wollen wir ihm auch nicht rauben und schmälern, auch nicht damit schmälern, daß wir seine ewige Wahrheit und Weisheit nach unserer kleinen, blöden Vernunft beuteln und meistern!

6. These.

Die heilige Schrift lehrt, daß Gott, indem er uns zur Seligkeit
vorherbestimmt, zugleich Mittel und Weg zur Seligkeit uns ver=
ordnet, daß er zugleich beschlossen hat, uns durch das Wort und den Hei=
ligen Geist zu heiligen, uns zu seinen Kindern zu machen; daß wir „in
der Heiligung des Geistes", „im Glauben der Wahrheit",
„zur Kindschaft gegen ihn selbst", „zum Gehorsam (des
Glaubens) und zur Besprengung des Blutes JEsu Christi"
erwählt sind. 2 Thess. 2, 13. Eph. 1, 5. 1 Petri 1, 1. 2.

Diese These zeigt, wie die heilige Schrift die wichtige, viel erörterte
Frage von dem Verhältniß des Glaubens zur Wahl entscheidet.
Wir haben erkannt, daß die Schrift nicht den geringsten Anhalt zu der An=
nahme bietet, daß der vorhergesehene Glaube Vorbedingung oder Voraus=
setzung des Wahlactes Gottes sei. Vielmehr schließt die Schrift, indem sie
die Wahl oder Prädestination Gottes als freien, nur in Gott selbst, in
Christo begründeten Willensact Gottes beschreibt, alle Rücksicht auf das
Verhalten des Menschen aus. Die heilige Schrift enthält nun aber auch
positive Aussagen über die Stellung, welche der Glaube des Menschen in
der Wahl einnimmt, und zwar in den citirten drei Sprüchen.
Zunächst kommt 2 Thess. 2, 13. in Betracht. Es handelt sich um das
Verständniß der mit ἐν angefügten Näherbestimmung. Die andern Bestand=
theile dieses Satzes sind im Vorherigen bereits klargestellt. St. Paulus
sagt: (εἵλετο ὑμᾶς ὁ θεὸς ἀπ᾽ ἀρχῆς εἰς σωτηρίαν ἐν ἁγιασμῷ πνεύματος καὶ
πίστει ἀληθείας,) „Gott hat euch von Anfang erwählt zur Seligkeit, in
der Heiligung des Geistes und im Glauben der Wahrheit."
Die erste Frage, die zu erledigen ist, ist die: Was ist mit den Ausdrücken
(ἁγιασμὸς πνεύματος und πίστις ἀληθείας,) „Heiligung des Geistes" und
„Glaube der Wahrheit" gemeint? Offenbar ist durch den Zusammenhang,
durch die Verbindung mit πίστις, „Glaube", die Bedeutung „Heiligung
im engern Sinn", „Heiligung des Lebens", sanctificatio im dogmatischen
Sinn als Folge der fides, für das Wort ἁγιασμὸς πνεύματος ausgeschlossen.
Was der letztere Ausdruck in solcher Verbindung besagen will, erkennen wir
aus dem Sprachgebrauch des Wortes (ἅγιοι,) „Heilige" im Sinn von
„Christen", „Gläubige". Wo der Apostel die Christen anredet als ἅγιοι
καὶ πιστοὶ Eph. 1, 1. Col. 1, 2. als κλητοὶ ἅγιοι 1 Cor. 1, 2. Röm. 1, 7.;
wo er sie sonst kurzweg ἅγιοι nennt, z. B. Offenb. 13, 10. (ὧδέ ἐστιν ἡ
ὑπομονὴ καὶ ἡ πίστις τῶν ἁγίων; Apostelgesch. 9, 13. (οἱ ἅγιοι τοῦ θεοῦ);
Eph. 2, 19. (συμπολῖται τῶν ἁγίων) und an vielen andern Stellen, da be=
zeichnet er mit diesem Ausdruck den Christenstand als solchen. Die „Hei=
ligen" — das sind die Christen, die Gläubigen. Und zwar führen die
Christen diesen Namen als solche, die von der Welt ausgesondert und für
Gott besondert sind, die Gott zugehören. Dem entsprechend bedeutet

ἁγιασμός, eine solche Thätigkeit Gottes, kraft welcher Gott bestimmte Personen aus der Welt aussondert und zu sich selbst in Verhältniß setzt, d. h. zu Christen, zu Gläubigen macht. An unserer Stelle wird diese Wirkung dem Heiligen Geist (πνεῦμα) zugeschrieben. Und wie in den eben citirten Verbindungen (ἅγιοι καὶ πιστοί, πίστις τῶν ἁγίων) so wird auch hier der Begriff (ἁγιασμὸς πνεύματος,) „Heiligung, die der Heilige Geist wirkt", durch den Begriff (πίστις oder πίστις ἀληθείας,) „Glaube", „Glaube gegen die offenbarte Wahrheit, das Evangelium", näher bestimmt. Das ist die Meinung: Der Heilige Geist ist es, der euch von der Welt ausgesondert und Gott „geweiht" hat — und dies geschah eben damit, daß ihr dem Evangelium glaubtet. Der Heilige Geist hat durch den Glauben euch Gotte geweiht und geheiligt. (Ἁγιασμὸς πνεύματος und πίστις ἀληθείας bezeichnen beide dasselbe Verhalten, denselben habitus des Menschen, ersteres als vom Heiligen Geist gewirkten und gesetzten habitus, also nach seinem Ursprung, letzteres nach seinem Wesen und Inhalt, als Annahme des Evangeliums. So hat schon Chrysostomus diese Worte ausgelegt: (διὰ τοῦτο πρῶτον εἶπε τὸν ἁγιασμὸν τοῦ πνεύματος, δηλῶν ὡς οὐδὲ ἐπιστεύσαμεν, εἰ μὴ ἡ χάρις τοῦ πνεύματος ἡγίασεν, das heißt:) „Deßhalb nennt er an erster Stelle die Heiligung des Geistes, um anzuzeigen, daß wir nicht geglaubt haben würden, wenn nicht die Gnade des Heiligen Geistes uns geheiligt hätte." So erklären fast sämmtliche Neuern.

Die zweite Frage ist: Welches ist die Beziehung dieser beiden Ausdrücke zu der vorherigen Aussage? Welches ist der Sinn der Präposition ἐν (ἐν und von welchem Worte ist die mit ἐν angefügte Näherbestimmung abhängig? Die Verbindung des ἐν ἁγιασμῷ πνεύματος καὶ πίστει ἀληθείας mit σωτηρία, welche Hofmann beliebt, widerstrebt allem Sprachgefühl. Das wäre ein seltsamer Satz und Sinn: Gott hat euch erwählt zu der Seligkeit, welche in der Heiligung des Geistes und im Glauben der Wahrheit besteht." Wo σωτηρία nicht ausdrücklich durch den Zusammenhang als ein zeitliches Gut characterisirt wird, da bedeutet es prägnant das künftige, vollendete Heil, wie wir kurzweg sagen: „Die Seligkeit", „die ewige Seligkeit". (Εἰς σωτηρίαν ist Zweckbestimmung zu dem Prädikat εἵλετο, und an dieses Prädikat als Hauptbegriff, an den einheitlichen Begriff (εἵλετο εἰς σωτηρίαν,) „Gott hat euch erwählt zur Seligkeit" schließt sich ohne Zweifel die Näherbestimmung ἐν ἁγιασμῷ πνεύματος καὶ πίστει ἀληθείας an. Aber welcher Art ist die Beziehung dieser Näherbestimmung zu jenem Hauptbegriff? Man könnte geneigt sein, die Präposition ἐν hier im Sinn von εἰς zu fassen und sich auf den Sprachgebrauch der classischen und biblischen (?) Gräcität zu berufen, nach welchem der Grieche Verba, die eine Bewegung anzeigen, mit der Präposition ἐν verbindet, indem er den sich bewegenden oder den bewegten Gegenstand schon am Zielpunkt ruhend sich vorstellt. Indeß namhafte Sprachkenner, wie Winer, Hofmann, bestreiten diesen Gebrauch von ἐν in der neutestamentlichen Gräcität, besonders bei nicht-sinnlichen Begriffen, lassen auch 1 Theff. 4, 7. (οὐ γὰρ ἐκάλεσεν ὑμᾶς ὁ θεὸς ἐπὶ ἀκαθαρσία, ἀλλ' ἐν ἁγιασμῷ) nicht als Beweis gelten. Vergl. Winer Grammatik S. 370, v. Hofmann Heilige Schrift Neuen Testaments I, S. 344. Gesetzt aber auch, daß an der letzteren Stelle (ὁ ἁγιασμός,) „die Heiligung" als der Zielpunkt, in welchem das καλεῖν zur Ruhe gekommen, gedacht wäre, so folgt daraus kein sicherer Schluß auf die Erklärung des ἐν in unserer Stelle. Denn einmal liegt in (αἱρεῖσθαι) nicht, wie allenfalls in καλεῖν, der Begriff einer Bewegung, sodann aber scheidet und unterscheidet der Apostel 2 Theff. 2, 13. 14. ausdrücklich die Partikeln: εἰς (ἐν + εἰς:) εἰς σωτηρίαν, ἐν ἁγιασμῷ M. V. τοῦ, εἰς ὃ ἐκάλεσεν u. f. w. Wir gehen demnach sicherer, wenn wir auf die Auslegung „zur Heiligung des Geistes und zum Glauben der Wahrheit" verzichten. Noch entschiedener weisen wir aber die Erklärung Lünemanns und etlicher Alten: „Durch Heiligung des Geistes und Glauben der Wahrheit" zurück. Denn das wäre, wie auch Hofmann treffend dar thut (l. c. 344. 345.), ein ganz ungeschickter Gedanke, den Glauben, also ein subjectives Verhalten des Menschen, als Mittel der Wahl, einer Handlung Gottes, sich vorzustellen. Wir gewinnen dagegen eine sehr passende Näherbestimmung zu (εἴλετο εἰς σωτηρίαν,) „hat euch erwählt zur Seligkeit", wenn wir (ἐν ἁγιασμῷ πνεύματος) als Bezeichnung der Art und Weise, wie Gott gewählt hat, fassen. Die Präposition ἐν benennt gar oft begleitende Umstände, die Art und Weise, wie etwas geschieht; oder, wie sich die Lexikographen ausdrücken: conditionem, qua aliquid fit, formam, qua aliquid exhibetur, agitur. Vergl. Grimm Clavis Nov. Test. S. 143. So sagt St. Paulus Röm. 15, 29.: (Οἶδα δὲ, ὅτι ἐρχόμενος πρὸς ὑμᾶς ἐν πληρώματι εὐλογίας τοῦ εὐαγγελίου τοῦ Χριστοῦ ἐλεύσομαι, d. h.:) „Ich weiß, wenn ich zu euch komme, daß ich mit vollem Segen des Evangelii Christi kommen werde", ich werde so kommen, daß ich den vollen Segen des Evangeliums mitbringe. 1 Cor. 2, 7. sagt der Apostel von sich und seinen Mitarbeitern am Evangelium: (λαλοῦμεν θεοῦ σοφίαν ἐν μυστηρίῳ, d. h.:) wir reden Gottes Weisheit, indem wir euch Geheimnisse verkündigen, wir predigen Gottes Weisheit in der Form von Geheimnissen. 1 Tim. 2, 7. nennt der Apostel sich (διδάσκαλος ἐθνῶν ἐν πίστει καὶ ἀληθείᾳ, d. h): ein Lehrer der Heiden in Treue und Wahrheit, der mit Treue und Wahrheit, treu und wahrhaftig sein Lehramt verwaltet. Apostelgesch. 17, 31. heißt es, daß Gott den Erdkreis richten wird (ἐν δικαιοσύνῃ) mit Gerechtigkeit, auf gerechte Weise; Col. 4, 5.: „Wandelt weislich (ἐν σοφίᾳ) gegen die draußen!" Hierher gehören die Redensarten: (ἐν ἀληθείᾳ) wahrhaftig, Matth. 22, 16.; (ἐν δόλῳ) mit List, listig, Marc. 14, 1.; (ἐν κρυπτῷ) im Verborgenen, nicht öffentlich, Joh. 7, 10.; (ἐν δόξῃ) herrlich, Phil. 4, 19.; (ἐν παραβολῇ) gleichnißweise, Hebr. 11, 19. u. f. w. Es ist auch zu beachten, daß in allen diesen Wendungen der Artikel fehlt. Demgemäß erklären wir an unserer Stelle das artikellose (ἐν ἁγιασμῷ πνεύματος καὶ πίστει ἀληθείας) o, wie es Luther in seiner Uebersetzung wiedergegeben hat: in Heiligung des Geistes und in Glauben der Wahrheit; Gott hat euch mit der Näherbestimmung, in der Weise zur Seligkeit erwählt, daß er zugleich Heiligung des Geistes und Glauben der Wahrheit mit faßte. Da das εἵλετο εἰς σωτηρίαν in der Ewigkeit zurückliegt (ἀπ' ἀρχῆς,) so fällt auch (ἁγιασμῷ πνεύματος und πίστει ἀληθείας) in den ewigen Rath Gottes hinein. Heiligung des Geistes und Glaube der Wahrheit, oder kurzweg: vom Heiligen Geist gewirkter Glaube ist nach klarer Schriftlehre Weg und Mittel, Vorbedingung der Seligkeit, (σωτηρία.) Indem Gott also, das will der Apostel sagen, den ewigen Rathschluß der Wahl zur Seligkeit faßte, indem Gott euch von Anfang zur Seligkeit erwählte, hat er dies in der Weise gethan, daß er zugleich den Glauben, also Mittel und Weg zur Seligkeit, in jenen ewigen Willensact mit aufnahm. Indem Gott euch zur Seligkeit prädestinirte, hat er zugleich, ebendamit beschlossen, euch durch seinen Heiligen Geist zu heiligen und zum Glauben an das Evangelium zu führen. Gott hat die zur Seligkeit Erwählten auf dem Wege des Glaubens und der Heiligung des Geistes, gleichsam via et ratione fidei erwählt. Er hat über euch beschlossen (denn εἵλετο benennt ja einen Beschluß Gottes): Ihr sollt dermaleinst selig werden und zwar so, daß ihr zuvor durch den Heiligen Geist geheiligt, von der Welt abgesondert, Gotte geweiht werden, zum Glauben der Wahrheit kommen sollt; oder kurzweg: ihr sollt durch den Dienst des Heiligen Geistes und durch den Glauben selig werden. Der Sinn unserer Stelle kann nicht treffender wiedergegeben und verdeutlicht werden, als durch die bekannten Worte der Concordienformel (11. Artikel § 23): „Gott hat alle und jede Personen der Auserwählten, so durch Christum sollen selig werden, in Gnaden bedacht, zur Seligkeit erwählt, auch verordnet, daß er sie auf die Weise, wie jetzt gemeldet (d. h. durch den Dienst des Worts und des Heiligen Geistes, durch Buße und Glaube), durch seine Gnade, Gaben und Wirkung dazu (zur Seligkeit) bringen, helfen, fördern, stärken und erhalten wolle.“ · Es entspricht genau der Schrift, wenn wir sagen, daß Gott in und mit der Wahl zugleich den Wahlmodus festgesetzt habe; er hat bei sich festgesetzt: die und die Personen sollen selig werden und zwar durch Heiligung des Geistes und Glauben der Wahrheit selig werden. Es ist ganz dieselbe Sache, nur von einem andern Gesichtspunkt betrachtet, wenn der Glaube als Zweck und Ziel der Wahl und Prädestination Gottes gefaßt wird. Es ist dasselbe, ob man sagt: Gott hat alle und jede Personen der Auserwählten durch den Glauben selig zu machen beschlossen, oder ob man sagt: Gott hat alle und jede Personen der Auserwählten zum Glauben und zur Seligkeit prädestinirt. In diesem Fall erscheint der Glaube als finis intermedius, die Seligkeit als finis ultimus der Wahl Gottes. Der letzteren Ausdrucksweise begegnen wir Eph. 1, 5. und 1 Petri 1, 1. 2.

Eph. 1, 5 sagt der Apostel: προορίσας ἡμᾶς εἰς υἱοθεσίαν διὰ Ἰησοῦ

Χριστοῦ εἰς αὐτόν,) „und hat uns verordnet zur Kindschaft gegen ihn selbst (nämlich Gott) durch JEsum Christum“. Dieser Satz ist eine Näherbestimmung des vorhergehenden Ausdrucks ἐξελέξατο ἡμᾶς ἐν αὐτῷ πρὸ καταβολῆς κόσμου.) Daß mit προορίσας derselbe Willensact Gottes bezeichnet wird, wie mit ἐξελέξατο ist schon oben bemerkt. Es wird von B. 5. an nun Zweck und Ziel der Wahl oder Prädestination Gottes näher angegeben. Wir sind erwählt zur Kindschaft und dann zum Lob der herrlichen Gnade Gottes. Der letztere Begriff ist schon in der 3. These erörtert. Was will nun der Satz: „Gott hat uns zuvorbestimmt zur Kindschaft durch JEsum Christum gegen ihn selbst“ besagen? υἱοθεσία bedeutet: Annahme zur Kindschaft, Adoption und dann das durch die Adoption gesetzte Kindesverhältniß. Dieser Begriff und kein anderer liegt, wie jetzt allgemein anerkannt ist, im Worte selbst. Nur an einer einzigen Stelle des Neuen Testaments Röm. 8, 23. (υἱοθεσίαν ἀπεκδεχόμενοι, τὴν ἀπολύτρωσιν τοῦ σώματος) wir warten auf die Kindschaft, nämlich des Leibes Erlösung) gewinnt dieses Substantiv durch den Zusammenhang, und lediglich durch den Zusammenhang, den Sinn von „Kindeserbe“. An allen anderen Stellen, in denen eben dergleichen Näherbestimmungen, wie wir sie Röm. 8, 21—25. finden, fehlen, bezeichnet (υἱοθεσία) das Kindesverhältniß, in dem die Gläubigen jetzt schon zu Gott stehen. Röm. 9, 4. in den Worten (ὧν ἡ υἱοθεσία) ist von dem Kindesverhältniß Israels zu Gott die Rede. Röm. 8, 15. heißt es: (ἐλάβετε πνεῦμα υἱοθεσίας, ἐν ᾧ κράζομεν· Ἀββᾶ, ὁ πατήρ,) „ihr habt den Geist der Kindschaft empfangen, durch welchen wir rufen: Abba, lieber Vater“. Hier beschreibt St. Paulus offenbar das mit der Bekehrung zu Christo eingetretene Kindesverhältniß der Christen zu Gott. Weil der Heilige Geist, den wir empfangen haben, uns beten lehrt „Abba, lieber Vater“, darum heißt er ein Geist der Kindschaft, der dieses Kindesverhältniß setzt, kraft dessen wir Gott Vater nennen. Denselben Gedanken spricht St. Paulus Gal. 4, 5. 6. aus. Er sagt, daß Gott seinen Sohn deshalb in die Welt gesandt habe, (ἵνα τὴν υἱοθεσίαν ἀπολάβωμεν) „daß wir die Kindschaft empfingen“. Und diese „Kindschaft“, die zugleich als Frucht der Erlösung vom Gesetz bezeichnet ist, setzt er darein, daß wir, vom Geist Gottes getrieben, „Abba, lieber Vater“ rufen. An unserer Stelle, Eph. 1, 5., ist vollends durch den Zusatz (εἰς αὐτόν) „gegen ihn selbst“, die Bedeutung „Kindesverhältniß Gott gegenüber“ außer Zweifel gestellt. Das ist die von sämmtlichen neueren Exegeten wiedergegebene, vom Wortlaut und Zusammenhang geforderte Meinung des Apostels: Gott hat uns zuvorbestimmt, daß wir durch Christum ihm gegenüber Kinder würden, und diese Kindschaft gehört ebenso, wie der B. 4b. genannte unsträfliche Wandel in der Liebe, zu dem St. Paulo vor Augen liegenden geistlichen Segen B. 3, dessen die Christen sich freuen. Das war Gottes ewiger Liebesrath, er hat bei sich beschlossen, wir sollten hernachmals in der Zeit seine Kinder werden und in Zeit und Ewigkeit Etwas sein zum

Lob seiner Gnade und Herrlichkeit. Auf diese Worte St. Pauli: „Gott hat uns zur Kindschaft verordnet" legt auch die Concordienformel großes Gewicht, z. B. § 5 des 11. Artikels, und erklärt dieselben ganz richtig § 24 so, daß sie von der electio divina *ad adoptionem in filios* redet. Ja, Gott hat es bei der ewigen Wahl darauf abgesehn, daß die Erwählten, daß wir vor ihm als seine lieben, wohlgefälligen Kinder zu stehen kommen sollten. Und diese Liebesabsicht Gottes hat sich jetzt schon, da wir im Geist „Abba, lieber Vater" rufen, realisirt. Im Begriff (υἱοθεσία διὰ Ἰησοῦ Χριστοῦ εἰς Θεόν) ist aber der Begriff (πίστις,) „Glaube", mit eingeschlossen. Das ist Canon der Schrift: „Ihr seid alle Gottes Kinder durch den Glauben an JEsum Christum". In und mit dem Glauben werden wir Gottes Kinder. Es ist also ganz der Schrift gemäß zu sagen: Gott hat uns zum Glauben prädestinirt. Er hat uns eben dazu verordnet, daß wir durch den Glauben an Christum seine Kinder werden. Ferner ist heiliger Wandel in der Liebe nothwendige Folge des Glaubens und der Annahme zur Kindschaft. Deshalb fügt der Apostel dem Zusammenhang seiner Rede auch die Worte ein: (εἶναι ἡμᾶς ἁγίους καὶ ἀμώμους κατενώπιον αὐτοῦ ἐν ἀγάπῃ, V. 4b. Gott hat uns auch zu dem Zweck (der Infinitiv (εἶναι) ist Zweckbestimmung) erwählt, daß wir vor Gott heilig und unsträflich wären in der Liebe. Gott hat, da er uns erwählte, zugleich, eben damit beschlossen, uns auf eben die Weise, durch Glaube, Rechtfertigung zur Seligkeit zu bringen.

Was wir aus Eph. 1, 5. mit Nothwendigkeit erschließen, nämlich daß Gott uns, weil zur Kindschaft, so auch zum Glauben vorher bestimmt, das finden wir 1 Petri 1, 1. 2. direct, mit deutlichen Worten ausgedrückt. Der Apostel redet an letzterer Stelle die Christen als (ἐκλεκτοὶ παρεπίδημοι) als erwählte Fremdlinge an und vervollständigt den Begriff ἐκλεκτοὶ durch drei Näherbestimmungen: κατὰ πρόγνωσιν Θεοῦ πατρός, ἐν ἁγιασμῷ πνεύματος, εἰς ὑπακοὴν καὶ ῥαντισμὸν αἵματος Ἰησοῦ Χριστοῦ.) Die erste dieser Näherbestimmungen ist schon in der 2. These erörtert, die zweite bei Besprechung von 2 Thess. 2, 13. klargestellt. Der Apostel will sagen: Erwählte seid ihr, indem Gott es war, der im Voraus euch zu den Seinigen machte, in der Weise, daß Gott durch seinen Heiligen Geist euch zu heiligen beschloß — und nun fügt er hinzu: (εἰς ὑπακοὴν καὶ ῥαντισμὸν αἵματος Ἰησοῦ Χριστοῦ,) „zum Gehorsam und zur Besprengung des Blutes JEsu Christi". Dazu seid ihr erwählt. Darauf hat es Gott bei der Wahl abgesehen. Mit dem Ausdruck „Besprengung des Blutes JEsu Christi, mit dem Blute JEsu Christi" (ῥαντισμὸς αἵματος Ἰησοῦ Χριστοῦ) ist „die Zuwendung der durch Christum geleisteten Sühne" (Cremer) oder die Rechtfertigung bedeutet. Gott rechtfertigt uns, indem er uns mit dem Blut seines Sohnes besprengt, sein blutiges Verdienst uns zueignet. (Ὑπακοή,) „Gehorsam" kann aber in dieser Verbindung, dem Begriff (ῥαντισμὸς αἵμ. Ἰ. Χρ.) vorangestellt, unmöglich den Lebensgehorsam, der ja erst Folge der Rechtfertigung ist, bezeichnen.

Daß der Ausdruck (ὑπακοή) „Gehorsam" an vielen Stellen des Neuen Testa=
ments in der prägnanten Bedeutung „Glaube", „Glaubensgehor=
sam" gebraucht wird, und daß diese Bedeutung an unsrer Stelle allein
dem Zusammenhang entspricht, ist jetzt allgemein anerkannt. Vergl. Cre=
mer, Bibl. theol. Wörterbuch der neutestamentl. Gräcität S. 81. So
finden wir dem Wort (ὑπακοή) ausdrücklich den exegetischen Genitiv (τῆς
πίστεως) beigefügt Röm. 1, 5. 16, 26.: „Gehorsam des Glaubens".
Aehnlich Apostelgesch. 6, 7.: (ὑπήκουον τῇ πίστει,) „sie wurden dem Glau=
ben gehorsam". An anderen Stellen erscheint der Ausdruck (ὑπακοή) oder
(ὑπακούειν) in diesem Sinn in Verbindung mit dem entsprechenden Object.
Röm. 6, 17. lesen wir: (ὑπηκούσατε ἐκ καρδίας εἰς ὃν παρεδόθητε τύπον
διδαχῆς,) „ihr seid von Herzen dem Vorbild der Lehre, dem ihr übergeben
seid, gehorsam geworden", d. h. ihr habt diese Lehre im Glauben an=
genommen. Röm. 10, 16. schilt der Apostel die Juden, (ὅτι οὐχ ὑπήκουσαν
τῷ εὐαγγελίῳ,) „daß sie dem Evangelium nicht gehorsam, d. h. geglaubt
haben". Er bestätigt diesen Vorwurf mit dem Spruch des Propheten Je=
saias: „HErr, wer glaubt unsrer Predigt?" Aehnlich finden wir dem
Verbum (ὑπακούειν) das Object (τῷ εὐαγγελίῳ, τῷ λόγῳ, τῷ Χριστῷ) bei=
geordnet: 2 Thess. 1, 8., 2 Thess. 3. 14. Hebr. 5, 9. 1 Petri 1, 22. nennt
St. Petrus den Glauben (ὑπακοή τῆς ἀληθείας.) Wir ersehen aus diesen
Wendungen, daß in diesen Fällen der Glaube als Unterwerfung, Unter=
gebung unter das Evangelium von Christo, unter das verkündigte Wort
gedacht wird. Weiter aber wird der Ausdruck (ὑπακοή) ähnlich wie der Aus=
druck (πίστις) bei dem ja auch ursprünglich ein Object supplirt wurde, kurz=
weg, auch ohne Beifügung eines Objects, im Sinn von „Glaube",
„Glaubensgehorsam" verwendet. Röm. 15, 18. sagt der Apostel von dem,
was Christus durch ihn, durch seinen Dienst gewirkt habe (εἰς ὑπακοὴν ἐθνῶν,)
d. h. zum Gehorsam, zum Glauben, zur Bekehrung der Heiden; „damit ich
die Heiden zum Glaubensgehorsam bewege" (Philippi). Meyer erklärt
„nämlich durch Annahme des Glaubens an ihn". Röm. 16, 19. rühmt St.
Paulus von den römischen Christen: (ἡ γὰρ ὑμῶν ὑπακοὴ εἰς πάντας ἀφίκετο)
„euer Gehorsam, d. h. Glaubensgehorsam (Meyer, Philippi, Hofmann) ist
zu Allen ausgekommen". Vergl. die parallele Aussage 1 Thess. 1, 8.: („ἐν
παντὶ τόπῳ ἡ πίστις ὑμῶν ἡ πρὸς τὸν θεὸν ἐξελήλυθεν") „an allen Orten ist
euer Glaube zu Gott ausgekommen". Auch 2 Cor. 7, 15. 10, 6. fassen
bewährte Ausleger die (ὑπακοή) als Glaubensgehorsam. Diese, wie wir sehen,
gesicherte Bedeutung paßt allein in den Zusammenhang von 1 Petri 1, 2.
Glaube und Rechtfertigung sind eng zusammengehörige Begriffe. Wir haben
auch nicht nöthig, mit Calov, Steiger, Hofmann den Genitiv (αἵματος I.
Χρ. oder Ἰησοῦ Χριστοῦ) gleichfalls als Object mit (ὑπακοή) zu verbinden,
was eine schwerfällige Construction ergibt, denn wir haben erkannt, daß
(ὑπακοή) prägnant auch den Glauben, Glaubensgehorsam bezeichnet. Der
Apostel lehrt also mit klaren, deutlichen Worten, daß wir zum Glauben

und zur Rechtfertigung erwählt sind. Luther gibt in beiden Re=
censionen der Auslegung des I. Petribriefes dieselbe Erklärung zu unserer
Stelle. Er sagt: „der Glaube macht, daß wir Christo und seinem Wort
gehorsam und unterthänig sind. Darum ist's gleich viel, unter dem Wort
Gottes, unter Christo sein und gesprengt werden durch sein Blut, als
glauben". Luther E. A. 51, 331. „Ihr seid von Gott erwählt....
daß ihr nun fort gehorsamen und glauben sollt dem Evangelio JEsu
Christi". E. A. 52, 7.

Die heilige Schrift bestimmt und markirt also mit unzweideutigen Wor=
ten das Verhältniß des Glaubens zur Wahl. Durch die dargelegten Aus=
sagen der Schrift wird der durch die ganze Schrift durchleuchtende Canon,
daß Gott außer denen, die glauben, daß Gott ohne Glauben Niemand selig
machen will, nicht beeinträchtigt, sondern bestätigt. Freilich, daß der Glaube
als causa in irgend welchem Sinn, als causa instrumentalis, oder als
Bedingung, überhaupt Voraussetzung der Wahl zu fassen sei, das deutet die
heilige Schrift mit keinem Wort an. Sie weiß nichts von einer Vorhersehung
des Glaubens als Grundlage oder Unterlage für den prädestinirenden Willen
Gottes. Die letzte Annahme, daß Gott zuerst den Glauben vorausgesehen
und dann eben die, welche er als Gläubige vorhergesehen, zur Seligkeit
vorherbestimmt habe, durchkreuzt vielmehr die klare Schriftlehre, welche
Glauben und Seligkeit auf dieselbe Linie stellt und Beides von der Wahl
abhängig macht. Nach der Schrift erscheint der Glaube entweder als sach=
liches Object der Wahl (Gott hat in der ewigen Wahl den Glauben, wie
die Seligkeit uns zugedacht, zuerkannt, Gott hat uns in der Weise zur Se=
ligkeit erwählt, daß er den Glauben in diesen Wahlact mit aufnahm) oder,
was der Sache nach dasselbe ist, als Ziel und Zweck der Wahl (Gott hat
uns zum Gehorsam des Glaubens, zur Kindschaft und Rechtfertigung
erwählt). Diese Zweckbestimmung ist ein integrirender Bestandtheil der
Wahl und Prädestination Gottes. Die Zweckbestimmung „zum Glauben,
zur Kindschaft, zur Seligkeit" vervollständigt erst den Begriff der Wahl;
macht den Begriff „auserwählen", „vorherbestimmen", aus einem ab=
stracten zu einem concreten Begriff. Wir könnten uns unter dem Mysterium
von der ewigen Wahl Gottes, von der Erwählung bestimmter Personen gar
nichts denken und vorstellen, wenn wir nicht wüßten, wozu wir erwählt
sind, was Gott über uns beschlossen hat. Nun wir aber aus Gottes Wort
wissen, daß Gott von Ewigkeit her nach seinem unbegreiflichen Wohlgefallen
um Christi willen uns zur Kindschaft und zur Seligkeit erwählt, über uns
beschlossen hat, uns zu gläubigen, wohlgefälligen Kindern und zu Erben
seiner ewigen Herrlichkeit zu machen, freuen wir uns dieses gottseligen
Geheimnisses. So eng sind in der schriftgemäßen Darstellung der Lehre von
der Gnadenwahl die Begriffe Glaube, Kindschaft, Seligkeit miteinander ver=
bunden, daß sie als einheitlicher scopus jenes wunderbaren Willens und Wohl=
gefallens Gottes erscheinen. Nach und mit der heiligen Schrift legt auch die

Concordienformel im 11. Artikel auf diesen **vollständigen** Begriff der Wahl alles Gewicht. Sie definirt die Wahl als electio ad adoptionem in filios et vitam aeternam § 24, und betont wiederholt, daß Gott alle und jede Personen der Auserwählten nicht im Allgemeinen zur Seligkeit erwählt, sondern auch zur Kindschaft vorherbestimmt, den im Evangelio offenbarten Heilsweg ihnen verordnet hat § 5. 23, daß Gott in Ewigkeit über unsere Bekehrung, Gerechtigkeit, Seligkeit (die also auf gleicher Linie liegen und also gleicherweise Object oder Zweck des Wahlactes Gottes sind) Rath gehalten hat § 45. Mit Schrift und Bekenntniß schließen wir demnach den Glauben, die Bekehrung, die Gerechtigkeit als zugleich mit der Seligkeit uns verordnet, zugedacht in den Willen der Wahl ein und weisen die Aufstellung, daß der Glaube als bloß vorausgewußt dem Willen und Wahlact Gottes voraufgehen, zurück.

(Schluß folgt.)

(Eingesandt von Prof. Gräbner.)

Die Lehre von der Gnadenwahl eine reiche Quelle des Trostes.

Nachdem der heilige Apostel Paulus im achten Kapitel seines Briefes an die Römer die drei Hauptstücke der Lehre, die er in den ersten sieben Kapiteln ausführlich behandelt hat, die Lehre von dem natürlichen Unvermögen des Menschen, von der Rechtfertigung aus Gnaden um des Sohnes Gottes thätigen und leidenden Gehorsams willen durch den Glauben an Christum JEsum, und von dem neuen geistlichen Wandel und Leben der Kinder Gottes als einer Frucht des wahren Glaubens noch einmal kurz vorgetragen hat, weist er im 17. Vers darauf hin, daß dies neue Leben in der Gemeinschaft mit Christo nach Gottes Willen und Ordnung auch dies einschließt, daß wir Christo, unserm HErrn und Meister, auch im Leiden ähnlich werden. Sogleich aber fügt er hinzu, daß diese Ordnung Gottes nicht für uns ein Unglück sei, sondern Gott, wenn er uns Kreuz auflegt, seine gnädigen Absichten und ein seliges Ziel für uns im Auge habe, nämlich „daß wir auch mit herrlich gemacht werden", daß wir, die wir hier in seinem Gnadenreich das Kreuz tragen, einst dort in seinem Ehrenreich auch die Krone erben sollen. Und dies, daß wir unter allem Kreuz, in aller Noth dieser Zeit, bei aller Gebrechlichkeit und Schwachheit, die wir noch an uns sehen und fühlen müssen, doch fröhlich und des Endes unsers Glaubens, der Seelen Seligkeit gewiß bleiben können, ist der Gedanke, den der Apostel in der zweiten Hälfte des Kapitels ausführlich darlegt und begründet. Und zwar fordert er zuerst auf zu fröhlichem Ausschauen nach dem Erbe, das uns bereitet ist, und das alle Leiden dieser Zeit weit überwiegt. Sodann fordert er auf zu geduldigem Ausharren unter der gegenwärtigen Noth der Zeit dieser Welt im Hinblick darauf, daß die Vollkommenheit und vollendete

Herrlichkeit der Kinder Gottes nach Gottes Ordnung eine zukünftige, ein Gegenstand der Hoffnung und Sehnsucht ist, aber gewiß eintreffen wird, wenn die Zeit des Hoffens und Sehnens wird zu Ende und das ewige Schauen wird eingetreten sein. Zum Dritten fordert er auf zu getrostem Muth bei aller Schwachheit und Blödigkeit, die sich bei uns findet, in dem Bewußtsein, daß Gottes Geist in uns Schwachen kräftig ist. Und endlich fordert er auf zu fester und gewisser Zuversicht, daß wir endlich hinankommen zur Herrlichkeit und ähnlich werden an Gestalt dem, der unser Haupt ist, Christus. Dies letztere thut er in V. 26—30., wo er handelt von der **Gewißheit der endlichen Seligkeit aller Auserwählten Gottes.**

Der Apostel verbindet diesen Passus mit dem Vorhergehenden durch δὲ, eine Partikel, durch die im Griechischen entweder etwas dem Vorhergehenden Entgegengesetztes, oder ein neues, dem Vorhergehenden logisch beigeordnetes Moment angereiht wird. Daß nun an unserer Stelle nicht etwas den vorher ausgeführten Gedanken Entgegengesetztes eingeführt wird, ist wohl ohne besonderen Nachweis klar. Vielmehr fügt der Apostel den Trostgründen, die er in den vorhergehenden Versen seinen Lesern vorgehalten hat, einen neuen Trostgrund hinzu. Als wollte er sagen: Ich habe euch, ihr lieben Kinder Gottes, nun drei Trostgründe ans Herz gelegt, mit denen ihr euch unter dem Kreuz aufrichten könnt; hört nun noch einen vierten, nämlich diesen: Wir wissen, daß denen, die Gott lieben, alle Dinge zum Besten dienen, als die nach dem Vorsatz berufen sind; denn die er u. s. w. **Wir wissen** beginnt er und hebt damit von vorne herein recht deutlich hervor, daß es hier nicht sich um Wahrscheinlichkeiten handelt, sondern ja und amen heißt, so daß also, wer dies οἴδαμεν beachtet, wie er soll, schon fühlt, hier ist fester Grund. Aber noch mehr liegt in dem οἴδαμεν. Der Apostel sagt nicht: οἶδα, ich weiß, sondern **wir wissen.** Und zwar redet er hier nicht in einem sogenannten pluralis majestatis, als von sich allein. Denn von sich hat er kurz vorher V. 18. im Singular geschrieben, während er, wie besonders Cap. 7, 14.*) deutlich zeigt, gerade die Formel οἴδαμεν von sich und seinen Lesern, als die dieselbe Erkenntniß in dem betreffenden Punkte hätten oder haben sollten, zu gebrauchen pflegt, so daß wir also aus diesem οἴδαμεν von vorne herein empfinden, daß, was der Apostel jetzt sagen will, auch von **uns** gilt oder gelten soll, und es liegt in diesem Wörtlein eine Aufforderung, wenn wir nun erfahren haben, was der Apostel in den folgenden Versen sagt, fröhlich und getrost mit einzustimmen in dies οἴδαμεν und zu sprechen: Ja, Gott Lob! **wir wissen** und freuen uns deß von Herzen, daß denen, die Gott lieben, alle Dinge

---

*) Röm. 7, 14.: οἴδαμεν γὰρ, ὅτι ὁ νόμος πνευματικός ἐστιν, ἐγὼ δὲ σαρκινός εἰμι. Hier ist ganz deutlich, daß der Apostel mit οἴδαμεν nicht sich allein meint, da er, wo er von sich besonders reden will, im Singular fortfährt. Vgl. noch Cap. 2, 2. u. 3, 19.

zum Besten dienen. Das heißt doch meisterhaft Trost in die armen Sün=
derherzen senken, wie eben der höchste Tröster trösten kann!

Ein herrlicher Trost liegt ferner in den Worten: „denen, die Gott
lieben." Dieser Ausdruck kommt außer unserer Stelle noch dreimal im neuen
Testament vor und bezeichnet merkwürdiger Weise jedesmal die auser=
wählten Kinder Gottes, von denen es einst an jenem Tage heißen
wird: Kommet her, ihr Gesegneten meines Vaters, ererbet das Reich, das
euch bereitet ist von Anbeginn der Welt!*) Und wenn diese Leute weiter
noch bezeichnet werden als „die nach dem Vorsatz berufen sind", so liegt
darin wiederum ein hoher Trost, indem dadurch unser Blick abgewendet
wird von allem, das uns ängstigen und beunruhigen kann, von unserer
Schwachheit und unserem Thun zu Gott, von unserem Wollen und Laufen
zu Gottes gnädigem Willen, der uns nach seinem Vorsatz berufen hat
von der Finsterniß zu seinem wunderbaren Licht.

Damit ist aber der Apostel in die Nähe der Frage gekommen: Worauf
gründet sich doch der herrliche Satz: „Wir wissen, daß denen, die Gott
lieben, alles zum Guten beiträgt"? Kurz angedeutet hat er den Grund
dieser Gewißheit schon in den Worten: die nach dem Vorsatz berufen sind.
Ausführlich wird dieser Grund dargelegt in den zwei folgenden Versen, die
deshalb als Begründung des vorher Gesagten durch ὅτι eingeleitet
werden. Zwar hätte der Apostel diese seine Begründung auch durch γάρ ein=
leiten können; er will aber das Gesagte als auf einer vorliegenden That=
sache beruhend darstellen, und dies thut er eben durch ὅτι. Und diese That=
sache oder Reihe von Thatsachen, die aus einer Ewigkeit in die andere
reicht, läßt er nun in ihrer großartigen Majestät auftreten und gewaltig
predigen von der Gewißheit des Erbes der Kinder Gottes. Und zwar sind
es zwei Hauptstücke, die er vorführt. Das erste ist: daß Gott seine
Auserwählten auch zur Herrlichkeit im Voraus bestimmt
hat, V. 29.; das andere, daß er auch alles thut, was nöthig
ist zur Erreichung dieses ihnen bestimmten Ziels, V. 30.
Betrachten wir diese beiden Stücke genauer.

Was zuerst die Worte οὓς προέγνω betrifft, so verstehen wir dieselben
von eben der Handlung Gottes, welche an andern Orten in der Schrift
durch ἐκλέγεσθαι, ἐκλογή bezeichnet wird. Ob diese Auffassung eine be=
rechtigte sei? Ganz gewiß; ja im Lichte der einzigen anderen Stelle, an
der bei unserm Apostel das Wort προέγνω vorkommt, ist sie die einzig be=
rechtigte. Dort, Cap. 11, 2—5., sagt nämlich St. Paulus zuerst V. 2.:
οὐκ ἀπώσατο ὁ θεὸς τὸν λαὸν αὐτοῦ, ὃν προέγνω. Abgesehen davon nun,

---

*) Die Stellen sind 1 Cor. 2, 9.: Das kein Auge gesehen hat ... das Gott
bereitet hat, denen, die ihn lieben; Jac. 1, 12.: Denn nachdem er bewähret
ist, wird er die Krone des Lebens empfangen, welche Gott verheißen
hat denen, die ihn lieb haben; und 2, 5.: ... die am Glauben reich sind und
Erben des Reichs, welches er verheißen hat denen, die ihn lieb haben.

daß, wollte man προέγνω von dem bloßen Vorherwissen Gottes verstehen, ein Gedanke herauskäme, mit dem sich kaum irgend etwas anfangen ließe, so paßt dieser Gedanke auch durchaus nicht in den Context, wohl aber der: Gott hat sein Volk nicht verstoßen, das er sich im Voraus erwählt hat. Denn der Apostel fährt fort und führt für seinen Satz ein Beispiel an aus dem alten Testament, nämlich die 7000 Mann, von denen Gott zu Elia gesprochen habe: Κατέλιπον ἐμαυτῷ ἑπτακισχιλίους ἄνδρας κ. τ. λ. — nicht: „Ich weiß von 7000 Mann", sondern: „ich habe mir übrig bleiben lassen 7000 Mann. Und V. 5. schließt er dann: οὕτως οὖν καὶ ἐν τῷ νῦν καιρῷ λεῖμμα κατ᾽ ἐκλογὴν χάριτος γέγονεν. Er sagt nicht: „Ein Rest, den ich weiß oder kenne, ist geblieben", wie er hätte sagen müssen, wenn die 7000 Mann ein Beispiel hätten sein sollen von dem Wissen Gottes um sein Volk; sondern er spricht: „Ein Rest nach der Wahl ist geblieben," weil eben die 7000 Mann ein Beispiel sein sollten dafür, daß Gott zu jeder Zeit seine Auserwählten gehabt hat, wie heute auch. Ja gleich nachher, V. 7., nennt der Apostel dies λεῖμμα, diesen Rest geradezu die ἐκλογή, die Wahl, oder concret das Häuflein der Erwählten.

Von diesen Auserwählten Gottes, die Gott, ehe der Welt Grund gelegt war, sich auserkoren hat, sagt nun der Apostel, daß Gott sie auch im Voraus, auch vor Grundlegung der Welt*), verordnet habe, daß sie gleichgestaltet seien dem Bilde seines Sohnes, oder mit andern Worten: daß Gott der HErr, als er in der Ewigkeit die Auserwählten erkieste, dieses that mit der Bestimmung, daß sie trotz der grimmen Wuth und aller List und Macht des Satans einst tragen sollten das Bild seines Sohnes in ewiger Gerechtigkeit, Unschuld und Seligkeit, daß sie nicht etwa nur ausersehen sind für das Gnadenreich hier auf Erden, sondern auch für das Ehrenreich droben im Himmel. Dafür, daß dies der Sinn der Worte sei, spricht erstens der Umstand, daß der Apostel auch an andern Stellen, in denen er sagt, daß wir dem Bilde JEsu Christi ähnlich werden sollen, von der himmlischen Herrlichkeit redet, die uns zu theil werden soll in der Auferstehung. So 1 Cor, 15, 49., wo er in dem großen Auferstehungscapitel sagt, daß wir, wie wir getragen haben das Bild des irdischen (Adam), so auch tragen werden das Bild des himmlischen. So Phil. 3, 21., wo er sagt, daß wir warten des Heilandes JEsu Christi des HErrn, welcher unsern nichtigen Leib verklären wird, daß er ähnlich werde seinem verklärten Leibe. Dafür redet ferner der Zusammenhang unserer Stelle. Denn nun fährt der Apostel fort: „Auf daß derselbe der erstgeborene sei unter vielen Brüdern." Das ist es ja, um das der Heiland selber den Vater bittet im hohepriesterlichen Gebet,

---

*) Eph. 1, 4. und 5.: ἐξελέξατο ἡμᾶς ἐν αὐτῷ πρὸ καταβολῆς κόσμου ... προορίσας ἡμᾶς, wo das Particip des Aorist eine mit dem ἐκλέγεσθαι gleichzeitige

wenn er Joh. 17, 24. spricht: „Vater, ich will, daß wo ich bin, auch
die bei mir seien, die du mir gegeben hast, daß sie meine
Herrlichkeit sehen, die du mir gegeben hast"; und merkwürdig! er beruft sich dabei ebenfalls auf die ewigen Liebesgedanken des Vaters, indem
er fortfährt: „denn du hast mich geliebet, ehe denn die Welt gegründet
ward."*)   Das also, was der sehnliche Wunsch seines allerliebsten Sohnes, gleichsam ein Stück seines letzten Willens war, was auch das Ziel der
Sehnsucht aller Kinder Gottes ist und der Gegenstand ihres brünstigen Ge-
bets im Leben und im Sterben, war nach Pauli Worten schon Ziel und
Zweck Gottes, als er in der fernen Ewigkeit seinen Auserwählten ihre Bestimmung gab: die Ehre seines Sohnes sollte erhöht werden dadurch, daß
dieser, der Erstling aus den Todten, in seiner Herrlichkeit um sich schaarte
viele Tausende seliger Menschen von Weibern geboren wie er, verklärten
Leibes wie er, die durch ihn zum Vater, seinem Vater und ihrem Vater, gekommen wären, und mit ihm und durch ihn das Erbtheil erlangt hätten,
das ihnen auf sein Verdienst hin bereitet ist von Anbeginn der Welt.

Welch ein breiter und tiefer Strom des Trostes ergießt sich aus der
Quelle, die in diesen Worten Pauli fließt, für alle, welche die Wahrzeichen
der Auserwählten an sich tragen! Schon in der unendlichen Ewigkeit vor
aller Zeit ist ihnen ihr Ziel gesteckt für die Ewigkeit nach aller Zeit; längst
ehe sie waren, hat Gott bestimmt, was aus ihnen werden sollte; ehe Himmel und Erde geschaffen waren, hat er bestimmt, wo sie wohnen sollten,
wenn Himmel und Erde würden vergangen sein; in derselben Ewigkeit, in
welcher er den eingebornen Sohn bestimmte zum Heiland der Welt, zum
Haupt und Bräutigam seiner Gemeinde, daß er leiden sollte und eingehen
zu seiner Herrlichkeit, hat er ihm auch die Braut erkoren, die heilige Gemeinde, und bestimmt, daß sie ihrem Haupte nachfahren sollte durch viel
Trübsal in sein ewiges Reich.   Und das hat der große Gott gethan, die
ewige Treue und Wahrheit; darum mögen wohl Berge weichen und Hügel
hinfallen, aber nicht weichen und nicht wanken wird die ewige Bestimmung
der Auserwählten Gottes.

Aber wir?   Sind wir nicht schwache, gebrechliche, hinfällige Creaturen? Gewiß.   Doch auch auf diese bange Frage hat der Apostel die
Antwort bereit, wenn er im 30. Vers ferner zeigt, daß Gott, der seine Auserwählten zur Seligkeit vorher bestimmt hat, auch alles gethan hat
und thut, daß sie zu diesem ihnen bestimmten Ziele auch
gelangen. Wie denn nach Gottes Ordnung der Weg ins Reich der Herrlichkeit im Himmel durch das Reich der Gnade auf Erden führen soll, so
läßt er auch an die, welche er verordnet hat, den Ruf in dies sein Reich ergehen, schickt seine Boten aus in alle Welt, auch auf die Landstraßen und

---

*) Auch sonst wird Christus in der Schrift als der Erstling in der Auferstehung
bezeichnet; so 1 Cor. 15, 23. Col. 1, 18. Offenb. 1, 5.

an die Zäune, und läßt sie nöthigen, hereinzukommen. Und wie denn nach seiner Ordnung die, welche selig werden, nicht anders als durch Christi Verdienst und Gerechtigkeit selig werden sollen, so wirkt er auch in ihren Herzen durch den Ruf seines Evangeliums den Glauben, schenkt ihnen im Glauben das hochzeitliche Kleid der Gerechtigkeit seines Sohnes und spricht sie frei, los und ledig von aller ihrer Sünde: „die er berufen hat, die hat er auch gerechtfertigt". Und der das gute Werk in ihnen angefangen hat, der überläßt es nun nicht sich selbst oder den schwachen Händen seiner gebrechlichen Kinder, und der List und Wuth der tausend Feinde, die es wieder zerstören möchten, sondern hütet und wacht, schützt und schirmt, hält und trägt, richtet wieder auf, wo der Fuß gestrauchelt hat, lagert seine Engelschaaren rings umher, ist selbst bei den Seinen auf dem Plan mit seinem Geist und Gaben, daß es ihnen doch gelingen und das Reich ihnen doch bleiben muß: das ist dem Apostel so gewiß und ausgemacht, daß er von dem in der Zukunft winkenden endlichen Sieg gar nicht als von etwas Zukünftigem, sondern ebenfalls als von einer Thatsache redet, die schon so gut wie vollendet ist, und schließt mit den Worten: „Die er gerechtfertigt hat, die hat er auch herrlich gemacht."

Und was folgt daraus? Das folgt daraus, daß wir auserwählten Gotteskinder trotz aller Schwachheit und Gebrechlichkeit, die wir hienieden noch an uns tragen und täglich fühlen, trotz aller Feinde, die uns umheulen und umschleichen, doch unserer Seligkeit fröhlich gewiß sein können, weil sie zu aller Zeit und von Ewigkeit zu Ewigkeit in Gottes starken, treuen Händen ruht.

Kirchlich-Zeitgeschichtliches.

I. America.

In der New-Yorker Synode (Ministerium) herrscht nun wieder Kirchhofsfrieden, nachdem man die sog. Protestpartei oder wenigstens einen Theil derselben hinausgedrängt hat. Es wurde nämlich eine Klageschrift gegen die Redaction des „Zeugen der Wahrheit" eingereicht von den Pastoren A. Kühne und Moldehnke. Die Majorität wußte sich meisterlich zu stellen, als habe sie kein Wässerlein getrübt, als handele es sich dabei gar nicht um die Lehre von Kirche und Amt, die die Redacteure des „Zeugen", die Matthäusgemeinde 2c. vertreten. „Es war", schreibt ein Delegat an die Redaction des „Zeugen", „schon vor der Synode eine vielbesprochene und abgemachte Sache, daß eben die Angeklagten scheiden müssen, damit Dr. M. — Sieger und alleiniger Herrscher sei." Wie es bei den Verhandlungen Seitens der Majorität hergegangen ist, beschreibt derselbe Delegat: „Wer nicht von Stein war und auch nur einen Tropfen Blut für Recht in seinen Adern hatte, dem mußte zuweilen das Herz bluten. Stampfen mit Füßen, Händereiben und Bravos waren öfters hörbar, was gewiß etwas Unerhörtes von einer Synode ist." (No. 68.) Der Delegat der Matthäusgemeinde protestirte gegen das Verfahren der Synode. Die Pastoren Halfmann, Busse u. s. w., sowie auch einige Gemeinden, darunter die große Matthäusgemeinde, sind nun ausgetreten. Der „Luth. Herold" hört auf zu erscheinen und ist mit der „Luth. Zeitschrift" in Allentown vereinigt worden.

Die Pennsylvanische Synode (Ministerium) hat auf ihrer letzten Jahresversammlung (in der Trinitatiswoche) den „Delegatenwechsel mit andern Körpern, die im Glauben nicht mit uns verbunden sind", abgeschafft und will denselben nur mit dem New-Yorker Ministerium aufrecht erhalten. Betreffs geheimer Gesellschaften hat sie auf die Beschlüsse des General Council vom Jahre 1868 verwiesen und der Examinationscommittee die Weisung gegeben, fernerhin die zur Aufnahme in die Synode sich meldenden Pastoren und Studenten in allen Fällen darüber zu prüfen, ob dieselben Mitglieder geheimer Gesellschaften sind, und solches an die Synode zu berichten. Trefflich war der Beschluß, durch welchen Herr Dr. Krauth beauftragt ward, eine Biographie Luther's in englischer Sprache zu schreiben, in Folge dessen derselbe nun nach Deutschland gereist ist, um Quellen nachzusehen.

Generalsynode. Ein hervorragendes Glied dieser sogen. Synode, Dr. Helwig, stellte kürzlich im Luth. Evangelist nach der „Zeitschrift" folgende sonderbare Behauptung auf: Die Gemeinschaft der Missouri-Lutheraner „hält so genau als möglich an den Lehren Martin Luther's fest, sogar an seiner Consubstantiationstheorie in Betreff des heil. Abendmahls nach den Worten: in, mit und unter dem Brod." — Wir haben gemeint, daß man wenigstens jetzt nicht mehr in America **so unwissend** ist, unserm Luther und treuen Lutheranern die Lehre von der Consubstantiation zuzumuthen.

Der Freimaurerei wagt die Generalsynode der Niederländisch-Reformirten nicht entgegen zu treten. Auf eine ihr von 4 Classen vorgelegte Frage: ob ein Freimaurer auch zugleich Kirchenglied sein könne? erklärte sie nach mehrtägiger Debatte, daß sie betreffs der Freimaurer und anderer geheimer Gesellschaften nichts entscheiden könne, sondern diese Sache dem Gewissen des Predigers und der Gemeindeglieder überlassen müsse; nur solle keiner mit widerchristlichen oder dem Glauben und den Gebräuchen der Kirche zuwiderhandelnden Gesellschaften etwas zu thun haben. Welche Feigheit! Die geheimen Gesellschaften wagt man nicht als widerchristlich zu bezeichnen! Wie sind doch die americanischen Kirchen so ganz beherrscht von den geheimen Gesellschaften! Wie noth thut daher, daß alle treuen Lutheraner nicht müde werden, dagegen zu zeugen.

Eine neue Maßregel zur Beförderung sogen. Auflebung. Der method. „Fröhl. Botschafter" schreibt: „In Betstunden ist gewöhnlich Raum genug vorhanden, und deshalb ist es zur allgemeinen Sitte (oder soll ich sagen Unsitte) geworden, daß die Anwesenden in der ganzen Kirche umhersitzen. Das zeigt gewiß nicht, als wenn Eins in dem Wohl des Andern interessirt wäre. Hier sollten die Kinder Gottes zusammenkommen, einander zu reizen zur Liebe und zum Gebet. Ein Jeglicher sollte sein Feuer bringen, und so diese Kohlen zusammengelegt werden, wird eine geistliche Flamme daraus, welche diejenigen anzündet, die noch außer Gott und seiner Gnade stehen, oder Solche, die kalt und formal geworden sind. Wie aber soll dieses geschehen? so daß Eine in dieser, und das Andere in einer andern Ecke sitzt? Darum auf, kommt näher zusammen; ja näher in Person, näher mit den Herzen, näher in der Liebe, dann werden die Eiskrusten, die zuweilen den Versammlungen ihre Wärme und Interesse rauben, schmelzen; die Einigkeit im Geist wird hergestellt, ein Interesse für die eigne Seele und die Errettung Anderer wird hervorgerufen, und ein geistlicher Frühling und Sommer wird Statt finden, wo sich reges Leben entfaltet." — Das Feuer, welches durch enges Zusammensitzen erzeugt wird, ist ohne Zweifel nicht das Feuer des heiligen Geistes, sondern ein fremdes. 3 Mos. 10.

Curiosum aus der Secte der Weinbrennerianer. Der „Christl. Botsch." schreibt: „Bruder Weishampel gibt im ‚Christl. Kundschafter', der sich leider durch einen Besuch

seiner ‚lieben Hanna‘ wieder zwei Wochen verspätet hat, folgende Auskunft über seine
politische Stellung: — ‚Bruder Schraber, vom Pottsviller Jefferson Demokraten, mit
dem wir oft freundlichen Wortwechsel haben, wundert wohl, ob er uns von der republi=
kanischen zur demokratischen Partei bekehrt oder hinübergeführt habe. Nicht jerade das,
Br. Schraber, nicht jerade das. Wir sind noch immer, was wir schon lange waren: Ein
demokratisch=republikanisch home-protectionist, antirauch=, schnupf= und kautabaks=
und antischnappstrinkender=sparsamkeits= amerikanisch=deutscher eingeborener amerika=
nischer Bürger, der für einigen Mann stimmt, den er denkt würdig zu sein, und der die
rechten Grundsätze ausführen wird. Keine Partei hat unbeschränkten Halt an uns.‘“

Swedenborgianismus. Einen Vortrag hat neulich der swedenborgianische
Missionar Beaman in der Kirche der englischen Neu=Jerusalems Gemeinde in St. Louis,
Mo., gehalten über Ingersoll’s „Irrthümer Moses“. In demselben behauptet Beaman:
„es ist besser ein Ungläubiger zu sein, dessen Unglaube eine Folge des Nachdenkens ist,
denn ein gedankenloser Gläubiger.“ Von dem Gottesleugner Ingersoll bezeugt dieser
Missionar: „Er ist ein intelligenter, aufrichtiger, guter Mann. Wir zweifeln nicht,
daß er von ebensoguten christlichen Motiven angetrieben wird wie Viele, die mehr
Christenthum bekennen. Er hat seine Mission und wir wünschen ihm Gottes Beistand
in ihr.“ Solche Lästerreden führt ein anerkannter Missionar der Kirche des neuen Je=
rusalems. Dem Gottesleugner Ingersoll wünscht er Gottes Segen! Welcher Wahn=
sinn!! Ein anderer Missionar beruf't zur Zeit Iowa. In seinem Bericht erzählt der=
selbe, daß der Methodistenprediger Sterrey in Victor, Lewis Co., ihm seine Kanzel ein=
räumte. Ebenfalls wurde er eingeladen, der Herrnhuter Gemeinde daselbst zu predigen,
welchem Gesuch derselbe auch Sonntags und Montags nachkam. Die Methodisten haben
ihn auch in Ontario, Storey Co., freundlich aufgenommen und zweimal hat derselbe
der dortigen Gemeinde gepredigt. Wir theilen dies mit als Zeichen der Zeit.

(L. Ztschr.)

Beecher. Wie ein Mensch immer tiefer sinkt, wenn er einmal gefallen ist, zeigt auch
das Beispiel dieses unglückseligen Mannes. Von Robert Ingersoll predigte er neulich
u. a. also: „Ingersoll ist kein „Heiliger“, aber es gibt auf Erden keinen Menschen, dem er
nicht hülfreich seine Hand reichen würde, nachdem er sie zuvor in die Tasche gesteckt und
zuvor mit Silber gefüllt hätte. Ich kenne ihn persönlich nicht, aber er ist doch der Mann,
für den ich ihn halte. Er lehnt sich auf gegen das neue Testament und die ganze Bibel,
er donnert gegen die Prediger, aber sein Wesen vereint ihn mit seinen Mitmenschen.
Man schilt ihn einen gottlosen Menschen. Aber ein gottloser Mensch ist nur Jener, der
an das neue Testament glaubt und doch seinem Nächsten nicht hilft.“

Beecher sucht mit all den Bibelwahrheiten aufzuräumen, die das Fleisch unsanft
berühren, oder dem natürlichen Menschen zu viel von seiner vermeintlichen innewohnen=
den Güte abschneiden. Dabei geht er mit einer empörenden Dreistigkeit zu Werke. So
hat er unlängst ja mit gotteslästerlichen Reden die Lehre der Schrift von der „Hölle“
verworfen. Wundern darf man sich nicht, daß er, wie ein englisches Blatt berichtet,
auch die Lehre von der „Versöhnung“ leugnet. Denn wenn Gott das Böse oder die
Sünde nicht mehr mit der Hölle bestraft, sondern alle Menschen in den Himmel nimmt,
wozu braucht man dann eine Erlösung von der Sünde, von ihren Strafen und Folgen?
In einer am 4. Juli gehaltenen Predigt ließ sich Beecher über die „Erlösung“ also ver=
nehmen: Es ist eine riesige und mit vieler Umständlichkeit erzählte Lüge, daß der Mensch
vollkommen erschaffen war, dann aber gefallen sei; daß in Adam und Eva die ganze
Menschheit ringsum gefallen sei. . . . Man muß sich von der Idee lossagen und sie mit
Füßen treten, daß ein Mensch dies oder das thun müsse, um nicht verloren zu gehen. . . .
Ich glaube nicht an die Lehre von der Versöhnung. . . . Die Wahrheiten der Bibel muß
man nicht ihrem ganzen Umfange nach annehmen, sondern man muß sie sichten.“

Der Freidenker Abbot macht, während er von der Redaction des "The Index" zurücktritt, folgende Bemerkungen: „Die gegenwärtigen Aussichten des Liberalismus in Amerika sind drohend und düster. Ich habe unbegrenzten Glauben an seinen endlichen Sieg über alle seine Feinde daheim und in der ganzen Welt. Ich müßte allen Glauben an dessen Wahrheit verlieren, ehe ich an seinem endlichen Sieg zweifeln könnte. Aber ich habe die Wetterzeichen, welche sich an dem Reformhimmel bemerkbar machen, seit Jahren genau beobachtet und muß gestehen, es drohen düstere Gewitterstürme in der Zukunft, es sei denn der Liberalismus ist wirklich moralisch so faul und werthlos, wie ihn die Orthodoxie hinstellt. Ich meine nicht Stürme von Außen. Diese muß man jederzeit erwarten, sondern ich meine Stürme von Innen. Der Liberalismus hat zu zeigen, aus welchem Material er zusammengesetzt ist. Während zwei und eines halben Jahres hat sich das allerschlechteste Element der Gesellschaft (die wirklichen Verbrecher abgerechnet) der Führung organisirter liberaler Bewegungen bemächtigt. Gesunde Organisation steht ganz stille; wilde Organisationen hingegen schießen überall pilzartig empor. Sich heutzutage um liberale Organisationen zu bemühen, ohne die entsprechende Vorsicht, wovon ich nirgends auch nur ein Zeichen wahrnehme, wäre einer Partei, die sich als eine eingefleischte moralische Pestilenz erweis't, in die Hände gearbeitet."

(Chr. B.)

II. Ausland.

Ueber die lutherische Freikirche in Sachsen berichtet das Sächsische Kirchen= und Schulblatt vom 20. Mai: Aus der Freikirche und von anderen Kirchengebieten hören wir Folgendes. P. Willkomm-Niederplanitz ist von dem Ministerium des Cultus mit Geld= resp. Gefängnißstrafe bedroht und seiner früheren, wie seiner jetzigen Gemeinde bedeutet worden, daß, wenn solche Dinge wieder vorkämen, man die Zurücknahme der Bestätigungsdecrete in Erwägung ziehen werde, weil derselbe mit Beziehung auf den Agendenentwurf in Nr. 9 der „Freikirche" von 1879 die Bemerkung gemacht hat, das Consistorium habe sich die Aufgabe gestellt, Christus und Belial zu vereinigen. Dadurch habe er sich der Störung des confessionellen Friedens schuldig gemacht. Die Bitte um Zurücknahme dieser Drohung ist höheren Ortes abgewiesen worden. Die „Freikirche" ihrerseits weis't darauf hin, wie dann die lutherischen Bekenntnißschriften, die den Pabst den recht großen Antichristen nennen, und Kirchenlieder wie: „Erhalt' uns HErr, bei deinem Wort", als friedestörend auch verboten werden müßten.

Leipziger Missionsverein. An des heimgegangenen Dr. v. Harleß Stelle hat das Collegium der ev.=luth. Mission zu Leipzig unter einstimmiger Zustimmung der Generalversammlung den O.=Kirchen=Rath Dr. Kliefoth zum Vorsitzenden des Collegiums erwählt, und hat derselbe mittelst Schreibens vom 20. Juni diese Wahl und Berufung angenommen.

Einschreiten gegen „Kryptomethodismus" in Sachsen. Das Sächs. Kirchen= und Schulblatt vom 27. Mai meldet: Im März d. J. hielt der Obmann des Methodistenvereins zu Weißbach bei Zschopau, Kirchenvorsteher und Strumpfwirker Drechsler, im methodistischen Interesse ohne vorherige Anmeldung eine Vereinsversammlung ab, zu welcher sich etwa 20 schulpflichtige Kinder und 4 erwachsene Personen eingefunden hatten. Nach einem einleitenden Gesange legte der methodistische Vereinsvorsteher Drechsler den Versammelten angeblich zu Unterhaltungszwecken biblische Geschichten aus. Hierbei wurde der Club von dem Gemeindevorstand Werner und dem Gensd'armen Schatter aus Zschopau überrascht. Die Versammlung ward aufgelös't und gegen den Kirchenvorsteher Drechsler bei der Königl. Amtshauptmannschaft zu Flöha wegen Verletzung des § 22 des Vereinsgesetzes Strafantrag gestellt. Hiernach wurde dem Drechsler eine Ordnungsstrafe von 30 Mk. und die Kostentragung auferlegt. Gegen diese Strafverfügung recurrirte der Verurtheilte. Dieserhalb fand am 4. Mai Verhandlung vor

bem Schöffengerichte statt. Zu seinem Gunsten wendete der Drechsler gegen die amts=
hauptmannschaftliche Verfügung hauptsächlich ein 1. daß er als Kirchenvorsteher die
Pflicht habe, christliche Erkenntniß, wie er im vorliegenden Falle durch Schrifterklärung
Kindern gegenüber gethan, zu fördern, 2. daß die Ansammlung von Schulkindern zu
erbaulichen Zwecken nicht als eine Vereinsversammlung im Sinne des Gesetzes aufgefaßt
werden könnte. Sowohl der Vorsitzende des Schöffengerichts, als auch der Staats=
anwaltsvertreter konnten sich diese Einwendungen nicht aneignen; es wurde vielmehr
dargethan, daß der Drechsler eingestandenermaßen weil als Kirchenvorsteher, sondern
in seiner Eigenschaft als Obmann des kryptomethobistischen Vereins zu Weißbach, welcher
von einem methobistischen Comité in Dresden und von einem ebensolchen Centralcomité
in Kopenhagen dependire, jene Kinder zu einer Versammlung kryptomethobistischer Ver=
einsglieder zugelassen habe. Es ward demnach der Methobistenobmann Drechsler zu
30 Mk. Strafe und zur Kostentragung wegen Uebertretung des § 22 des Vereinsgesetzes
verurtheilt. — Hierbei nimmt es nur Wunder, daß es in der sächsischen Landeskirche so
viele, nicht Krypto=, sondern offenbare Rationalisten, Unionisten ꝛc. gibt, die man ruhig
gewähren läßt. W.

Taufverweigerung. In Planitz bei Zwickau wurden zwei in den Schulvorstand
Gewählte von den Behörden deswegen beanstandet, weil sie die Taufe ihrer Kinder ver=
weigert hatten. Darauf hin haben nun die Betreffenden ihre Kinder taufen lassen, so=
daß sie nun als Schulvorstandsmitglieder belassen werden konnten. Ein dritter Tauf=
verweigerer folgte freiwillig nach in dem Nachsuchen der Taufe. Das „Sächs. K.= und
Schulblatt", welches dies berichtet, setzt hinzu: „Wie weit eine wirkliche Gesinnungs=
änderung damit verbunden gewesen, ist uns nicht bekannt. Ob man diesen ganzen Vor=
gang so bedingungslos begrüßen darf, ist uns zweifelhaft; vielmehr ist es sehr fraglich,
ob er nicht stark unter das Gericht von Apost. 8, 9. fällt. Viele solcher Fälle müssen
nothwendig zum Schaden der Kirche sein; denn das Sacrament darf nie Mittel zum
Zweck werden."

Das Mecklenburgische Kirchen= und Zeitblatt vom 1. Juli sagt von der Ent=
scheidung des Breslauer Oberkirchencollegiums in Betreff der Stellung der preußisch=
luth. Kirche zur Hannoverschen Landeskirche, nach den von dem Hannoverschen Landes=
consistorium vertheidigten Grundsätzen habe das Oberkirchencollegium nicht anders
urtheilen können, als es gethan hat. Das Blatt schließt mit der Aeußerung: „Diese
Verfügung (des O.=K.=C.) ist um so wichtiger, als die darin enthaltenen Grundsätze
ohne Frage im Laufe der Zeit auch noch auf andere lutherische Landeskirchen, die in
ähnlicher Lage sind, wie die Hannoversche, Anwendung finden dürften"; wir setzen
hinzu: schon längst hätten finden sollen und gefunden haben würden, wenn die preußi=
schen Lutheraner, z. B. der sächsischen Landeskirche gegenüber, nicht bisher die Expedienz
über die Nothwendigkeit des Bekenntnisses gesetzt hätten. W.

Hannoversche Freikirche. Wie wir bereits gemeldet haben, hat die Hannoversche
Freikirche u. a. auf Grund der Anerkennung der „Nothwendigkeit eines Kirchenregi=
ments und Anerkennung des Oberkirchen=Collegiums in Breslau als eines solchen" mit
der Breslauer Synode Frieden gemacht; dazu bemerkt der „Luth. Kirchenbote für
Australien" vom 14. Mai: „Wir können obiger Mittheilung nicht völligen Glauben
schenken, da Pastor Harms sich oft genug ausgesprochen hat, daß er ein Regieren der
Kirche burch's Wort anerkenne, nicht aber ein Regiment nach breslauischer, kirchen=
obrigkeitlicher Weise." Und boch war die Mittheilung völlig begründet. W.

Hannoversche Freikirche. Die Allg. Kz. vom 9. Juli enthält folgende Notizen:
In der Johanniswoche ist wie üblich das hermannsburger Missionsfest gefeiert worden.
Man konnte mit einiger Spannung demselben entgegensehen, weil diesmal schon einiger=
maßen die Consequenzen der veränderten Stellung dieser Mission in Erscheinung treten

mußten. Aber trotzdem daß die landeskirchliche Collekte nicht mehr nach Hermannsburg fließt, hat die Mission eine so bedeutende Einnahme gehabt, daß mit einem Plus
von 20,773 Mk. hat abgeschlossen werden können. Die Schuldenverminderung betrug
am 18. Juni rund 33,000 Mk.; die gesammten Einnahmen beliefen sich auf 288,386
Mk., die gesammten Ausgaben auf 267,613 Mk. Auch der Besuch war ein sehr zahlreicher, ob zahlreicher als sonst, kann schwerlich constatirt werden. Am ersten Tage des
Festes, an welchem die Feier in der Kirche stattfindet, ladet nicht nur die Freikirche, sondern auch die alte Kirche zum Gottesdienste ein, was man gewiß nur billigen kann, da
doch kein Grund vorliegt, weshalb die landeskirchliche Gemeinde Hermannsburg ihres
Missionsfestes verlustig gehen sollte. In der „Kreuzkirche" soll Insp. Mützelfeld sich der
Angriffe auf die Landeskirche nicht haben enthalten können. Man wird aber vielleicht
von jener Seite sagen, es seien die Angriffe durch die Behandlung provocirt, welche die
Separirten zu erfahren hätten. Gewiß wird auf beiden Seiten nicht immer in richtiger
Weise verfahren; denn wenn wie neulich in der Nähe von Burgdorf bei Celle den Sepa-
rirten verboten wird, im Freien ihr Missionsfest zu feiern; wenn sie gezwungen werden,
in einer Scheune sich zusammenzudrängen, so ist das schwerlich recht gehandelt; mindestens nicht weise; denn gerade durch solches Verfahren wird dem Auftreten der Separirten eine Bedeutung beigelegt, welche dasselbe nicht hätte, wenn man ihnen weniger
Beachtung schenkte. Am zweiten Tage des Festes vermißte man den ältesten Freund
Hermannsburgs, den Kaufmann Nagel aus Hamburg, nicht nur unter den Festrednern,
unter denen er in den letzten Jahren nie fehlte, sondern auch unter den Gästen überhaupt. Auffallender noch wurde es dadurch, daß auch der noch nicht lange in Hermannsburg angestellte Reiseprediger, Pastor Laible, der Nachfolger des jüngst mit
Eklat aus der hannoverischen Freikirche ausgeschiedenen Pastor Meyer, der zukünftige
Schwiegersohn Nagel's, der noch bei der kürzlich erfolgten Ordination der Zöglinge
thätig war, an diesem Feste fehlte. Man kann sich nicht wundern, daß hierdurch Ge-
rüchte von nicht unerheblichen Zwistigkeiten im Schoße der separirten Gemeinden wach
gerufen sind. Daß auch die Freunde Hermannsburgs unter den landeskirchlichen
Pastoren zugegen waren, auch die Kanzel betraten, wird nicht wundernehmen. Außer
ihnen und einigen separirten Pastoren sprach noch der separirte Pfr. Riedt aus Eisenach.

    Aus dem melsunger Missionshause (im Großherzogthum Hessen), so schreibt die
Luthardt'sche Kirchenz. vom 14. Mai, treten in diesem Jahre 5 Zöglinge aus, welche
zum Zweck weiterer Vorbereitung für das Pfarramt in das Predigerseminar der Jowasynode zu Mendota, Jll., eintreten werden.

    Bayern. Die Allg. Kz. vom 2. Juli berichtet: In Bayern steht den aus der
protestantischen Landeskirche zur Freien luth. Gemeinde übertretenden Personen nicht
das Recht zu, ihre Kinder in den „von ihnen angenommenen neuen Glaubenslehren"
erziehen zu lassen. So hat jetzt der oberste Verwaltungsgerichtshof anläßlich einer
an ihn gelangten Beschwerde entschieden und die Entscheidung damit begründet, daß die
Freie luth. Gemeinde keine vom Staate anerkannte Genossenschaft sei.

    Die Canzel der Pfälzer Landeskirche. Ueber dieselbe berichtet ein Correspondent
der Luthardt'schen Kz. vom 14. Mai unter Anderem Folgendes: Die Fundamentallehren
der christlichen Kirche werden ungescheut auf liberalen Kanzeln geleugnet. Predigt der
positive Geistliche im Morgengottesdienst: „Christus ist wahrhaftig auferstanden", so
der liberale Geistliche auf derselben Kanzel in derselben Gemeinde des Nachmittags:
„Christus ist nicht auferstanden". Was soll man sagen, wenn ein liberaler Pfarrer auf
der Kanzel ungerügt in einer Predigt über das Gleichniß vom ungerechten Richter ausführen darf: dasselbe könne unmöglich von Christus herrühren; dieser könne unmöglich
Gott mit einem ungerechten Richter verglichen haben. Was soll man sagen, wenn derselbe unter allerlei witzelnden Bemerkungen über Betbrüder und Betschwestern den Nach-

weiß zu liefern sucht, daß man mit allem Beten nicht die Naturgesetze aufzuheben ver= möge. Was soll man sagen, wenn es dem gleichen Prediger am Sonntag Misericordias zu predigen erlaubt ist: „Der Gedanke, es wird eine Heerde und ein Hirt werden, sei ein Hirngespinnst der Frommen, die vom Himmel und von der Hölle mehr Bescheid zu geben wüßten als von der Erde?" Was sagen, wenn es gestattet wird, Trauernde etwa also zu trösten: an Gräbern suche man nach Trost; nichts anderes tröste als der Glaube; aber welche von den hunderterlei Glaubensrichtungen? Der Glaube, der vorwärts schaue über das Grab, könne das nicht; denn von dem dort wisse man nichts; der Glaube, der aufwärts schaue, könne es auch nicht; denn diesen habe die Naturwissen= schaft zerstört; nur der Glaube, der rückwärts schaue, sei tröstlicher Art, der Glaube an die Tugend und Rechtschaffenheit des Verlebten. „Aus irdischen Steinen baut sich der Mensch seinen Himmel."

Was soll das heißen? — Diese Frage drängt sich uns auf, wenn wir in Luthardt's „Allg. K.=Z." vom 7. Mai u. a. Folgendes lesen: „Die Michaelis v. J. zu Gotha ge= gründete Kirchliche Conferenz für Thüringen hat am 13. April zu Eisenach ihre erste ordentliche Versammlung gehalten. Sie war über Erwarten zahlreich besucht, von circa 125 Personen, meist Geistliche natürlich, doch auch Laien. . . Es galt zu zeigen, welches in den wesentlichen Hauptstücken der Grund ist, auf dem sie steht, warum sie darauf steht, und daß sie wirklich und wahrhaftig darauf steht. Dahin zielten denn auch die beiden Vorträge: des Domherrn Prof. Dr. Kahnis aus Leipzig über „Die unver= äußerlichen Grundlehren der evangelisch=lutherischen Kirche" und des Vorsitzenden Dir. Dr. Füllner über „Die negirenden Tendenzen der Gegenwart in Thüringen". Dr. Kah= nis legte seiner Rede folgende Thesen zu Grunde: 1) Die evangelisch=lutherische Kirche ist nicht die Kirche, sondern die auf der deutschen Reformation ruhende Sonderkirche Augsburgischen Bekenntnisses. 2) Die Autorität dieses Bekenntnisses schließt den theo= logischen Fortschritt nicht aus. 3) Dieser Fortschritt hat aber in der Schrift seine un= übersteigbare Schranke. 4) Die Lehre von der Rechtfertigung aus dem Glauben, welche im evangelisch=lutherischen Bekenntniß centrale Bedeutung hat, hat ihre Lebenswurzel in dem innersten Wesen des Christenthums. 5) Die Lehre, daß in der Einheit der Gott= heit drei Personen bestehen, ist der Fundamentalartikel des Christenthums, aus welchem alle anderen Artikel abgeleitet werden müssen. 6) Die Lehre, daß JEsus Christus, der Gottmensch, göttliche und menschliche Natur in der Einheit der Person verbindet, ist ein Wesensartikel des Christenthums. 7) Die lutherische Lehre, daß im Abendmahl Brot und Wein Medien des Leibes und Blutes Christi sind, ruht auf sicherem Schriftgrunde. Diese sieben Sätze erklärte und begründete nun Dr. Kahnis in einer etwa einstündigen Rede." — Was soll das heißen? Hat sich Dr. Kahnis belehrt? Hat er seine arianischen und zwinglianischen Irrlehren wieder aufgegeben? Nach diesen Thesen scheint es, daß er die Conferenz dieß habe wollen glauben machen, und die „lebhafte Zustimmung der Versammlung" scheint dafür zu sprechen, daß er diesen Zweck auch bei derselben erreicht habe. Wir können, so lange Herr Dr. Kahnis seine grundstürzenden Irrthümer nicht ausdrücklich widerruft, an seine Rückkehr zum Glauben der heiligen christlichen Kirche nicht glauben. Wir erinnern hier an das, was Luther im Jahre 1537 einem Bucer in Gotha erklärte: „Das wäre das Beste zur Sache, wenn eure Leute recht lehreten, und frei und rund heraus bekenneten: ‚Lieben Freunde, Gott hat uns fal= len lassen, wir haben geirret und falsche Lehre geführet, lasset uns nun= mehr klüger werden, vorsehen und recht lehren.' Denn mit dem Bemänteln und Ver= tuschen läßt es sich wahrlich nicht thun." (XVII, 2593.) Die Worte der 5. bis 7. Thesis klingen freilich schön. Aber, so lange der ausdrückliche Widerruf nicht erfolgt ist, bleibt die Sorge, es wiederhole sich hier, was Irenäus von den Ketzern sagt: Ὅμοια μὲν (ἡμῖν) λαλοῦντες, ἀνόμοια δὲ φρονοῦντες (c. Haér. I. Praef. 2.). Und diese Sorge

ist um so gerechter, je bedenklicher die 2. Thesis klingt: „Die Autorität dieses Bekennt=
nisses schließt den theologischen Fortschritt nicht aus." Ein Mann, welcher, selbst nach
dem Urtheil eines Delitzsch, „nicht bloß die Schriftbegründung der Dogmen von der Tri=
nität und vom heiligen Abendmahl alterirt, sondern ihre S u b st a n z selber, und an die
Stelle des Einen Dreieinigen e i n e n Gott und z w e i U n t e r g ö t t e r gesetzt" hat
(siehe: Delitzsch, Für und wider Kahnis, S. 2. 23.), muß ganz anders reden, ehe ein
rechtgläubiger Christ ihm trauen kann und darf.   W.

Mormonen in Deutschland. Die Allgemeine Lutherische Kirchenzeitung vom
7. Mai berichtet: In der Pfalz treiben in der Gegend von Ludwigshafen schon seit
Jahr und Tag Mormonen ihr Wesen und suchen für „die Heiligen der letzten Tage"
anzuwerben, zum Theil nicht ohne Erfolg. Neuerdings sind ihre Emissäre auch in
Speyer aufgetreten und haben hier in einem Privathause eine allerdings nur schwach
besuchte Versammlung gehalten. Diese Gelegenheit wurde von ihnen zugleich zur Ver=
breitung einer Schrift benutzt, die den Titel führt: „Die Wiederherstellung des ur=
sprünglichen Evangeliums. Eine kurze Abhandlung über die Lehre der Kirche Christi
der Heiligen der letzten Tage" und zur Anerkennung Joseph Smith's und Brigham
Young's sammt ihren Mitberufenen als „von Gott beauftragter Männer" auffordert,
denen „die Aufgabe gegeben wurde, die Fülle des Evangeliums vom Reich zu predigen
und dessen Ordnungen auszuführen".

Aus Ungarn wird der Allg. Kz. vom 2. Juli geschrieben: Das wichtigste und für
die evangelische Kirche in Ungarn wohl nicht unerfreulichste Tagesereigniß ist unstreitig
die Zurückziehung des Gesetzentwurfes in Betreff der Organisation der Mittelschulen.
Die Regierung hat, wie dies seinerzeit auch in d. Bl. mitgetheilt worden ist, ihre ur=
sprüngliche Absicht, das Oberaufsichtsrecht über nichtstaatliche Schulen auf administra=
tivem Wege zu ordnen, fallen gelassen und meinte nun die Organisation des gesammten
Mittelschulwesens in Angriff nehmen zu sollen. Der Entwurf hatte bereits alle er=
forderlichen Instanzen passirt; er hatte die vorläufige Sanction der Krone erhalten, er
wurde im Schulcommittee des Reichstags berathen, und die öffentlichen Debatten über
denselben sollten eben beginnen, als sich das Gerücht verbreitete, auch dieser Vorschlag
— seit zehn Jahren, wenn wir nicht irren, der fünfte — werde in die Fußstapfen seiner
Vorgänger treten und von der Tagesordnung verschwinden. Und so geschah es auch;
die ganze Angelegenheit wurde todtgeschwiegen, und die Paragraphen, die eine Zeit lang
so viel Staub aufgewirbelt, sind ohne Sang und Klang in das Archiv des Reichstags
gewandert. . . . Nun die Gewitterwolken haben sich vorläufig verzogen. Wohl nur auf
kurze Zeit. Der unersättliche See der Staatsomnipotenz will sein Opfer haben; die
Wasser rauschen und schwellen, und diejenigen, die mit der Politik so bedenklich lieb=
äugeln, dürften sich davon überzeugen, daß sie mit dem Preisgeben der evangelischen
Schule nicht dem Staate, sondern dem Romanismus dienstlich gewesen sind, der bei
uns den Staat beherrscht, und der im Begriffe ist, auf constitutionellem Wege das zu
erreichen, was er durch Konkordate zu erreichen nicht vermochte.

Oesterreichische Toleranz. Die Allg. Kz. schreibt: „Die Religionsfreiheit und
Toleranz, welche den Bosniaken bei der Occupirung ihres Landes seitens der öster=
reichischen Regierung zugesagt wurde, hat durch eine unlängst erlassene officielle Be=
kanntmachung eine höchst eigenthümliche Illustration erhalten. In den kroatischen
Zeitungen liest man folgenden amtlichen Erlaß einer bosnischen Behörde, welcher buch=
stäblich also lautet: „K. K. Kreisamt Wisoker, 26. Okt. 1879. Zufolge einer vom
6. Okt. 1879 datirten Bekanntmachung der K. K. Regierung für Bosnien und die
Herzegowina wird zu Jedermanns Kenntniß gebracht, daß das Recht, zum christlichen
Glauben überzutreten, den Mohammedanern, die es begehren sollten, gesetzlich nicht zu=
steht, sofern solches nicht nothwendig ist, und die Staatsregierung es in Kraft be=

stehender Gesetze streng verbietet. Auch hat gegenwärtiges K. K. Kreisamt von der hohen Regierung das Recht erhalten, in jedem vorkommenden derartigen Falle dagegen aufzutreten. Wenn dessen ungeachtet solche Fälle ohne Wissen des Kreisamtes vorkommen sollten, so besitzt es das Recht, mittels der priesterlichen Aemter solche Uebertritte für ungültig zu erklären und diejenigen streng zu bestrafen, welche so etwas sich zu Schulden kommen lassen." Solche Verordnungen sind gewiß nicht geeignet, eine christliche Regierung in den Augen der ihr unterworfenen Bevölkerung zu heben, ebenso wenig Gladstone's leidenschaftliche Aeußerung, welche er neulich in einer seiner öffentlichen Reden gethan hat, zu widerlegen: „Auf der Karte des ganzen Erdbodens findet sich kein Fleck Landes, dem Oesterreich einen Segen gebracht hätte."

Der Lector Waldenström in Norwegen, so schreibt die Allg. Ev.=luth. Kz. vom 2. Juli, der bekanntlich innerhalb der luth. Kirche seines Vaterlandes durch die Leugnung der Lehre von dem Versöhnungswerk Christi viel Unruhe anrichtet und im Begriff steht, eine separirte Kirchengemeinschaft zu begründen, hat die Absicht, auch seine Landsleute in Amerika aufzusuchen, um sie für seine Anschauungen zu gewinnen. In der zur Generalsynode gehörenden schwedischen Ansgarsynode dürfte er bereitwilligst Aufnahme finden, nicht so in der Augustanasynode, wo er voraussichtlich energischer Abweisung begegnen wird.

Dänemark. In den Nordländern, in welchen der christliche Glaube bisher eine gewisse Herrschaft hatte, bricht sich der deutsche Unglaube langsam, aber, wie es scheint, unaufhaltsam Bahn. In Dänemark haben mehrere Jahre lang der Candidat der Theologie Larsen und ein Isländer mit ihrem offen erklärten und verfochtenen Neuprotestantismus allein gestanden, ohne daß man sonderlich auf sie achtete. Nun aber frißt der Krebs in der academisch gebildeten Lehrerwelt um sich. Nicht wenige der begabten Lehrer haben sich von der herrschenden Orthodoxie abgewandt, und huldigen der sogenannten „monistischen" Anschauung, unter welchem vornehmen Namen sich verschämt Materialismus und Gottesleugnung verbergen. Wie Ch. Brandes, der Jude, diesem Monismus literarisch und mit Vorträgen in weltkluger Weise vorgearbeitet hat, das ist früher einmal ausgeführt. Jetzt hat man auch nach P. Heyse's Weise den Roman benutzt, um die Orthodoxie an den Pranger zu stellen; und da solche Romane bei den Gebildeten Eingang finden, so bleibt natürlich manches Giftkörnchen haften. Im Ganzen genommen liebt man jedoch solche weitgehende Uebertreibungen nicht, und bei der Erregung, welche in die Gemüther gekommen ist, beschäftigt man sich mit der Frage, ob es nicht wohlgethan sei, einen Protestantenverein zu errichten, welcher den Mittelweg zwischen Orthodoxie und Monismus ausfindig machen soll, ein Zeichen, daß es von dieser Sinnesart nicht wenige in Dänemark geben muß. (N. Ztbl.)

Aus Neuseeland wird uns mitgetheilt, daß Hr. Pastor Jacobson in Christchurch nicht nur einer deutsch=luth. Gemeinde vorsteht, sondern auch von einer andern dortigen dänisch=lutherischen Gemeinde, bestehend aus ca. 30 Familien, ordentlich zu ihrem Pastor ist berufen worden. (Luth. Kirchenb. für Australien.)

Schweiz. Folgendes lesen wir im „Freimund" (Deutschland) vom 6. Mai: In den letzten dreißig Jahren haben die kirchlichen Verhältnisse in der Schweiz eine wesentliche Umwandlung erfahren. Bis dahin bewegte sich alles noch in einer gewissen kirchlichen Ordnung. Die positive biblische Glaubensanschauung war die herrschende, die Bekenntnisse waren nicht streng verbindlich, doch in Ehren gehalten. Nun aber ist durch den erst geduldeten, dann wachsenden und sich Gleichberechtigung erkämpfenden Einfluß der ungläubigen Theologie im Bunde mit dem Liberalismus alles in Fluß gerathen und niemand vermag vorauszusehen, was das schließliche Ergebniß sein wird. Gegenwärtig bestehen unter der Geistlichkeit drei vielleicht an Zahl nicht sehr verschiedene Parteien oder Richtungen: 1. die „Reformer", d. h. die consequenten Vertreter der sogenannten modernen Weltanschauung, die alle Heilsoffenbarungen und Wunder, auch die Auferstehung Christi, rundweg, die fortgeschritteneren auch offen in Predigt und Jugend= unterricht in Abrede stellen, als nicht möglich, auch nicht nothwendig und darum auch nie geschehen; denn alle desfallsigen biblischen Berichte verdanken ihre Entstehung ledig= lich der unkritisch ausschmückenden Sage; 2. die Vermittler, die das Recht der Wissen= schaft und Kritik der biblischen Bücher lebhaft betonen und oft weit gehen in Zugeständ= nissen nach ungläubiger Seite, sich selbst aber doch einen möglichst positiven Glaubens= standpunct zu wahren und ihn meist mit viel Wärme zu vertreten wissen; 3. die Posi= tiven (Evangelischen, Orthodoxen), die ganz und voll auf dem Boden der biblischen Weltanschauung stehen und an den christlichen Heilsthatsachen und Grundlehren, wie sie in den drei Artikeln des apostolischen Glaubensbekenntnisses zusammengefaßt sind, aus innerstem Bedürfniß festhalten. Mit Hülfe vieler Vermittler haben es die Reformer durchgesetzt, daß diese drei Richtungen nach staatlichen und kirchlichen Gesetzen voll= kommen gleichberechtigt sind. Von einer Verbindlichkeit, sich an die Lehre der Schrift zu halten, kann in der Schweiz eben so wenig die Rede sein, als von einer Verpflichtung auf irgend ein Bekenntniß. Die Synode von Appenzell hat darum mit Mehrheit die Zumuthung wenigstens den Gebrauch der Taufformel Matth. 28, 19. ff. bei Vollziehung dieses Sacramentes für bindend zu erklären, als ungebührlichen Zwang von sich gewiesen, und eine Großrathscommission des Canton Zürich hat gefordert, daß die Zugehörigkeit zur (reformirten) Landeskirche nicht abhängig gemacht werde von der "Ceremonie" der Taufe. Es kann jetzt thatsächlich ein Nichtgetaufter und Nichtconfirmirter (denn keine Macht der Welt kann nach dem Obigen einen 16jährigen Buben, wenn er oder der In= haber der väterlichen Gewalt nicht will, zwingen, den Confirmandenunterricht zu be= suchen), desgleichen einer, der nie eine Kirche besucht und an keinem Abendmahl theil= nimmt, der seine Ehe nicht kirchlich einsegnen und seine Kinder nicht taufen läßt, voll= berechtigtes, d. h. stimm= und wahlfähiges Mitglied der (reformirten) Landeskirche sein, so lange er nur die allfälligen, sehr geringfügigen Kirchensteuern bezahlt und seinen Aus= tritt nicht ausdrücklich erklärt. Jeder der landeskirchlichen Pfarrer lehrt und treibt, thut und läßt, was ihm recht däucht, und so lange die selbständige Gemeinde ihn ge= währen läßt und nicht etwa wegwählt (meist von 6 zu 6 Jahren findet die gesetzliche Wiederwahl statt) oder abberuft, was auch, doch selten, geschieht, hat niemand ein Recht, ihm ernstlich darein zu reden; denn die Machtbefugniß der kirchlichen Oberbehörden (Kirchenräthe) beschränkt sich fast nur auf Formalitäten, darum können sie auch bei oft gutem Willen nicht viel ändern. Solches berichtet der reformirte Pfarrer Schnyder in Fehrwaldsdorf, Canton Zürich, wie in dem "Rigaschen Kirchenblatt" zu lesen ist.

Aus dem Lager der Ritualisten. Folgendes lesen wir in der Allg. Kz. vom 2. Juli: "Bruder Ignatius" und seine Freunde. Der sonderbarste Kauz ist "Bruder Ignatius". In ihm ist die Leidenschaft des Ritualismus zur Monomänie geworden. Aus einer angesehenen Familie Englands stammend, gab er seine glänzende Lebens= stellung auf, um innerhalb der englischen Kirche den Benediktinerorden wieder auf= zurichten. Mit seiner weißen Kapuze brachte er die londoner Straßenjugend in Auf= regung und ließ sich alle Spöttereien nicht anfechten. Bald sammelten sich einzelne "Benediktiner" um ihn, die ihm aber das Leben sauer machten. Er scheint endlich Lon= dons überdrüssig geworden zu sein und hat sich nach Wales in die Einsamkeit zurück= gezogen. Dort haust er mit seinen protestantischen Benediktinern jetzt in der Nähe der alten Klosterruine Llanthony, nicht weit von Abergwenny, zehn Meilen von der nächsten Eisenbahnstation und vier Meilen von dem nächsten Wirthshause in seinem "Mon= astery of St. Mary & St. Dunstan". Das Kloster ist eine großartige Anlage; Bruder Ignatius muß offenbar über reiche Mittel verfügen. Drei Seiten eines Quadrangles sind fertig gestellt mit ihren Kreuzgängen und Zellen; Ignatius denkt aber an eine Erweiterung, die ihm 60,000 Pfd. St. kosten wird. Alljährlich findet nun nach diesem Kloster eine ritualistische Pilgerfahrt statt, um vor dem „shrine of perpetual adoration", „für die Sünden der Reformation um Vergebung zu bitten". Die diesjährige Feier fand am 6. Mai, dem Himmelfahrtstage, ganz in römischer Weise statt. Abends vorher wurde die Vesper gehalten, um 7 Uhr die Komplet, Matutin um Mitternacht, Laudes bei Tagesanbruch, Prim und Communion um 6 Uhr 2c. Ignatius selbst predigte viermal an dem Tage. Er beschrieb die Lage der Kirche in England als über einem Vulkan, der im Losbrechen sei; er freute sich über die Wahl des Atheisten Bradlaugh, so kämen sie bald zum Aeußersten, und dann würde der jüngste Tag kommen. In einer Unterredung zeigte er großen Ernst und Enthusiasmus. England sei seit der Reformation ohne Gebet gewesen, erklärte er, und seine Aufgabe sei es nun, diesen Mangel der englischen Kirche zu ersetzen und mit seinen Mönchen in seinem Kloster ein Leben absoluter Abgeschlossenheit und beständiger Fürbitte zu führen. „Jesus allein" sei sein Motto. Treiben es nun auch alle Ritualisten nicht gerade so drastisch wie Bruder Ignatius, so sind sie doch alle seine Geistesbrüder. Ende Mai fand in London im Cannon-Street-Hotel die dreizehnte Jahresversammlung der Confraternity of the blessed Sacrament statt. Der bekannte Canon Carter, der „Superior-General", präsidirte und berichtete, daß im letzten Jahre 69 „Priester" und fast 1000 Laien der Bruderschaft beigetreten seien, die jetzt 900 Geistliche und 12,000 Laien umfasse. Schon der Name dieser „Bruderschaft" sagt genug. Sehr deutlich hat sich neulich einer ihrer Ultras über den Pabst ausgesprochen. In der letzten Versammlung des ritualistischen Vereins für „Corporate Reunion of Christendom" hatte Dr. Lee von All Saints Lambeth den Antrag gestellt, eine Vereinigung Englands mit Rom herzustellen „under the Primate of the Church", also unter dem Papste. Nachdem er für diese Worte in den Blättern angegriffen war, kam er zornig mit noch viel deutlicheren und gröberen Ausdrücken heraus und erklärte im „Guardian" als sein Glaubensbekenntniß, daß allerdings der Papst der direkte geistliche Obere (spiritual Superior) des Erzbischofs von Canterbury sei, sowohl an Rang als an Autorität: 1. weil der HErr selbst St. Peter, dem ersten Pabste, diese Macht gegeben, 2. weil die ganze alte Kirche dies anerkannt, 3. weil Pabst Gregor durch Augustin die englische Kirche gegründet habe. Das ist freilich deutlich genug gesprochen.

England. In England hat der atheistische Arbeiterführer Bradlaugh anläßlich seiner Beeidigung als Parlamentsmitglied die Frage zur Entscheidung gestellt, ob es bei diesem feierlichen Acte der Anrufung Gottes bedürfe oder nicht. Auf seine Weigerung, den Schwur in der hergebrachten Form zu leisten, ist die Frage einer Commission zur Erledigung überwiesen worden. Auf die Entscheidung darf man gespannt sein. Allein auch wenn sie zu Gunsten des Statusquo ausfällt, wird der Vorgang sein Interesse als „Zeichen der Zeit" behalten. Daß in dem kirchlichgesinnten England eine derartige Frage überhaupt zur Prüfung gelangen kann, deutet auf eine tiefgehende Umwandlung in den Anschauungen der Massen hin. Auch über dem Canal beginnen die Geister sich zu scheiden, daran kann kein Zweifel sein. So schreibt die Luthardt'sche Kirchenz. vom 14. Mai. Bekanntlich hat Bradlaugh gesiegt.

Die Ehrlichkeit der französischen Bischöfe, welche bekanntlich allgemein gegen das jüngste die Jesuiten und andere Congregationen betreffende Gesetz protestirt und dabei behauptet haben, daß der Katholicismus solidarisch mit den Jesuiten verbunden sei, wurde vor kurzem in eigenthümlicher Weise durch den Ex-Pater Hyacinthe beleuchtet, der von der Kanzel folgende Erklärung abgab: „Einer der Unterzeichner dieser Protestationen sagte mir zur Zeit, da ich noch das Carmelitergewand trug: Wir müssen eine doppelte Sprache führen, die eine gegen die Gläubigen, die andere gegen diejenigen, die nicht gläubig sind. Ein andermal hatte mich ebenfalls einer der Bischöfe, die jetzt so energisch protestiren, zu Tische geladen und da vor jedermann die Congregationen und ihre Mißbräuche offen und derb angegriffen. Als ich mein Erstaunen und meine Zweifel über seine Rede aussprach, entgegnete er mir: Sie sind zu ehrlich für das Kleid, das Sie tragen." (Allg. Kz.)

Die religionslosen Schulen in Paris. Die Allgem. Leipziger Kz. vom 21. Mai schreibt: Während bisher die römisch-katholischen Bruder- und Schwesternschulen in der Hauptstadt von der Concurrenz der mit großen Geldopfern eingerichteten städtischen Laien- d. h. confessionslosen Schulen wenig zu leiden hatten, weil die katholischen Schüler fast sämmtlich ihren bisherigen Lehrern in die neu gegründeten freien kirchlichen Schulen nachfolgten, muß leider constatirt werden, daß manche protestantische Schulen in Paris und in St. Denis in ihrer Existenz bedroht sind. Es wurde deshalb lebhaft, besonders auch während der pariser Festwoche, die Frage erörtert, wie die evangelischen Schulen gegenüber diesen Laienschulen aufrecht zu erhalten seien, in denen nicht allein unentgeltlicher Unterricht, sondern auch Federn, Bücher, Papier und im Winter sogar hier und da das Mittagessen bedürftigen Kindern verabreicht wird. Wenn nun die Protestanten im allgemeinen sich damit einverstanden erklären und sich darüber freuen, daß die Volksschule von dem Einfluß des römisch-katholischen Clerus befreit werde, unter dem ihre Kinder, besonders auf dem Lande, oft schwer zu leiden haben, so begreifen wir das. Wenn aber gläubige Protestanten angesichts der Thatsache, daß die sogenannte Laienschule von durchaus glaubenslosen Volksvertretern begehrt und absichtlich ein- geführt wird, um dem Unglauben im Herzen der Kinder schon Vorschub zu leisten; wenn dessenungeachtet Blätter, die sonst nicht gerade dem Liberalismus huldigen, für diese Schule eintreten, so beweisen sie damit wenig Einsicht in das Wesen der Volksschule, deren Aufgabe doch auch vorwiegend die Erziehung ist. Daß aber die Laienschule in Frankreich ebenso wohl wie die confessionslose in Deutschland nichts anderes als die Ab- schaffung jeder christlichen Erziehung bezweckt, beweist am besten die Thatsache, daß der pariser Stadtrath, dieses enfant terrible der herrschenden Partei, eben jetzt eine Com- mission von vierzig Mitgliedern mit dem Auftrag eingesetzt hat, aus den Schul- und Prämienbüchern alle diejenigen zu entfernen, in welchen ein persönlicher Gott, die Vor- sehung, die Unsterblichkeit der Seele ausdrücklich gelehrt wird.

Gegen das Tanzen hat der Graf de Brieux St. Laurent in Paris, ein den höhern Gesellschaftskreisen angehöriger Weltmann, eine Broschüre veröffentlicht, welche dort großes Aufsehen erregt hat. Er verurtheilt darin fast alle modernen Tänze, als Walzer, Polka, Mazurka, Schottisch 2c. als für züchtige Mädchen im höchsten Grade bedenklich.

Protestantische Schulen in Frankreich. Die sogenannten Liberalen in Europa sind, wenn sie auch zuweilen den guten Willen haben, Gewissens- und Religionsfreiheit zu gewähren, meist gar nicht fähig, ihre liberalen Grundsätze den Verhältnissen gemäß zu practiciren. So berichtet z. B. die Allg. Kz. vom 30. April: In Betreff der prote- stantischen Schulen hat der französische Unterrichtsminister angeordnet, daß laut dem immer noch in Kraft bestehenden Gesetz von 1850 die Gemeinden angehalten werden sollen, den Protestanten Schulen zu errichten, wo dieselben ein öffentliches Versamm- lungslokal und die hinreichende Anzahl Kinder haben. Wo hingegen röm.-katholische Ordensschulen waren, die in Laienschulen verwandelt sind, hat nach dem ministeriellen Cirkular auch eine protestantische Schule kein Recht mehr zu bestehen. Katholische und protestantische Kinder sollen vornehmlich auch zur "Pflege der Toleranz und der gegen- seitigen Achtung" in dieselbe Schule geschickt und dafür Sorge getragen werden, daß die Minorität d. h. die Protestanten in ihrem Glauben nicht beeinträchtigt werden. Nach- dem bisher die protestantische Minorität über Nichtachtung ihres Glaubens in gemischten Schulen ziemlich zu klagen gehabt, steht nun zu erwarten, ob die Verhältnisse sich zu ihren Gunsten bessern werden. W.

Lehre und Wehre.

Jahrgang 26.   September 1880.   No. 9.

Was soll ein Christ thun, wenn er findet, daß zwei Lehren, die sich zu widersprechen scheinen, beiderseits klar und deutlich in der Schrift gelehrt werden?

Diese Frage zu beantworten, dazu sind die alten lutherischen Dogmatiker bekanntlich dadurch veranlaßt worden, daß unter Anderen die Calvinisten behaupteten, der Leib Christi könne trotz der klaren Einsetzungsworte des HErrn darum nicht im heiligen Abendmahle wahrhaftig und wesentlich gegenwärtig sein, weil die heilige Schrift an anderen Stellen klar und deutlich lehre, daß Christus einen wahren menschlichen Leib habe und gen Himmel gefahren sei. Um diesen Einwurf zu widerlegen, zeigen die Dogmatiker erstlich, was allein ein wahrer, absoluter Widerspruch sei, der allerdings in Gottes Wort nicht vorkommen könne, und was zwar ein Widerspruch in der Philosophie sei, die von den Geheimnissen der göttlichen Weisheit und Allmacht nichts wisse, nicht aber in der Theologie, auf dem Gebiete der Geheimnisse und des Glaubens; zum Anderen zeigen sie, daß daher, wenn zwei Lehren, die sich nach der Philosophie widersprechen, obwohl nicht absolut, beiderseits klar und deutlich in der Schrift gelehrt werden, die Christen ihre Vernunft gefangen nehmen und beide zu glauben die Pflicht haben.

Hierüber theilen wir denn das Folgende mit.

Balthasar Meisner schreibt: „Es gibt einen zweifachen Widerspruch, der eine ist ein wahrer, der andere ein scheinbarer. In jenem ist ein Theil immer falsch und unmöglich und kann er auf keine Art und Weise in Uebereinstimmung mit der Wahrheit gebracht werden. Dieser wahre Widerspruch hat vier Kennzeichen und nothwendige Erfordernisse: 1. daß er dasselbe Subject und Prädicat habe, weil ein Widerspruch Bejahung und Verneinung eines und desselben ist; 2. daß er in Absicht auf einen und denselben Theil des Subjectes stattfindet; 3. in einer und derselben Rücksicht, 4. in einer und derselben Zeit.

Sind diese Erfordernisse nicht alle vorhanden, so ist der Widerspruch nicht ein wahrer, sondern nur ein scheinbarer, welcher letztere hauptsächlich sich dadurch offenbart, daß die Arten und Rücksichten verschieden sind, betreffs welcher von Einem Subject dasselbe ohne Widerspruch bejaht und verneint werden kann. So scheint es den Calvinisten widersprechend und ganz unmöglich zu sein, wenn von einer und derselben Menschheit Christi Allgegenwart und Räumlichkeit, gesehen und nicht gesehen werden, allmächtig und schwach sein ausgesagt werden soll, und was sonst noch dem Scheine nach sich entgegenstehende Eigenschaften des Fleisches Christi sind. Aber die orthodoxen Theologen zeigen, daß dies kein wahrer Widerspruch sei, weil jenes nicht auf dieselbe Weise und in derselben Rücksicht, sondern in verschiedener Weise und Rücksicht gesagt wird, welche aus dem doppelten Stand des Fleisches Christi entspringt." (Philosoph. sobr. I, 331.)

So schreibt ferner Quenstedt: „Was Widersprüche betrifft, so ist zwischen ausdrücklichem Widerspruch und nicht ausdrücklichem (inter contradictionem *explicitam* et *implicitam*) zu unterscheiden. Jener findet Statt zwischen zwei Sätzen, deren einer die Sache bejaht, der andere verneint; dieser findet Statt, wenn in einem und demselben Satze das Prädicat dem Subject widerstreitet. Jener heißt ein widersprechender Gegensatz (contradictoria oppositio) oder auch ein ausdrücklicher Widerspruch; dieser ein Widerspruch im Zusatz (contradictio in adjecto) oder ein nicht ausdrücklicher. Das Urtheil über den ausdrücklichen Widerspruch ist den Regeln der Logik von den Verbindungen oder vielmehr von den Gegensätzen allerdings zu entnehmen; aber über den nicht ausdrücklichen Widerspruch kann die menschliche Vernunft nicht urtheilen, da sie die Sache selbst nicht faßt oder versteht. Daher sagt Dr. Menzer in seinem Elenchus Error. Sadeel. zum 6. Argument: ‚In den Geheimnissen des christlichen Glaubens sei nicht für einen Widerspruch zu halten, was immer mit menschlicher Vernunft sich nicht reimt, vielmehr seien die theologischen Widersprüche allein aus Gottes Wort zu beurtheilen; z. B., ob ein Satz einem anderen geradezu (formaliter) widerspreche, darüber kann die Vernunft oder der Philosoph durch die Vernunft aus der Logik urtheilen; aber welcher von beiden Sätzen in der Theologie wahr oder falsch sei, dieses weiß die Vernunft nicht. So sind widersprechende Sätze: Christus ist ein bloßer Mensch, Christus ist nicht ein bloßer Mensch; beide — können nicht wahr sein, aber ob jener, oder ob dieser wahr sei, dies weiß allein der Theolog. Eine andere Bewandtniß aber hat es mit dem Widerspruch im Zusatz (contradictio in adjecto), z. B.: Eine Jungfrau gebiert; Gott ist ein Mensch; ob hier ein Widerspruch sei, kann der Logiker nicht wissen.' " (Theol. didact.-polem. P. I. c. 3. s. 2. f. 60. sq.)

So schreibt endlich Gerhard: „Durch welche Nothwendigkeit gezwungen, durch welche Argumente bewogen, gehen sie (die Calvinisten) in ben Worten beß heiligen Abenbmahlß von bem Wortlaut ab? Erſtlich unb hauptſächlich betonen ſie bieſeß, ‚baß ber buchſtäbliche Sinn bem Glaubenßartikel von ber Wahrheit beß Leibeß unb Bluteß beß HErrn zuwiberlaufe, ba ein wahrer unb natürlicher Leib nicht zugleich unb auf Einmal an mehreren Orten ſein könne‘; welcheß Argu= ment Bucanuß (loc. 48. ff.) weitläuftig außführt unb vor ihm Sabeel (Ueber baß ſacramentliche Eſſen, Cap. 4. S. 317.). Ich antworte: 1. Wir glauben beibeß, baß Chriſtuß einen wahren menſchlichen Leib habe unb in Ewigkeit behalte, unb baß berſelbe nichtß beſto weniger in bem heiligen Abenbmahl vermittelſt beß geſegneten Brobeß gegeſſen werbe, ba bie Schrift beibeß mit eigentlichen unb beutlichen Worten behauptet. 2. Die Frage iſt baher bie, ob bieſeß beibeß zu= gleich beſtehen könne, nemlich bie Wahrheit beß Leibeß Chriſti unb bie Wahrheit ber Gegenwart beſſelben im heiligen Abenbmahl. Wir bejahen bieß, bie Gegner verneinen eß unb folgern fehlerhafter Weiſe auß ber Be= jahung beß Einen bie Verneinung beß Anberen; benn mögen ſie boch ben Grund außeinanderſetzen, warum ſie bie Wahrheit ber Gegenwart im Abenbmahl eher verneinen, alß bie Wahrheit beß Leibeß Chriſti, ba bie Schrift beibeß lehrt, ſowohl bie Wahrheit ber Gegenwart, alß bie Wahrheit beß Leibeß. Wenn ſie ſagen, bie Wahrheit beß Leibeß ſei ein Artikel beß Glaubenß, ſo fragen wir, woher ſie bieſeß wiſſen? Ohne Zweifel auß ber Schrift; nun behauptet aber bieſelbe Schrift, baß Chriſti Leib im heili= gen Abenbmahl gegenwärtig ſei; wenn ſie alſo ber Schrift glauben ober zu glauben baß Anſehen haben wollen in bem Einen, warum verweigern ſie berſelben ben Glauben in bem Anbern? 3. ‚Aber‘, ſagen ſie, ‚baß ſind Wiberſprüche: Chriſtuß behält ſeinen wahren Leib, unb boch iſt berſelbe im Abenbmahl gegenwärtig; nun aber thut Gott nicht Wiberſprechenbeß.‘ Antwort: Wir bringen zum anbernmal barauf, baß ſie ben Grund auß= einanberſetzen, warum ſie bieſen Theil beß Wiberſpruchß, nemlich bie Wahrheit ber Gegenwart, lieber verneinen wollen, alß ben anberen Theil, nemlich bie Wahrheit beß Leibeß. Ohne Zweifel können ſie keinen Grund vorbringen, welcher haltbar unb beſtänbig wäre. Wir aber ſagen, baß baß Urtheil über einen wahren Wiberſpruch in Glaubenßartikeln nicht ber menſchlichen Vernunft zu überlaſſen ſei, weil unß vieleß unmöglich zu ſein ſcheint, waß boch zu thun Gott ganz leicht iſt. Vgl. Gen. 18, 14. Sach. 8, 6. Matth. 19, 26. Luk. 1, 38. Epheſ. 3, 20. Auß bieſen Sprüchen erhellt aufß beutlichſte, baß baß Urtheil über einen wahren Wiberſpruch in Glaubenßartikeln nicht ber menſchlichen Vernunft zu überlaſſen ſei, ſonbern baß auß ber Schrift feſtgeſtellt werben müſſe, waß in Wahrheit wiber= ſprechend iſt; nun aber behauptet bie Schrift beibeß, baß nemlich Chriſtuß einen wahren Leib habe unb berſelbe unß im Abenbmahl zum Eſſen bar= gereicht werbe; nehmen wir baher bie Vernunft gefangen unter ben Ge= horſam beß Glaubenß, 2 Cor. 10, 5., unb geben wir ben Worten beſſelben diese Ehre, daß wir glauben, daß er, was er verheißen hat, leisten könne; was die Eigenheit des Leibes nicht gibt, das gibt des allmächtigen Christus Wahrhaftigkeit. 4. ‚Aber‘, spricht man, ‚man muß zwischen der wiedergeborenen und nicht wiedergeborenen Vernunft unterscheiden.‘ Bucanus stellt die Frage: ‚Ist der menschlichen Vernunft und den Principien der Philosophie in dem, was vom Leibe Christi ausgesagt wird, alle Geltung abzusprechen?‘ und antwortet auf diese Frage verneinend S. 711.: ‚Sofern die menschliche Vernunft nach der Wiedergeburt geistlich geworden ist, so gibt sie den Creaturen ein wahres Zeugniß und behauptet die wahren Principien von den Eigenschaften eines menschlichen Leibes. Denn es steht geschrieben: Seid nicht wie Rosse und Mäuler, die nicht verständig sind, Pf. 32, 9., und überdies ist Gott der Urheber aller Wahrheit in der Logik, Ethik und Physik.‘ Antwort: Die wiedergeborene Vernunft muß über die Glaubensartikel aus Gottes Wort glauben und urtheilen, sonst hört sie auf, wiedergeboren zu sein, wie wir im Tractat von der Schriftauslegung § 176. gezeigt haben. Christus sagt: ‚Nehmet, esset, das ist mein Leib‘; wenn die Vernunft über dieses Wort Christi aus ihren Principien disputirt, so ist sie nicht mehr wiedergeboren, sondern sie folgt ihrer eigenen Führung, ihren eigenen Prinzipien, und ist ebenso wenig zu hören, so wenig der Philosoph gehört werden darf, welcher gegen die Auferstehung der Leiber aus jenem Princip der Physik disputirt: Kein Individuum, welches einmal untergegangen ist, kann als der Zahl nach dasselbe zurückkehren. 5. ‚Aber‘, spricht man, ‚wenn die Vernunft gegen die wesentliche Gegenwart des Leibes Christi im Abendmahl disputirt, stützt sie sich nicht auf ihre Principien, sondern auf die Aussprüche der Schrift von der Wahrheit des Leibes Christi.‘ Antwort: Sie muß nicht nur in dem Einen die Schrift hören, daß nemlich Christus einen wahren Leib habe, sondern auch in dem Anderen, daß nemlich jener wahre Leib Christi im heiligen Abendmahle gegenwärtig sei; wollte sie das Eine dem Anderen entgegensetzen, so wäre die Vernunft nicht mehr wiedergeboren. Wie die Manichäer und Marcioniten nicht zu hören sind, wenn sie darum die Wahrheit des Leibes leugnen, weil Christus mit seinem Leibe über dem Wasser gegangen, weil er unsichtbar geworden und an mehreren Orten zu einer und derselben Zeit gegenwärtig sei: so darf auch die

ments auf eine Behauptung hinausläuft, welche aus einem Princip der Vernunft abgeleitet ist, und daß jene den in der Einsetzung des heiligen Abendmahls gesprochenen Worten Christi entgegengesetzt wird... Zum Andern behaupten sie, daß der Wortlaut der Abendmahlsworte mit dem Artikel von Christi Himmelfahrt streite und daher mit Recht zu verlassen sei. Antwort: 1. Die Schrift behauptet beides, daß Christus mit seinem Leibe gen Himmel gefahren sei, und daß der wahre Leib Christi im heiligen Abendmahl gegenwärtig sei, daher wir beides in wahrem Glaubensgehorsam annehmen. 2. Glaubensartikel, welche mit eigentlichen, klaren und deutlichen Worten in der Schrift vorgelegt sind, dürfen einander nicht entgegengesetzt werden. Wie die Einheit des Wesens der Dreieinheit der Personen nicht entgegengestellt werden darf, obgleich unsere Vernunft urtheilt, daß diese zwei einander entgegengesetzt seien, und sie nicht anders urtheilen kann: so darf Christi Himmelfahrt der Gegenwart seines Leibes und Blutes im Abendmahl nicht entgegengesetzt werden, obgleich unsere Vernunft urtheilt, diese zwei seien ebenfalls einander entgegengesetzt, und obgleich sie nicht anders urtheilen kann; weil nemlich die Schrift beides versichert; daher wir Gott und seinem Wort diese Ehre schuldig sind, daß wir beides glauben, wenn wir auch auf keine Weise begreifen können, wie dieses beides zugleich Statt haben könne. Er selbst, welcher mit seinem Leibe wahrhaftig gen Himmel gefahren ist, hat bei der Einsetzung des heiligen Abendmahls gesagt: ‚Esset, dies ist mein Leib‘, und er ist hier die Wahrheit und dort. Es muß daher aus der Schrift gezeigt werden, daß der Artikel von der Himmelfahrt mit dem Artikel von der wesentlichen Gegenwart im heiligen Abendmahl streite." (Loc. de S. Coena § 88. 89.)

Luther schreibt daher: „Wenn es soll reimens gelten, so werden wir keinen Artikel im Glauben behalten", und die Concordienformel bezeugt in Absicht auf die Lehre von der Gnadenwahl: „Damit hat unser Fürwitz immer viel mehr Lust sich zu bekümmern, als mit dem, das Gott uns in seinem Wort davon offenbaret hat, weil wir's nicht zusammenreimen können, welches uns auch zu thun nicht befohlen ist." (S. 715.)

Wenn nemlich die heilige Schrift lehrt, daß diejenigen, welche auserwählt sind, allein aus Gnaden ohne alles ihr Zuthun auserwählt sind, daß hingegen die, welche verworfen sind, um ihres Widerstrebens und Unglaubens willen verworfen worden sind, so kann die Vernunft nicht anders, als hierin einen Widerspruch finden. Denn sie muß schließen: lehre man, daß der Grund der Verdammniß im Menschen liege, so müsse man auch zugestehen, daß der Grund der Seligkeit und der Erwählung im Menschen liege; lehre man aber, daß der Grund der Seligkeit allein in Gottes Gnade, hingegen der Grund der Verdammniß allein

ben Willen zuschreiben, oder die Allgemeinheit der Gnade aufgeben und mit Calvin eine absolute Erwählung und Verwerfung behaupten; consequent sei nur der Synergismus oder Calvinismus.

Daher hat denn auch, um jenen anscheinenden Widerspruch zu lösen, einst Melanchthon und alle ihm folgenden Synergisten gelehrt, daß nicht nur die Ursache der Verwerfung, sondern auch die Ursache der Erwählung im Menschen liege. So schreibt z. B. Melanchthon in seinen Locis: „Daher antworte ich denen, welche ihr Nichtsthun (cessationem) damit entschuldigen, daß nach ihrer Meinung der freie Wille nichts thue, Folgendes: Das Gebot Gottes ist ja ewig und unbeweglich, daß du der Stimme des Evangeliums Gehorsam leisten, daß du den Sohn Gottes hören, daß du den Mittler anerkennen sollst. Was für abscheuliche Sünden sind dies, den Sohn Gottes, den dem menschlichen Geschlechte geschenkten Mittler nicht beachten zu wollen! Du wirst sagen: Ich kann nicht! Ich antworte: Allerdings kannst du auf eine gewisse Weise, und wenn du dich durch die Stimme des Evangeliums aufrichtest, so mußt du bitten, daß dir Gott beistehe; und du sollst dann wissen, daß der Heilige Geist in dieser Tröstung wirksam sei; du sollst wissen, daß uns Gott dann eben auf diese Weise bekehren wolle, wenn wir, durch die Verheißung erweckt, mit uns selbst streiten, Gott anrufen und unserem Unglauben und anderen sündlichen Affecten widerstehen. Daher haben einige Alte gesagt: der freie Wille im Menschen sei eine Fähigkeit sich zur Gnade zu schicken, d. i., er hört die Verheißung und versucht (conatur) beizustimmen und thut die Sünden wider das Gewissen von sich. Dergleichen geschieht nicht in den Teufeln. Daher muß man den Unterschied zwischen den Teufeln und dem menschlichen Geschlecht beachten. Dieses wird aber noch deutlicher werden, wenn man die Verheißung in Erwägung zieht. Da die Verheißung allgemein ist und in Gott keine sich widersprechende Willen sind, so muß nothwendig in uns eine Ursache des Unterschiedes sein, warum Saul verworfen, David angenommen werde, d. i., in diesen zweien muß nothwendig ein verschiedenes thätiges Verhalten (actionem dissimilem) sein." (Loci praecip. th. Lipsiae 1552. p. 101. sq.)

Daß unsere Kirche diese Melanchthon'sche Theorie verworfen habe, ist bekannt. So schreibt z. B. Hutter in seiner Beweisführung, warum das „Corpus doctrinae Philippi" nicht für eine Norm der gesunden Lehre gehalten werden könne, u. a. Folgendes: „Mit der orthodoxen Lehre vom freien Willen streiten folgende Embleme (Melanchthon's) biametral: 1. Die Ursache, warum die einen der Verheißung der Gnade zustimmen, die anderen nicht, sei in uns" ꝛc. (Concordia Conc. p. 345. sq.) Daher kam es denn auch, daß die in Ribbagshausen im August 1576 versammelten Theologen in ihrer über das Torgische Buch abgeforderten Censur u. a.

folgenben Punkt einfließen ließen: „Im Artikel de praedestinatione
wäre auch gut, baß neben anberen auch biefes Punktes Erwähnung gefchähe,
ba etliche lehren, baß causa electionis (Urfache ber Erwählung) nicht allein
fei Dei misericordia (Gottes Barmherzigkeit), fonbern baß auch in hominibus ipsis fei aliqua electionis causa" (baß auch in ben Menfchen
felbft fei eine Urfache ber Erwählung). (Concordia Conc. p. 405. sq.)
Bekanntlich ift auch infolge biefer Erinnerung biefer Punct bei ber letzten
Revifion in bie Concorbienformel aufgenommen worben. Vgl. S. 557.
§ 20. S. 723. § 88. („Quod etiam *aliquid* in nobis causa sit electionis
divinae.")

Zwar finb nun bie fpäteren Dogmatiker unferer Kirche weit bavon entfernt gewefen, mit ihrem „*intuitu fidei*" bas Geheimniß bes Gnabenwahlrathfchluffes fynergiftifch-pelagianifch löfen zu wollen. Vielmehr fagen fie
fich von einer folchen Deutung jenes Terminus, als ob ber Glaube ober
bas Vorherfehen besfelben bie Urfache ber Gnabenwahl, ober als
ob bie Erwählung „um bes Glaubens willen" gefchehen fei, als von
einer pelagianifchen Schwärmerei auf bas Entfchiebenfte los. (Man vergl.
u. a. oben S. 45—47. Hunnius' unb Gesner's Zeugniß.) Allein jene
Dogmatiker haben burch bie Lehrform, bie Erwählung fei „intuitu fidei"
gefchehen, keineswegs erreicht, was fie mit berfelben zu erreichen beabfich-
tigten, nemlich ben in bem Geheimniß bes Gnabenwahlrathfchluffes für bie
Vernunft liegenben anfcheinenben Wiberfpruch keineswegs auch nur einigermaßen aufgelöf't. Sie haben im Gegentheil bamit nur neue Schwierigkeiten
gefchaffen. So oft fie ihr „intuitu fidei" näher erklären wollen, gerathen fie baher unverkennbar in Verlegenheit, ba gehen fie auseinanber unb
kommen enblich bahin, baß fie ben Lefer zu keiner ihrer näheren Erklärungen
bes Verhältniffes bes Glaubens zur Gnabenwahl, welches mit bem „intuitu
fidei" angezeigt fei, verbinblich machen wollen, unb bamit zufrieben fein
wollen, wenn man nur zugebe, baß bie Erwählung „intuitu fidei" ge-
gefchehen fei! Wie benn z. B. Hunnius unb Gesner fchreiben: „Wenn
man nur ber Sachen eins ift, baß Gott nicht bloß bahin, fonbern in gnä-
biger Anfehung bes Glaubens an Chriftum bie Gläubigen, unb
nicht auch bie Glaublofen, in Chrifto zum ewigen Leben erwählt habe,
wollen wir mit niemanb hierüber zanken, ob ber Glaube
eine *causa* (Urfache), συναίτιον (Miturfache), ober nothwenbiges
Stück, *membrum* (Glieb) unb *requisitum* (Erforberniß), ober Eigen-
fchaft, Proprietät unb *attributum* (Merkmal) ber Auserwählten
unb alfo auch ber Gnabenwahl folle genannt werben."
(S. oben S. 46.) Hiernach rebucirt fich alles, was biefe Theologen einem
Huber gegenüber mit ihrem „intuitu fidei" retten wollen, fchließlich barauf, baß ein Glaublofer, nemlich ein ohne Glauben Sterbenber, kein
Auserwählter fein, refp. gewefen fein könne. Das „intuitu fidei"
nimmt nur bann ben in bem Gnabenwahlrathfchluß für bie menfchliche

Vernunft liegenden anscheinenden Widerspruch weg, wenn man den Glau=
ben zu einem Werk des Menschen, zu einem Resultat menschlicher Ent=
scheidung macht, in welchem Fall aber auch die Erlangung der Seligkeit
zu einem Werk des Menschen gemacht und damit die ganze christliche
Religion umgestoßen wird, welche im Gegensatz zu allen andern Religionen
lehrt, daß der Mensch allein aus Gnaden ohne Werke selig werde,
daß das ewige Leben Gottes Gabe sei und daß der Mensch eben deß=
wegen allein durch den **Glauben** gerechtfertigt werde, weil er allein
aus **Gnaden** gerechtfertigt werde. Denn so steht geschrieben: „Aus
Gnaden seid ihr selig worden, durch den Glauben; und
dasselbige nicht aus euch, Gottes Gabe ist es; nicht aus
den Werken, auf daß sich nicht jemand rühme." (Ephes. 2,
8. 9.) „Der Tod ist der Sünde Sold; aber die Gabe Got=
tes ist das ewige Leben in Christo JEsu, unserm HErrn."
(Röm. 6, 22.) „Derhalben muß die Gerechtigkeit durch den
Glauben kommen, **auf daß sie sei aus Gnaden.**" (Röm.
4, 16.) Indem nun unsere Dogmatiker, wie gesagt, weit entfernt davon
waren, mit ihrem „intuitu fidei" diese Hauptlehren unserer allerheiligsten
christlichen Religion irgendwie verletzen zu wollen, denn sie erklärten den
Glauben für Werk und Gabe Gottes und verwarfen die Lehre, daß die Er=
wählung um des Glaubens willen geschehen und dieser eine Ursache jener
sei, so hatten sie damit auch nicht das Geringste zur Beantwortung der
Frage gewonnen, wie die Lehre von der Allgemeinheit der Gnade mit der
Lehre, daß die Ursache der Erwählung nur in Gott und nicht im Men=
schen, aber die Ursache der Verwerfung nicht in Gott, sondern in dem
Menschen liege, bestehen könne. Der Beschuldigung, daß, wenn man das
„intuitu fidei" nicht annehme, consequenterweise die Allgemeinheit der
Gnade negirt werde und eine absolute Prädestination statuirt werden müsse,
konnten sie selbst so lange nicht entgehen, so lange sie nicht ihrem „intuitu
fidei" eine synergistische Bedeutung gaben; und, was das Schlimmste war,
mit ihrem „intuitu fidei" gaben sie wirklichen Synergisten ein Schild in
die Hände, hinter das sich dieselben verstecken konnten und nicht selten
wirklich versteckt haben und noch verstecken.

Den allein richtigen Weg schlägt daher hier unser theures Bekenntniß
und die an dem Vorbilde desselben streng halten, ein. Sie verwerfen auf
der einen Seite die Meinung, „daß nicht allein die Barmherzigkeit Gottes
und allerheiligst Verdienst Christi, sondern auch in uns eine Ursach der
Wahl Gottes sei (etiam *aliquid in nobis* causa sit electionis divinae), um
welcher willen Gott uns zum ewigen Leben erwählet habe" (S. 723. § 88.
vgl. S. 557. § 20.); auf der andern Seite verwerfen sie zugleich mit gro=
ßem Ernste folgende Meinungen: „1. Daß Gott nicht wolle, daß alle Men=
schen Buße thun und dem Evangelio glauben. 2. Item, wann Gott uns
zu sich berufe, daß es nicht sein Ernst sei, daß alle Menschen zu ihm kommen

sollen. 3. Item, daß Gott nicht wolle, daß jedermann selig werde, sondern, unangesehen ihre Sünde, allein aus dem bloßen Rath, Vorsatz und
Willen Gottes zum Verdammniß verordnet, daß sie nicht können selig werden." (S. 557. § 17—19.) Da beides in der Schrift klar und deutlich
gelehrt ist, so nehmen sie auch beides im Glauben an, mag die Vernunft
beides „zusammenreimen" (S. 715. § 53.) können oder nicht. Mag die
Vernunft immerhin schließen, daß, wenn keine Ursache der Erwählung in
den Erwählten liege und die einzige Ursache Gottes Barmherzigkeit und
Christi Verdienst sei, dann in Gott auch die Ursache liegen müsse, daß so
viele nicht zum Glauben kommen und verloren gehen, so sucht dies doch
das Bekenntniß, und die demselben folgen, weder auf Kosten der klaren
Schriftlehre von der Allgemeinheit der Gnade, noch auf Kosten der klaren
Schriftlehre vom gefangenen Willen durch wohlfeile Vernünfteleien zusammen zu reimen, sondern sie erkennen hier ein in diesem Leben unlös-
bares Geheimniß nach Röm. 11, 33—36. demüthig an und nehmen ihre
Vernunft gefangen unter den Gehorsam Christi und seines Wortes. So
oft sie auf die Frage kommen, warum, da Gott alles thun müsse, Gott
nicht allen Menschen den Glauben gebe, lassen sie sich auf keine Vernunftspeculation ein, sondern verweisen auf das ewige Leben, wo uns dies Gott
offenbaren und zeigen werde, daß doch seine Gnade eine allgemeine sei.
Lassen wir hier einige betreffende Aussprüche folgen.

So heißt es in der von Jakob Andreä unterschriebenen Straß-
burger Concordienformel vom Jahre 1563: „Daß aber diese Gnade
oder diese Gabe des Glaubens von Gott nicht Allen gegeben wird, da er
Alle zu sich ruft und zwar nach seiner unendlichen Güte ernstlich ruft:
‚Kommet zur Hochzeit, es ist alles bereit‘, ist ein verschlossenes, Gott allein
bekanntes, durch keine menschliche Vernunft erforschliches, mit Scheu zu be-
trachtendes und anzubetendes Geheimniß; wie geschrieben steht: ‚O welch
eine Tiefe des Reichthums, beide der Weisheit und Erkenntniß Gottes!
Wie gar unbegreiflich sind seine Gerichte und unerforschlich seine Wege!‘
Röm. 11. Und Christus sagt Gott dem Vater Dank, daß er solches den
Weisen und Klugen verborgen und es den Unmündigen offenbaret habe.
Matth. 11. Indessen sollen sich angefochtene Gewissen an dieser verborgenen Weise des göttlichen Willens nicht stoßen, sondern auf den in
Christo geoffenbarten Willen Gottes sehen, welcher alle Sünder zu sich ruft.
Es ist aber auch darum nicht von Gott zu sagen, daß er die Sünde wolle,
wenn er den Willen und den Weg eines Sünders nicht hindert, sondern zu-
läßt, daß sie in Sünden verharren; denn Gott haßt in Wahrheit die
Sünde, deren Urheber der Teufel ist, welcher nicht in der Wahrheit geblieben ist. Denn Gott zürnt erschrecklich wider die Sünde, verbietet dieselbe
und droht mit seinem Zorn allen Uebertretern seines Gesetzes. Ps. 5.
(V. 5. 6.) Gottes Güte aber ist der Art, daß er das Böse, welches er zuläßt, wohl zu seines Namens Ehre gebrauchen kann; wie geschrieben stehet:

‚Eben darum habe ich dich erweckt, daß ich an dir meine Macht erzeige, auf
daß mein Name verkündiget werde in allen Landen.‘ Röm. 9. Exod. 9.
Dasselbe geschieht, wenn Gott Sünde mit Sünde straft. Röm. 1.“
(Historia motuum von V. E. Löscher. II, 288.)

So schreiben ferner Chemnitz, Selneccer und Kirchner in der
von ihnen verfaßten Apologie des Concordienbuchs: „Das christ=
liche Concordienbuch verleugnet auch nicht, daß in Gott eine Verwerfung
sei oder daß Gott nicht sollte etliche verwerfen; gehet also auch nicht wider
Lutheri Spruch, da er in ‚Servo arbitrio‘ wider Erasmum schreibet, daß
dieses die höchste Staffel des Glaubens sei, glauben, daß der Gott gleich=
wohl der Gütigste sei, der so wenig selig macht. Sondern dahin siehet es,
daß es Gott die wirkliche Ursache solcher Verwerfung oder
Verdammniß nicht zuschreibe, dahin des Gegentheils Lehre gehet;
und daß, wenn es zu dieser Disputation kommt, alle Menschen den Finger
auf den Mund legen sollen, und erstlich sagen mit dem Apostel Paulo
Röm. 11.: ‚Propter *incredulitatem* defracti sunt‘; und Röm. 6.: ‚Der
Sünden Sold ist der Tod.‘ Zum andern, wann aber gefragt wird,
warum denn Gott der HErr nicht alle Menschen (das er
doch wohl könnte) durch seinen Heiligen Geist bekehre und
gläubig mache u. s. w., mit dem Apostel ferner sprechen sollen: ‚Quam
incomprehensibilia sunt judicia ejus et *impervestigabiles* viae ejus!‘, mit
nichten aber Gott dem HErrn selbst die willige und wirkliche Ursache der
Verwerfung oder Verdammniß der Unbußfertigen zuschreiben. Dringen
sie aber auf uns und sprechen: weil ihr die Wahl der Auserwählten ge=
stehet, so müßt ihr auch das Andere gestehen, nämlich daß in Gott selbst
eine Ursache sei der Verwerfung von Ewigkeit, auch außer der
Sünde u. s. w.: so sagen wir, daß wir keineswegs bedacht sind, Gott zum
Ursacher der Verwerfung zu machen (die eigentlich nicht in Gott, sondern
in der Sünde stehet) und ihm selbst wirklich die Ursache der Verdammniß
der Gottlosen zuzuschreiben; sondern wollen bei dem Sprüchlein des Pro=
pheten Hosea Cap. 13. bleiben, da Gott spricht: ‚Israel, du bringest dich
in Unglück, dein Heil stehet allein bei mir.‘ Wollen auch, wie droben
aus Luthero gehört, von dem lieben Gott, sofern er verborgen ist und
sich nicht geoffenbart hat, nicht forschen. Denn es ist uns doch zu hoch
und können’s nicht begreifen; je mehr wir uns dießfalls einlassen, je weiter
wir von dem lieben Gott kommen und je mehr wir an seinem gnädigsten
Willen gegen uns zweifeln. Solchergestalt ist auch das Concordienbuch
nicht in Abrede, daß Gott nicht in allen Menschen gleicher
Weise wirke; denn viel sind zu allen Zeiten, die er durchs öffentliche
Predigtamt nicht berufen hat; daß wir aber darum mit dem Gegentheil
schließen sollten, daß er eine wirkliche Ursache sei der Verwerfung
solcher Leute, und daß er’s für sich aus bloßem Rath beschlossen, daß
er sie verwerfen und ewiglich verstoßen wolle, auch außerhalb der Sünde,

sollen sie uns nimmermehr dazu bereden. Denn genug ist es, daß, wenn wir an diese Tiefe der Geheimniß Gottes kommen, mit dem Apostel Röm. 11. sprechen: ‚Seine Gerichte sind unerforschlich‘, und 1 Cor. 15.: ‚Wir danken Gott, der uns den Sieg gegeben hat durch unsern HErrn JEsum Christum.‘ Was darüber ist, wird uns unser Seligmacher Christus im ewigen Leben selbst offenbaren.“ (Apologie der Concordien= formel. Dresden, 1584. fol. 206. f.)

Chemnitz: „Wie kömmts dann aber, daß Judas nicht wird aufge= nommen, daß der nicht Vergebung der Sünde empfähet, da es ihm doch ge= reuet, was er gethan hatte? Und was mangelt an seiner Reue und Buß, daß er keine Gnade erlangen kann? Er hatte keinen Glauben an Christum, gläubet nicht, daß Gott gnädig sei und Sünde vergebe, das thut ihm den Schaden, dann wo der Glaube nicht ist, da ist auch keine Gnade Gottes, noch Vergebung der Sünde. Nun sagt aber unser Katechismus im dritten Artikel unsers christlichen Glaubens, der Mensch kann nicht aus eigener Vernunft noch Kraft an JEsum Christum gläuben oder zu ihm kommen, sondern der Heilige Geist müsse ihn zu solchem Glauben bringen, denn der Glaube ist eine Gabe Gottes; wie kömmt es denn, daß Gott dem Juda solchen Glauben nicht ins Herz gibt, daß er auch hätte glauben können, daß ihm könnte durch Christum geholfen werden? Da müssen wir mit unsern Fragen wiederkehren, und sagen Röm. 11.: ‚O, welch eine Tiefe des Reichthums, beide der Weisheit und Erkenntniß Gottes, wie gar unbegreiflich sind seine Gerichte und unerforschlich seine Wege!‘ Wir können und sollen dies nicht ausforschen und uns in solche Gedanken zu weit vertiefen, sondern dies also gebrauchen, daß wir uns nicht vorsätzlich in die Sünde begeben und Gott versuchen, auf daß Gott nicht die Hand von uns abziehe und uns sinken lasse; denn, wo das geschieht, so fallen wir immer aus einer Sünde in die andere, und gleiten allmählich so tief in die Sünde hinein, daß hernach kein Wiederkehren ist, und wir nicht wiederum zum Stande greifen können. Wie es mit dem Juda ist ergangen.“ (Passionspredigten. Th. IV. S. 17. f.)

Timotheus Kirchner: „Wie kömmt’s, daß Wenige er= wählt sind, wie Christus Matth. 20. sagt? Antwort: Wir reden hie vom offenbarten Wort, das spricht Röm. 11.: ‚Sie sind zerbrochen um ihres Unglaubens willen‘, da deutlich angezeigt wird, daß der Un= glaube die Schuld sei. — Ist denn Gott die Ursache, daß Etliche verdammt werden? Antwort: Keinesweges; denn er schwört und spricht selbst, er wolle nicht den Tod des Sünders, sondern daß er bekehret werde und lebe, Ezech. 18. Darum sollen wir nicht sagen, daß die Ver= werfung der Gottlosen Gottes Wille oder Ordnung sei; sondern vielmehr bekennen, daß Sünde eine Ursache derselben sei; denn ‚der Sünden Sold ist der Tod‘; Röm. 6. — Er könnte sie ja aber wohl alle mit ein= ander bekehren? Antwort: Da ist kein Zweifel an, wenn er seine Allmächtigkeit brauchen wollte;*) daß er's aber nicht thut, haben wir ihn nicht drum zu besprechen. Paulus Röm. 9. schreibt, er ‚erzeige seinen Zorn und thue kund seine Macht und trage mit großer Geduld die Gefäße des Zorns' 2c. In denen, die er also in ihrem Unglauben bleiben läßt, erzeigt er seine Gerechtigkeit und Zorn wider die Sünde. Er ist ja unser keinem nichts schuldig, sondern was er gibt und thut, das thut er aus lauter Gnaden, um JEsu Christi willen; dem haben wir alles zu danken und zuzuschreiben. — Weil denn der Glaube an Christum eine sonderliche Gabe Gottes ist, warum gibt er ihn nicht allen? Antwort: Dieser Frage Erörterung sollen wir in's ewige Leben sparen; unterdeß uns daran genügen lassen, daß Gott nicht will, daß wir seine heimlichen Gerichte erforschen sollen, Röm. 11.: ‚O welch' eine Tiefe des Reichthums, beide der Weisheit und Erkenntniß Gottes! Wie gar unbegreiflich sind seine Gerichte!' — Es hat aber das Ansehen, als sei Gott ungerecht, daß er nicht allen Menschen, Türken, Heiden und Unbußfertigen, sein Erkenntniß und Glauben gibt? Antwort: Wie kann er ungerecht sein, weil er keinem Menschen nichts schuldig ist (Matth. 20.) und hätte sie wohl alle in ihren Sünden können sterben lassen! Darum auch der Apostel Röm. 9. spricht: ‚Lieber Mensch, wer bist du, daß du mit Gott rechten willst?' Es scheinet ja auch Gott in dem ungerecht zu sein, daß er's hier auf Erden den Frommen übel und den Bösen mehrentheils läßt wohl gehen; und kann sich die Vernunft hierein gar nicht schicken (das Evangelium zeigt Ursache an, warum Gott den Seinen hie mancherlei Kreuz auflegt und die Herrlichkeit dorthin spart): also dünket es uns auch hie, Gott sei ungerecht in dem, daß er nicht allen Menschen sein Wort und den Glauben an Christum gibt, und vermag sich unsere Vernunft hieraus in diesem Leben nicht zu finden. Wann wir aber dorthin und in jenes Leben kommen werden, alsdann werden wir sehen und verstehen, daß Gott nicht ungerecht ist, ob er wohl nicht allen Menschen das Wort und den Glauben gibt. Das Licht der Herrlichkeit wird diese Frage alsdann fein und leichtlich auflösen; welche Auflösung wir im Licht der Gnade nicht allerdings sehen können. Gottes Strafen und Gerichte über die Sünde müssen ebensowohl erkannt werden, als seine Gnade. Aller Menschen Natur ist durch die Sünde verderbt; derwegen ist uns Gott nichts als die Verdammniß schuldig! Da er auch gleich zuweilen sein Wort und Gnade gibt, stoßen wir dieselbige aus und machen uns des ewigen Lebens unwürdig, wie Act. 13. von den Juden stehet.

---

*) Daß Gott, wenn er wollte, alle Menschen bekehren könnte durch die Kraft seiner Allmacht, leugnen alle neugläubigen Theologen, weil sie denken, nur das sei ein wahrer Glaube, welcher des Menschen eigene freie That sei.

Darum kann Gott dem HErrn diesfalls keine Ungerechtigkeit zugemessen werden." (Deutsches Enchiridion, S. 142. f.) *)

Selnecker: „Obgleich Gott aus allen Nichtwollenden Wollende machen könnte, so thut er dies doch nicht; und warum er dies nicht thue, dazu hat er seine gerechtesten und weisesten Gründe, welche zu erforschen unsere Sache nicht ist. Vielmehr sind wir schuldig, von ganzem Herzen Dank zu sagen, daß er uns durch die Predigt des Evangeliums zur Gemein= schaft des ewigen Lebens berufen und unsere Herzen durch den Glauben erleuchtet hat." (In omnes epp. D. Pauli apost. Commentar. Leipzig, 1595. fol. 213.) **)

So glauben denn und lehren die Verfasser und Apologeten unserer theuren Concordienformel beides: 1. daß die alleinige Ursache der Erwäh= lung der Erwählten Gottes Barmherzigkeit und Christi Verdienst und daß keine Ursache in den Erwählten selbst sei; 2. daß aber Gottes Gnade nichts desto weniger eine allgemeine sei; und sie lassen sich davon nicht durch den Vorwurf der Inconsequenz und des Widerspruchs, in welchem sie sich dabei

---

*) In der Vorrede zu diesem Enchiridion oder Handbüchlein der christlichen Lehre sagt Kirchner, daß er das Büchlein unter Andrem auch darum verabfaßt habe, öffent= lich ein Zeugniß davon abzulegen, daß er „gedenke durch Gottes Gnade von der im christlichen Concordienbuch repetirten Bekenntniß des seligmachenden Glaubens im wenigsten nicht abzuweichen, sondern beständig, so viel ihm Gott helfe, zu verharren".

**) So haben freilich die späteren Theologen nicht geredet, wie in dem Voranstehen= den die Verfasser und officiellen Vertheidiger unseres Schlußbekenntnisses. Um so wich= tiger ist es, daß wir sie noch jetzt in ihren Schriften können reden hören; sonst würde jetzt solche Lehre, die von keiner Vernunftvermittlung wissen will, für nacktesten Calvi= nismus ausgeschrieen werden; um so mehr, als an dieser Prädestinationslehre der Con= cordienformel selbst die echtesten Söhne Calvin's gar manches zu loben fanden. So heißt es z. B. in jener sonst so giftigen calvinistischen Schrift zur Widerlegung der Con= cordienformel, gegen welche die Apologie derselben gerichtet ist, nämlich in der berüch= tigten Neustädter „Admonition", und zwar in dem Capitel, welches von den angeb= lichen „Selbstwidersprüchen" der Concordienformel handelt: „Es gibt auch noch Anderes, was diejenigen, welche die Wahrheit einsehen, ohne eine bequemere Erklärung, als sie im Bergischen Buch sich findet, nicht leicht annehmen werden. Jedoch weil sie wollen, daß nur Luther der authentische Ausleger der Augsb. Confession sei, und weil jene Grundwahrheiten festhalten, daß Gott keine Ursache der Wahl in uns vorausgesehen habe; daß sich niemand außer durch Gottes Gnadengabe zu Gott bekehren könne; daß die Menschen ohne Gottes Gnadengabe nichts Gutes und Heilsames thun können; daß Christus die Seligkeit der Gläubigen sich so hoch angelegen sein lasse, daß diese niemals aus seiner Hand gerissen werden können; daß, da wir alle von Natur Kinder des Zornes seien, Gott niemandem die Gnade der Bekehrung schuldig sei: so wollen wir lieber gemäß diesem richtig und angemessen Gesagten (secundum haec vere et proprie dicta) und gemäß der Schrift Luthers vom knechtischen Willen das Andere aufrichtig auslegen, was mit diesem hinlänglich zusammenzustimmen scheint, als auf den Schein des Widerspruchs, welchen es hat, einen Nachdruck zu legen." (De libro Con= cordiae Admonitio. Neustadii, 1581. p. 332. sq.)

befänden, abbringen.*) So sollten daher auch alle stehen, welche den Anspruch machen, bekenntnißtreue Lutheraner zu sein. Auch sie sollten daher beides glauben, lehren und bekennen, weil eben beides in der heiligen Schrift klar geoffenbarte Lehren sind und es sich hier um ein hohes unerforschliches göttliches Geheimniß handelt. Gegen solche Lehren allerlei Vernunftgründe zu erfinden, welche anscheinende Widersprüche nachweisen, ist eine sehr leichte, schlechte Kunst, aber traurig ist es, wenn gläubige Christen sich durch dieselben im Mindesten wankend machen lassen. Könnte doch von einem Glaubensgeheimniß gar nicht die Rede sein, wenn menschliche Vernunft darin alles harmonisch fände. Wir wiederholen daher noch einmal Luther's Ausspruch: „Wenn es soll reimens gelten, so werden wir keinen Artikel im Glauben behalten." W.

(Eingesandt von P. Stöckhardt, Lic. theol.)

Schriftbeweis für die Lehre von der Gnadenwahl.

(Fortsetzung.)

7. These.

Und demgemäß bezeugt die heilige Schrift, daß Gott diejenigen, „welche er zuvor versehen", in der Zeit auch „beruft", „rechtfertigt" und schließlich „verherrlicht"; daß die von Ewigkeit Erwählten in Folge der Wahl „auch gläubig werden und durch den Glauben bewahrt werden zur Seligkeit". Nach

---

*) Nach Frank findet sich schon in einem Schreiben des Fürsten Joachim Ernst von Anhalt an den Landgrafen Wilhelm von Hessen über das Torgische Buch vom 20. April 1577 der Einwurf, daß, wenn die Ursache der Verwerfung die Sünde und die Verachtung des göttlichen Wortes sei, nothwendig daraus folge, daß die erwählt seien, die die Gnade annehmen, und mithin auf beiden Seiten eine Ursache in dem Menschen gesetzt werden müsse. Frank bemerkt: „Man hat neuerdings nicht selten die Lehre der Concordienformel von der Präsestination als die gebrechlichste Seite des Bekenntnisses überhaupt bezeichnet, wo eine Verwirrung herrsche, deren die Formel sich sonst nicht schuldig mache. Aber ... die Beseitigung der Inconsequenz, deren man die Concordienformel zeiht und welche aufzufinden in der That die Theologie des 16. Jahrhunderts nicht minder befähigt war, als die des 19ten, auf einem der beiden Wege, die sich auf den ersten Blick darbieten, dem des Synergismus oder dem des Parti-

der Schrift ist also die ewige Wahl Gottes eine Ursache unserer Be=
rufung und Bekehrung, unsers Glaubens und unserer Seligkeit. Röm.
8, 28—30. Apostelgesch. 13, 48. 1 Petri 1, 1. 2. 5. Eph. 1, 3. 4.

Wir haben in den bisherigen Thesen nach Anleitung der heiligen
Schrift den wunderbaren Rathschluß der Wahl nach allen Seiten und Be=
ziehungen vollständig beschrieben. Die vorliegende 7. These, welche von
dem handelt, was Gott in der Zeit an den Auserwählten thut, bringt keine
neue Bestimmung über jenen ewigen Rath. Wenn wir aber die Schrift=
stellen, in denen die Gnadenwahl gelehrt wird, mustern, so gewahren wir,
daß die heilige Schrift, indem sie den ewigen Rath und Vorsatz Gottes
darlegt, zugleich auch der Ausführung desselben in der Zeit
Erwähnung thut. Sie verweis't die Christen auf die tröstliche Thatsache,
daß Gott, was er in Ewigkeit über sie beschlossen, in dieser Zeit sicher auch
an ihnen hinausführt und in der Ewigkeit völlig realisiren wird. Sie
weis't nach, daß das nicht anders sein kann, daß Gott, weil er uns er=
wählt hat, deshalb auch nothwendig dieses sein Decret an uns in's
Werk setzt. Sie führt auch innerhalb dieses Mysteriums der Wahl den
Gedanken aus: Sein Rath ist wunderbarlich und führt es herrlich hinaus.
Und wir lernen um so mehr die ewige Liebe und Gnade preisen, die uns
erwählt hat, wenn wir erkennen, wie treulich und sorgfältig Gott in dieser
Zeit an seinen Erwählten die Absichten, die er über sie hat, durchführt und
verwirklicht.

Die 6. These zeigte, daß Gott uns zum Glauben, zur Kindschaft, zur
Rechtfertigung prädestinirt hat, daß Gott, da er uns in Ewigkeit zum ewi=
gen Leben erwählte, zugleich beschlossen hat, uns in der Zeit durch seinen
Geist zu heiligen und zum Glauben zu bringen und also durch den Glauben
uns zur Seligkeit zu führen. Daraus folgt von selbst, daß Gott, wenn er
nun in der Zeit durch seinen Geist uns heiligt, uns beruft, bekehrt, d. h.
gläubig macht, uns rechtfertigt, ebendamit den Rathschluß der Prädestina=
tion in Ausführung bringt, daß unsere Berufung, Bekehrung, Rechtferti=
gung, wie unsere Seligkeit nothwendige Folge unserer Erwählung, in
letzterer begründet ist. Die 7. These ist die selbstverständliche Folge der
6. These. Aber die heilige Schrift lehrt auch mit ausdrücklichen Worten,
was sich aus der Prädestination zum Glauben, zur Kindschaft von selbst
ergibt, daß unsere Berufung, Bekehrung, Rechtfertigung,
unsere Seligkeit aus der ewigen Wahl folgt und fließt.
Sie überhebt uns gerade im Bereiche dieses wunderbaren Mysteriums aller
eigenen Schlußfolgerung. Sie zieht selbst diese nothwendigen Schlüsse.
Schon in dem Satz: „Gott hat uns in Christo zur Seligkeit erwählt" ist,
nach Analogie der Schriftlehre, der andere Satz gegeben: „So hat Gott
uns also auch zum Glauben erwählt." Denn er will ja Niemanden ohne
Glauben selig machen. Aber die heilige Schrift überläßt diese letztere Be=

hauptung nicht unserm Schließen und Urtheilen, sondern stellt selbst diese Behauptung auf. Aus dem Satz: „Gott hat uns zum Glauben erwählt" folgt hinwiederum mit Nothwendigkeit der dritte Satz: „Also ist der beharrliche Glaube, in dem wir stehen, Folge der Wahl." Denn es ist eben eine Wahl zum Glauben. Aber die heilige Schrift kommt auch hier unserer Gedankenoperation zuvor und bezeugt selbst, ausdrücklich und nachdrücklich, daß die ewige Wahl die Quelle ist, daraus Glaube und Seligkeit der Erwählten fließt. In den oben citirten Sprüchen werden wir diesen Gedanken ausgeführt sehen. Die heilige Schrift gibt uns also — das sei beiläufig bemerkt — einen bedeutsamen Wink, daß wir gerade in der Darlegung der Lehre von der Gnadenwahl uns vor eigenen Schlußfolgerungen, auch scheinbar richtigen Schlüssen vorsehen und uns einfältig und ausschließlich an die Worte und Gedanken halten, welche der Heilige Geist eingegeben hat.

Die Aussprüche der Concordienformel, welche in diese These einschlagen, sind bekannt und deutlich. Der Satz: „Die ewige Wahl Gottes . . . ist auch aus gnädigem Willen und Wohlgefallen Gottes in Christo JEsu eine Ursache, so da unsere Seligkeit und was zu derselben gehört, schaffet, wirket, hilft und befördert", Artikel 11, § 8, in Verbindung mit dem andern: „Es gibt auch diese Lehre den schönen, herrlichen Trost, daß Gott eines jeden Christen Bekehrung, Gerechtigkeit und Seligkeit so hoch ihm angelegen sein lassen und es so treulich damit gemeint, daß er, ehe der Welt Grund geleget, darüber Rath gehalten und in seinem Fürsatz verordnet hat, wie er mich dazu bringen und darin erhalten wolle", § 45, besagt genau dasselbe, was obige These aussagt. Wir werden nun erkennen, daß auch diese Aussage unseres lutherischen Bekenntnisses aus dem Wort der ewigen Wahrheit entnommen ist.

Es war im Voraus, vor Erörterung der einzelnen Thesen, bemerkt worden, Juniheft, S. 182,) daß eine vollständige Klarstellung der einzelnen Schriftstellen, welche die Lehre von der Gnadenwahl behandeln, nach ihrem ganzen Gehalt und ihrem Context sich von selbst als Schlußresultat unserer Darlegung ergeben werde. Jetzt, bei Behandlung der 7. These, wo wir das Verhältniß der Wahl Gottes zu alle dem, was Gott in der Zeit an den Auserwählten thut, aufzeigen, sind wir veranlaßt, die durch die bisherigen Thesen zerstreuten Bemerkungen über einzelne Ausdrücke und Sätze gleichsam in eine Summa, in ein Facit zusammenzuziehen und die loci classici dieser Lehre in ihrem Zusammenhang zu überblicken.

Zunächst kommt hier wiederum Röm. 8, 28—30. in Betracht. Paulus redet V. 29. von dem, was Gott in der Ewigkeit über bestimmte Personen beschlossen: die er zuvor erkannt, im Voraus als die Seinigen anerkannt, die hat er auch vorherbestimmt zur Theilnahme an der Herrlichkeit JEsu Christi — und V. 30. von dem, was Gott dann in der Zeit an eben diesen Personen gethan hat: er hat sie berufen, gerechtfertigt, verherrlicht. Vor=

erst müssen wir uns das Verhältniß dieser zwei Sätze zu einander klar
machen. Der letztere Satz, B. 30., nennt Thaten Gottes an gewissen Personen, welche eng mit einander zusammenhängen, wie Glieder einer Kette.
Die eigenthümliche Form der Aussage: (οὓς δὲ προώρισε, τούτους καὶ
ἐκάλεσε· καὶ οὓς ἐκάλεσε, τούτους καὶ ἐδικαίωσεν· οὓς δὲ ἐδικαίωσε,
τούτους καὶ ἐδόξασε:) „welche er verordnet hat, die hat er auch
berufen; welche er aber berufen hat, die hat er auch gerecht gemacht;
welche er aber hat gerecht gemacht, die hat er auch herrlich gemacht"
zeigt an, daß mit der einen Handlung zugleich auch die andere gegeben und gesetzt ist. Die, welche Gott beruft, kräftiglich,
mit Erfolg durch das Evangelium beruft, die spricht er auch gerecht und die
verherrlicht er schließlich. Der Heilsweg mit seinen aufeinanderfolgenden
Stufen ist hier beschrieben. Daß Gott die Personen, welche er auf die
erste Stufe führt, diese Skala sicher bis zur letzten Stufe hindurchführt, ist
auch durch das gleiche Tempus der drei Verba bedeutet. Der Apostel sagt
aoristisch: (ἐκάλεσε, ἐδικαίωσε,) „er hat berufen", „er hat gerechtfertigt", weil
diese Handlungen Gottes „Berufung", „Rechtfertigung" für die Christen,
an welche er schreibt, in der Vergangenheit zurückliegen. Er erinnert die
Leser an gewisse, abgeschlossene Erfahrungsthatsachen. Und deshalb fügt
er nun die letzte Handlung, die noch in der Zukunft liegt, nämlich daß Gott
die Gerechtfertigten verherrlicht, gleichfalls im Aorist an die vorangegan-
genen und vergangenen Handlungen an (ἐδόξασε), um die enge, nothwendige Zusammengehörigkeit der drei Handlungen hervorzuheben.
„Welche er gerechtfertigt hat, die hat er auch (damit schon so gut wie) verherrlicht": Meyer. Die schließliche Vollendung und Verherrlichung wird
ebenso gewiß auf die Rechtfertigung folgen, wie die Rechtfertigung der Berufung gefolgt ist. Ja, das durch die Zeit hindurchlaufende Thun und
Wohlthun Gottes, welches B. 30. beschrieben wird, kommt in der Verherrlichung erst an seinen Ziel- und Ruhepunkt. Berufung und Rechtfertigung
steuern auf diese letzte Staffel zu: Verherrlichung.

Und nun nimmt der Apostel gleichsam diese dreigliedrige Kette und
hängt sie in ein erstes und oberstes Glied ein, welches gleichsam in einen
Felsengrund eingeschmiedet ist. Er zeigt, daß die durch die Zeit hindurch-
gehenden und in die ewige Seligkeit und Herrlichkeit auslaufenden Thaten
und Segnungen Gottes in der Ewigkeit, in einem ewigen Rathschluß Gottes Halt und Stütze, eine feste, unerschütterliche Grundlage haben. Das
ist der Zusammenhang von B. 29. und B. 30. Gleichfalls durch die Partikel καὶ, welche die das zeitliche Thun Gottes bezeichnenden Verba mit einander verknüpft, wird die ganze letztere Aussage B. 30. an die vorherige,
welche den Prädestinationsrathschluß beschreibt, angeschlossen: (οὓς δὲ
προώρισε, τούτους καὶ ἐκάλεσε;) „welche Gott zur Herrlichkeit verordnet hat, die hat er auch berufen, gerechtfertigt, verherrlicht." Durch
diese Verbindung wird die Berufung, Rechtfertigung, Verherrlichung als

selbstverständliche, nothwendige Folge der ewigen Versehung und Verordnung zum ewigen Leben hingestellt. So fassen auch die neueren Exegeten, Meyer, Philippi, Hofmann, den Gedankenconnex auf. Dieses schon durch die Construction angedeutete Verhältniß von Grund und Folge liegt in der Natur der Sache, um die es sich hier handelt, ergibt sich von selbst aus dem Inhalt und Endzweck dessen, was Gott in der Ewigkeit beschlossen und in der Zeit thut. Gott hat, die er als die Seinen zuvorerkannt, sich erkoren hat, zur Herrlichkeit verordnet, daß sie gleich werden sollten dem Ebenbilde seines Sohnes. Und demgemäß führt nun auch Gott eben diese Personen, seine Auserwählten, durch Berufung, Rechtfertigung zur Herrlichkeit. Die Heilswirkungen Gottes an den Erwählten fließen aus der ewigen Liebe, welche sich eben diese Personen ersehen und erkoren hat, und durch die Verordnung zur ewigen Herrlichkeit ist das Gelingen des Heilswerkes, das letzte Ziel des Heilsweges, die Verherrlichung, verbürgt. Es ist im Grunde ein einheitliches Thun Gottes, das die erwählten Kinder zum Object hat, welches in der Ewigkeit anhebt, durch die Zeit hindurchgeht, und in der Ewigkeit endet. Mit dem Anfang, der (προγνῶναι) und dem (προορίζειν εἰς δόξαν) ist auch Mitte, das (καλεῖν) und (δικαιοῦν) und Ende, das (δοξάζειν), nothwendig gesetzt.

Daß die Berufung, Rechtfertigung, Verherrlichung der Erwählten Folge und Ausfluß der ewigen Wahl und Prädestination Gottes ist, haben wir aus der Beziehung des 30. Verses zum 29. Vers ersehen. Das bestätigt sich uns, wenn wir nun weiter den ganzen Zusammenhang V. 28—30. in's Auge fassen. Die V. 29. 30. enthaltene Aussage ist Beweis für die V. 28. aufgestellte Behauptung. Dieser Beweis ist aber nur dann gültig und kräftig, wenn wir V. 29. und V. 30., das, was von dem ewigen Thun, und das, was vom zeitlichen Thun Gottes gesagt wird, in das genannte Verhältniß, in das Verhältniß von Grund und Folge, zu einander setzen.

Die V. 28. aufgestellte Behauptung lautet: (Οἴδαμεν δὲ, ὅτι τοῖς ἀγαπῶσι τὸν θεὸν πάντα συνεργεῖ εἰς ἀγαθόν,) „wir wissen aber, daß denen, die Gott lieben, alle Dinge zum Besten dienen". Die Gott Liebenden sind die wahren Christen. (Daß an den vier Stellen, in denen dieser Ausdruck im Neuen Testament vorkommt, die auserwählten Kinder Gottes, die gewißlich das verheißene Erbe empfangen, damit bezeichnet sind, ist im Augustheft von „Lehre und Wehre", S. 242, von Herrn Prof. Gräbner bereits nachgewiesen.) Der Name (οἱ ἀγαπῶντες τὸν θεόν) deckt sich mit dem andern, der gerade in der 2. Hälfte des 8. Capitels des Römerbriefs mit Absicht und Gewicht den gläubigen Christen beigelegt wird: (οἱ υἱοὶ τοῦ θεοῦ.) Der Apostel denkt sich die (υἱοθεσία) unzertrennlich mit dem künftigen Erbe verbunden, redet nur von solchen Gotteskindern, welche gewißlich die künftige (δόξα,) die Herrlichkeit erlangen. So gebraucht auch die Concordienformel ganz schriftgemäß im 11. Artikel promiscue die Ausdrücke „Kinder Gottes" und „auserwählte Kinder Gottes". Die wahren Kinder Gottes, die auch in der Anfechtung, unter dem Kreuz beharren und Gott lieb behalten, tröstet der Apostel mit der künftigen Herrlichkeit. Von solchen Christen, welche nur eine Weile glauben und dann die Liebe zu Gott verleugnen und aus der Kindschaft entfallen, sieht er in diesem Zusammenhang ganz ab. Wir selbst, die wir glauben und im Glauben den Trost der Schrift uns zueignen, sollen nach dem Willen des Apostels, nach dem Willen Gottes uns für auserwählte Kinder Gottes halten und den herrlichen Trost, den die heilige Schrift uns gibt, uns nicht durch den Seitenblick auf die Zeitgläubigen trüben lassen. Den Kindern Gottes, denen, die Gott lieben, gibt nun also St. Paulus die Zusicherung, daß alle Dinge, also auch die Leiden, von denen er bisher geredet hat, ihnen zum Besten dienen, helfen müssen. Wenn der Ausdruck (πάντα συνεργεῖ εἰς ἀγαθόν) an sich, im Allgemeinen auch nur bedeutet, daß Alles ihnen zum Guten ausschlagen, förderlich sein solle, so verweisen doch diese Worte in dem vorliegenden Zusammenhang der Rede nachdrücklich auch auf die letzte Wandlung zum Guten, zum Besten, auf die Verwandlung der Leiden in Herrlichkeit. Wir wissen, so sagt St. Paulus, zugleich im Namen aller wahren Kinder Gottes, wir sind dessen ganz gewiß, daß all das Uebel, das uns jetzt bekümmert, ein gutes Ende nehmen, daß aus dem Kreuz, das uns jetzt drückt, eine herrliche Frucht herauswachsen wird.

Und nun begründet der Apostel das Gesagte zunächst mit einer kurzen Näherbestimmung, die er an den Ausdruck (τοῖς ἀγαπῶσι τὸν θεόν) anschließt, mit den Worten: (τοῖς κατὰ πρόθεσιν κλητοῖς οὖσιν,) „die nach dem Vorsatz berufen sind". Dieser Zusatz hat nur dann Sinn und Zweck, wenn man ihn als Grundangabe für die vorangehende Aussage auffaßt. Wir übersetzen mit den neueren Exegeten, Meyer, Philippi u. s. w.: da sie ja nach dem Vorsatz berufen sind. Die wahren Kinder Gottes, die Gott auch in der Anfechtung lieb behalten, sind nach dem Vorsatz Berufene. Daß hier der Vorsatz der Wahl gemeint ist, ist schon bei Erörterung der 2. These, Juliheft S. 207, gezeigt worden. Schon der Hinweis auf den Vorsatz der Wahl, der ja nicht fehlen kann, kraft dessen Gott ihre Seligkeit fest beschlossen hat, kann die Christen dessen vergewissern, daß ihr Kreuz einen guten Ausgang gewinnen werde. Nun aber fügt der Apostel ausdrücklich noch (κλητοῖς οὖσιν) hinzu und betont, daß sie dem Vorsatz gemäß Berufene sind. Dieser kurze Satz für sich genommen ist ein schlagender Beweis für den Hauptsatz unserer These, „daß die ewige Wahl Ursache unserer Berufung, Bekehrung u. s. w. sei". Die Partikel κατὰ soll hier offenbar den Grund angeben. Vergl. Grimm Clavis N. T. S. 224. Der Vorsatz der Wahl ist Grund und Ursache der Berufung der Gottliebenden. Sie sind gemäß diesem Vorsatz, d. h. in Folge dieses Vorsatzes Berufene. Auch über diesen Punkt ist unter den neueren Auslegern kein Streit. Der ewige Vorsatz der Wahl hat sich schon, das ist die Meinung des Apostels, zu realisiren begonnen. Die, welche der Apostel trösten will, sind berufen, durch das Evangelium wirksam berufen, sie stehen ja im Glauben, lieben Gott; und das ist ihnen in Folge des ewigen Vorsatzes geschehen, dessen Ausführung eben damit angehoben hat. Die Ausführung des Vorsatzes ist, wie die vor Augen liegende (κλῆσις,) der Beruf, beweis't, im Werk begriffen. Und dieses Werk kann durch nichts, auch durch kein Kreuz gehindert werden. Vorsatz und Berufung, der ewige Beschluß Gottes und die in der Zeit bereits begonnene Realisirung desselben verbürgt den Kindern Gottes ein seliges Ende. Und daraus sollen sie schließen und die Gewißheit schöpfen, daß auch das, was ein Uebel zu sein scheint, Kreuz und Leiden, kein Uebel ist, sondern zum Guten ausschlagen, der verbürgten Seligkeit förderlich und dienstlich sein muß, sintemal Gottes Vorsatz und Berufung nicht umgestoßen werden kann.

Indem nun der Apostel in den mit ὅτι angeschlossenen folgenden zwei Versen, V. 29. 30., das (οἴδαμεν δέ 2c., die tröstliche Gewißheit, daß Leiden den Gottliebenden zum Besten dient, näher begründet, fügt er, streng genommen, keinen neuen Gedanken an, sondern explicirt und erweitert nur den kurzen, prägnanten Satz (τοῖς κατὰ πρόθεσιν κλητοῖς οὖσιν,) der schon eine vollgenügende Grundangabe enthält. Dieses Verhältniß der drei Sätze V. 28. a., V. 28. b., V. 29. 30. (V. 28. a. = Behauptung, V. 28. b. = Grund, V. 29. 30. = Erläuterung des Grundes) haben auch die neueren Exegeten richtig erkannt. V. 29. beschreibt der Apostel ausführlicher (die ewige πρόθεσις) und V. 30. vervollständigt er die Beschreibung der Realisirung des Vorsatzes. Die Berufung schreitet fort zur Rechtfertigung und Verherrlichung. Der Gedankenzusammenhang V. 28—30. tritt recht klar und deutlich vor die Augen, wenn wir die drei parallelen Bestimmungen hervorkehren: den Gottliebenden dient Alles zum Besten, d. h. zur Seligkeit, Herrlichkeit. Denn Gott hat, die er zuvor erkannt, zur Gleichförmigkeit mit Christo, d. h. zur Herrlichkeit prädestinirt und führt sie nun auch wirklich, durch Berufung, Rechtfertigung hindurch zur Herrlichkeit. Denn εἰς ἀγαθόν, συμμόρφους τῆς εἰκόνος τοῦ υἱοῦ αὐτοῦ) und ἐδόξασεν sind ja wirklich Parallelbegriffe, deuten allzumal auf die schließliche Herrlichkeit, (die δόξα) den Hauptbegriff dieser ganzen apostolischen Trostrede. Das Leiden der auserwählten Kinder Gottes dient ihnen zur Herrlichkeit. Das soll bewiesen werden. Dafür wäre schon die Thatsache, daß sie von Ewigkeit her zur Herrlichkeit verordnet sind, Beweises genug. Denn was Gott sich vorgenommen und was er haben will, das muß doch endlich kommen zu seinem Zweck und Ziel. Das kann durch keine Macht des Teufels und der Hölle gehindert werden. Nun aber liegt obendrein die andere Thatsache, die Erfahrungsthatsache vor Augen, daß der ewige Prädestinationsrathschluß Gottes im Werk, in der Ausführung begriffen ist, dergestalt, daß die Berufung und Rechtfertigung, die schon geschehen sind, die Verherrlichung, die noch in der

Zukunft liegt, sicher und nothwendig nach sich ziehen. Alles, was Gott in der Zeit an den auserwählten Kindern thut, daß er sie beruft, rechtfertigt, dient dazu, dieselben dem Ziel, das ihnen verordnet ist, entgegenzuführen. Daraus sollen die leidenden Christen schließen, daß ihr Leiden, welches der Herrlichkeit zu widersprechen scheint, keineswegs ihnen verderblich ist, indem das Vorhaben und Werk Gottes, welches auf ihre Verherrlichung abzielt, nicht durchkreuzt und aufgehalten werden kann, indem der ewige Vorsatz Gottes sich bis zum δοξάζειν sicher durchsetzt. Vielmehr sollen wir gewiß sein, daß Kreuz und Leiden zur Seligkeit förderlich ist, selbst ein Glied gleichsam in der großen Kette von ewigen und zeitlichen Thaten Gottes, deren erstes Glied (die πρόγνωσις) das Vorhererkennen, deren letztes Glied die künftige Verherrlichung ist. Was Gott in der Ewigkeit über uns beschlossen, zielt auf unser Heil, unsere Seligkeit ab. Was Gott in der Zeit an uns, den Erwählten, thut, läuft ebendarum auch auf unser Heil, unsere Seligkeit hinaus. Und so ist auch das Leiden, welches in dieser Zeit uns trifft, zu unserer Seligkeit dienlich. Alles, was Gott in dieser Zeit an seinen Kindern thut, wenn es auch mitunter böse scheint, ist Folge und Ausfluß seines ewigen Liebesrathes, und soll und muß dazu beitragen, denselben hinauszuführen. Das ist die Summa der V. 28—30. ausgesprochenen Gedanken. Und wir erkennen daraus, daß der Beweis, den St. Paulus für den Satz, daß das Leiden der Kinder Gottes zu ihrer Verherrlichung dient, beibringt, nur dann stichhaltig ist und bleibt, wenn wir das Verhältniß von V. 30. zu V. 29. so fassen, wie oben dargelegt ist, als Verhältniß der Folge zur Ursache. Nur wenn Berufung, Rechtfertigung u. s. w. sicher und nothwendig aus der ewigen Versehung folgt und fließt, bleibt diese „güldene Kette" ein Ganzes, ein unzerreißbares Ganzes, in das sich auch Kreuz und Leiden einflicht, geschweige, daß es durch letzteres zerrissen würde. Der Trost der angefochtenen Christen (die δόξα) die gewisse Herrlichkeit, fiele dahin, wenn Gott das, was er über sie in Ewigkeit beschlossen, eben ihre Verherrlichung, nicht auch sicher und nothwendig in der Zeit, eben durch Berufung, Rechtfertigung, auch durch die Anfechtung hindurch, hinausführte.

Wie die Berufung, Rechtfertigung, so erscheint in der heiligen Schrift auch der Glaube der Erwählten (der ja freilich schon in das (ἐκάλεσεν) Röm 8, 30. einbegriffen war), und zwar nach seinem Anfang und Fortgang, als Folge und Ausfluß der ewigen Wahl und Prädestination Gottes. Apostelgesch. 13, 48. ist von den Heiden in Antiochien gesagt, daß sie die Predigt St. Pauli und des Barnabas mit Freuden aufnahmen „und gläubig wurden, wie viele ihrer zum ewigen Leben verordnet waren" (ἐπίστευσαν ὅσοι ἦσαν τεταγμένοι εἰς ζωὴν αἰώνιον.) Die aus der Zahl jener Heiden von Ewigkeit her zum ewigen Leben verordnet gewesen waren, die, gerade die, so viele kamen durch die Predigt der Apostel zum Glauben. Dieser Satz für sich

allein genommen, diese Satzverbindung zeigt einen innern Zusammen=
hang zwischen der Verordnung zum ewigen Leben und dem Gläubigwerden
an. Wollte St. Lucas bemerken, daß die zum ewigen Leben verordnet
waren, zufälligerweise nun durch das Wort der Apostel gläubig wurden,
ja, daß zufälligerweise gerade so viele (ὅσοι) gläubig wurden, als zum
ewigen Leben verordnet waren, so war das eine ganz halt= und zwecklose
Bemerkung. Glaube und ewiges Leben sind Correlatbegriffe. Der Glaube
ist Mittel und Weg zum ewigen Leben. St. Lucas will sagen, daß Gott
an den Heiden, die er von Ewigkeit zum ewigen Leben verordnet hatte,
gerade zu der Zeit, da die Apostel predigten und sich von den Juden zu den
Heiden wendeten, seinen ewigen Rath auch hinauszuführen begonnen habe,
indem er sie durch die Predigt zum Glauben brachte, also auf den Weg
stellte, der zum ewigen Leben führte. Daß das Gläubigwerden jener Hei=
den innere Folge der Verordnung zum ewigen Leben, letztere also Grund
ihres Glaubens war, ergibt sich unwidersprechlich auch aus dem Zusammen=
hang der Rede. In dem Abschnitt V. 45—49. will St. Lucas den großen,
entscheidenden Gegensatz zwischen dem Unglauben der Juden und dem Glau=
ben der Heiden in's Licht stellen. Von den Juden sagt er, daß sie das
Wort Gottes von sich stießen und sich selbst nicht werth achteten des ewigen
Lebens. Also der eigene böse Wille, der muthwillige Unglaube war der
Grund, weshalb die Juden des ewigen Lebens verlustig gingen. Und was
ist nun der Gegensatz? Achteten die Heiden sich selbst werth des ewigen
Lebens? Ist ihr guter Wille, ihre willige Aufnahme des Worts die Kehr=
seite zu dem bösen Willen, zu dem hartnäckigen Widerstreben der Juden?
Nein, daß sie glaubten und also des Heils in Christo theilhaftig wurden
(V. 47.), das lag nicht an ihrem Wollen und Wählen, sondern das kam
daher, daß sie von Gott schon vor der Zeit zum ewigen Leben verordnet
waren. Der Unglaube des Menschen ist Grund der Ver=
dammniß, dagegen der ewige Wille, die Wahl und Ver=
ordnung Gottes Grund des Glaubens und der Seligkeit.
Das ist der schriftgemäße Gegensatz, der auch an vorliegender Stelle zum
Ausdruck kommt. Die Frage übrigens, die man dieser unserer Erklärung
gegenübergestellt hat, ob denn unter jenen Heiden, die damals gläubig wur=
den, nicht auch Solche gewesen seien, die später wieder abfielen und also
nicht erwählt waren, ist unnütz und überflüssig. Mag sein! St. Lucas
berichtet aber eben nur von den Heiden und will nur von den Heiden be=
richten, an denen das Wort des Propheten, daß Christus Licht und Heil
der Heiden sein sollte (V. 47.), sich wirklich erfüllte, die also durch Christum
auch des ewigen Heils theilhaftig wurden. Und der Glaube derer, die
wirklich selig werden, hat seinen letzten Grund in ihrer Verordnung zum
ewigen Leben. Das ist die klare, bestimmte Aussage unserer Schriftstelle,
die auch von den Verfassern der Concordienformel nicht anders verstanden
worden ist. Denn diese berufen sich § 8 des 11. Artikels ausdrücklich auf

Apostelgesch. 13, 48. als Schriftbeweis für den Satz, daß die ewige Wahl Gottes die Ursache der Seligkeit und alles dessen sei, was dazu gehört, also auch des Glaubens.

Und wie das Gläubigwerden ($\pi\iota\sigma\tau\epsilon\tilde{\upsilon}\sigma\alpha\iota$), so ist auch **Fortgang und Erhaltung des Glaubens** nach der Schrift **Folge und Frucht der Wahl.** Wenn St. Petrus in seinem ersten Brief Cap. 1, 5. sagt: „Euch, die ihr aus Gottes Macht durch den Glauben bewahret werdet zur Seligkeit", so sieht er noch auf V. 1. und 2. zurück, so redet er auch hier (V. 5.) die erwählten Fremdlinge an, die zum Gehorsam des Glaubens und zur Rechtfertigung erwählt sind, denen also gemäß und in Folge solcher Erwählung die Wiedergeburt (V. 3.) widerfahren ist, und die um der Wahl und Versehung Gottes willen, weil sie zur Seligkeit prädestinirt sind, gewißlich durch den Glauben zur Seligkeit bewahrt werden.

Nun überblicken wir auch noch einmal Eph. 1, 3—14. im Zusammenhang. Der Apostel gedenkt an dieser Stelle lobend und preisend der geistlichen Segnungen des Christenthums, die vor Augen liegen, und führt dieselben, das ist das Charakteristische dieses Lobpreises, auf den ewigen Rath und Willen Gottes zurück. Das Gedächtniß der zeitlichen und das Gedächtniß der ewigen Segnungen und Wohlthaten Gottes sind hier eng mit einander verwoben. V. 3. nennt St. Paulus in den allgemeinsten Ausdrücken den gegenwärtigen Segen des Christenthums, das ist allerlei geistlicher Segen in himmlischen Gütern. V. 4—6. a. redet er von der ewigen Erwählung und der Verordnung zur Kindschaft. V. 6. b—10. führt er sodann den allgemeinen Begriff „geistlicher Segen" ($\epsilon\dot{\upsilon}\lambda o\gamma\acute{\iota}\alpha$ $\pi\nu\epsilon\upsilon\mu\alpha\tau\iota\varkappa\acute{\eta}$) des Näheren aus. Dazu gehört Begnadigung, Rechtfertigung, Begabung mit allerlei Weisheit und Erkenntniß, kraft deren wir in das Geheimniß der Erlösung und Versöhnung und des Rathschlusses der Versöhnung der ganzen Welt (V. 9. 10.) immer tiefer hineinblicken. Der Apostel setzt nun aber auch den gegenwärtigen Segen, den er V. 3. kurz andeutet, V. 6. b—10. ausführlicher beschreibt, und die ewige Wahl und Verordnung Gottes zu einander in Verhältniß, und zwar durch die Partikel ($\varkappa\alpha\vartheta\acute{\omega}\varsigma$) V. 4. (*Kαϑώς*) ist hier, wie öfter in der biblischen Gräcität, wie auch Harleß und Hofmann anerkennen, „eine argumentirende Partikel". Der Parallelismus der Gedanken fordert diese Bedeutung. Gott hat uns in Christo gesegnet mit allerlei geistlichem Segen, hat uns angenehm gemacht in dem Geliebten — wie er uns denn, das ist so viel als: da er uns ja in Christo vor Grundlegung der Welt erwählt und zur Kindschaft verordnet hat. Daß wir durch Christum Gott angenehm geworden, Gottes liebe Kinder und als solche reichlich gesegnet sind, hat also seinen letzten Grund in unserer ewigen Erwählung und Verordnung zur Kindschaft. Der Gedanke soll uns sonderlich zum Lob und Preis Gottes erwecken, daß all' der Segen, all' die Gnade, die uns durch Christum geworden ist, schon von Ewigkeit her von Gott uns zugedacht war. Auch den

Aussagen des letzten Absatzes, V. 11—14., liegt dieses Verhältniß der
zeitlichen zu den ewigen Thaten und Wohlthaten Gottes, das Verhältniß
von Ursache und Folge, zu Grunde. \ In diesem Abschnitt macht der
Apostel, nachdem er vorher ausgeführt hat, daß Gott uns in Ewigkeit erwählt und demgemäß in der Zeit so reichlich gesegnet, die Personen der
Auserwählten namhaft, soweit dies überhaupt möglich ist. Die wahrhaft
Gläubigen aus Israel und von den Heiden — das sind die Auserwählten.
Und hier gedenkt St. Paulus nun wiederum einmal der ewigen Vorherbestimmung und sodann der Ausführung derselben in der Zeit. Die Erwählten aus Israel haben schon zuvor, vor der Erscheinung Christi, auf
Christum gehofft, an ihn geglaubt. Und nun, nach der Erscheinung Christi,
im Neuen Testament, habt auch ihr — mit diesen Worten wendet sich Paulus an die Heiden — habt auch ihr Heiden das Evangelium von eurer
Seligkeit gehört und geglaubt. Gleichwie und dieweil ihr auch zur
Seligkeit vorherbestimmt waret ($\pi\rho o\omega\rho\iota\sigma\vartheta\acute{e}\nu\tau\epsilon$ V. 11. bezieht sich
noch auf alle Erwählten, Juden und Heiden), darum, in Folge deß
habt ihr das Evangelium von eurer Seligkeit gehört und geglaubt. Diesen Gedanken ergibt die Satzverbindung V. 11—14. Berufung und Glaube der Erwählten folgt und fließt nach der heiligen Schrift
aus deren ewiger Wahl und Prädestination.

Das ist, wie wir erkannt haben, klare Schriftlehre: Die ewige Wahl
und Prädestination Gottes ist eine Ursache, und zwar die letzte Ursache,
wie unserer Seligkeit, so alles dessen, was zu unserer Seligkeit gehört,
unserer Berufung, unserer Rechtfertigung, unseres Glaubens, unserer Beständigkeit. Dieser tröstliche Glaubenssatz, daß wir unsere Seligkeit, wie
unsern Glauben, unsern Gnadenstand in jener ewigen Handlung Gottes
fest begründet wissen, wird offenbar durch die Behauptung älterer und
neuerer Theologen, daß Gott in Voraussicht und Ansehung des künftigen
Glaubens erwählt habe, durchkreuzt und schließlich annullirt. In gewissem
Sinn können wohl auch diejenigen, welche lehren, erst habe Gott vorausgesehen, wer glauben und wer nicht glauben werde, und habe dann die
Ersteren erwählt und zur Seligkeit bestimmt, die Rede zu der ihrigen
machen: der Glaube ist Folge der Wahl. Das würde dann entweder so
viel heißen, als: der Glaube, der in der Zeit eintritt, folgt der Zeit nach
dem, was Gott in der Ewigkeit gesehen und bei sich gedacht hat — das
wäre freilich eine allzu triviale Behauptung — oder die Meinung wäre
die: Gott sieht den Glauben gewisser Personen voraus, woraufhin er sie
erwählt. Würden diese Personen in der Zeit, hernachmals nicht glauben,
so würde es Gott auch nicht voraussehen und sie also nicht erwählen. Daß
er in der Ewigkeit den Glauben voraussieht, setzt selbstverständlich voraus,
daß diese Personen in der Zeit wirklich glauben. Und da es nun Gott
also vorausgesehen und daraufhin erwählt hat und Gott nach seiner Allwissenheit nur das voraussieht, was hernach wirklich geschieht, so folgt

selbstverständlich der Glaube dem Voraussehen und dem darauf gegründeten Beschluß Gottes. Würde der und der nicht glauben, so hätte Gott es eben auch anders vorausgesehen und hätte anders beschlossen. Das ist aber offenbar eine selbstverständliche, rationelle, mathematische Nothwendigkeit der Folge. Da liegt der Schwerpunkt auf dem Glauben, der in der Zeit eintritt. Davon hängt Voraussicht und Erwählung ab. Nach der heiligen Schrift dagegen liegt der Schwerpunkt in der ewigen Wahl, in dem Willen des Wohlgefallens Gottes. Davon hängt der Glaube ab, der in der Zeit folgt. Und diese Folge ist keine bloße Zeitfolge, auch keine rein logische Folge, sondern Ausfluß eines über alle Maße und Begriffe gnädigen und liebreichen Beschlusses und Wohlgefallens Gottes. Das ist Trost für einen Christen, der um seine Seligkeit bekümmert ist: Gott hat von Ewigkeit mich zur Seligkeit erwählt; und weil es ihm nach seinem unbegreiflichen Erbarmen einmal also wohlgefallen hat, darum hat er mich auch zur Gemeinschaft seines Sohnes berufen, die selige Erkenntniß JEsu Christi in mir gewirkt, durch den Glauben mich gerechtfertigt und wird gewißlich mich im Glauben erhalten bis an mein seliges Ende und schließlich mich zu der mir bereiteten Herrlichkeit führen. Diese „güldene Kette“ aber würde zerrissen, dieser Trost fiele dahin, wenn man also calculiren müßte: Wenn ich glaube, werde ich selig. Ob ich aber im Glauben bestehen werde, weiß Gott allein, der hat's vorausgesehen. Von meinem Glauben, meiner Beständigkeit hängt es ab, ob ich unter die Erwählten zähle.   (Schluß folgt.)

Unterschied der Wirkung des Wortes und der Sacramente.

Unter den mancherlei Dogmen, deren endliche Zurecht= und Klarstellung unserer Zeit vorbehalten gewesen sein soll, steht neben den Dogmen von Kirche, Amt und Kirchenregiment das von der specifischen Verschiedenheit der Wirkung der Gnadenmittel obenan. Ein wahrer Sonnenstrahl sind daher die Worte der Apologie der Augsburgischen Confession im 13. Artikel: „Von den Sacramenten und ihrem rechten Brauch“: „Dazu sind die äußerlichen Zeichen eingesetzt, daß dadurch beweget werden die Herzen, nemlich durchs Wort und äußerliche Zeichen zugleich, daß sie gläuben, wenn wir getauft werden, wenn wir des HErrn Leib empfahen, daß Gott uns wahrlich gnädig sein will durch Christum, wie Paulus sagt: ‚Der Glaube ist aus dem Gehöre.‘ (Röm. 10, 17.) Wie aber das Wort in die Ohren geht, also ist das äußerliche Zeichen für die Augen gestellet, als inwendig das Herz zu reizen und zu bewegen zum Glauben. Denn das Wort und äußerliche Zeichen wirken einerlei im Herzen; wie Augustinus ein fein Wort geredt hat: ‚Das Sacrament‘, sagt er, ‚ist ein sichtlich Wort‘. Denn das äußerliche Zeichen ist ein Gemälde, dadurch dasselbige bedeutet wird, das durchs Wort gepredigt wird; darum richtet beides einerlei aus." (S. 202. f.) Es hängt diese Lehre unzertrennlich zusammen mit der rechten Lehre von der Rechtfertigung oder von dem Gerecht= und Seligwerden allein durch den Glauben, welcher in den Verheißungen des Evangeliums Christi Verdienst ergreift. Wo diese Lehre nicht rein ist, wo man nicht ernstlich glaubt, daß die Seligkeit allein des Menschen ist, welchem die Sünden vergeben sind (Röm. 4, 6—8.), wo man nicht glaubt, daß das im hörbaren und sichtbaren Wort enthaltene Evangelium die Generalmedicin der Menschheit, das einzige Specificum gegen alle Krankheiten derselben ist, da sucht man nach allerlei verschiedenen Mitteln, durch welche der in Tod und Verderben liegende Mensch von seinen verschiedenen Krankheiten geheilt werden solle und könne. Da nun aber davon weder in den Bekenntnissen der rechtgläubigen Kirche, noch in der heiligen Schrift etwas steht, in beiden vielmehr das Gegentheil gelehrt ist, so soll den Bekenntnissen eine „klare und einheitliche Lehre von der Wirkung der Sacramente" fehlen, und was man in der Schrift vergeblich sucht, das muß des Menschen lebhafte Phantasie ersetzen. Einen Beleg für diese Behauptung finden wir wieder in gewissen Thesen, welche auf der „ev.=luth. Conferenz in Hessen", die am 26. Mai in Gießen stattfinden sollte, besprochen werden sollten. Diese von Pfr. Dr. th. Schott gestellten Thesen handeln nemlich von der „eigenthümlichen Bedeutung und Wirkung der Sacramente gegenüber dem Wort, mit besonderer Rücksicht auf die lutherischen Bekenntnißschriften." Die Thesen sind folgende: „1. Die Kirche als die von Christo dem neuen Adam aus erwachsende Menschheit Gottes ist nach dem inneren Wesen der persönlich sittliche Lebenskreis des in seinem Geist sich auswirkenden Lebens Christi, nach der äußeren Wirklichkeit der natürlich sinnliche Lebenskreis des unter dem Wirken des Lebensgeistes Christi schwindenden adamitischen Fleischeslebens. 2. Für diese zweierlei Seiten ihres Seins bedarf und hat die Kirche auch zweierlei Vergegenwärtigung des Lebens Christi: für ihr innerlich wesentliches Leben am Wort, für ihr äußeres Naturleben an den Sakramenten. 3. Wort und Sacrament sind demnach zunächst für die Kirche die Mittel und Unterpfänder zur Erfüllung ihrer zwiefachen Bestimmung, so zwar, daß sie sich mit dem Wort nach ihrer Wesensseite und mit der Taufe nach ihrer Naturseite als sammelnde Anstalt des Heils, und wieder mit dem Wort nach ihrer Wesens= seite und mit dem Abendmahl nach ihrer Naturseite als fortbestehende und der Vollendung entgegengehende Gemeinschaft des Heils erweis't. 4. Nur sofern die Kirche damit zugleich ihr Heilsleben an den Einzelnen vollzieht, also erst in zweiter Linie und mittelbar, sind Wort und Sacrament auch persönliche Heilsmittel für die Einzelnen. 5. Als solche sind Wort und Sacrament nach Art und Wirkung specifisch verschieden. Das Wort ist das Mittel, dem Personleben durch das sittliche Verhalten des Glaubens den per=

sönlichen Heilsstand zu sichern; die Sacramente, dem Naturleben durch sinnliche Vorgänge den individuellen Heilsantheil zu verbürgen. 6. **Die Nichtbeachtung dieses Unterschiedes ist die Hauptursache davon, daß die lutherischen Bekenntnißschriften keine klare und einheitliche Lehre von der Wirkung der Sacramente, insbesondere der Taufe bieten.** 7. Die Taufe macht den Menschen nicht als persönliches Ich, sondern als Individuum der Gattung, also nach seinem menschlichen Naturleben, zum Glied der Kirche als der Heilsanstalt; sie gibt ihm also einerseits an den Heilskräften des Lebens Christi, wie sie in ihrem Naturleben wirken, unmittelbar Antheil, andererseits auf dieselben, wie sie von ihrer Wesensseite her persönlich ergehen, sichere Anwartschaft. 8. Wie also die Taufe nicht angethan ist, den Glauben, sei es vorgängig oder nachträglich, zu fordern, so ist sie auch nicht geeignet, den Glauben, sei es gleich oder später, zu bewirken. Der Glaube, der die Taufe heilswirksam macht, ist nicht der des Täuflings, sondern derjenige der in den Pathen vertretenen Kirche. 9. Das Abendmahl bekräftigt dem Christen, nicht als persönlich Gläubigem, sondern als Einzelglied der christlichen Gattung, also nach seinem christlichen Naturleben, seine fortdauernde Zugehörigkeit zur Kirche als der Gemeinschaft des Heils; es ist ihm also unmittelbar die wirksame Versicherung seines persönlichen Antheils am Heilsgut des Lebens Christi, wie es im Naturleben der Gemeinde sich stetig zu genießen gibt, und zugleich mittelbar seiner persönlichen Betheiligung an demselben, wie es sich bereinst in dem vollendeten Wesen der Gemeinde zu erfahren geben wird. 10. Wie demnach die Stärkung des persönlichen Glaubens allerdings eine Wirkung des Abendmahles ist, nur aber eine indirekte und mittelbare, so ist der persönliche Glaube auch Bedingung für das Abendmahl, nur nicht für seine objektive Wirksamkeit, welche schon durch die mit der Taufe gesetzte Zugehörigkeit zur Kirche begründet ist, sondern nur für seine subjektive Heilswirkung." Solche Lehre führen jetzt Männer, welche zu den confessionellen Theologen gerechnet sein wollen! Gott Lob, daß unser theures Bekenntniß auch über diesen Punct allerdings eine „klare und einheitliche Lehre" hat! W.

Vermischtes.

Lessing ein lutherischer Christ! Was jetzt alles lutherisch sein soll, geht wirklich ins Aschgraue. In einer Anzeige der Schrift Dr. Mönckeberg's, Past. in Hamburg: „Lessing als Freimaurer" (1880), schreibt Luthardt's „Theol. Literaturblatt" vom 11. Juni: „Der Verfasser hält die Stellung Lessing's weder für Rationalismus mit Mendelssohn noch für Pantheismus mit Jacobi noch auch für humanen Indifferentismus mit der öffentlichen Meinung, sondern schreibt ihm ein weit positiveres Verhalten zur christlichen Religion zu; ‚er war ein lutherischer Christ‘, der in der Religion den ‚elektrischen Funken‘ erkannt hatte, den unerklärlichen Lebensfunken des Menschen, und darum von den historischen Beweisen des Christenthums nichts wissen wollte. Die Menschenknechtschaft der Loge konnte er nicht vertragen, er lös'te sich von ihr, doch ohne seinen Eid zu brechen; aber von seiner Kirche wollte er sich nicht scheiden lassen.“ W.

„**Ihr habt einen anderen Geist**“, so sprach Luther in Marburg zu Zwingli und seinen Genossen. Der „Ev. Hausfreund“ schreibt: „Wie glänzend finden wir Luthers Verfahren gerechtfertigt! Vor uns liegt die Schrift: ‚Die Berner Politik in dem Kappeler Kriege von C. Luthi, Bern 1878.‘ Aktenmäßig wird in derselben nachgewiesen, wie Zwingli gegen den Rath von Bern, der die Reformation auf friedlichem Wege durchführen wollte, zum Kriege gereizt habe und dadurch die Verantwortung für die schreckliche Schlacht bei Kappel und für die Zerreißung und Zersplitterung des Schweizerbundes allein trage. Zwingli's Ränkesucht und Intriguen, seine Herrschsucht und sein Fanatismus werden so unwiderleglich nachgewiesen, daß wir jetzt das Wort Luthers in Marburg vollkommen verstehen, so schmerzlich es auch ist, zugleich zu sehen, daß wir Zwingli bisher noch immer überschätzt hatten. Luthi erwähnt Luthers mit keinem Worte und wäre gewiß weit davon entfernt, unsern Reformator gegen Zwingli herauszustreichen zu wollen, aber er hat ihn unwillkürlich wegen seines Verfahrens in Marburg und zwar glänzend gerechtfertigt; Luther konnte mit Zwingli nicht zusammengehen.“ W.

Kirchlich=Zeitgeschichtliches.

I. America.

Texas=Synode. Ueber dieselbe wird der Kirchenzeitung Dr. Luthardts (vom 30. Juli) u. A. Folgendes geschrieben: Die Lehrstellung der Synode ist noch unklar; man verhandelte Thesen über den Sonntag, welche der Synodalsecretär, Pastor Huber, aufgestellt hatte und denen die Synode zustimmte, in welcher mit Hintansetzung von Art. XXVIII der Augustana ein entschiedener Sabbatarianismus mit puritanischer Farbe sich aussprach. Aber solche Stellung der Synode erklärt sich aus ihrer engen Verbindung mit der Pilgermission in Basel, von welcher sie junge Geistliche empfängt und auch in diesem Jahre von Pastor Daube erhielt. Diese Elemente tragen natürlich zu einer klaren lutherischen Lehrstellung nicht viel bei.

Theologische Gelehrsamkeit unter den Presbyterianern. Ein gewisser W. P. V. von Newark, N. J., berichtet an das Synodalorgan der Presbyterianer, The Presbyterian, über einen seltsamen Fund. Dieser besteht in einer 1805 in Easton gedruckten englischen Uebersetzung des kleinen Katechismus Luthers. Nachdem der Berichterstatter eine genaue Copie des Titelblattes jenes sonderbaren Buches gegeben, beschreibt er das Merkwürdige daran in den folgenden Worten: „Was nun an diesem Katechismus so merkwürdig ist, das ist die Thatsache, daß unter der Ueberschrift: ‚die zehn Gebote‘ das zweite Gebot ausgelassen ist, und, um die zehn voll zu machen, das neunte (soll wohl heißen das zehnte) in zwei getheilt ist, genau so, wie es Rom gethan hat. Haben Sie je davon etwas gehört oder gesehen? Ich habe gedacht, es möchte vielleicht die ,presbyterianische historische Bibliothek' der geeignete Platz dafür sein. Wenn gewünscht wird, will ich es dort aufstellen. Ists nur möglich, daß eine solche gottlose Verstümmelung von dem alten Reformator gut geheißen wurde? Wir wissen ja freilich, daß einige der Verderbtheiten der abgefallenen Kirche Roms Luthern anklebten, aber ehe ich diesen Katechismus gesehen, habe ich nie vermuthet, daß er sich eines Verbrechens, wie dieses, schuldig gemacht habe. Trotzdem hoffe ich noch, daß man es ihm mit Unrecht zugeschrieben hat." Der Lutheran and Missionary, dem wir diese Mittheilung entnehmen, schließt einen diesen Gegenstand behandelnden Artikel mit folgenden Worten: „Uns gefällt der Vorschlag, das Büchlein der historischen Bibliothek der Presbyterianer einzuverleiben, in hohem Grade und wir hoffen, daß er ausgeführt und das Buch fleißig nachgeschlagen werden wird. Nur das Eine fügen wir hinzu, daß der Newarker Freund Luthers Katechismus in unbegränzter Zahl vervielfältigen und unter den Schülern aller Sonntagsschulen der presbyterianischen Kirche verbreiten lasse; dann können sie die Gebote nach derjenigen Zählung lernen, welche in Gottes Wort angedeutet ist." R. L.

Wie „verwandte Seelen sich finden", davon gibt H. W. Beecher ein neues Beispiel. Er erklärte, wie der Lutheran Observer meldet, in der Sommerzusammenkunft der New York und Brooklyn=Gesellschaft, daß in einer Zeit schweren Unglücks (doch wohl die Zeit seines Ehebruchsprozesses), da es Gott gefallen habe, ihm den Kummer zu einem Gnadenmittel zu machen, der süßeste, der göttlichste Brief, den er erhalten, der Brief eines Jesuitenpaters gewesen sei.

Der Herausgeber des „Echo der Gegenwart", Herr F. W. A. Riedel, der schon viele Religionen durchlaufen und z. B. schon zweimal Pabstknecht gewesen ist, also ein wahrer Chamäleon, tritt nun in seinem Schandblatt auch als Advocat des die heilige Dreieinigkeit leugnenden Swedenborg auf (obwohl er nicht dafür angesehen sein will) und zeigt die Vorlesungen des Gottesleugners Ingersoll an. Nächstens wird er wohl noch Türke werden.

Die Tunker beschäftigen sich noch immer mit der in ihren Augen sehr wichtigen Frage, wie die Fußwaschung, die sie für eine göttliche Stiftung halten, zu verrichten sei. Die einen sind dafür, daß der, der die Waschung übernimmt, auch das Abtrocknen besorge; die andern meinen, es müssen zwei dabei sein, einer waschen, der andere abtrocknen; andere nehmen eine Mittelstellung ein und halten beide Weisen für gut.

II. Ausland.

Auffindung eines griechischen Uncialcodex. Folgendes lesen wir in Dr. Luthardts Theol. Literaturblatt vom 30. Juli: Zu Rossano in Kalabrien entdeckten im März v. J. zwei junge Gelehrte, Prof. Dr. Harnack in Gießen und Dr. O. v. Gebhardt, Bibliothekar in Göttingen, einen bisher unbekannten griechischen Uncialcodex zu den beiden ersten Evangelien, über welchen die Genannten jetzt in einem bei Giesecke & Devrient in Leipzig erschienenen Werke nähere Auskunft geben. Der aufgefundene Codex (von seinen Entdeckern Σ genannt), mit silbernen Uncialen auf 188 purpurne Pergamentblätter geschrieben, zeigt auch in Beziehung auf den Text mit dem einzigen bisher bekannten Purpurcodex der Evangelien (N) eine sehr weitgehende Verwandtschaft, dürfte mit diesem aus einer gemeinsamen Quelle stammen und ebenfalls dem 6ten Jahrhundert angehören. Von hohem Werth für die Geschichte der christlichen Kunst sind die zahlreichen auf das Pergament mit Wasserfarben gemalten Miniaturen „von einer Frische der Farben und Vorzüglichkeit der Erhaltung, wie sie bei so hohem Alter geradezu beispiellos genannt werden darf". Es sind zwei Titelbilder, 18 historische Gemälde und 40 Prophetengestalten erhalten. Für eine große Anzahl derselben kennen wir zur Zeit keine Vorlagen. Die größere Hälfte der Handschrift, die nach dem Titelblatt alle vier Evangelien umfaßte, ist leider verloren. Der erhaltene Theil ist Eigenthum des Kapitels der Kathedralkirche von Rossano und wird im dortigen erz= bischöflichen Archiv aufbewahrt.

Sachsen. Auf der diesjährigen Meißner Conferenz berichtete ein Thesensteller „Ueber die Abendmahlspraxis" u. A. Folgendes: „Die Communicantenzahl sei in Sachsen sehr gesunken, im ganzen Lande 48% der Seelenzahl, in den Städten nur 24%, in der Oberlausitz 80%; 42% der Bevölkerung communicire gar nicht mehr."

Die Leipziger Mission. Bekanntlich wurde von der vorjährigen Generalver= sammlung beschlossen, über Bedenkliches in den Statuten der Gesellschaft in der dies= jährigen Beschluß zu fassen. Je wichtiger gerade diese Angelegenheit war, um so be= rechtigter war die Hoffnung, daß die Generalversammlung wenigstens heuer sie zum Austrag bringen werde. Es ist dieses jedoch nicht geschehen. In dem Bericht der diesjährigen Verhandlungen der Generalversammlung, in welcher Prof. Dr. Luthardt präsidirte, heißt es: „Nun ging man zur Hauptverhandlung des Tages über. Sie be= traf die Revision der Statuten, welche in der vorjährigen Generalversammlung einge= leitet war und diesmal zum Abschluß gebracht werden sollte. Es waren jedoch erst wenige Tage vor dem Feste von Seiten des O.=K.=Collegiums in Breslau verschiedene Bedenken ausgesprochen und neue Gesichtspunkte aufgestellt, infolge dessen eine sofortige Erledigung der Sache nicht zu erwarten stand: zumal die betreffenden Abgeordneten nicht in der Lage waren, die Wünsche ihrer Committenten in Form von festen, bestimm= ten Verbesserungsvorschlägen zur Discussion zu bringen. So führten denn die Ver= handlungen schließlich nur zu einer neuen Vertagung der Frage. Doch sollen Schritte geschehen, um die Erledigung in der Generalversammlung des nächsten Jahres möglichst vorzubereiten." W.

Hessen. „Herold und Zeitschrift" berichtet, daß die hessischen Renitenten Anschluß und Vereinigung mit den übrigen Freikirchen Deutschlands suchen. Von Missouri sei man aber bisher „wohl instinctiv" geschieden. — Der Ausdruck „instinctiv" erscheint uns sonderbar gewählt. Da noch kein Christ den Heiligen Geist, der ihn regiert, als In= stinct aufgefaßt hat, so muß doch wohl jenes „Scheiden" in der natürlichen Art des Menschen in geistlichen Dingen, im „Fleisch", seinen Grund haben. R. L.

Auswanderungssache in Deutschland. Der Centralausschuß für Innere Mis= sion hat sich veranlaßt gesehen, bei sämmtlichen evangelischen Kirchenregierungen Deutschlands seine denselben schon im Jahr 1854, zum Theil mit Erfolg, vorgetragene Bitte zu erneuern, den Anlaß dazu geben resp. die Anordnung treffen zu wollen, daß 1. wo eine größere Zahl von Auswanderern aus einer Gemeinde scheidet, sie im Gottes= dienste mit kirchlichem Segen entlassen werden; 2. daß nach Möglichkeit Fürsorge dafür getragen werde, daß kein Auswanderer resp. keine Familie scheide, ohne die Bibel und den Luther'schen (resp. Heidelberger) Katechismus in die neue Heimath mitzunehmen.

Kroatien. Die evangelische Kirchengemeinde Augsb. Confession zu Agram, die einzige evang. Gemeinde in Kroatien, hat im J. 1876 die gesetzliche Anerkennung der Landesregierung erlangt. Die Berufung eines ständigen Pfarrers aber wurde erst im vergangenen Jahre möglich, nachdem ein Pfarrdotationsfonds von 6062 Fl. begründet und von seiten des Gust.=Ad.=Vereins ein jährlicher Zuschuß zum Pfarrgehalt von zu= sammen 850 Mk. zugesichert worden war. Zur Gemeinde zählen in Agram selbst kaum 300 Seelen, darunter nur 15 rein evangelische Familien, während die ganze evangelische Diaspora in den sechs Komitaten Slavoniens und den vier Militärdistricten, für welche nur das eine Pfarramt in Agram besteht, ca. 5000 Seelen zählt.

Die tamulische Vorsynode vom 1. October 1879. Ueber dieselbe berichtet ein ostindischer Missionar im Leipziger Missionsblatt vom 1. und 15. Juli folgendermaßen: Am 1. October Morgens 9 Uhr wurde die Versammlung in der Jerusalemskirche von Herrn Senior mit Gesang und Gebet eröffnet; es wurden etliche Verse des Liedes: „Erhalt uns, HErr, bei deinem Wort" gesungen. Die Verhandlungen wurden natürlich in tamulischer Sprache geführt, aus der man freilich hie und da ins Englische überging, welches den meisten Gliedern der Versammlung wohl verständlich war. Herr Senior leitete die Berathungen mit einer Ansprache ein, in welcher er darauf hinwies, daß die anfangs im Kindesalter gewesene tamulische Kirche allmählich für sich selbst sorgen und selbständig werden müsse. Die einzelnen Paragraphen des Entwurfs wurden nach einander durchberathen und stellte sich dabei bei unsern tamulischen Christen solch ein geistliches Verständniß und eine so richtige Erfassung der Aufgaben der lutherischen Gemeinden dieses Landes heraus, daß wir noch immer mit Freuden an diese Verhandlungen zurückdenken. Kein Widerspruch irgend welcher Art wurde laut gegen die Pflicht der Gemeinden, nach Kräften ihre Lehrer und Prediger selbst zu erhalten; alle waren einig darin, daß man nach dieser Seite hin mit allem Eifer vorgehen und mehr und mehr versuchen müsse, auf eignen Füßen zu stehen. Sie sprachen sich froh darüber aus, daß man ihnen Vertrauen schenke und ihnen diese und jene Sachen zu eigner Verwaltung übergeben wolle. Deutlich trat es zu Tage, daß die jetzt angestrebte Ordnung einem allseitig gefühlten Bedürfniß entgegenkommt und daß damit nur etwas ausgeführt wird, was von vielen gewünscht, von manchen gefordert wird. Sie fühlten, daß die Zeit der Unmündigkeit, da die Mission alles für sie thun mußte, nun ein Ende haben muß, daß sie selber mit rathen und thaten müssen. Daß alle dem lutherischen Bekenntniß zustimmten, brauche ich kaum zu erwähnen. Während man es daheim auf den Synoden häufig mit ungläubigen und halbgläubigen Vertretern der Gemeinden zu thun hat, haben wir nach dieser Seite von unsern tamulischen Christen schwerlich je etwas zu besorgen. Auch für eine andere Frage zeigen sie mehr Verständniß, als unsere Christen daheim, nämlich für die Nothwendigkeit der Kirchenzucht. Man darf nicht denken, als hätten unsere tamulischen Freunde uns nur allein reden lassen und allem stillschweigend zugestimmt, was wir ihnen vorlegten. Das ist durchaus nicht der Tamulen Art. Sie reden gern und geniren sich dabei nicht. Freilich nehmen sie's dann auch nicht so genau mit ihren Worten. Fast alle Theilnehmer der Versammlung ergriffen hin und wieder das Wort; nicht nur die feinen Städter von Madras, Coimbatur, Tanjore, Trankebar und Tritschinopoli, sondern auch die Vertreter der Landgemeinden z. B. Mötupatti ließen sich hören. Es ging oft sehr lebhaft zu und trotzdem geschah die Berathung in Frieden und Einigkeit. Wir hatten ihnen manches zu erklären und zu verdeutlichen und schließlich waren alle Paragraphen durchberathen und mit wenigen Aenderungen angenommen, die meist nur die Deutlichkeit betrafen. Die einzige wirkliche Aenderung ist, daß junge Leute nicht erst mit 20, sondern schon mit 18 Jahren an der Gemeindeversammlung, doch zunächst ohne Stimmrecht, Theil nehmen können, weil sie hier zu Lande schon mit 18 Jahren mündig werden. Dazu wurde ein Paragraph auf besonderen Wunsch hinzugefügt, daß alles Gemeindegeld durch den Kirchenrath solle belegt und verwaltet werden, bis die Gemeinde es etwa zum Ankauf von Ländereien, Bau von Schulen und Kirchen u. s. w. zurückfordere. Abends 6½ Uhr wurden die Verhandlungen mit dem Gesang des Liedes: „Nun danket Alle Gott" und einem Gebet des Landpredigers Pakiam geschlossen. Alle Theilnehmer der Versammlung erklärten sich hochbefriedigt und kehrten mit Freuden über die Aussicht auf die neue Ordnung wieder nach Hause zurück.

Genf. Im „Pilger a. S." vom 1. August lesen wir: In Genf hatten die Staatsbehörden sich für grundsätzliche Trennung von Staat und Kirche ausgesprochen. Der betr. Gesetzentwurf bestimmte die Aufhebung des Cultusbudgets und gewährleistete die völlige Freiheit der Culte nach Maßgabe des Vereins= und Versammlungsrechtes; die gottesdienstlichen Gebäude sollten nach Ablauf von 30 Jahren als unveräußerliches Eigenthum der Gemeinden angesehen werden; bis dahin sollte es bei der gegenwärtigen Benutzung durch die betr. Confession verbleiben, den „Tempel" St. Petri in Genf aus= genommen, der für immer Eigenthum der Stadt und dem protestantischen Bekenntniß gewidmet sei.   Bei der hierüber erfolgten Volksabstimmung ist aber das Gesetz verwor= fen worden, wie es scheint, weil man fürchtete, daß das ehedem gut calvinische Genf schließlich den Katholiken ganz in die Hände fallen möchte.

England. In der Allgem. Kz. vom 23. Juli wird berichtet: Die kirchlichen und unkirchlichen Kreise Englands sind in großer Erregung über die von der Regierung im Parlament eingebrachte Bill über Beerdigungen (Burials bill). Die Regierung Glad= stone's brachte nemlich am 27. Mai durch den Lordkanzler Selborne eine Bill vor das Oberhaus, welche in 13 Artkeln bestimmt, daß auf den Kirchhöfen der englischen Staatskirchen fortan auch Beerdigungen ohne die Liturgie der englischen Kirche statt= finden können (Art. 1); daß Jeder Zutritt zu den Kirchhöfen habe, und daß die Be= erdigung „nach der Wahl der Person, welche dafür verantwortlich ist, mit oder ohne Gottesdienst geschehen kann, oder mit solchem christlichen und ordentlichen Gottesdienste am Grabe, wie solche Person es passend erachtet", und „daß irgendeine Person solchen Gottesdienst leiten und vornehmen mag" (Art. 6); daß ferner „auch auf unconsecrir= tem Boden die Todtenliturgie der englischen Kirche gebraucht werden mag (Art. 10), und daß die von der Convocation im Jahr 1879 empfohlene abgekürzte Form der Be= gräbnißliturgie gebraucht werden darf" (Art. 11). Am 3. Mai kam die Bill im Ober= hause zur zweiten Lesung. Bei der Abstimmung siegte die Bill mit 126 gegen 101 Stimmen. In der weiteren Verhandlung vor der schließlichen dritten Lesung sind nun aber noch allerlei Abänderungen vorgenommen, die nach der kirchlichen Seite hin Ver= besserungen zu nennen sind, aber eben dadurch den Weg der Bill durch das Unterhaus erschweren werden. Von allen Seiten erheben sich Einwendungen gegen die Bill. Die Kirche protestirt laut, alle Synoden und Conferenzen, die gerade tagen, erheben ihre Stimmen gegen die Bill. Man bezeichnet sie in den schärfsten Ausdrücken als Kirchen= raub und den ersten Schritt zum „disestablishment", man sieht in ihr die Handhabe zu Entweihungen der Kirchhöfe, weil „jede Person" auf denselben bei Beerdigungen thun kann, was sie will, wenn sie selbst es nur für christlich und ordentlich hält. Was wirklich geschehen kann, dafür liefert ein Bericht des „Court Journal" vom 24. Mai einen drastischen Beleg. Dieses Blatt erzählt von der kürzlich in Finchley, einer Vor= stadt Londons, vorgenommenen Beerdigung eines Clowns. Die ganze Cirkusgesell= schaft assistirte in Kostume; in der Prozession trug der Zwerg eine schwarze Fahne und führte einen Pony, auf welchem der Affe Zingo saß; Affe und Pony in Trauerkostume. Auf dem Sarge lag die Schellenkappe des Clowns, gleich hinter dem Sarge folgten zwei Clowns, das Gesicht weiß urd gelb bemalt, im Clownanzuge. Als das Grab geschlossen war, schlugen die beiden Clowns ihre Purzelbäume darüber, als letzten Abschiedsgruß an „Bruder Billy". Solche Dinge passiren auf den bürgerlichen Begräbnißplätzen, und die Kirche fürchtet, daß auch ihre Kirchhöfe bald solche Scenen sehen können.

Druckfehler.

Juliheft. Seite 205, Zeile 12 von oben lies: „nach der Voraussetzung des Glaubens" statt „nach der Voraussetzung des Glaubens".

Augustheft.   Seite 230, Zeile 6 von unten lies: „vor bie Wahl setzt" statt „vor bie Wahl faßt".

Seite 231, Zeile 13 von unten lies: „feinen Glauben statt „fein Glaube".

Seite 235, Zeile 4 von oben lies: „mit setzte" statt „mit faßte".

Seite 240. Zeile 13 von oben lies: „voraufaebe" statt „voraufaeben".

Lehre und Wehre.

| Jahrgang 26. | October 1880. | No. 10. |

Die „absolute" Prädestination.

Wenn gelehrt wird, daß Gott in den Auserwählten nichts gesehen habe, was ihn in der Ewigkeit bewog, sie zu erwählen, daß allein Gottes Gnade und Christi Verdienst und nicht Etwas in uns eine Ursache der Wahl zum ewigen Leben sei, daß vielmehr die Wahl Gottes selbst die Ursache der Seligkeit der Erwählten und aller der zur Erlangung derselben nöthigen Wirkungen in den Herzen der Erwählten sei, so brandmarkt man jetzt diese Lehre zuweilen als die calvinische Lehre von einer absoluten Prädesti‑ nation. Mit Schrecken wenden sich daher auch manche Lutheraner von jener Lehre hinweg. Und läge wirklich in jener Lehre, wenigstens heimlich, die Lehre der Calvinisten von einer absoluten Prädestination, so hätten freilich alle treuen Lutheraner hohe Ursache, sich von derselben sogleich mit tiefem Abscheu abzuwenden. Sagt doch Calvin selbst, er bekenne, der Prä‑ destinationsrathschluß sei ein „schaudervoller". „Decretum quidem horribile, fateor", schreibt er in seiner Institutio (III, 23, 7.). Hier‑ mit hat Calvin über seine Lehre von der Prädestination als eine ohne Zweifel unbiblische schon selbst den Stab gebrochen. Denn da nach St. Paulus, „was zuvor geschrieben ist, uns zur Lehre geschrieben ist, auf daß wir durch Geduld und Trost der Schrift Hoffnung haben" (Röm. 15, 4.), so kann Calvin's nach seinem eigenen Eingeständniß „schaudervolle", also nicht tröstliche, Lehre keine biblische Lehre sein.

Da es aber eine unleugbare Thatsache ist, daß unsere evangelisch‑luthe‑ rische Kirche die calvinische Lehre von einer absoluten Prädestination je und je einstimmig verworfen und verdammt hat, auf welchem Wege kann und soll es nun entschieden werden, ob jene an der Spitze dieses Artikels be‑ schriebene Lehre die lutherische oder die calvinische sei?

Die Antwort auf diese Frage liegt auf der Hand. Der einzig richtige und sichere Weg ist, daß man jene Lehre an der Lehre des Bekenntnisses unserer evang.‑lutherischen Kirche prüfe. Schon in der Vorrede zu unserem

theuren Concordienbuch heißt es, dasſelbe enthalte „eine chriſtliche Erklärung und Vergleichung aller eingefallener Disputation, die in Gottes Wort
wohlbegründet, nach welcher die reine Lehre von der verfälſch-
ten erkannt und unterſchieden werde, und den unruhigen,
zankgierigen Leuten, ſo an keine gewiſſe Form der reinen
Lehr gebunden ſein wollen, nicht alles frei und offen ſtehe,
ihres Gefallens ärgerliche Disputation zu erwecken und
ungereimte Irrthum einzuführen und zu verfechten, daraus
nichts anders erfolgen kann, denn daß enblich die rechte Lehre gar verdunkelt
und verloren und auf die nachkommende Welt anders nichts denn ungewiſſe
opiniones und zweifelhaftige, disputirliche Wahn und Meinungen gebracht
werden." (S. 19.)   Auch die Einleitung zum 2. Theile unſeres Schlußbekenntniſſes, der Concordienformel, beginnt mit der Erklärung, daß
„zu gründlicher beſtändiger Einigkeit der Kirchen vor allen Dingen vonnöthen iſt, daß man einen ſummariſchen einhelligen Begriff und
Form habe, darin die allgemeine ſummariſche Lehre, dazu
die Kirchen, ſo der wahrhaftigen chriſtlichen Religion ſind,
ſich bekennen, aus Gottes Wort zuſammen gezogen; wie denn die alte
Kirche allewege zu ſolchem Brauch ihre gewiſſe Symbola gehabt; und aber
ſolches nicht auf Privatſchriften, ſondern auf ſolche Bücher
geſetzt werden ſolle, die im Namen der Kirchen, ſo zu einer
Lehr und Religion ſich bekennen, geſtellt, approbirt und
angenommen." (S. 568. § 1. 2.)   Ebendaſelbſt heißt es ſpeciell von
der Concordienformel, der Zweck derſelben ſei: „daß es ein öffentliches,
gewiſſes Zeugniß nicht allein bei den Itzlebenden, ſondern auch bei
unſern Nachkommen ſein möge, was unſerer Kirche einhellige
Meinung und Urtheil von den ſtreitigen Artikeln ſei und
bleiben ſolle." (S. 572. § 16.)   Hiernach wird denn gewiß kein aufrichtiger Lutheraner, geſchweige ein treulutheriſcher Lehrer, welcher
ſich ja auf die Symbole unſerer Kirche hat heilig verpflichten laſſen, es be-
fremdlich finden oder gar dagegen auftreten, wenn auf die Frage, ob eine
Lehre lutheriſch ſei, oder nicht, die Antwort und Entſcheidung zunächſt in
den öffentlichen Bekenntniſſen unſerer Kirche geſucht wird.

Hätte nun freilich, gerade was die Lehre von der Gnadenwahl
betrifft, unſere Kirche in ihren öffentlichen Bekenntniſſen ſich gar nicht aus-
geſprochen, ſo entbehrten wir in einem über dieſen Glaubensartikel ausge-
brochenen Lehrſtreit eines der wichtigſten Mittel, zu entſcheiden, was lutheriſche und was unlutheriſche Lehre von dieſem ſtreitig gewordenen Punkte
ſei.   Namentlich in einer Zeit, wie die unſrige, würde ſchwerlich auch nur
unter denen, welche wirklich treue Lutheraner ſein wollen, in jener ebenſo
ſchwierigen, wie wichtigen Lehre Einigkeit des Streites Ende ſein.   Allein,
Gott ſei ewig Lob und Preis dafür! Gott hat in Vorausſicht unſerer
großen Schwachheit in dieſer letzten betrübten Zeit unſere theuren hoch-

erleuchteten Väter aus großer Gnade durch seinen Geist angetrieben, auch
von der Gnadenwahl nicht nur in ihren Privatschriften bald beiläufig, bald
ex professo zu handeln, sondern auch öffentlich, im Namen unserer
Kirche, über diesen hohen Artikel unseres christlichen Glaubens eine aus=
führliche Erklärung aus Gottes Wort zu thun und die einhellige Lehre
unserer rechtgläubigen Kirche auch über diesen Punkt in dem
Schlußbekenntniß derselben für alle Zeiten niederzulegen; und zwar merk=
würdigerweise nicht sowohl darum, weil dies schon zu ihrer Zeit so unbe=
dingt nothwendig gewesen wäre, als vielmehr, wie sie selbst ausdrücklich
sagen, um der Uneinigkeit und Trennung über diesen Punkt unter ihren
Nachkommen zuvorzukommen. So heißt es nemlich im 11. Artikel des
2. Theils der Concordienformel gleich zu Anfang: „Wiewohl unter
den Theologen Augsburgischer Confession noch gänzlich keine öffentliche,
ärgerliche und weitläuftige Zwiespaltung von der ewigen Wahl der
Kinder Gottes fürgefallen, jedoch, nachdem dieser Artikel an andern
Oertern in ganz beschwerliche Streit gezogen und auch unter den Unsern
etwas davon erreget worden, dazu von den Theologen nicht allwegen gleiche
Reden geführet: Derhalben, vermittelst göttlicher Gnaden auch künftig=
lich bei unsern Nachkommen, so viel an uns, Uneinigkeit
und Trennung in solchem fürzukommen, haben wir des=
selben Erklärung auch hieher setzen wollen, auf daß
männiglich wissen möge, was auch von diesem Artikel
unsere einhellige Lehre, Glaub und Bekenntniß sei."
(S. 704. § 1.)

Wohlan, prüfen wir denn die Lehre von der Gnadenwahl, welche man
jetzt hie und da in den Geruch zu bringen sucht, im Grunde keine andere,
als die calvinische Lehre von einer absoluten Prädestination zu sein.

Daß die Lehre nicht specifisch calvinisch, sondern vielmehr echt luthe=
risch sei, nach welcher Gott in den Auserwählten nichts gesehen hat, was
ihn in der Ewigkeit bewog, sie zu erwählen, daß vielmehr allein Gottes
Gnade und Christi Verdienst und nicht Etwas in den zu Erwählenden eine
Ursache der Wahl zum ewigen Leben sei, darüber kann schlechterdings kein
Zweifel sein. Die Concordienformel spricht dies ja mit ebenso viel Worten
klar und deutlich aus; und zwar nicht nur in der Declaratio, sondern auch
in der Epitome, wodurch sie zu erkennen gibt, daß diese Wahrheiten recht
eigentlich zur wesentlichen Substanz der lutherischen Lehre von der Gnaden=
wahl gehören. Auch behauptet die Concordienformel diese Lehre nicht
nur, sondern verwirft und verdammt auch die Gegenlehre als eine
lästerliche und erschreckliche, welche in der Kirche nicht geduldet werden
dürfe. Als einen Irrthum verwirft nemlich die Epitome u. A.: „Daß
nicht allein die Barmherzigkeit Gottes und das allerheiligste Verdienst
Christi, sondern auch in uns eine Ursach (aliqua causa = irgend eine
Ursache) sei der Wahl Gottes, um welcher willen Gott uns zum ewigen

Leben erwählet habe"; worauf die Epitome, drei andere Irrthümer mit
einschließend, fortfährt: „Welches alles lästerliche und erschreckliche
irrige Lehren sein, dadurch den Christen aller Troft genommen, den sie im
heiligen Evangelio und Gebrauch der heiligen Sacramente haben, und der=
wegen in der Kirchen Gottes nicht sollten gebuldet werden."
(S. 557. § 20. 21.)   Es ift diese Antithese der Epitome aus der Declaratio genommen und in erfterer die Verwerfung nur in noch stärkere Aus=
brücke gefaßt und der letzteren der Schriftbeweis hinzugefügt. In der Declaratio heißt es nemlich also: „Darum es falsch und unrecht" („falsum igitur est et cum verbo Dei pugnat" d. i. darum ift es falsch und ftreitet
mit Gottes Wort), „wann gelehret wird, daß nicht allein die Barm=
herzigkeit Gottes und allerheiligft Verdienft Chrifti, sondern auch in uns"
(„aliquid in nobis" d. i. Etwas in uns) „eine Urfach der Wahl
Gottes sei, um welcher willen Gott uns zum ewigen Leben erwählet habe.
Denn nicht allein, ehe wir etwas Gutes gethan, sondern auch, ehe wir geboren werden, hat er uns in Chrifto erwählet, ja, ehe der Welt Grund geleget war, und ,auf daß der Fürsatz Gottes beftünde nach der Wahl, ward
zu ihm gesagt, nicht aus Verdienft der Werke, sondern aus Gnaden des Berufers, also: Der Größte soll dienftbar werden dem Kleineren.' Wie davon
geschrieben stehet: ,Ich habe Jakob geliebet; aber Esau habe ich gehaffet.'
Röm. 9, 11. ff. Genef. 25, 23. Mal. 1, 2. f." (S. 723, § 88.)
   So bleibt denn nur jener letzte Theil der an der Spitze dieses Auffatzes
bezeichneten Lehre, daß die Wahl Gottes die Ursache der Seligkeit der
Erwählten sei und aller der zur Erlangung derselben nöthigen Wirkungen in
den Herzen der Erwählten, also freilich auch des Glaubens, übrig, um welches willen man diese Lehre als die calvinische Lehre von einer absoluten Prä=
deftination brandmarkt.   Hiermit geschieht aber nichts Geringeres, als daß
man unbedacht, ohne es selbst zu wollen, der Lehre des Bekenntnisses selbst
das Brandmal, die Lehre Calvin's von einer absoluten Prädeftination zu
sein, aufdrückt.   Denn sonnenhell und klar sagt das Bekenntniß, nemlich
die Concordienformel in der Declaratio: „Die Vorsehung Gottes
(praescientia", d. i. das Vorherwissen) „siehet und weiß zuvor auch
das Böse, aber nicht also, daß es Gottes gnädiger Wille wäre, daß es
geschehen sollte... Die ewige Wahl Gottes aber siehet und weiß
nicht allein zuvor der Auserwählten Seligkeit, sondern ift auch aus gnä=
digem Willen und Wohlgefallen Gottes in Chrifto JEsu eine Urfach,
so da unsere Seligkeit, und was zu derselben gehöret, gehöret,
schaffet, wirket, hilft und beförbert; darauf" („et quidem in
ea divina praedestinatione aeterna" d. i. und zwar auf dieser göttlichen
ewigen Prädeftination) „auch unsere Seligkeit also gegründet ift, daß ,die
Pforten der Höllen nichts datwider vermögen sollen', Matth. 16, 18."
(S. 705. § 8.)   Wohl wird der Glaube hier nicht ausdrücklich namhaft
gemacht; daß er aber in den Worten: „So da unsere Seligkeit,

und was zu derselben gehöret, schaffet, wirket, hilft und
beförbert", mit gemeint sei und unmöglich ausgeschlossen werden könne,
kann nur Verblendung oder Rechthaberei leugnen; daher es denn auch die
Opponenten nicht leugnen und auf anderem Wege dieses Bekenntnißsatzes
sich zu erwehren suchen, freilich ganz vergeblich, wie wir weiter unten sehen
werden. Daß der Glaube mit eingeschlossen sei, geht übrigens unwider=
sprechlich auch aus Folgendem hervor. Als Schriftbeweis werden in
der oben angeführten Stelle Joh. 10, 28. und Act. 13, 48. citirt. Die
Concordienformel setzt nemlich 1. zu obigem Citat hinzu: „Wie ge=
schrieben stehet: ‚Meine Schafe wird mir niemand aus meiner Hand
reißen.' Und abermals: ‚Und es wurden gläubig, so viel ihr zum
ewigen Leben verordnet waren.' Act. 13, 48." (S. 705. f. § 8.)
Die Anführung namentlich der letzteren Stelle als Schriftbeweis für
das Vorhergehende wäre eine Verkehrtheit, wie sie größer gar nicht
gedacht werden könnte, sollte damit nicht bewiesen werden, daß nach der
Schrift die Wahl zum ewigen Leben auch eine Ursache des Glaubens
sei, welche Verkehrtheit gewiß kein aufrichtiger Lutheraner dem theuren
Bekenntniß seiner Kirche zuschreiben wird. Hierzu kommt 2., daß das
Bekenntniß ferner sagt, Gott habe „auch verordnet (decrevit)*), daß er
sie" (die Auserwählten) „auf die Weise, wie jetzt gemeldet,
durch seine Gnade, Gaben und Wirkung dazu bringen" („salutis
aeternae participes facere" d. i. der ewigen Seligkeit theilhaftig machen),
„helfen, fördern, stärken und erhalten wolle." (S. 708. § 23.) Die
„jetzt gemeldete" Weise, wie Gott die Auserwählten zur Seligkeit
bringt, ist aber vor allem die, daß er, wie es im Vorhergehenden heißt,
„die Herzen zu wahrer Buße bekehrt und im rechten Glauben
erhält" (S. 708. § 17.); Bekehrung zu wahrer Buße aber kann ohne
Glauben nicht geschehen. Hiernach kann es daher keine Dialektik weg=

---

*) Man bedenke wohl, daß das Bekenntniß nicht nur sagt, daß Gott die Aus=
erwählten zur Seligkeit ꝛc. bringen wolle, sondern daß er dies „verordnet", decre=
tirt habe. Selbst die Theologen, welche den zweiten Lehrtropus haben, machen nemlich
auf Grund des göttlichen Wortes einen großen Unterschied unter Gottes Wollen und
Gottes Verordnung oder Decret. So schreibt z. B. Balthasar Meisner:
„Der Wille ist der allgemeinere Terminus, und befaßt auch diejenigen Dinge,
welche nicht geschehen. So will Gott, daß alle Menschen sein Wort aufmerksam
hören, was doch niemals geschieht. Aber der Vorsatz Gottes begreift das in sich,
was gewiß geschieht. Denn was sich Gott vorsetzt, das geschieht ohne alle
Ausnahme. Das Decret Gottes" (deutsch die Verordnung Gottes, nach dem
deutschen Text der Concordienformel) „ist ein noch engerer Grad, wenn Gott nem=
lich verordnet, daß er durch bestimmte Mittel (certis mediis) dasjenige bewirken
wolle (effecturum), was er sich vorgesetzt hat. Es folgt dieses daher also auf ein=
ander: ‚Gott will Etwas; das Gewollte setzt er sich vor; was er sich vorgesetzt hat,
verordnet (decernit) er'; und sonach differiren diese drei, wie das Weitere und

disputiren, daß nach unserm theuren Bekenntniß, indem Gott die Aus=
erwählten zur Seligkeit erwählte, damit zugleich verordnet hat, die=
selben auch zum Glauben zu bringen. Diese Lehre wird aber in der
Concordienformel wiederholt ausgesprochen. Denn also lesen wir ferner:
„Es werden auch dadurch alle opiniones und irrige Lehre von den Kräften
unseres natürlichen Willens ernieder gelegt, weil Gott in seinem Rath vor
der Zeit der Welt bedacht („decreverit“) und verordnet hat,
daß er alles, was zu unserer Bekehrung gehört, selbst mit der Kraft seines
Heiligen Geistes durchs Wort in uns schaffen und wirken wolle. Es gibt
auch also diese Lehre den schönen herrlichen Trost, daß Gott eines jeden
Christen Bekehrung, Gerechtigkeit und Seligkeit so hoch ihm angelegen sein
lassen, und es so treulich damit gemeint, daß er, ehe der Welt Grund ge=
leget, darüber Rath gehalten und in seinem Fürsatz verordnet hat“
(„in illo arcano suo proposito jam tum ordinaverit“ d. i. in jenem sei=
nem geheimen Vorsatz schon damals verordnet hat), „wie er mich dazu
bringen und darinnen erhalten wolle. Item, daß er meine Seligkeit so
wohl und gewiß habe verwahren wollen, weil sie durch Schwach=
heit und Bosheit unseres Fleisches aus unseren Händen leicht=
lich könnte verloren oder durch List und Gewalt des Teufels und der
Welt daraus gerissen und genommen werden, daß er dieselbige in seinem
ewigen Vorsatz, **welcher nicht feilen oder umgestoßen werden kann,**
verordnet und in die allmächtige Hand unseres Heilandes JEsu Christi,
daraus uns niemand reißen kann, zu bewahren gelegt hat, Joh. 10, 28.;
daher auch Paulus sagt Röm. 8, 28. 39.: ,Weil wir nach dem Vorsatz
berufen sind, wer will uns denn scheiden von der Liebe Gottes in
Christo?‘ “*) („Ideo Paulus certitudinem beatitudinis nostrae super
fundamentum propositi divini extruit, cum ex eo, quod *secundum propositum* Dei vocati sumus, *colligit*, neminem nos posse separare a dilectione Dei, quae est in Christo Jesu, Domino nostro“, d. i. darum baut
Paulus die Gewißheit unserer Seligkeit auf den Grund des göttlichen
Vorsatzes, wenn er daraus, daß wir nach Gottes Vorsatz be=
rufen sind, schließt, daß niemand uns scheiden könne von der Liebe
Gottes, die in Christo JEsu ist, unserem HErrn.) (S. 7,13. f. § 43—47.)
Aus diesem allem erhellt denn unwidersprechlich: Ist die Lehre, daß Gott

---

*) Manche, wenn ihnen die Stelle Röm. 8, 39.: „Wer will uns scheiden“ ꝛc., vor=
gehalten wird, sagen, Gott thue freilich auf seiner Seite alles, den Menschen zu
erhalten, aber dessen könne man sich keineswegs trösten, denn auch der bekehrte Mensch
habe ja noch Fleisch, Welt und Teufel gegen sich, daher schließlich alles darauf
ankomme, was der Mensch auf seiner Seite thue. Solche Theologen stimmen aber
jedenfalls nicht mit unserem Bekenntniß, welches den Trost des inspirirten Apostels
Röm. 8, 28. 39. eben darein setzt, daß durch Gottes Fürsatz und Verordnung
die Seligkeit der Auserwählten gegen die Gefahren, die ihnen Fleisch und Welt und
Teufel bereiten, sicher gestellt ist.

die Erwählten nicht nur zur Seligkeit, sondern auch zu allem dem erwählt hat, wodurch sie derselben allein theilhaftig werden können, also auch zum Glauben, im Grunde nichts Anderes, als Calvin's Lehre von einer absoluten Prädestination, so ist die lutherische Kirche vor 300 Jahren durch Annahme der Concordienformel calvinisch geworden; denn jene Lehre ist außer allem Zweifel die Lehre dieses ihres Schlußbekenntnisses.

Wie man aber jene Lehre für die der Calvinisten erklären könne, ist rein unerfindlich. Man vergegenwärtige sich nur einmal, worin die Lehre der Calvinisten von einer absoluten Prädestination besteht. Die Calvinisten leugnen bekanntlich die Allgemeinheit der göttlichen Gnade und den Willen Gottes, daß alle Menschen selig werden, lehren daher eine doppelte Prädestination, eine zur Seligkeit, eine andere zur Verdammniß. Die sogenannten Supralapsarier lehren nemlich, daß Gott, um seine Gnade zu offenbaren, von Ewigkeit beschlossen habe, eine kleine Anzahl Menschen zur Seligkeit, und um seine Heiligkeit und Gerechtigkeit zu offenbaren, eine große Anzahl Menschen zur Sünde und ewigen Verdammniß zu erschaffen und zu verordnen. Die sogenannten Infralapsarier aber lehren, daß Gott zwar niemand zur Sünde und Verdammniß geschaffen, aber von Ewigkeit beschlossen habe, an dem größten Theil der gefallenen Menschen mit seiner Gnade vorüberzugehen und dieselben in ihrem Verderben liegen zu lassen. Die Supralapsarier lehren, daß Christus nur für die Erwählten gestorben sei und genuggethan habe, daß daher die Erwählung nicht auf Christi Versöhnung, sondern umgekehrt, daß die Versöhnung auf die Erwählung gegründet und nur zur Ausführung des schon vorausgegangenen absoluten Rathschlusses der Erwählung geschehen sei.*) Die Infralapsarier aber lehren, daß Christi Verdienst zwar hinreichend sei auch für die Verworfenen, so daß sie dadurch selig werden könnten, wenn sie daran glaubten, daß aber Gott ihnen diesen Glauben nicht geben wolle und die Erlösung für sie nicht beabsichtigt sei. Alle Calvinisten endlich lehren, daß Gott nur die Auserwählten berufen lassen und zum Glauben bringen wolle und diesen Willen in ihnen durch eine unwiderstehliche und unverlierbare Gnade in Ausführung bringe u. s. w. Von diesem allem aber lehren die Concordienformel und alle aufrichtigen Bekenner dersel-

---

*) In der Formula consens. helv. vom Jahre 1675 heißt es: „In jenem gnadenvollen Beschluß der göttlichen Wahl ist auch Christus selbst eingeschlossen, nicht als verdienstliche Ursache oder als Grund, welcher der Wahl selbst vorgeht, sondern als ein auch vor Grundlegung der Welt versehener Auserwählter und darum vorzüglich als zur Ausführung derselben erwählter Mittler. Denn die heilige Schrift bezeugt nicht nur, daß die Wahl geschehen sei nach dem bloßen Wohlgefallen des Rathes und Willens Gottes, sondern leitet auch die Bestimmung und Schenkung Christi, unseres Mittlers, aus der Liebe Gottes her, die er gegen die Welt der Auserwählten hat." (Ausgabe von Niemeyer, S. 731 f. Citirt in Günthers „Populäre Symbolik". S. 107.)

ben das gerade Gegentheil. Sie lehren nur e i n e Prädeſtination,
nemlich die zur Seligkeit, keine zur Verdammniß; ſie lehren eine allgemeine
Gnade und einen ernſtlichen Willen Gottes, alle Menſchen ſelig zu machen;
ſie lehren, daß alle Menſchen durch Chriſtum erlöſ't ſind; ſie lehren, daß
Gott die Erwählten nur um Chriſti willen und dazu erwählt habe, ſie auf
demſelben Wege zum Glauben und zur Seligkeit zu bringen, auf welchem
er alle Menſchen ſelig machen will; ſie lehren, daß Gott auch die, welche
nicht ſelig werden, ernſtlich und kräftig beruft, denſelben ſeinen Heiligen
Geiſt, Gnade, Glauben, Beſtändigkeit und Seligkeit ernſtlich und kräftig
anbietet und daß ſie nur darum verloren gehen, weil ſie dies alles verachten und dem Geiſt der Gnade halsſtarrig bis an das Ende widerſtreben
u. ſ. w. Wo bleibt alſo die calviniſche Lehre von einer abſoluten Erwählung, die das Bekenntniß und deſſen treue Bekenner haben ſollen? Wie
kann eine Wahl eine abſolute, alſo u n b e d i n g t e ſein, die durch Chriſti
Verdienſt und durch den Glauben bedingt iſt, den Gott den Erwählten zu
geben beſchloſſen hat?!*)

Ja, ſpricht man, das iſt es ja eben, worin die Lehre von einer abſoluten Wahl liegt, daß Gott die Erwählten ohne Rückſicht auf ihren vorher-
geſehenen Glauben erwählt, ſondern beſchloſſen habe, denſelben ihnen zu
geben. Wie? Iſt denn die Wahl nur dann keine abſolute oder unbedingte, wenn die Bedingung nicht Gott, ſondern der Menſch ſelbſt erfüllt?
Iſt denn das Seligwerden dann unmöglich, wenn der Menſch rein gar
nichts dazu thut, und könnte denn Gott nur dann den Menſchen zur Selig-

---

*) Auch Prof. Dr. Philippi ſchreibt daher: „Dennoch kennt die Schrift trotz ihres
Univerſalismus einen göttlichen, auf die Einzelnen ſich beziehenden, f r e i e n Rathſchluß der Erwählung. Jede Erwählung entnimmt ihren Beſtimmungsgrund entweder
aus der Trefflichkeit des Erwählten, oder ohne Rückſicht auf ſeine Beſchaffenheit, ja
trotz ſeiner Untauglichkeit in freiem Belieben rein aus ſich ſelbſt. Im erſteren Sinne
erwählt die Menge den Stephanus, einen Mann voll Glaubens und heiligen Geiſtes,
zum Diakonus Apoſt. 6, 5. 2c. Dahingegen iſt u n ſ e r e Auswahl zum Heile in keiner Weiſe in unſeren vorauſgehenden Verdienſten oder unſerer gottwohlgefälligen Beſchaffenheit, ſondern lediglich in der freien Gnade Gottes begründet. Nicht ihr habt
mich erwählt, ſondern ich habe euch erwählt, ſpricht der Herr zu ſeinen Jüngern Joh.
15, 16., und das Thörichte, Schwache, Geringe, Verachtete, Nichtige hat Gott erwählt,
damit ſich kein Fleiſch vor ihm rühme nach 1 Cor. 1, 28 f. Es iſt eine Wahl der
G n a d e, nicht aus Verdienſt der Werke Röm. 11, 5 f., denn es liegt ja nicht an Jemandes Wollen oder Laufen, ſondern an Gottes Erbarmen Röm. 9, 16. So gibt es alſo
eine ἐκλογή, electio ad vitam, welche nur im freien, gnädigen Belieben Gottes ruht,
und bennoch nicht a b ſ o l u t prädeſtinatianiſch zu denken iſt, weil ihr
keine electio ad mortem entſpricht... Somit beſtätigt die Schrift auch diejenige Darſtellungsform, welche wir in unſerer dogmatiſchen Entwickelung als den
erſten L e h r t r o p u s bezeichnet haben, was die einfache Conſequenz davon iſt, daß ſie
nicht nur den Univerſalismus, ſondern auch die Alleinwirkſamkeit
der göttlichen Gnade im Werke der Bekehrung lehrt." (Kirchliche Glaubenslehre. IV. Erſte Hälfte. S. 115 f.)

keit erwählen, wenn Gott eine ihn dazu bewegende Urfache im Menſchen
voraus ſah? Iſt denn das ein Zeichen, daß eine Lehre ſchriftgemäß ſei,
wenn ſie hübſch mit der geſunden Vernunft ſtimmt und wenn daher alle
Vernunftleute ihr noch am erſten zufallen? Sagen nicht auch die Opponenten, daß ſie glauben und lehren, der Glaube ſei eine Gabe Gottes?
Lehren ſie alſo nicht auch eine Wahl, deren Bedingung nicht der Menſch,
ſondern Gott erfüllt? Lehren ſie alſo nicht damit nach ihren Grundſätzen
auch eine abſolute Wahl?*) Warum wollen ſie alſo durchaus den Glauben des Menſchen der Erwählung nicht folgen, ſondern vorausgehen laſſen?
Es iſt keine Frage, mögen ſich die Oppunenten die Sache vorſtellen, wie ſie
wollen, ſie können nur dann der Annahme einer abſoluten Wahl in ihrem
Sinne entgehen, wenn ſie den Glauben pelagianiſch und ſynergiſtiſch zu
dem Ergebniß menſchlicher freier Entſcheidung, alſo zu einem Werk, ja,
Verdienſt des Menſchen machen, wenn ſie die Lehre, daß ſich der Menſch in
der Bekehrung mere passive verhalte, d. h., gar nichts dabei thue, ſondern
Gottes Thun erleide, aufgeben, dem Menſchen wenigſtens das Verdienſt des
Nicht-Widerſtrebens zuſchreiben, den geiſtlichen Tod der noch nicht Bekehrten und noch nicht zum Glauben Gekommenen leugnen und Worte der
Schrift, wie dieſe: „Gott iſt's, der in euch wirket beide das Wollen und
das Vollbringen nach ſeinem Wohlgefallen" (Phil. 2, 13.), „Ihr ſeid auf-
erſtanden durch den Glauben, den Gott wirket" (Col. 2, 12.), „Die Gabe
Gottes iſt das ewige Leben" (Röm. 6, 23.), „So liegt es nun nicht an
jemandes Wollen oder Laufen, ſondern an Gottes Erbarmen" (Röm.
9, 16.) — ſtreichen.

Man entgegne uns nicht: Haben nicht unſere rechtgläubigen Dogmatiker die Lehre, daß der Glaube aus der Wahl fließe, an den Calviniſten ge-
ſtraft? Es iſt wahr, das haben ſie gethan. Aber warum? — Weil die Calviniſten dabei eine unwiderſtehliche Gnade in den Auserwählten und eine abſolute Ausſchließung der Nicht-Erwählten von der Gnade lehrten und über-

---

*) Auch Thomaſius erklärt bekanntlich die Conciliation der Lehre von der allge-
meinen Gnade mit der Thatſache, daß ſo viele verloren gehen, für „eine der größten,
vielleicht gar nicht zu löſende Schwierigkeit", während jetzt merkwürdiger Weiſe manche
ſelbſt ſtreng confeſſionell ſein Wollende hier gar keine Schwierigkeit ſehen können.
Thomaſius ſagt: „Dieſes Problem iſt freilich leicht gelöſt, wenn man entweder
mit Auguſtin und Calvin ein zwiefaches decretum absolutum annimmt, ein decretum electionis und reprobationis, oder wenn man mit Pelagius den ewigen
Gnadenrath durch die göttliche Präſcienz um das Wohlverhalten der menſchlichen Freiheit bedingt ſein läßt. Beides iſt eben ſo einfach und leicht —
als ſchriftwidrig." (Chriſti Perſon und Werk. I, S. 426 f. zweiter Auflage.)
Thomaſius macht daher im Folgenden ſelbſt der Lehre der ſpäteren Dogmatiker
geradezu den Vorwurf: „Sie ſcheint auch die vorausgeſetzte Univerſalität zu be-
einträchtigen." (Chriſti Perſon und Werk. I, S. 427 der zweiten Auflage.) Um dieſer
Schwierigkeit zu entgehen, gibt er bekanntlich, weder den calviniſchen noch ſynergiſtiſchen
Ausweg einſchlagend, die „Einzelwahl" auf.

haupt jene Lehre mit ihrer ganzen particulariftifchen Theorie von Gottes
Rathfchlüffen über die Welt in Verbindung brachten. Man vergleiche die im
April=Heft diefer Zeitfchrift S. 99 bereits angeführte Stelle aus Hülfe=
mann's Vorlefungen zur Concordienformel. Daher denn auch der be=
fcheidene Gerhard, obgleich er fich Auguftinus' Lehre, daß der Glaube
aus der Verfehung fließe, nicht aneignet, doch diefelbe, weil fie Auguftinus
den Semipelagianern entgegenfeßt, nicht als eine Irrlehre verwirft. Ger=
hard fchreibt, nachdem er fein „Intuitu fidei" zu rechtfertigen gefucht
hat: „Was die Meinung der Alten betrifft, fo wiffen wir, daß Augufti=
nus in feinem Buch von der Präbeftination der Heiligen Cap. 17 fchreibe:
‚Gott habe die Gläubigen auserwählt, aber damit fie es feien, nicht
weil fie es fchon waren; die Menfchen glauben nicht, damit fie er=
wählt werden, fondern werden vielmehr erwählt, damit fie glauben";
Cap. 19.: ‚Nicht weil wir geglaubt haben, fondern damit wir glauben,
hat er uns erwählt, auf daß man nicht fage, daß wir ihn zuvor erwählt
haben.' Aber diefes und Aehnliches ift den Semipelagia=
nern oder den Ueberbleibfeln der Pelagianer entgegenge=
feßt. Denn jene ftatuirten, der Anfang des Glaubens fei aus uns und
darum fei der Glaube die verdienftliche Urfache der Erwählung. Daß diefes
die wirkliche Meinung derfelben gewefen fei, erhellt aus den Briefen Pros=
per's und Hilarius' an Auguftinus, welche fich im 7. Tomus befinden.
Jenen hat fich daher Auguftinus mit Recht entgegenge=
feßt, und geleugnet, daß der Glaube die Urfache der Wahl fei; ja, er
widerruft auch, was er in der Expofition einiger Stellen des Briefes an
die Römer gefchrieben hatte: ‚Gott habe den Glauben im Vorherwiffen
erwählt, fo daß er den, von wem er wußte, daß er glauben werde, erwählt
hat', im 1. Buch feiner Retractationen Cap. 13. und im Buche von der
Präbeftination der Heiligen Cap. 3." (Loc. de elect. § 166.)

Ein Hauptmittel aber, deffen fich die Opponenten bedienen, um zu er=
weifen, daß die Lehre, der Glaube fließe aus der Wahl, nicht lutherifch, nicht
bekenntnißgemäß fei, ift die Behauptung: die Concordienformel lehre aller=
bings, daß die Wahl die Urfache des Glaubens fei; aber in einem ganz
anderen Sinne, als es jeßt angenommen werden wolle; die Concordien=
formel rede nemlich von einer Gnadenwahl im weiteren Sinne,
nicht in jenem engeren, in welchem die Dogmatiker fie nehmen, oder doch in
einem zweifachen, bald im weiteren, bald im engeren Sinne; da nun die
Concordienformel zur Lehre von der Gnadenwahl die ganze Lehre von dem
Rath Gottes zu der Menfchen Seligkeit rechne, fo könne fie freilich die
Gnadenwahl zur Urfache nicht nur der Seligkeit, fondern auch des Glau=
bens machen. Daß diefes jedoch eine durchaus irrige Annahme fei, follten
die Opponenten erftlich fchon daraus abnehmen, daß fie dann die Lehre der
Dogmatiker von der Gnadenwahl nach der Concordienformel als eine
fchrift= und bekenntnißwidrige verwerfen müffen; denn die Concordienfor=

mel sagt ausdrücklich nach Darlegung ihrer Lehre von der Gnadenwahl:
„Dieses alles wird nach der Schrift in der Lehre von der ewigen
Wahl Gottes zur Kindschaft und ewigen Seligkeit begriffen, soll auch
darunter verstanden, und nimmer ausgeschlossen noch unter=
lassen werden, wann man redet von dem Fürsatz, Vorsehung (praedestinatione), Wahl und Verordnung Gottes zur Seligkeit." (S. 708. f.
§ 24.) Es ist aber auch nicht wahr, daß die Concordienformel unter der
Gnadenwahl den Rath Gottes zur Seligkeit aller Menschen versteht, denn
nach den oftgenannten 8 Punkten, welche diesen allgemeinen Rath enthal=
ten sollen, fährt die Concordienformel fort: „Und hat Gott in seinem
Rath, Fürsatz und Verordnung nicht allein ingemein die Seligkeit bereitet,
sondern hat auch alle und jede Personen der Auserwählten, so durch Chri=
stum sollen selig werden, in Gnaden bedacht, zur Seligkeit erwählet, auch
verordnet, daß er sie auf die Weise, wie jetzt gemeldet, durch seine
Gnade, Gaben und Wirkung darzu bringen, helfen, fördern, stärken
und erhalten wolle." Noch deutlicher spricht sich der lateinische Text aus:
Et quidem (und zwar) Deus illo suo consilio, proposito et ordinatione
non tantum in genere salutem *suorum* (die Seligkeit der Seinigen = der
Auserwählten) procuravit, verum etiam *omnes et singulas personas* (alle
einzelnen Personen) *electorum* (qui per Christum salvandi sunt) clementer praescivit, ad salutem elegit, et decrevit, quod eo modo (quem
jam recitavimus) ipsos per suam gratiam, dona atque efficaciam salutis
aeternae participes facere, juvare, eorum salutem promovere, ipsos
confirmare et conservare velit." (S. 708. § 23.) Hieraus geht ganz
unwidersprechlich hervor, daß die Concordienformel in den 8 Puncten den
Rathschluß Gottes zur Seligkeit vorlegt, sofern er sich ingemein auf die=
jenigen bezieht, welche Gott „die Seinen" nennt, auf die Auserwählten,
auf die procuratio salutis suorum, und daß sie mit den 8 Puncten die
„Weise" beschreibt, auf welche Gott alle einzelnen Personen der Auser=
wählten der ewigen Seligkeit theilhaftig zu machen verordnet hat. Schon
die Anfangsworte dieses auf die 8 Punkte folgenden Paragraphen: „Et
quidem", d. i., „und zwar" zeigen an, daß das nun Folgende das Vor=
hergehende modificire.*) Wer daher die 8 Puncte für die Darlegung des
ganzen Rathes Gottes zu Seligkeit der ganzen Welt erklärt und dieselbe
nicht für die Art und Weise ansieht, auf welche Gott seine Auserwähl=
ten der Seligkeit theilhaftig machen will und theilhaftig zu machen ver=
ordnet und beschlossen hat, der thut der Concordienformel offenbar Gewalt
an. Das ist gerade das Herrliche an der Concordienformel, daß sie nicht
von der Gnadenwahl als einer bloßen „Musterung" („militaris quidam

---

*) Ganz richtig sagt Sanders in seinem großen „Wörterbuch der deutschen
Sprache" (1865) unter „Zwar", daß „und zwar" gebraucht werde „zur Bekräftigung
und zugleich näheren Bestimmung des vorhergehenden Allgemeinen.

delectus", S. 706. § 9.) redet, sondern zugleich zeigt, daß Gott in seiner
Wahl einen Rathschluß gefaßt hat, nicht nur selig zu machen, sondern auch
auf den Weg zur Seligkeit zu bringen und auf demselben bis an das Ende zu
erhalten. Hierzu kommt noch, daß die Concordienformel ausdrücklich sagt,
daß „die Prädestination oder ewige Wahl a l l e i n über die frommen, wohl=
gefälligen K i n d e r G o t t e s gehe" (S. 554. §5.). Daß aber die Concordien=
formel bald von einer Wahl im weiteren, bald von einer Wahl im engeren
Sinne reden solle, ist schon a priori unglaublich, denn dadurch würde das Be=
kenntniß nur Verwirrung in dieser Lehre angerichtet haben, anstatt Klarheit
und Sicherheit zu verschaffen, was die unerläßliche Aufgabe eines rechten
Bekenntnisses ist; jene seltsame Annahme wird auch durch den Wortlaut der
Concordienformel widerlegt, nach welchem sie alles, was sie von der Wahl
aussagt, von einer und derselben aussagt. Uebrigens ist es schon ausführ=
lich in dieser Zeitschrift nachgewiesen und zur Evidenz gebracht worden,
daß die Concordienformel zwar v o l l s t ä n d i g e r die Lehre von der Gna=
denwahl gibt, als die späteren Dogmatiker, aber nicht eine a n d e r e soge=
nannte Gnadenwahlslehre in e i n e m w e i t e r e n Sinne. —

Doch, vielleicht spricht mancher: Zugegeben, daß die Lehre, die Wahl
sei eine Ursache des Glaubens, unserem Bekenntniß entspricht und die cal=
vinische Lehre von der absoluten Prädestination nicht involvirt, ließ't man
aber nicht in dem Bericht der Synode nördlichen Districts vom J. 1868,
S. 24: „In Gott fallen keine Bedingungen", und wurden diese
Worte nicht in „Lehre und Wehre", Jahrg. XIX, S. 173 wiederholt und
gebilligt? Ist damit nicht offenbar eine u n b e d i n g t e, also a b s o l u t e
Gnadenwahl gelehrt? Wir antworten: Man lese die Worte in ihrem Zu=
sammenhange, so wird man bald sehen, daß dieselben nur die Lehre ab=
weisen wollen, daß der Glaube die Gott bewegende Ursache der Wahl sei,
welche Lehre bekanntlich alle rechtgläubige Lehrer unserer Kirche
entschieden als eine pelagianische verwerfen. Jene Worte sollen also nichts
anderes besagen, als was der orthodoxe, dem zweiten Lehrtropus huldigende
C o n r a d D a n n h a u e r mit folgenden Worten ausspricht: „G o t t b l e i b t
d i e U r s a c h e, n i e m a l s w i r d e r d a s V e r u r s a c h t e." („Manet
Deus causa, nunquam fit causatum.") (Hodosoph. Phaen. VII. P.
p. 290.) Und dieses spricht auch Dannhauer aus, um zu beweisen, daß
der Glaube nicht die Ursache des Gnadenwahlrathschlusses sei. Für jenen
Grundsatz: „I n G o t t f a l l e n k e i n e B e d i n g u n g e n", provocirte
übrigens die Synode nördlichen Districts auf folgende Worte Quen=
stedt's: „Es hat uns Gott erwählt nicht nach unseren Werken, sondern
aus lauter Gnade. Auch der Glaube selbst gehört hierher, wenn er als
eine Bedingung angesehen wird, mehr oder weniger würdig, sei es an
und für sich, oder vermöge einer Werthschätzung durch den Willen Gottes
zu dem Glauben hinzugefügt. Nichts von allem dem hat Einfluß gehabt
auf Gottes Wahl (circulum electionis ingrediatur), sei es als eine b e =

wegende, oder als eine antreibende Ursache, daß er einen solchen
Rathschluß faßte, sondern es ist einzig und allein seiner Gnade zuzuschreiben,
wie der selige Hülsemann lehrt." (Theol. didact.-polem. P. III. c. 2.
s. 1. th. 10. f. 25.) So gewiß jedoch jenes Axiom sich vertheidigen läßt,
so gestehen wir doch willig zu, daß dasselbe, auf die Gnadenwahlslehre an=
gewendet, der Mißdeutung fähig ist, als ob die Wahl eine „unbedingte"
sei; wir zweifeln daher nicht daran, daß mit uns auch alle diejenigen, welche
sich dieses Axioms in der Darlegung der Gnadenwahlslehre bedient haben,
dasselbe gerne und um so williger als ein mißdeutbares zurückziehen, als
offenbar auch in der Lehre von der Gnadenwahl treu auf Gottes Wort und
dem Bekenntniß Stehende sich daran gestoßen haben, und ferner um so
williger, als jenes Axiom in dem Sinne, welchen man darin zu finden
meint, durchaus kein Moment in unserer Lehrdarstellung enthält, wiewohl
man es zuweilen unfreundlich genug als einen Satz citirt hat, welcher, wie
kaum ein anderer, es offenbar mache, was wir von der Gnadenwahlslehre
im Schilde führen. Wir wissen aber recht wohl, daß man nicht nur nicht
über Worte zanken solle, „in sensu enim, non in verbis est haeresis",
d. h., denn im Sinn, nicht in den Worten ist die Ketzerei, wie Hierony=
mus sagt, allein wir wissen auch, daß wir alle Worte vermeiden sollen,
welche zu Anstoß bei den Rechtschaffenen gereichen können.

Einen andern Beweis, daß wir uns der calvinischen Lehre von einer
absoluten Prädestination zuneigen, glauben manche darin zu sehen, daß es
in „Lehre und Wehre" Jahrg. XIX, S. 173 in einer Einsendung heißt:
„Gottes Wort bezeugt, daß die Gnade das natürliche Widerstreben weg=
nimmt, ja sogar das muthwilligste Streiten und sich Wehren
gegen sie überwindet, den Glauben schenkt und bewahrt." Man spricht:
Ist damit nicht offenbar die calvinische Lehre von einer „gratia irresisti-
bilis", unwiderstehlichen Gnade, ausgesprochen? — Wir antworten: Es
folgt dies keinesweges. Denn sind nicht schon Tausende endlich von der
Gnade überwunden und bekehrt worden, welche eine Zeitlang wirklich
der Gnade ein ganz muthwilliges Streiten und sich Wehren entgegengesetzt
haben? Daher denn auch unser Bekenntniß erklärt: „Also hat er (Gott)
auch in seinem Rath beschlossen, daß er diejenigen, so durchs Wort berufen
werden, wenn sie das Wort von sich stoßen und dem Heiligen Geist, der in
ihnen durch's Wort kräftig sein und wirken will, widerstreben und darin
verharren, sie verstocken, verwerfen und verdammen wolle." (S. 713.
§ 40.) Nicht jedes auch muthwillige Widerstreben führt hiernach endlich
zum ewigen Tode, sondern nur ein solches, in welchem man „verharrt".
Mit Recht aber sagt an einer andern Stelle unser Bekenntniß: „Repudia-
mus etiam sequentes loquendi formas" (wir verwerfen auch folgende
Redeformeln), „wo diese Reden unerklärt gebraucht werden,
daß des Menschen Wille vor, in und nach der Bekehrung dem Heiligen Geist
widerstrebe und daß der Heilige Geist werde gegeben denen, so ihm widerstre=

ben." (S. 608, § 82.) Auch hier gestehen wir daher gerne zu, und wir zwei=
feln nicht daran, auch der Herr Einsender, daß jene „Reden", um keinen Anstoß
zu erregen und Mißverstand zu erzeugen, a. a. O. nicht genügend „erklärt"
worden sind, ja, daß jene Worte allerdings auch treuen Lutheranern an=
stößig erscheinen können und daher zurückgenommen werden sollten; so wahr
es ist, und so unwiderruflich es festfteht, was, wie wir im letzten Heft dieser
Zeitschrift belegt haben, Männer wie Jakob Andreä, Chemnitz,
Selneccer und Kirchner, die Schreiber und officiellen Apologeten unse=
rer Concordienformel, lehren, daß Gott, wenn er seine festgesetzte Ordnung
verlassen und seine Allmacht brauchen wollte, alle Menschen bekehren
könnte. Ja, mit Recht behaupten unsere rechtgläubigen Theologen auch
der späteren Zeit, daß es auch außerordentliche Bekehrungen ge=
geben hat, bei welchen Gott über seine gemeine Ordnung hinaus gegangen ist.
So schreibt z. B. Balth. Meisner: „Wir unterscheiden zwischen der
ordentlichen Bekehrung der Menschen und der außerordentlichen
oder wunderbaren. Was die letztere betrifft, so sagen wir, dieselbe geschehe
durch eine wirksame Gnade unfehlbar und immer. Denn diese
Gnade beruft den Menschen also, daß er gleichsam durch einen nothwendigen
Willen und durch eine willige Nothwendigkeit bekehrt wird. Beispiele haben
wir an Abraham und Paulus, welche in außerordentlicher Weise zum
Glauben und zur Kirche berufen worden sind. Hierbei wird gefragt: ob diese
Gnade von solcher Beschaffenheit gewesen sei, daß sie entweder von Abraham
oder von Paulus hätte verworfen werden können? und die Theologen halten
dafür, daß verneinend geantwortet werden müsse. Diese außerordentliche
Gnade kann daher, wenn sie mit der ordentlichen verglichen wird, eine an sich
und immer wirksame genannt werden, weil alle, welche durch diese Gnade
berufen werden, immer bekehrt werden. Und hierher können alle Wohl=
thaten gerechnet werden, welche Gott außer dem Gehör des Wortes ent=
weder diesem oder jenem verliehen hat; wie es denn eine außerordent=
liche Gnade war, daß in Chorazim größere Wunder geschehen sind, als in
Tyrus und Sidon, Matth. 11, 20. 21. Außer dem Willen Gottes kann
es aber keine Ursache dieser Gnade geben. Zwar werden alle Menschen
ordentlicher Weise durch eine und dieselbe Gnade berufen, außer=
ordentlicher Weise aber beruft Gott oft diesen vor jenem durch eine sonder=
liche (peculiari) Gnade, wovon die Ursache der kennt, welcher die Herzen
und Nieren der Menschen kennt. Was aber die ordentliche Gnade be=
trifft, so kann diese in dem besagten Sinne nicht eine wirksame (efficax)
genannt werden, daher sie zum Unterschied die hinreichende (sufficiens)
genannt wird." (Anthropol. Disputat. XI. D. 1. a. b.)

Später gedenken wir uns in dieser Zeitschrift, f. G. w., auch über die
anderen Stellen in unseren Publicationen auszusprechen, welche Anstoß
erregt haben, soweit dies zu unserer Kenntniß kommt.   W.

(Eingesandt von P. Stöckhardt, Lic. theol.)

Schriftbeweis für die Lehre von der Gnadenwahl.

(Schluß.)

II.

Was lehrt die heilige Schrift von der Gewißheit der Gnadenwahl?

(Fortz: über die Gnadenwahl S. 8.)

8. These.

Die heilige Schrift lehrt, daß die ewige Wahl Gottes unver=
änderlich und unwandelbar ist. Röm. 11, 29. Matth. 24, 24.
Joh. 10, 28. Eph. 1, 11.

9. These.

Die heilige Schrift lehrt weiter, daß wir unserer Wahl und Seligkeit
ganz gewiß sein sollen. Röm. 8, 31—39. Phil. 1, 6.

Was Gott in dem ewigen Rath der Wahl beschlossen hat und wie er
solchen Beschluß hinausführt, haben wir aus Gottes Wort vernommen.
Es erübrigen nun noch etliche Fragen, die bei Erörterung der Lehre von
der Gnadenwahl mit behandelt zu werden pflegen, deren Beantwortung
eigentlich schon in den obigen Schriftaussagen implicite enthalten ist.
Die rechtgläubigen Lehrer unserer Kirche haben mit Nachdruck die Ge=
wißheit der Wahl bezeugt.　Die Concordienformel im 11. Artikel sagt
unter Anderem (§ 45): „Es gibt diese Lehre den schönen, herrlichen Trost
. . . daß Gott meine Seligkeit so wohl und gewiß habe verwahren wollen
. . . . daß er dieselbe in seinem ewigen Vorsatz, welcher nicht
fehlen oder umgestoßen werden kann, verordnet und in die
allmächtige Hand unsers Heilandes JEsu Christi, daraus uns niemand
reißen kann, zu bewahren gelegt hat.“　Das stimmt mit der Schrift.　Wir
haben bereits bemerkt, daß der Vorsatz Gottes (πρόθεσις,) ein freier und
fester Beschluß Gottes ist, ein decretum, welches nicht fehlen kann; fer=
ner, daß Gott, was er in seinem ewigen Rath beschlossen hat, nothwen=
dig und sicher auch hinausführt.　Wir führen noch etliche Schriftstellen
an, welche insonderheit die Gewißheit der Wahl beweisen.　Die 8. These
handelt von der objectiven, die 9. von der subjectiven Gewißheit.
Wenn der HErr Matth. 24, 24. sagt: „Es werden falsche Christi und
falsche Propheten aufstehen und große Zeichen und Wunder thun, daß ver=
führt werden in den Irrthum, wo es möglich wäre, auch die Aus=
erwählten“; und Marc. 13, 20.: „Und so der HErr diese Tage nicht
verkürzt hätte, würde kein Mensch selig; aber um der Auserwählten
willen, die er auserwählt hat, hat er diese Tage verkürzt“: so
bezeugt er ausdrücklich, daß es ganz unmöglich ist, daß die Auserwähl=
ten durch Verführung oder große Drangsal vom verordneten Ziel abgewen=

bet werden, der ewigen Seligkeit, dazu sie erwählt sind, verlustig gehen.
Die Liebe, der Glaube Bieler wird in den letzten Tagen erkalten, die Aus=
erwählten aber können unmöglich für immer vom rechten Weg und Ziel
abirren.   Uebrigens erhellt aus dem Umstand, daß Gott um der Auser=
wählten willen die Drangsale der letzten Tage verkürzt hat, auch das An=
bere, daß Gott letztere nicht mit Zwang und Gewalt im Glauben erhält.
Er mäßigt die Versuchung, die in der Anfechtung liegt, für welche an sich
alle Gläubigen zugänglich sind.   Joh. 10, 28. verheißt der HErr seinen
wahren Jüngern, seinen Schafen: „Und ich gebe ihnen das ewige Leben,
und sie werden nimmermehr umkommen und Niemand wird sie aus
meiner Hand reißen." Den wahren Gläubigen, die der Vater dem
Sohn gegeben, welche der Vater zum Sohn gezogen hat, also den Auser=
wählten ist das ewige Leben so gewiß und sicher, so gewiß Christus Christus
ist, so gewiß seine allmächtige Hand stärker ist, als alle Macht der Erde und
der Hölle. Eph. 1, 11. betont der Apostel: „die wir zuvor verordnet sind
nach dem Vorsatz deß, der alle Dinge wirket nach dem Rath
seines Willens (χατὰ πρόϑεσιν τοῦ τὰ πάντα ἐνεργοῦντος χατὰ τὴν
βουλὴν τοῦ ϑελήματος αὐτοῦ). Die Meinung ist: Gott, der uns zur Selig=
keit verordnet hat, ist (ὁ τὰ πάντα ἐνεργῶν χατὰ τὴν βουλὴν τοῦ ϑελήματος
αὐτοῦ.) Es liegt im Wesen Gottes, daß Gott das, was er beschlossen und
sich nach wohlbedachtem Rath fest vorgesetzt hat, nothwendig auch wirkt,
ausführt, durch alle Hindernisse durchsetzt.   So gewiß Gott Gott ist, so
gewiß wird auch der Vorsatz unserer Wahl zur Verwirklichung kommen.
Gott würde aufhören Gott zu sein, wenn dieser Vorsatz umgestoßen werden
sollte oder könnte.   Röm. 11, 29. heißt es zwar ganz allgemein: (Ἀμετα-
μέλητα γὰρ τὰ χαρίσματα χαὶ ἡ χλῆσις τοῦ ϑεοῦ,) „Gottes Gaben und Be=
rufung mögen ihn nicht gereuen."   Aber der Zusammenhang, der
unmittelbar vorhergehende Satz (χατὰ δὲ τὴν ἐχλογὴν ἀγαπητοὶ διὰ τοὺς
πατέρας) „nach der Wahl habe ich sie lieb um der Väter willen" zeigt,
daß der Apostel gerade die Gnade der Wahl, gemäß welcher Israel berufen
ist, im Auge hat.   Und von der Wahl Israels gilt ein sicherer Schluß auf
die Wahl Aller, die zur Seligkeit erwählt sind, weil eben der Satz von der
Unveränderlichkeit der Gnade, der Gnadenwahl, im 9. Vers allgemein
lautet.

Steht aber der Vorsatz der Gnadenwahl unwandelbar fest, ist die
Gnadenwahl an sich gewiß, so sollen auch wir subjectiv derselben ge=
wiß sein.   Die Hauptstelle, welche auch die Concordienformel als Beleg für
die subjective Gewißheit der Wahl und der Seligkeit anführt § 47—49,
nemlich Röm. 8, 31—39., ist klar und unmißverständlich.   Die verzweifelte
Auslegung und Ausflucht, der Apostel Paulus rede hier von einer beson=
deren Offenbarung, die Gott ihm über diesen Punkt betreffs seiner eigenen
Person gegeben habe, bedarf keiner ernstlichen Widerlegung.   Das, was
der Apostel von sich, von seiner Person aussagt: „Ich bin gewiß"

B. 38., ist nichts Anderes, als was er B. 31—37. von „uns", von allen Kindern Gottes prädicirt. Der innere Zusammenhang der Gedanken, B. 28—39., ist von der Concordienformel ganz richtig also wiedergegeben: „Weil wir nach dem Fürsatz Gottes berufen sind, wer will uns denn scheiden von der Liebe Gottes in Christo?" § 47. Der Apostel hat B. 28—30. die leidenden Christen damit getröstet, daß Gott seine auserwählten Kinder zur Herrlichkeit verordnet habe, daß er dieselben darum auch berufe, rechtfertige, verherrliche, und daß daher auch ihre Leiden zur Herrlichkeit ausschlagen werden. Und nun zieht er daraus den Schluß, daß also keine Macht der Erde noch der Hölle die Auserwählten Gottes von dem herrlichen Ziel, dazu sie verordnet sind, dem sie sichtlich entgegengeführt werden, abbringen kann. Er will die angefochtenen Christen dessen recht gewiß machen, daß Nichts, Nichts sie von der Liebe Gottes in Christo scheiden könne. So spricht er seinerseits die gewisse Zuversicht aus, daß keine feindliche Macht, auch Tod und Hölle ihn nicht von der Liebe Gottes scheiden werde und könne. Aber das ist eben eine Gewißheit, die allen auserwählten Kindern Gottes eignet. Alle, die diese Worte lesen, sollen mit dem Apostel sprechen: „Ich bin gewiß" u. s. w. In diesen Worten gipfelt der Trost, den St. Paulus den leidenden Christen gibt. Wollte er diese Gewißheit auf die eigene Person einschränken, so würde er ihnen allen Trost wieder nehmen. Phil. 1, 6. spricht derselbe Apostel die Zuversicht, nicht die „gute menschliche Hoffnung", sondern die „gewisse Zuversicht" aus, πεποιϑὼς, daß Gott das gute Werk, das er an den Philippern angefangen, auch vollführen werde bis an den Tag JEsu Christi. Er hält der Liebe nach alle Christen, denen er schreibt, für wahre Kinder Gottes, für Auserwählte. Und darum hat er nicht den geringsten Zweifel, daß Gott ihren Glauben vollenden werde. Und zu eben dem Zweck spricht er seinen Lesern auch offen aus, was er fühlt und denkt, damit sie dieselbe Gewißheit über ihr eigenes Heil gewinnen. Das ist die Rede und die Ueberzeugung wahrer Kinder Gottes: Wir sind dessen ganz gewiß, daß wir zur Seligkeit erwählt sind, daß Nichts uns von der Liebe Gottes scheiden kann, daß wir des Glaubens Ende, der Seelen Seligkeit erlangen werden.

III.

Worauf verweis't die heilige Schrift die Christen, damit sie ihrer Wahl gewiß werden?

(Sätze über die Gnadenwahl-J. 8.)

10. These.

Die heilige Schrift verweis't uns, damit wir unserer Wahl gewiß werden, auf das Evangelium von der Erlösung durch Christum, welches alle Sünder angeht. Daraus sollen wir unsere Wahl erkennen. 2 Tim. 1, 9. 10. 2 Thess. 2, 13. 14. Eph. 1, 6—10. 13.

11. Thefe.

Wie die heilige Schrift die Auserwählten auf das Evangelium von dem Heil in Christo verweis't, so vermahnt sie auch dieselben, in der Ordnung des Heils zu bleiben, „**ihren Beruf und ihre Erwählung fest zu machen.**" 2 Petri 1, 10.

Daß Gott bestimmte Personen von Ewigkeit her nach dem Wohlgefallen seines Willens um Christi willen zur Kindschaft und ewigen Seligkeit erwählt und verordnet hat, dieselben dann auch in der Zeit beruft, rechtfertigt und schließlich verherrlicht, das ist die in der heiligen Schrift offenbarte Lehre von der Gnadenwahl. Wir haben auch schon öfter bemerkt, daß nach dem Willen der Apostel alle Christen, denen diese Lehre entgegentritt, sich für Auserwählte halten sollen. Aber doch wird bei jedem ernsten Christen, der um seine Seligkeit bekümmert ist, wenn er diesem Artikel nachdenkt, die Frage erwachen: Woran kann ich gerade erkennen, daß ich erwählt bin? Woburch kann ich gerade meiner Wahl und Seligkeit gewiß werden? Die heilige Schrift läßt auch diese Frage nicht unbeantwortet. Sie verweis't die Christen gerade an den Stellen, die von der Gnadenwahl handeln, zugleich auf das allgemeine Evangelium von Christo. Sie sagt, daß die Gnade der Wahl, des Vorsatzes (πρόθεσις καὶ χάρις,) die uns in Christo JEsu vor ewigen Zeiten gegeben ist, jetzt offenbaret ist durch die Erscheinung unsers Heilandes JEsu Christi, der dem Tode die Macht hat genommen und das Leben und unvergängliches Wesen ans Licht gebracht durch das Evangelium: 2 Tim. 1, 9. 10. Nachdem der Apostel 2 Thess. 2, 13. 14. die thessalonischen Christen daran erinnert hat, „daß Gott euch, geliebte Brüder von dem HErrn, erwählt hat vom Anfang zur Seligkeit in der Heiligung des Geistes und im Glauben der Wahrheit", fährt er fort: „**darein er euch berufen hat durch unser Evangelium**" (εἰς ὃ ἐκάλεσεν ὑμᾶς) u. s. w. Das neutrische (εἰς ὅ,) „darein", bezieht sich auf die ganze vorherige Aussage zurück, daß Gott die Angeredeten zur Seligkeit und zwar in der Weise erwählt hat, daß sie durch den Heiligen Geist und durch den Glauben zur Seligkeit geführt werden sollten; zu solchem Heil hat er sie dann durch das Evangelium berufen. Eph. 1. rechnet Paulus die Offenbarung (γνωρίσας) des Geheimnisses der Versöhnung der ganzen Welt, V. 9. 10., die Predigt des Evangeliums, V. 13., zu den gegenwärtigen Segnungen, die aus der ewigen Wahl und Vorherbestimmung Gottes fließen. Und wenn er Röm. 8, 30. sagt: „Die er verordnet hat, die hat er auch berufen", so meint er die Berufung durch das Evangelium von Christo. Gott hat also — das ist in den genannnten Stellen klar bezeugt — die Gnade der Wahl durch das Evangelium von Christo und seiner Erlösung, welches alle Sünder angeht, offenbart, hat gleichsam den Rathschluß

durch die Predigt des Evangeliums die Auserwählten dem verordneten Ziel entgegen. Und so sollen wir aus dem Evangelio unsere Wahl erkennen. Freilich auch die Nichterwählten, die Zeitgläubigen hören dasselbe Evangelium. Aber wir weisen die Folgerung, daß man also, weil auch Ungläubige, beharrlich Widerstrebende und Zeitgläubige dieses Evangelium hören, aus dem Evangelium nicht mit Sicherheit auf die Wahl zurückschließen könne, als Vernunftspeculation zurück. Die Vernunft muß schweigen, wo Gott uns seine Geheimnisse offenbart. Und das ist ein freilich geheimnißvoller, doch von Gott gewollter, Gott geliebter Schluß, zu dem uns die Schrift berechtigt und nöthigt: Gott offenbart die Gnade der Wahl durch das Evangelium. Die er verordnet hat, die beruft er auch in Folge deß durch das Evangelium, die will er durch das allgemeine Evangelium von Christo, dem Heiland der Welt, gläubig und selig machen. Wenn ich darum das Evangelium höre, so schließe ich daraus: Gott will gewißlich auch mich selig machen. Gott hat es gerade auch auf mich abgesehen. Gott hat mich erwählt. Die Concordienformel erörtert in einem besondern Abschnitt des 11. Artikels, § 25—33, gerade diese Frage, wobei man erkennen könne, welche die Auserwählten sind, und beantwortet dieselbe dahin, daß wir hier nicht den verborgenen Rath Gottes erforschen, sondern uns an die allgemeinen Verheißungen des Evangelii halten sollen.

Demgemäß verweis't die heilige Schrift die Auserwählten auch auf den im Evangelium geoffenbarten Heilsweg und vermahnt dieselben, in dieser Ordnung und daher auch in der Heiligung zu verharren. Sintemal Gott uns auch dazu erwählt hat, daß wir vor ihm heilig und unsträflich seien in der Liebe, sollen wir nun auch Fleiß thun, unsern Beruf und Erwählung durch gute Werke fest zu machen, 2 Petri 1, 10., sollen, wie die Concordienformel § 73 sagt, in allen christlichen Tugenden, in aller Gottseligkeit, Bescheidenheit, Mäßigkeit, Geduld, brüderlicher Liebe uns üben, damit wir desto weniger daran zweifeln, daß wir erwählt sind, je mehr wir des Geistes Kraft und Stärke in uns selbst befinden.

Schlußbemerkungen.

a. Diese Schriftlehre von der Gnadenwahl stellt die große, unbegreifliche Gnade Gottes in's Licht, die sich an den Auserwählten verherrlicht, deutet mit keinem Wort auf eine Verordnung der Andern zur Verdammniß. Vielmehr bezeugt die heilige Schrift an anderen klaren, deutlichen Stellen, daß Alle, die verloren gehen, um ihres Unglaubens willen verdammt werden. Matth. 23, 37.

b. Durch die Lehre der heiligen Schrift von der Gnadenwahl wird keineswegs die andere klare, tröstliche Schriftlehre von dem allgemeinen Gnadenwillen Gottes (Gott will, daß allen Menschen geholfen werde,

1 Tim. 2, 4.) umgestoßen oder beeinträchtigt. Wir können freilich mit unserer Vernunft nun und nimmermehr diese beiden Lehren zusammen= reimen. Aber wir nehmen unsere Vernunft gefangen unter den Gehor= sam Christi und glauben und bewahren die eine, wie die andere göttliche Lehre in ihrem vollen Umfang.

Diese doppelte Bemerkung soll einer doppelten Mißdeutung der rechten Lehre von der Gnadenwahl vorbeugen. Wenn man von der dargelegten Lehre aus vernunftgemäß weiter schließt, so geräth man allerdings auf die greuliche calvinistische Irrlehre, daß Gott nach seinem puren Wohlgefallen Andere in den Unglauben dahin gegeben und zur ewigen Verdammniß ver= ordnet habe. Aber wir verdammen diese Schlußfolgerung, weil sie klaren Schriftworten in's Angesicht schlägt. Wir lehren mit der Schrift, daß der Grund der Verdammniß einzig und allein im Menschen, im Unglauben des Menschen liegt. Was wir gemeiniglich den Reprobationsbeschluß nennen, ist nicht die Kehrseite des Prädestinationsbeschlusses, der Gnadenwahl. Die zwei Seiten sind eben nicht parallel. Gott hat beschlossen, diejenigen, deren Unglauben er voraussah, um ihres Unglaubens willen zu verdam= men. Das ist freilich eine voluntas consequens. Der Vorwurf, das sei nicht logisch, meistert die Thorheit der heiligen Schrift. Die schriftgemäße Lehre von der Gnadenwahl ist ein reines, ungetrübtes, hellglänzendes Licht. Wer sich gläubig in diesen unergründlichen Abgrund der Gnade und Barm= herzigkeit Gottes versenkt, dem vergeht die Lust, Gottes wunderbare Logik zu bemäkeln.

Wir verwahren uns schließlich gegen den Mißverstand, als beeinträch= tigten und schmälerten wir, indem wir die schriftgemäße Lehre von der Gnadenwahl festhalten, die andere Lehre der heiligen Schrift, die Lehre von der Allgemeinheit der Gnade. Wir glauben und bekennen mit allen rechtgläubigen Vätern, daß Gott ernstlich will, daß allen Menschen geholfen werde, daß Christus wirklich die ganze Sünderwelt erlös't hat, daß der Heilige Geist ernstlich allen Sündern die Gnade anbietet, durch das Evan= gelium ernstlich alle Sünder beruft. Freilich aber erkennen wir in den Schlußfolgerungen, die man aus diesen wahren Sätzen gezogen hat, daß Gott nun vorausgesehen, welche die allgemeine Gnade annehmen werden und welche nicht, und darauf hin (als auf die Gott bestimmende Ursache) die Ersteren zur Seligkeit erwählt, die Andern zur Verdammniß ver= ordnet habe, denselben rationalisirenden Zug, der Calvin bestimmt hat, aus den Schriftaussagen von der Gnadenwahl seine verhängnißvollen Syllogismen zu folgern. Nein, Vernunft die muß hier schweigen! Wir können unmöglich die beiden schriftgemäßen Lehren von der partikulären Wahl und von der allgemeinen Gnade mit unserer Vernunft vermitteln und in Einklang bringen. Auch nicht das Licht der Gnade, erst das Licht der

wahl ist ein Probirstein, daran Gott die Herzen prüft.   Er will uns er=
forschen, ob wir es wirklich mit der Versicherung, daß Gottes Wort in allen
Stücken Lehre und Bekennen bestimmen soll, daß Gottes Wort uns höher
steht, als der Menschen Meinung, ernstlich meinen, ob wir wirklich gewillt
sind, unsere Vernunft unter den Gehorsam Christi gefangen zu nehmen.
(Gott helfe uns, daß wir diese Probe bestehen!) *(D. G. Stoeckhardt)*

Eine seltene Ausgabe der sechs Hauptstücke des Kleinen Katechismus.

Unter dieser Ueberschrift finden wir folgende Einsendung in Luthardt's
Allg. Kz. vom 30. Juni.

Die lutherische Kirche hat am 25. Juni d. J. ein doppeltes Jubiläum
gefeiert.   Die Aufmerksamkeit ihrer Glieder ist somit nicht allein auf den
hohen Werth und köstlichen Inhalt sowohl der Augustana als der Concor=
bienformel, sondern auch auf unsere sämmtlichen Bekenntnißschriften aufs
Neue hingelenkt worden.   Unter diesen hat der Kleine Katechismus eine
besonders hervorragende Stellung.   So erlaube ich mir den Lesern dieses
Blattes ein Wort von einer Ausgabe der sechs Hauptstücke zu sagen, die
ihnen vielleicht unbekannt, zugleich aber auch ein schönes Zeugniß von dem
Glauben der Väter ist.   In den Buchhandel ist sie nie gekommen; ob sie
große Verbreitung gefunden hat, zu welcher Zeit sie erschienen ist, kann ich
nicht sagen, wäre aber um einigen Aufschluß sehr dankbar.   Die Ausgabe
besteht nämlich in sechs silbernen Medaillen, deren jede etwas größer als
ein Markstück, doch nicht ganz so groß als ein Zweimarkstück ist; das Ge=
wicht beträgt etwa sieben Gramm für jede.   Das Gepräge ist scharf und
deutlich, das Relief stärker als bei sonstigen Silbermünzen.   Hier die nähere
Beschreibung.

Auf der ersten Medaille Gott der Vater in den Wolken mit dem Zeige=
finger der rechten Hand die zehn Gebote auf die zwei Tafeln schreibend und
die Ueberschrift: „Gott redet alle diese Wort."   Dann folgen die Gebote:
„1. Ich bin der Herr dein Gott, solt keine andere Götter neben mir haben
2. Du solt den Namen des Herrn deines Gottes nicht vergeblich führen
benn der Herr wird den nicht unschuldig halten der Seinen Namen ver=
geblich führet 3. Gedenke des Sabaths das du ihn heiligest."   Auf der
Rückseite: „Du solt dein Vater u. Mutter ehren auf daß du lange lebest
im Lande das der Herr dein Gott geb. wird 5. Du solt nicht töben 6. Du
solt nicht Ehebrechen 7. Du solt nicht stehlen 8. Du solt kein falsch
Zeugniß geben wider deinen Nähesten 9. Du solt nicht begehren dein.
Nähesten Hauß 10. Du solt dich nicht lassen gelüsten deines Nähesten
Weib, Knecht, Magt, Vieh, noch alles was dein Nähester hat."

Zweite Medaille.   Die Vorderseite hat nur die Worte: „Diese Drey seind Eins" und als Bild links Gott den Vater, mit der rechten Hand die von einem Kreuz überragte Weltkugel haltend, mit der linken segnend; rechts Gott der Sohn, wie der Vater auf Wolken sitzend, auf welchen seine linke Hand ruht, während die rechte das Kreuz hält. Ueber Vater und Sohn schwebt in Taubengestalt der Heilige Geist. Auf der Rückseite der vollständige Text des apostolischen Symbolums.

Dritte Medaille. Die Vorderseite hat die Worte: „Ihr sollt also beten". Darunter sitzend unser Heiland mit gefalteten Händen, vor ihm drei Jünger und zwei Kinder, alle mit betenden Händen. Auf der Rückseite der Text des Vaterunser.

Vierte Medaille. Die Vorderseite hat als Ueberschrift die Worte: „Aus Wasser und Geist", darunter die Taufe des Kämmerers durch Philippus. Ersterer steht bis zu den Hüften im Wasser mit kreuzweise über die Brust gelegten Armen, dieser mit der rechten Hand die Taufe vollziehend, im Hintergrund ein zweispänniger Wagen. Auf der Rückseite die Worte: „Gehet hin und lehret alle Völcker u. Tauffet Sie im Namen des Vatters u. des Sohns u. des Heil. Geists. Wer da glaubt u. getaufft wird der wird seelig werden Wer aber nicht glaubt der wird verdampt werden".

Fünfte Medaille. Als Ueberschrift die Worte: „Das thut zu meiner Gedächtnus". Darunter das Bild des heiligen Abendmahls, Christus mit je sechs Jüngern zur Rechten und Linken, zum Theil in sitzender, zum Theil in liegender Stellung. Auf der Rückseite die Einsetzungsworte des heiligen Sacramentes.

Sechste Medaille. Als Umschrift die Worte: „Ich will dir des Himmelreichs Schlüssel geben", und als Bild: Christus überreicht stehend mit der rechten Hand die beiden Schlüssel dem vor ihm knieenden Petrus. Auf der Rückseite: „Der Herr Jesus blies seine Jünger an, u. sprach zu ihnen Nemet hin den Heil. Geist, welchen ihr die Sünd vergebet, denen sind Sie vergeben u. welchen ihr Sie behaltet denen sind Sie behalten".

Woher und aus welcher Zeit stammen wohl diese Medaillen? Sind sie bei irgend einer besonderen Gelegenheit (etwa einem Reformationsjubiläum) geschlagen worden? Sind sie in Deutschland bekannt und verbreitet? Wurden sie vielleicht zur Zeit als Pathengeschenk verabreicht, und kommt daher wohl der noch im Elsaß von älteren Leuten gekannte Ausdruck: „Göttelläbel"? Sie befinden sich nämlich in einem feinen, runden Schächtelchen. Lauter Fragen, auf welche ich keine Antwort zu geben im Stande bin. Mithin sind diese sechs kunstvollen Medaillen ein Zeichen und ein Zeugniß des lutherischen Glaubens unserer Väter und sollen als solche auch immer in Ehren gehalten werden.

Niederbronn im Elsaß.   F. Simon, ev.-luth. Pfarrer.

Vermischtes.

„Pilger aus Sachsen" und „Elsässer Friedensbote". Superinten=
dent Nagel schließt sein Festbüchlein zum dreihundertjährigen Jubiläum der
Concordienformel mit folgenden Worten: „Es bleibt fürwahr ein sehr ver=
hängnißvolles Vorgehen, daß man dort" (in den Landeskirchen) „sich be=
gnügt mit dem Wortzeugniß gegen die Union und mit der Abwehr ihrer
förmlichen Einführung, während man ihr am Altar und auf der Kanzel
fortwährend thatsächlich den Einzug gestattet, ja, die Wege ebnet." So=
wohl der „Pilger" als der „Friedensbote" citiren diese Stelle. Ersterer
offenbar zu dem Zweck, seine landeskirchlichen Leser zu warnen und aufzu=
wecken, indem er das Citat mit den Worten einleitet: „Endlich aber können
wir uns nicht versagen, den letzten Jubiläumswunsch, welchem der Verfasser
des Festbüchleins am Schlusse Ausdruck gibt, auch hier eine Stätte zu ge=
währen." Zu unserer großen Betrübniß hingegen — denn wir hätten von
dem „Ev.=Luth. Friedensboten" etwas ganz Anderes erwartet — leitet der
Letztere die Worte Nagels in folgender Weise ein: „Zum Schluß müssen
wir noch das Urtheil, das der Verfasser summarisch über die lutherischen
Landeskirchen fällt, als ein einseitiges und durchaus ungerechtes abweisen.
Es wird viel gesündigt in den Freikirchen: dies ist die Sache der Menschen,
und nicht die Schuld der Freikirche als solcher, und ebensowenig die Schuld
aller Freikirchen. Es wird leider viel gesündigt in den lutherischen Landes=
kirchen; dies ist bloß die Schuld Einzelner, wenn auch Vieler ihrer Glieder,
und aber nichts berechtigt den Breslauer Superintendenten in Bausch und
Bogen die lutherischen Landeskirchen alle mit folgender unbewiesenen, und
ungerechtfertigten Behauptung abzuthun: ‚Es bleibt fürwahr' 2c. Solche
harte Anklage ist eine wohl unbewußte (sie kommt meistens aus Unkenntniß
der wahren Lage der Dinge) Verleumdung der treuesten Arbeiter und Diener
des HErrn an unserer lutherischen Kirche." Es mag sein, daß Superinten=
dent Nagels Wunsch dem lieben „Friedensboten", der mitunter so herrliche
Zeugnisse für die lutherische Wahrheit und Kirche ablegt, tief und schmerz=
lich in das Fleisch geschnitten hat, aber wenn er den Wunsch an den Zu=
ständen seiner eigenen Landeskirche im Lichte des Wortes Gottes und des
Bekenntnisses unparteiisch prüft, so sollte es ihm, meinen wir, vergehen,
den Wunsch für eine „Verleumdung" zu erklären. Denn es gründet sich
derselbe auf die unleugbare thatsächliche Wahrheit. Mag aber die Stellung
des „Friedensboten" zur lutherischen Kirche in abstracto noch so richtig sein,
das absolvirt ihn nicht von der Unrichtigkeit seiner Stellung zur lutherischen
Kirche in concreto. — Je mehr wir uns über das im Obigen gemeldete
Verhalten des „Pilgers" gefreut haben, um so weher thut es uns in diesem
Blatte (vom 6. Juni) Folgendes zu lesen: „Gleich den Methodisten haben
auch die separirten Lutheraner Sachsens neuerdings ein Einschreiten der

Behörden erfahren. Der dermalige Paſtor der Johannisgemeinde in Planitz hatte bei Beſprechung des Agendenentwurfs in ſeiner ‚Freikirche‘ behauptet, das Landesconſiſtorium ‚habe ſich die Aufgabe geſtellt, zwiſchen Chriſtus und Belial zu vermitteln‘. Daraufhin iſt er nach dem ‚Kirchen= u. Schul= blatt‘ mit Geld= reſp. Gefängnißſtrafe bedroht und die Gemeinde bedeutet worden, daß man bei Wiederkehr von dergleichen Störungen des confeſſio= nellen Friedens die Zurücknahme der Beſtätigungsdecrete in Erwägung ziehen werde. Die Bitte um Zurücknahme dieſer Drohung iſt abgewieſen worden. Von einem Kirchenregiment ſagen, daß es ſich die ‚Aufgabe‘ ge= ſtellt habe, zwiſchen Chriſtus und Belial zu vermitteln, iſt freilich mit das Stärkſte, was ihm nachgeſagt werden kann, es iſt keine Kritik mehr, ſondern ein vom HErrn Matth. 7, 1. verbotenes Gericht. Und was dergleichen Gericht über das Innerſte in ohnedies erregten Kreiſen, in welche die ‚Frei= kirche‘ ja auch gelangt, für Folgen haben kann, das mußte ſich der Verfaſſer ſagen. Er wird ſich daher auch nicht über das Vorgehen der Obrigkeit gegen ihn wundern dürfen.“ — Der Paſtor in Planitz wird ſich freilich über das Vorgehen der Obrigkeit gegen ihn nicht wundern; aber darüber muß ſich jeder unterrichtete Lutheraner wundern, ein „Lutheraner“ könne daran zweifeln, daß das Landesconſiſtorium ſich bei Entwerfung der neuen Agende die Aufgabe geſtellt habe, zwiſchen Chriſtus uud Belial zu vermitteln.

W.

Moderne Recenſionsweiſe ſelbſt der Gläubigen. Wie dieſelbe beſchaffen ſei, wenn der ungläubige Autor ein großer Gelehrter iſt, erhellt zur Genüge aus folgenden Stücken einer Recenſion, die ſich in Dr. Lut= hardt’s „Theol. Literaturblatt“ vom 2. Juli findet: Einen wohlthuenden Gegenſatz zu dem, was wir an Tiele’s Darſtellung als unhaltbar und ein= ſeitig zu rügen hatten, bildet das von F. Max Müller in ſeinem neueſten religionshiſtoriſchen Werke über Entſtehung und Entwickelungsgang der Religionen Ausgeführte. Es ſind dies „Vorleſungen über den Urſprung und die Entwickelung der Religion, mit beſonderer Rückſicht auf die Re= ligionen des Alten Indien“ (Straßburg 1880, Trübner [XVI, 439 S. 8.]. 7 Mk.). Gehalten wurden dieſelben von dem berühmten Sprachgelehrten ſchon im Vorſommer 1878 in der Weſtminſter=Abtei zu London. . . . Der Verfaſſer läßt ſeine eigene religiöſe Unklarheit und halb beiſtiſche halb pan= theiſtiſche Verſchwommenheit mehrfach zu Tage treten, bis zu dem Grade, daß er einmal ſogar dem Atheismus als angeblichem ehrlichem Zweifler an unhaltbar gewordenen überlieferten Gottesvorſtellungen und nothwendigem Uebergange zu reinerer und höherer Religionserkenntniß eine Lobrede hält. Es ſei „dieſes Verneinen von dem, was man früher geglaubt hat und was man ehrlicherweiſe nicht mehr glauben kann, durchaus nicht das Ende aller Religion“; im Gegentheil, es ſei daſſelbe „ihr wahrſter tiefſter Lebens= quell“! „Es gibt einen Atheismus, der iſt Tod; es gibt einen anderen

wahre Selbstüberwindung, das wahre Opfer seiner selbst, das wahre Ver=
trauen auf die Wahrheit, der wahre Glaube. Ohne diesen Atheismus wäre
alle Religion schon längst zu einer versteinerten Heuchelei geworden" zc.
(S. 348.) So wenig diese und ähnliche aus unklarem kantianisirendem
Eklekticismus entsprungene Ueberschwänglichkeiten gutgeheißen werden
können, und so wenig die mystisch=sentimentale Allerweltsreligion (oder
philosophische Abstraktion aus der Gesammtheit der positiven Religionen),
welche er am Schlusse des Ganzen empfiehlt, sich das zustimmende Urtheil
klar denkender und wahrhaft frommer Christen erwerben wird: so dankens=
werth bleiben immerhin die aus seinem reichen Schatze sprachlichen und
religionsgeschichtlichen Wissens gespendeten Mittheilungen, denen er wenig=
stens in mehrfacher Hinsicht, namentlich was die Anfänge und früheren
Stufen der indischen Religionsentwickelung betrifft, gediegene und haltbare
Betrachtungen theoretischer Art hinzugefügt hat.

Aphorismen.

„Wenn wir die Bekenntnisse nach den Zeiten wechseln können, wahr=
lich dann ist der Ausspruch dessen eine Lüge, der da sagt: ‚Ein HErr, Ein
Glaube, Eine Taufe'; ist aber dieses wahr, dann lasset Niemand euch ver=
führen mit vergeblichen Reden." (So citirt Rudelbach folgende Stelle des
Basilius Magnus, Epistola 127: Εἰ γὰρ ἄλλας δεῖ πίστεις συγγράφειν καὶ
μετὰ τῶν καιρῶν ἀλλοιοῦσθαι, ψευδὴς ἡ ἀπόφασις τοῦ εἰπόντος· Εἷς κύριος,
μία πίστις, ἓν βάπτισμα· εἰ δὲ ἐκεῖνα ἀληθῆ, μηδεὶς ὑμᾶς ἐξαπατάτω τοῖς
κενοῖς λόγοις. Histor.=krit. Einl. in die Augsb. Confession S. 23.)

Auf dem National=Concil zu Upsala 1593 (25. Februar bis 20. März)
wurde in der vierten Session (3. März), nachdem man über die allgemeine
evangelische Grundlage, die heilige Schrift und die ökumenischen Symbole
der Kirche, in fest bestimmten Thesen sich erklärt hatte, die Augsburgische
Confession Artikel für Artikel durchgegangen; zum Schlusse angelangt,
fragte der Bischof von Strengnäs die Versammelten: ob alle Stände in
dieser vorgelegten Lehre standhaft verbleiben, auch, wenn es Noth sei, für
dieselbe leiden wollten. Alle erhoben sich und antworteten: Wir wollen
für dieselbe alles wagen, was wir in dieser Welt haben, Gut und Leben.
Darauf rief der Wortführende mit überlauter Stimme: „Nun ist Schwe=
den ein Mann worden, und alle haben wir einen einigen Gott."
(Rudelbach a. a. O. S. 202 f.)

Weil die Verfasser der Apologie der Concordienformel, Chemnitz,
Kirchner und Selneccer, sich zu dem Zwecke der Vollendung dieses Werkes

einem Gasthause daselbst, nemlich in dem Wirthshaus „zur Kanne", zu thun genöthigt gewesen waren, schrieb man Seitens der Reformirten schmähend: „es sei die Apologie beim Weinfaß gemacht." (Vilmar, Die Augsb. Confession. Gütersloh. 1870. S. 28.)

Neue Literatur.

Die Nothwendigkeit und Verbindlichkeit des kirchlichen Bekenntnisses. Eine Festschrift zum 300jährigen Jubiläum des lutherischen Con= cordienbuches (25. Juni 1880) von Dr. Ferdinand Philippi, Pastor zu Hohenkirchen in Mecklenburg = Schwerin. Gütersloh. Druck und Verlag von C. Bertelsmann. 1880. (VIII und 110 Seiten in Octav.)

Dieses Schriftchen anzeigen zu können, gereicht uns zu großer Freude. Es ist wirklich ganz vortrefflich; außer Frage das Beste und Gründlichste, was in diesem Jahrhundert über die Nothwendigkeit und Verbindlichkeit des kirchlichen Bekenntnisses geschrieben worden ist, sowohl was die Begründung dieser Eigenschaften des Bekenntnisses, als was die Widerlegung der gegen dieselben erhobenen Einwände betrifft, und zwar beides in einer Vollständig= keit, die man in einer Schrift von so geringem Umfange nicht erwartet. Wie reichen Inhaltes dieselbe ist, mag der geehrte Leser aus dem Inhalts= verzeichniß ersehen. Nach einer Einleitung werden nemlich folgende The= mata in gedrängter Kürze abgehandelt: Bekenntniß und Gemeinschaft — Bekenntniß und Kirche — Bekenntniß und Staat — Bekenntniß und Er= bauung — Schriftlehre — Bekenntniß und heilige Schrift — Bekenntniß und Wissenschaft — Bekenntniß und Uneinigkeit der Confessionellen — Be= kenntniß und Buchstabenknechtschaft — Bekenntniß und Gewissensbedrückung — Bekenntniß und Toleranz — Bekenntniß und Hierarchie — Polemische und antithetische Beschaffenheit der Symbole — Theologische Beschaffenheit derselben — Angebliche Widersprüche in den Symbolen — Bekenntniß und Staatsrecht — Bekenntniß und jus reformandi — Bekenntniß und Kraft der Wahrheit — Erfolg der Verpflichtung auf die Symbole — Bekenntniß und Union — Bekenntniß und katholische Kirche — Bekenntniß und Kultur — Bekenntniß und moderne Weltanschauung — Bekenntniß und christliches Leben — Die Verpflichtung auf die Symbole — Die Verpflichtung und die Laien — Die Form der Verpflichtung — Der materielle Inhalt der Ver= pflichtung — Unterschied zwischen Fundamentellem und Nichtfundamen= tellem — Beschränkung der Verpflichtung auf einzelne Bekenntnißschriften — Quia und quatenus — Unzulässigkeit der Verpflichtung auf den Buch= staben des Bekenntnisses — Fortbildung des Bekenntnisses — Bekenntniß und offene Fragen — Aeußere Legitimität der einzelnen Bekenntnißschriften — Innere Legitimität derselben — Schluß. Soweit das Verzeichniß des

Inhalts. Gerade über diejenigen die Verbindlichkeit der Symbole be=
treffenden Punkte, welche jetzt den meisten Widerspruch erfahren, über die
Verbindlichkeit auch der aus den Lehren des Bekenntnisses sich ergebenden
Consequenzen, über das, was im Symbol fundamental und nicht funda=
mental ist, über das „Quatenus" und „Quia" 2c. spricht sich der Verfasser
ebenso klar als entschieden aus. Kurz, diese Jubiläums=Schrift ist ebenso
unterrichtend wie glaubensstärkend. Auch die Form der Darstellung ist von
solcher Beschaffenheit, daß man das Büchlein mit Lust liest. — So gern
wir es nun mit diesem wohlbegründeten Lobe bewenden lassen möchten, so
fordert es doch unsere Pflicht den Lesern dieser Zeitschrift gegenüber, auch
das wenige mindestens Mißverständliche namhaft zu machen, was wir nicht
unterschreiben können, indem wir unseren Lesern selbst das Urtheil über
dasselbe überlassen. Seite 12 heißt es: „Die Predigt kann nur da erbau=
lich wirken, wo sie der Ausdruck des gemeinsamen Bekenntnisses ist." Seite
13 f.: „Christus selbst macht die Seligkeit nicht blos vom Glauben,
sondern auch vom Bekenntniß seiner Person abhängig." Seite 29: „Daß
nur der Unverstand der Leser mit ihrem stückweisen Erkennen (1 Cor. 13,
9—12.) eine authentische Interpretation der heiligen Schrift nöthig
macht", nemlich durch die Symbole. Seite 57: „Eine bloße Kirchenregi=
mentsunion, so abnorm dieselbe auch sein mag und soweit wir auch davon
entfernt sind, derselben das Wort zu reden, kann sehr wohl mit der Giltig=
keit der Bekenntnißschriften bestehen, weil sie das Gebiet der Lehre unbe=
rührt lassen kann; jedenfalls wird man nicht sagen können, daß eine Kir=
chenregimentsunion durch die Bekenntnißschriften unmöglich gemacht werde."
Seite 76: „Andrerseits wird daran zu erinnern sein, daß, selbst wenn der
Nachweis der Identität der Schrift= und Bekenntnißlehre nicht gelänge,
doch jede Kirche, wenn sie überhaupt bestehen will, von ihren Gliedern und
Dienern die Zustimmung zu ihrer Auffassung und Auslegung der Schrift=
lehre fordern muß." S. 102: „Vielmehr hat die ganze Kirche in ihrer
organischen Gliederung d. i. in den drei von Gott geordneten
Ständen zu befinden, ob das, was ihr als Fortbildung vorgelegt wird,
ein wirklicher schriftgemäßer Fortschritt auf der gegebenen Grundlage und
als verbindlich anzuerkennen ist." (Die Eintheilung in die drei Stände
ist nicht eine organische Gliederung, sondern eine mechanische accidentelle
Eintheilung.) Am meisten hat uns befremdet, da es der ganzen sonstigen
Darstellung widerspricht, daß es Seite 98 heißt: „Auch haben die Aus=
führungen und Erläuterungen der Bekenntnißschriften keinen Anspruch auf
Irrthumslosigkeit." Was der werthe Herr Verfasser damit meint, möchten
wir daher gern von ihm selbst ausgesprochen sehen, da die Worte vielleicht
etwas zu sagen scheinen, was der Verfasser selbst nicht meint. — Wir hof=
fen, daß diese Anstände von unserer Seite keinen Leser abhalten werden,
das höchst werthvolle Buch sich zu beschaffen und zu studiren. Die Aus=
stattung ist vortrefflich. W.

Der ungefälschte Luther nach den Urbrucken der Kgl. öffentlichen
Bibliothek in Stuttgart hergestellt. Erstes Bändchen. Stuttgart.
Verlag der J. B. Metzler'schen Buchhandlung. 1880. (IV und
102 Seiten in Duodez.)

Ein Dr. Karl Haas in Stuttgart klagt im Vorwort zu diesem Schrift=
chen, daß Luthers Werke bisher „theils sinnlos, theils muthwillig und
boshaft gefälscht worden" seien, wie ihn daher „der in den Sammelwerken
gefälschte Luther von ihm ab=, so" habe „der ungefälschte" ihn „zu ihm"
zurückgeführt, und „zum Danke möchte" er „dem deutschen Volke zunächst
die Erbauungsschriften des Reformators (nach den Urbrucken) möglichst
treu (!)zugänglich machen." Hiernach sollte man nun erwarten, daß das
Büchlein die Urbrucke in treuer Copie (wenn auch nicht was Orthographie
betrifft) enthalten werde. Vergleicht man aber dasselbe mit den wirklich
treu nach der Originalausgabe (z. B. in der Erlanger Ausgabe) wieder
aufgelegten Schriften, so findet man das gerade Gegentheil. Das erste
Bändchen beginnt mit einem Stück aus Luthers Schrift „Von den Con=
ciliis und Kirchen". Dieses Stück lautet in der Erlanger Ausgabe genau
nach dem Urbrucke von 1539 folgendermaßen: „Wohlan, hintan gesetzt
mancherlei Schriften und Theilung des Wortes Kirche, wollen wir dießmal
einfältiglich bei dem Kinderglauben bleiben, der da sagt: Ich gläube eine
heilige, christliche Kirche, Gemeinschaft der Heiligen, das ist, ein Haufe oder
Sammlung solcher Leute, die Christen und heilig sind; das heißt ein christ=
licher, heiliger Haufe, oder Kirchen. Aber dieß Wort Kirche ist bei uns
zumal undeutsch, und giebt den Sinn oder Gedanken nicht, den man aus
dem Artikel nehmen muß. Denn Apostg. 19, 39. 40. heißt der Kanzler
Ecclesiam die Gemeine oder das Volk, so zu Hauf auf den Markt gelaufen
war, und spricht: Man mags in einer ordentlichen Gemeine ausrichten."
(XXV, 353.) Diesen Abschnitt gibt unser „ungefälschter Luther nach den
Urbrucken der Kgl." 2c. folgendermaßen: „Da der Kinderglaube (das
apostolische Glaubensbekenntniß) sagt: ‚ich glaube eine heilige christliche
Kirche, Gemeinschaft der Heiligen 2c., so ist hiemit deutlich erklärt, was die
Kirche sei, nämlich eine Gemeinschaft der Heiligen, das ist so viel als Haufe
oder Sammlung solcher Leute, die Christen und heilig sind. Das heißt ein
christlicher heiliger Haufe oder Kirche. Aber dieses Wort Kirche ist zumal
bei uns undeutsch und drückt den Sinn oder Gedanken nicht aus, der in
dem Artikel des Glaubensbekenntnisses liegt. Denn in vielen Stellen der
Schrift heißt Ecclesia oder Kirche nichts anderes, als ein versammeltes
Volk 2c. und gibt es in der Welt mancherlei Völker." — Sapienti sat!
Hiernach ist es klar, daß dieser „ungefälschte Luther nach den Urbrucken"
ein durch und durch (denn so geht es fort) gefälschter, moderni=
sirter ist. Jedermann sei daher vor dieser Ausgabe Luther'scher Schrif=
ten mit ihrem verlockenden Titel gewarnt.   W.

Die lutherische Kirche und ihr Bekenntniß. Predigt, gehalten am 27. Juni 1880, 5. Sonntag nach Trin., von Dr. W. J. Mann, Pastor der ev.=luth. St. Michaelis= und Zions=Gem. und Prof. am theol. Seminar. Allentown, Pa. Brobst, Diehl & Co. 1880.

Diese uns zur Anzeige in „Lehre und Wehre" freundlich zugesendete Predigt enthält unter dem Motto: „Ich glaube, darum rede ich", Pf. 116, 10., erstlich eine kurze Geschichte der Entstehung und Gründung unserer Kirche, sodann eine Geschichte und Charakterisirung der allgemei= nen und der specifisch lutherischen Bekenntnisse, hierauf eine Darstellung des Eigenthümlichen und Unterscheidenden des lutherischen Lehrbekennt= nisses und endlich eine Schilderung der wunderbaren und schweren Füh= rungen, die unsere Kirche erfahren hat, sowie der Gaben und Aufgaben, die ihr verliehen sind. Wir können uns des in dieser Predigt für unsere Kirche und deren reines Bekenntniß abgelegten warmen Zeugnisses nur freuen. Der Preis eines Exemplars ist 10 Cts. W.

Kirchlich = Zeitgeschichtliches.

I. America.

Ein sonderbarer Heiliger in der Generalsynode. Im „Lutheran Observer" vom 17. September läßt ein R. Weiser, Doctor der Theologie, den Leser einen Blick thun in die Lutherische Kirche Pennsylvaniens vor fünfzig Jahren. Jene Zeit ist für diesen Doctor eine selige gewesen, bei der sein Geist noch jetzt gern verweilt, wie er mel= det. Damals habe es himmlisch gesinnte Heilige, Engel des Friedens gegeben, wie sie ihm seitdem nie wieder begegnet seien. Denn damals, sagt er, „waren jene theologi= schen Hunnen und Vandalen, die seitdem unsere stille Heerde überfallen haben, noch nicht an unsern Küsten gelandet." Was die lutherische Kirche in jener Zeit so vortheilhaft auszeichnete, war nach Dr. Weisers Darstellung hauptsächlich Dreierlei. 1. Man redete damals gar nicht von den Lehren der Kirche, also von dem Wort der Propheten und Apostel. 2. Man bekümmerte sich gar nicht um die Armen, die Verirrten und Verlore= nen; es wurden nur sehr kleine Collecten erhoben, und zwar hauptsächlich zu dem Zwecke, die Druckkosten für die Synodalberichte zu decken welche letztere der Art gewesen seien, daß bei bloßer Veränderung des Orts und der Zeit der Sitzung ein solcher Bericht für ein Dutzend Jahre hätte dienen können. 3. Alle Angelegenheiten der Kirche wur= den allein durch das Urtheil eines einzigen Mannes, des Prof. S. S. Schmucker, ent= schieden. — Wir bedauern, daß es Herrn Dr. Weiser nicht vergönnt gewesen ist, mit den das Nichts betrachtenden Buddhaisten, die seinen Geist mit einer weit größeren Heiligkeit der beschriebenen Art erquickt hätten, in nähere Verbindung zu treten.

R. L.

Die „lutherische" Generalsynode. Neu ist uns, was wir soeben in Luthardt's Kz. vom 27. August lesen: Die Cumberlandpresbyterianer, die liberalste unter den presbyterianischen Denominationen Amerikas, haben ein Comite ernannt, das mit einem Comite der luth. Generalsynode über die Vereinigung bezw. Verschmelzung der beiden Kirchenkörper verhandeln soll. Es wurde bei dieser Gelegenheit ausgesprochen, daß in der Lehre und Praxis gar kein Unterschied zwischen den beiden sei, einer Vereinigung mithin nichts im Wege stehen dürfte. Die Stellung der „lutherischen" Generalsynode zum Bekenntniß muß in der That eine sehr weitherzige sein, wenn solche Ansichten bei den Liberalen in Umlauf sind und eine derartige Zumuthung ihr gestellt werden kann.

II. Ausland.

Sächsische Freikirche. Die Allg. K.z. meldet: „Die (sächsischen) separirten Lutheraner erhielten (im vorigen Jahre) ihren Zuwachs zum größten Theil in den Städten Chemnitz und Glauchau. An letzterem Orte hält der separirt=lutherische Geistliche regelmäßige und zahlreich besuchte Versammlungen, und werden dort wahrscheinlich noch weitere Uebertritte erfolgen. Mehr und mehr tritt die Wahrnehmung hervor, daß es gerade die Zahl der ernst gerichteten Christen ist, aus welchen sich die Methodisten und Irvingianer, wie die separirten Lutheraner recrutiren." — P. Brunn in Nassau berichtet in dem Organ der sächsischen Freikirche vom 15. August, daß in den Dörfern Ulm und Allendorf eine ganze Gemeinde (von circa 90 Familien) schon vor zwei Jahren von der Landeskirche austrat infolge von Anstößen an dem Wandel ihres damaligen Pfarrers, über den sie vergeblich bei ihren landeskirchlichen Behörden, ja selbst bis nach Berlin hin Klage und Beschwerde hatte, und daß sich diese Gemeinde nun von ihm, P. Brunn, bedienen lasse. Ein Versuch des Consistoriums in Coblenz, die Ausgetretenen wieder zu gewinnen, sei gescheitert.   W.

Sachsen. Im Sächs. Kirchen= und Schulblatt vom 25. März rügte der Redacteur desselben, Pastor Dr. Schenkel in Cainsdorf, die Machinationen, welche ein Schulvorstandsvorsitzer in Beiersdorf Namens Paul getrieben hatte, um seinen Willen bei Gelegenheit einer Lehrerwahl durchzusetzen. Letzterer verklagte hierauf Ersteren, worauf dieser durch das Königliche Schöffengericht zu Zwickau folgendes Urtheil erhielt: „Daß der Angeklagte, Pastor Dr. Moritz Schenkel, wegen sich zu Schulden gebrachter Beleidigung des Privatklägers, Franz Eduard Paul, mit Geldstrafe von fünfzig Mark, an deren Stelle im Falle der Uneinbringlichkeit viertägiges Gefängniß zu treten hat, zu belegen, auch die Kosten des Verfahrens zu bezahlen, bez. die nothwendigen Auslagen dem Privatkläger zu erstatten schuldig. Im Uebrigen ist der Ankläger berechtigt, den verfügenden Theil dieses Urtheils, wenn möglich durch das Sächs. Kirchen= und Schulblatt und zwar in demselben Theile und mit derselben Schrift, wie der Abdruck der Beleidigung geschehen, auf Kosten des Angeklagten binnen vier Wochen bekannt zu machen." Das Urtheil hat daher das Sächs. Kirchen u. Schulblatt (in der Nummer vom 15. Juli) selbst bringen müssen. Ein liberales Schulvorstandsglied und dergl. anzugreifen, ist eben in Sachsen eine gefährliche Sache. — Soeben lesen wir in der „Ev.=luth. Freikirche" vom 15. August: „Herr Pastor Richter in Hartenstein, welcher die in voriger Nummer berichtete Aeußerung auf der Chemnitzer Conferenz gethan hatte, daß sich in der Landeskirche mancherlei Abirrungen vom Bekenntniß finden, hat gutem Vernehmen nach deßwegen eine Verwarnung vom Consistorium erhalten mit dem Bemerken, er solle in Zukunft vorsichtiger sein. So wachen die Wächter, daß ja kein Feuer aufgehe, und sehen inzwischen stillschweigend zu, wie Protestantenvereinler und andere falsche Propheten Tausende in den Abgrund der Hölle stürzen. Wenn's nur mit Vorsicht und ohne Rumor geschieht."

Wie wahrheitsgetreu in Luthardt's Kirchenzeitung über hiesige Vorgänge berichtet wird, davon ein neues Beispiel. In der Nummer vom 20. Aug. heißt es: „Zwischen der lutherischen Synode von Iowa und der von Missouri schwebt zur Zeit eine,

namentlich auf letzterer Seite mit der bekannten Heftigkeit ventilirte Streitfrage in Be=
treff der Gnadenwahl." — Bekanntlich ist von diesem allem kein Wort wahr. Zwischen
den beiden Synoden schwebt kein solcher Streit; daher denn auch die angebliche Heftig=
keit von Seiten der Synode von Missouri in diesem Streit rein aus der Luft gegriffen
ist. Schon seit einer längeren Reihe von Jahren, seitdem die Leiter der Jowa=Synode
als Männer offenbar geworden sind, die anders reden und schreiben, als sie denken (um
welcher Unehrlichkeit willen bekanntlich die Jowa=Synode ihre besten Elemente seit jener
Zeit verloren hat), haben wir uns um Jowa so viel wie gar nicht mehr bekümmert,
kaum eine Zeile von dem gelesen, was die Stimmführer Jowa's geschrieben haben, und
in unseren Blättern Jowa's nur dann kurz gedacht, wenn das Fach unseres „Kirchlich=
Zeitgeschichtlichen" oder unserer „kirchlichen Chronik" Berichterstattung von dem zu
fordern schien, was andere Blätter gegen oder für Jowa schrieben. Uebrigens ist in der
ganzen gegenwärtigen Controverse von unserer Seite auch gegen andere Opponenten
noch kein hartes Wort gefallen, da wir wenigstens von der Verantwortung frei
bleiben wollten, welche diejenigen auf sich laden, welche in der eigenen, Lehrzucht üben=
den, kirchlichen Gemeinschaft Krieg anstiften, ehe sie noch die Sache der Entscheidung
derselben übergeben haben. In Absicht auf die Allg. Kz. müssen wir daher sagen:
Schande über ein kirchliches Blatt, welches bereitwillig alle Lügen aufnimmt, wenn
diese nur Missouri schänden! W.

Aufsicht über das Studiren der Studenten. Nach dem, was in den deutschen
Blättern berichtet wird, ist jetzt auch in Deutschland eine solche Aufsicht eingeführt
worden. Berliner Blätter theilen infolge dessen u. A. mit, daß 69 Studirende im
Sommersemester wegen Unfleißes aus dem Album der Universität gestrichen worden
sind, worunter 46 der philosophischen Facultät, 18 der juristischen, 4 der medicinischen,
nur 1 der theologischen Facultät angehörten.

Eine evangelische Kirche in eine Synagoge umgewandelt. In Berlin ist
eine evangelische Kirche, die des früheren Arbeitshauses am Alexanderplatz, in den
Besitz der jüdischen Gemeinde „Schochere Hadtes" übergegangen und von dieser zu einer
ständigen Synagoge umgewandelt worden. Dahin wären wir also wirklich schon gekom=
men: in der kirchenarmen evangelischen Metropole des Deutschen Reichs, für deren
kirchlichen Nothstand in den Provinzen gesammelt werden muß, hat man so viel Ueber=
fluß an Gotteshäusern und solchen Mangel an christlichem, geschweige evangelischem
Bewußtsein, daß man eine Stätte evangelischer Anbetung in jüdische Hände übergehen
läßt! In der That, die vielbesprochene „Verjudung" der Reichshauptstadt scheint akut
zu werden! (Allg. Kz.)

Niederlande. Die Synode der niederländischen ev.=lutherischen Kirche, welche seit
der staatlicherseits eingeführten Synodalverfassung dieser Kirche, also seit dem Jahre
1816, im Haag zusammenzutreten pflegte, hielt in der zweiten Woche nach Pfingsten,
vom 24. bis 29. Mai d. J., zum ersten Mal in Amsterdam unter Vorsitz des dortigen
Pastor W. F. Loman ihre Sitzungen ab. . . . Bei Besprechung des im vorigen Jahre
angenommenen, im Sinne vollständiger Lehrfreiheit abgefaßten Amtsgelübdes wurde

preiszugeben sich entschließe. — So wird der Luthardt'schen Allgem. Kirchenzeitung vom
23. Juli mitgetheilt. Wie ein solches Jonas=Schiff, nur ohne einen Jonas (Jon. 1, 5.),
ohne sich zu schämen, noch immer die Flagge des lutherischen Namens aufziehen kann,
gehört auch zu den Zeichen unserer Zeit.   W.

    Der theologische Liberalismus. In einem Artikel mit der Ueberschrift „Die
liberale Theologie", welcher sich im VII. Heft der Luthardt'schen „Zeitschrift für kirch=
liche Wissenschaft" 2c. von diesem Jahre findet, lesen wir: „Eine Zeit lang schien es
zwar, als sei der theologische Liberalismus durch das nach den Freiheitskriegen wieder
mächtiger erwachte kirchliche Glaubensleben und eine sehr energische wissenschaftliche
Reaction zurückgedrängt, und als friste er nur noch in einigen kleineren deutschen Lan=
deskirchen eine sehr bescheidene Existenz. Die neueste Entwickelung indeß hat uns eines
anderen belehrt. Begünstigt durch die seit der s. g. neuen Aera wieder stärker gehende
liberale Strömung auf politischem Gebiet, schöpfte auch der theologische Liberalismus
am Ende der funfziger Jahre neue Hoffnungen; aus der Defensive ging er, eng ver=
bunden mit den kirchenpolitischen Bestrebungen des Protestantenvereins, wieder zum
Angriff über, und in der That hat er augenblicklich Erfolge aufzuweisen, die, wenn man
sich durch den äußeren Schein bestechen läßt, mit einer gewissen Besorgniß erfüllen
könnten. Sein Einfluß reicht weit über die Grenzen Deutschlands hinaus: die pro=
testantische Kirche Hollands und der Schweiz wird zum großen Theil von ihm beherrscht;
in der reformirten Kirche Frankreichs kämpft er mit der orthodoxen Richtung um die
Herrschaft; auf den englischen Universitäten besitzt er einflußreiche Gönner; das Evan=
gelisationswerk in Spanien und Italien befindet sich beständig in Gefahr, in dieses
falsche Fahrwasser hineinzugerathen, und selbst in dem streng lutherischen Standina=
vien verräth die neuerdings hervorgerufene Waldenström'sche Bewegung durch den
Subjectivismus ihres Urhebers und seine leidenschaftliche Polemik gegen die kirchliche
Versöhnungslehre eine unverkennbare rationalistische Tendenz. Ihren eigentlichen Sitz,
ihre geistige Arbeitsstätte aber hat die liberale Theologie in Deutschland. Während
noch vor etwa zwei Jahrzehnten nur die Facultäten von Jena, Gießen und vielleicht
noch von Heidelberg den Ruhm der Freisinnigkeit für sich beanspruchten, sehen wir
gegenwärtig auf den meisten unserer Universitäten einen oder mehrere Lehrstühle mit
ihren Anhängern besetzt. Sie gebietet über eine Anzahl namhafter theologischer Zeit=
schriften, sie versorgt den deutschen Büchermarkt mit einer Fülle literarischer Erzeugnisse,
und das Richteramt wissenschaftlicher Recension wird vorwiegend und zwar in wenig
parteiloser Weise von ihr geübt. Die gesammte liberale Tagespresse feiert sie als die
berufene Vertreterin theologischer Wissenschaft, gleich als gäbe es außerhalb dieser Kreise
nur beschränkten Pietismus und bemitleidenswerthe Ignoranz. In der bekannten
„Sammlung gemeinverständlicher wissenschaftlicher Vorträge" von R. Virchow und
Fr. v. Holtzendorff kommen, wenn überhaupt einmal ein religiöses Thema darin be=
handelt wird, nur entschieden freisinnige Theologen zu Worte, und die kommunalen und
kirchlichen Körperschaften der großen Städte wählen für ihre Kanzeln grundsätzlich nie=
mand, der sich ihnen nicht von vornherein als liberalen Geistlichen empfiehlt."

    Der heilige Thomas von Aquino ist vor einem Jahre allen Katholiken und in=
sonderheit den Theologen als der allgemeine Lehrer und Leitstern von dem Pabste
empfohlen, und seine mittelalterliche Theologie und Philosophie zur Grundlage des
Unterrichts gemacht. Jetzt geht der Pabst noch einen Schritt weiter, und ernennt den
Thomas zum allgemeinen Schutzheiligen aller Universitäten, Akademieen und Lyceen.
Die „Aurora", zu Rom erscheinend, feiert diese Erhebung, und setzt hinzu: „Der Ange=
likus (Thomas) wird, an sämmtlichen Universitäten, Akademieen und Lyceen angerufen,
von Gott erlangen, daß seine Lehre Ausbreitung finde und zugleich zum Wiederaufblühen
der Studien und der christlichen Sitte diene."   (Münkel's Neues Ztbl.)

Lehre und Wehre.

Jahrgang 26.   **November 1880.**   **No. 11.**

„Von der ewigen Wahl Gottes.‟

Unter dieser Ueberschrift findet sich ein besonderer Locus in dem von Dr. Timotheus Kirchner verfaßten deutschen „Enchiridion.‟

Der Verfasser, Sohn eines Landschullehrers, wurde am 6, Januar 1533 zu Doll-
städt im Herzogthum Sachsen-Gotha geboren, studirte zu Jena Theologie und wurde
nach Bekleidung mehrerer Pfarrämter im Jahre 1567 Professor der Theologie zu Jena.
Im Jahre 1571 erwählte ihn Herzog Julius zum Hofprediger in Wolfenbüttel und ein
Jahr darnach zum Generalsuperintendenten daselbst, sowie im Jahre 1576 zum ersten
Professor primarius und Vicerector der von ihm, dem Herzog, neu errichteten Universität zu Helmstädt; im Jahre 1579 wurde er jedoch dieses seines Amtes entsetzt, weil er
es in öffentlicher Predigt gerügt hatte, daß der Herzog zu großem Aergerniß des lutherischen Volkes seinen Erbprinzen zum Bischof von Halberstadt um der mit dem Bischof-
thum verbundenen Pfründen und Lehen willen von einem papistischen Abt mit papistischen Ceremonien hatte weihen lassen.*)   Da aber Chemnitz bald darnach von
Churfürst Ludwig von der Pfalz zum Professor primarius an der Universität Heidelberg
berufen wurde, diese Vocation jedoch nicht annahm und dem Churfürsten an seiner Statt
Kirchner empfahl, folgte hierauf letzterer noch im Jahre 1579 dem erhaltenen Berufe
als Prof. prim. zu Heidelberg.   Auch hier wurde er jedoch im Jahre 1584 seines Amtes
entsetzt, als nach dem Tode des lutherischen Churfürsten Ludwig der calvinisch gesinnte
Casimir zur Regierung gekommen war.   Hierauf endlich nach Weimar zum Generalsuperintendenten berufen, entschlief er hier sanft und selig in dem HErrn am 13. Febr.
1587.   Mit Chemnitz war Kirchner ein Herz und eine Seele.   Schon im Jahre 1565
nennt ihn Chemnitz in einem Briefe an Ritter einen „vir eruditione, pietate et con-
stantia confessionis praestans et clarus‟ („einen durch seine Gelehrsamkeit, Frömmigkeit und Beständigkeit im Bekenntniß hervorragenden und berühmten Mann‟).**)
Eines der segensreichsten Werke seines schriftstellerischen Fleißes, zu dessen Herausgabe
ihn Chemnitz bringend aufgefordert hatte, ist sein bekannter: „Thesaurus des hoch-
gelehrten, weitberühmten und theuren Mannes Dr. M. Luthers‟, welcher das erste Mal
1565 erschien.   Derselbe enthält eine vollständige, methodisch geordnete Dogmatik aus
Luthers Schriften.   Hochverdient um unsere Kirche hat sich Kirchner auch gemacht
durch seine Mitarbeit an der im Jahre 1582 erschienenen: „Apologia oder Verantwortung des christlichen Concordienbuchs, in welcher die wahre christliche

---

*) Auch Chemnitz legte dagegen, da man ihn in den Verdacht zu bringen suchte, er billige diese That,
öffentlich Zeugniß ab, wodurch er, wie er selbst an Ritter schreibt, bei dem Herzog in die höchste Ungnade (ja
zu Todesdrohungen!) fiel.   Siehe Chemnitii ad Ritterum Epp. p. 54.

**) Vgl. M. Chemnitii ad Ritterum Epistolae.   G. Ch. Joannis ed.   Francof. 1712. p. 12.

Lehre, so im Concordienbuch verfasset, mit gutem Grund heiliger göttlicher Schrift ver=
theidiget, die Verkehrung aber und Calumnien, so von unruhigen Leuten wider gedachtes
christliches Buch im Druck ausgesprengt, widerlegt werden." Es wird darin namentlich
die von dem Verfasser des Heidelbergischen Katechismus, Zacharias Ursinus, wider die
Concordienformel im Jahre 1581 herausgegebene Neustädter „Admonitio christiana
de libro Concordiae" widerlegt. Mit der Verabfassung dieser Apologie hatten die
3 lutherischen Churfürsten, von der Pfalz, von Sachsen und von Brandenburg, Chem=
nitz, Selnecker und Kirchner beauftragt; welchen Auftrag dieselben denn auch
schleunigst noch gegen Ende des Jahres 1581 gemeinschaftlich ausführten, indem sie zu
diesem Zwecke in Erfurt zusammen kamen; daher auch diese Apologie oft das „Erfurter
Buch" genannt wird. Rehtmeyer berichtet in seiner „Kirchenhistorie der Stadt Braun=
schweig", daß das Werk „insonderheit durch Kirchneri Fleiß bald fertig wurde."
(III, 481.) Als die synergistischen anhaltinischen Theologen auch gegen diese Apologia
eine Gegenschrift herausgaben, schrieb Kirchner im Jahre 1586 eine neue Schrift zur
Vertheidigung der Concordienformel unter dem Titel: „Antapologia oder daß
die 42 Argumente der Kirchendiener im Fürstenthum Anhalt weder Grund noch Bestand
haben." Der vielen anderen gründlichen theologischen Schriften Kirchner's hier nicht
zu gedenken, so gehört auch folgende zu den werthvollsten derselben: „Enchiridion D.
Timothei Kirchneri, in welchem die fürnehmsten Hauptstücke der christlichen Lehre
durch Frage und Antwort aus Gottes Wort gründlich erkläret und was denselbigen zu=
wider fürnehmlich eingewandt, kürzlich widerlegt wird. Heidelberg. 1583." In der
Vorrede erklärt Kirchner, der Zweck dieser kurzen Dogmatik sei u. a.: „Mein Bekennt=
niß von den fürnehmsten Artikeln unseres Glaubens hiemit kürzlich und öffentlich zu
repetiren, auf daß beides E. Churf. Gn. und Andere hieraus spüren mögen, was für
eine Lehre in derselben E. Churf. Gn. löblichen Universität ich der Jugend fürtrage, und
daß ich gedenke durch Gottes Gnade bei Gottes heiligem unfehlbarem Wort, als dem
einigen Fundament der reinen Lehre, zu bleiben und von der im christlichen Con=
cordienbuch repetirten Bekenntniß des seligmachenden Glaubens im
wenigsten nicht abzuweichen, sondern beständig, so viel mir Gott hilft,
zu verharren." Da nun Kirchner einer der Hauptverfasser der officiellen, im
Namen unserer Kirche herausgegebenen und von derselben approbirten Apologie der Con=
cordienformel, sein „Enchiridion" aber schon ein Jahr nach dem Erscheinen dieser
Apologie erschienen ist, so kann es niemand in Abrede stellen, daß die in diesem „Enchi=
ridion" enthaltene Darstellung der in der Concordienformel bekenntnißmäßig nieder=
gelegten Lehrartikel, wenn auch nicht eine im strengen Sinne authentische, doch die
sicherste Erklärung der eigentlichen Lehre der Concordienformel ist. Erklärungen,
welche jene Männer selbst geben, die die Concordienformel verfaßt,
und die dieselbe im Namen und Auftrag unserer Kirche öffentlich
schriftlich, und zwar noch zur Zeit ihres Erscheinens oder doch un=
mittelbar darnach, vertheidigt haben, solche Erklärungen, wenn es über=
haupt derselben noch bedürfte (was, Gott sei Lob dafür, bei der Klarheit der Concor=

zeitigen Apologeten jener Confeſſion bis an ihren Tod mündlich und ſchriftlich bekannt haben.

Sei es uns denn daher geſtattet, den Leſern dieſer Zeitſchrift den ganzen Locus „Von der ewigen Wahl Gottes", wie ſich derſelbe in Timotheus Kirchner's „Enchiridion" von 1583 findet,*) hiermit zu ernſtem, unparteiiſchem Studium wort-getreu vorzulegen. Es lautet derſelbe, wie folgt:

Von der ewigen Wahl Gottes.

Weil auch die rechtſchaffenen Chriſten, vielmals hiervon ſchwere Anfechtung empfinden, zeige kürzlich an, was denn die Gnadenwahl ſei?

Die ewige Wahl iſt eine Ordnung Gottes, nach welcher er aus lauter Barmherzigkeit um ſeines eingeborenen Sohnes willen ihm eine Gemeine oder Volk erwählet, welchen er das ewige Leben aus Gnaden mittheile, welcher Gemeine Gliedmaßen alle diejenigen ſind, ſo an Chriſtum glauben und bis ans Ende in ſolchem Glauben verharren.

Röm. 9.: Welches ich mich erbarme, beß erbarme ich mich.

Eph. 1.: Er hat uns durch Chriſtum erwählet, ehe der Welt Grund gelegt ward, daß wir ſollten ſein heilig und unſträflich.

Iſt die Wahl zum ewigen Leben mancherlei?

Nein, ſie iſt nur einerlei, wie nur Eine Rechtfertigung und Heiligung iſt.

Woher kommt ſie aber?

Aus Gottes gnädigem Rath und Willen. Eph. 1.: Er hat uns ver-ordnet zur Kindſchaft gegen ihm ſelbſt durch JEſum Chriſt nach dem Wohl-gefallen ſeines Willens.

Was bewegt ihn aber zu ſolcher Gnadenwahl?

Seine unausſprechliche Barmherzigkeit. Röm. 9. Epheſ. 1. Und daß er nicht gewollt hat, daß das ganze menſchliche Geſchlecht umſonſt ſollte ge-ſchaffen und endlich des ewigen Todes ſterben und verderben. Ezech. 18.: Ich will nicht den Tod des Sünders, ſondern daß er bekehrt werde und lebe.

Wer hat aber ſolche Gnadenwahl verdienet?

Niemand als JEſus Chriſtus allein mit ſeinem heiligen Leiden und Sterben und heiligen Gehorſam, dadurch er uns Menſchen von der Sünde und Tod erkauft und erworben zu ſeinem Erbe. Eph. 1.: Er hat uns an-genehm gemacht in dem Geliebten, an welchem wir haben die Erlöſung durch ſein Blut. Darum iſts unrecht, die Urſache der Erwählung in uns Menſchen und unſerem Verdienſt ſuchen wollen, wie die Papiſten thun.

---

*) Es iſt dasſelbe ſpäter wiederholt aufgelegt worden und im Jahre 1595 in Frankfurt auch in lateiniſcher

Was hält aber Gott für eine Ordnung in der Gnadenwahl?

Die Ordnung wird vom Apostel Paulo Röm. 8. beschrieben: Welche er verordnet hat, die hat er auch berufen, welche er aber berufen hat, die hat er auch gerecht gemacht, welche er aber gerecht gemacht, die hat er auch herrlich gemacht. Derwegen müssen die Auserwählten nirgend, denn in der Gemeine Gottes, da sein heiliges Wort rein und lauter gepredigt und die Sacramente nach Christi Ordnung ausgetheilt, gesucht werden, da näm=lich die Berufung im Schwange gehet, denn die Berufung geschieht durchs Predigtamt.

Ist denn die Gnadenwahl also bloß in dem heimlichen Rath
Gottes zu betrachten?

Antwort: Wer mit Nutz und Frucht von der Gnadenwahl denken will, der muß anfangen von der Buße. Erstlich seine Sünde herzlich erkennen, nachmals an JEsum Christum glauben und Vergebung der Sünden erlan=gen. Zum dritten durch Kraft des Heiligen Geistes zu guten Werken er=schaffen werden, Eph. am 2., daß er darinnen wandle. Zum vierten durch Kreuz und mancherlei Anfechtungen im Glauben geübt werden, alsdann kann er mit Nutz von der Gnadenwahl denken. Wer aber an dem bloßen, heimlichen Rath Gottes anfangen will, die Buße und alles anstehen lassen: der wird ohne Schaden hiervon nicht denken können, sondern entweder in Sicherheit oder aber in Verzweiflung gerathen. Und diese Ordnung zeigt uns der Apostel Paulus in seiner Epistel an die Römer, da er erstlich Buße ihnen prediget, nachmals den Glauben an Christum, zum dritten lehret, wie der Heilige Geist die Herzen erneuert und den Kampf wider die Sünde in den Gläubigen anfängt. Zum vierten durch viel und mancherlei Kreuz prüfet und dann erst im 9ten Kapitel recht zur Gnadenwahl führet.

Da auch jemand aus der Vernunft oder aus dem Gesetz von der Gna=denwahl denken will, richtet er auch nichts aus, denn dieses Geheimniß der Vernunft viel zu hoch ist. Das Gesetz aber prediget von der Sünde und Zorn Gottes wider die Sünde und nicht von der Gnade. Röm. 3. 8. Darum kann man im Gesetz die Gnadenwahl nicht suchen.

Wie kommts aber, daß wenig erwählt sind, wie Christus
Matthäi am 20. sagt?

Antwort: Wir reden hier vom offenbarten Wort. Das spricht Röm. 11.: Sie sind zerbrochen um ihres Unglaubens willen, da deutlich angezeigt wird, daß der Unglaube die Schuld sei.

Ist denn Gott die Ursache, daß Etliche verdammt werden?

Keineswegs. Denn er schwört und spricht selbst, er wolle nicht den Tod des Sünders, sondern daß er bekehrt werde und lebe. Ezech. 18. Darum sollen wir nicht sagen, daß die Verwerfung der Gottlosen Gottes Wille und Ordnung sei, sondern vielmehr bekennen, daß die Sünde eine

Er könnte sie aber wohl alle mit einander bekehren?

Da ist kein Zweifel an, wenn er seine Allmächtigkeit brauchen wollte. Daß ers aber nicht thut, haben wir ihn nicht darum zu besprechen. Paulus Röm. 9. schreibt, er erzeige Zorn und thue kund seine Macht und trage mit großer Geduld die Gefäß des Zorns ꝛc. In denen, die er also in ihrem Unglauben bleiben läßt, erzeigt er seine Gerechtigkeit und Zorn wider die Sünde. Er ist ja unser keinem nichts schuldig, sondern was er gibt und thut, das thut er aus lauter Gnade um JEsu Christi willen, dem haben wir alles zu danken und zuzuschreiben.

Weil denn der Glaube an Christum eine sonderliche Gabe Gottes ist, warum ist er nicht in allen?

Dieser Frage Erörterung sollen wir ins ewige Leben sparen, unterdessen uns daran genügen lassen, daß Gott nicht will, daß wir seine heimlichen Gerichte erforschen sollen. Röm. 11.: O welch' eine Tiefe des Reichthums, beide der Weisheit und Erkenntniß Gottes! Wie gar unbegreiflich sind seine Gerichte!

Es hat aber das Ansehen, als sei Gott ungerecht, daß er nicht allen Menschen, Türken, Heiden und Unbußfertigen seine Erkenntniß und Glauben gibt?

Antwort: Wie kann er ungerecht sein, wenn er keinem Menschen nichts schuldig ist, Matth. 20., und hätte sie wohl alle in ihren Sünden können sterben lassen? Darum auch der Apostel Röm. 9. spricht: Lieber Mensch, wer bist du, daß du mit Gott rechten willst?

Es scheint auch Gott in dem ungerecht zu sein, daß ers hie auf Erden den Frommen übel und den Bösen meistentheils läßt wohl gehen, und kann sich die Vernunft hierein gar nicht schicken. Das Evangelium aber zeigt Ursach an, warum Gott den Seinen hier mancherlei Kreuz auflegt und die Herrlichkeit dorthin aufspart. Also dünkt uns auch hier, Gott sei ungerecht in dem, daß er nicht allen Menschen sein Wort und den Glauben an Christum gibt, und vermag sich unsere Vernunft hieraus in diesem Leben nicht zu finden. Wenn wir aber dorthin in jenes Leben kommen werden, alsdann werden wir sehen und verstehen, daß Gott nicht ungerecht ist, ob er wohl nicht allen Menschen das Wort und den Glauben gibt. Lumen gloriae wird diese Fragen alsdann fein und leichtlich auflösen, welche Auflösung wir in lumine gratiae nicht allerdings sehen können. Gottes Strafen und Gerichte über die Sünde müssen ebensoviel erkannt werden als seine Gnade. Aller Menschen Natur ist durch die Sünde verderbt. Derwegen ist uns Gott nichts als die Verdammniß schuldig. Da er auch gleich zuweilen sein Wort und Gnade gibt, stoßen wir dieselbige aus und machen uns des ewigen Lebens unwürdig, wie Actorum am 13. von den Juden steht. Darum kann Gott, dem HErrn, diesfalls keine Ungerechtigkeit billig zugemessen werden.

Dennoch wollte ich gerne wissen, was dieses doch für Ur=
sache hätte?

Hierauf antworte ich mit Augustino, de verbis apostoli, sermone 20:
Nemo quaerat a me occultorum rationem. Ille dicit iuscrutabilia sunt
judicia ejus et tu scrutari venisti. Ille dicit investigabiles sunt viae
ejus et tu investigare venisti. Si inscrutabilia scrutari venisti et investigabilia vestigare venisti, crede jam periisti. Tale est velle scrutari inscrutabilia et investigabilia investigare, quale est velle invisibilia
videre et ineffabilia fari. Ergo aedificatur domus; cum pervenerit ad
dedicationem, tunc invenies istorum occultorum apertissimam rationem.
Das ist: Es begehre nur Niemand die Ursache solches verborgenen Geheim=
nisses von mir zu wissen. Der Apostel spricht: seine Gerichte sind unbe=
greiflich; und du kommst und willst sie begreifen. Er spricht: seine Wege
sind unerforschlich; und du kommst und willst sie erforschen. Wenn du
dich deß willst unterstehen, die unbegreiflichen und unerforschlichen Dinge
zu begreifen, ist's schon aus mit dir. Es ist eben so viel, sich bemühen,
unbegreifliche und unerforschliche Dinge zu begreifen und zu erforschen, als
unsichtbare Dinge zu sehen und unaussprechliche Dinge auszureden. Laß
das Haus Gottes jetzo gebaut werden; wenn es nun zu der Einweihung
kommen wird, da wird der HErr uns solcher heimlichen und verborgenen
Sache gründliche und beständige Ursache zeigen. Summa: in diesem Leben
können wir nicht mehr sagen, denn wie zu den Römern am 9. steht, daß Gott
wolle kund machen den Reichthum seiner Herrlichkeit an den Gefäßen der
Barmherzigkeit, seinen Zorn aber an denen, die verdammt werden, erweisen.
Dabei sollen wir es bleiben lassen.

Welches ist denn das Ende solcher Gnadenwahl?

Gottes Ehre, Eph. 1.: Er hat uns verordnet zu Lob seiner herrlichen
Gnade, und unserer Seelen Heil und Seligkeit.

Welches sind aber die Früchte der Gnadenwahl?

Das zeigt auch der Apostel Eph. 1. fein deutlich an, da er spricht: Er
hat uns erwählet, daß wir sollten sein heilig und unsträflich vor ihm in der
Liebe. Und Eph. am 2.: Wir sind sein Werk, geschaffen in Christo JEsu
zu guten Werken, zu welchen Gott uns zuvorbereitet hat, daß wir darinnen
wandeln sollen. Desgleichen Röm. 8., da er schreibt: Welche er zuvor ver=
sehen hat, die hat er auch verordnet, daß sie gleich sein sollten dem Eben=
bilde seines Sohnes, das ist, Christo sein Kreuz nachtragen und durch viel
Trübsal ins Himmelreich eingehen. Endlich, da er Röm. 8. sagt, daß die
Auserwählten Niemand scheiden könne von der Liebe Gottes. Ich bin ge=
wiß, spricht er, daß weder Tod noch Leben, weder Engel noch Fürstenthum,
noch keine andere Creatur uns scheiden mag von der Liebe Gottes, die in
Christo JEsu ist, unserm HErrn.

Ist es denn unrecht, lehren, daß die Gnadenwahl stehe auf unsern Werken oder auf unserm Willen?

Ja, traun! Denn sie stehet allein auf Gottes Barmherzigkeit, Röm. 9.: Weß ich mich erbarme, deß erbarme ich mich; und auf Christi Verdienst, Eph. 1.: Und hat uns ihm verordnet zur Kindschaft gegen ihm selbst durch JEsum Christ 2c.

Zwinget denn Gottes Vorsehung die Menschen zur Sünde?

Keineswegs! denn er ist nicht ein Gott, dem gottlos Wesen gefällt, Ps. 5. Wer Unrecht thut, bleibt nicht vor ihm. Wir Menschen sündigen willig. Denn alles Dichten und Trachten menschlichen Herzens ist von Jugend auf zum Argen geneigt, Genes. 6. 8. und Matth. 15.: Aus des Menschen Herz kommen arge Gedanken 2c.

Es scheinet aber, als hebe dieser Punkt die Lehre von guten Werken auf und mache die Leute sicher zu sündigen?

Mit nichten! Wie sollte dieser Artikel die Lehre von guten Werken aufheben und die Leute sicher machen, dieweil Eph. 1. klar steht, Gott habe uns erwählet, daß wir sollen heilig und unsträflich vor ihm sein in der Liebe; und Eph. 2., er habe uns dazu vorbereitet, daß wir in guten Werken wandeln sollen. Daß aber gottlose Leute dieses Artikels, wie auch anderer mehr, zum Schanddeckel ihres Muthwillens gebrauchen, ist der Lehre selbst Schuld nicht, sondern der Bosheit des menschlichen Herzens, die alles Gute zu verkehren und zu mißbrauchen pflegt.

Vom Teufel und nicht von Gott kommen die Gedanken: „Bist du erwählt, du thust, was du wollest, so kann dirs alles nicht schaden." Denn die Schrift sagt nirgends, daß du dieses Artikels dazu brauchen oder also von der Gnadenwahl denken sollest, sondern, daß dir eben solche Gnadenwahl Ursach geben soll, in allen guten Werken zu wandeln, unsträflich und heilig zu sein 2c. Eph. 1. 2.

Wie soll sich denn ein betrübtes christliches Herz in den schweren und hohen Anfechtungen von der ewigen Gnadenwahl trösten?

Erstlich soll ein solch angefochtenes Herz auf die tröstlichen Verheißungen sehen, in welchen sich Gott selbst einen Gott der betrübten, zerschlagenen und bekümmerten Herzen nennet. Ps. 9. 10. 40. 51. Und beut ihnen beständigen Trost an, und sollen denselbigen Trost in keinen Zweifel ziehen. Denn was der HErr zusagt, das hält er gewiß. Himmel und Erde vergehen, aber seine Worte vergehen nicht, Luc. 21. Er will die Zerschlagenen nicht vollends zerschlagen, sondern aufrichten; weil du denn ein solch zerschlagen Herz hast, sollst du gewiß sein, daß er dich trösten und aus dieser schweren Anfechtung erretten werde.

Zum Andern, daß JEsus Christus selbst solche bekümmerte Herzen zu sich ruft und ihnen Erquickung zusagt. Matth. 11.: „Kommt her zu mir alle, die ihr mühselig und beladen seid, ich will euch erquicken." Weil du dich denn mit gedachter Anfechtung in deinem Herzen hoch beschweret und beladen befindest, sie dir auch dein Herz als eine schwere Last niederdrücket, sollst du nicht zweifeln, der HErr JEsus Christus werde solche Last von dir nehmen und dich gnädiglich erquicken oder trösten.

Zum Dritten, warum willst du dich selbst mit dieser Anfechtung von Gottes heimlichem Rath martern und quälen, dieweil dir der himmlische Vater sein wahrhaftiges, beständiges Herz von deiner Seligkeit in Christo JEsu, seinem lieben Sohn, geoffenbaret hat? Daraus du deiner Wahl kannst und sollst gewiß sein, wie Johannis am 3. stehet: „Also hat Gott die Welt geliebet." Joh. 6.: „Das ist der Wille Gottes" 2c. Item, Röm. 10.: „Es ist aller zumal Ein HErr, reich über alle, die ihn anrufen. Denn wer den Namen des HErrn wird anrufen, soll selig werden." Ja, der himmlische Vater heißt dich selbst seinen lieben Sohn hören, Matth. 3. Was zeuget aber der von deiner Seligkeit? Dieses nämlich, daß, wenn du an ihn glaubst, sollst du nicht ins Gericht kommen oder verdammt werden, Joh. 5., sondern das ewige Leben haben und vom Tode zum Leben hindurch-gedrungen sein.

Zum Vierten. Was darfs vieler Worte? Solche bekümmerten, ange-fochtenen Herzen sollen nur in die bluttriefenden Wunden JEsu Christi, des einigen Mittlers, sehen, aus welchen ihre Gnadenwahl beständig erscheinet. Denn weil er sich deinetwegen hat verwunden und tödten lassen und sein theures Blut für dich vergossen: weshalb solltest du denn nicht zum ewigen Leben erwählt sein? Ja, warum solltest du ewig verdammt und verloren sein? Er hat ja solches alles nicht derwegen ausgestanden, daß du solltest verdammt und verloren, sondern vielmehr, daß du solltest dadurch selig werden. Jes. 53.: „Durch seine Wunden sind wir geheilet, die Strafe liegt auf ihm, daß wir Friede hätten." 1 Joh. 1.: „Das Blut JEsu Christi macht uns rein von aller Sünde." Macht es dich rein von aller Sünde, so mußt du ja erwählet sein. Denn wer von aller Sünde gereinigt ist, der ist gewißlich ein Erbe des Himmelreichs und ewigen Lebens. Sollst derowegen dich nicht unter die Verdammten zählen, dieweil du durchs theure Blut JEsu Christi von allen deinen Sünden theuer erkauft und reingewaschen bist, 1 Cor. 6.

Zum Fünften stehen da die allgemeinen Verheißungen der Gnade, welche freilich dich mit angehen, da gesagt wird, daß sich der HErr Aller erbarme, Röm. 11. Gal. 3. Daß er reich sei über Alle, Röm. 9. Daß er Alle, die an den Sohn glauben, wolle selig machen. Nun glaubst du ja an JEsum Christum, seinen Sohn, und tröstest dich seines allerheiligsten Gehorsams, Leidens, Sterbens und Auferstehung 2c. Warum wolltest du dich denn von solchen gemeinen Verheißungen ausschließen?

Zum Sechsten, so bist du ja auch auf den Namen und Blut JEsu Christi getauft zur Vergebung der Sünden und Erbschaft des ewigen Lebens, Act. 2. Marc. 16. Hast demnach keine Ursache, von deiner Seligkeit oder Erwählung zu zweifeln. Denn wer glaubt und getauft wird, der wird selig.

Zum Siebenten, so gibt ja der Heilige Geist, so in deinem Herzen wohnet, Röm. 8., Zeugniß deinem Geist, daß du Gottes Kind und Christi Miterbe seiest, wie solltest du denn nicht zum ewigen Leben erwählet sein? Daher auch 2 Cor. 1. steht: Gott ist, der uns befestigt sammt euch in Christum und uns gesalbet und versiegelt und in unsere Herzen das Pfand, den Geist, gegeben hat.

Zum Achten, befestigt deine Erwählung auch das theure Pfand des Leibes und Blutes JEsu Christi, dir im heiligen Nachtmahl mit Brot und Wein übergeben. Weil dich nun JEsus Christus mit seinem eigenen Fleisch und Blut speiset und tränket, wie sollte er denn nicht gemeint sein, dich ewig selig zu machen und in sein Himmelreich zu nehmen?

Einrede.

Ich weiß aber nicht, ob ich in der Zahl der Auserwählten sei?

Antwort: Das sind Gedanken, welche dir der böse Feind einbildet und dich damit betrübet, welchen du keineswegs folgen sollst, sondern vielmehr die vorerzählten Gründe anschauen, in welchen du deutlich und klar verständigt wirst, daß du in Christo JEsu und durch sein Blut und Tod gewißlich erwählet seiest und ewig selig werden sollst. Dabei bleibe und laß dich nicht davon abtreiben, die Anfechtung wird durch Gottes Hilfe und Gnade wohl nachlassen und wirst wieder erfreuet werden.

So lautet die Darstellung der Lehre von der Gnadenwahl, wie sie ein Timotheus Kirchner gegeben hat. Hoffentlich wird Niemand darin Calvinismus wittern. Wer das thun würde, würde sich damit einfach lächerlich machen und deutlich verrathen, daß er entweder weder was lutherische noch was calvinische Lehre ist, wisse, oder daß er ein Feind der Lehre unserer Kirche sei, welcher, da er sie aus Gottes Wort nicht widerlegen kann, vor derselben dadurch wenigstens eine Scheu zu erwecken sucht, daß er sie als Calvinismus verläftert.

Möge sich der HErr unserer theuren amerikanisch-lutherischen Kirche erbarmen, und ihr helfen, daß sie, wie sie bisher in allen andern Lehrstücken zurückgegangen ist zu Lehre und Bekenntniß unserer Kirche im Zeitalter der Reformation, so auch in dem hohen der Vernunft so unbegreiflichen Artikel von der Gnadenwahl wieder dahin zurückgehe und auf diesem Wege hier, in diesem letzten Lande der Gnadenheimsuchung Gottes mit seinem reinen Worte, auch ferner und immer mehr etwas von dem Segen erfahre, mit welchem Gott unsere Kirche einst vor 350 und vor 300 Jahren so überreichlich überschüttet hat.

W.

(Eingesandt.)
Auszug aus den Protokollen der Baltimore Pastoralconferenz, betreffend die Taufe Herrn H. Scheib's,
Predigers an der sogenannten ev.-luth. Zions-Gemeinde in Baltimore, Md.

Es ist hier in Baltimore ein Prediger, Namens Heinrich Scheib, der es mit den sogenannten Neu-Protestanten hält und schon seit vielen Jahrzehnten die alte ev.-lutherische Zions-Kirche, deren Anfänge in das vorige Jahrhundert zurückreichen, in Beschlag hat. Als er in dieser Kirche an's Ruder gekommen war und seinen crassen Unglauben mehr und mehr offenbarte, waren viele von denen, welche jetzt noch zum Theil den Stamm in unsern lutherischen Gemeinden dahier bilden, ausgetreten und hatten zunächst eine eigene Kirche und Gemeinde gebildet. Scheib aber fuhr je länger, je mehr im Unglauben und in der Entchristlichung seiner Zuhörer fort. Schon längst hatten sich daher bei den Gliedern obiger Conferenz Bedenken geäußert: ob wohl Scheib noch eine rechte Taufe vollziehe? ja, bei jedem Neueintretenden erhoben sich, sobald er von Scheib's Stellung zum Christenthum hörte, dieselben Zweifel immer wieder aufs Neue. Da jedoch Scheib, soviel man durch Leute, welche sein Taufen mit angesehen und gehört hatten, in Erfahrung bringen konnte, noch auf den Namen des Vaters, des Sohnes und des Heiligen Geistes taufte (neuerdings hat sich jedoch herausgestellt, daß er dieses Formular nicht immer braucht, sondern auch eigene, selbsterdachte), so beruhigte man sich und andere hierdurch immer wieder, bis endlich ein Artikel im „Lutheraner", Jahrg. 35. S. 73. (1879), „die Taufe der Neu-Protestanten" betreffend, die volle und ernste Aufmerksamkeit der Conferenz abermals auf die Taufe Scheib's richtete. Dies Wenige wird genügen, dem Leser das Verständniß für die folgenden Verhandlungen der Conferenz zu ermöglichen.

In der zweiten Sitzung der Baltimore Districtsconferenz, 17. Juni 1879, wurde die Frage gestellt: „Hat Hr. H. Scheib, Pastor an der sogenannten ev.-lutherischen Zions-Gemeinde in Baltimore, da er für seine Person offenbar ein Leugner der heiligen Dreieinigkeit ist und seine Gemeinde ihn trotzdem duldet, noch die rechte Taufe?"

Die Conferenz sah sich nicht im Stande, über diese Frage sofort zu entscheiden, da es namentlich an dem nöthigen Beweismaterial fehlte, um einen genaueren Einblick in den Standpunkt Hrn. Scheib's und seiner Gemeinde zu erlangen. Um daher Zeit zur Herbeischaffung der nöthigen Bücher zu gewinnen, beschloß man, diese Frage in einer späteren Sitzung zu besprechen.

In der vierten Sitzung der Conferenz, 18. Juni 1879, wurde nun die Frage abermals zur Besprechung und Erwägung vorgelegt.

Es waren nun allerdings genügende Beweise (unter anderm ein Leit-

Hr. Scheib für seine Person ein Leugner der heiligen Dreieinigkeit ist; aber da ja der Prediger durch seinen persönlichen Unglauben der Giltigkeit der von ihm verwalteten Sacramente nichts nimmt; da ferner dessen Gemeinde den lutherischen Namen trägt und die Gemeinde ja Inhaberin des Predigtamtes ist; da auch die Ohren der Hörer oft reiner sind, als der Mund des Predigers (was zu bedenken ist, weil Hr. Scheib noch zuweilen das richtige Formular der Taufe gebraucht); da man auch Hrn. Scheib's Taufe erst dann eine nichtige nennen kann, wenn man bestimmt weiß: seiner Gemeinde fehlen alle Kennzeichen einer christlichen Gemeinschaft; und da endlich die Entscheidung dieser Frage von viel zu großer Tragweite ist, um sie ohne Berücksichtigung aller einzelnen Momente abthun zu können (denn hier gilt es, festen Grund unter den Füßen haben und auf unumstößliche Beweise gestützt zu sein): so beschloß die Conferenz, auf diesmal noch nicht zu entscheiden; aber auch die Sache nicht länger ruhen zu lassen, sondern sie bei den nächsten Sitzungen einer nochmaligen Besprechung zu unterbreiten. Bis dahin sollen die Brüder in Baltimore es sich angelegen sein lassen, alles einschlagende Material zu sammeln. Und damit man auch zur Klarheit in Betreff der Lehre, welche diese Frage berührt, komme, wurde Pastor H. Hanser der Auftrag ertheilt, ein Referat zu liefern über die Frage: „Welches sind die leitenden Grundsätze, wonach eine Gemeinde zu beurtheilen ist, ob sie noch eine christliche Gemeinschaft sei oder nicht?"

In Folge dieses Beschlusses legte der Genannte bei der im November 1879 in Baltimore gehaltenen Districtsconferenz folgende Thesen vor.

Grundsätze, wonach man zu urtheilen hat, ob eine Gemeinschaft noch für eine christliche zu halten sei.

Thesis I.

Gott sammelt sich eine Gemeinde, schenkt und erhält ihr das rechte Glaubensleben nur durchs Evangelium und die Sacramente. 2 Thess. 2, 14. Joh. 3, 5.

Wenn es 2 Thess. 2, 14. heißt: „Darin er euch berufen hat durch unser Evangelium zum herrlichen Eigenthum unsers HErrn JEsu Christi", so sieht man hieraus, daß es in der Thesis mit Recht heißt: „Gott sammelt sich eine Gemeinde durchs Evangelium." Wollte man hier sagen, die Sammlung geschehe durch das Wort Gottes, so wäre dies ein zu allgemeiner Ausdruck, denn dann gehörte auch das Gesetz dazu; weil aber letzteres nur ein Zuchtmeister auf Christum, nicht aber der Führer zu ihm ist (denn es kann den Glauben nicht wirken, sondern richtet nur Zorn an), so kann die Sammlung der Kirche nicht durch's Gesetz geschehen. Daß durch dasselbe Mittel, nämlich durch das Evangelium, der HErr der Gemeinde auch rechtes geistliches Leben einpflanzt und erhält, beweis't deutlich 1 Petri

1, 23.: „Als die da wiederum geboren sind, nicht aus vergänglichem, sondern aus unvergänglichem Samen, nämlich aus dem lebendigen Wort Gottes, das da ewiglich bleibet." Vergl. Gal. 3, 2.: „Das will ich allein von euch lernen: Habt ihr den Geist empfangen durch des Gesetzes Werke, oder durch die Predigt vom Glauben?" Beides nun, Sammlung und Lebendigmachung, geschieht aber auch durch die heiligen Sacramente und insonderheit durch die heilige Taufe, wie klar hervorgeht aus Joh. 3, 5.: „Es sei denn, daß jemand geboren werde aus dem Wasser und Geist, so kann er nicht in das Reich Gottes kommen." Tit. 3, 5.: „Nicht um der Werke willen der Gerechtigkeit, die wir gethan hatten, sondern nach seiner Barmherzigkeit machte er uns selig durch das Bad der Wiedergeburt und Erneuerung des Heiligen Geistes." Matth. 28, 19.: „Gehet hin und lehret alle Völker und taufet sie im Namen" 2c., d. h.: „Gehet hin und machet zu Jüngern alle Völker, indem ihr sie taufet auf den Namen" 2c. Endlich gehört hierher als Beweis auch die Geschichte des ersten Pfingstfestes, Apost. 2. Wo daher Evangelium und Sacramente nicht sind, da kann auch keine Kirche sein, nach Jes. 55, 11.: „Denn gleich wie der Regen und Schnee vom Himmel fällt und nicht wieder dahin kommt, sondern feuchtet die Erde und machet sie fruchtbar und wachsend, daß sie gibt Samen zu säen und Brod zu essen: also soll das Wort, so aus meinem Munde gehet, auch sein. Es soll nicht wieder zu mir leer kommen, sondern thun, das mir gefällt, und soll ihm gelingen, dazu ich's sende."

Thesis II.

Die christliche Kirche oder Gemeinde bilden also nur wahrhaft Gläubige und Heilige, und zwar nur so lange, als sie solche sind.

1 Cor. 14, 33. nennt Paulus ausdrücklich eine christliche Gemeine eine Versammlung von Heiligen, wenn er spricht: „Denn Gott ist nicht ein Gott der Unordnung, sondern des Friedens, wie in allen Gemeinen der Heiligen", woraus hervorgeht, daß solche, die nicht heilig sind, auch nicht zu Christi Gemeinde gehören. Deßhalb nennt auch Petrus 1 Petri 2, 9. die Gläubigen „das heilige Volk", und Paulus sagt 2 Cor. 11, 2.: „Denn ich habe euch vertrauet einem Manne, daß ich eine reine Jungfrau Christo zubrächte." Das ist namentlich auch wichtig wegen eines Irrthums der Römischen, welche sagen: Wie in einem Weizenhaufen auch Spreu sich befindet, und es doch ein Weizenhaufen ist; oder wie in einem Netze gute und faule Fische sind, aber doch beiderlei Fische bleiben: so gehören auch die Ungläubigen in der Kirche zu ihr. Hierwider ist zu antworten: Wohl ist Spreu im Weizen und sind faule Fische unter den guten, aber jene wird nicht Weizen und diese werden nicht gute Fische durch die Beimengung, sondern bleiben, was sie sind, und werden weggeworfen. So gehören der Kirche beigemengte Gottlose auch nicht zu ihr, wenn sie auch

selbst ein Amt in der Kirche bekleideten. Wenn in der Thesis gesagt wird, daß nur die wahrhaft Gläubigen und Heiligen eine christliche Gemeine bilden, „und zwar nur so lange, als sie solche sind", so soll durch diesen Nachsatz ein anderer römischer Irrthum abgewiesen werden. Die römische Kirche stellt nämlich den Satz auf: Alle Getauften gehören zur Kirche; etliche Getaufte sind gottlos; folglich gibt es in der Kirche auch Gottlose. Dieser Schluß wäre nur dann richtig, wenn der Vordersatz recht wäre. Die Taufe drückt ja aber nicht einen character indelebilis auf, sondern ist ein Bund, der auf des Menschen Seite durch Unglauben und Todsünden gebrochen werden kann; und wenn dies geschieht, hört der Mensch auf, ein Glied der Kirche zu sein. Glieder der Kirche sind darum nur die wahrhaft Gläubigen und Heiligen, Ungläubige sind zwar i n, aber nicht v o n der Kirche.

Thesis III.

Wo in einer Gemeinde Gottes Wort geprediget und die Sacramente rechtmäßig verwaltet werden, da sind Gläubige, und wenn es auch nur zwei oder drei sind, und diese haben dann das Amt und alle Rechte und Gewalten, die Christus seiner Kirche erworben und geschenkt hat. •

Der Zweck dieser Thesis ist: Das Minimum einer Particulargemeinde anzugeben. Es macht, was das Vorhandensein der Kirche betrifft, keinen Unterschied, ob in einer Particulargemeinde viele oder wenige sind, ob hundert oder tausend; wenn nur zwei oder drei Gläubige sich daselbst befinden, so ist da die Kirche und mit ihr das Amt und alle Gerechtsame. Nicht blos volkreiche Gemeinden sind Gemeinden Gottes, sondern alle die, welche auch nur zwei oder drei gläubige Glieder haben, wie unser Heiland sagt Matth. 18, 19. 20.: „Weiter sage ich euch: Wo zween unter euch eins werden auf Erden, warum es ist, das sie bitten wollen, das soll ihnen widerfahren von meinem Vater im Himmel. Denn wo zween oder drei versammelt sind in meinem Namen, da bin ich mitten unter ihnen." Diese Stelle in Verbindung mit dem, was Christus gerade vorher V. 17. 18. gesagt hatte: „Höret er die nicht, so sage es der Gemeine. Höret er die Gemeine nicht, so halte ihn als einen Heiden und Zöllner. Wahrlich, ich sage euch, was i h r auf Erden binden werdet, soll auch im Himmel gebunden sein und was i h r auf Erden lösen werdet, soll auch im Himmel los sein", beweis't klar, daß Christus das Amt und alle Kirchengewalt ebensowohl einer jeden noch so kleinen Particulargemeinde gegeben hat, als der ganzen Kirche, und daß wo in einer Particulargemeinde auch nur zwei oder drei wahre Kinder Gottes sind, die Gemeinde um derselben willen eine Gemeinde Gottes ist und eine rechtmäßige Inhaberin aller Gerechtsame, die Christus seiner Kirche erworben und geschenkt hat. So hat auch unsere Kirche, und deren Vertreter, allezeit gelehrt. Denn so heißt es in der

Apologie: „Daß wir auch gar nicht zweifeln, daß eine christliche Kirche auf Erden lebe und sei, welche Christi Braut sei, obwohl der gottlose Haufe mehr und größer ist, daß auch der HErr Christus hie auf Erden in dem Haufen, welcher Kirche heißt, täglich wirke, Sünde vergebe, täglich das Gebet erhöre, täglich in Anfechtungen die Seinen mit reichem, starkem Trost erquicke und immer wieder aufrichte, so ist der tröstliche Artikel im Glauben gesetzt: ‚Ich glaube eine katholische, gemeine, christliche Kirche.‘" (Müller, S. 153.) Hierzu bemerkt Dr. Walther: „Hiernach bekennt die Apologie, daß man darum gewiß sein könne, daß Gott ‚in dem Haufen, welcher Kirche heißt‘, obwohl er viele Nichtheilige enthält, wirke, weil wir glauben können und sollen, daß mitten in diesem sichtbaren Haufen eine heilige christliche Kirche verborgen liege, welche den HErrn und seine Güter mitten unter sich hat." (Kirche und Amt, S. 79.) — Ferner heißt es in den

Schmalkaldischen Artikeln: „Und Christus spricht bei diesen Worten: ‚Was ihr binden werdet‘ 2c. und deutet, wem er die Schlüssel gegeben, nämlich der Kirche: ‚Wo zween oder drei versammelt sind in meinem Namen.‘" (Müller, S. 333.) — Ferner schreibt

Luther zu der Stelle Matth. 18, 19. 20.: „Hie hören wir, daß auch zween oder drei, in Christi Namen versammlet, eben alles Macht haben, was St. Petrus und alle Apostel. Denn der HErr ist selbst da, wie er auch sagt Joh. 14, 23.: ‚Wer mich liebet, der wird mein Wort halten; und mein Vater wird ihn lieben, und wir werden zu ihm kommen und Wohnung bei ihm machen.‘ Daher ist‘s kommen, daß oft Ein Mensch, der an Christum gegläubet, einem ganzen Haufen widerstanden hat, als Paphnutius im Concilio Nicäno, und wie die Propheten den Königen Israel, Priestern und allem Volk widerstunden. Kurzum, Gott will unverbunden sein an der Menge, Größe, Höhe, Macht und was persönlich ist bei den Menschen, sondern will allein bei denen sein, die sein Wort lieben und halten, und sollten‘s eitel Stallbuben sein. Was fragt er nach hohen großen, mächtigen Herren? Er ist der Größte und Mächtigste allein. Wir haben hie den HErrn selbst über alle Engel und Creaturen. Der sagt, sie sollen alle gleiche Gewalt, Schlüssel und Amt haben, auch zween schlichte Christen allein in seinem Namen versammelt. Diesen HErrn soll uns Pabst und alle Teufel nicht zum Narren, Lügner, noch Trunkenbold machen, sondern wir wollen den Pabst mit Füßen treten und sagen, er sei ein verzweifelter Lügner, Gotteslästerer und abgöttischer Teufel, der die Schlüssel zu sich allein gerissen hat unter St. Peters Namen, so Christus dieselben allen gleich insgemein gegeben hat." (Wider das Pabstthum zu Rom vom Teufel gestiftet. Anno 1545. Tom. XVII, 1346. 47. Kirche und Amt, S. 80.)

Derselbe: „Wenn aber euch ein solcher Zweifel ängsten und irren wollte, daß ihr gedächtet, ihr wäret nicht eine Kirche oder Volk Gottes, dazu

nen; man erkennt sie allein aus dem Wort Gottes 1 Cor. 14, 24. 25., da
er also sagt: ‚Der Ungläubige, so unter die Gemeinde hineinginge, und
sähe, daß sie weissagten, würde er fallen auf sein Angesicht und bekennen,
daß Gott wahrhaftig in euch wohnet.‘ Das ist aber bei euch gewiß, daß
bei euch in vielen sei das Wort Gottes und die Erkenntniß Christi. Es sei
aber, wo es wolle, da das Wort Gottes ist, sammt der Erkenntniß Christi,
da läuft es nicht leer, wie schwach sie immer gesehen werden in auswendi-
gen Sitten, die es also haben. Denn die Kirche, ob sie schon schwach in
Sünden ist, so ist sie doch nicht unchristlich, sondern christlich in dem Wort;
sie sündigt wohl, aber sie bekennt und weiß das Wort und leugnets nicht.
Darum soll man dieselben, die also das Wort loben und bekennen, nicht
verstoßen, wiewohl sie nicht scheinen oder gleißen mit wunderbarer Heiligkeit, so sie nur nicht offenbar in Lastern ein verstockt Leben führen. Derhalben ihr nicht zweifeln sollt, ob bei euch die Kirche, so schon nur ze hn
oder sechs wären, die also das Wort hätten. Denn alles, was dieselben
thäten in dieser Sache, auch durch Mitverwilligung der andern, so noch
nicht haben das Wort: noch sollte man gewißlich dafür halten, Christus
hätte es gethan, wo sie nur die Sache in Demüthigkeit mit Gebet, wie wir
gesagt haben, handeln würden.“ (Sendschreiben, wie man Kirchendiener
wählen und einsetzen soll, an den Rath und Gemeine der Stadt Prag.
Tom. X, 1870. 71. Walther a. a. O. S. 85 f.)

Thesis IV.

Es geschieht zuweilen, daß eine Gemeinde, durch die Herrschaft
Falschgläubiger und Gottloser in ihr, gleichsam wie mit einer Wolke
verhüllt wird; alsdann ist sie eine gedrückte Kirche, aber doch noch eine
Kirche, wenn das Wort Gottes noch wesentlich geblieben ist.

Man muß sehr vorsichtig sein in der Beurtheilung einer Gemeinschaft;
denn aus 1 Kön. 19, 14. 18. sehen wir, daß in solcher Beurtheilung selbst
Elias irrte. Selbst er, der hocherleuchtete Prophet, meinte, es sei keine
Kirche mehr in Israel, weil die Altäre Gottes niedergerissen, seine Propheten erwürgt waren und die Baalspfaffen die Herrschaft hatten; aber
was sagte ihm der HErr? „Ich will lassen überbleiben sieben tausend in
Israel, nämlich alle Kniee, die sich nicht gebeugt haben vor Baal, und allen
Mund, der ihn nicht geküsset hat.“ So groß das Verderben und die Finsterniß damals in Israel war, eben so groß war sie auch im Pabstthum vor
der Reformation; aber siehe Luther, ob er gar hart redet von der erschreck-
lichen Verderbniß der Pabstkirche, so spricht er ihr doch nicht das Prädicat
„Kirche“ ab, sondern gibt zu und bezeugt, selbst in diesem greulichen Haufen habe Gott sein Häuflein, weil noch wesentliche Stücke des Wortes
Gottes vorhanden seien. So spricht

Derselbe: „Wir bekennen aber, daß unter dem Pabstthum viel

auf uns: nämlich wir bekennen, daß im Pabstthum die rechte heilige Schrift
sei, rechte Taufe, recht Sacrament des Altars, rechte Schlüssel zur Ver=
gebung der Sünden, recht Predigtamt, rechter Katechismus, als Zehen
Gebot, die Artikel des Glaubens, das Vater Unser. Gleichwie er auch
wiederum bekennt, daß bei uns (wiewohl er uns verdammt als Ketzer) und
bei allen Ketzern sei die heilige Schrift, Taufe, Schlüssel, Katechismus u. s. w.
O, wie heuchlest du hie? Wie heuchle ich denn? Ich sage, was der Pabst
mit uns gemein hat. So heuchlet er uns und den Ketzern wiederum ja so
sehr, und saget, was wir mit ihm gemein haben. Ich will wohl mehr
heucheln, und soll mich dennoch nichts helfen. Ich sage, daß unter dem
Pabst die rechte Christenheit ist, ja der rechte Ausbund der Christenheit und
viel frommer, großer Heiligen. Soll ich aufhören zu heucheln? Höre du
selber, was St. Paulus sagt 2 Thess. 2, 4.: ‚Der Endechrist wird im Tem=
pel Gottes sitzen.‘ Ist nun der Pabst (wie ich nicht anders glaube) der
rechte Endechrist, so soll er nicht sitzen oder regieren in des Teufels Stall,
sondern in Gottes Tempel. Nein, er wird nicht sitzen, da eitel Teufel und
Ungläubige, oder da kein Christus oder Christenheit ist, denn er soll ein
Widerchrist sein, darum muß er unter den Christen sein; und weil er da=
selbst sitzen und regieren soll, so muß er Christen unter sich haben. Es heißt
ja Gottes Tempel nicht Steinhaufe, sondern die heilige Christenheit 1 Cor.
3, 17., darin er regieren soll. Ist denn nun unter dem Pabst die Christen=
heit, so muß sie wahrlich Christi Leib und Glied sein.“ (Brief an zwei
Pfarrherrn von der Wiedertaufe. Tom XVII, 2646 f. Walther a. a. O.
S. 81. f.)

Das mußte ja auch der Trost sein in der Zeit des crassen Rationalis=
mus, daß, so lange eben das Wort Gottes noch wesentlich vorhanden war,
auch Gottes Kirche und Gemeinde noch blieb, wiewohl in gedrücktem Zu=
stande.

Thesis V.

Wenn aber in einer sogenanten Gemeinde die Grundartikel gött=
lichen Wortes, nämlich die Lehren von der heiligen Dreieinigkeit, von der
Person und Amt Christi, von der Sünde, von Vergebung der Sünden,
vom Glauben an Christi Verdienst, vom ewigen Leben 2c. nicht nur
verschwiegen, sondern auch geleugnet, oder gar als Irrlehren verworfen
werden, auch keine Taufe mehr daselbst ist, so hat sie aufgehört, eine
christliche Gemeinschaft zu sein.

Unsere älteren Dogmatiker unterschieden zwischen Hauptgrundartikeln
und Nebengrundartikeln (articuli fidei fundamentales *primarii* et *secun-
darii*) und lehrten, daß erstere nicht entbehrt oder entrathen werden könn=
ten, ohne daß man den ganzen Glaubensgrund verliere (non possunt ignorari salvo fundamento fidei), letztere aber zur Noth unbekannt sein könn=

ten, jedoch ihre Wahrheit nicht dürfe geleugnet werden (possunt quidem ignorari, sed non negari). Zu den Hauptgrundartikeln rechneten sie 1.) die Lehre von Christi Person und Amt und 2.) die Lehren, ohne welche wir nicht wüßten, wozu wir Christum nöthig hätten, 'als z. B. die Lehre von Gott, von der Dreieinigkeit, von der Sünde und Sündenvergebung, vom Glauben und ewigen Leben. Zu den Nebengrundartikeln gehören: die Lehre von der persönlichen Vereinigung, von der Mittheilung der Eigen= schaften, wie die Sünde von Adam auf alle Menschen fortgepflanzt werde, und dergleichen mehr. Ueber diese Lehren kann ein einfältiger Christ in Unwissenheit sein, aber er darf sie nicht leugnen, weil mit ihnen, vermittelst nothwendiger Schlußfolgerung, auch die Hauptgrundlehren und somit das ganze Christenthum dahinfällt, wie das Löber in seiner Dogmatik S. 106. ff. weiter ausführt.

Daß aber mit den Hauptgrundartikeln der christlichen Lehren auch die Kirche fällt, das bezeugen unsere Bekenntnißschriften, sowie die älteren Lehrer unserer Kirche klar und deutlich. So nennt die

Apologie die Leugner der heiligen Dreieinigkeit „abgöttisch, Got= tesläſterer und außerhalb der Kirche Christi". (Müller S. 76.) Ferner sagt

Buddeus: Sermo est de ecclesia quadam particulari, quippe in qua diversos existere posse corruptionis gradus nemo temere dubitaverit. Si enim corruptio eo usque procedat, ut pro veritate errores, in iis etiam, quae ad fundamentum fidei spectant, doceantur et sacramenta in iis, quae ad istorum essentiam pertinent, mutilentur; coetus ejusmodi tandem prorsus ecclesia esse desinit, p. 1655, d. h.: Hier iſt die Rede von einer Partikularkirche, und daß in einer solchen verschiedene Grade des Verderbnisses vorhanden sein können, wird niemand unbeſonne= ner Weise bezweifeln. Wenn nämlich das Verderben so groß geworden iſt, daß anstatt der Wahrheit Irrthümer gelehrt werden, und zwar auch in den Stücken, welche den Grund des Glaubens betreffen; und wenn die Sacramente in den Theilen verstümmelt werden, welche zu ihrem Wesen gehören, dann hat ein solcher Haufe ganz und gar aufgehört, eine Kirche zu sein."

Endlich möge noch eine Stelle aus Luthers Schrift „von Conciliis und Kirchen" hier Platz finden:

„Erstlich ist dies christlich heilige Volk dabei zu erkennen, wo es hat das heilige Wort Gottes. . . . Wir reden aber von dem äußerlichen Wort, durch Menschen, als durch dich und mich mündlich geprebigt. Denn solches hat Christus hinter sich gelassen als ein äußerlich Zeichen, dabei man sollte erkennen seine Kirche oder sein heilig christlich Volk in der Welt. Auch reden wir von solchem mündlichen Wort, da es mit Ernst geglaubet und öffentlich bekannt wird vor der Welt, wie er spricht Matth. 10, 32. 33. Marci 8, 9.: ‚Wer mich bekennet vor den Leuten, den will ich auch beken= nen' 2c. Wo du nun solch Wort hörest, oder siehest predigen, glauben, bekennen und darnach thun, da habe keinen Zweifel, daß gewißlich daselbst sein muß eine rechte ecclesia sancta catholica, ein christlich heiliges Volk, 1 Petri 2, 9., wenn ihrer gleich sehr wenig sind; denn Gottes Wort gehet nicht ledig ab, Jes. 55, 11., sondern muß zum wenigsten ein Viertheil oder Stück vom Acker haben." (Hall. A. XVI, 2785. 86. Walther, Rechte Gestalt S. 5.)

Gilt nun aber der Schluß, den Luther hier macht, so gilt auch der umgekehrte: Wo kein Wort Gottes mehr ist, da ist auch keine Kirche.

Thesis VI.

Zwar macht weder der Unglaube des Administrirenden, noch der Unglaube des Täuflings die Taufe ungiltig, wenn sie sonst richtig voll= zogen wird; aber das Sacrament der Taufe ist da nicht mehr, wo das, was zum Wesen derselben gehört, unterbleibt, also wenn 1) nicht das Element des Wassers, oder 2) nicht die Worte der Einsetzung gebraucht werden, oder 3) die Handlung selbst, d. h. die Besprengung, Begießung ꝛc. mit Wasser, nicht vollzogen wird.

Zur Taufe gehört nach Gottes Ordnung Wasser, als das sichtbare Element, wie hervorgeht aus Joh. 1, 31.: „Und ich kannte ihn nicht, son= dern auf daß er offenbar würde in Israel, darum bin ich kommen zu taufen mit Wasser." Joh. 3, 5.: „Es sei denn, daß jemand geboren werde aus dem Wasser und Geist" ꝛc. Eph. 5, 26.: „Auf daß er sie heiligte, und hat sie gereinigt durch das Wasserbad im Wort." Apost. 10, 47.: „Mag auch jemand das Wasser wehren, daß diese nicht getauft werden?" Wo also kein Wasser gebraucht wird, da wird ein wesentlicher Theil der Taufe weggelassen, und ist folglich keine Taufe.

Zur Taufe ist ferner nöthig das Wort der Einsetzung, wie es sich findet Matth. 28, 19.: „Gehet hin in alle Welt und lehret alle Völker und taufet sie im Namen des Vaters und des Sohnes und des Heiligen Geistes." Wo daher diese Worte nicht gebraucht werden, da fehlt ein wesentliches, von Gott befohlenes Stück der Taufe und die Hand= lung kann nicht das Sacrament, welches Gott eingesetzt hat, sein.

Ferner gehört zum Wesen der Taufe die Handlung selbst, die Gott befohlen hat, d. h. hier: Die Eintauchung oder Begießung ꝛc. mit Wasser im Namen des Vaters u. s. w. Geschieht diese also nicht, so ist da keine Taufe, nam extra usum elementa non habent rationem sacra- menti, d. h. denn außer dem Gebrauch gelten die Elemente nicht für Sacramente. —

Daß aber der Unglaube des Administrirenden die Taufe nicht ungiltig macht, haben unsere Väter auf Grund göttlichen Wortes all= zeit gelehrt. Siehe Augsb. Conf. Art. 8.: „Item, wiewohl die christ= liche Kirche eigentlich nichts anders ist, denn die Versammlung aller Gläu= bigen und Heiligen, jedoch bieweil in diesem Leben viel falscher Christen und Heuchler sein, auch öffentliche Sünder unter den Frommen bleiben, so sind die Sacramente gleichwohl kräftig, obschon die Priester, dadurch sie ge= reicht werden, nicht fromm sind, wie denn Christus selbst anzeigt Matth. 23, 2.: ,Auf Mosis Stuhl sitzen die Schriftgelehrten und Pharisäer. Alles nun, was sie euch sagen, das ihr halten sollet, das haltet und thuts.'" (Müller, S. 40.)

Ebensowenig macht der **Unglaube des Täuflings** die Taufe ungiltig. Denn der Glaube gehört nicht zum Wesen und zur Vollständig= k.it des Sacraments, sondern allein zum heilsamen Gebrauch und Nutzen, wie das klar ist aus Röm. 3, 3.: ,,Daß etliche nicht glauben an dasselbige, was liegt daran? Sollte ihr Unglaube Gottes Glauben aufheben?"

Thesis VII.

Eine Gemeinschaft, welche die Lehre von der heiligen Dreieinigkeit öffentlich verleugnet und verwirft, hat keine giltige Taufe mehr, wenn sie auch die rechte Taufformel gebraucht.

Als Beweis zu dieser Thesis siehe Dr. Walthers Pastorale S. 120—24, allwo er des Weiteren ausführt und darthut, daß solche Gemein= schaften, welche öffentlich die Lehre der heiligen Dreieinigkeit leugnen, keine giltige Taufe haben, und nachweis't, daß deshalb in der früheren christlichen Kirche solche, welche z. B. von den Arianern, Paulianisten und dergl. mehr kamen, wieder getauft, oder eigentlich erst getauft wurden. Ebenso hielten es unsere Väter den Socinianern gegenüber. Unsere alten Theologen stellen den Grundsatz auf: Wo kein Bekenntniß der heiligen Dreieinigkeit, da ist kein Wort, also auch keine Taufe.

Der Einwurf: „Gottes Wort bleibt Gottes Wort, man mag es ge= brauchen, wie man will", läßt sich hier nicht halten. Denn was ist das Wort? Doch nicht der Schall der äußerlichen Worte, sondern der Sinn, welcher damit verbunden ist, wie Dr. Walther a. a. O. bemerkt und er= klärt. Es ist freilich wahr: Gottes Wort bleibt Gottes Wort, wo immer es ist, auch wenn es ohne Glauben und ohne Verständniß gelesen und ge= braucht wird, wie wenn z. B. eine Bibel in die Hände der Heiden kommt; aber der Sinn dieses Wortes darf nicht mit Bewußtsein und absichtlich bei Seite gesetzt werden. Wo dies geschieht, da wird, wie aus der Nuß der Kern, der wahre Inhalt herausgeschält, und es bleibt die leere Hülse; das Wort ist wohl dem Schalle nach da, aber nicht nach seinem Sinn und Kraft. Wenn also eine ganze Gemeinschaft ein Uebereinkommen trifft: wir wollen das Wort so verstehen, daß wir unter dem Vater den unbe= stimmten Allvater, unter dem Sohn einen bloßen Menschen, unter dem heiligen Geist den Geist des Fortschritts oder der Zeit verstehen, so ist ja offenbar: sie haben nicht den rechten Sinn des Wortes Gottes, sie haben keine Dreieinigkeit und also auch keine Taufe. Würde der Schall der

Worte bas Wort ausmachen, bann wären bie Worte ber Taufe eine Zauber=
formel. Unter ben engliſchen Deportirten in Auſtralien hatten ſich Einige
eine geheime Gaunerſprache gebilbet, bie aus lauter Bibelſprüchen beſtanb,
vermöge welcher ſie nun mit ihren Freunben correſponbirten. Der Spruch:
„Der HErr iſt mein Hirte" bebeutete: „Senbet mir Einbrecherwerkzeuge";
ber Spruch: „Alſo hat Gott bie Welt geliebt": „Ich bin im Gefängniß"
u. ſ. w. Kann man ſagen, ſie hatten Gottes Wort? Gewiß nicht; benn ſie
nahmen nur bie Hülle bes Wortes Gottes unb thaten ihren Unrath hinein.
So thun auch bie Unitarier, Swebenborgianer unb alle antitrinitariſchen
Gemeinſchaften; ſie gebrauchen zwar bas Gewanb bes Heiligen Geiſtes, um=
kleiben aber bamit Lehren, welche alles Chriſtenthum umſtoßen. Würbe
bie bloße Formel bie Taufe unb überhaupt bie Sacramente ausmachen,
bann hätten auch bie Reformirten bas heilige Abenbmahl. Aber bie For=
mel macht's nicht, ſonbern ber Sinn „Accedat verbum ad elementum et
fit sacramentum", b. h. wenn bas Wort zum Element kommt, alsbann
wirb ein Sacrament. Was ſie aber nicht haben, können ſie auch nicht
zum Element thun. Alſo: ba bas Wort bei ihnen nicht zum Element
kommt, ſo wirb's auch kein Sacrament.

Gerharb ſchreibt hierzu: „Caeterum quod ad quaestionem de
haereticorum baptismo attinet, certis quibusdam distinctionibus ejus
decisio innititur. I. Quidam haeretici substantialia baptismi impu-
gnant, utpote qui loco aquae aliud quidpiam usurpant vel mysterium
Trinitatis praefracte et directe negant, nec in Patris, Filii et Spiritus
Sancti nomine baptismum administrant. Quidam vero, quamvis alias
doctrinae coelestis partes fermento suo corrumpant, tamen de substantia
hujus sacramenti recte sentiunt, et in substantialibus divinam institu-
tionem sequuntur. Quod ad haereticos prioris classis attinet, illorum
baptismus non est verus et efficax censendus, ideoque baptizati ab
illis, si ad verae ecclesiae gremium confugiunt, omnino baptizandi
sunt, cum verum baptismum nondum acceperint. . . . Harum corrup-
telarum in ipsa substantialia baptismi impingentium complures postea
recensebimus. Quas si qui haeretici amplectuntur, ab illis verum
baptismum conferri, sonora voce negamus, siquidem institutio
baptismi aquam et verbum conjungit atque in nomine Patris, Filii, et
Spiritus Sancti baptismum conferendum praecipit Matth. 28, 19.
Eph. 5, 26. Ubicumque ergo pars substantialis altera deest vel
mutatur, ab divina institutione disceditur et per consequens verus
baptismus neutiquam confertur. . . . Sic Concilium Nicaenum jubet
rebaptizare Paulinistas, i. e. Photinianos sive Samosatenianos. . . .
Idem de Cataphrygibus statuit concilium Laodicenum, unde constans
regula antiquitatis: ὅσοι μὴ εἰς ἁγίαν τριάδα ἐβαπτίσθησαν, τούτους δεῖ
ἀναβαπτίζεσθαι." (Loc. XXIII. de bapt. § 25. Tom 8. p. 90. sq.)
Das heißt: „Was im Uebrigen bie Frage in Betreff ber Taufe ber Ketzer

anbelangt, so gründet sich das Urtheil über dieselbe auf gewisse Unter=
scheidungen. I. Einige Ketzer tasten das Wesen der Taufe an, nämlich
die, welche an Stelle des Wassers irgend etwas anderes gebrauchen, oder
das Geheimniß der Trinität schroff und geradezu leugnen, auch nicht im
Namen des Vaters, des Sohnes und des Heiligen Geistes die Taufe ab=
ministriren.   Einige aber, ob sie wohl andere Theile der himmlischen
Lehre mit ihrem Sauerteig verderben, urtheilen doch recht in Betreff des
Wesens dieses Sacramentes und folgen in den wesentlichen Theilen der
g ..lichen Einsetzung.   Was die Ketzer der ersten Klasse betrifft, so ist ihre
Taufe nicht für eine wirkliche und wirksame zu halten, und deshalb sind
die, welche von ihnen getauft sind, wenn sie in den Schoß der wahren
Kirche fliehen, durchaus zu taufen, da sie die wahre Taufe noch nicht
empfangen haben. ... Dieser Irrlehren, welche gegen das Wesen der
Taufe selbst verstoßen, werden wir später mehrere besprechen.   Daß aber
von den Ketzern, welche solche festhalten, die wahre Taufe
ertheilt werde, das verneinen wir ganz entschieden, weil ja
die Einsetzung der Taufe Wasser und Wort vereinigt und im Namen
des Vaters, des Sohnes und des Heiligen Geistes zu taufen befiehlt,
Matth. 28, 19. Eph. 5, 26. Wo nun also einer der beiden wesentlichen
Theile fehlt oder verändert wird, da geht man von der göttlichen Ein=
setzung ab und es folgt mit Nothwendigkeit, daß die wahre Taufe keines=
weges ertheilt wird. ... So befahl das Concil zu Nicäa die Paulinisten
d. i. die Photinianer und Samosatenianer wieder zu taufen. ... Dasselbe
urtheilte das Concil zu Laodicäa von den Kataphrygiern; daher galt im
Alterthum die beständige Regel: „Welche nicht auf die heilige Dreieinig=
keit getauft sind, die müssen wieder getauft werden."

   Derselbe schreibt a. a. O. § 27.: „Was wir von der von einem
Ketzer, der das Geheimniß der heiligen Trinität leugnet, ertheilten Taufe
gesagt haben, ist wiederum mit gewissen Unterscheidungen anzunehmen.
Entweder ist nämlich nur der Prediger von jener Ketzerei angesteckt (in-
fectus), oder zugleich mit ihm auch die Kirche, deren Prediger er ist. Wenn
nun eine Ketzerei, welche einen wesentlichen Theil der Taufe antastet, eine
ganze Kirche eingenommen hat, so verneinen wir, daß das eine wahre Taufe
sei, die von einem solchen Ketzer in einer solchen Kirche verwaltet wird, da
ihr die Definition der Taufe nicht zukommt. Wenn aber ein Diener der
Kirche für seine Person und heimlich einer Ketzerei, der Einsetzung und
Wahrheit der Taufe entgegen, huldigt, die Kirche aber öffentlich anders
bekennt, so halten wir, daß da die rechte Taufe ertheilt werde. Denn die
Sacramente sind Güter der Kirche, daher nimmt der verborgene Irrthum
des Dieners der Taufe nichts von ihrer Unversehrtheit, wenn er nur das
Wesentliche beobachtet und im äußerlichen Element oder am Wort nichts
ändert." Hier führt Gerhard dann das Beispiel Adam Neusers an. L. c.
p. 92.

So wenig es eine Taufe ist, wenn die Worte der Taufe bei Glocken und andern unvernünftigen Geschöpfen mißbraucht werden, so wenig ist es eine Taufe, wenn in einer Gemeinschaft zwar die rechte Formel gebraucht wird, aber öffentlich bekannt wird: wir verstehen nicht das darunter, was diese Worte eigentlich aussagen. Man kann hier auch die Probe machen. Wenn ein Mensch z. B. in Zweifel über die Richtigkeit seiner Taufe, oder ob er überhaupt getauft sei, käme, und er würde nun bei einer solchen Gemeinschaft anfragen: „Bin ich getauft auf den Namen des dreieinigen Gottes?" und sie würden ihm antworten: „Nein, denn es gibt keinen dreieinigen Gott, wir taufen auch nicht auf den dreieinigen Gott": würde oder könnte er wohl beruhigt sein? Gewiß nicht, denn nach ihrem eigenen Bekenntniß ist er nicht nach dem Worte Gottes getauft. Es ist also gewiß, was die Thesis sagt: „Eine Gemeinschaft, welche die heilige Dreieinigkeit leugnet, hat keine Taufe, auch wenn sie die rechte Taufformel gebraucht." Vergl. die Artikel von Stöckhardt, „Lutheraner" Jahrg. 35, S. 74 ff.

(Schluß folgt.)

(Uebersetzt von Prof. A. Crämer.)

Compendium der Theologie der Väter

von
M. Heinrich Eckhardt.

(Fortsetzung.)

XVI. Die Himmelfahrt.

Ist sie Christo, sofern er ganz, oder sofern er theilweise betrachtet wird, zuzuschreiben?

Primasius: „Der mit der Seele zur Hölle abstieg, der ist mit Seele und Leib in den Himmel aufgefahren." [1]

Wo ist nun Christi Leib im Himmel? steht oder sitzt er, ruht oder bewegt er sich?

Augustin: „Zu fragen, wo und wie Christi Leib im Himmel sei, ist ganz fürwitzig und überflüssig; man muß nur glauben, daß er im Himmel ist. Denn es steht unserer Schwachheit nicht zu, die Geheimnisse des Himmels zu forschen, sondern es gebührt unserem Glauben, von der Würde des Leibes des HErrn groß zu halten." [2]

---

1) Qui descendit cum anima ad infernum, ipse cum anima et corpore adscendit in coelos. Primas. in 4. c. Eph.

2) Ubi et quomodo sit corpus Christi in coelo, curiosissimum et supervacaneum est quaerere, tantummodo in coelo esse credendum est. Non enim nostrae fragilitatis, coelorum secreta discutere, sed est nostrae fidei, de Dominici corporis dignitate sublimia sapere. Aug. de fide et symbolo.

Ist er denn nach seiner Himmelfahrt von seiner hier noch auf Erden wallenden Kirche fern?

„Christus ist über dem Himmel, er ist über der Erde, wo immer er will, da ist er, wo er nur ist, da ist er ganz; er ist überall, und du selbst, der du ihn suchst, wirst überall sein, du bist in ihm, den du suchst." [1]

XVII. Die Erhöhung zur Rechten Gottes.

Geht die allein die menschliche Natur an? oder aber, wie Andere wollen, allein die göttliche? oder, wie wieder Anderen gefällt, beide?

Allein die menschliche. Cyprian: „Zur Rechten Gottes sitzen ist ein Geheimniß des angenommenen Fleisches. Denn nicht die göttliche, sondern die menschliche Natur erheischt die Beförderung zu dem himmlischen Stuhl." [2] Und von ihr allein verstehen die Väter alle Zeugnisse, welche von der Erhöhung zur Rechten reden, als 1) Psalm 110. und Hebr. 1. Theodoret: „Der Leib ist es, zu dem der HErr spricht: Setze dich zu meiner Rechten." [3] Derselbe: „Setze dich zu meiner Rechten ist von der Menschheit gesagt. Denn wie er als Gott ein ewiges Reich hat, so hat er als Mensch empfangen, was er als Gott hatte. Als Mensch hört er demnach: Setze dich zu meiner Rechten." [4] Aehnlich Leo in der 95. Epistel und Decumenius aus Chrysostomus zu Hebr. 1., auch Ambrosius zu Hebr. 1. und Chrysostomus: „Zu jener Natur hat er gesagt, setze dich, welche gehört hat, du bist Erbe und sollst zur Erbe werden." [5]

2) Ephes. 1. Ambrosius B. 5. vom Glauben, Cap. 6., und oben bei der Mittheilung der Eigenschaften Leo in der 23. Epistel.

3) Apost. 2.: Nun er durch die Rechte Gottes erhöhet ist. Basilius d. Gr. gegen Eunomius B. 2., Epiphanius gegen Ariomanus, Gregorius Nyssenus bei Gelasius, und Theodoret im 2. Dialog.

4) Phil. 2. Athanasius: „Paulus redet Phil. 2. von dem Tempel, der da ist sein Leib. Denn nicht der, welcher der Höchste ist, sondern sein Fleisch wird erhöhet, und seinem Fleisch hat er einen Namen gegeben, der über alle Namen ist." [6] Leo: „Des Angenommenen, nicht

---

1) Ultra coelos est Christus, ultra terram est, ubicunque voluerit est, ubicunque est totus est, ubicunque est et ubicunque fueris tu ipse, qui illum quaeris, in ipso es, quem quaeris. Homil. de Johan. Bapt.

2) Sedere ad dextram carnis assumptae est mysterium. Non enim sedis coelestis profectum divina, sed humana conquirit natura. Cypr. de Symbol.

3) Corpus est, cui dicit Dominus: Sede a dextris meis. Theod. Dial. 2.

4) Sede a dextris meis, humanitus hoc dictum est. Ut enim Deus sempiternum habet imperium, sic ut homo accepit, quod ut Deus habebat. Ut homo igitur audit: Sede a dexteris meis.

5) Ad illam dixit naturam, Sede, quae audivit, terra es, et in terram reverteris. Chrys. apud Theodor.

6) Paulus Phil. 2. de templo loquitur, quod est corpus suum. Non enim, qui altissimus est, sed caro exaltatur, et carni suae dedit nomen, quod est supra omne nomen. Athan. de susc. hum. contra Apollin.

des Annehmenden ist die Beförderung, daß Gott ihn erhöht und ihm einen
Namen gegeben hat" 2c.[1])

5) Joh. 17. Cyrill B. 11. der Thesen Cap. 17., Hilarius von
der Dreieinigkeit B. 3.

Was ist also das Sitzen zur Rechten?

Ambrosius: „Es ist die Verherrlichung der Menschheit oder das
Sitzen bei der väterlichen (göttlichen) Majestät, daß dadurch die Herrlichkeit
der angenommenen Menschheit erklärt würde."[2]) Nyssenus und Theo=
boret: „Es ist die Beförderung des mit dem Logos vereinigten Menschen
zu der Gott eigenen Höhe."[3])

Die Rechte Gottes ist also nicht, wie die Calvinisten träumen, ein umschriebner Ort
des Himmels?

Keineswegs. Augustin: „Was ist die Rechte des Vaters, wenn
nicht jene ewige und unaussprechliche Glückseligkeit, dahin des Menschen
Sohn gekommen ist, nachdem er auch seines Fleisches Unsterblichkeit erlangt
hat. Und unter des HErrn Hand und Arm versteht man Gottes wirk=
same Kraft, welche ist sein Eingeborener selbst, durch welchen alles gemacht
ist."[4]) Derselbe: „Unter der Rechten verstehe die Macht, welche jener
von Gott angenommene Mensch erlangt hat, daß er kommt zu richten, der
zuvor gekommen war, gerichtet zu werden."[5]) Primasius: „Setze dich
zu meiner Rechten, d. i., wohne in der Fülle meiner Ehre, Würde,
Herrlichkeit und Majestät."[6])

Aber Hebr. 1. wird der Rechten Gottes eine Ortsbeschreibung beigefügt: in der Höhe?

Chrysostomus: „Zu der Rechten der Majestät in der Höhe schließt
Gott nicht in einen Raum ein, sondern zeigt, daß er über alles erhaben ist,
weil er bis zum Thron der Herrlichkeit des Vaters selbst gelangte."[7])
Decumenius: „Der Ort seines Stuhls bedeutet die gleiche Ehre."[8])

---

1) Assumpti, non assumentis est provectio: quod Deus illum exaltavit,
et donavit ei nomen etc. Leo ep. 11.

2) Est glorificatio humanitatis, seu consessus paternae (divinae) majestatis, ut per hunc susceptae humanitatis gloria declaretur.

3) Est hominis Λόγῳ uniti provectio ad propriam Dei celsitudinem.
Nyss. apud Gelas. et Theod. dial. 2.

4) Quid est dextera Patris, nisi aeterna illa ineffabilisque felicitas, quo
pervenit Filius hominis, etiam carnis immortalitate percepta. Et manus ac
brachium Domini intelligitur virtus Dei effectiva, quae est ipse Unigenitus,
per quem omnia facta sunt. Aug. l. contra serm. Arian.

5) Ipsam dextram intellige potestatem, quam accepit homo ille
susceptus a Deo, ut veniat judicaturus, qui prius venerat judicandus. Idem
l. 1. de symb. ad Catech. c. 1.

6) Sede a dextris meis, i. e., habita in plenitudine honoris, digni-
tatis, gloriae ac majestatis meae. Primas. in Ebr. 1.

7) Ad dexteram majestatis in excelsis, non loco Deum includit, sed
omnibus ostendit eminentiorem, quoniam ad ipsum usque pervenit thronum
paternae claritatis. Chrys. in h. l.

8) Ὁ τόπος τῆς καθέδρας τὸ ὁμότιμον σημαίνει. Oecumen. ex Chrys. Ebr. 1.

Was wird uns von Christi Erhöhung für eine Frucht?

Beda: „Indem Christus auferstand, hat er uns mit auferstehen ge=
macht. Indem er auch aufgefahren ist und zur Rechten des Vaters sitzt, hat
er uns mit auffahren und mit sitzen gemacht, jetzt einstweilen in der Hoff=
nung, einst aber werden wir mit ihm sitzen in der That." [1])

(Eingesandt.)

Erklärung.

Wenn ich in der 10. These meines Referats die Worte gebrauche, „daß
die Gnade sogar das muthwilligste Streiten und sich Wehren
gegen sie überwindet" (Lehre und Wehre, Jahrg. XIX, S. 173), so wollte
ich damit nichts anderes sagen, als was die Concordienformel mit
diesen Worten ausdrückt:

„Item, Einer wird verstockt, verblendet, in verkehrten Sinn gegeben,
ein anderer, so wohl in gleicher Schuld, wird wiederum bekehrt" u. s. w.
(S. 716. § 57.)

„Denn es seind wohlverdiente Strafen der Sünden rc. — was wir
alle wohl verdient hätten, würdig und werth wären, **weil
wir uns gegen Gottes Wort übel verhalten und den Heiligen Geist oft
schwerlich betrüben** rc. (S. 716. § 58.)

„Nun bleibet gleichwohl auch in den Wiedergeborenen **eine
Widerspänstigkeit,** davon die Schrift meldet Röm. 7." (S. 608. § 84.)

Wer freilich behauptet, ich lehrte mit diesen Worten das **vorsätzliche,
beharrliche und halsstarrige Widerstreben,** der legt meinen Worten einen
Sinn und Meinung unter, den sie nicht haben.

Freilich verwirft das Bekenntniß solche Redeformeln, „daß der Heilige
Geist werde gegeben denen, so ihm widerstreben" (S. 608. § 82.), wo
diese Reden **unerklärt** gebraucht werden, aber wie das Bekennt=
niß diese Redeformel erklärt, ist S. 526. § 15. gesagt: „und daß der
Heilige Geist gegeben werde denen, **so ihm vorsätzlich** und **be=
harrlich** widerstreben, denn Gott in der Bekehrung aus den Un=
willigen Willige machet."

Da ich aber nicht um Worte zanken will, so nehme ich von Herzen
gerne diese unpassenden und mißverständlichen Ausdrücke zurück.
Meine 10. These soll von jetzt an also lauten:

Schrift und Bekenntniß bezeugen,

   1. daß die Gnade das natürliche Widerstreben wegnimmt,

   2. „daß Gott in der Bekehrung durch das Ziehen des Heiligen Gei=
      stes aus widerspänstigen, unwilligen willige Menschen mache"
      (Epitome, S. 526. § 17.),

3. „daß Gott die in den Wiedergeborenen bleibende Widerspänstig= keit überwindet" (Declaratio, S. 608. § 84.),

4. ja sogar auch die Auserwählten, wenn sie fallen, wiederum auf= richtet, den Glauben schenkt und bewahrt. (Petrus.)

Wiederum bezeugen Schrift und Bekenntniß,

1. daß dieses Widerstreben nicht weggenommen wird,

2. ja manchmal zur Verachtung und Verstockung übergeht (Pharao),

3. daß sie, wenn sie abfallen, nicht wieder zu Gnaden angenommen werden (Judas Ischarioth),

4. daß nicht alle Wiedergeborenen beständig bleiben.

Das ist ein verborgenes, Gott allein bekanntes, mit keiner menschlichen Vernunft erforschliches, mit Scheu zu betrachtendes und anzubetendes Ge= heimniß. A. Ch. Großberger.

Kirchlich=Zeitgeschichtliches.

I. America.

Lutherthum im General Council. Der in der Synodal=Conferenz ausge= brochene Streit über die Gnadenwahl macht vieler Herzen Gedanken, die sich sonst nicht aus ihrem Versteck hervorgewagt hätten, offenbar. Der „Lutheran and Missionary" unter Anderen bringt am 13. October einen Artikel, welcher so manches Lutheraners günstiges Urtheil, das aufrichtige Liebe gegen vermeintliche Glaubensgenossen mochte gebildet haben, in schmerzlicher Weise als ein falsches erweis't und zerstört. Unter der Ueberschrift „Lehre und Wehre" bringt jenes Blatt seinen Lesern einen derartigen Be= richt über jenen Streit, daß er die Frage veranlaßt, worüber man sich wohl am meisten wundern sollte: ob über die Rohheit, mit welcher der aus der Schrift, den Symbolen und vornehmsten Lehrern der Kirche geführte Nachweis des süßesten Trostes, den Gott den begnadigten Sündern in dieser Welt darreicht, beschrieben wird (cf. „their leaders are greatly at loggerheads!"); — oder über die aller Scham baare theologische Un= wissenheit, der selbst das eigene Glaubensbekenntniß unverstanden bleibt (cf. „if we understand Dr. Walther, he is now an out and out Calvinist on that point!"); — oder über den Hohn, womit auf die, durch das unübersetzte Fremdwort „die reine Lehre" angedeutete lutherische Lehre sowohl, als auf die bösen Früchte, welche diese Lehre und ihre Vertheidigung zur Folge haben soll, gerade jetzt, da ihre Ehre bei Vielen bedroht erscheint, angespielt wird. — Deutlicher kann wohl kaum die große Kluft an den Tag treten, welche diejenigen, denen das lutherische Bekenntniß bloßer Gewerbs= name ist, von denen trennt, denen es damit ein Ernst ist. So muß denn dieser Streit durch Gottes Gnade auch dazu dienen, uns, so oft uns die Lust anwandeln möchte nach einer kirchlichen Vereinigung mit anscheinend wirklichen Bekennern unseres Glaubens, an das zu gottesfürchtiger Vorsicht mahnende göttliche Wort zu erinnern: „Was hat das Licht für Gemeinschaft mit der Finsterniß?" 2 Cor. 6, 14. R. L.

II. Ausland.

Purpurcodex der Evangelien. Auf einer Forschungsreise in Unteritalien, welche Dr. O. v. Gebhard, Bibliothekar der Universität Göttingen, und Professor Dr. A. Harnack, an der Universität Gießen, gemeinsam im vorigen Jahre unter=

der Evangelien zu entdecken. Die Handschrift gehört dem sechsten Jahrhundert an und umfaßt das Evangelium des Matthäus vollständig, das des Markus bis zur Mitte des letzten Kapitels. Stellt sich der Codex somit durch sein hohes Alter den werthvollsten Denkmälern des neutestamentlichen Urtextes ebenbürtig an die Seite, so nimmt er außerdem noch das Interesse des Paläographen in besonderer Weise in Anspruch; denn griechische Majuskelhandschriften auf Purpurpergament sind von äußerster Seltenheit. Für das Neue Testament sind bisher nur wenige Blätter einer solchen bekannt geworden, welche sich verstreut im Besitze der Bibliotheken zu Rom, Wien, London und auf Patmos befinden. Hier aber liegt ein Purpurcodex in zweihundert Blättern größten Quartformats vor. Nur in einer facsimilirten Ausgabe des Codex und einer chromatischen Reproduction seiner Bilder kann dem Werthe der Handschrift Genüge geschehen. Die Verhandlungen, um diese zu ermöglichen, sind mit der rühmlich bekannten Verlagsfirma von Giesecke und Devrient in Leipzig (die seiner Zeit auch den Tischendorf'schen Codex Sinaiticus sehr kunstvoll reproducirte) bereits im Gange. Aber ein solches Unternehmen erheischt eine lange Zeit der Vorbereitung und Arbeit. Um aber schon jetzt durch eine vorläufige Publication dem Publikum eine Anschauung von der Handschrift zu geben, erschien soeben in der vorgenannten Officin folgendes Werk: „Evangeliorum Codex Graecus purpureus Rossanensis", seine Entdeckung, sein wissenschaftlicher und künstlicher Werth, dargestellt von Dr. O. v. Gebhardt und Prof. Dr. A. Harnack, gr. Folio, mit siebzehn Umrißzeichnungen und zwei facsimilirten Schrifttafeln. (N. Y. St.=Z.)

Das Jubiläum. In Luthardt's Allg. Kz. vom 3. Sept. lesen wir: Des 300=jährigen Jubiläums des Concordienbuches ist in den einzelnen lutherischen Landeskirchen Deutschlands in mannigfacher Weise gedacht worden. Zwar eine officielle und allgemeine Feier ist von keiner derselben veranstaltet, und auch die lutherischen Facultäten haben von einer festlichen Begehung des Tages Abstand genommen. Doch hatte das baierische O.=Consistorim die Geistlichen „aufgefordert", in den Vormittagspredigten am Sonntag vor und nach dem 25. Juni auf die Uebergabe der augsburgischen Confession und auf die Herausgabe des Concordienbuches Rücksicht zu nehmen und die Gemeinden zum Festhalten an der evangelischen Wahrheit zu ermahnen. In Württemberg hatte das Consistorium die Geistlichen „ermächtigt", das Concordienjubiläum am Reformationsfeste (in Württemberg der Sonntag nach dem 25. Juni) festlich zu begehen. Ein von Pfr. Völter in Neckargröningen herausgegebenes „Concordien=Jubelbüchlein" erlebte in kurzer Zeit neun Auflagen. Das sächsische Landesconsistorium hatte „gewünscht" und „empfohlen", daß die Geistlichen am 5. Sonntag nach Trinitatis oder auch am Reformationsfest oder wenn sonst die Texte es nahe legten, den Gemeinden die Bedeutung dessen, was in den Tagen der Väter geschehen, darlegen und in ihnen besonders das Bewußtsein von dem, was die luth. Kirche an ihren Bekenntnißschriften hat, beleben möchten. Im Fürstenthum Reuß ä. L. waren die Gemeinden durch einen in den „Blättern für innere und äußere Mission" abgedruckten, demnächst auch in Separatabdrücken verbreiteten Artikel von Cons.=R. v. d. Trenck auf die Feier vorbereitet worden. In Reuß j. L. hatte das Cultusministerium eine Ansprache an alle Pastoren erlassen und ihnen aufgegeben, entweder in den Predigten oder in Ansprachen die Gemeinden über die Bedeutung des Tages zu verständigen. Die officielle und allgemeine Feier des Jubiläums ist auf die freikirchlichen Kreise beschränkt geblieben. Namentlich haben die Gemeinden der breslauer Synode den Tag durch besondere Festlichkeiten ausgezeichnet. Am großartigsten aber hat sich die Jubiläumsfeier in Amerika gestaltet, wo man das Fest am 28. Juni in St. Louis beginn. Die dortige Feier trug zugleich ein so echt amerikanisches Gepräge, daß wir es uns nicht versagen mögen, einige Einzelheiten darüber hier mitzutheilen.

Nun folgt die Beschreibung. Das „Kirchen=Blatt" der Breslauer vom 15. August macht zu dem Bericht über den kläglichen Ausfall der Jubelfeier in Deutschland fol= gende gute Bemerkungen: Immer aber bleibt die Thatsache bestehen, daß eine officielle allgemeine Feier des Jubeltages fast nirgends gehalten worden ist (auch die Württem= bergische Behörde hatte die Geistlichen nur zur Feier ermächtigt und die sächsische dieselbe nur gewünscht und empfohlen), und daß soviel bekannt auch die lutherischen Facultäten von festlicher Begehung des Tages Abstand genommen haben. Eine fröh= liche begeisterte Festfeier hat sich auf einzelne kleinere Kreise nur erstreckt. Wir müssen ja sagen, daß, wie die Dinge nun einmal liegen, es nicht wohl anders sein konnte. Theils sitzen in den Pfarrämtern der Landeskirchen solche, die überhaupt mit dem Be= kenntniß zerfallen sind und selbst das Apostolicum mißgünstig ansehen; wie hätten diese den Festtag begehen und ihre Gemeinden über die hohe Bedeutung desselben unter= weisen können! Theils sitzen in den Pfarrämtern der Landeskirchen solche, und zwar recht sehr viele, die zwar im Großen und Ganzen für die Wahrheit sein wollen, aber doch dem Unionsgeist insoweit Raum gegeben haben, daß sie sich für die Concordien= formel, welche die moderne Union grundsätzlich ausschließt, nicht mehr begeistern können; auch diesen war es freilich nicht möglich, den Festtag in Wahrheit zu begehen und ihren Gemeinden werthvoll zu machen. Da nun so gerade über den Inhalt des Jubeltages die Einmüthigkeit dort fehlte, so konnte ja die Feier nicht recht gedeihen. So erklärlich das aber auch ist, so ist es doch nicht minder betrübend, und das um so mehr, wenn man auf frühere Hoffnungen zurückblickt. In den fünfziger Jahren schrieb der treffliche Dr. Göschel in Berlin, der auch uns vielfach nahe stand, eine Schrift über die Concor= dienformel, in welcher er auf das bevorstehende Jubiläum hinausblickte und die Hoffnung aussprach, es würde allgemein gefeiert werden. Vielleicht hatte er schon damals Un= recht mit diesem Hoffen. Indessen daß er so hoffte, erklärt sich hinlänglich aus der mächtig aufsteigenden lutherischen Bewegung in den vierziger und im Anfang der fünf= ziger Jahre, welche ja allerorten weitere Kreise ergriffen hatte und große Hoffnungen zu gestatten schien. Sieht man von dem Standpunkt der damaligen Kämpfe und Be= strebungen, die ja auch zunächst nur von einzelnen Kreisen ausgingen, aber doch die Kirchen als solche zu ergreifen sich bemühten, auf die Jubelfeier, wie sie in den luth. Landeskirchen sich gestaltet oder vielmehr nicht gestaltet hat, so muß man leider darin ein neues Zeichen erkennen, daß jene so hoffnungsreiche lutherische Bewegung ihren Höhepunkt längst überschritten hat und im Niedergang begriffen ist. Landeskirchliche Blätter lieben es wohl, darauf hinzuweisen, wie ungleich besser es jetzt allerorten in den Kirchen stehe, als etwa im Anfang des Jahrhunderts. Aber diesem „Sonst und Jetzt" steht ein anderes „Sonst und Jetzt" gegenüber. Wohl steht es überall besser, als im Anfang des Jahrhunderts, aber es steht nicht besser, sondern schlechter, als vor dreißig Jahren, wenigstens nach der Seite hin, daß der Widerstand gegen die falsche Union meistens theils erschlafft theils aufgegeben ist. Selbst da, wo man sich in warmen ge= biegenen Worten zur alten Concordienformel bekannt hat, ist doch vielfach der vor= wiegend antiunionistischen Bedeutung derselben gar nicht gedacht worden. Das ist auch ein Zeichen der Zeit. Die können das Concordienfest nicht mit voller Freudigkeit feiern, welche die Augen dagegen verschließen, daß die heutige lutherische Kirche von der Union ebenso wenn nicht mehr bedroht ist, wie vor 300 Jahren die luth. Kirche vom Philip= pismus bedroht wurde.

Die Separation in Bayern. In Luthardt's Allg. Kz. vom 1. October lesen wir Folgendes am Schluß eines Artikels über die luth. Freikirchen: Noch erübrigt es, einer für die rechtliche Lage der separirten Lutheraner in Bayern folgenschweren, von allen zulässigen Instanzen bestätigten Entscheidung zu gedenken, welche die Erzie= hung der Kinder aus Ehen von Separirten mit Nichtseparirten und umgekehrt betrifft.

Der landeskirchliche Pfarrer zu N. nahm die Tochter eines der Landeskirche angehören-
den Vaters und einer aus derselben zu den Separirten übergetretenen Mutter für den
Konfirmationsunterricht in Anspruch. Die Mutter wendete sich infolge dessen mit einer
Beschwerdeschrift an das zuständige kgl. Bezirksamt mit der Bitte, sie in ihrem „ver-
fassungsmäßigen" Erziehungsrechte gegen die „Vergewaltigung" zu schützen. Das Bezirksamt entschied aber unterm 28. Januar d. J., daß die betreffende Ehe durch den
Uebertritt der Frau aus der Landeskirche zu einer freien ev.-luth. Gemeinde in M.(em-
mingen) keine gemischte im Sinne des Religionsedi. z geworden sei, mithin auch der
Frau § 14 des Edikts, wonach, falls andere Bestimmungen nicht ausdrücklich vorhergesehen, die Söhne der Religion des Vaters folgen, die Töchter in dem Glaubensbekenntniß der Mutter erzogen werden, nicht zugute komme. Auf die hiergegen eingelegte Berufung hat sodann auch der kgl. Verwaltungsgerichtshof in München, der inappellabel
ist, in gleichem Sinne entschieden. Um der prinzipiellen Tragweite der Sache willen
lassen wir hier aus dem letztinstanzlichen Erkenntnisse den ersten und Haupentschei-
dungsgrund dem Wortlaute nach folgen: „Durch den Uebertritt des einen der bisher
gleicher Konfession angehörig gewesenen Ehegatten zu einem anderen Glaubensbekennt-
nisse wird die vordem ungemischte Ehe zur gemischten Ehe im Sinne des Kap. 3 des
I. Abschnittes der II. Verfassungsbeilage, ,Religionsverhältniße der Kinder aus gemischten Ehen' betreffend. Nach Kap. 2 des I. Abschnittes dieses Verfassungsgesetzes,
,Wahl des Glaubensbekenntnisses' betreffend, erfordert der auf Grund des § 5 a. a. O.
erfolgte Uebergang von einer Kirche zu einer anderen gemäß § 10 ebendaselbst die Anzeige bei dem geistlichen Vorstande sowohl der verlassenen als auch der neugewählten
Kirche. N. N., welche bis zum Jahre 1874 der protestant. Landeskirche zugethan gewesen war, hat im März jenes Jahres, wie sie unbestritten angegeben, ihren Austritt
aus dieser Kirche erklärt, um Mitglied der sogenannten freien ev.-luth. Gemeinde in M.
zu werden. Diese letztere besaß weder damals noch besitzt sie jetzt die nach den §§ 3, 26,
27, 32—34 der II. Verfassungsbeilage zur Bildung einer Kirchengesellschaft nöthige
staatliche Anerkennung. Sie kann demnach als religiöse Gemeinde staatskirchenrechtlich
nicht gelten und vermag wenig von einer geistlichen Vorstandschaft für dieselbe die Rede sein.
Demnach vermochte N. N. die gemäß angeführten § 10 für den rechtswirksamen Uebergang zu einer anderen Kirche erforderlichen Voraussetzungen nur zu einem Theile, nemlich bezüglich der Austrittserklärung, zu erfüllen. Diese nur theilweise Erfüllung
erwähnter Voraussetzungen war jedoch nicht ausreichend, nach Maßgabe der einschlägigen Bestimmungen der II. Verfassungsbeilage die Entstehung einer Mischehe zu begründen, weil der Eintritt in eine andere staatlich anerkannte Kirchengesellschaft fehlte."

Statistik des Breslauer Synodalverbandes. Ueber den Stand der selbstän-
digen luth. Kirche in Preußen (Breslauer Synodalverband) im Jahre 1880 mögen
folgende Daten, denen wir der Vergleichung wegen die entsprechenden Angaben aus
dem Jahre 1870 in Klammern beifügen, orientiren: Gesammtseelenzahl 42,105 (40,476);
Zahl der Pfarrbezirke 64 (55); der Kirchen 87 (75); der Pfarrhäuser 30 (17); der
öffentlichen Schulen 22 (17); der Pastoren 60 (46); der Hülfsprediger 6 (9); der
Lehrer 25 (?). Daß der Zuwachs zur Gesammtseelenzahl seit den letzten zehn Jahren kein
bedeutenderer ist, findet zum größten Theil seine Erklärung darin, daß in nicht weniger als
33 Parochien die Seelenzahl, und zwar zum Theil ganz beträchtlich, zurückgegangen ist.

Nekrologisches. Auf dem Rathsberge zu Erlangen starb am 2. September der
Dekan und Stadtpfarrer von St. Sebald in Nürnberg, Kirchen-R. Christ. Ehrenfried
Heinr. Reuter im 73. Lebensjahre. Mit ihm ist einer der hervorragendsten älteren
Geistlichen der ev.-lutherischen Landeskirche Bayerns dahingeschieden. So schreibt die
Allgem. Kz. — Dieselbe berichtet ferner: Am 10. Sept. ist Prof. Dr. Gust. Plitt in
Erlangen nach langen, schweren Leiden in voller Bereitschaft und in festem Glauben an

Pastor Konr. Dreves ist nach dreijährigem Aufenthalt in America (San Francisco 2c.) nach Hannover zurückgekehrt, und will sich dort der Hermannsburger Separation anschließen. So berichtet Luthardt's Allg. Kz. vom 24. September.

Leipziger Mission. An die Stelle des verstorbenen Harleß ist Kliefoth zum Präses des Leipziger Missionscollegiums ernannt worden.

Zusätze zu Luthers kleinem Katechismus. Im Sächs. Kirchen= und Schulblatt vom 9. Sept. lesen wir: „In der Leipziger Pastoralconferenz ist von Domh. Prof. Dr. Lutharbt der Vorschlag gemacht worden, die hauptsächlichsten Stücke der äußeren Ordnung christlichen Lebens in acht kurzen Sätzen dem Katechismus anzufügen, und es haben sich infolge der Aufforderung des Verband=Ausschußes eine größere Anzahl von Conferenzen diesem Vorschlag angeschlossen, wenn auch zum Theil mit mancherlei Modificationen. Es ist ja begreiflich, daß eine von so hochgeachteter Seite ausgehende Aufforderung, für Aufrechterhaltung kirchlicher Ordnung und Sitte in bestimmter Weise Sorge tragen zu wollen, bei der Trauer über den Verfall derselben lebhaften Anklang gefunden hat. Aber bennoch möge im Hinblick auf die nicht zu unterschätzende Wichtigkeit der Frage, ob man einem so vollendeten Werke, wie dem kleinen Katechismus Luthers, einer Bekenntnißschrift unserer ev.=luth. Kirche, einen neuen Anhang hinzufügen solle, es gestattet sein, eine mit jenem Vorschlage nicht übereinstimmende Anschauung in diesem Blatte auszusprechen, welche übrigens nicht blos von dem Schreiber dieses, sondern auch von einer Anzahl ihm beistimmender Geistlicher vertreten wird." Besonders wichtig erscheint uns, wenn das Sächs. Kirchen= und Schulblatt hierbei Folgendes erinnert: „Der Vorschlag verwahrt sich dagegen, daß die Aufzählung der kirchlichen Pflichten nichts mit den Geboten der römischen Kirche gemein habe. Aber doch erscheint eine solche Aufzählung kirchlicher Pflichten als etwas Neues, unserer Kirche Fremdes, und das Bedenken läßt sich nicht unterdrücken, daß dadurch ein äußerliches, gesetzliches Wesen der Werke begünstigt werden könnte, während die Befolgung aller dieser Sitten als natürliche, selbstverständliche Bethätigung der aus dem Katechismus auf Grund der Schrift gewonnenen Ueberzeugung davor bewahrt. — Wenn ferner der Verband=Ausschuß vorschlägt, diese Regeln gedruckt den Confirmanden in die Hände zu geben, so dürften die Sätze 4: ‚Wenn wir in die Ehe treten, sollen wir uns vor dem Altar trauen lassen', 5: ‚Wem Gott in seiner Ehe Kinder schenkt, der soll sie rechtzeitig zur Taufe bringen', und 6: ‚Er soll sie zu seiner Zeit auch zur Confirmation bringen' — doch für Confirmanden wenig passend sein, und es würden die meisten Geistlichen wohl Anstoß baran nehmen, in dieser Form diese Pflichten Kindern an das Herz legen zu sollen, während es ganz unbedenklich ist, wenn dieselben an den betreffenden Stellen im Katechismus besprochen werden."

„Die thüringischen Kirchen." Bei Gelegenheit der Feier des 50jährigen Professorenjubiläums Hase's hatte Prof. Dr. O. Pfleiderer erklärt, der Stand der thüringischen Kirchen sei ein „thatsächlich musterhafter". In Beziehung auf dieses Urtheil schreibt ein Thüringer in Luthardt's Allgem. Kz. vom 10. Sept.: Dieses Lob ist den Thüringern selbst, wie uns vielfach bezeugt wird, unerwartet gekommen, und sie hätten in der That gewünscht, daß man solche Dinge, die so wenig der Wahrheit entsprechen, nicht so ohne weiteres in die Welt hinausposaunt haben möchte. In der officiellen Pastoralconferenz einer herzoglich sächsischen Hauptstadt wird das eine Mal die Gottheit Christi direct geleugnet, so daß ein öffentliches Zeugniß dagegen abgelegt werden muß, das andere Mal wird von einflußreicher Seite eine Agitation gegen den gesetzlichen Fortbestand des apostolischen Glaubensbekenntnisses bei der heiligen Taufe ins Werk gesetzt. In dieser und in anderen Städten, größeren und kleineren, leeren sich die Kirchen zusehends; die Communicantenzahl geht fast überall zurück, namentlich auch auf dem Lande in unmittelbarer Nähe der tonangebenden Mittelpunkte der geistigen Bil=

bung; dagegen mehren sich die Verbrechen und die sittlichen Vergehungen, wie allerdings anderwärts auch, und die weltlichen Vergnügungen haben eine Häufigkeit erreicht, wie sie kaum noch vermehrt werden kann. Die Pfarrstellen können nirgends mehr aus= reichend besetzt werden, weil sich nicht genug Bewerber dafür finden, weder inländische noch auch ausländische, die man vielfach zu Hülfe gerufen hat. Im Großherzogthum Weimar ist der fünfte Theil aller Pfarreien unbesetzt, und es ist keine Aussicht vorhan= den, daß hierin eine Aenderung eintritt. Die Aufbesserung der Besoldungsverhältnisse ist hinter anderen Ländern zurückgeblieben. Die relative Selbstständigkeit der Kirchen= verwaltung, wie sie in anderen deutschen Landen doch besteht, wird in Thüringen ver= geblich gesucht; das Kirchenregiment ist eine Abtheilung in den Kultusministerien und dem Staatsminister untergeordnet, welcher in allen wichtigen Angelegenheiten die Ent= scheidung hat. Die Geistlichen als solche haben mit der Schule nichts mehr zu thun; in einigen Staaten dürfen sie sich höchstens um den Religionsunterricht bekümmern, in anderen wird ihnen auch dieses Recht bestritten, und sie sind nicht einmal Mitglieder des Schulvorstandes; der Vorsitz im Schulvorstande ist ihnen überall genommen und den Ortsschulzen übertragen, denen sie vielleicht als Protokollführer zur Seite stehen dürfen. Die Schulaufsicht in den Ephorien und Landesbezirken ist weltlichen Schulinspectoren und die Localaufsicht den Schulvorständen übergeben, denen es überlassen bleibt, ob sie den Geistlichen dazu mit heranziehen wollen. Die offenkundigen Schäden des Civil= standsgesetzes sind bei uns gerade so hervorgetreten wie in andern deutschen Landes= theilen; es gibt ungetraute Ehen und ungetaufte Kinder, vorzüglich in größeren Städten. Die Sonntagsheiligung liegt durchweg im Argen. Die weltliche Obrigkeit ist nur ausnahmsweise der Meinung, daß sie die Verpflichtung hat, den Sonntag zu schützen; viel eher glaubt man recht zu thun und sich den Lohn der Volkszustimmung und öffentlichen Meinung zu verdienen, wenn sie unter Umständen die Sonntagsfeier preisgibt.

Hannover. Die Allgem. Kz. vom 3. September berichtet: Die seinerzeit viel besprochene, auch in diesem Blatte eingehend erörterte Angelegenheit des Seniors Woltmann in Stade, der gegen den dortigen O.=Ger.=Anw. und Kirchenvorsteher Weber wegen einer von demselben am Grabe eines Selbstmörders gehaltenen Rede beim Bezirkssynodalausschusse klagbar geworden war, hat dieser Tage durch die von der Bezirkssynode Himmelpforten=Stade getroffene Entscheidung ihre Erledigung ge= funden. Leider hat sich die Synode mit einer halben Maßregel begnügt, so daß man über den Ausgang der Sache Befriedigung nicht empfinden kann. Obwohl der Ver= klagte seine Vertheidigung vor der Synode in einer Weise führte, daß der mit an= wesende Staatsminister a. D. Lichtenberg sich zu der Bemerkung veranlaßt sah, eine solche Apologie des Selbstmordes habe er noch nicht gehört, und obwohl Weber ent= schieden erklärte, vorkommenfalls gerade so wieder handeln zu wollen, gab die Synode dem Antrage auf Entfernung desselben aus seinem Amte als Kirchen= vorsteher nicht statt, erblickte aber in dem Verhalten Weber's eine „grobe Verletzung" seiner Pflichten als Kirchenvorsteher und beschloß deshalb mit großer Majorität, dem= selben einen ernsten schriftlichen Verweis zu ertheilen und eine Abschrift des Verweises den Kirchenvorstandsmitgliedern zugehen zu lassen. Hoffentlich finden sich Mittel und Wege, vielleicht durch einen Antrag an die nächste Landessynode, den Beschluß zu rectificiren, der hier gefaßt ist. Denn daß alle, welche die kirchliche Ordnung lieb haben, an der Entscheidung der Synode Anstoß nehmen, wird keinem zweifelhaft bleiben können, der unparteiisch von der Sachlage Kenntniß nimmt. Für die Synode lag es um so näher, dem Antrage Folge zu leisten, der darauf hinausging, daß Weber für un= fähig zur Bekleidung des Kirchenvorsteheramtes erklärt werden sollte, als Weber be= kanntlich es nur der Nachsicht des stader Consistorium zu danken hat, daß er nicht

wegen seiner früheren die Fundamente des Glaubens antastenden Aeußerungen aus
dem Kirchenvorstande entfernt ist. Jedenfalls wird man sagen müssen: wenn die
hannoverische Landeskirche durch die gegenwärtige kritische Zeit hindurchgerettet wird,
so dürfen die Beschützer Weber's sich das nicht zum Ruhm anrechnen, dagegen werden
die auflösenden Elemente dieselben als Bundesgenossen begrüßen. — Consistorialrath
Lange in Breslau ist vom Könige zum ersten Hofprediger an der Schloßkirche in Han=
nover berufen worden und hat derselbe diesen Ruf auch angenommen. Da Lange ein
Unirter ist, wünschen die Lutherischgesinnten, daß er als Prediger einer zu gründenden
unirten, nicht zur Hannoverschen Landeskirche gehörenden Gemeinde angestellt werden
möge; was sie aber zu thun gedenken, wenn der unirte Lange der lutherisch sein wollen=
den Landeskirche aufgedrungen werden sollte, darüber sprechen sie sich nicht aus. Daß
sie sich in das „Unvermeidliche" schicken werden, ist leider aus ihrem bisherigen Ver=
halten mehr als vermuthlich.   W.

Großherzogthum Hessen. Mit Genugthuung berichtet die deutsche liberale
Presse, wie das großherzoglich=hessische Ministerium angeordnet habe, daß von den
dortigen Pastoren fortan bei Vornahme kirchlicher Trauungen auf verwandtschaftliche
Ehehindernisse keine Rücksicht mehr zu nehmen sei.

Der Freidenker = Congreß ist Ende August wirklich in Brüssel zusammengetreten.
Sein angeblicher Zweck ist, das menschliche Gewissen vollkommen zu befreien, indem ihm
zu seiner Leitung ausschließlich die Vernunft, als Gesetz die Wissenschaft und als Wäch=
ter die allgemeine Wohlfahrt gelassen werden soll. Aber die größere Zahl wußte nicht,
was so allgemeine Sätze sollten, wenn sich nicht etwas damit machen ließe, und zwar
etwas recht Gründliches. Sie verdammte alle diejenigen als Nichtfreidenker, die noch
nach Ursache und Plan in dem Weltbau fragten, und nicht das Werk des Zufalls darin
erkenneten. Es wurden wilde Reden gehalten. Die Franzosen fingen den Skandal mit
Verherrlichung der Pariser Commune von 1871 an, und forderten die Abschaffung von
Staat und Kirche. Die Deutschen schlossen sich dem an. Doch erhielten die Belgier,
Engländer und Amerikaner das Uebergewicht und brachten einen Antrag durch, daß
man nur die Verfassung des Freidenker=Bundes berathen wollte, welcher in England 60,
in America 150, in Belgien 25 Genossenschaften zählt. Der Sitz des Generalrathes
sollte nicht Brüssel sein, weil man eine Ausweisung von der Regierung befürchten
könnte, sondern London. Unter diesen Freidenkern haben wir daher eine revolutionäre
Bande zu verstehen, die so frei ist, daß sie frei vom Denken alles mit Füßen tritt. Im
Laufe der Verhandlungen wurde mehrere Mal der Wunsch nach Wiederherstellung der
„Internationale" ausgesprochen. Die Freidenkerei ist nur Mittel zum Zwecke, um
Commune und Sozialdemokratie in verbesserter Gestalt wieder herzustellen. Erwähnt
mag noch werden, daß der Freidenker = Congreß und der internationale Unterrichts=
Congreß nachbarlich und zu gleicher Zeit in Brüssel getagt haben, und nicht wenige
Glieder des letzteren beim ersteren zu Gaste gewesen sind. — Paris zählt drei Freidenker=
Zeitschriften, die eine, für anständige Leute, erklärt jeder Religion den Krieg, heiße sie
gleich Protestantismus oder Vernunftreligion, weil alle Glaubenslehren einen verderb=
lichen Einfluß auf das Volk ausgeübt haben. Deputirte und Gemeinderäthe unter=
stützen dieses Blatt. Die zweite Zeitschrift will zwar von einem Gotte nichts wissen,
aber doch von einer Religion, welche ist die „Religion der Menschheit" ohne alles Ueber=
natürliche. Da kommt die Menschheit auf den Thron der Verehrung, und das soll „die
größte Macht sein, welche je die menschliche Gesellschaft zusammengeschlossen hat." Die
dritte Zeitschrift ist revolutionär=sozialistisch, und hat auch eine Entdeckung, daß der
blaue Montag mit gesetzlicher Ruhe von der Arbeit eingeführt werden soll. Da kann
den Freidenkern ja eingebläut werden, daß der Jan Hagel regiert, wo Gott nicht regiert.

(Münkel's N. Ztbl. vom 15. Sept.)

Lehre und Wehre.

| Jahrgang 26. | December 1880. | No. 12. |

Streitet die Lehre, daß die Wahl nicht intuitu fidei geschehen sei, mit der Lehre von der Rechtfertigung allein durch den Glauben?

Manche, wenn sie hören oder lesen, daß die Wahl n i c h t intuitu fidei geschehen sei, sind besorgt, daß damit die Lehre von der Rechtfertigung allein durch den Glauben zurückgestellt, ja wohl gar gänzlich aufgehoben werde. Wäre diese Besorgniß gegründet, so wäre ja freilich jene Lehre die greu= lichste Irrlehre, welche sich nur denken ließe. Denn mit vollem Rechte schreibt L u t h e r von der Lehre von der Rechtfertigung allein durch den Glauben: „Verstehen wir diesen Artikel recht und rein, so haben wir die rechte himmlische Sonne; verlieren wir ihn aber, so haben wir auch nichts anders, denn eitel höllische Finsterniß. Darum wenn du merkest, daß der= selbe geschwächt wird und darnieder liegt, so scheue weder Petrum noch Paulum, ja auch keinen Engel vom Himmel, sondern widerstehe ihnen; denn man kann ihn nimmermehr hoch genug heben und vertheidigen.“ (Zu Gal. 2, 11. VIII, 1769.) So wenig aber die Lehre, daß z. B. die B e r u f u n g nicht intuitu fidei geschehe, mit der Lehre von der Rechtferti= gung allein durch den Glauben streitet, sondern so gewiß diese beiden Lehren trotzdem, daß die Berufung n i c h t intuitu fidei geschieht, vielmehr in der vollsten Harmonie mit einander stehen und eine die andere vielmehr voraus= setzt und bestätigt: so wenig streitet die Lehre, daß die W a h l nicht intuitu fidei geschehen sei, mit der Lehre von der Rechtfertigung allein durch den Glauben und so gewiß stehen auch diese beiden letzteren Lehren vielmehr in der vollsten Harmonie mit einander, setzen einander vielmehr voraus und bestätigen sich gegenseitig.

Dieses müssen wir als Christen schon a priori darum annehmen, weil erstlich die h e i l i g e S c h r i f t, die als Gottes Wort unmöglich sich selbst wider= sprechen und mit sich selbst streiten kann, an unzähligen Stellen klar und deut= lich die R e c h t f e r t i g u n g allein durch den Glauben, aber nirgends eine W a h l intuitu fidei d. i. in Ansehung des Glaubens lehrt. Wohl steht geschrieben: „Welche er zuvor versehen hat, die hat er auch verord=

net" (Röm. 8, 29.); aber wo steht geschrieben: Welche er als bis an
das Ende Glaubende zuvorgesehen hat, die hat er auch verordnet?
und welche Creatur im Himmel und auf Erden hat ein Recht, zu den Wor=
ten des Heiligen Geistes etwas hinzuzusetzen?   Wohl steht ferner geschrie=
ben: „Den erwählten Fremdlingen hin und her in Pontio, Galatien,
Cappadocien, Asien und Bithynien, nach der Versehung Gottes des
Vaters" (1 Petr. 1, 1. 2.); aber wo steht geschrieben: Nach der Vorher=
sehung ihres Glaubens? und wer darf so kühn sein, die Worte des
Heiligen Geistes als angeblich unvollständige aus seiner Vernunft zu ver=
vollständigen?   Wohl steht geschrieben: „Wie er uns denn erwählet hat
durch denselbigen" oder laut des Urtextes ἐν αὐτῷ „in demselbigen"
(Ephes. 1, 4.); aber wo steht geschrieben: Wie er uns denn erwählet hat
als in demselben Seiende, τοὺς ἐν αὐτῷ ὄντας? und wer darf es
wagen, diese Wörtlein aus seinem Eigenen dem Heiligen Geiste unterzu=
schieben? und ihn damit, als hätte Er nicht gewußt, wie Er, was Er offen=
baren wollte, ausdrücken müsse, „zur Schule zu führen"? — Aber, spricht
man, steht nicht klar geschrieben: „Wir aber sollen Gott danken allezeit um
euch, geliebte Brüder von dem HErrn, daß euch Gott erwählet hat von
Anfang zur Seligkeit, in der Heiligung des Geistes und im Glauben
der Wahrheit (ἐν ἁγιασμῷ πνεύματος καὶ πίστει ἀληθείας)?"* (2 Theff.
2, 13.)   Ja freilich!   Aber wo steht geschrieben: Daß euch Gott erwählet
hat als solche, die nach seinem Voraussehen in der Heiligung
des Geistes und im Glauben der Wahrheit stehen oder sein
würden? wo steht das ὄντας, welches nothwendig wäre, sollte sich das
ἐν ἁγιασμῷ κτλ. nicht auf das Verbum εἵλατο, sondern auf das durch die
Worte ὁ θεὸς ἀπ' ἀρχῆς εἰς σωτηρίαν getrennte, weit entfernte ὑμᾶς beziehen?
und wer will sich die Macht anmaßen, die Rede des Heiligen Geistes also zu
ergänzen und das nach seiner Meinung in derselben Fehlende zu ersetzen?
— Aber, spricht man endlich, schreibt nicht Jakobus ausdrücklich: „Hat
nicht Gott erwählet die Armen auf dieser Welt, die am Glauben
reich sind und Erben des Reichs, welches er verheißen denen, die ihn
lieben?" (Jak. 2, 5.)   Ohne Zweifel!   Aber mit welchem Wörtlein zeigt
hier Jakobus an, daß Gott die gläubigen Armen in Ansehung dieses
ihres Glaubens erwählt habe?   Wer will es sich aber herausnehmen,
dieses in Jakobus' Worte hinein zu flicken?   Denn was läßt sich mehr aus
diesen Worten schließen, als daß freilich, wer nicht bis ans Ende glaubt,
auch kein Auserwählter und daß nur bis ans Ende Glaubende Auserwählte
sein können?   Was hat das aber mit der Frage zu thun, ob Gott in An=
betracht des Glaubens erwählt habe? — So ist denn keine Frage, das
intuitu fidei ist nicht aus der Schrift heraus genommen, sondern in die
Schrift hinein getragen, wider einen der obersten hermeneutischen Grund=
sätze, wider den Kanon nemlich: Sensus non est inferendus, sed efferen-

schreibt: „Das heißt nicht christlich gelehret, wenn ich einen Sinn in die
Schrift trage, und ziehe darnach die Schrift darauf; sondern wiederum,
wenn ich zuvor die Schrift klar habe, und darnach meinen Sinn darauf
ziehe." (XIX, 1603. f. Vgl. V, 641.)

Wie aber die heilige Schrift, so enthält auch das reine Bekenntniß
unserer rechtgläubigen Kirche die Lehre von der Rechtfertigung eines
armen Sünders vor Gott allein durch den Glauben so rein und klar, wie
kein anderes kirchliches Bekenntniß; aber von einer Wahl in Ansehung
des Glaubens findet sich darin auch nicht ein Wörtlein, sondern vielmehr
das gerade Gegentheil. Nicht nur wird in unserem theuren Bekenntniß
(worauf in dieser Zeitschrift schon früher aufmerksam gemacht worden ist)
der Ausdruck der Schrift προέγνω (Röm. 8, 29.) durch das deutsche Wort
„versehen" und durch das lateinische Wort „praedestinavit" wiedergegeben (S. 709. § 27.), womit die Auslegung von einer Vorhersehung
des Glaubens als Ursache oder Grund der Gnadenwahl auf das Klärste
abgewiesen ist, sondern es wird auch darin ausdrücklich gelehrt, daß im Gegentheil die „Wahl" Gottes eine „Ursache" sei, „so da unsere Seligkeit, und was zu derselben gehört, schaffet, wirket, hilft und befördert" (S. 705. § 8.), mit welchen Worten unser Bekenntniß offenbar,
anstatt den Glauben für die Ursache der Wahl zu erklären, im Gegentheil die Wahl für die Ursache des Glaubens erklärt. Es kann dieses
nur derjenige leugnen, welcher zugleich leugnet, daß der Glaube, und zwar
vor allem, zur Erlangung der Seligkeit „gehört". Hierzu kommt noch, daß
unser Bekenntniß lehrt, Gott habe die Auserwählten dazu „verordnet
(decrevit), daß er sie auf diese Weise, wie jetzt gemeldet, durch
seine Gnade, Gaben und Wirkung dazu bringen" („salutis aeternae participes facere" = der ewigen Seligkeit theilhaftig machen), „helfen, fördern, stärken und erhalten wolle." (S. 708. § 23.) Die „jetzt gemeldete
Weise" ist aber nach dem unmittelbar Vorhergehenden keine andere, als
diese, daß Gott die Auserwählten zum Glauben bringen, in demselben
erhalten ꝛc. wolle. (Vgl. S. 708. § 16—22.) Daher haben denn auch
die Calvinisten, so viel sie sonst an der Lehre der Concordienformel
von der Gnadenwahl zu verdammen fanden, gerade das an der Concordienformel gelobt, daß sie den Grund festhalte: „Daß Gott in uns keine
Ursache der Erwählung vorausgesehen habe."*) Die synergistischen

Philippisten hingegen haben diese Lehre der Concordienformel als eine calvinische verdammt. Als Magister Matthias Berg, Schulrector in Braunschweig, es vor allem wegen der in der Concordienformel enthaltenen Lehre von der Prädestination und vom freien Willen bereute, dieselbe unterschrieben zu haben, meldete er in einem Briefe vom 16. März 1580 dem synergistischen Philippisten Markus Mening in Bremen sein Vorhaben, seine geleistete Unterschrift zu widerrufen.   Mening lobte natürlich (in seiner noch in demselben Monat ausgefertigten Rückantwort) Berg's Verhalten auf das höchste, beschwor ihn, nicht wieder wankend zu werden, und schrieb endlich u. a.: „Ueber den freien Willen und die ewige Prädestination Gottes folgen wir gänzlich der Meinung des Dr. Philippus (heiligen Andenkens), und auch Du wirst nicht irre gehen, wenn Du derselben ebenfalls einfach folgest.   Denn wie diese Worte (der Concordienformel): ‚Der Mensch verhält sich in der Bekehrung pure passive, widerstrebend, feindlich' rc., nie (!), so viel ich weiß, vor den Zeiten des Flacius in der Kirche gehört worden sind, so ist diese Meinung auch der heiligen Schrift ganz fremd und gottlos und durch keine Autorität der heiligen Väter unterstützt. Ebensowenig kann ich die ungeheuerlichen Reden derjenigen gutheißen, welche sich nicht entblöden zu behaupten, daß Gott nur einige Menschen von Ewigkeit zum ewigen Leben erwählt habe und daß auch nicht Einer aus deren Zahl allein kraft jener Erwählung verloren gehen könne oder solle, daß er aber den übrigen Theil des menschlichen Geschlechts zur ewigen Verdammniß bestimmt habe, welcher ebenfalls kraft jener Prädestination weder selig werden könne noch solle."*) Aehnlich wie Mening waren alle synergistischen Philippisten mit der Gnadenwahlslehre der Concordienformel unzufrieden.   Sie meinten alle, wenn die Concordienformel zugestehe, daß der beharrliche Unglaube die Ursache der Verwerfung sei, so müsse sie auch zugestehen, daß der Glaube die Ursache der Erwählung sei; leugne sie aber Letzteres und setze sie die

---

*) Unredlicher Weise stellt es hier Mening so dar, als ob die Concordienformel, indem sie die ewige Wahl zu einer Ursache der Seligkeit macht, damit lehre, daß daher die Wahl auch eine Ursache der Verdammniß sei. Man vergleiche Ph. Jul. Rehtmeyer, Der Stadt Braunschweig Kirchen-Historie. Braunschweig 1707. Theil III. S. 500—503. Beilagen, S. 350. f. Hier wird noch ferner berichtet, daß Berg zwar nach Empfang des Mening'schen Briefes den Widerruf seiner Verpflichtung auf die Concordienformel eingegeben, jedoch denselben infolge ernstlicher Verhandlungen, welche Chemnitz, sein nächster kirchlicher Vorgesetzter, mit ihm vorgenommen, wieder zurückgezogen und (weil er auch Unruhe unter dem Volke gestiftet hatte) öffentlich Kirchenbuße gethan, auch einen Revers ausgestellt und dem synergistischen Philippisten Mening in einem sehr entschiedenen Schreiben alle brüderliche Gemeinschaft aufgesagt habe. Leider ist aber Berg später aufs Neue abfällig geworden und nach seiner nun erfolgenden Absetzung nach Altorf gegangen, wo er bald eine Professur erhielt und 1592 starb. — Vergl. Unschuld. Nachrr. Jahrg. 1728. S. 216—226. 337—346, woselbst sich u. a.

Ursache der Wahl allein in Gottes Barmherzigkeit und Christi Verdienst und keine Ursache in den Menschen, so könne sie auch dem calvinischen absoluten Verwerfungs = Rathschluß nicht entgehen. Bekanntlich gehörten u. A. die Anhaltinischen Theologen (Amling an der Spitze) zu den synergistischen Philippisten. So schrieb daher, wie Frank mittheilt, u. A. Fürst Joachim Ernst von Anhalt an Landgraf Wilhelm von Hessen am 20. April 1577 über das sogenannte „Torgische Buch"*): „So müssen auch alle, so dieser" (seiner synergistischen) „Lehre zuwider sein und ihnen eine unbekannte Prädestination, aus etzlichen übelverstandenen Locis, imaginiren, bekennen, daß die Ursache der Verwerfung die Sünde und Verachtung des Wortes Gottes sei.**) Darum sie die Schluß= folgerung nothwendig***) auch einräumen müssen, daß auf der entgegen= gesetzten Seite diejenigen, welche die Gnade annehmen, die Aus= erwählten seient†), und nicht die, in welche wie in leere Krüglein ohne alle Bewegung und Zustimmung derselben die Gnade eingegossen werde††); denn dieser Enthusiasmus ist wider die Analogie der heiligen Schrift und bringt unendliche Ungereimtheiten‡) mit sich." Weiter unten schreibt der Fürst: „Nun können wir in dem Torgauischen Buche gar nicht finden, daß mit derselben Weitläuftigkeit dieses recht unterschieden wäre, weil darin befindlich: wen Gott will selig haben, dem gibt er Gnade zu gläuben; mögen sie antworten, warum er dieses nicht Allen gewähre."‡‡) (S. Die Theol. der Concordienf. IV, 135. 267.)

Was nun die Verfasser und Apologeten der Concordien= formel, sowie Luther betrifft, welchen die Concordienformel als den „vornehmsten Lehrer der Kirche, so sich zur Augsburgischen Confession be= kennen", einführt (S. 655. § 41.), so haben wir schon in dieser Zeitschrift nachgewiesen, daß diesen allen die Lehre von einer Gnadenwahl intuitu fidei fremd ist, so gewaltig sie auch alle den Artikel stantis et cadentis ecclesiae, den Artikel von der Rechtfertigung durch den Glauben, getrieben haben. Es sei uns nur gestattet, was erstlich Chemnitz betrifft, eine Bemerkung Professor Frank's hier einzufügen. Nachdem Frank an die Schwierigkeit erinnert hat, die darin besteht, daß die Concordienformel eine Gewißheit der Erwählung lehrt und doch auch eingesteht, daß es Zeitgläu= bige gebe, fährt er fort: „Das später beliebte theologische Aus=

---

*) Bekanntlich die letzte unter den Arbeiten, aus welchen die Concordienformel (mit wenigen Aenderungen) endlich in der Form entstanden ist, in welcher wir sie haben.

**) Quod causa rejectionis sit peccatum et contemtus verbi.

***) Consequentiam necessario.

†) Quod e regione acceptantes gratiam sint electi.

††) Tamquam in vacuos urceolos sine omni motu et assensu eorum in-fundatur gratia.

kunftsmittel einer praevisa fides im Zusammenhange mit der
voluntas Dei antecedens und consequens will, scheint es, deswegen nicht
verfangen, weil einerseits der Glaube selbst als Wirkung der Gnade betrachtet werden soll (Concordf. S. 718. § 69.), so zwar, daß ehe sie gewesen
und etwas Gutes gethan, vor Grundlegung der Welt, die Erwählten nach
Gottes Vorsatz aus Gnaden in Christo zur Seligkeit erwählt seien (S. 713.
§ 43. 723. § 88.), und weil andererseits das Bekenntniß an
keinem Orte von jenem Auskunftsmittel Gebrauch macht,
Antwortet doch Chemnitz in dem ‚Enchiridion' auf die Frage, ob solche
Wahl Gottes allererst in der Zeit geschehe, wenn die Menschen Buße thun
und glauben, oder ob sie geschehen in Betrachtung ihrer zuvor ersehenen
Frömmigkeit: die Wahl folge nicht nach unserem Glauben
und Gerechtigkeit, sondern gehe als eine Ursach deß Alles
voran, die Gnadenwahl sei eine Ursache von dem Allen, was
zur Seligkeit gehöret; wenn schon Chemnitz in seiner Predigt
von der Versehung, und zwar dies entsprechend der Unterscheidung zwischen
Prädestination und Präscienz, den Beschluß der Verdammniß der Ungläubigen von der Prävision ihres Unglaubens abhängig gemacht." (Theologie der Concordf. IV, 226. f.) Zwar hat man daraus, daß Chemnitz
seine Frage so formulirt: Geschieht solche Wahl Gottes allererst in
der Zeit, wenn die Menschen Buße thun und glauben? Oder ist sie geschehen in Betrachtung der zuvor ersehener ihrer Frömmigkeit?" beweisen
wollen, daß Chemnitz in seiner Antwort also nur davon rede, daß der
Glaube der Zeit nach der Wahl folge und die Wahl dem Glauben auch
nur der Zeit nach vorangehe. Allein die Antwort zeigt unwidersprechlich, daß Chemnitz nicht nur von einem Folgen und Vorausgehen der Zeit
nach, sondern zugleich von einem logischen, das Verhältniß von Ursache
und Wirkung ausdrückenden Folgen und Vorhergehen rede. Denn die
Antwort beginnt zwar mit den Worten: „St. Paulus spricht Ephes. 1.:
‚Wir sind erwählet in Christo, ehe der Welt Grund geleget ward.'
Und 2 Tim. 1.: ‚Er hat uns selig gemacht und berufen nicht nach unsern
Werken, sondern nach seinem Fürsatz und Gnade, die uns gegeben ist in
Christo JEsu vor der Zeit der Welt'", aber hierauf fährt Chemnitz
also fort: „So folget auch die Wahl Gottes nicht nach unserm
Glauben und Gerechtigkeit, sondern gehet fürher als eine
Ursach dessen alles; denn die er verordnet oder erwählet hat, die hat
er auch berufen und gerecht gemacht, Röm. 8. Und Ephes. 1. spricht Paulus nicht, daß wir erwählet sind, weil wir heilig waren oder heilig sein
werden; sondern spricht: ‚Wir sind erwählet, auf daß wir heilig würden'; denn die Gnadenwahl ist eine Ursach deß alles, was

Herrlichkeit; und nach der Wirkung glauben wir' 2c. Und ist dieselbige Wahl geschehen nicht aus Betrachtung (respectu) unserer gegenwärtigen oder künftigen Werke, sondern aus Gottes Fürsatz und Gnade, Röm. 9. 2 Tim. L." Es ist daher hiernach kein Zweifel, und nur Verblendung und Voreinge= nommenheit kann es leugnen, daß nach Chemnitz die Gnadenwahl eine Ursache des Glaubens und auch in diesem Sinne etwas demselben Vorher= gehendes, und nicht der Glaube eine Ursache der Gnadenwahl oder diese etwas derselben logisch Folgendes ist. Und zwar redet Chemnitz davon als von einer damals allgemein anerkannten Wahrheit, welche er daher dafür, daß die Wahl nicht „allererst in der Zeit" geschehe, zum Beweis anführt; denn geht die Wahl dem Glauben als Ursache voraus, so kann sie un= möglich „allererst in der Zeit" geschehen und dem schon gewirkten Glau= ben „allererst in der Zeit" folgen. Chemnitz hat sonach von jener spä= teren, erst durch Aegidius Hunnius eingeführten Theorie, daß die Gnadenwahl intuitu fidei geschehen sei, nichts gewußt, nichts wissen wollen.

Was Luther betrifft, diesen nach den Aposteln und Propheten ge= waltigsten Herold der Rechtfertigung allein durch den Glauben, so wird wohl niemand behaupten, daß er gelehrt habe, die Gnadenwahl fließe aus dem vorhergesehenen Glauben. Jedoch möge hier zum Ueberfluß ein herrliches Zeugniß von ihm vom Jahre 1538 Platz finden. Er schreibt zu den Worten des HErrn: „Ihr habt mich nicht erwählet, sondern ich habe euch erwählet und gesetzt, daß ihr hingehet und Frucht bringet, und eure Frucht bleibe", Joh. 15, 16., Folgendes: „Da verkläret er selbst, wie er will verstanden haben, daß er gesagt hat: Ich heiße euch hinfort nicht Knechte, sondern meine Freunde 2c. Diese Freundschaft (spricht er), daß ich euch meine Freunde heiße, habt ihr nicht von euch selbst, sondern daher, daß ich euch zuvor erwählet habe zu Freunden, durch mein Leiden und Sterben, und erkenne euch für meine Freunde: darum dürfet ihr nicht rühmen, als hättet ihrs um mich verdienet und wäret wohl werth. Summa, durch mein Erwählen und Annehmen heißt ihr Freunde, die ihr sonst von Art nichts Anders denn eitel Feinde wäret, die weder von mir, noch von Gott Nichts wüßten: nun aber Freunde seid, allein daher, daß ich euch so lieb gewonnen und so treulich gemeinet, daß ich euch erlöset und ins ewige Leben gesetzt habe; und sollet auch dadurch Freunde bleiben und meiner Freundschaft ewiglich genießen, allein, daß ihrs also beweiset, daß ich euch nicht vergeblich also gemeinet habe. Also wiederholet er und deu= tet, was diese Freundschaft sei. Denn in der Welt gehets nicht also, son= dern da heißt Einer den Andern seinen Freund, dazu er sich Guts versiehet und Guts von ihm zu empfahen gewartet; nicht der, so Nichts verdienet, Nichts geben, helfen, oder wohlthun kann. Hie aber heißen diese Freunde, die ihm nie Nichts zu Gut gethan, ja, nie erkennet haben; sondern die armen, elenden Sünder, ja Gottes Feinde, deren Sünden und Tod er auf seinen Hals nimmt 2c.

„Damit ist nun ja rein abgeschnitten und verdammt alle Vermessenheit der falschen Heiligen wider Gott, daß sie so viel thun und verdienen wollen, daß sie Gott versühnen und zu Freund machen. Denn was thun solche anders, denn daß sie die Wahl anfahen und wollen die Ersten sein? daß ihr Verdienst vorgehe, und seine Gnade hernach getrollt komme; und nicht er sei, der uns erwählet, sondern wir ihn suchen und uns zu Freund machen wollen, daß wir rühmen mögen, er habe Guts von uns empfangen. Also thut alle Welt, jüdische, türkische, päbstische Heiligen, so sich unterstehen, durch ihre vorgehende Werke Gottes Gnade zu verdienen. Aber es heißt: Ihr habt mich nicht erwählet ꝛc., das ist, ihr seid meine Freunde, nicht um euret=, sondern um meinetwillen. Denn so ihrs wäret um euretwillen, so müßte ich euer Verdienst ansehen. Nun aber seid ihrs allein von mir und durch mich, der ich euch zu mir ziehe und gebe euch Alles, was ich habe, daß euer Ruhm nichts Anders sei, denn von meiner Gnade und Liebe, wider euer und aller Welt Werk und Verdienst. Denn ich habe mich nicht lassen finden von euch, sondern ich habe euch müssen suchen und zu mir bringen, da ihr ferne und fremd waret von dem Erkenntniß Gottes, und laget im Irrthum und Verdammniß, wie die Andern. Nun ich aber bin kommen, und euch gerufen aus der Finsterniß, ehe ihr darum batet, oder Etwas darum gethan habt: so seid ihr meine Freunde, also, daß ihr von mir Guts empfahet und wisset, daß ihr Alles habt umsonst und aus lauter Barmherzigkeit." (Walch, Tom. VIII, 411—413.)*)

So ist es denn gewiß: Die Lehre, daß die Wahl nicht intuitu fidei geschehen sei, kann unmöglich mit der Lehre von der Rechtfertigung allein durch den Glauben streiten. Wir müssen dies schon a priori darum an=

---

*) Ueber die Stelle Joh. 15, 16. schreibt Gerhard: „Manche meinen, Christus rede hier von einer zeitlichen Erwählung, d. i., von jener Erwählung, durch welche die Apostel von Christo sowohl zur Gemeinschaft der Kirche, als zur höchsten Stufe des kirchlichen Amtes berufen worden waren ... Manche hingegen halten dafür, Christus rede hier von der ewigen Erwählung, d. i., von derjenigen Erwählung, durch welche die Apostel zur ewigen Seligkeit erwählt worden waren." Nachdem Gerhard die Gründe aufgezählt hat, welche für die eine, wie für die andere Auslegung beigebracht werden können, fährt er fort: „Aber diese zwei Auslegungen sind einander nicht ent= gegengesetzt, sondern untergeordnet. Denn Christus hat auf jede von beiden Weisen seine Liebe gegen die Apostel bewiesen, sowohl durch die Berufung derselben in die Ge= meinschaft der Kirche und in das Apostolat in der Zeit, als auch durch die Erwählung derselben zur ewigen Seligkeit von Ewigkeit. Jede von beiden Erwählungen ist eine aus Gnaden geschehene (gratuita), jede von beiden ist durch Christum geschehen, Ephes. 1, 4. 4, 11., jede von beiden ist zu dem Zweck geschehen, daß die Erwählten Frucht bringen und ihre Frucht bleibe. Daher können beide Auslegungen auf die beste Weise verbunden werden. ‚Ihr habt mich nicht erwählt, sondern ich habe euch erwählt zur Gemeinschaft der Kirche, zum Apostolat und zur Seligkeit‘, ‚und ich habe euch ge= setzt, daß ihr hingehet und Frucht bringet‘, sowohl in privater Uebung der Gottseligkeit, als in öffentlicher Predigt des Evangeliums, ‚und eure Frucht bleibe.‘" (S. Har= monia Evangelistarum, zu Joh. 15, 16. Cap. 177. Ed. Roterodam. fol. 1022.)

nehmen, weil die Schrift und das schriftgemäße Bekenntniß der rechtgläu=
bigen Kirche, sowie die Verfasser und die von der Kirche berufenen Apolo=
geten dieses Bekenntnisses so gewaltig die Lehre von der Rechtfertigung
allein durch den Glauben treiben, von einer Wahl aber in Ansehung des
Glaubens nichts wissen wollen, vielmehr das Gegentheil lehren.

Jene Behauptung ist jedoch auch a posteriori leicht zu erweisen.

Wer in der heiligen Schrift lies't, und findet, daß sich die Lehre von
der Rechtfertigung allein durch den Glauben an Christum durch die
ganze heilige Schrift wie ein goldener Faden hindurchzieht, ja, den Kern
und Stern derselben ausmache, und wer nun hört, daß hingegen die Wahl
zur ewigen Seligkeit nicht in Ansehung des Glaubens geschehen sein solle,
der kann freilich, wenn er beide Werke Gottes nur oberflächlich betrachtet
und nicht beide sorgfältig mit einander vergleicht, leicht auf die Gedanken
kommen, durch diese Lehre von der Gnadenwahl werde die Lehre von der
Rechtfertigung, wenn nicht gar aufgehoben, doch in den Hintergrund ge=
drängt. Ein solcher Gedanke wird aber eben nur bei oberflächlicher
Betrachtung und ungenauer Vergleichung beider Lehren entstehen, wenn
man nemlich gedankenloser Weise die Lehre, daß die Auserwählten nicht
in Ansehung des Glaubens zur Seligkeit erwählt seien, für gleich=
bedeutend mit jener Lehre nimmt, daß die Auserwählten erwählt seien,
ohne den Glauben selig zu werden. Mit dieser letzteren Lehre würde
allerdings die Lehre von der Rechtfertigung nicht nur zurückgedrängt, son=
dern geradezu aufgehoben, ja, das ganze Evangelium, die ganze christliche
Religion vernichtet. Durch die Lehre aber, daß die Erwählung nicht in
Ansehung des Glaubens geschehen sei, wird die Lehre von der Recht=
fertigung allein durch den Glauben, weit entfernt durch dieselbe beeinträch=
tigt zu werden, vielmehr auf das Herrlichste bestätigt. Diejenigen nemlich,
welche mit unserem Bekenntniß, mit einem Luther, Rhegius, Chemnitz,
Kirchner u. A. leugnen, daß die Erwählung intuitu fidei geschehen sei, leh=
ren um so entschiedener, daß die Auserwählten allein aus Gnaden und um
Christi allerheiligsten Verdienstes willen zur Rechtfertigung und
Seligkeit allein durch den Glauben schon von Ewigkeit erwählt
oder verordnet seien. Die Lehre von der Rechtfertigung allein durch den
Glauben ist daher durch jene Lehre von der Wahl so wenig ausgeschlossen,
oder beeinträchtigt, oder zurückgestellt, daß sie vielmehr durch dieselbe erst
recht in das Licht gestellt wird. Das eigentliche Herz der Lehre von
der Rechtfertigung eines armen Sünders vor Gott ist ja dieses, daß wir
gerecht werden aus Gnaden, um Christi willen, allein durch den Glauben,
und zwar dasselbige nicht aus uns, denn es ist Gottes Gabe, nicht aus den
Werken, auf daß sich nicht jemand rühme. (Röm. 3, 24. 25. Ephes. 3,
8. 9.) Die Probe, ob jemand richtig von der Rechtfertigung lehrt, besteht
also nicht allein darin, daß er eine Rechtfertigung durch den Glauben allein
lehrt; dies lehren auch die Socinianer und bergen doch unter diesen schönen

Worten ihre erbärmliche Werklehre, indem sie unter dem Glauben nichts anderes verstehen, als den Gehorsam, welcher den Geboten Christi zu leisten sei. Die richtige Lehre von der Rechtfertigung durch den Glauben ist vielmehr nur diejenige, welche zugleich lehrt, daß der Mensch aus Gnaden gerecht werde und daß auch der Glaube nicht aus ihm, nicht sein Werk, nicht das Product seiner Entscheidung, oder doch seines Nicht=Widerstrebens, sondern eine Gabe Gottes ohne des Menschen Zuthun sei, so daß sich dabei der Mensch keines Dinges rühmen könne, daß der Ruhm von Seiten des Menschen aus ist (Röm. 3, 27.) und daß hier Gotte allein aller Ruhm verbleibt. Daß der Mensch allein durch den Glauben gerecht wird, kommt ja nicht daher, daß Christi Verdienst dazu nicht vollkommen hinreiche und daß der Mensch wenigstens Etwas dazu thun müsse, sondern daher, daß der Mensch allein aus Gnaden vor Gott gerecht werden kann. Wie denn der Apostel ausdrücklich schreibt: „Derhalben muß die Gerechtigkeit durch den Glauben kommen, auf daß sie sei aus Gnaden." (Röm. 4, 16.) Welch ein schändliches Spiel die Secten und viele sogenannte Lutheraner mit ihrer Lehre von der Rechtfertigung durch den Glauben treiben, ist gar nicht auszusagen. Immer und immer von Glauben zu reden, daran fehlt es bei ihnen nicht; aber merkt man recht auf ihre ganze Lehrweise, so sieht man bald, daß sie allerlei Menschenthun und Menschenqualität unter dem Glauben verstehen und mit ihrer Lehre vom Glauben den Glauben vernichten, Christo die Ehre, daß Er allein gerecht und selig macht, nehmen und diese Ehre dem Menschen geben. Daher schreibt Luther: „Kein falscher Christ noch Rottengeist kann diese Lehre verstehen. Wie viel weniger wird er sie recht predigen und bekennen? ob er gleich die Worte mitnimmt und nachredet, aber doch nicht dabei bleibet noch rein lässet; prediget immer also, daß man greift, daß er's nicht recht habe; schmieret doch seinen Geifer daran, dadurch er Christo seine Ehre nimmt und ihm selbst zumisset. Darum ist **das** allein das gewisseste Werk eines rechten Christen, wenn er Christum so preiset und predigt, daß die Leute solches lernen, **wie sie nichts, und Christus alles ist."** (Zu Matth. 5, 16. VII, 623.) Und das und nichts Anderes ist es, was diejenigen sich nicht nehmen noch irgendwie verkehren lassen, was sie festhalten und treu bewahren wollen, welche lehren, daß Gott seine Auserwählten nicht in Ansehung des Glaubens erwählt habe. Sie wollen nicht mit dem bloßen Schein zufrieden sein, daß auch sie eine Rechtfertigung allein durch den Glauben und also allein aus Gnaden lehren, sondern damit Ernst machen, indem sie zugleich lehren, daß die Auserwählten nicht um ihres von Gott vorausgesehenen Glaubens willen auserwählt sind, sondern daß die Auserwählten ihren bis in den Tod beständigen Glauben nicht sich selbst, sondern einem ewigen Gnadenrathschluß Gottes in Christo zu danken haben. Auch sie lehren mit großem Ernste, daß der Mensch allein durch den Glauben selig werde. Sie bezeugen allen denen, welche nicht im Glauben stehen, sondern das Evangelium im Unglauben verwerfen, daß sie vom Teufel verblendete Frevler sind, wenn sie sich in ihrem greulichen Zustande der Erwählung trösten wollen, oder sagen: Bin ich erwählt, so werde ich selig, ich mag mich noch so gottlos verhalten, und bin ich nicht erwählt, so gehe ich doch verloren, ich mag noch so ernstlich schaffen, daß ich selig werde. Sie bezeugen mit lauter Stimme, daß ohne den Glauben Gott niemand gefallen könne und daß die Gnadenwahl nur ein Trost für die Gläubigen sei, daß niemand zur Seligkeit erwählt sei, der nicht zugleich zu allem, „was zu derselben gehöret", also zur Buße, zur Rechtfertigung durch den Glauben, zur Bekehrung, zur Heiligung, zum Kämpfen des guten Kampfes, zum Ausharren im Creuz und zur Beständigkeit bis an das Ende erwählt und verordnet sei. (F. C. S. 705. § 8. S. 708. § 23.) Keine Lehre kann daher mehr zur Treue im Glauben und in der Gottseligkeit erwecken, als diese Lehre von der Gnadenwahl; keine Lehre die Lehre von der Rechtfertigung kräftiger versiegeln. Daher benn auch unser Bekenntniß von dieser Lehre ausdrücklich bezeugt: „Sie bestätiget gar gewaltig den Artikel, daß wir ohne alle unsere Werke und Verdienst, lauter aus Gnaden, allein um Christus willen, gerecht und selig werden. Denn vor der Zeit der Welt, ehe wir gewesen sind, ja ehe der Welt Grund geleget, da wir ja nichts Gutes haben thun können, sind wir nach Gottes Fürsatz aus Gnaden in Christo zur Seligkeit erwählet, Röm. 9, 11.*) 2 Tim. 1, 9.**) Es werden auch dadurch alle opiniones und irrige Lehre von den Kräften unsers natürlichen Willens ernieder geleget, weil Gott in seinem Rath vor der Zeit der Welt bedacht und verordnet hat (decreverit et ordinaverit), daß Er alles, was zu unser Bekehrung gehöret, selbst mit der Kraft seines Heiligen Geistes durchs Wort in uns schaffen und wirken wolle." (F. C. S. 713. f. § 43. 44.)

Aber, spricht man, ist es euch wirklich ein so großer Ernst, die Lehre von der Rechtfertigung allein durch den Glauben festzuhalten, warum weigert ihr euch denn dann, auch zuzugestehen, daß die Wahl allein in Ansehung des Glaubens geschehen sei? — Wir antworten: Dessen weigern wir uns gerade darum, damit wir die Lehre von der Rechtfertigung allein durch den Glauben bewahren. Wir fragen: Warum macht allein der Glaube gerecht? Etwa darum,

---

*) „Ehe die Kinder geboren waren, und weder Gutes noch Böses gethan hatten, auf daß der Vorsatz bestünde nach der Wahl; ward zu ihr gesagt, nicht aus Verdienst der Werke, sondern aus Gnaden des Berufers, also: Der Größere soll dienstbar werden dem Kleinern."

**) „Der uns hat selig gemacht und berufen mit einem heiligen Ruf nicht nach unsern Werken, sondern nach seinem Vorsatz und Gnade, die uns gegeben ist in Christo

weil der Mensch nicht ganz allein aus Gnaden gerecht werden kann? weil der Mensch, wenn auch wenig, doch auch Etwas dazu thun muß? weil der Glaube die von Seiten des Menschen nothwendig zu erfüllende Bedingung, also eine so herrliche That oder Tugend des Menschen ist, ohne welche der gerechte Gott den Menschen nicht für gerecht ansehen, noch für gerecht er- klären kann, und die Gott, obgleich sie allerdings an sich nicht hinreichend wäre, doch aus Güte und Gnade für eine hinreichende Leistung von Seiten des Menschen ansehen und dem Menschen anrechnen will? — Nimmer- mehr! — Sondern darum: weil 1. die Gerechtigkeit und Seligkeit schon allen Menschen erworben ist; weil 2. Gott diese höchsten Güter für alle Menschen in sein Wort, nemlich in das hörbare und sichtbare Wort, gelegt hat und diese höchsten Güter allen Menschen allein durch das hörbare und sichtbare Wort anbieten, schenken und versiegeln will; und weil daher 3. der Glaube das einzige Mittel ist, die im Wort verheißenen Güter zu erlangen. Daher es denn u. a. in der Apologie der Augsburgischen Con- fession heißt: „Vergebung der Sünden ist verheißen um Christus willen. Darum kann sie niemand erlangen, denn allein durch den Glauben. Denn die Verheißung kann man nicht faßen noch derselben theil- haftig werden, denn allein durch den Glauben. Röm. 4, 13.: ‚Derhalben muß die Gerechtigkeit durch den Glauben kommen, auf daß sie sei aus Gnaden und die Verheißung fest bleibe.'" (Con- cordbb. S. 102. § 84.)

Hiernach kann aber der Glaube nicht in demselben Verhältniß zur Gnadenwahl stehen, in welchem er zur Rechtfertigung steht. Die Gnaden- wahl ist ja nicht Etwas, was, wie die Gerechtigkeit Christi, für Alle er- worben und vorhanden wäre und was daher alle Menschen durch den Glauben zu ergreifen, sich zuzueignen und dessen sie sich theilhaftig zu machen hätten. Die Gnadenwahl ist vielmehr ein Rathschluß, welcher nach der Schrift, im Vergleich mit den Verworfenen, nur über Wenige gefaßt ist; denn „viele sind berufen", sagt der HErr, „aber wenige sind auserwählt." Ganz richtig sagt daher Sebastian Schmidt: „Der Glaube ergreift auch die Wohlthat der Prädestination nicht, wie er die Wohlthat der Rechtfertigung c. ergreift, damit nemlich der Gläubige sich die Prädestination zu eigen mache durch den Glauben, wie er durch den Glauben seine Rechtfertigung ergreift; sondern aus der Prädestination tröstet und stärkt er seinen Glau- ben, daß er mit dem Apostel sagen könne: ‚Ist Gott für uns, wer mag wider uns sein?'" (Aphoris. theol. p. 295.)*) Was soll das also hei-

ßen, die Gnadenwahl ist geschehen allein in Ansehung des Glaubens? Da der Glaube die Gnadenwahl nicht wie die Rechtfertigung ergreift; da also der Glaube im Werke der Gnadenwahl nicht wie im Werke
der Rechtfertigung das Nehmemittel oder die Hand ist, welche sich eine für
alle Menschen erworbene und für alle Menschen bereits vorhandene Gnadenwahl zu eigen macht; da durch den Glauben nicht, wie aus der objectiven
allgemeinen Rechtfertigung die subjective persönliche Rechtfertigung, so auch
aus einer objectiven allgemeinen Gnadenwahl eine subjective, persönliche
Gnadenwahl wird,*) nicht, wie aus der Allen erworbenen, für Alle vorhandenen Rechtfertigung die actuelle Rechtfertigung, so auch aus einer
Allen erworbenen, für Alle vorhandenen Gnadenwahl eine actuelle Gnadenwahl wird: — was muß also im Rathschluß der Wahl des Glaubens Amt
und Natur sein, wenn die Wahl nur in Ansehung des Glaubens
geschehen sein soll? Dann bleibt nichts übrig, als daß der Glaube eine
von dem Menschen zu erfüllende Bedingung, unter welcher, also ein
Werk, um welches willen er allein erwählt wurde, sei.†) Mit andern
Worten: Der Glaube ist, als der subjectiven Rechtfertigung vorausgehend, nur nöthig, sofern er das für alle Menschen erworbene
bonum justificum, das Verdienst Christi oder die objective Rechtfertigung,
ergreift und sich zu eigen macht. Nun ergreift aber der Glaube nicht die
Gnadenwahl als ein allgemeines Gut und macht es sich erst zu eigen.
Also ist der Glaube als der Gnadenwahl vorausgehend nicht
nöthig (so nöthig er auch zur subjectiven Rechtfertigung und Seligkeit ist).
Ferner: Der Glaube, sofern er nicht die objective, allen Menschen erworbene, Rechtfertigung ergreift, damit er dieselbe sich zu eigen mache, sondern
eine Qualität ist, ist er ein gutes Werk, das nicht rechtfertigt. Nun aber
ergreift der Glaube nicht eine objective, allen Menschen erworbene, Gnadenwahl, damit sie sein eigen werde. Also muß der Glaube, wenn er auch
der Gnadenwahl nothwendiger Weise vorausgeht, derselben als eine
nothwendige Qualität, also als ein gutes Werk vorausgehen. Und so
wird denn durch die Lehre, daß die Wahl zur Seligkeit in Ansehung
des Glaubens geschehen sei, **wenn mit derselben Ernst gemacht**

---

setzt aber nicht nur hinzu, daß auch diese Redeweise „etwas hart laute“, sondern daß auch
Huber und Tossanus dieselbe so gedeutet haben, als ob nach Hunnius der Glaube „unsere Prädestination ergreife“, daher andere lutherische Theologen auch dieser Redeweise
„sich zu gebrauchen angestanden“ hätten. (S. Calov's Hist. syncretismi,
S. 1041—1046.)

*) Eine doppelte, nemlich eine objective und subjective, Gnadenwahl lehren, ist
Huberianismus.

†) Daher antwortet auch Selneccer, der Mitverfasser der Concordienformel,
auf die Frage: „Ist der vorausgesehene Glaube die Ursache der Erwählung?“ —
„Wenn der rechtfertigende Glaube unser Werk, unsere Qualität und Tugend
wäre, so hätte diese Frage statt.“ (S. die Antwort vollständig S. 69 des laufenden
Jahrgangs dieses Blattes.)

wird, die ganze Lehre von der Rechtfertigung allein durch den Glau=
ben, als das bloße Nehmemittel, umgestoßen! Vergeblich suchen daher
diejenigen, welche das „in Ansehung des Glaubens" um jeden
Preis festhalten wollen, sich gegen den Vorwurf, daß sie damit synergistisch=
pelagianisch das „allein aus Gnaden" aufheben und dem Menschen
eine Mitwirkung zu seiner Seligkeit zuschreiben müssen, damit zu retten,
daß sie sich darauf berufen, der Glaube sei ja nach der Schrift auch zur
Rechtfertigung, und zwar derselben vorausgehend, nöthig, und dennoch
werde damit die Rechtfertigung allein aus Gnaden nicht aufgehoben und
keine Synergie des Menschen zu seiner Rechtfertigung und Seligmachung
statuirt.   Denn dieser ganze Beweis beruht auf einer Gleichstellung und
Verwechselung des Verhältnisses des Glaubens zur Gnadenwahl mit dem
Verhältniß des Glaubens zur Rechtfertigung, während doch das Verhältniß,
in welchem der Glaube zu dem einen und dem anderen göttlichen Werke
steht, ein ganz verschiedenes ist.   Der Rechtfertigung gegenüber ist der
Glaube das bloße Nehmemittel, hingegen der Gnadenwahl gegenüber kann
er dies nicht sein, muß er daher als Qualität, That, Werk, Tugend, Lei=
stung von Seiten des Menschen und bewegende Ursache von Seiten Gottes
nöthig sein.   Da hilft keine Provocation auf große Männer, denn „große
Leute fehlen auch" (Pf. 62, 10.) und können die Gesetze der Logik nicht
ändern; obwohl wir nicht in Abrede stellen, daß ein Irrthum die noth=
wendige Consequenz einer Behauptung sein kann und daß derjenige, welcher
die Behauptung aufgestellt hat, weit entfernt davon sein kann, diesen Irr=
thum wirklich zu hegen.

Wie? wird man nun vielleicht sagen, soll also der Glaube ganz von
dem Rathschluß der Wahl ausgeschlossen werden? und folgt nicht aus dieser
Lehre mit Nothwendigkeit, daß Gott also auch einen Ungläubig=Bleibenden
erwählt haben könne? — Wir antworten: Das sei ferne! Auch wir glau=
ben, lehren und bekennen, daß Gott niemanden erwählt habe, der nicht
zum Glauben und zwar zu einem bis an's Ende verharrenden Glauben
kommt. Wohl lehren wir nicht und können wir nach Schrift und Bekennt=
niß nicht lehren, daß Gott in Ansehung des Glaubens irgend einen
Menschen erwählt habe; aber das lehren wir und müssen wir nach Schrift
und Bekenntniß lehren, daß Gott alle seine Auserwählten erwählt hat,
nicht nur sie selig zu machen, sondern auch, sie allein **durch** den Glauben
selig zu machen und eben darum in ihnen auch den Glauben durch die
Mittel der Gnade zu erzeugen und zu erhalten. Wohl wissen und glauben
und gestehen auch wir ferner bereitwilligst zu, daß das Verdienst Christi
einen Menschen nicht rechtfertigt noch selig macht, wenn es derselbe nicht im
Glauben ergreift;*) aber wer da leugnen wollte, daß das Verdienst Christi

---

*) Während wir selbstverständlich die Rede verabscheuen, ohne den Glauben helfe

für Gott eine Ursache sein könne, einem Menschen den seligmachenden
Glauben zu geben, der müßte entweder auch leugnen, daß Gott irgend
einem Menschen den seligmachenden Glauben gibt, oder behaupten, daß
Gott nur denen diesen Glauben gibt, die diese Gabe selbst um ihn verdient
haben, oder daß der Mensch sich den Glauben selbst gibt. Wohl geben wir
auch endlich von Herzen zu, daß Gott allen Menschen den Glauben geben
will und daß nur diejenigen denselben nicht erlangen, welche den Wirkungen
der Gnade muthwillig und halsstarrig widerstreben; nichts desto weniger
aber halten wir nach Gottes Wort und dem Bekenntniß fest, daß der
Glaube eine Gabe Gottes ohne des Menschen Zuthun ist; wie denn die
Concordienformel ausdrücklich sagt: „Trahit Deus.hominem, quem convertere decrevit." (S. 603. § 60.)

Aber, spricht man, ist es nicht ein unumstößlicher Grundsatz: Was
Gott in der Zeit thut und wie er es thut, das zu thun und es so zu thun,
muß Gott schon in der Ewigkeit beschlossen haben? — Ohne Zweifel! —
Wenn man aber fortfährt: Nun macht aber Gott in der Zeit nur den gerecht und selig, welcher von Herzen glaubt und im Glauben bis an das
Ende beharrt; muß also Gott nicht die Auserwählten in Ansehung des
Glaubens erwählt haben? so antworten wir: Keineswegs! Und warum?
Einfach darum, weil Gott auch in der Zeit den Menschen nicht in Ansehung seines Glaubens, sondern allein durch seinen Glauben, als das
einzige Nehmemittel, aus Gnaden gerecht und selig macht; wie denn ein
milbthätiger Reicher einen Armen nicht in Ansehung seines Nehmens, sondern allein durch sein Nehmen, aus Güte reich und irdisch glücklich macht.
Die Behauptung, Gott müsse in der Ewigkeit allein in Ansehung des Glaubens zur Gerechtigkeit und Seligkeit erwählt haben, weil er in der Zeit
allein in Ansehung des Glaubens gerecht und selig mache, ist also eine
offenbare Petitio principii, indem man hier mit dem beweisen will, was
eben zu beweisen ist. Der richtige Schluß auf Grund jenes Postulats
wäre vielmehr nur dieser: Da Gott in der Zeit den Menschen gerecht und
selig macht allein aus Gnaden um Christi Verdienstes willen durch den
Glauben, so muß Gott auch in der Ewigkeit den Rathschluß gefaßt haben,
allein aus Gnaden um Christi Verdienstes willen durch den Glauben gerecht und selig zu machen. Und das ist allerdings unwidersprechlich wahr.

Aber, spricht man ferner, wenn wir lehren, daß die Prädestination
nicht in Ansehung des Glaubens geschehen ist, also allein aus Gottes
Barmherzigkeit und um Christi Verdienstes willen, nicht aber infolge von
irgend Etwas, was Gott im Menschen vorausgesehen hat, — gerathen wir
dann nicht auf eine absolute Prädestination? — Da wir diesen Einwurf bereits in einem im October=Heft dieser Zeitschrift befindlichen Artikel
beantwortet haben, so erlauben wir uns, hier auf denselben zurück zu weisen.
Nur noch zwei Erinnerungen seien uns hier gestattet. Die erste ist die folgende. Wohl macht der Ausruf: „Das ist ja die absolute Prädestination!"

auf gute Gemüther, aber schwache Denker immer einen großen Eindruck;
mögen sich aber diejenigen, welche die reine Bibellehre von der Wahl da=
mit verdächtig machen wollen, dabei vor der List der Calvinisten hüten,
welche einst auch erst willkürlich eine Definition des Wortes „Sacrament"
aufstellten, und dann auf Grund ihrer willkürlichen Definition die Lehre
der Schrift und der allgemeinen Kirche von Taufe und Abendmahl be=
kämpften! — Unsere zweite Erinnerung ist die folgende.   Werden die klei=
nen Kinder, denen Gott den Glauben gleichsam im Schlafe gibt, trotzdem
nicht kraft eines absoluten Decretes selig, so ist es thöricht, dies hingegen
von den Erwachsenen zu behaupten, denen Gott ebenfalls ohne ihr Zuthun
den Glauben gibt.   Wollte man aber behaupten, daß zwar freilich die klei=
nen Kinder, wenn sie bald nach der Taufe sterben, auf Grund einer ab=
soluten Prädestination selig werden, aber nicht die Erwachsenen, so wäre
es um so thörichter, zwar in einer allgemeinen angeblich absoluten Prä=
destination, aber nicht in einer particulären die Allgemeinheit des gött=
lichen Gnadenwillens gefährdet zu sehen und darum zu verwerfen.

Endlich spricht man vielleicht: Lehren nicht fast alle Dogmatiker
unserer Kirche seit Aegidius Hunnius eine Gnadenwahl intuitu fidei? —
Wie dies zu beurtheilen sei, auseinanderzusetzen, müssen wir uns diesmal
schon aus Mangel an Raum versagen, behalten uns dies jedoch für einen
späteren Artikel vor.   Nur auf Zweierlei sei es uns in Betreff dieses
Punktes schon vorläufig aufmerksam zu machen erlaubt, auf das alte, sich
so oft bewährende Sprichwort: „Duo cum dicunt idem, non est idem",
und auf das Wort des HErrn: „Einer ist euer Meister, Christus",
welches letztere Wort jedenfalls nicht nur auf Lebende, sondern auch auf
bereits Verstorbene seine Anwendung findet.   W.

(Eingesandt.)

Auszug aus den Protokollen der Baltimore Pastoralconferenz, betreffend die Taufe Herrn H. Scheib's,

Predigers an der sogenannten ev.=luth. Zions=Gemeinde in Baltimore, Md.

(Schluß.)

Thesis VIII.

Die Taufe derjenigen Ketzer hingegen, welche das Wesentliche der
Taufe beachten, ist giltig (ratus).

Dazu sagt Gerhard a. a. O.: „Was die Ketzer der letzteren Klasse
betrifft, nämlich die, welche das Wesentliche der Taufe beobachten, obgleich
sie in andern Artikeln von der Rechtgläubigkeit abgehen, so halten wir, daß
ihre Taufe eine wahre und wirksame sei, und zwar aus folgenden Gründen:

I. Wo immer die wesentlichen Theile der Taufe beobachtet werden, da wird
eine wahre und giltige Taufe verwaltet, weil ja zum vollen und unverletzten
Wesen einer Sache die wesentlichen Theile genügen. Nun werden aber in
diesen angenommenen Fällen die wesentlichen Stücke der Taufe gewahrt;
es ist da das Wasser mit dem Wort, es ist da eine Anrufung der heiligen
Dreieinigkeit, es wird das Wasser über den Täufling im Namen des Vaters,
des Sohnes und des Heiligen Geistes ausgegossen. Also wird eine wahre
Taufe ertheilt. Anselmus sagt: ‚Die Taufe gilt eben so viel, von wem
sie auch immer verwaltet wird, ob von einem Guten oder einem Bösen, ob
von einem Rechtgläubigen oder von einem Ketzer, nach dem Gebrauch der
Kirche im Namen der heiligen Dreieinigkeit, nämlich des Vaters, des Sohnes
und des Heiligen Geistes.‘

„Die Beschneidung, welche Zipora, die Gattin Moses, an ihrem Säug-
linge vollzog, wurde von Gott gebilligt, 2 Mos. 4, 25. 26. Nun ist aber
kaum anzunehmen, daß Zipora, die im Heidenthum geboren und erzogen
war, zu jener Zeit schon in allen Theilen der göttlichen Lehre recht unterrichtet gewesen sei.

Man bedenke weiter: Die Propheten im Alten Testament greifen sehr
oft die Abgötterei und Irrthümer der levitischen Priester scharf an, denen
ordentlicher Weise die Administration der Beschneidung zukam. Wir lesen
aber nirgends, daß sie die Giltigkeit ihrer Beschneidung geleugnet oder dieselbe durch andere Hände zu vollziehen befohlen haben. Vielmehr wird
nichtsdestoweniger von jenen Priestern Ezech. 16, 20. und 23, 37. gesagt,
daß sie dem HErrn Söhne und Töchter geboren haben (nämlich durch das
Sacrament der Beschneidung).

Ferner, obgleich Christus in der Zeit seines Lehramtes die Priester,
Schriftgelehrten und Pharisäer der schwersten Irrthümer beschuldigt, so
verwirft er doch nirgends die von ihnen ertheilte Beschneidung, vielmehr
sagt er ausdrücklich Matth. 23, 2.: „Auf Mosis Stuhl" 2c. Sofern sie
auf Mosis Stuhl saßen, d. h. Lehre vortrugen, die mit Mosis Lehre stimmte,
waren sie zu hören; sofern sie die Sacramente nach der Vorschrift Mosis
verwalteten, sollte ihr Dienst gebraucht werden; unter die Sacramente gehörte aber auch die Beschneidung, welche ihnen Moses gegeben hatte, Joh.
7, 22. Das ist der Grund, warum wir auch die von den römischen Priestern Getauften nicht abermals taufen. Die Jesuiten aber mögen sehen,
wie sie ihre Wiedertaufe vertheidigen wollen, da sie die von uns Getauften
nochmals taufen. Siehe Mylius, Augsb. Conf. art. 9. membr. 20. 1.
Hierher gehört, was Luther in seinem Brief über die Wiedertäufer klagt,
daß nämlich die Römischen die von den Unsern in deutscher Sprache Getauften lateinisch wiedertauften." (Loci. XXIII. p. 92.)

Ferner schreibt Chemniz: „So stellte auch das Concil zu Laodicäa
fest im 7. Canon: ‚Welche von den Novatianern zurückkehren, die mögen
im Glaubensbekenntniß unterrichtet werden und nachdem sie mit dem hei-

ligen Oele gesalbt sind, so an den Mysterien (h. Abendmahl) Theil nehmen.' Das Concil zu Arelate, Canon 8, urtheilt desgleichen: ‚Wenn Leute sich von der Ketzerei der Arianer zur Kirche bekehren, so sollen die Diener sie über unser Glaubensbekenntniß befragen. Und wenn sie ersehen, daß sie getauft sind auf den Namen des Vaters, des Sohnes und des Heiligen Geistes, so sollen sie ihnen nur die Hände auflegen, damit sie den Heiligen Geist empfangen." (Examen. De Confirmatione. Pars II. pag. 295.)

Thesis IX.

Wenden wir nun vorstehende Grundsätze auf die sogenannte evang.-lutherische Zionsgemeinde in Baltimore an, so müssen wir urtheilen, daß sie keine christliche Gemeinde mehr ist; denn sie verwirft in dem „Leitfaden beim Unterricht in der Religions- und Sittenlehre, besonders beim Confirmanden-Unterricht" ihres Pastors H. Scheib, den sie seit Jahren in ihrer Schule und Kirche öffentlich und ohne Widerspruch brauchen und lehren läßt, ausdrücklich die Lehre von der Trinität als einen Irrthum. (Leitf. S. 12), verwirft die rechte Lehre von Christi Person (S. 4, 13. 14. 15. 21. 25. 51, 20) und Amt (S. 52, 21. 22), von der Taufe (S. 52, 24) und Abendmahl (S. 52, 25). Sie ist demnach eine unitarische Gemeinschaft und steht außerhalb der christlichen Kirche.

In der 5ten Thesis ist gesagt: „Wenn aber in einer sogenannten Gemeinde die Grundartikel göttlichen Wortes, nämlich die Lehren von der heiligen Dreieinigkeit, von Person und Amt Christi, von der Sünde, von Vergebung der Sünden, vom Glauben an Christi Verdienst, vom ewigen Leben 2c. nicht nur verschwiegen, sondern auch geleugnet werden, oder gar als Irrlehren öffentlich verworfen werden, auch keine Taufe mehr daselbst ist, so hat sie aufgehört, eine christliche Gemeinschaft zu sein." Dies bedarf nun bei der sogenannten evang.-luth. Zions-Gemeinde noch des näheren Beweises. Derselbe wurde betreffs ihres Pastors zunächst mit Folgendem beigebracht. Aus dem angeführten „Leitfaden" geht klar hervor, daß Herr Scheib

I. die Lehre von der Trinität als einen Irrthum verwirft, denn also heißt es Seite 12: „Alle Vermenschlichung des Göttlichen, alle Vergötterung des Menschlichen widerspricht dem Begriff des Vollkommenen und ist der Gottheit unwürdig: Fetischismus, Sabäismus, Polytheismus, Dualismus, **Trinität**" d. h. die **Dreieinigkeit.**

II. Wird die rechte Lehre von Christi Person geleugnet. Seite 14 und 25 wird Christus auf eine Stufe gestellt mit Joseph, Cyrus, Darius, Socrates und andern Menschen. Seite 43 heißt es vom Leiden Christi:

sittlichen Reinheit, der gottinnigen Frömmigkeit, der
selbstvergessenden Liebe ihres verlorenen Meisters, weckte in den all-
mählig zur Besonnenheit und zum Selbstvertrauen zurückkehrenden Jüngern
die Ueberzeugung: der Tod ihres Meisters sei nicht ein Verbrecher-
tod." ... „In |begeistertem Glaubensaufschwung verkünden darum die
Jünger den auferstandenen lebenden Christus." ... „Aber die
besondere bald in Anbetung übergehende Verehrung ihres
Meisters führte zu feindseligen Auftritten und bald zur Verfolgung der
Christen von Seiten der satzungseifrigen Juden." ... „Die schwärme-
rischen Hoffnungen des unbekannten, judenchristlichen Verfassers der
Apokalypse vom siegreichen Messiasreiche und der weltbeherrschenden Herrlichkeit des himmlischen Jerusalems, nach der Vernichtung des
Heidenthums, gingen nicht in Erfüllung." Ferner heißt es Seite 51:
„Darum heißt er vorzugsweise ‚Sohn Gottes.‘ Er war der gott-
innigste Mensch, der sein ganzes Leben hindurch, in Glück und Unglück, in Freud und Leid das freudigste Bestreben kund gab, „den Willen
seines Vaters zu erfüllen." Daß nun auch

III. die rechte Lehre von Christi Amt geleugnet wird, folgt nothwendiger Weise. Seite 52 wird von Christo gesagt: „Er heißt ‚Heiland‘
der Welt, weil er durch Erleuchtung des Verständnisses, durch
Heiligung des Willens und durch Beseligung des Herzens
sich die größten Verdienste um die Menschheit erworben hat." „Er"
(Christus) heißt „Erlöser" der Menschen, weil er durch eine besondere Anstalt den Grund gelegt hat zur wirklichen Erlösung der Menschen
von Unwissenheit, Sünde, und dem aus Beiden fließenden Elend." Daher ist Herrn Scheib die Kirche auch weiter nichts, als „eine brüderliche
Vereinigung der Menschen, um Wahrheit, Tugend und
Menschenliebe, und dadurch Seligkeit immer weiter in der Welt
auszubreiten."

IV. Wird geleugnet die rechte Lehre von der heiligen Taufe. Es
heißt von der Taufe Seite 52: „Die Taufe ist die feierliche Aufnahme in
die christliche Kirche, und weist durch eine sinnbildliche Handlung —
die Reinigung mit Wasser — auf den höhern Zweck des Christenthums
— die Reinigung des Sinnes und Herzens von sittlicher Un-
lauterkeit und Sünde."

V. Wird endlich ausdrücklich geleugnet die rechte Lehre vom heiligen
Abendmahl. Seite 52 schreibt Herr Scheib: „Das heilige Abendmahl
ist ein feierliches Mahl, von Zeit zu Zeit in brüderlicher Gemeinschaft genossen, theils zum Andenken an den großen Stifter des Christenthums und seine Verdienste für die Menschheit, theils zur Erneuerung
des heiligen Bundes für Wahrheit, Tugend und Menschenliebe."

Gebote zu finden. Auch wird solches nicht nebenbei gelehrt, oder von den Kindern in der Schule mündlich gelernt. Es wurde nun ferner gesagt: Aus diesem allen ist freilich klar, daß der Verfasser des „Leitfadens", Herr Scheib, ein offenbarer Leugner der heiligen Dreieinigkeit und alles Christenthums ist. Aber es ist doch hiermit noch nicht bewiesen daß seine Gemeinde eine unitarische Gemeinschaft sei, also außerhalb der christlichen Kirche stehe und das christliche Predigtamt nicht mehr habe. Um das zu behaupten, müßte man doch erst nachweisen, daß auch die Gemeinde als solche sich zu dem Leitfaden bekennt, also als Gemeinde alle christlichen Lehren verwirft, und daß ferner kein Protest mehr erhoben wird gegen diese falschen Lehren in der Gemeinde selbst. Aber wie beweisen wir das? Es ist freilich klar: Scheib hat für seine Person kein Wort, keine Taufe, keinen Heiland mehr, und wenn er mit der Farbe herauskäme, so müßte er eben sagen: „'s ist alles nichts, 's ist alles nichts, das ist das Resultat des Lichts." Aber so macht er den Leuten noch einen Dunst vor, daß sie immer noch meinen, er verkündige christliche Lehre, und da die Gemeinde wohl schwerlich ein eigenes Bekenntniß hat, so kann man ihre Bekenntnißstellung auch nur schwer beurtheilen.

Dagegen wurde erwähnt: Herr Scheib lehrt an dieser Gemeinde seinen Unglauben nun schon über 40 Jahre, wenn daher auch anfangs viele Leute durch die christlichen Phrasen, die er noch etwa gebraucht hat, sich täuschen lassen konnten, so mußte es nach und nach doch allen klar werden, daß er Christum nicht für den wahrhaftigen Gottessohn hält und die reine christliche Lehre der lutherischen Kirche für nichts weiter, als ein Kindermärchen; dazu hat er ja nun auch seinen „Leitfaden beim Unterricht in der Religions- und Sittenlehre, besonders beim Confirmanden-Unterricht", seit vier Jahren öffentlich im Druck erscheinen lassen, so daß jetzt wohl ein Jeder in seiner Gemeinde wissen kann und muß, daß Scheib weder lutherisch, noch christlich glaubt und lehrt, sondern den baaren Rationalismus und Unglauben. Wer daher nicht damit übereinstimmt, hat sich wohl längst von ihm und seiner Gemeinde getrennt und ausgeschieden. Wer aber dabei geblieben ist, und es also ferner mit ihm hält, der bekennt sich dadurch thatsächlich zu demselben unitarischen Irrwahn, den Scheib vertritt und lehrt. Scheib's Bekenntniß ist daher jetzt ohne Zweifel als das Bekenntniß der sogenannten „ev.-lutherischen Zions-Gemeinde" anzusehen. Er ist der Mund seiner Gemeinde; und man darf sich durch den schön klingenden Namen „evangelisch-lutherische Zions-Gemeinde" nicht täuschen lassen; diesen Namen führen sie nicht darum, weil sie sich damit zur lutherischen Lehre und Kirche bekennen wollen, sondern weil sie wissen, daß sie nur unter diesem Titel die Kirche und das alte Grundeigenthum behalten und behaupten können, das einst rechtgläubige und fromme lutherische Christen für Erhaltung und Ausbreitung der wahren lutherischen Kirche angeschafft und gestiftet haben.

Auf der andern Seite wurde hervorgehoben, daß es gleichwohl wün=
schenswerth wäre, nicht nur ein stillschweigendes, sondern auch ein offenes,
rundes Bekenntniß von der betreffenden Gemeinde selbst zu haben. Da=
gegen wurde eingewendet: so wünschenswerth dieses wäre, so wird man eben
leider keins erlangen können; denn die Erfahrung lehrt, daß während die
Christen, die ihres Glaubens gewiß und froh sind, gerne bekennen und
willig den Grund der Hoffnung, die in ihnen ist, angeben, hingegen die
Ungläubigen nicht gerne antworten, wenn man sie nach ihrem Glauben
fragt, ja oft darüber sogar zornig werden, weil sie sich doch meistens ihres
Unglaubens im Grunde des Herzens schämen. Es wird da ein wunder
Fleck in ihrem Gewissen berührt, und sie werden alsdann unangenehm.
Dazu kommt, daß jenen Leuten in der Zions=Gemeinde nicht das Recht und
die Gelegenheit geboten ist, wie den Unsrigen, nämlich in regelmäßigen
Gemeindeversammlungen über Glaubens = und Kirchenangelegenheiten
sich auszusprechen, zu berathen und zu beschließen. Das thut alles Herr
Scheib mit etlichen Vorstehern allein. Die Gemeinde wird in völliger
Unmündigkeit erhalten. Wem das Regiment dieser Wenigen nicht gefällt,
der muß eben gehen. Es ist nicht wie bei uns, wo die Gemeinde die Her=
rin ist und bleiben soll; in der Zions=Gemeinde ist allein Scheib der Herr.
So machen es ja diese Art Pastoren gewöhnlich, erst reißen sie ihre Ge=
meinden unter der Vorspiegelung völliger Freiheit von jedem größeren
Kirchenverbande los, und wenn sie dann dieselben allein haben, dann wer=
den gerade sie die greulichsten Gewissenstyrannen derselben, alles muß
hinaus, was dem Einbruch des Unglaubens noch widerstehen will und nicht
blindlings zu allem Ja sagt.

Nichtsdestoweniger kam man nach langer Berathung endlich zu dem
Entschluß, wenigstens einen Versuch zu machen, ob ein Bekenntniß von der
Zions=Gemeinde zu erlangen sei. Es wurde daher Folgendes beschlossen:
Zwar ist die Conferenz zu der gewissen Einsicht gekommen, daß Scheib's
Taufe mindestens sehr zweifelhaft ist, und daß daher die Leute, welche er
getauft hat, nach Walther's Pastorale S. 124. f., wieder zu taufen, d. h.
erst recht zu taufen seien; da es jedoch höchst wünschenswerth wäre, ein
klares Bekenntniß von Scheib's Gemeinde in Betreff ihrer Lehrstellung zu
haben, damit man wissen könne, ob da überhaupt noch das Amt sei,
das Gott seiner Kirche allein gegeben hat, so wurde die Baltimorer
Localconferenz beauftragt, ein Schreiben an die Zions = Gemeinde da=
hier zu richten und dieselbe um eine Erklärung ihrer Bekenntnißstellung
anzugehen, und zwar soll in dem an sie zu richtenden Briefe die Gemeinde
auf die Stellung Herrn Scheib's aufmerksam gemacht und gefragt werden:
ob sie diese Lehr = und Bekenntnißstellung gutheiße und billige.

Die Localconferenz führte diesen Beschluß aus und richtete folgende
Schrift durch Herrn Scheib an die Zions = Gemeinde:

Herrn Pastor H. Scheib.

Werther Herr!

Aus Ihrem „Leitfaden beim Confirmanden-Unterricht" haben die Unter=
zeichneten, sämmtlich Glieder der ev.=luth. Synode von Missouri und
Ohio, ersehen, daß Sie, für Ihre Person, leider die Lehre von der hei= (
ligen Dreieinigkeit leugnen und (S. 12) als einen Irrthum bezeichnen
und verwerfen, demnach den Standpunkt der Unitarier eingenommen haben.
Da es nun nicht selten geschieht, daß wir Kinder, welche von Ihnen getauft
worden sind, zu confirmiren haben; weil auch sonst hie und da Glieder aus
Ihrer Gemeinde zu den Unsrigen übertreten, so kann uns Ihre und Ihrer
Gemeinde Stellung zur lutherischen Kirche und zum Christenthum über=
haupt nicht gleichgiltig sein. — Wir bitten daher, es uns nicht als Arroganz
anzurechnen, wenn wir, in unserem Gewissen gedrungen, durch Sie die
Frage an Ihren Kirchenrath und an die ganze Gemeinde richten: ob die
„evangelisch=lutherische Zions=Gemeinde" dahier noch auf dem Grunde des
evangelisch=lutherischen Bekenntnisses stehen will, oder ob sie auf dem
Grunde der Unitarier steht, und also mit ihrem Prediger die Lehre von der
heiligen Trinität verwirft?

Glauben Sie, die Wahrheit richtiger erkannt zu haben als wir, so
werden Sie uns gewiß Ihr Bekenntniß nicht vorenthalten. Wir hoffen
daher auf eine ebenso freimüthige Antwort, als wir offen und frei unsere
Frage stellen; doch möchten wir wünschen, daß dieselbe im Namen Ihres
ganzen Kirchenrathes und Ihrer Gemeinde, und daher auch nach der nöthi=
gen vorhergehenden Besprechung und Bekanntmachung bei denen, welche es
angeht, auch mit der authentischen Unterschrift des Vorstandes erfolgen
möge. Unterdessen

Ihre, zum Dienst der Wahrheit stets Bereiten

C. Frincke.	E. L. S. Tressel.
C. Stürken.	Wm. Lübkert.
J. Hörr.	H. Walker.
J. G. Häfner.	H. Hanser.

Baltimore, Md., 9. December 1879.

Antwort Herrn Scheib's.

„Baltimore, 15. December 1879.

An die Herren Pastoren C. H. F. Frincke, C. Stürken u. A.

Werthe Herren!

Als Erwiderung auf Ihre Mittheilung vom 9. December (soeben er=
halten) habe ich blos den Wunsch auszusprechen, die „Glieder der Synoden
von Missouri und Ohio", die ich nicht kenne, mögen mir gefälligst die

bensbekenntniß zu verlangen und mich, sammt dem Vorstand meiner Ge=
meinde, einem Inquisitionsgerichte zu unterwerfen. Ehe nicht dieser Nach=
weis in klarer und unwiderleglicher Weise geliefert ist, habe ich weder Zeit
noch Lust für ein weiteres Wort zu einer unfruchtbaren Correspondenz.

Ihr

H. Scheib."

„Obige Antwort ist durchaus übereinstimmend mit den Ansichten und
Wünschen des Kirchenraths der Zions=Gemeinde.

A. H. Schulz, Präsident."

Vorstehendes Schreiben Herrn Scheib's und seines Präsidenten wurde
der Baltimorer Localconferenz bei ihrer Sitzung im Januar 1880 vorge=
legt und gelesen. Dieselbe fand ihre Befürchtungen nur allzusehr bestätigt.
Es wurde gesagt: ein abermaliger Versuch würde wahrscheinlich zu keinem
bessern Resultate führen. Diese Leute fürchten und schämen sich eben, ein
offenes Bekenntniß abzulegen. Doch sei, wie so manchmal, so auch hier:
kein Bekenntniß auch ein Bekenntniß. Da sich nun die Zions=Gemeinde
in ihren Vertretern nicht von Scheib's „Leitfaden" und was darin gelehrt
wird, lossagt, obgleich sie von uns ausdrücklich auf die falsche Lehre dessel=
ben hingewiesen wurde, so ist klar, daß sie denselben gut heißt und ferner
darnach unterrichten läßt. Scheib's Bekenntniß ist ihr Bekenntniß, und
darnach kann sie keine rechte Taufe mehr haben, oder verwalten lassen.

Die Conferenz erkannte es ferner als ihre heilige Pflicht, dies ihren
Gemeinden zu sagen und den Leuten darüber die Augen zu öffnen, damit
niemand durch ihre Schuld um die rechte Taufe betrogen werde oder bleibe;
denn es gibt ja nicht zweierlei Taufen, sondern nur Eine Taufe, Ephes.
4, 5.; wer diese nicht empfangen habe, sei überhaupt noch nicht getauft,
und wenn er sonst zehnmal die äußere Form der Taufe erhalten hätte.
Man dürfe sich auch, hieß es weiter, durch den Haß nicht abhalten lassen,
den man dadurch auf sich lade, daß man die Nichtigkeit der Taufe Scheib's
offenbare, denn das erfordere unser Amt und die christliche Liebe. Ehrliche
Beamte deckten ja auch den Betrug auf, der an unwissenden Leuten began=
gen wird, damit sich dieselben vor Schaden wahren können. Wie viel mehr
sei es die Pflicht eines rechten Wächters auf den Mauern Zions, das Volk
zu warnen, daß sie nicht der himmlischen Schätze durch falsche Propheten
beraubt werden, Matth. 7, 15., auch wenn sie mit ihrem Geschrei viele un=
angenehm berühren, und deshalb gescholten werden, 1 Cor. 4, 2. ff.

Ehe jedoch die Conferenz mit dieser Sache vor die Gemeinden treten
wollte, hielt sie es für gut, erst noch ein Gutachten der St. Louiser theolo=
gischen Facultät an der Concordia einzuholen. Sie beauftragte daher einen
Bruder, an dieselbe zu schreiben, die Sachlage klar darzulegen, auch die be=
treffenden Acten und den „Leitfaden" Scheib's mitzusenden und zu unter=
breiten. Dies geschah und die Antwort, welche von dort kam, lautet fol=

Gutachten der St. Louiser theologischen Facultät.

Ehrwürdiger Herr Pastor!

Geliebter Freund und Bruder in dem HErrn!

Ihr Schreiben, darin Sie uns eine Frage betreffs der Taufe eines rationalistisch-protestantischen Predigers vorlegen, haben wir erhalten. Da unsere Meinung über die Taufe solcher Prediger bereits in einem Artikel des „Lutheraner" dargelegt ist, auf den Sie sich auch beziehen, so glauben wir uns in unserer Antwort darauf beschränken zu können, unser Gutachten darüber abzugeben: ob der betreffende Prediger unter die keine gültige Taufe vollziehenden Prediger zu rechnen ist, und ob dies Urtheil über die Ungültigkeit der Taufen solcher Prediger in allen Fällen durchzuführen ist.

Was den ersten Punkt betrifft, ist dies unsere Meinung: Hat die alte Kirche auf Grund göttlichen Worts die Taufe der groben Arianer einstimmig verworfen, so ist die Taufe des Herrn Scheib noch viel weniger anzuerkennen. So greulich die Lehre der Arianer war, so steht sie doch noch weit über der Lästerung Scheib's. Die Arianer nannten Christum doch noch Gott, ließen ihn vor der Zeit entstanden und über die Engel erhaben sein und bekämpften vorzüglich das ὁμοούσιος; Scheib dagegen läßt gar nichts Göttliches an Christo. Nach seinem „Leitfaden" ist derselbe ein pur lauterer Mensch, ja, eigentlich müßte man ihn als einen Betrüger ansehen; nach demselben sind nämlich die messianischen Weissagungen nicht in Christo erfüllt, sondern er hat die Messiashoffnungen seines Volkes benützt und auf sich angewandt. „Die herrliche Gegend" — (in der JEsus aufwuchs) „hat gewiß auf die Seele des reichbegabten Knaben und Jünglings ihren Einfluß geübt und, verstärkt durch das Wort und Beispiel einer frommen Mutter und die Messiashoffnungen seines Volkes, der religiösen, dem Göttlichen zugewandten Gefühls- und Geistesrichtung desselben kräftige Nahrung gegeben (S. 40). „JEsus trat als Lehrer (Rabbi) unter seinen Landsleuten auf" (S. 41). Göttliche Wunder hat der HErr nicht gethan. „Je herzloser, unwissender und wundersüchtiger seine Zeit, desto mehr gelten die Verwunderung erregenden Thaten seiner Liebe als Wunderthaten, und die Wunder des Geistes werden als sinnliche Schauwunder angestaunt" (S. 41). An der ersten Christengemeinde wird getadelt: „An die Stelle der Verehrung des Vaters trat die Verehrung und Verherrlichung des Sohnes" (S. 43). Die Erlösung Christi besteht darin, „daß er durch eine besondere Anstalt, die christliche Gemeinde, den Grund gelegt hat zur wirklichen Erlösung von Unwissenheit, Sünde und dem aus Leiden fließenden Elend" (S. 52). Trinität wird auf gleiche Stufe gestellt mit „Polytheismus", „Dualismus", „Fetischismus" (S. 12). So steht denn Scheib weit, weit unter den Arianern und wir können das, was er Taufe nennt, nicht als eine wahre Taufe anerkennen.

Ist nun dies Urtheil in allen Fällen festzuhalten? Sie machen dar-auf aufmerksam, daß manche Eltern, die nicht zu seiner Gemeinde gehörten, ihn aufgefordert haben, die Taufe an ihren Kindern zu vollziehen, und zwar nach ihrer Meinung die christliche. Sie fragen nun: „Hatte da sich nicht eine Gemeinde versammelt, die das Amt besaß und es Scheib über-tragen hat? Bildet eine solche Familie mit den Taufpathen nicht eine Ge-meinde außerhalb Scheib's Gemeinde?" — Wir meinen, daß dieser Aus-weg jedes sichern, festen Grundes entbehrt, den man doch in einer so wich-tigen Sache haben muß. Ja, es ist gegen alle Wahrscheinlichkeit, daß Leute, welche ihre Kinder bei Scheib haben taufen lassen, irgend welche Vorkehrungen getroffen haben, für dieselben die wahre, christliche Taufe zu erlangen. Und ob Scheib in manchen Fällen die richtige Formel gebraucht, so müßte doch von ihm gelten, was Athanasius von den Arianern urtheilt: „Non in Patre et Filio tribuunt baptisma Ariani, sed in creatore et creatura et in factore et factura."*) Quenstedt bemerkt dazu: „Non hoc vult Athanasius, Arianos isthac formula usos esse, sed formulam catholicam ex eorum dogmate ita exponi debere. Licet enim verba retinerent et in nomine Patris, Filii et Spiritus Sancti baptizarent, minime tamen credebant, quod dicebant."**) (Theol. did.-pol. de bapt. S. 1. th. 5.) Wir halten darum dafür, daß solchen Kindern die wahre Taufe zu ertheilen sei.

Betreffs vieler Ihrer Gemeindeglieder, welche früher von Scheib ge-tauft worden sind, fragen Sie: „Sollten wir nun diese alle in Zweifel stürzen wegen ihrer Taufe und sie in Folge davon nochmals taufen?"

Unsere Antwort ist: Aus der Erwiderung des Kirchenraths geht deut-lich hervor, daß Scheib's Haufen jetzt seinen Standpunkt theilt, daß also in demselben keine wahre Taufe ist, und daß die von ihm scheinbar Getauf-ten erst die rechte Taufe empfangen sollten. Können Sie jedoch einen Zeit-punkt angeben, bis zu welchem seine „Gemeinde" nicht offen mit ihm ging, sondern das Geheimniß der heiligen Dreieinigkeit noch festhielt, so würden Sie die bis zu jenem Zeitpunkt Getauften als wahrhaft Getaufte anzu-sehen haben. Quenstedt schreibt: „A ministro ecclesiae, Photinianorum haeresi sive clam sive palam infecto, *si cum eo ecclesia non consentit*, sed aperte diversum statuit rectamque fidem tenet, secundum Christi in-

---

*) „Die Arianer ertheilen die Taufe nicht im Namen des Vaters und des Sohnes, sondern im Namen des Schöpfers und eines Geschöpfes, eines Erschaffers und eines Er-schaffenen."

**) „Athanasius will damit nicht sagen, daß die Arianer eine solche F o r m e l ge-braucht hätten, sondern daß die allgemeine Taufformel nach der Lehre derselben so ver-standen werden müßte. Obgleich sie nämlich die Worte beibehielten, und im Namen des Vaters, des Sohnes und des Heiligen Geistes tauften, so g l a u b t e n sie doch keines-weges, was sie sagten."

stitutionem administratus baptismus efficax est nec iterandus.'' (Ib.)*)
Ein solcher Zeitraum wird nun schwerlich genau zu bestimmen sein; doch
müßten Sie zusehen, ob Sie nicht annähernd ihn bestimmen können, und
dann immer festhalten, daß es das Gerathenste ist, das Gewisse dem Un=
gewissen vorzuziehen. In einem gewissen Sinne gilt auch hier: ,,Non
potest in reiterationis crimen venire, quod nescitur esse factum.''†)

Der Herr der Kirche wolle allen Feinden seiner heiligen Taufe wehren
und Ihr Bemühen, dieselbe zu retten, in Gnaden segnen.

Mit brüderlichem Gruß zeichnen

C. F. W. Walther.   G. Schaller.

M. Günther.   F. Pieper.

R. Lange.

St. Louis, Mo., den 4. März 1880.

Auf den Sitzungen der Baltimorer Districts=Conferenz, gehalten im
Juni 1880 zu York, Pa., wurde nun die Frage in Betreff der Taufe Scheib's
abermals zur Sprache gebracht und nachdem nun hier die Antwort Herrn
Scheib's auf die Anfrage der Conferenz verlesen war, dazu auch das Zeug=
niß und das Gutachten der St. Louiser theol. Facultät, so gelangten sämmt=
liche Brüder zu der Einsicht, daß Scheib's Leute nicht mehr den Namen einer
christlichen Gemeinde in Wahrheit verdienen und tragen, sondern außerhalb
der Christenheit stehen, das christliche Predigtamt nicht in ihrer Mitte mehr
haben, und daher Scheib auch keine giltige Taufe mehr verwalten könne.

So nahm denn die Conferenz auch die 9te Thesis des obigen Referats
an, so wie auch die 10te, welche lautet:

Thesis X.

Die Taufe H. Scheib's, des sogenannten Predigers obiger Gemein=
schaft, können wir desgleichen nicht für eine rechte Taufe halten:

1. weil er das Predigtamt nicht hat,
2. weil er die Worte der Einsetzung nicht hat,
3. weil er seinem eigenen Bekenntnisse nach kein Christ ist.

Es erklärte sich somit die Conferenz völlig einverstanden mit dem
obigen Gutachten der Ehrw. St. Louiser theol. Facultät.

Da nun aber die Durchführung des Urtheils, zu welchem man hier ge=
langt war, voraussichtlich mit großen Schwierigkeiten verbunden ist, denn

---

*) ,,Eine Taufe, welche von einem Diener der Kirche, welcher von der Ketzerei der
Photinianer, sei es heimlich oder öffentlich, angesteckt ist, (jedoch) nach der Einsetzung
Christi verwaltet wird, ist kräftig und nicht zu wiederholen, wenn seine Gemeinde nicht
mit ihm übereinstimmt, sondern offen das Gegentheil statuirt, und am rechten Glauben
festhält.''

†) ,,Dem kann nicht der Vorwurf, daß es wiederholt worden sei, gemacht werden,

bei der Gleichgiltigkeit, mit welcher die Lehre von der Taufe von Vielen ver=
nachläſſigt worden iſt, fällt es ſchwer, dieſe Sache mit wenigen Worten
jedermann klar zu machen, ſo beſchloß die Conferenz, zur Erleichterung und
beſſeren Erledigung dieſer Sache alle einſchlagenden Documente in „Lehre
und Wehre“ zu veröffentlichen, ſowie auch einen Separatabdruck von un=
gefähr 500 Exemplaren machen zu laſſen, um dann in dieſem Büchlein

Todesnachricht.

Soeben erhalten wir die Nachricht, daß Herr Profeſſor
W. F. Lehmann in Columbus, O., am 1. d. M. von
ſeinen ſchweren Leiden durch einen ſeligen Tod erlöſ't worden iſt.

„Lehre und Wehre.“

brennerianer, hat seinen ersten folgenden ...., ...
Mitte des zwölften Jahrgangs dieſer Zeitung; und wenn die Umſtände ſich nicht beſſern,
ſo wird vielleicht dies das letzte Jahr ſein, daß wir uns mit abſchleppen, wodurch wir
nicht halber Lohn bekommen. So die Gemeinde Gottes ohne ein deutſches Blatt vor=
angehen kann, ſo können wir leben ohne eins zu drucken. Was geſchehen ſoll wird ge=
ſchehen. Wer uns ſchuldig iſt ſoll uns gütigſt bezahlen.“
Ein neuer Unionsverſuch. Der altkatholiſche Biſchof Herzog iſt nach den Ver=
einigten Staaten gekommen. Seine Abſicht iſt, wie mehrere kirchliche Blätter berichten,
auf eine Vereinigung der verſchiedenen chriſtlichen Kirchen zu einer Kirche hinzu=
arbeiten. Zunächſt ſcheint er ſeine Thätigkeit auf die Epiſcopalkirche beſchränkt zu
haben. New Yorker Zeitungen berichten, daß Herzog am 24. October unter den deut=
ſchen Epiſcopalen das Abendmahl ausgetheilt und die Confirmation vorgenommen
habe. Demnach ſcheint man ihm von Seiten der Epiſcopalen entgegenzukommen.
Uebrigens iſt Herzogs Reiſe mit dem angegebenen Zweck auch ein Zeichen, daß es mit
dem Altkatholicismus in Europa und namentlich in Deutſchland nicht recht vorwärts
gehen will. Es gehört mehr zur Bildung einer Kirche, als die Verneinung der Unfehl=

stitutionem administratus baptismus efficax est nec iterandus." (Ib.)*)
Ein folcher Zeitraum wird nun fchwerlich genau zu beftimmen fein; doch
müßten Sie zufehen, ob Sie nicht annähernd ihn beftimmen können, und
dann immer fefthalten, daß es das Gerathenfte ift, das Gewiffe dem Un=
gewiffen vorzuziehen.   In einem gewiffen Sinne gilt auch hier: „Non
potest in reiterationis crimen venire, quod nescitur esse factum."†)

•

. .. .glium nicht hat,

2. weil er die Worte der Einfeßung nicht hat,
3. weil er feinem eigenen Bekenntniffe nach kein Chrift ift.

Es erklärte fich fomit die Conferenz völlig einverftanden mit dem
obigen Gutachten der Ehrw. St. Louifer theol. Facultät.

Da nun aber die Durchführung des Urtheils, zu welchem man hier ge=
langt war, vorausfichtlich mit großen Schwierigkeiten verbunden ift, denn

*) „Eine Taufe, welche von einem Diener der Kirche, welcher von der Keßerei der
Photinianer, fei es heimlich oder öffentlich, angeftedt ift, (jedoch) nach der Einfeßung
Chrifti verwaltet wird, ift kräftig und nicht zu wiederholen, wenn feine Gemeinde nicht
mit ihm übereinftimmt, fondern offen das Gegentheil ftatuirt, und am rechten Glauben
fefthält."

†) „Dem kann nicht der Vorwurf, daß es wiederholt worden fei, gemacht werden,

bei der Gleichgiltigkeit, mit welcher die Lehre von der Taufe von Vielen ver=
nachlässigt worden ist, fällt es schwer, diese Sache mit wenigen Worten
jedermann klar zu machen, so beschloß die Conferenz, zur Erleichterung und
besseren Erledigung dieser Sache alle einschlagenden Documente in „Lehre
und Wehre" zu veröffentlichen, sowie auch einen Separatabdruck von un=
gefähr 500 Exemplaren machen zu lassen, um dann in diesem Büchlein
Etwas zu haben, das den Leuten in die Hände gegeben werden kann, und
sie sich somit selbst gründlich überzeugen können, daß die Taufe Scheib's in
der That keine Taufe sei.   Gott verleihe, daß dies Zeugniß nicht gang un=
gehört verhalle, und sich niemand fernerhin der christlichen Taufe berauben
lasse.   Das walte Gott.

> Ja! es schallet allermeist
> Dieses Wort in unsern Ohren:
> Wer durch Wasser und durch Geist
> Nicht zuvor ist neugeboren,
> Wird von Dir nicht aufgenommen,
> Und in Gottes Reich nicht kommen!

Kirchlich=Zeitgeschichtliches.

I. America.

Episcopale. Auf der vor Kurzem gehaltenen Generalconvention erklärte sich
Dr. McCready mit der Stelle in der Litanei, in der ausgesprochen wird, daß der Hei=
lige Geist vom Vater und Sohn ausgehe, nicht einverstanden und schlug vor, dieselbe
zu streichen, weil diese Lehre die Kirche seit 1500 Jahren verwirrt habe. Auch gegen
das Wort „Dreieinigkeit" erklärte er sich und verlangte, daß anstatt desselben: „Herr
Gott der Allmächtige" gesetzt werde. Seine Vorschläge wurden einer Committee über=
geben! Wie weit ist es mit einer Kirche gekommen, die solche Vorschläge noch einer
Committee übergeben kann!

Curiosum. Der Editor des „Christl. Kundschafters", eines Blattes der Wein=
brenneriander, hat seinen Lesern folgende Mittheilung zu machen: „Wir sind jetzt in der
Mitte des zwölften Jahrgangs dieser Zeitung; und wenn die Umstände sich nicht bessern,
so wird vielleicht dies das letzte Jahr sein, daß wir uns mit abschleppen, wodurch wir
nicht halber Lohn bekommen. So die Gemeinde Gottes ohne ein deutsches Blatt vor=
angehen kann, so können wir leben ohne eins zu drucken. Was geschehen soll wird ge=
schehen. Wer uns schudig ist soll uns gütigst bezahlen."

Ein neuer Unionsversuch. Der altkatholische Bischof Herzog ist nach den Ver=
einigten Staaten gekommen. Seine Absicht ist, wie mehrere kirchliche Blätter berichten,
auf eine Vereinigung der verschiedenen christlichen Kirchen zu einer Kirche hinzu=
arbeiten. Zunächst scheint er seine Thätigkeit auf die Episcopalkirche beschränkt zu
haben. New Yorker Zeitungen berichten, daß Herzog am 24. October unter den deut=
schen Episcopalen das Abendmahl ausgetheilt und die Confirmation vorgenommen
habe. Demnach scheint man ihm von Seiten der Episcopalen entgegenzukommen.
Uebrigens ist Herzogs Reise mit dem angegebenen Zweck auch ein Zeichen, daß es mit
dem Altkatholicismus in Europa und namentlich in Deutschland nicht recht vorwärts
gehen will. Es gehört mehr zur Bildung einer Kirche, als die Verneinung der Unfehl=

forschung aus. Wie unwiderleglich sich auch aus der Geschichte beweisen läßt, daß die
Kirche der ersten Jahrhunderte von dem Pabstthum nichts weiß und daß das Pabstthum
in seiner gegenwärtigen antichristlichen Gestalt noch viel jüngeren Datums ist: so macht
man mit diesem Nachweis, der überdies nur Wenigen verständlich ist, noch keine Christen. Wenn die Führer der Altkatholiken mit dem zweischneidigen Schwert des Wortes Gottes auf den Plan treten und dem armen Volke zeigen würden, wie ihm vom
Pabstthum die freie Gnade Gottes in Christo, ohne welche wir armen Sünder weder zur
Ruhe des Gewissens kommen noch einst selig sterben können, geraubt werde: dann
würde manche Seele dem Worte Gottes zufallen und aus den schrecklichen Banden des
Pabstthums errettet werden. Denn Gottes Wort soll nicht leer zurückkommen, sondern
ausrichten, dazu es gesendet ist. (Jes. 55, 11.)   F. P.

II. Ausland.

Kirche und theologische Facultäten. In einem Bericht über die im September
in Parchim abgehaltene mecklenburgische Pastoralconferenz heißt es: „Nach einer Pause
kamen die Thesen des Präpositus Stahlberg aus Neukloster über ‚Mängel und
Wünsche in Betreff der Vorbildung unserer jungen Theologen‘ zur
Verhandlung. In seinem einleitenden Vortrage suchte derselbe aus dem Wesen und der
Geschichte der Kirche nachzuweisen, daß es ihre Pflicht sei, die bekenntnißmäßige Ausbildung ihrer künftigen Diener mit allen Mitteln zu erstreben. Der moderne religionslose
Staat eigne sich nicht zur Pflege kirchlicher Interessen. In Mecklenburg gingen gegenwärtig Staat und Kirche noch in erfreulicher Weise Hand in Hand. Ersterer komme
den billigen Wünschen der letzteren nach und trenne seine Sache noch nicht von der Sache
der letzteren. Aber auch dies zur Stunde noch so günstige Verhältniß könne sich in
unserer wechselvollen Zeit bald ändern. Die lutherische Kirche dürfe ihre Mutterpflichten
gegen die jungen Theologen nicht vergessen, wenn sie nicht erleben wolle, was anderswo
schon überreichlich geschehen, daß ihre Diener beim ersten Rufe der Union ihr den Rücken
zukehren. Die Fürsorge der Kirche für ihre dereinstigen Geistlichen sollte sich auf die Gym-
nasien, auf die Universitäten und auf die Candidatenzeit erstrecken; für letztere vielleicht
durch ein zweckdienlich eingerichtetes Vicariat oder Collaborat." — Möchten dieses wenigstens die deutschen lutherischen Freikirchen zu Herzen nehmen, welche bisher mit wenigen
Ausnahmen ihre Knaben und Jünglinge, welche einst Prediger werden sollen, unbeküm-
mert um „bekenntnißmäßige Ausbildung" derselben, auf das erste beste Staats-Gym-
nasium und auf die erste beste Staats-Universität gesendet haben. Ist das Gewissenhaftigkeit? Ist das Sorge für die Kirche?   W.

Zwischen Breslau und Hermannsburg hat kürzlich wieder ein Annäherungs-
versuch stattgefunden, der nicht ganz aussichtslos verlaufen zu sein scheint. Eine Conferenz zwischen Abgesandten des Breslauer O.-K.-Collegiums und Vertretern der hannoverischen Separation fand am 2. September in Pyrmont statt. Von den ebenfalls dazu
eingeladenen hessischen Lutheranern (Homberger Diöcese) war äußerer Behinderung
wegen niemand erschienen. Näheres über den Inhalt der dort gepflogenen Verhandlungen verlautet einstweilen nicht.   (Allg. Kz.)

Die Immanuel-Synode war in diesem Jahre im Monat September zu Wollin
in Pommern versammelt. Pastor Vollert berichtete, daß er mit der hannoverschen
Freikirche bezüglich der gegenseitigen Stellung der beiden Synoden, der hannoverschen
und der Immanuel-Synode, brieflich verhandelt habe und daß das Resultat dieser
Verhandlungen in folgenden Puncten bestehe: 1. Die beiden Synoden lassen die
zwischen ihnen schon bestehende Abendmahlsgemeinschaft fernerhin aufrecht; 2. sie thun
sich gegenseitig brüderliche Handreichung, und 3. sie beschicken ihre Synodal-Versamm-
lungen gegenseitig gastweise. Es wurde ferner einstimmig beschlossen, daß von jetzt an

ftand aber das Vorschlagsrecht habe, so daß fortan der Vorstand der Synode nur auf
den Vorschlag des Lehrstandes gewählt werden könne. Auf Grund dieses Beschlusses
wurde denn nun als Vorstand für das beginnende Synodaljahr der Paftor Vollert in
Greiz von dem Lehrstande vorgeschlagen und von der Synodal=Versammlung mit allen
gegen eine Stimme gewählt. So berichtet der „Freimund" vom 21. October.

In der Provinz Hannover ist neuerdings der Entwurf eines neuen einzuführenden
gläubigen Gesangbuchs erschienen. Bei dieser Gelegenheit ist es aufs Neue zu Tage ge=
treten, wie viele und wie greuliche Rationaliften auf den Canzeln der hannoverschen
Landeskirche stehen. Dieselben haben sich nemlich alsbald geregt und gegen die Ein=
führung eines solchen Gesangbuchs mit allem Ernste proteftirt. Auf der Osnabrücker
Synode sagte nach dem „Hann. Cour." u. A. Paftor Regula Folgendes: „Die Drei=
einigkeit ist in der heiligen Schrift nirgends ausgesprochen. Von Gott ist im Entwurf
wenig zu lesen, die Anschauungen sind unwürdig, 83 (12) ist von Rache und Grausam=
keit, Zorn Gottes die Rede, in 611 (5) von seinem Grimm und Zorn u. f. w. In der
Schrift steht nirgends, daß JEsus Gott ist, nirgends wird er wahrhafter Gott genannt.
Abt Gerhard unterbricht: Unmöglich darf hier gegen das Bekenntniß geredet werden.
Nach Intervention verschiedener Synodalen, die bezeugen, daß Dr. Regula von dem
Inhalt der Bibel geredet, schließt dieser Zwischenfall. (Nach der Allg. Kz. vom 15. Oct.
forderte Dr. Uhlhorn den Vorsitzenden auf, dem Redner das Wort zu entziehen; die
Synode [!] indessen lehnte gegen nur zwei Stimmen den bezüglichen Antrag ab, da
Regula sich darauf berief, er habe nicht gegen das Bekenntniß, sondern von dem
gesprochen, was in der Bibel stehe [!!]. Inspector Backhaus erklärte es für wider=
sinnig, daß Gott ein Kind geworden sei.) Regula fährt fort: Im Entwurf wird JEsus
an einzelnen Stellen als absoluter Gott besungen: 16 (4) Gott ‚verachtet nicht ein
armes Weib, Mensch zu werden in ihrem Leib'. 35 JEsus ‚trägt die ganze Welt',
(4) ‚hat die Sterne erschaffen all', (5) ‚schafft allem Vieh sein Futter', 76 (5) ‚Gott
wird gefangen'. In 397 (3) wird JEsus allein geliebt, ‚nein, ach nein, nur einer, sagt
sie, und sonst keiner wird von mir geliebt'. — Die Erlösung erfolgt nach der christlichen
lutherischen Lehre nicht bloß durch das Leiden und Sterben JEsu, sondern durch das
ganze Leben JEsu, den ganzen JEsus. Gleichwohl ist im Entwurf von JEsu Blut,
Tod, Wunden so die Rede, als wenn diese allein erlösten. Eine merkwürdige Erschei=
nung ist es, daß der Teufel so oft (125 mal) vorkommt. Mag auch die Poesie das
Reich der Sünde personificiren, ich glaube nicht an ihn, philosophisch ist kein allmäch=
tiger Teufel neben dem allmächtigen Gott benkbar und religiös ist er kein Bedürfniß.
Erft nach der babylonischen Gefangenschaft importirten ihn die Juden aus Perfien. —
Tadelnswerth ist im Entwurf die grobsinnige Anschauung der letzten Dinge. In 553
(2) ‚wird das schwache Fleisch und Bein von meinem Gott verwahret sein'; in 559 (5)
schwebt der Leichnam wie die Seele in den Lüften unbeschwert. In 570 (8) wird von
dem Leibe ‚kein Beinlein, ja kein Stäubelein wird dir davon verloren sein'. In 595
(5) wird ‚eben diese Haut mich umgeben', ‚in diesem Leibe, in diesem Fleisch werd ich
JEsum sehen ewiglich'. Diese Proben sind nicht biblische Realismen, sondern un=

Sachsen. Das Sächsische Kirchen- und Schulblatt vom 21. October schreibt: Man darf sich nicht verhehlen, daß der Hang zum Sectenwesen und zur Separation gegenwärtig in der Luft liegt, daß die freireligiöse Richtung augenblicklich durch das Socialistengesetz niedergehalten wird, also leicht, sobald die Bande wieder locker werden, an Stärke gewinnen kann, und daß jegliches Wachsen von Mangel besonders an Lehr- zucht in der Landeskirche alsbald Hunderte von neuen Gliedern der Freikirche, offenbar der lebensfähigsten der festbegründetsten der neu begründeten Confessions-Gemein- schaften, zuführen wird. Die Funken sind da unter der Asche. Möge es dem Kirchen- regiment gelingen, dem Sturme zu wehren, der sie anblasen kann. Im übrigen ist es nicht zu leugnen, daß diese ganze Secten- und Separationsbewegung auch segensreich für die Landeskirche wirkt. Sie erinnert wieder an den Werth des lutherischen Be- kenntnisses, spornt zu Wetteifer, zu treuer Seelsorge u. s. f., wie denn auch nicht selten da das meiste religiöse Leben herrscht, wo die Secten ihr Wesen treiben.

Ungetaufte Kinder christlicher Eltern und deren Schulpflichtigkeit. In Betreff der ungetauften, jetzt schulpflichtig werdenden Kinder ist unterm 27. September eine Verfügung des preußischen Cultusministers an die Regierungen und durch diese an die Schulbehörden ergangen. „Zum ersten mal", heißt es darin, „werden sich unter den das schulpflichtige Alter erreichenden Kindern solche befinden, welche nicht des Sacra- ments der Taufe theilhaftig geworden sind, obgleich ihre Eltern einer christlichen Reli- gionsgemeinschaft angehören. Die Schule hat die Pflicht, soweit ihre gesetzliche Zu- ständigkeit reicht, den hieraus für die sittlich-religiöse Unterweisung der betreffenden Kinder zu besorgenden Nachtheilen nach Kräften entgegenzuwirken. Das Kgl. Pro- vinzialschulcollegium rc. wolle darum Sorge dafür tragen, daß die bezüglichen Verhält- nisse bei der Aufnahme der schulpflichtigen Kinder genau festgestellt und in Gemäßheit der bestehenden Bestimmungen ungetaufte Kinder evangelischer Eltern in Rück- sicht auf die Zugehörigkeit der letzteren zur evangelischen Kirche den evangelischen, un- getaufte Kinder katholischer Eltern von dem entsprechenden Gesichtspunkte aus den katholischen Schulen zugewiesen werden, und daß dieselben auch den Religionunterricht in dem Bekenntnisse ihrer Eltern erhalten." (Allg. Kz.)

Die Pfarrers-Wahl durch die Gemeinden wird im „Sächs. Kirchen- und Schul- blatt" vom 7. Oct. von Pastor Lehmann in Schadewitz angeblich aus der Schrift, aus den symbolischen Büchern, aus der Idee des geistlichen Amtes, aus der Genesis der Pfarr- gemeindewahl und aus der Gefährdung des Nachwuchses (denn z. B. ein Adeliger werde sich gewiß nicht dem Scrutinium von Leuten unterwerfen, wie die Glieder einer Ge- meinde seien!) bekämpft. Anstatt aus der Beschaffenheit ihrer Gemeinden zu schließen, daß sie eben keine Gemeinden haben, wie sie nach Gottes Wort sein sollen, die daher auch die Rechte einer christlichen Gemeinde ausüben können, schließen diese Aftertheologen, daß letztere diese Rechte nicht haben können. Man suche durch Gottes Wort und Gnade rechte Gemeinden zu erziehen, und man wird bald, wie wir hier in America, erfahren, daß die Pfarrerwahl durch die Gemeinden, wie sie allein der biblische Wahlmodus ist, auch der gesegnetste sei. W.

Der Schulzwang, nemlich der Zwang, nicht seine Kinder überhaupt schulen zu lassen, wogegen allerdings nichts einzuwenden wäre, sondern in eine bestimmte Schule zu schicken, erweis't sich auch in Deutschland als gefährlich. Folgendes lesen wir in der Allg. Kz. vom 8. October: „Schlimm steht es in Rheinhessen, wo die Kinder der Frei- protestanten und Deutschkatholiken den evangelischen Religionunterricht besuchen müssen. Sie bringen ,Spott und Hohn über die christlichen Religionswahrheiten von Hause in die Schulen, erschweren den Geistlichen und Lehrern durch ihren Trotz und ihre Widerspenstigkeit den Unterricht und die Schulzucht und verführen die evangelischen Kinder zu ähnlichem Sinn. Hier wird eine böse Saat für die Zukunft gesäet, welche

America vor Einführung geſetzlichen Zwanges zum Beſuchen der religionsloſen Staats=
ſchulen behüten, deſſen Einführung hier nicht nur alle Ungläubigen, ſondern auch viele
Religiöſe offenbar im Schilde führen!   W.

Abweiſung eines zum Paſtor erwählten Rationaliſten in Preußen. So
ſchreibt der „Pilger aus Sachſen" vom 24. October: An die Dorotheenſtädtiſche Kirche
zu Berlin war der Prediger Haſenclever aus Baden, ein Leugner der wahrhaftigen
Auferſtehung Chriſti, gewählt worden. Das Brandenburger Conſiſtorium hat ihm
aber die Beſtätigung verweigert, „weil er entſcheidenden Heilsthatſachen und Heils=
wahrheiten des Chriſtenthums gegenüber noch zu keiner feſten und ſichern Ueberzeugung
gelangt ſei, am wenigſten zu einer ſolchen, wie ſie dem Bekenntnißſtand der preußiſchen
Landeskirche und den von ihm zu übernehmenden Verpflichtungen entſprechen würde."
Daß das Conſiſtorium es gewagt, einem Geiſtlichen die Beſtätigung zu verweigern, der
vom Magiſtrat vorgeſchlagen und für deſſen Wahl insbeſondere der verfloſſene Miniſter
Falk als Kirchenälteſter der Dorotheenſtädtiſchen Kirche eingetreten iſt, das geht der
freiſinnigen Preſſe über die Hutſchnur, und ſie ergeht ſich bald in bodenlos unverſtän=
diger, bald in drohender Rede. Zum Vergleich ſei hierbei auf einen neuerlichen Vorfall
hingewieſen. In Hamburg wird jetzt ein allgemeiner Communalkirchhof hergerichtet,
nur den Juden wurde ein ſeparirter Friedhof geſtattet. Sie hatten ihn aber auch mit
allem Nachdruck verlangt. Als man ihnen entgegenhielt, daß ein belgiſcher Rabbiner
erklärt habe, das „ewige Grab" ſei keine unbedingte Forderung der jüdiſchen Satzungen,
antwortete ein liberaler jüdiſcher Advokat, jener Rabbiner ſei ſofort ſeiner Stelle entſetzt
worden, was auch ganz in der Ordnung geweſen wäre. Denn wer an
3000jährigen Gebräuchen ſeines Glaubens rüttle, der möge Schriftſteller werden, aber
Rabbiner könne er nicht werden oder bleiben. Keine Zeitung ſagte etwas Tadelndes,
als dies bei den Juden geſchah. Wenn ſich aber die chriſtliche Kirche endlich gegen
diejenigen wehrt, die ihren Bau unterwühlen, ſo geht das Zetermordio der Juden nicht
nur, ſondern der liberalen Judengenoſſen los. Euer Leſſing würde euch zurufen: ent=
weder ihr habt euern Verſtand verloren, oder ihr habt nie welchen gehabt.

Urtheil über Dr. Haſe in Jena. In Luthardt's Allgem. Kz. vom 10. Sept.
leſen wir: „In Thüringen hat man wohl allgemein an der Feier des 50jährigen jenenſer
Profeſſorenjubiläums des Geh. Kirchen=R. Prof. Dr. Haſe, welches am 15. Juli in Jena
feſtlich begangen wurde, theilgenommen. Ein 80jähriger Greis hat 50 Jahre lang die
einheimiſchen Paſtoren in theologiſcher Wiſſenſchaft gelehrt und iſt immer noch rüſtig.
Man kann ſagen, die thüringiſch=ſächſiſchen Kirchenkreiſe fühlten ſich in dem von Gott
und den Menſchen begnadigten theologiſchen Lehrer ſelbſt geehrt. Nicht blos liberal ge=
richtete, auch poſitiv geſinnte Schüler des Jubilars waren an der ſeltenen Feier bethei=
ligt und konnten im großen und ganzen den Ehrenerweiſungen zuſtimmen, die hier aus
Fürſtenſchlöſſern und aus einfachen Pfarrhäuſern dargebracht wurden." — Es iſt in
der That erſchrecklich, daß in einer lutheriſch ſein wollenden Zeitſchrift ein falſcher Pro=
phet, ein entſchiedener Gegner des wahren Chriſtenthums, ein ſo erfolgreicher Verführer
der akademiſchen Jugend, wie Haſe, alſo geſeiert wird.   W.

„Heiligungs=Miſſion um die Welt." In London iſt neuerdings von drei ame=
rikaniſchen „Evangeliſten", Inskip, McDonald und Wood, eine Miſſion inſcenirt wor=
den, welcher man die Bezeichnung „Heiligung=Miſſion um die Welt" gegeben
hat, einen Namen, der den „Evangeliſten" gefällt und den ſie daher für ihre Thätigkeit
zu adoptiren gedenken. In Surry Chapel, dem Gotteshauſe der Primitiv=Methodiſten,
wurde die erſte Verſammlung eröffnet, welche zwei Wochen dauerte und jeden Abend,
Sonntags ſogar morgens, mittags und abends großen Zulauf hatte. Der Erfolg iſt
„über Erwarten".   (Allg. Kz)

„Werk vom heiligen Paulus." In einem Bericht über die letzte Generalver=

des Preßwesens wurde u. a. über das vom Chorherrn Schorderet in Freiburg gegründete „Werk vom heil. Paulus" berichtet, dessen Zweck ist, „die Presse zur Würde eines Apostolats zu erheben". Es sind dies Druckereien mit weiblichem Personal, welches in vollem Stillschweigen des Tages zehn Stunden arbeitet, gemeinsam in einem Hause wohnt und eine bestimmte Tagesordnung befolgt. Derartige Druckereien bestehen zur Zeit in Freiburg zwei mit 30 Arbeiterinnen, welche zehn Zeitungen drucken, in Paris eine dritte mit 40 Setzerinnen, deren Werth auf ca. 500,000 Frs. geschätzt wird, und in Bar-le-Duc eine vierte, die im vorigen Jahre für 400,000 Frs. angekauft worden. Ein holländischer Geistlicher gedenkt das Werk des heil. Paulus auch in Holland einzuführen. Hinsichtlich der Tagespresse wurde darauf hingewiesen, daß noch zu wenig katholische Blätter vorhanden seien (in dem zu zwei Drittel katholischen Baden nur sechs neben 73 anderen, in Württemberg acht neben 64 anderen, in Baiern 31 neben 102 anderen). Für die Verbreitung der bestehenden wurde als sehr wirksam das immer wiederholte Nachfragen nach katholischen Blättern auf Bahnhöfen, in Gasthäusern, Cafés ꝛc. und in den Badeorten empfohlen. Gerügt wurde das zu grelle Auftragen in den Tagesblättern und ein gemessener, edler Ton empfohlen. An der katholischen Unterhaltungsliteratur tadelte man die Mangelhaftigkeit der Illustrationen und stellte in dieser Beziehung die gegnerischen Blätter als Muster auf. Ebenso rügte man das unkluge Verfahren, „die katholische Fahne" immer schon im Titel des Blattes herauszuhängen, wodurch viele vom Lesen abgeschreckt würden. — Das muß man den Papisten lassen, sie wissen nicht nur, was sie wollen, sondern verstehen auch, die erfolgreichsten Mittel zur Erreichung ihrer Zwecke zu finden, freilich ohne in Beziehung auf diese irgendwie wählerisch zu sein. Wir sollten und könnten viel von ihnen lernen, nur daß wir dabei in den Gal. 4, 18. gezogenen Schranken bleiben. W.

Bei der Wahl eines Diakonus, welche am 19. September in Itzehoe stattfand, mußten auch Juden zur Stimmabgabe zugelassen werden, weil an dem Orte der Brauch besteht, daß nur der Grundbesitz wahlberechtigt ist, jene Juden aber Grundbesitzer sind. So schreibt die Allgem. Kz. Luthardt's vom 1. October. Hieraus scheint hervorzugehen, daß nicht nur allein der Grundbesitzer wahlberechtigt ist, was leider nicht selten vorkommt, sondern daß der bloße Grundbesitz wahlberechtigt macht, was ein wahrer Gräuel ist, wie jene Wahl eines christlichen Diakonus durch Juden vor Augen stellt. W.

Jüdische Empfindlichkeit. Präpositus Milarch sprach in seiner Rede zur letzten Sedanfeier u. a.: „Soll es von uns heißen, wie einst von den Kindern Israel am Fuße des Berges Sinai: ‚Sie setzten sich nieder zu essen und zu trinken, und stunden auf zu spielen'? Fluch über den, der die Sedanfeier in solcher Weise entwürdigt." Nun hatte aber der Redner auch Juden zu Zuhörern gehabt. So erschien denn in öffentlichen Blättern eine „Nothgedrungene Erklärung", unterzeichnet von der jüdischen Gemeinde in Neubrandenburg, worin dieselbe mit „tiefster Entrüstung" es zurückweist, daß Milarch diese Gelegenheit benutzt habe „zu einem äußerst heftigen Ausfalle gegen unsere Vorfahren am Berge Sinai." Die Herren Juden werden sich wohl endlich auch noch dies verbitten, daß Prediger ferner predigen, was sie auf dem Berge Golgatha gethan haben. W.

Staatskirchliches in Frankreich. In der Allgem. Kz. Luthardts vom 1. October lesen wir: Nachdem der Staatsrath erklärt hat, daß die Bestimmungen der reformirten Synode von 1872 keine gesetzliche Geltung haben, hat nun auch der Kultusminister bestimmt, daß in die Wahlregister der reformirten Kirche, die am nächsten 31. Januar geschlossen werden, alle diejenigen Wähler wieder eingetragen werden müssen, welche früher gestrichen worden waren, weil sie das Glaubensbekenntniß der Synode von 1872 nicht hatten annehmen wollen. Durch diese ministerielle Verfügung wird dem Libera-